◆ 应邀以文化名人身份访问日本，在京都与日本著名汉学家、鲁迅研究专家竹内实教授会见（1993年，法国西餐厅）

◆ 在法国巴黎埃菲尔铁塔前留影（1988年）

◆ 访问法国时留影（1988年，罗丹故居后花园）

◆ 访问法国时留影（1988年，卢森堡公园）

◆ 访问法国时留影（1988年，罗丹博物馆）

◆ 告别法兰西（1988年，巴黎戴高乐机场）

◆ 1993 年访问日本时，在京都映画村与古装剧演员现场合影

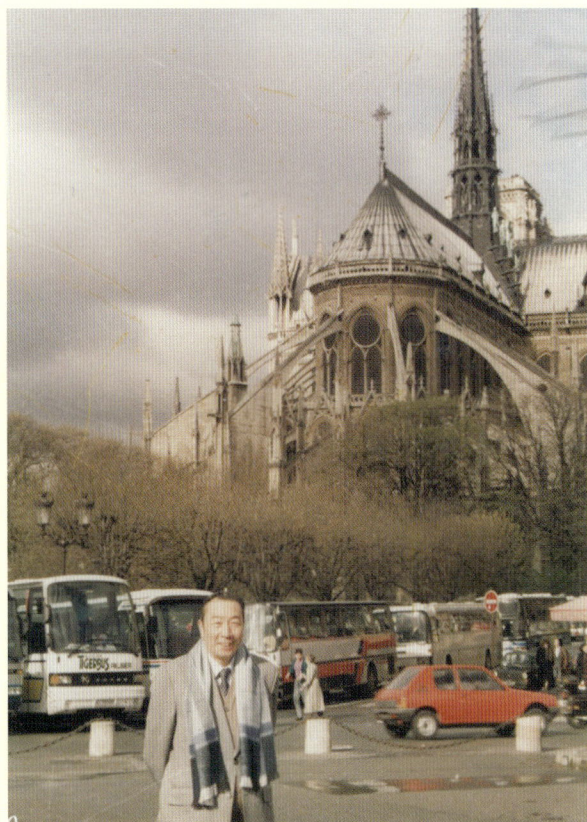

◆ 在巴黎圣母院前留影
（1988 年）

7

走向鲁迅世界（上）

彭定安文集

彭定安/著

东北大学出版社
·沈阳·

图书在版编目（CIP）数据

彭定安文集. 7，走向鲁迅世界 / 彭定安著. — 沈
阳：东北大学出版社，2021.8
　　ISBN 978-7-5517-2349-7

　　Ⅰ. ①彭… Ⅱ. ①彭… Ⅲ. ①社会科学—文集②鲁迅
（1881-2019）—人物研究—文集 Ⅳ. ①C53
②K825.6-53

中国版本图书馆 CIP 数据核字（2020）第 030462 号

出 版 者：东北大学出版社
　　　　　地址：沈阳市和平区文化路三号巷11号
　　　　　邮编：110819
　　　　　电话：024-83680267（社务部）　83687331（营销部）
　　　　　传真：024-83683655（总编室）　83680180（营销部）
　　　　　网址：http://www.neupress.com
　　　　　E-mail:neuph@neupress.com
印 刷 者：辽宁一诺广告印务有限公司
发 行 者：东北大学出版社
幅面尺寸：170 mm × 240 mm
插　　页：4
印　　张：43.5
字　　数：727千字
出版时间：2021年8月第1版
印刷时间：2021年8月第1次印刷
责任编辑：项　阳
责任校对：孙德海　汪彤彤　邱　静
封面设计：潘正一
责任出版：唐敏志

ISBN 978-7-5517-2349-7　　　　　　　　总定价：196.00元

　　《走向鲁迅世界》应属传记性质的鲁迅学专著，是我从1956年发表《鲁迅的一生》以来第五次全面系统地描述、研讨鲁迅的生平、思想和文学作品与学术著作的成果。这比以前的多次描述与研讨，增加了对鲁迅先生所处的世界与中国、时代与经历、中外文化交流等广阔背景的扫描与论述，特别增加了按时代划分的鲁迅创作心理的形成、发展与成型及其在创作中发挥的作用与艺术表现，还加强了对"学者鲁迅"的描述与探讨。因此之故，便命名为"走向鲁迅世界"。

　　《人民日报》曾评论本书："使诗情与学术融会贯通，熔为一炉。"

彭定安

2021年6月

定安同志：

　　来信和大作均收到，谢谢。

　　我已在开始拜读《走向鲁迅世界》。我曾有幸进入这世界，如今以八十八高令（龄）阅读大著，一如老年还乡，其乐无穷，得益甚多。有些事和话语，非亲历其境，重量难估，如鲁迅见雪峰别后二年第一（句）话，雪峰当年公开发表时不便直说，改写了。

　　我读《走向鲁迅世界》，深感此书有前数书做基础，论述已很完整，但这世界确如兄所说：是多么丰富、复杂、矛盾多样，深邃奥秘，值得继续探索，愿兄有更新的成果。敬佩之余是所至望。

　　祝好！

　　另寄奉拙著一册，请指教。

河清　　九三年六月十五日

接受：对外在世界的理解与内在世界的揭示

——《走向鲁迅世界》自序

PREFACE

一

　　我曾经蜷缩在一个深深的、深深的塞外小山村，四周是深沟高山丘陵，好像与世界隔绝，好像在天之涯地之角。生活的内容是春种夏锄秋收和猫冬，然而那时要不断地"学习"。我只能拥有一个小小的、小小的自我世界，这是那狭小封闭的山沟世界里的更小的世界，这是一个幻觉世界、思索和自省的世界。然而，我却因为进入一位哲人的世界而使自己进入一个思想文化的广阔世界——一部残破的《鲁迅全集》所创造、开辟和描述的世界。我在我那只有8平方米左右却还要"放"一铺几乎占去一半面积的炕，再加有炕一半大的大灶坑并住一家四口人的小马架里，度过"业余"生活，风朝雨夕——那儿的风刮得次数不多，"一年只两次，一次从春刮到夏，一次从秋刮到冬"，大风一起，黄沙漫天，白天点灯；雨天却是很少很少，但夏季暴雨一来，洪水就暴发，那咆哮的黄泥汤，就在我"门"口也几乎就是脚下滚滚而过。每在这样的时候，我就能进入这个世界了。尤其是大雪纷飞之日，"千山鸟飞绝，万径人踪灭"，"白茫茫大地一片真干净"，我坐在热炕头上，炕上火盆里"燃"着隐约可见细瞅却无的蓝色羊粪火焰，或者温热的辐射一点热气的灰烬，我便可随着鲁迅的作品，进入鲁迅的世界并由此而进入大千世界，世界、社会、历史、文化、艺术、科学、哲学、教育……但总括起来，却又不只是一种单纯的、客观的对于世界的解释和描述；而是如周扬同志所准确深刻而又极扼要地概括的：知人论世①。这就是两个区分开又结合在一起的主客世界结构：世界万事和对世界万事的评议。而同时，在接受鲁迅的这个"双合结构"的世界之时，我也不可免地把自己投入了：选择我所喜爱的、感兴趣的、能理解的，并赋予我的理解、联想、"发挥"、想象以至"改塑"，彼之悲喜歌哭即我之悲喜歌哭，又不全是我之悲喜歌哭，然而却又寄托、生发、旁通及于非鲁迅的仅为接受者一己的悲喜歌哭。但我总是时时感受到一个"中国的世界"和"中国的魂灵"。狂风暴雪无所闻，黄沙漫天蔽世界，一灯如豆却照见一个广阔闪光的幻象世界，然而却是更真实的世界，或说是一个更被深入解析的真世界。这是一个十分有趣的现象：在最荒凉简陋的世界里，接触一个丰富璀璨的世界；在最缺乏文化的所在，思索文化的精灵。对于中国人性格和中华民族的运命的思索，盖过、取代与缓和了一己运命的哀思，使我能安详地面对嶙峋的骨立秃山，心安理得地想想将于长久之后或立时之某日，埋骨此处。"天涯何处无芳草"，"青山处处埋忠骨"。无悔无憾，无望无求。 所以我说这是"我心中的绿洲"，在现实世界之外却又在其内的世界，又是我自己的内省世界。

我以为这是一个接受的过程，然而同时又是一个"创生"的过程：在接受的过程中领会、体验、获取对象，又对对象选择、诠释、破译以至"按己需己心己意"去改塑，于是而"生发"出一个"次生世界"，一个"母体世界之中之外的子世界"。

因此，大概应该说，对鲁迅世界的理解、诠释和描述，既是对鲁迅世界的把握，也是直接或间接地对世界的把握——透过鲁迅世界、鲁迅视界、鲁迅评估的"眼"，对世界的把握；而同时，又是接受者透过对"鲁迅'眼'"的理解而形成的"自我世界"与"自我视界"，去对世界的把握。这样，对客观世界的描述，同时就又成为主体世界的自我揭示了。

这样，对鲁迅世界的描述，既是客观的，又是主观的；既是鲁迅

---

① 1980年夏之初，中国鲁迅研究学会在北京召开纪念鲁迅诞生一百周年学术讨论会撰稿会议。会上，周扬同志讲话，提出此点，至今记忆犹新。

的，又是描述者自身的。

我认为只有带有主观色彩、主体体验和"自身情怀"的客观—主观描述，才是有个性的，才是必要的；否则千人一腔，又有何益呢？如果不是一千个人有一千个哈姆雷特，而是一千个人＝一个哈姆雷特，那么哈姆雷特也就死亡了，莎士比亚也就死亡了。鲁迅亦如此吧？

二

我试图全面理解和接近鲁迅世界并加以描述，这已经是第五次了。第一次在1956年，鲁迅逝世20周年纪念，我写了《鲁迅的一生》，连载于《辽宁日报》；岁月悠悠、人事悠悠，一晃就是20多年。1979年，我在《鲁迅的一生》的基础上，将字数由两三万字扩充为五六万字，写了《鲁迅传略》。不过，它未及出版。1980年，我就集中精力写《鲁迅评传》了，1981年写完改定，于1982年在湖南人民出版社出版。

与此同时，又应辽宁人民广播电台之约写了联播稿《鲁迅的生平思想与作品》，也是五六万字吧，播出后听说反响很大，有人坚持听，一位大学教师还告诉我她全部录音了。因此我曾想将其整理付印，以为大、中学校教师教学之参考，或者还可作大学生和中学生的课外简明读物。一位好心的朋友曾为之努力，未果。这是第四次对鲁迅世界的描述了。

《鲁迅评传》出版后，评论不少，评价尚可，使我深受鼓舞。而且，1983年，便有一家出版社有再版之约，我于是决定就几个为评论者所指出而我自己又同意的弱点、缺点部分，进行修改；并且请叶圣陶老人题写书名，承老人关怀，他欣然同意并写了横竖两种写法的书名赐我。然而，旋即出现学术著作出版不景气而且越来越难的局面，重版之事，越来越渺茫。使我始终对叶圣老怀着十分歉疚愧仄之心，直至他离世，而无由消释。然而我仍然顺着自己的思路去修订。1986年集中时间、精力，进行这一工作，并大体完成了。结果是，改动的、重写的部分大大增加，篇幅也扩大了，由35万字增至40多万字。原书内容还剩一半多一点，其余则是重写部分。这样，我感到莫不如写一本新著了。这就可以不受旧著框架的拘束，放手写进新的东西，还可以进向新的领域。于是，我便从总体立意上，以"走向鲁迅世界"为视角，以描述我对这个"世界"的观察、理解、诠释为主要目标，来构筑一个"理解与接受"的世界。

我面对一个整体的"鲁迅世界"，同时，也体察到"鲁迅世界"的几个主要组成部分。这主要有：他的生活世界、他的思想世界和他的艺术世界。当然这几个"世界"是融会贯通、多位一体的。

而且，这个"世界"是同它的外部世界，即历史、时代、社会、世界文化系统这些外部的物质与精神的世界相通相融的。生于斯、长于斯，接受它的影响与造就，又反映它的面貌与本质、主流与支流，而且，还反作用、施影响于这个客观的世界。

这样，实际上就是以时间为经，以鲁迅这几重世界为纬，来描述一个整体的、流变的、客观的、同时又是主观的鲁迅世界了。

总之，我的叙述意图是想采取一个总体的、宽阔的视角，系统地来构筑一个我所理解和试图诠释的"鲁迅世界"；并且意欲拓宽视野，深入内心世界，把握具有特色的他的艺术世界（包括他的创作意识、创作心理、作品的艺术特质等）。

这是我这第五次描述鲁迅世界的"叙述规范"。那么，它同以前的特别是《鲁迅评传》的叙述有何不同？

第一，对鲁迅后期的生活思想和作品的记叙与评述大大增加了。《鲁迅评传》的这一部分，只以一章篇幅记叙评述；而现在，这一部分用了六章的篇幅。这不仅是"展开来"叙述评介了，而且开辟了新的、过去未涉及的领域来加以介绍和评议。

第二个大的增加就是对于杂文的分析了。这在《鲁迅评传》中是一个突出的弱点。现在，对前期和后期的杂文都作了较过去更为详细的评述；而综述部分，还增加了我后来在鲁迅杂文研究方面的许多新的意见。

第三，增加了对于鲁迅的艺术思维与艺术世界的专门的、分段而又有延续性的评述，总计分为八段，对鲁迅创作心理、创作意识和艺术思维的诞生、形成、发展、变迁、演化和各个时期的主要特征，都作了系统记述和评议；而且，还从这个视角，结合鲁迅各个时期的重要作品，进行了具体的分析与论述。重要和详细的部分有：从《呐喊》到《彷徨》的变迁与发展、《野草》的创作心态与艺术特质、鲁迅小说中的"狂人"家族和它的美学素质与构成等。

第四，属于这种分段而又具连续性的评述部分，还有鲁迅对我国现代艺术和文化事业的创业、发展所做的贡献，在翻译事业上的贡献（翻译家鲁迅）和在学术事业上的业绩与特殊贡献（学者鲁迅）等。

这里，还需要说明的是，在这部70多万字的新著中，仍然采用了《鲁迅评传》中的部分材料，计十几万字。这样做是出于几种考虑。本来，这些地方可以重写，也并不难。但是，由于几个方面的原因，我没有这样做。一是有些近乎"过场戏"的部分，叙述一些生平行止和事件的过节，不值得去重新"组建"，而且叙事为主，也难写得完全另样面貌，莫不如"照搬""移入"；二是正相反的情况，属于"重头戏"或为作者所自我欣赏部分、"得意之笔"，愿它以"保留节目"身份进入新作；三是在写作过程中，无新意无新见，只好"一仍旧贯"。

在总体上，我不仅吸收了鲁迅研究以及中国现代文学研究的新成果，也融进了我自己近年来在鲁迅研究、中国现代文学研究以及文艺社会学、艺术心理学、文化学领域的主要研究心得、学习体会和一些零星收获。

至于理解和描述的基本立意，我除了坚持在《鲁迅评传》中的做法即"把鲁迅当作一个人——当然，是一个伟大的人——而不是一个神来描述"之外，我还特别注意到，要把鲁迅，包括与他的活动、创作有关的事件、人物，都放到一定的历史范畴中来理解和评述，而不是把它们抽象出来，孤立地、静止地加以评述。如非这样，就常常不免要对同一事件同一人，因时因人而异，褒贬不定、荣辱升沉，"烧饼常翻"，令人难信。近年来这种事情就累有发生。

如果这是就事物的客观评价来说，那么，从主观的接受方面来说，则又尊重、注意并承认垂直接受的发展和一般接受上的主观因素。即承认接受美学上所论证的接受是一种主体反映，是一种在客体创造的客观条件和基础上的主观创造，它确实是发展的、变化的、不定的；但这种创造又是有条件的，即只能在作品（对象）提供的基础上，在作品（对象）的"未定点""空白"这个"局限的天地"中进行创造，而不是天马行空、主观臆造式地创造。对于这种接受史的反映，既可反映鲁迅世界，又可以反映客观世界对于这一世界的反映，由此，一面可以从不断更新的角度观察和了解鲁迅，一面又可以了解鲁迅世界在各个不同历史时期被接受的情况，从而从"鲁迅世界"这个角度，反映历史面貌与社会状况。

最后，还特别注意对于鲁迅的人生感悟和文化积淀方面的事实以及对它的理解与描述；注意对于鲁迅自身心态的理解与描述。我以为这是鲁迅世界的关键部分、特色所在。这些，都是我的设想与立意，它们已化为章节段落，化为文字，进入著作之中。它们是不同于以前的描述的，也不同于《鲁迅评传》的描述的；但是，其结果能否体现主观设想，是成功还是失败，这就要等待读者在接受过程中的审视与评断了。

三

这里，我还要就人的问题，或说人的评价问题，尤其是在某人与鲁迅的关系上的问题，说明几句，谈一点认识。"鲁迅和他的同时代人"，这是我一向进行的一个研究领域，也曾有《突破与超越——论鲁迅和他的同时代人》一书问世。在鲁迅的一生中，与之发生关系，主要是发生争论、斗争的人很多，其中不乏名人大家，他们的一生，也是变动不居的，这就涉及一个"评论坐标"问题。我是坚持"把当时的事情放到当时历史范畴去记述与评价"，而不能以后来的事实与历史条件的坐标去回头评往事、定是非、臧否人物、知人论世的。在与鲁迅发生关系的人士中，有不少后来变化很大的人。如章士钊、陈西滢、梁实秋、胡秋原等。他们后来的状况，并不能抵消从前的事情，当然也不应该以后事抹杀前事，以后来之应该肯定去否定以前的应该否定，不能以他们后来的"是""正面""贡献"去否定他们当年的"非""反面""错误"，或作翻案文章，或否认事实，或颠倒是非。就像不能以从前的那一面来否定、改变、推翻后来的一面一样。先后两面、历史时期不同，每人自身的思想行为状况、社会地位和作用不同，所持的政治立场不同，怎能同日而语呢？当年大权在握的军阀政府教育总长章士钊，怎能和后来的进步的有正义感的大律师章士钊，同国共和谈中的国民党方面的代表章士钊，爱国民主人士的重要头面人物、毛泽东主席的好朋友章士钊来同论是非呢？又如梁实秋，晚年台湾名教授，文化贡献大，雅舍小品写得好，这同当年骂鲁迅、批左翼，说什么"拿卢布""为俄国办事"等的梁实秋，同在山东大学把鲁迅所译马克思主义文艺理论著作清除出图书馆的梁实秋自然是不一样的。如果用原来的梁实秋来否定后来的梁实秋，当然是不对的；但如因后来而否定从前，难道就对吗？而且，在"鲁迅世界"中评"鲁迅之与某某"，都只是在斯时、在斯地、为某事、争某题，即使是在那一时间区段中，也还是在一个局部（空间与时间的局部）上来论是非、衡得失，而不是关涉全盘。事实上，在鲁迅与周扬、成仿吾、郭沫若等人的关系上，不就是如此吗？何曾以20年代、30年代一段事、几件事，去全盘论定这些文化名人呢？

说了这些空论，与其说是为了申述一种看法，毋宁说是为我在本书中所作的有关评述申辩、陈情。

四

《走向鲁迅世界》终于能够走向世界了。这不仅是我的鲁迅研究的一个总结，而且也是我的一个研究时期的总结。回忆《鲁迅评传》的写作于1980年，如今正好十年。十年匆匆过，往事知多少。十年的经历，十年的人生感悟，也都融进我对鲁迅世界的理解与描述之中了。

我越来越自省到在对鲁迅世界的理解和描述中，也是在对我自己的世界进行反省与揭示。至少是揭示和透露了我的爱好与情趣，我的崇敬与追求，我的理想与愿望。

在描述别人的灵魂时，难道不是在对自己的灵魂进行审视与扫描吗？

在几个方面，我都为《走向鲁迅世界》能够问世而欢欣鼓舞；为此也就对支持关怀帮助这本书问世的出版社、编者、同行、朋友和亲人，感激非凡。

彭定安

1990年7月8日匆草

目录

CONTENTS

下

引　言

　　我们将同他一起"度过"他的一生。在他这半个多世纪的并不漫长也并不短暂的生命旅途中，充满了哀伤、幽怨、痛苦、寂寞、奋斗与抗争，也洋溢着热忱、激情、追求、探索、欢乐与奉献；有对知识的渴求与博学，对真理的执着，对民族的深爱，对人民的深情与献身，对事业的忠诚，对文学艺术的无限热爱、贡献卓著；也有智慧的光芒、创造的伟力、深思的穿透与热情的冷凝浓缩。这是一位伟大哲人的一生，一位伟大英雄的一生。他的伟大，他的英雄本色，并不表现为刀光剑影、枪击弹飞、轰轰烈烈，也不是登高一呼，应者云集；更不是沙场拼搏、血洒大地。他是罗曼·罗兰在《贝多芬传》中所赞誉的贝多芬式的英雄："我称为英雄的，并非以思想或强力称雄的人；而只是靠心灵而伟大的人。……没有伟大的品格，就没有伟大的人，甚至也没有伟大的艺术家，伟大的行动者；……主要是成为伟大，而非显得伟大。"他们都不是以强力称雄的英雄伟人，贝多芬以旋律称雄，而他却正是以思想称雄。然而他们又都是以艺术来表现思想、真理、挚情与心灵的伟人。他们并不显得伟大，相反，倒是显得平凡；然而他们却"成为伟大"。这是真正的伟大。

　　他的一生带着浓重的悲剧色彩。这种悲剧性的内涵是那么令人感动，令人哀痛而又奋起。但这种悲剧性不是人生的悲欢离合、学问的功败垂成、事业的挫败夭折，这悲剧性恰如茨威格形容罗曼·罗兰时所说：

　　　　命运总喜欢让伟人的生活披上悲剧的外衣。命运就是要用它强大的力量考验最强大的人物，用荒谬的事变对抗他的计划，使他们的生活充满神秘莫测的讽喻，在他们前进的道路上设置重重障碍以便让他们在追求真理的征途中锻炼得更加坚强。命运戏弄着这些大人物，但这是大有补偿的戏弄，因为艰苦的考验总会带来好处。世界文学巨子——瓦格纳、陀思妥耶夫斯基、托尔斯泰、斯特林堡，都难免经历过戏剧性的生活，作为他们创作的艺术品的补充。[①]

鲁迅经历了类似这里所述说的一切，强大力量的考验，荒谬事变的对抗，神秘莫测的讽喻，障碍、锻炼、戏弄，这一切，也许还有比这更多、更荒谬、更严峻、更残酷的对抗、障碍、考验以至迫害。这里确实披上了悲剧的外衣，但这里绝不是什么命运的作祟。

这里，存在着深刻的历史内涵，社会发展的哲理和生活的辩证法。这是歌德在他的不朽诗篇《浮士德》中所贯穿和启示的悲剧，恰如卢卡契在《我们的歌德》中所说："个别小宇宙的悲剧，构成了通向人类大宇宙中不停顿的进步道路。"在整个《浮士德》中洋溢着乐观的情调，然而浮士德个人的命运却是悲剧性的。这是因为，"在歌德看来，整个人类的命运是乐观的，而人类历史发展过程中的个人的命运则往往是悲剧性的。"[②]

历史的辩证法就是如此：历史的发展是必然的、"乐天的"，然而它却靠承担历史大任的伟大人物的悲剧性命运来开辟前进的道路。反过来说亦如此：伟大人物的悲剧性命运几乎是命定的，因为不经受苦难的磨砺，他无力承担历史的重压，而为了开辟历史的道路，书写历史的新篇章，他又必须承受苦难，使自己的奋斗的一生披上悲剧的外衣。鲁迅一生的悲剧色彩所反映的正是中国人民的苦难、中华民族的灾变、历史的革命性变化与巨大的发展。

鲁迅在《致赵其文》中曾经说过：

> 我以为绝望而反抗者难，比因希望而战斗者更勇猛，更悲壮。但这种反抗，每容易蹉跌在"爱"——感激也在内——里，……。

历史曾经表现出中华民族的衰败、民心的凋敝，几乎到了绝望的地步，鲁迅曾经怀着热切的希望，然而又曾经被冷酷的绝望所缠绕。但无论如何他要反抗。因此更难，需要更大的勇猛精神，也更悲壮。鲁迅一

① 斯·茨威格：《罗曼·罗兰传》，姜其煌、方为文译，湖南人民出版社，1984，第1—2页。
② 简明：《乐观的哲学·从〈浮士德〉谈歌德的哲学思想》，《读书》1984年第3期。

生的悲剧性色彩，便是这样染上的，便具有着这样的内涵。而且，他还说，这种悲壮的反抗，往往容易在别人的爱和自己的感激中蹉跌。因此他不得不忽视、躲避以至拒绝别人的爱，而且不用感激来报答。但这却是为了更伟大、更广阔、更深沉的爱。这爱的施予和对施予的拒绝以及连"感激"也不回报，是何等深切的痛苦！因此，便更增悲壮！

作为伟大的文学家，鲁迅悲剧性的一生不仅反映了人民的命运、民族的命运，而且，也反映了中国文学（特别是中国现代文学）的命运。中国现代文学在明与暗、昨天和明天、方生与未死之间诞生，发展，承受摧残、禁压以至杀戮，用前驱者的头颅和鲜血、用战斗者的苦难与生命来开辟道路。因此，它也是披着悲剧的外衣的。这悲剧色彩也就同时映照在它的伟大先驱和旗手、导师的个人命运之中。

《台尔曼狱中遗书》中说："德国历史，童年时代的磨炼，对人们生活过程的观察，唯有这些才是我的导师。"这段话完全适用于鲁迅，只要把"德国"二字换成"中国"。中华民族的悠久深长的历史和它的一切优秀传统，中国近代和现代的历史和它所充溢着的血与剑、生与死、光明与黑暗搏斗的丰富内涵，和他自己的童年时代的种种磨炼，以及他对人们的生活过程和生活过程中的人们的观察，成为他的导师，哺育了他的性格，哺育了他的思想与艺术。

鲁迅是中国古代优秀文化之子，是它的继承者、改革者和伟大的发扬光大者。他也是西方先进文化的吸取者、传播者，他是在外国先进文化和现实主义、积极浪漫主义的滋养下成长的。

鲁迅也是时代之子。他为近代中国的沉沦败落命运所刺激，又为维新运动所唤醒；然而他又经受了这个改良运动的失败的洗礼，更进一步觉醒，并在辛亥革命的启迪下，走进民主主义革命的行列。五四运动进一步激发了他的革命热情，并导引他走进革命民主主义的前列。以后，他更随着中国革命的发展而发展，直到成为伟大的民族英雄、伟大的共产主义者。他的思想的发展的历程，反映于他的作品中，特别是他的杂文中。他以他的作品反映这个伟大的革命时代，又以作品服务于这个时代的革命。他是中国革命的镜子。

鲁迅是中国现代文学之父。他是在中国近代文学的启发下走上文学之路的，然而他又把近代文学抛在后面而开创了中国现代文学。这个世纪的最初几年他在东京所从事的文艺运动，可以说是中国近代文学余波的新起浪头，同时又是中国现代文学未曾涌起的洪波。恩格斯曾在《共产党宣言·意大利文版序言》中这样论述意大利文艺复兴的先驱、伟大诗人但丁：

> 封建的中世纪的终结和现代资本主义纪元的开端，是以一位伟大人物为标志的。这位人物就是意大利人但丁。他是中世纪的最后一位诗人，同时又是新时代的最初一位诗人。

关于鲁迅，我们也可以这样说：中国封建时代的古典文学、仍未最后摆脱封建体胎的近代文学的终结和现代文学的开端，是以鲁迅为标志的。他是近代文学的最后一位诗人，同时又是现代文学最初一位诗人。

中国现代文学以《狂人日记》为正式开端，从此以后，新的文学潮流，波浪汹涌，奔流向前。鲁迅为现代文学奉献了《呐喊》《彷徨》《故事新编》三本小说集，《朝花夕拾》散文集一本，《野草》散文诗一本，古典诗歌数十首，杂文集十几部，他为中国现代文学奠定了基础，贡献了最丰硕的成果，并且开辟了道路，率领着整个文学队伍披荆斩棘地前进。

他的最丰厚而突出的贡献是杂文学。这是他对中国文学的最重要的发展，对世界文学最好的献礼。这是一种特殊的文学样式、战斗武器；它以短小的形式，蕴含着丰富的思想。用思想与艺术养育了全民族的，正是他的杂文。它们永远启迪、教育、培养我们一代又一代人。这些百科全书式的杂文集，不仅启发我们一代代人的文情艺思，而且培育着我们的思想品格，指导我们认识、理解和对待人生。它是真正的生活的教科书。

高尔基在《俄国文学史》中赞誉伟大的作家托尔斯泰说：

> 他告诉我们的俄国的生活情况，几乎不下于我国其余的全部文学作品所告诉我们的。

鲁迅更是如此，他所告诉我们的中国生活情况，不仅不下于其余文学作品告诉我们的，而且比其余所有的文学作品都更广大、丰富和深刻。

鲁迅的出现于19世纪末与20世纪初的中国，不是偶然的。他是历史的产儿。不仅中国几千年的历史文化孕育了鲁迅，而且，特别重要的是19世纪末叶和20世纪初期的中国历史以及20世纪最初30年的历史，促成了鲁迅的诞生。这是鲁迅诞生的深刻历史渊源与广阔文化背景。中国现代社会脱胎于长期延续的封建社会，崛起于封建末世的社会废墟上。因此，它只能从封建阶级的没落阶层中产生自己的逆子贰臣、文化代表，就像资本主义发展、工人阶级强大起来的俄国，从流浪汉中培养与"选择"了自己的新一代文学与文化的代表高尔基一样。

鲁迅是属于世界的，他的出现于世界东方，也是一个世界现象。当此世界发生剧变，资本主义进入帝国主义阶段，科学技术与文化都发生空前巨大的变化和空前巨大的进步的时期，世界主要国家和民族都先后产生和奉献了具有本民族特点而又具有世界意义的伟大作家，形成了世界文化思想领域里照耀人类历史的灿烂群星。他们有法国的罗曼·罗兰（1866—1944）、爱尔兰的萧伯纳（1856—1950）、美国的马克·吐温（1835—1910）、俄国的高尔基（1868—1936）、印度的泰戈尔（1861—1941）等。

中国，奉献的是：鲁迅。

他们活动的年代，大体上都在19世纪的中期到20世纪的三四十年代。他们都具有对民族、祖国和人民的无限深情，对旧制度、旧社会的深刻痛恨，他们的主要任务都是表现人民的思想、愿望、情感和揭露旧世界的脓疮。他们的作品具有巨大的艺术力量，而讽刺与幽默、思想与诗情、独特的艺术造诣和世界性价值是他们的共性。

中国要奉献给世界文化的伟大的思想家和艺术家，恰好是鲁迅（即周树人），这要求他必须具有特殊的经历与品质。

让我们循着他的足迹走去，跟随他去经历他所经历过的；我们将不仅借此了解他的一生、他的命运，而且了解民族的与人民的历史与命运。从中我们将获得很多、很多。

罗曼·罗兰在《贝多芬传》中说：

> 汲取他们的勇气做我们的养料罢；倘使我们太弱，就把我们的头枕在他们的膝上休息一会罢。他们会安慰我们。在这些神圣的心灵中，有一股清明的力和强烈的慈爱，像激流一般飞涌出来。甚至毋须探询他们的作品或倾听他们的声音，就在他们的眼里，他们的

行述里，即可看到生命从没像处于患难时那末①伟大，那末丰满，那末幸福。

我们将从他的一生中，汲取思想的、艺术的和勇气的养料，我们可以在自感太弱和倦怠时，依在他的膝上稍憩，并重新获得力量与勇气。我们将不仅得到安慰，且将奋起。从他的于患难处显示的爱、力量、睿智和伟大哲人生命的丰满、伟大与幸福中，我们将可获得永在而恒绿的心中的绿洲。它将永远是我们的生活、思想、劳作、奋战而前进的基地。

让我们一同走向他的世界吧！

---

① 那末，即"那么"。后同。——编者注

第一章 人间冷暖：鲁迅世界的诞生

1881年（1岁）—1898年（18岁）

绍兴——南京

> 有谁从小康人家而坠入困顿的么，我以为在这途路中，大概可以看见世人的真面目。
>
> ——《呐喊·自序》

> 我的祖父是做官的，到父亲才穷下来，所以我其实是"破落户子弟"，不过我很感谢我父亲的穷下来（他不会赚钱），使我因此明白了许多事情。
>
> 《致萧军》（1935年8月24日）

一、蜕变：世界·家族·家庭

鲁迅在《自叙传略》中说："我于1881年生在浙江省绍兴府城里的一家姓周的家里。"这样，这时，他来到人间。

这是19世纪80年代。世纪末的一切正"尾随"他的生长而到来。他面对着一个剧变的世界。他就在这发生了剧变的世界和世界的剧变中，艰难地成长和发展。迎接他的将是什么？

他又将怎样迎接面对的一切和不断袭来的一切？

这将是一个人被塑造的过程，也将是一个人自我塑造的过程；这将是一个人被世界所影响的过程，也将是一个人影响世界的过程。

伟大的时代、伟大的民族需要产生并且创造他的健儿，时代的健儿们也会奉献自己的创造。

鲁迅，将怎样适应世界并创造世界？

世纪末：动荡与激变

历史的长河，波涛滚滚，开辟着新的道路，进入了新的天地。鲁迅的家庭，像沧海中的一叶扁舟，经受着历史波涛的震荡和时代风雨的吹拂，迅速衰变。而鲁迅也在这样的世道中，形成着自己的思想、爱好、情趣与性格。历史和时代就是这样造就它的健儿的；而伟大的历史人物也在感受这样的历史风雨、经受这种锻炼的过程中成长起来。鲁迅的整个幼年、少年时代和青年时代的初期，正处在19世纪的最后20年中。在世界史上，这20年正是西方从自由资本主义向垄断资本主义过渡的时期。资本主义不仅张开大口吸吮了本国劳动人民的血汗，而且对殖民地、半殖民地人民敲骨吸髓。它还用不断更新的科学技术武装自己，成了一个健壮的魔王。正是在这20年中，世界工业总产值翻了一番。那些科学的奥林匹克山上的名神们，发挥他们的聪明才智，创造了新的生活福利和工作条件，也使资本家增强了剥削手段。在这样迅速发展的途程中，资本主义按照不以它的意志为转移的客观规律，迈步跨进了垄断时代。摩根和洛克菲勒金融工业集团就在这期间形成，把魔爪伸向世界各地（包括中国在内）的洛克菲勒托拉斯"美孚石油公司"也在这时期出现。

19世纪的这最后30年，也是资本主义加紧建立殖民地的时期。亚洲、非洲、拉丁美洲的很多辽阔的土地，被强占去了。在富饶的土地上，几亿农民创造的各种农产品，被掠夺到宗主国去了，破产的农民成了最廉价的劳动力，"慷慨"地向外国资本家奉献着自己的血肉。

但是，苦难养育了仇恨，鞭挞造成了反抗，压制引起了斗争。欧洲工人阶级在19世纪70年代就举行了巴黎公社这样的无产阶级革命演习，虽然失败后沉寂了10年，但在80年代初，又掀起了新的斗争高潮。在鲁迅出生后的第5年（1886年）5月1日，美国芝加哥40多万工人起来斗争，为争取8小时工作日而举行声势浩大的罢工。从此创造了一个全世界工人阶级的光辉节日。欧美许多国家相继成立了群众性的社会主义工人政党或组织。就在鲁迅出生后的第3年，俄国革命史上著名的第一个马克思主义团体"劳动解放社"也成立了。

世界在演变，激荡，斗争，发展，前进。

这一切是这么辽远，它发生在欧洲、美洲、俄国和日本。但它和中国、和绍兴，和绍兴的台门周家以至于鲁迅，都有什么关联呢？

这关联是存在的——通过多种多样的环节和折射，它隐蔽，也曲折，但它毕竟存在。好比一幅画中的人物，鲁迅在这样一个世界和时代的背景前站立；好比一位历史的演员，鲁迅正活动在这样的世界舞台上。

历史潮流，汹汹然，流向拉丁美洲，滚向非洲，同时也涌向亚细亚大陆。中华大地吹进了欧风美雨，长江黄河涌进了英国泰晤士河、美国密西西比河里的残渣。拖着辫子的中国人民和蓄着短发的欧洲、美洲的劳动人民同样受着苦难。中华帝国的腐朽的统治者们，曾经像一个衰老的庄园主害怕任何一个陌生人进入自己的领地一样，不让任何外国人进入天朝，不愿意看见，更不要说接受任何一点点新生事物。但是，"洋鬼子"们是资本魔王的兵丁，他们毫不客气，用枪炮和鸦片这两样东西轰开了闭关锁国的帝国大门，使天朝的臣民屈服，又麻醉了他们的神经，使他们羸弱。跟着进来的是倾销的工业产品，吸血的闪光金元：出现了许许多多带洋字的东西，如洋枪、洋炮、洋船、洋房、洋油、洋火、洋伞、洋布、洋袜子……出现了吐着浓烟，把几十、几百以至上千人聚到一块，围着机器转的"怪物"——工厂。随之出现的是古老帝国几千年来也没有的人物：工人阶级、资产阶级、官僚资产阶级。为了这些，付出的代价是不小的：农业、手工业者大批地破产。最不愿意离开故土的保守的农民们，家破人亡，只身流浪，或者拖儿带女，沿路乞讨，人流被吸进那个"怪物"中，让它敲骨吸髓。封建经济解体了，农村和城市都经历着深刻的变化。社会也在变化。

马克思非常深刻、形象而又贴切地描述了这个变化：

> 英国的大炮破坏了中国皇帝的威权，迫使天朝帝国与地上的世界接触。与外界完全隔绝曾是保存旧中国的首要条件，而当这种隔绝状态在英国的努力下被暴力所打破的时候，接踵而来的必然是解体的过程，正如小心保存在密闭棺木里的木乃伊一接触到新鲜空气便必然要解体一样。[1]

这种解体、腐烂的过程，到鲁迅诞生的这一年（1881年），开始进

---

[1] 马克思：《中国革命和欧洲革命》，载马克思、恩格斯《马克思恩格斯选集》第2卷，人民出版社，1972，第3页。

入了洋务派从"自强"到求富的时期。李鸿章和张之洞在上海和广州开设了机器织布局、机器五金厂以及缫丝局、制钱局等工厂。李鸿章还聘请外国技师修筑了津沽铁路，全线很短。同欧美比较，这种发展是微不足道的、落后的，带着很大的封建性。但是，它们是新事物，是中国大地上从未有过的新草异花。不仅它们本身在繁衍滋长，而且它们还要蔓延、侵蚀、开拓，引起中国社会生活的变化和社会结构的改变。

马克思说得好："历史的发展，好像是首先要麻醉这个国家的人民，然后才有可能把他们从历来的麻木状态中唤醒似的。"①在这个帝国主义试图变中国为殖民地半殖民地的过程中，中国人民通过苦难的折磨和麻醉的反作用，而逐步从麻木中觉醒起来，从被压迫中勇敢地起来斗争。三元里平英团的志士们，举起刀枪打得义律等洋鬼子抱头鼠窜。不久之后，便是席卷中国南部、震惊了世界的太平天国运动。这场波澜壮阔、气势磅礴的农民起义，撼动了封建帝国的根基，打击了帝国主义的侵略锋焰，展现了农民的威势和中华民族的气节。然而不幸的是，起义英雄们倒在封建统治者与外国侵略者联合战线的枪炮射击之下，失败于自身的由封建根性带来的致命弱点上。以后，便是侵略者一系列的步步进逼的入侵和人民（包括下层军官特别是士兵）的英勇抗击以及导致最后失败的封建统治者的投降卖国，最后是割地、赔款，屈膝投降。

世界就这样在发展、变化，中国就这样在世界的发展变化中发展变化。鲁迅就在这样一个时代背景下成长，就活动于这样一个历史舞台上。

然而，这一切是怎样波及绍兴、深入它的肌肤、引起它的变化呢？又怎样袭击鲁迅的家庭那"一叶扁舟"呢？

飘荡于世界之海的一叶扁舟

古老的绍兴，在欧风美雨的吹拂和时代浪潮的冲击下，在变……

"五口通商"口岸之一的宁波，就在绍兴附近。这里，是最先受到浸染冲击的地区之一。农村的凋敝，在这里最先出现。在绍兴城里，在衙门、庙宇、庵堂之外，又出现了尖顶的教堂洋房；在油盐米店、杂货铺、药店、当铺之中，又出现了新奇的照相馆；在家学私塾之外，又添

---

① 马克思：《中国革命和欧洲革命》，载马克思、恩格斯《马克思恩格斯选集》第2卷，人民出版社，1972，第110页。

了洋学堂。在和尚、道士、尼姑之外，又冒出了神父、牧师。虽然愚昧、落后、保守的绍兴人民对这一切窃窃私议、畏怯、疑虑、反感，但是，它们和他们却在天天增长自己的势力，扩大自己的地盘，获得更大的发展，发展更多的拥护者与亲近者。

世道在变，人心也在变。我们且从台门周家的变化来看这世道的沧桑。

这一切怎样震荡着鲁迅的家庭，侵入到鲁迅的生活中，经过"发酵"而渗入他的思想与性格呢？

当然，鸦片战争轰开中华帝国的大门、第二次鸦片战争造成京畿危急以后订立卖国的城下之盟、中法战争的失败等这些大事件，以及琉球群岛的丧失、沙皇俄国占领黑龙江大片土地等丧权辱国的历史，他当时还不知道。但这些历史的冲击波所引起的国家民族的衰败、社会生活的变化，是确实影响到他的家庭、他的生活的，就像影响了那时的每个中国的家庭一样，虽然程度与性质不同。不过，太平天国这场农民起义的狂飙，却是直接地卷进了他的台门望族。据记载，周氏家族曾经有过"购地建屋，设肆营商，广置良田"的煊赫时期。鲁迅出生地的新台门周府大宅，就是在这种繁荣期，由于覆盆桥西的旧台门的房屋不够使用而添置的①。但是，绍兴府治是太平军在江南的主要活动地区之一，起义农民在这里给了封建制度和地主阶级以沉重的打击，周氏家族就是在这一时期开始衰落的。到鲁迅出生时，他祖父这一房，已经下降为只有四五十亩水田的小康之家了，其他还有些房族，更陷入穷愁潦倒的困境。他们这个家族的没落，正反映了农民起义对封建制度的撼动基础的作用，反映了地主阶级的没落命运。这种家庭的变故，自然决定了鲁迅今后的生活路途。

鲁迅听到过这样的家庭故事：当"长毛"（太平军）占领了绍兴府城时，他家里的人都逃走了，到海边"躲难"去了，留下了一个门房和

---

① 周家原籍湖南道州，始祖周逸斋，务农，家境较贫困，明正德年间携二子（寿一、寿二）徙居绍兴城内竹园桥后，始弃农经商，渐富裕。六世祖周锟山中举，始由商家而变为封建士大夫阶层。七世祖周乐庵于乾隆十九年迁居覆盆桥。乐庵与其子熊占开当设典，广积家财。熊占又在老屋附近新建宅第两处：一处在覆盆桥堍、张马河南岸，屋前有桥，故名"过桥台门"；一处在老宅西百余步，为"新台门"。周熊占生三子，为致、中、和三房，致房又分智、仁、勇三支，智房又分兴、立、诚三房，鲁迅家属兴房。

煮饭老妈子,"长毛"进门来了,那老妈子便叫他们"大王",并诉说自己的饥饿。"长毛"笑道:"那么,这东西给你吃了罢!"掷进来的是一个圆圆的东西,还带着一条小辫子,天哪,这正是那门房的头!这也许是编造的故事,但也许是实有其事。在农民起义的大风暴中,这种"磕磕碰碰"是难免发生的。讲述和传播者也许是要宣传"长毛造反"的可怕,但孩子心里的感想却恰如鲁迅在《朝花夕拾·阿长与〈山海经〉》中描述的:

> 我那时似乎倒并不怕,因为我觉得这些事和我毫不相干的,我不是一个门房。

这是"那时"的感想,后来当然逐渐起了变化。

他幼年时期,距这次大风暴结束的年代不久,才二三十年,那时关于太平军的种种传说一定不少。鲁迅能够听到的也绝不止这一件事。这些被歪曲了革命历史内容与历史价值的故事,可以说像一粒酵母投进心灵。以后,将由于种种不同的主客观条件而酿出不同的思想感情的汁液。

但更主要的还不是这种故事的渲染与熏染,而是在实际上的打击。据历史记载,1861年11月1日(清咸丰十一年九月二十九日,即鲁迅出生前二十年)太平军的黑旗兵首领周石眼部攻下绍兴,占领一年多(500天):农民政权红焰所向,正是封建地主阶级的剥削与统治,周家台门被征用为周石眼的司令部,周家的当铺、钱庄被摧毁,浮财自然被没收。新台门周家有五人被处决,可谓家破人亡。连鲁迅的继祖母蒋氏也被掳去20多天。这是一次最沉重的打击。从历史发展来说,这是农民起义之火在烧毁封建大厦,打击地主阶级;而对鲁迅家族来说,却是一场真正的灾难。这场灾难过后,台门周家就一蹶不振,随着本阶级的没落而坠落下去了。

家庭的衰变,使他成为比较能够接近贫苦农民的小康人家的子弟;衰变过程中的家庭子弟,也更易于同穷苦人的思想感情相通。这就为他后来能够与农民结下情谊打下了物质的与思想的基础。这一点我们以后还要详述。

除了旧的被摧毁,还有新的在出现,两者互生同步。

洋教堂的出现,惊扰了人们的生活。信教的,当然是"把灵魂出卖给洋鬼子"了。就是不信教的,对于这些洋鬼子,也总不免提心吊胆,流传着许多神秘的、可怕的传说。比如说，洋鬼子是会挖人眼睛的，这据说是一位曾经在教堂里当过女工的老妈子说的，她亲眼见的，而且，她看见了，挖下来就放在坛子里像腌咸菜似的渍起来。那用途，据说是拿来照相的——人的瞳孔里不是照见一个它瞅着的人吗？还有的说，洋鬼子能寻宝。——这大概是那时已经有不少清政府聘请来的外国技师和侵略者的先遣队在探矿这件事在民间的传说。为什么洋人有这种本领呢？据说，那是因为他们挖了人的心拿去熬了油，用这"人心油"点灯去寻宝，一遇到地下宝物，灯焰就向下，因为人心是贪财的呀！这些故事，反映了那时人们的愚昧与落后，与科学还隔着一个"世界"。同时，也反映了他们对于洋人的怀疑、戒备与排斥。这是狭隘的排外主义的思想基础，也是恐洋病的病根。这些，鲁迅后来都在自己的作品中用幽默的笔调、含着讥刺地介绍给国人了，那代号用了"S城人"。

照相馆是洋人带进来的怪物。它在老式店铺之中，引人注目、驻足，人们看着它，觉得新奇而又畏惧，感到难于理解。有人说，半身像是照不得的，那像是被腰斩了，头像更不可照，那像砍脑袋，这都是不吉利的。只有少数新式的人们才进去照一照。那大玻璃橱窗也很吸引人。有一个时期，就是鲁迅幼年时期吧，那里挂着曾、左、李①三位大人的尊容。

"长大了要学他们！"

这是长辈的训诲。

少年鲁迅不懂得这训诲的对错。不过，他想的却是："也得再有'长毛'起来才行。"

那时候绍兴也出现了洋学堂。除了学诗云子曰以外，还学洋文，学声光化电。这种新鲜东西，当然是要为守旧的人们所反对的。他们编造了许多故事来贬斥它。然而，学堂却逐渐地受到了愿意进步的人们的欢迎。鲁迅自己便是不满于"S城人"的落后与愚昧而进了洋学堂。

农村也在变化。自给自足的小农经济，经受着洋货的冲击。封建经济在资本主义的袭击下经历着痛苦的解体过程，它表现于社会生活中就是大批农民和小手工业者的破产，陷入悲惨的命运。秀丽的江南水乡，笼罩着悲惨的乌云，飘荡着农民们的呻吟与哀叹。他们或者像闰土那

---

① 指清朝的曾国藩、左宗棠、李鸿章三个大官僚，他们是镇压太平天国运动的刽子手。

样，"辛苦麻木而生活"；或者像阿Q一样，失去了田园土地，流落村镇，出卖劳动力；或者家破人亡，只身流浪，沿街乞讨，流入城市。有的像祥林嫂那样，由乡而城，由求生到苟活，到惨死；或者像单四嫂那样，连最微末的希望也难得满足。这时的城市里，涌进许多无业的游民和谋生的力工，而城市也在社会变化中"分泌"出大批"多余的人"：他们或出自没落的台门地主府第，或由小商小贩、手工业者演变而成，或者是各种破产遭祸的人们挤入。台门周宅里，就走出了不少"破脚骨"，参加到这个行列中。

绍兴城便这样地随着世界与中国的变化而变化着。鲁迅的家庭这一叶扁舟，也在这变化着的海洋上，随时代的风雨飘荡，受到历史波涛的冲击，而变化着自己的发展方向，改变着自身的命运，由此而及于它的每一个成员。鲁迅是封建社会的最后一代知识分子。他之所以能成为这"末一代"，只因为他处在中国封建社会的末世。同时，新世纪的曙光喷薄欲出，迎着它的发展，他才能成为无产阶级知识分子的第一代。

世界蜕变与文学新潮

当鲁迅来到世间，他便面对着一个崭新的文学世界和世界文学。当然，当他还是一个婴儿、幼儿和一个少年时，他还没有接触到这个世界，更不可能了解它、懂得它。但是，作为未来的东方古国的伟大的文学家，即使少不更事，这个文学世界也在包围它、影响它，给了他一个成长的总体文化背景，用它那新潮流的浪雾笼罩和浸润他的环境，从而间接地、逐渐地影响到他的成长。

19世纪的世界文学，呈现出丰富多彩、姹紫嫣红的繁荣景象，积极浪漫主义思潮发展到极致，而新的伟大文学潮流——批判现实主义则随着资本主义制度败相的显露应运而生。同时，在这个世纪的末叶，无产阶级的革命文学也随着马克思主义的诞生、无产阶级革命运动和工人运动的广阔开展而出现于旧世界之中。好像是伴生现象，随着批判现实主义由兴到衰，特别是处于帝国主义阶段的欧洲思想文化的日趋没落，广大中小资产阶级知识分子的深重苦闷的增长，带来了文学上形形色色的流派——颓废主义、形式主义、结构主义、象征主义等被统称为现代派的文学潮流，它们此起彼伏，前后更迭，不断出现。

世界文学在19世纪的末尾和20世纪的开头，呈现出光怪陆离的状貌。

　　勃兰兑斯曾在《法国的浪漫派》中写道："法国的浪漫派可以毫不夸张地称为19世纪最伟大的文学流派。"然而进到20世纪30年代，这一伟大的文学流派逐渐被傲然崛起的批判现实主义潮流所淹没和代替了。历史有时会发生非常偶然而又有趣的现象，但它却表现了必然和严峻的历史本质：当标志着法国伟大浪漫主义流派的决定性胜利的雨果的剧本《欧那尼》搬上舞台之时，正是第一部批判现实主义杰作、同是法国杰出作家的司汤达的小说《红与黑》出版之时。这两件事同时发生于1830年。从此之后，浪漫主义逐渐衰退，而在10年之内，在法国，批判现实主义达到了高潮①。接踵而至的便是批判现实主义席卷全欧，而出现了19世纪的、替代了浪漫主义的批判现实主义潮流，正如高尔基在《论文学》中所说，它成为19世纪另一个"主要的，而且是最壮阔、最有益的"文学潮流。这两大文学潮流的交叉更替，表现在法国作家身上，就是被勃兰兑斯列为法国浪漫派主将的雨果、司汤达、巴尔扎克和梅里美，同时他们也是批判现实主义的早期作家，有的更成为批判现实主义的世界巨匠。

　　如果说积极浪漫主义发扬了人的主观积极精神，歌颂了进取革新，描绘了理想和梦幻，提供了激昂慷慨、踔厉风发的文学精品；那么，批判现实主义便像一面镜子②一样，反映了资本主义社会的败相，揭露了它的罪恶，诉说了人们的苦难，揭破了社会的脓疮，把资本主义"理性王国"的血污之躯呈现在人们眼前，对它的存在的永恒性的说教与吹嘘提出了严重的挑战。

　　当积极浪漫主义与批判现实主义两股文学潮流交替更迭于19世纪30年代时，距鲁迅出生尚有半个世纪。而当鲁迅出生于80年代之初时，批判现实主义在欧洲早已成为主要的潮流，但已逐渐式微。然而，它在落后的俄国却继续发展，从19世纪初崭露头角的普希金、果戈理之后，到迦尔洵、萨尔蒂柯夫、托尔斯泰、陀思妥耶夫斯基直至契诃夫这些大师，他们把俄国古典文学推向世界高峰，而把欧洲文学抛在了后面。同时，在正处于资本主义上升期的东北欧，批判现实主义文学也在

---

① 朱维之、赵澧主编《外国文学简编（欧美部分）》第七章，中国人民大学出版社，1986。

② 法国早期批判现实主义作家司汤达在其所著《拉辛与莎士比亚》中提出"文艺应像一面镜子"。

落后的经济条件下有了长足的发展，给世界文学奉献了匈牙利的裴多菲和挪威的易卜生等杰出作家。这些欧洲大陆的，特别是俄国和东北欧的大师巨星们，相继出现于世界进步文坛，升起在古老中华帝国的相邻的或遥远的天际，其思想与艺术的光芒映照天宇。而鲁迅自幼及长，日趋成才，向着献身文学的道路迈进，对于这些国际大师们，他好像迎面而行，也好像尾随而上，终于在日后进入他们的光荣行列。在不太久的将来，这些大师中的不少人，成为他仰慕的北斗星，他倾倒于他们的思想与艺术、事业与品德。

当然，直接成为鲁迅成长的摇篮的，是中国的古老文化传统和近代文学。

正是在鲁迅出生前后，中国近代这一发生历史巨变的时期进入急剧变革的阶段。近代文学最早的作家龚自珍、魏源早已经创作了不同于传统之音的诗文。特别是1894年中日甲午战争之后，国势衰敝、民族沉沦，进步的人们觉醒而奋起，引进西学，否定中国传统文学。他们从"否定旧的"这个入口进入"呼欢新的诞生"的领域。此时，鲁迅14岁，正从浑浑噩噩的童年时代进入初涉人世的少年时代。他已经直接地、切近地，当然又是初步地接触到这新潮的涌起，并受到它的熏陶了。

这就是鲁迅成长的广阔宏伟的国际历史文化背景、民族的与时代的文化摇篮。他就在这个背景下和摇篮里发育生长。

当然，至此，他还只能是在他的家族的、家庭的环境中活动，而通过他的家族的亲人们这个中介来间接吸取思想的与性格的"汁液"。然而这"汁液"却蕴含着国际与国内、民族与时代的诸种原质，包括文化的、艺术的原质。

家族亲人与性格萌芽

家族的人们呵！每一个人都以自己的思想、感情、品格、性情、趣味，向周围的亲人渗透、侵蚀，发生潜移默化的作用，影响深入于灵魂，远及于终生。在以后的发展中，它是酵母，是种子，是根苗，或发展壮大，或经过改造，或被抑制、扼杀、抵消，优或劣，好或坏，它们在发生着作用……。作为社会关系的总和的每一个人，对别人发生的影响，都是"执行"时代的历史的任务，反映着时代、历史的作用。这也是每个人受历史、时代影响的一个方面。

鲁迅所属的绍兴周氏家族，原籍湖南道州①，先本务农，家境贫寒，所以才迁徙到浙江：明正德年间落户绍兴，弃农经商，生活渐富裕。以后，历经三世，到六世祖周韫山，考中举人，才由商家跻入士林。正是此时，购地建屋，造就台门深宅。由此而逐渐形成台门周家、新台门周家和过桥台门周家。老台门为富商之家，而后者则为书香门第。鲁迅则属新台门周家子孙。如从远祖说起，那么，在周氏家族子弟的身上，流着商人与士大夫两种血液，其遗传基因中包含着两种气质。然而鲁迅却承传了书生学子的这一面，而不是商贾品性。

　　这中间，经历了一些跌宕兴衰。据鲁迅的祖父周福清（介孚）教育子弟的《恒训》中所述，在乾隆盛时，这周氏望族拥有田产万亩、当铺十几所，煊赫一世，称富乡里。然而，到了嘉庆、道光年代，"族中多效奢侈，遂失其产"，以后，族人们又为继承遗产事，"兄弟阋于墙"，官司竟打到京城去了。于是各房族纷纷中落。"卖田典屋，产业尽矣"。这样，我们看到：从清代乾嘉盛世到光（绪）宣（统）末代，周氏家族经历了一个波浪形的发展过程。这段充满哀怨穷然的兴衰史，恰与清代统治者的兴衰迭变过程基本吻合，反映了周家这个封建官僚绅商家族的命运同封建统治者的运命气脉相通的关系。

　　不过，据《恒训》记载，鲁迅所属的兴房这一支，却幸运地得保一个"小康如昔"。到鲁迅诞生于这个家族中的时候，周福清这一支倒还有水田四五十亩。而周福清更科场得中，当了京官，家业似未振兴，门楣却已叨光。

　　鲁迅便出生和成长于这样的家族和家庭之中。

---

① 关于鲁迅的祖籍，说法不一，主要的有两种：河南汝南说与湖南道州说。周建人在《鲁迅故家的败落》中说，他对家族的人们外出时打的大灯笼上所写的"汝南周"三字，印象很深。因此他断言："我相信我们原籍是河南省汝南县人。"并推测："南宋是从河南逃下来的，周家的祖先也有可能为了躲避清兵，从汝南来到绍兴落户。"这里除灯笼上的"汝南周"三字查有实据之外，余均为推测。但据鲁迅祖父周福清在他的浙江乡试朱卷履历中所写："始祖元公，宋封汝南伯，元封道国公，学者称濂溪先生"，知始祖为北宋著名道学家周敦颐（号濂溪先生）。据《宋史》卷四二七《道学传》，周敦颐"熙宁初……因家庐山，莲花峰下，……取营道所居濂溪以名之。……嘉定十三年，赐谥元公。淳祐元年，封汝南伯，从祀孔子庙庭。"与周福清履历中所写皆合。而周敦颐乃湖南道州人氏。故可推定湖南道州说较为可信。而灯笼上的"汝南周"中的"汝南"乃是封号而非地名。（周建人口述、周晔编写《鲁迅故家的败落》，湖南人民出版社，1984，第14页）

"新台门"真不算小，它的全部房屋面积大约有一千一百多平方米。这里面，一共住了六个房族，它们的名号是礼、义、信，叫里三房；还有兴、立、诚，叫外三房。

我们现在已经看不到完整的新台门周宅的古老建筑了。它历经风霜，数易其主，直到新中国成立后才被政府买下，归到人民手里。不过，如今大部分旧房已经拆去，为一幢高大的现代建筑所代替了。它原来的风貌是这样的：宅第坐北朝南，走进台门，有一个铺着石板的天井，穿过天井就是大厅。这是聚族而居的人们聚众议事的"大礼堂"。穿过这礼堂走进去，就是各房的住宅了。向西走去，有一排五间楼房，由西往东数的第二间楼下，那便是鲁迅的诞生地。

鲁迅的生日是1881年9月25日，即清光绪七年八月初三日。

当这个兴房的长孙出世的消息传到在京城做官的祖父那里时，正有一位姓张的贵客莅临，于是，祖父便说："取名阿张吧。"正式命名为樟寿，字豫山，但是因为同"雨伞"的音相近，后来又改为豫亭，以后再改为豫才。小豫才出生后，就在这个尚称小康的书香官宦之家一天天成长起来。他首先接受的是这个大家族的熏陶与影响。

人们的气质和性格都受到家庭和周围人们的影响。从童年开始，人们便在家庭中承受心理素质上的、潜移默化的影响。"性格如果从综合的观点来考察，乃是由社会环境获得的各种印象的独特的整合。"[1]鲁迅从小就受到他的变故迭起的家庭生活的深刻刺激，一个台门望族没落崩溃过程中的种种不幸、痛苦和卑琐人物给他幼小的心灵投下了暗影，同时，他更受到直接抚育、教养和有意塑造他的祖父、父亲、母亲以及曾祖母、祖母、姑母等直系亲属的深刻而经常的熏染。这些"由社会环境获得的各种印象的独特整合"，形成了他的气质与性格的最初因素和发展基础。

鲁迅性格中的一个重要特征是：刚毅、坚强与执着。这种性格的最早基因我们能够从他的家族亲人中寻觅到渊源。鲁迅的祖父周福清从小立志要振兴家业。他决意同命运搏斗，奔进于科举仕途，以获取功名，光宗耀祖。但他的母亲戴氏却反对他的这个志愿。然而周福清执着追求，不改初衷。由于家境贫寒，无钱进学，也请不起教师，他就到三台

---

① 波果斯洛夫斯基：《普通心理学》，魏庆安等译，人民教育出版社，1981，第362页。

门共办的私塾去旁听。他的顽强的意志和刻苦的学习得到了报偿：同治十年（1871）他终于考中了进士，实现了金榜题名的夙愿。而后，他被选为翰林院庶吉士，后被外放江西金溪县任知县。后来当了京官，任内阁中书①。他是一个有学问的人，为官大概是清廉的②，而性格耿介，难为人容，也不容人③。因此遭忌恨，官运不旺，仕途多舛，最后更招来杀身之祸，自己身陷囹圄，家庭从此破毁。这固然反映了封建官僚角斗场上的倾轧，但也是他的耿介刚毅性格不能见容于当世所致。他出狱时还有两个故事也充分表现了他的性格中的刚毅顽强。他本被判"斩监候"，随时可能被推出杀头。因此，当狱卒前来打躬高呼"大老爷恭喜！"时，他以为死期已到，竟能从容待提，并写遗嘱、给亲友留言、开狱中私人财物清单。等到狱卒再次进来高喊"恭喜"时，他又从容站起，准备"就义"，但却是释放回家。既是回家，看守长按狱规来索要钱财，周福清竟敢不给，而且抄起门闩，追逐打人，把牢头从里追到外，终于没有给钱。祖父的这种刚毅的硬骨头的性格特征，显然也作为一种遗传和家教给了鲁迅以深刻的影响，而成为他性格的"独特整合"的最初基因。

鲁迅还从他的母亲和姑母的身上吸取了这种性格基因的"乳汁"，尤其是母亲。

母亲，总是使儿女怀着永生的依恋与怀念。母爱，往往是留在人们心中向上学好的一粒种子。因此，母亲对子女的影响是深远的。鲁迅的母亲，人们往往只是写上鲁迅说过的"以自修得到能读书的能力"这句

---

① 翰林之名始于唐代，辽代置翰林院。清沿明制，翰林为正三品门，掌管制诰史册文翰之事。当时享有很高的荣誉。庶吉士是挑选入翰林院庶常馆肄习学问的新进士。内阁中书，掌管撰写、草拟、翻译、缮写之事。官从七品。

② 周福清在当京官期间，有时带些蜜饯之类普通食品孝敬母亲，戴氏为此不悦，说"为什么不带银钱回来"。他为官多年，家境也还是"得保小康"，却未发迹；他奔母丧回家，除带回一个妾和幼子外，钱财亦不多，故科场案发后，不得不变卖家产来通关节。

③ 据记载，周介孚居官不谙谀迎合，为顶头上司抚州知府所深恶痛绝。他对非科甲出身的上司巡抚李文敏也多不敬，并和缉私委员陈某争执。因此在金黔知县任上终遭弹劾，改任教官。又，礼房浩的女婿陈华汉（舫庆）当年落魄时，曾久居岳家，周介孚讥讽说："布裙底下躲躲是没有出息的，哪里会出山。"陈华汉深受刺激，从此记恨。后陈任苏州府发审，适周福清科场舞弊案发，他不但不营救亲戚，反倒落井下石，乘机向拟将案情缩小的苏州知府王仁堪建议据实参揭，实行了他的报复，而使周福清几遭杀身之祸（薛绥之主编《鲁迅生平史料汇编》第一辑）。

话，就算介绍过了。这是多么不够呵，这对于我们探索鲁迅思想性格的渊源，也是一个大的疏忽。

周老太太姓鲁，单名瑞①，她是名门闺秀，父亲鲁希曾，号晴轩，是个举人，当过户部主事②。但是不久就告假回家，"息影山林"，在乡下过着半隐居的生活了。当女儿鲁瑞与周伯宜订婚时，他已经是"蠖屈已将廿载了"。他的两个儿子，就是鲁迅的大舅和二舅——怡堂与寄湘，都是秀才③。大概是受到"女子无才便是德"的封建礼教影响吧，父亲并没有让她读书，而她自己却靠自修达到能够看书的文化水平。这也说明她性格的一面了。她并非一般的自修，而是跟着兄弟"偷学"——当先生给兄弟们讲书时，她在一旁听，为期一年。后遭父亲反对，便完全自学，不懂不会再问别人。终于具备了能够自己看书的能力。对于这一点，鲁迅在自己简略的自传中关于母亲的寥寥数语中，特别提出，足见印象之深、赞赏之情，而这也就回应了鲁迅早年受母亲此点影响的痕迹了。

早在清代末年，也许可以说在中国妇女放足的第一代人中，便有鲁瑞这位大家闺秀、望族少妇。妇女们扯下了又长又臭的裹脚布，解放了自己的脚骨，但却遭到顽固党的忌恨与诅咒。在新台门就有一个绰号金鱼的伯父恶毒地攻击说："某人放了大脚，要去嫁给外国鬼子了。"而金鱼的父亲周椒生则给以讥刺的称号："南池大扫帚"；并且责怪周福清"家教不严"。周福清并不示弱，只冷冷地回敬一句："我难道要管媳妇的脚么？"而鲁瑞，更不为所动，亦无惧惮，她回答说："可不是么，那倒真是很难说的了。"这也充分表现了她性格中刚强的一面。

鲁瑞一生，遭逢不幸，家庭变故迭起，亲人相继夭亡，打击一个接着一个，急骤而沉重，但她都经受住了，坚强刚毅地活过来了。最早是太婆的病逝，老年西归，虽非至哀，但丧事的操持、家务的安排，却有大部分责任落在这个主持家政的年轻少妇身上。以后，丈夫和公公父子

① 鲁瑞（1858—1943），绍兴会稽东北乡安桥头人，清举人鲁希曾的三女，生子女五人：长子樟寿即树人；次子魁寿即作人；长女瑞姑，未满周岁即夭折；三子松寿即建人；四子椿寿，六岁而亡。

② 户部，掌管天下户口、田赋，一切经费悉为统理。清代，六部之中，户部居主要地位，是唯一的财政总机构。主事为尚书、侍郎、部中等官职下面的一个官职。

③ 鲁迅尚有两个姨母，一嫁阮家，一嫁郦家，两家与鲁迅后来的关系是很密切的。

不睦，更后，公公因科场舞弊案而入狱候斩，丈夫因遭打击而久卧病床，脾气变坏。每年她要为公公的免遭处决而变卖家产，张罗银钱，平日她要在贫穷艰困中安排杭州狱中公公的生活，服侍久病不起的丈夫，抚育尚未成年的儿女，还要应付没落大家族中妇姑勃豀、子侄殴斗等摩擦纠纷。生活是艰辛困苦的，心情是郁郁寡欢的，责任是沉重复杂的。但是这位身材弱小的少妇却以巨大的内心力量，坚强地肩住了这生活闸门的重压。在她的一生中有多少在一般人简直感到难以忍受的苦痛啊：公公的杀身之祸，丈夫的久病而亡，长女夭折，爱子早丧，长子出洋，孤寡度日，直到最后，她挚爱的长子树人，竟以五十多岁的年龄先母亲而去。这是最令她痛苦哀伤的。然而，当有人来报告消息时，她竟能忍住悲痛，不在人前哭泣，以免他人难处。这是何等坚强[①]。坚强刚毅蕴蓄于她的心性之中，使她具有百折不屈的柔韧的抗逆力。

在生活中，她迎新趋时。放足，剪发，并不因年迈而落后。看见女孩子们织毛衣，她以七十岁高龄，也像小姑娘一样苦学起来，终于成功了。儿子不禁佩服起来，说："我的母亲如果年轻二三十岁，也许要成为女英雄呢。"

是的，她具有一种女性的柔韧刚毅的品性，虽非秋瑾式的横刀跃马、慷慨就义的英雄，却是忍受巨大、沉重、长期、迭起的哀伤、悲痛、艰困的一种英雄本色。她把自己的性格和思想的特质传给自己的儿子了，成为他的伟大思想性格的最初的因素和种子。

母亲还是一位感情丰富的人，而且诚挚、深沉、锲而不舍。鲁迅有一个四弟，名叫椿寿，1893年生。这是个不幸的孩子，他四岁时，父亲去世了，而当他长到六岁时，他自己也逝去了。这个白白胖胖的孩子的逝去，简直是摘去了刚刚丧夫的母亲的心。母亲为了排除触景生情的哀恸，把房间的板壁移动了，自己搬进朝北的套房里去住，桌椅摆设也都变了样。她还请一位画师画了一幅孩子的画像。她把画像挂在墙壁上，凝望他的笑影，慰藉自己的哀伤。这画像一直跟着她，整整挂了

[①] 俞芳在《我记忆中的鲁迅先生》中说，当她得到鲁迅逝世的消息后，悲痛已极，但却怕叫前来送信的宋紫佩难堪，而强忍悲伤，没有哭泣，事后却不能站起来。她对人说："一个女人最伤心的是死了丈夫和儿子。瑞姑死得早，太先生卧病三年，他的逝世总有些想的到的。老四死了几十年，至今我还想念他。老大是我最心爱的儿子，他竟死在我的前头，怎么能不伤心呢？"

45个年头，直到她逝世。这爱子之情，是何等执着，何等深沉、久远。这种性格的特点同样遗传给鲁迅了。他日后用同样的丰厚、深沉、执着、久远的感情，爱着人民，爱着祖国，爱着为共产主义奋斗的事业。

鲁迅的大姑母周德的性格，也是刚强的。这仅在她因之丧生的一件事情中，就十分突出地表现出来了：她只因继母一句也许是幽默戏言，便坚持冒险回家，因此丧生于突发的暴风雨中①。这件事本是家庭纷争所导致的恶果，但从中却反映了周德性格中倔强的一面。

鲁迅的幽默才能，也能从他的家族成员的性格中寻觅到渊源。

幽默往往是一种力量的表现，它是出于正直性格、正义冲动而对相反人事予以揭露、讥刺、批评的手段。幽默是这两种相反力量互相撞击时发出的智慧火花。因此，它往往出现在性格刚毅、耿介和感情激越的人身上。鲁迅祖父在性格上正具有这一特征。当他在金溪知县任上时，不巧言令色、奉承阿谀，与顶头上司也不惮相忤。一次，晋谒知府，话不投机，他不肯接受上奉旨意，知府便以大帽子压他，说："这是皇家的事。"周福清竟答以"皇上是什么东西？什么叫皇上？"在这侮骂中，不是透露了一种感情激越的幽默感吗？他的本家侄媳居寡不贞，他常常讥诮此事。这个侄媳的公公周藕琴为之辩解，意谓"寡妇见鳏夫而欲嫁之"，倒也是人之常情。周福清便加反驳，说："那么，猪八戒游盘丝洞也是合乎情理的了。"从此之后，他遇见藕琴就大讲《西游记》，而且专讲盘丝洞一节，弄得藕琴每想外出总要打听介孚在不在，或者绕道而行。这一家庭故事，很好地表现了周福清的幽默性格和他用这种幽默"战斗"的方式和效果。

鲁迅的继祖母蒋氏，性格中也有幽默诙谐的一面。而她是鲁迅从小绕膝相依的人。据周氏族人介绍，她喜欢坐在房门口一把椅子上，孙辈们聊天说笑，她总是默默地听着，却在关键处说上一两句，画龙点睛，引得大家哄堂大笑，而她自己却不动声色，反倒问道："你们为什么这

① 周德（1858—1906），鲁迅的大姑母，周福清的原配夫人孙氏所生，蒋氏是她的继母。1906年的三伏天，周德回娘家拜生母的忌日，本打算按惯例当天返回在乡下的婆家。当她到叔父周藕琴家谈及此事时，藕琴劝她推迟，因为暴风雨要来了。雷声已响，而她从小就怕雷声。她回家便向继母蒋氏述及此事。蒋氏很可能是出于幽默诙谐的习惯，说道："九叔（藕琴）这末说吗，九叔话不会错，那么今天乡下河港里不会再有船了。"周德以为话中有刺，忙说："一定要回去。"蒋氏又说："九叔叫不要去，你怎么能去呢？"周德斩钉截铁地说："我一定要回去。"她决计走了。果然路遇暴风雨，她不幸落水而死。

022
彭定安文集 7
走向鲁迅世界（上）

样好笑?"这种幽默风趣的表现,简直和许多人回忆鲁迅的幽默故事一模一样。蒋氏最有趣的一次幽默故事,是因周建人被族叔周伯文无端用长烟管敲了脑袋,她得知后用同样办法,巧妙有趣地给以"报复"的事。那办法和行事,带着风趣而严峻的幽默,简直可以和鲁迅日后提倡的"即以其人之道还治其人之身"的战法类似。

关于鲁迅的母亲,人们在回忆中没有提到过幽默的表现。但是,有些事情其实却也表露了一些这方面的迹象。比如她的回击金鱼关于放足的攻击的手法,既表现了她的坚强与自信,也具有独特的幽默风格。接过论敌的攻讦,并不申辩、叫屈,却是回答道:是的,要如此,又怎么样呢?于是,论敌倒是哑口无言了。她的儿子鲁迅后来在文化思想战线上,不也常常运用这种战法吗?这可能有一点受母亲性格的影响。

心理学对人们性格形成的研究结果表明:"家庭和学校生活的道德—心理气氛,对学生性格的形成具有重大的影响","性格是反映生活影响整个复杂性的结果。"[1]鲁迅的性格特征的最早因素,也是在这种复杂的家庭生活的影响下,层垒地积淀而成的。当然,幼年生活中家族亲人的影响,只是一种基因,一种最早播下的种子,以后,还会随着生活的演变、教育的影响、思想的变迁,而顺向地或逆向地发展,并且在方向、内涵、表现形式上都会变化、充实和丰富化。鲁迅的性格发展正是如此。

这种性格的最早的种子,播进他的心田,还要在家庭生活的"培养基"的养育下,又在他自己的感受、反应的作用下,发芽滋生,逐渐地定向发展[2]。

---

[1] 波果洛夫斯基:《普通心理学》,魏庆安等译,人民教育出版社,1981,第361-362页。

[2] 这里有一个问题需加解释:何以在同一个家庭里成长的作人、建人没有形成像鲁迅那样的性格?这原因就在于,性格的形成是环境与个人交互作用的结果。不仅环境影响个人,个人也影响环境。由于气质上的差异,特别是在家庭中的地位、作用不同,会使人对于环境的影响,有不同的注意方面和不同的反应、感受,从而在性格上打下不同的烙印。鲁迅比作人、建人都年长几岁,在家庭中居于长子长孙地位,祖父入狱、父亲早逝之后,他不得不过早地同母亲一起分担忧愁、承受冷遇、安排家事,生活对他要求更多也更严酷,他因此也就更接触现实、更懂事、更早熟、更坚强。这就决定了他对环境影响的吸收面、感应强度和发展趋向,而种下了最早的性格种子:刚强、坚毅、执着。更重要的是,以后的生活经历和思想发展,兄弟异途,性格的差异也就更大了。有一个简单的例证:祖父案发后,鲁迅与作人一同避难舅父家,鲁迅由此感到人情冷暖之苦,日后还记述到当时被人视为"乞食者"的苦况;而周作人却在自己的记述中说这段生活很有意思。他们的感受就是如此不同。

朦胧的觉醒与最早的抑郁
——艺术思维与艺术世界（1）

一个封建的官宦与书香世家，少不了笼罩于家庭关系上的温情脉脉的面纱，父子情深、兄弟怡怡、族人与亲人爱心如梦。这，给了幼年鲁迅以温馨的甜美，滋润了他的心，使他蕴含着爱、善良、与人亲近的情愫，成为他日后悲天悯人的人道主义最初的种子。而家族中长辈们接受世道的演变、适应环境的需要而采取的开明态度或某种开明的因素，又给了鲁迅以最早的朦胧的觉醒。然而，不幸的是，家庭的中落和家事的纷扰，又输入他的心田以最早的郁悒。——这一切都融会在一起，进入他的思想的、感情的记忆库，成为酝酿、形成他的艺术思维与艺术世界的最早的信息。

鲁迅当时的家庭成员有这样一些人：曾祖母戴氏、继祖母蒋氏（亲祖母孙氏早已去世）、祖父、父亲、母亲、大姑母周德、小姑母周康、两个弟弟（作人与建人）。当他处于从幼年到少年时，当曾祖母未逝时，只有祖父为官居留京城，其他成员都一同居住在新台门的小康之家，其乐融融。尤其与祖母、母亲、姑母和两个弟弟，其情真挚，朝夕相处，眷眷拳拳，脉脉温情。直到他长大成人，以青年英俊之态求学南京时，还缠绵难忘地倾诉衷情：

> 梦魂常向故乡驰，始信人间苦别离。
> 夜半倚床忆诸弟，残灯如豆月明时。
>
> 日暮舟停老圃家，棘篱绕屋树交加。
> 怅然回忆家乡乐，抱瓮何时更养花？
>
> 春风容易送韶年，一棹烟波夜驶船。
> 何事脊令偏傲我，时随帆顶过长天！

《别诸弟三首》（一九〇一年）

诗后的跋语中更写道：

> 嗟乎！登楼陨涕，英雄未必忘家；执手消魂，兄弟竟居异地！深秋明月，照游子而更明；寒夜怨笳，遇羁人而增怨。此情此景，

盖未有不悄然以悲者矣。

这追忆与倾诉，既反映了当年家人欢聚、情意绵绵的动人情景，又显露了鲁迅感情的真挚热烈和他的对于这些的自我感受以及优美地将其表现出来的才能。这回映了当年少时，这家庭生活的温馨情怀和他的自我感受都已经进入他的生活积淀和艺术思维之中，成为他日后的艺术世界的内省基因。

鲁迅的家族中有一件曾经震凡骇俗的"家族轶①事"，主角是鲁迅的曾祖母戴氏和她的儿子周福清。周福清热衷科举功名，不仅自己立志以此振兴家业，而且幻想儿孙均走此道，要把儿子伯宜（鲁迅的父亲）和伯升以及长孙树人都培养成翰林，实现自己的台门高悬"祖孙父子兄弟叔侄翰林"牌匾的愿望。然而，他的母亲戴氏的意见却正与儿子相反，她反对儿子走科举的道路，也许是家族曾是靠经商发迹的事实给了她以现实的教育，她认为："做官如不能赚钱便要赔钱"，这完全是商贾观念。因此，当儿子考中进士，报子捧着京报远道而来，提锣狂敲，高声贺喜，全家也雀跃欢腾之时，这位戴老太太却躲在后堂大哭。人问其故，她答道："拆家者，拆家者（意即拆家败业）。"这种与世俗风情大相径庭的表现，在家族中自然会广为传播，作为亲曾孙的鲁迅，应该是知道的吧，而且也会在他的心灵中刻下印痕的。当然，更重要的是，戴氏竟不幸而言中，后来为官作宦的周福清果真身系牢狱，险些丧命。虽然后来得免一死，但家庭因此破产。而鲁迅父子两代均身受其害。这可说是三世遭其殃了。这一血泪事实，对于鲁迅思想的影响至深至远。

这些，促成了鲁迅的最早的朦胧的觉醒。

在祖父入狱、家庭发生变故之前，鲁迅的家庭虽有脉脉温情的一面，但是，令人愁怨伤怀的云翳，却也弥漫于家园之中。这给了鲁迅以最早的郁悒。

在家中居于最高层的自然要数鲁迅的曾祖母戴氏了。因为曾祖父排行第九，所以人称她为九太太。在名分上，她是这一家中的长者、尊者。然而她并不地位煊赫、威势逼人。她是个老好人，整年端坐在房门口的一把硬椅子上。她老了，什么也不管，耳朵又聋，就这样通年地坐着，打发着她的不多的、冷寂的剩余岁月。据说，幼年鲁迅有时候和老

---

① 轶，同"逸"。——编者注

人逗乐取笑，故意装作跌倒，老人便喃喃而语：

"啊呀，阿宝，衣裳弄脏了呀。"

她大概没有给鲁迅留下什么值得一提的影响。然而，我们在《风波》中的九斤老太身上，似乎看到了这位老人的影子。

其次就是蒋氏了。她是周福清的继室，然而在她之后，周福清先娶章氏，生了伯升，又纳妾泮氏，因此夫妇不睦。周福清好骂人，夫妻口角，曾因蒋氏曾被太平军掳去而以"长毛嫂嫂"以及其他秽语相加，周作人、周冠五均记有此事，鲁迅该亦知此事，且以年长敏感而为家庭长辈的不睦为忧。蒋氏无儿，在封建家庭中这是近乎耻辱的一大"过错"，而生女周康，又不幸得产褥热早逝，这给她的刺激很深，使她哀怨凄怆。曾有基督教女教士来传道，劝她募道以求灵魂的安息，她回答道："我这一世还顾不周全，哪有工夫去管来世呢。"可见其对抑郁孤零感慨之深了。

两个姑母中，大姑母周德也许是因为失去亲娘，又加父亲挑剔，以致出嫁晚，当了填房，又有前房孩子。在母家侍候后娘，在婆家又当后娘，生活是苦楚的吧。小姑母周康，为人和善，与侄儿们关系友好，常给他们讲故事唱歌，她出嫁时孩子们恋恋不舍，有的甚至闹着要跟她一起去。她出嫁后，夫妇感情是好的，可是婆婆小姑不好伺候，遭遇许多折磨，亦常回家诉说。她不幸早逝后，鲁迅还曾写祭文，因为传说小姑母在病中谵语，说有红蝙蝠来接她，所以祭文中责问这红色的不祥之物，究竟是神的使者还是魔鬼，为何竟让好人早夭。鲁迅长大成人后，还在自己的日记中记着这位姑母的忌日："光绪二十年甲午八月初十日。"可见，他与这位年长他13岁的姑母的真挚深长的感情，而她的不幸，也自然是家庭中和少年鲁迅心上的一片乌云了。

在一个由望族而降为小康的书香官宦之家，在脉脉温情之中，就这样混合这如许哀怨、伤感、惆怅，以至龃龉与不幸，成为飘洒于家园中的凄风苦雨，弥漫于生活中的愁云怨雾。

这些，给少年鲁迅的心灵中，灌输了最初的郁悒：一颗生活的、感情的、心理的悲剧的种子。

一个作家的创作心理、艺术思维，最早的基因便是他的幼年、少年时的人生经历、生活状况以及他的主观感受和自省经验、他在心理中储存的这种生活和感受所接受的种种信息。而这些便又反映于他所创造的艺术世界中。小康之家、书香门第脉脉柔情的温馨和这个家庭中的种种不幸所给予的郁悒，以及家庭、家族中在科举仕途中累遭不幸的哀怨所促成的朦胧的觉醒，就是鲁迅最早的生活经历的内涵、情感——心理感受与经验以及内省的刻痕、社会信息的储存，它们为他今后的创作心理、艺术思维与创造的艺术世界浇铸了隐在的最初基础。

二、在世界的海边

绍兴：浩瀚世界的美丽一角

世界像浩瀚的大海，展现在每个来到人世的孩童面前。他们在它面前，惊叹、欢喜、诧异、探寻、嬉戏于它的万千变化的景色之中。绍兴是这个浩瀚世界的美丽的一角。碧水盈盈，波光潋滟，青山隐隐，绿染大地。浩渺的钱塘江水，缓缓地流淌；曹娥江的波浪，翻卷奔腾。分流的双水，在东去的路上拥抱着，奔进大海。平坦的江南平原被河湖港汊分割，河道穿绕在绍兴城的胸脯上，"路"是水铺的，巷是小溪，进店铺要上岸走码头，出门就可以洗菜。卧波桥，点缀在各处，它们拱着腰，把倒影映在绿水中，构成一幅美丽的图画。小河里，小船来来往往，有橹在船后尾，人侧身站着摇的，有双桨像翅膀一样在两旁"飞扬"的，还有的是人坐在船尾用脚踩着船桨。走出城，东湖、鉴湖，水面辽阔，碧波荡漾；渔舟点点，菱叶田田，那青山秀水啊，真是令人心旷神怡。大自然陶冶着人的性格。

幼年的鲁迅，生活在这湖光山色之中，陶醉在美好的大自然的怀抱中。不过他的经常嬉游的天地，他的乐园，却是他家的后园——百草园。

山灵钟秀，地灵人杰。大自然将她的秀美辽阔、丰富多彩、变化万千的姿色呈现在每一个生活于其中的人的眼前，塑造着人们的情趣与性格。尤其是儿童，他们怀着一颗无牵无挂、天真无邪的童稚之心和自然融会在一起。青山绿水，一草一木，苍穹，原野，春燕秋雁，夏蝉冬雀，都被认为通灵性的与自己一样的生物。孩子们爱它们，与它们一同生长。这种自然因素的作用潜移默化，因人而异。鲁迅以他从小就具有的敏感的特质，感受着湖光山色的秀美风光，深入于百草园充满欢欣的热闹世界中。这使他热爱自然，受到自然的陶冶。这些都深深刻印在他的思想中，以至几十年后，当他在短暂的战斗休憩期"旧事重提"时，便用优美的笔触写下了动人的篇章——《从百草园到三味书屋》，来讴歌他儿时的乐园。在这篇文章中，鲁迅对百草阁作了引人入胜的描写，真实而精炼地勾画了江南水乡的风貌。这些，没有艺术功力，固然做不到，但如不是对描写对象熟稔于心，也是不能够奏效的。

绍兴不仅美丽，而且古老。它的性格倔犟。"越乃报仇雪耻之乡，非藏污纳垢之地"，鲁迅曾多次引用过这句歌颂自己故乡的名言。的确，从越王的十年复仇，到南宋的抵抗金人，明末的反抗清兵，都反映了浙东人民的英勇、刚强。从越王勾践时代到清代，多少英雄豪杰、学士文人，在这里上演了动人的活剧，留下了感人的故事。

在绍兴县城东南边三十里①的会稽山下，有禹王庙和禹穴。大禹治水是我国流传千古的英雄传说，它反映了我国古代的自然状况，歌颂了中华民族艰苦奋斗、百折不挠、战胜自然的宏伟气魄，也赞颂了大禹这样的公而忘私的民族英雄。相传，禹王在会稽山治水成功，人民便在山下建起禹王庙来纪念他。但有的传说更动人，说大禹为了治水巡行天下，当历尽艰险来到会稽时，他不幸倒下了。他的遗骨就埋在会稽山下，禹穴就是他的墓地。古老故事中英雄的业绩，深入于人们的心灵中。历代都有不少人来这里游览、凭吊。少年鲁迅从长辈口中早就听说过同禹王庙的古迹相联系的故事，春朝秋夕，他来到这里，以无限敬仰的心情观赏禹王庙的建筑、禹穴的碑文，特别是禹王的塑像。这塑像有三丈②多高，巍巍然，庄严、肃穆、令人敬畏。

城里的越王台，绿树环绕，芳草芊芊。传说越王勾践曾在这里点兵。台前有一棵古柏，传说勾践正是在这棵树下卧薪尝胆。台自空寂树已枯，但这遗迹，无论真假，都使游人们睹物怀人，想起往古千载越王为报仇复国而发愤图强的情形，激励了昂扬的斗志。这古迹就在城里，离得不远，鲁迅常来游玩，凭吊故乡先贤。

南宋爱国诗人陆游曾有"小筑聊须傍兰渚"，"兰亭路上换春衣"的诗句，兰渚是绍兴的又一个名胜古迹。此地青山隐隐，茂林郁郁，修竹摇曳，清流曲水，幽静、雅致。我国首届一指的晋代书法家王羲之曾在

---

① 1里＝500米。——编者注
② 1丈≈3.33米。——编者注

这里聚会文人，留下了《兰亭集序》名文一篇。兰渚，也是鲁迅常来游玩的地方。看看如画美景，欣赏着古代名文，"仰观宇宙之大，俯察品类之盛"，他的感触与所得，应是很深的。

陆游，在绍兴城乡留下了几处遗迹。鲁迅的祖父曾经告诉鲁迅要读陆游的诗，原因之一就是他的诗中多记与绍兴有关的事。禹寺、禹穴、兰渚、兰亭在他的诗里都有记录，而且作了诗意的描绘。在离水西门十多里、靠近鉴湖的地方，有一个快阁，这里曾经是陆游的读书处，鲁迅的两个祖母的家乡都在这附近。来到快阁，遥想陆游当年的苦读和他的忧国忧民、坎坷潦倒的一生，鲁迅内心的触动是可想而知的。沈园在城里。陆游和他的表妹就在这儿洒下了遗恨终生的离别之泪，一曲《钗头凤》诉说了缠绵的深情，表露了反抗的心曲。鲁迅游历沈园遗址，对诗人的不幸的婚姻，他又将作何感想呢？

绍兴众多的名胜古迹，牵连着英雄伟业的记录、文人学士的故事、诗人词客的恋情，使人无限钦敬、爱戴、追思、怀想。鲁迅后来收集、校勘、写作了不少与绍兴的古人古事有关的著述，显然是在童年、少年时候留下了种子。

走向知识的世界

旺盛的求知欲是儿童的天性。不过，有的得到很好的满足，有的得到平常的收获，有的却被拒于知识之宫的门外。鲁迅应该算是幸运的吧，他生长在文化比较发达的江浙地区，又出身书香之家，这给了他接受文化教养的条件。但最早的知识从何而来？保姆长妈妈的谈话，祖母、姑母的讲神话、说故事，是他最早的精神食粮。民间的年画——那时叫花纸，进一步满足了他幼年的求知欲望。那虽是木板刻画印制而成的，线条不准确，遇到弧线，往往出现棱角，色彩简陋没有光泽，但是，在儿童的眼里，它却是看不够的稀罕物。

《八戒招赘》虽然也是图画，鲁迅并不是十分喜欢，而《老鼠成亲》却引起他极大的兴趣，他在《朝花夕拾·狗·猫·鼠》中说："自新郎新妇以至傧相、宾客、执事，没有一个不是尖腮细腿，象煞读书人的，但穿的都是红衫绿裤。"这人而鼠、鼠而人的形象，在生活里是见不到的，但这正符合了儿童的心理。鲁迅看着画，发挥着自己的想象力：老鼠如何出来，如何打扮，如何举行仪式，如何红红绿绿，排着长队，走过街市。

按照周家的惯例，孩子长到七岁就开蒙读书了。鲁迅也是这样。他首先到远房叔祖玉田的家学里读书，按照祖父的意见，第一本读的是《鉴略》。这本书讲的是历史，但他读不懂，觉得没趣味。十二岁上，他进了三味书屋。

书塾的生活刻板得很：上午读书，下午习字，晚上对课。说笑就是犯禁，玩耍一律不许。私塾不是学习的天地，倒像是儿童的囚笼。

当初进三味书屋时，他怀着一个好想头：听说塾师寿镜吾老先生是个博学之士，那么，能够向他寻求一点有趣的知识啦。记得东方朔说过有一种虫名叫"怪哉"，是冤气所化，用酒一浇就消释了，先生一定知道得详细。于是，一次先生讲完书，将要退下时，他问道：

"先生，'怪哉'这虫，是怎么回事？"

"不知道！"先生很不高兴地回答说。

这种杂学，在当时的私塾里是不许知道的。于是，鲁迅只好仍读那读不懂的书了。在寂寞枯燥的生活中，孩子们只有看看书上的画，或者偷着玩纸糊盔甲，以此消遣。鲁迅也玩这种游戏。但更多的时候，他自个儿画画：用一种薄薄的荆川纸，蒙在小说绣像上，描画下来，日积月累，他画了成套的《荡寇志》《西游记》，都是一大本。这样，他便爱上了图画书。

图画书，家里也还有些，比如劝善惩恶的《文昌帝君阴骘文图说》《玉历钞传》之类，是可以公开在长辈面前看，而不会遭到呵斥的。然而，这里面都画着阴间赏善罚恶的故事，雷公电母站在空中，牛头马面布满地下，鬼多人少，阴气森森，不招人喜欢。有一位长辈，赠给他一本图画本子：《二十四孝图》。

这是他最早得到的一本图画书。上面是图，下面是说明，说的是人间事。起初，他很愿意看。但后来却对那内容产生了反感。他最喜欢的是关于花草的图画书——花书和画谱。他在《朝花夕拾·阿长与〈山海经〉》中说："我那时最爱看的是《花镜》，上面有许多图。"

在同族的一位叔祖父那里，能够看到许多图画书。鲁迅经常到那里去看书。有一次，这位老人说："曾经有过一部绘图的《山海经》，画着人间的兽，九头的蛇，三脚的鸟，生着翅膀的人，没有头而以两乳当作眼睛的怪物……"鲁迅听了非常高兴，恨不得马上拿到这本书。然而老人说："可惜现在不知道放在哪里了。"失望充满了鲁迅的心头。

回到家里，他经常念叨这本书，惋惜着得不到它。后来，保姆长妈妈居然给买来一部①。《山海经》，这是我国古代的地理名著。但它的内容，远远超出了地理的范围，也是一本故事书、神话集。

它说在东山之东二百里，"曰姑媱（音遥）之山，帝女死焉，其名曰女尸，化为䔄草……其实如菟丘，服之媚千人。"

"又东南一百二十里曰洞庭之山……帝之二女居之，是常游于江渊，……出入必以飘风暴雨。"这是《山海经·中山经》中的记载。

在《海外西经》中，有"一首而三身"的"三身国"人，有一臂一目一鼻孔一手的"一臂国"人。在《大荒西经》中有脚长三丈的"长胫国"人，在《海外东经》中有"八首八面八足八尾"的怪物。

这些引人入胜的故事，见所未见的怪物，再加上图画，更是迷人了。鲁迅爱不释手。这本书，教给他知识，启发他思索，引导他想象。

自从得到《山海经》以后，"我就更其搜集绘图的书"。于是，在过年时才能得到的一点压岁钱，他都拿去买书了。放学回家，也常去书铺买书，这是他生活中的一件乐事。知识伴随着读书的增多而日渐增长，书籍成了他的寂寞童年的伴侣，他从中得到慰藉和欢欣。他看了《毛诗草木鸟兽虫鱼疏》，这是一本讲解《诗经》中写到的各种动植物的书，各样动物、植物的生态、习性都加以介绍。他还看了《南方草木状》《兰蕙同心录》《广芳群谱》《毛诗品物图考》这些讲草木虫鱼的书。以后，又买了许多有图的书和画谱，如《海仙画谱》《百好图》《点石斋丛画》《诗画舫》《古今名人画谱》《海上名人画稿》《天下名山图咏》《梅岭百鸟图谱》，等等。

每到晚上，他就坐在母亲房里的桌前，用心地看起图画书来。他爱看书，也很爱惜书。

到十四五岁时，他的知识水平提高了，然而家境已经困难，要买的书多而钱却少了。他于是借了书来抄录。几年间，他先后抄录了《唐代丛书》中陆羽的《茶经》、陆龟蒙的《五木经》和《耒耜经》，《通艺

---

① 《山海经》，大约成书于战国，秦汉时又有增删。书中记述各地山川、道里、部族、物产、祭祀、医巫、原始风俗，保存了许多我国远古的神话传说和史地文献材料。据神话学者袁珂考证，《山海经》"经"字的含义是"经历"而非"经典"，故"山海经"意谓山海的流经与经历，正与其内容的广杂相合。

录》中的《释虫小记》和《释草小记》，晋稽含的《南方草木状》、唐段公璐的《北户录》，清郝懿行的《燕子春秋》《记海错》，以及《农政全书》中王磐的《野菜谱》。这最后一本书，是专门讲述穷苦人在灾荒年里拿来充饥的野菜的书。这些手抄本的书现存于中国国家图书馆。那一本本用毛笔工楷抄下的书，记录了它们的"制作者"曾经以何等认真、精细的态度工作，以何等的耐心与热情来积累这些知识。也许不妨说，它们本身就有"教科书"的价值。

从这些讲动植物的图画书中，在影画、抄写古书的过程中，少年鲁迅学习了动植物知识，熟悉了神话故事和民间传说，练习了写字、画画，并且，培养了他的美术欣赏和艺术想象的能力。

他从爱读书、喜欢植物，更进到自种花草，并且通过自己的实践来对证、订正书上的记载。他在最喜爱的书《花镜》上看到这样的记载：映山红"须以本土壅始活"。但他通过自己的栽培实践，有了新的发现，便在书上批注道：映山红"性喜燥，不宜多浇，即不以本土栽亦活。"

随着岁月和知识的增长，他由喜欢图画书进到阅读文史、杂记之类的书，如《郑板桥集》《徐霞客游记》《阅微草堂笔记》《淞隐漫录》《唐人合集》《金石存》《酉阳杂俎》等。

他从阅读大自然这无字的书，到看图画书，再到读文字书，在知识宫殿的入口处，怀着炽烈的热情、饥渴的情怀，学习着知识。他得到不少当时私塾里学不到的动植物知识，培养了对自然科学的浓厚兴趣，也养成了珍爱书籍、读书认真、一丝不苟的严谨作风。

民间艺术：最早的美学滋养

"你知道吗，猫是老虎的师父。"祖母这样说。祖母常常给鲁迅讲故事。夏夜在庭院里乘凉时，她又这样开始了。原来，老虎从前什么也不会，它投奔到猫的门下来学艺。猫便教它捕、捉、吃，像自己捕鼠一样。老虎把这些本领学会了，于是想："只要把猫吃掉，那么，世间就顶数我强了。"老虎想到得意处，猛地扑向猫。但是，猫纵身一跳，上了树。这项本事，老虎从来没有学，它只好蹲在树下，瞪着在树上"喵——喵——"叫的猫，感觉好像在嘲笑它。

夏夜的习习凉风，阵阵吹来。人民创造的民间故事，令人想起的事情很多。首先，应当庆幸，猫留了一个心眼，要不，从树上跳下来的或许就是老虎而不是猫了。而当弟子的老虎竟这样地对待老师，真是"人心莫测"了。再有，虎虽强悍凶猛，然而却制服不了比它小得多的猫。这点故事，是否含着众多的人生经验和中国人的心态？

祖母还讲过青蛇、白蛇的故事，那是一个幽美、曲折、富于人情味的、启发人们思考人生哲理的民间故事。祖母大概是从《义妖传》这本小说里得来的吧，她老人家讲得头头是道，激起了少年鲁迅的情感波浪和是非之心。他同情白蛇、许仙，痛恨破坏别人幸福、最后把白蛇娘娘镇在雷峰塔下的秃和尚——法海。

"让这雷峰塔快点倒掉吧！"

小姑母也是一个讲故事的能手。她比侄儿们只大十几岁，常常领着他们玩耍，给他们讲故事。

长妈妈也爱讲故事。她讲过"长毛"的故事，还讲过一个美女蛇的故事。

口头文学之外，就是那些民间年画和那些见于图画书的民间故事、神话传说了。这些，我们在前面介绍《老鼠成亲》和《山海经》的时候，已经记述过了。然而，那《二十四孝图》也是有图有画讲故事的书。但它给人的是相反的刺激与感觉。鲁迅最早是喜欢它的，因为它上图下说，鬼少人多，形式活泼，内容新鲜，较之《玉历钞传》等书自然好得多，而且又是他所得到的第一本图画书。其中一些孝子的故事，如《子路负米》《黄香扇枕》《陆陵怀桔》倒也还可以，让人看到亲子之情；可是，《哭竹生笋》就可疑了，哭不出来呢？还有《卧冰求鲤》，更有生命危险了：鲤鱼来不及游过来，怕自己就已经淹死了。鲁迅拿着书，沉思着，继续翻下去，画面上出现了七十多岁的老头，穿着儿童才穿的花衣服，手里拿着婴儿才玩的摇鼓，还要伪装跌倒——为的是逗引高堂老人欢笑。这有多虚伪，令人觉得不舒服。

还有曹娥投江。曹娥为了寻父亲的尸体，投江而死，背着父尸上来了，据说有人议论了，尸体又沉下水去，改为背对背，浮出了水面。曹娥江，就在绍兴城边流过。故事就发生在这条江上了，这孝女不幸的死和死后的不幸，使鲁迅感到哀伤，又产生同情，也为之心寒。

《郭巨埋儿》，更使人不寒而栗：郭巨因为自己的儿子吃奶，使妻子要多吃饭，分了母亲的食，便决定活埋了自己的儿子。画上出现的抱在母亲怀里的孩子，手里拿着摇鼓，笑眯眯的，还不知道自己命将归终。

不过，故事里说，郭巨挖坑却挖出了黄金。——但这是多么渺茫的事。这种残酷，使鲁迅震悚。他在《朝花夕拾·二十四孝图》中说：

> 彼时我委实有点害怕：掘好深坑，不见黄金，连"摇咕咚"一同埋下去，盖上土，踏得实实的，又有什么法子可想呢。我想，事情虽然未必实现，但我从此总怕听到我的父母愁穷，怕看见我的白发的祖母，总觉得她是和我不两立，至少，也是一个和我的生命有些妨碍的人。后来这印象日见其淡了，但总有一些留遗，一直到她去世——这大概是送给《二十四孝图》的儒者所万料不到的罢。

鲁迅的烦恼、惧怕、厌恶和痛恨，是他对封建道德、封建礼教的最初的不满，是反封建思想和人道主义思想在他幼小心灵中最早的萌芽。

我国民间有着非常丰富的戏曲艺术传统，这是千百年来人民群众情感、愿望和智慧的结晶，这里有许多人民群众创造的艺术形象和动人故事。鲁迅在少年时代，广泛地接触了这些民间艺术，他热爱它们，受到艺术的感染，心智的启迪。这最早的艺术教育，在他稚嫩的心中留下了难忘的印象和最早的艺术积淀，成为他以后的艺术创造心理的最初土壤和酵母。

在一年之中只有一两次的迎神赛会中，鲁迅"结识"了"活无常"。这是一个生动活泼、令人喜爱、生长和活跃于劳动人民生活与心目中的艺术形象。

迎神赛会的长长的行列来到了，许多人挤挤撞撞、踮脚眺望，寻找在队伍中最活跃的他的出现。

"'你也来了'来了！"

人群于是骚动起来。只见队伍中活无常鹤立鸡群，跳跃前进。他自述自己的经历，原来他是这样一个"人"：

> 大王出了牌票，叫我去拿隔壁的癞子。
> 问了起来呢，原来是我堂房的阿侄。
> 生的什么病？伤寒，还带痢疾。
> 看的是什么郎中？下方桥的陈念义la①儿子。
> 开的是怎样的药方？附子、肉桂，外加牛膝。

---

① la，即"的"。

第一煎吃下去，冷汗发出；

第二煎吃下去，两脚笔直。

我道nga①阿嫂哭得悲伤，暂放他还阳半刻。

大王道我是得钱买放，就将我捆打四十！

对于这误解和惩罚，他很不满。"不过这惩罚，却给了我们的活无常以不可磨灭的冤苦的印象，一提起，就使他更加蹙紧双眉，捏定破芭蕉扇，脸向着地，鸭子浮水似的跳舞起来。"

在冤苦不堪的悲凉的号声中，他唱道：

难是弗放者个！

那怕你，铜墙铁壁！

那怕你，皇亲国戚！

他是这么坚决，这么铁面无私！

人民之于鬼物，惟独与他最为稔熟，也最为亲密……

一切鬼众中，就是他有点人情。

无常的形象，给鲁迅留下了深刻的、不可磨灭的印象。同样是在《朝花夕拾·无常》中，鲁迅写道："我至今还确凿记得，在故乡时候，和'下等人'一同，常常这样高兴地正视过这鬼而人，理而情，可怖而可爱的无常；而且欣赏他脸上的哭或笑，口头的硬语与谐谈……。"就在这个过程中，鲁迅逐渐认识理解了人民的情趣和思想。艺术成了他与人民之间感情相通的桥梁。30多年后，他旧事重提时，以专题来描述了无常，把他介绍给全国读者，并且，自己凭记忆画下了一幅逼真的、生动的无常像。

"身既死兮神以灵，魂魄毅兮为鬼雄。"劳动人民在反抗压迫的愿望促使下，创造了复仇的艺术形象。由于是在大石底下萌生的花朵，不得不把愿望的实现从人世转入阴间，由鬼神扮演反抗的勇士。"女吊"便是这样的形象。据《且介亭杂文末编·女吊》记载，少年鲁迅在故乡看社戏时，结识了这个"带复仇性的，比别的一切鬼魂更美，更强的鬼魂"。当出现在舞台上时，"她将披着的头发向后一抖，人这才看清了脸

① nga，即"我的"或"我们的"。

孔：石灰一样白的圆脸，漆黑的浓眉，乌黑的眼眶，猩红的嘴唇。""她两肩微耸，四顾，倾听，似惊，似喜，似怒。"

她的生动的、突出的形象，她的复仇的性格，给鲁迅留下了非常深刻的印象。

当鲁迅病体日衰，面临死的垂暮的时候，他写了《死》，在这之后，他又写了《女吊》。

"被压迫者即使没有报复的毒心，也决无被报复的恐惧，只有明明暗暗，吸血吃肉的凶手或其帮闲们，这才赠人以'犯而勿校'或'勿念旧恶'的格言，——我到今年，也愈加看透了这些人面东西的秘密。"从这个早年留下的艺术形象的记忆中，他得出了这样非常现实、富有战斗性的结论。可见，当年这个艺术的熏染，已经进入他的潜意识之中了。

目连戏是鲁迅少年时代接触到的另一种民间艺术。它表演的是目连救母的故事。在这过程中，串演着许多有趣的故事。这故事，从内容到表演都是真正的劳动人民的创造。《且介亭杂文·门外文谈》中说"这是真的农民和手业工人的作品"。

比如，其中有一段这样的表演，题名可以叫"武松打虎"。甲乙两人，一强一弱，先是甲扮武松，把乙——老虎打得要命，乙抱怨甲。甲说："你是老虎，不打，不是给你咬死了？"乙想，也对，那就调换一下吧。这回甲——老虎又把乙咬得要命，乙又抱怨了，然而甲说："你是武松，不咬，不是给你打死了？"

这故事的幽默、机智，它的深刻的思想内容和生动的艺术风格，给了鲁迅以思想与艺术的滋养。直到30多年后，他还在《门外文谈》中讲述这个故事，并给予很高的评价：

> 我想：比起希腊的伊索，俄国的梭罗古勃的寓言来，这是毫无逊色的。

伟大的文学家、艺术家，都从民间文学艺术中得到思想与艺术的滋养，这是孕育他们作品的民族民间风格的源泉，这是他们的作品为人民所喜闻乐见的原因，是他们的艺术与人民相通的桥梁。鲁迅也是这样。他所接触到的民间艺术种类很多，民间画纸、民间故事、民间传说、民间戏曲、小说绣像，以及迎神赛会上的化妆表演、图画书上和民间流传的传统神话，他都有广泛的接触，而且欣赏备至，入脑入心，这是他儿时的享受、无尚的乐趣、精神生活的内容。这些包融于艺术中的各种思想的、艺术的、文化的信息、精神、艺术素质，都进入鲁迅的记忆库，在他心理上留下了印痕，成为他的心理积淀，构成他日后的创作心理的重要基因。

三、遥远的身影与周遭的师友

鲁迅此时依然生活在绍兴，拘囿一隅，还没有接触外面的世界。然而，外面的世界在变化，产生了新的生活与新的人。中国之内和中国以外的世界都是如此。一些遥远的身影在他的世界以外成长，然而又在遥远地、间接地、隐晦曲折地辐射到他的世界里来，影响到他的身心发展。我们这里仅仅简略地述及几个遥远身影及其与鲁迅的遥远（空间和时间）的关系。

当英国的大炮和鸦片枪轰开了封建帝国的大门之后，中国，作为帝国主义的市场，进入了资本主义统治的世界经济体系；作为侵略掠夺的场所，成为列强的屠场；作为封建思想体系的庞大而古老的堡垒，成为资本主义文化的侵蚀对象。山河遭蹂躏，宝藏被搜刮，人民任盘剥，文化在演变。在这样的社会与时代，一代新人在成长。他们必须也必然吸取世界思想文化的营养，承受世界思潮的侵袭和影响。鲁迅就是如此。我们把视野扩大，越出国界和文化界，来看一下与鲁迅切近的前辈和同时代人，这对于认识和理解鲁迅世界的诞生和鲁迅的思想是有益处的。

1881年秋天，当鲁迅呱呱坠地的时候，无产阶级革命导师、马克思主义创始人卡尔·马克思便已经进入暮年。他患了肺炎，有生命危险。1883年3月14日，马克思逝世了。恩格斯说，这是"十九世纪下半叶最伟大的头脑停止思想了"①。

这时候，在世界的东方，亚洲的中国，一个伟大的历史人物鲁迅才一岁多一点。他还在已经衰蜕为小康之家的台门里无知无识地生长。但是，此时的世界已经进入了新的时代，那位"人类的头脑"批判地吸收

---

① 恩格斯：《致爱·伯恩斯坦》，载马克思、恩格斯《马克思恩格斯选集》第4卷，人民出版社，1972，第437页。

了人类文化的最高成果，从批判旧世界中发现新世界，创立了马克思主义。欧美工人阶级已经把它作为解放自己的精神武器，行动起来了。《共产党宣言》《资本论》被译成了多国的文字，共产主义也已经在欧洲有力地游荡了。中国当时还没有这个条件来接受这一切。但是，在欧洲、美洲发生的事情随着太平洋的波涛传播到了中国，影响着中国，改变着它的发展方向。历史的发展为活跃于它的舞台上的伟大人物准备了一个封建、半封建的社会条件。当马克思伏案逝去时，他决不会想到，在万里之外的中国浙江绍兴，有一个婴儿，在几十年后，会以他的思想学说为自己的归宿，成为他的主义在东方的重要信奉者。这种历史现象似乎不可思议，也许纯属偶然。然而，这里却蕴含着历史的逻辑。马克思主义的普遍真理必将流布于四海，成为各国人民求解放的武器；一个真正的革命家，在为国为民的奋斗路途中，只要始终如一，追求真理，必然最终走到马克思主义道路上来。鲁迅正是如此。

鲁迅所崇敬的中国民主革命的先驱孙中山比鲁迅大15岁。当鲁迅来到人世的时候，孙中山正随母亲杨氏住在檀香山他哥哥家。他先当店员，后来上了美国基督教会办的学校。在这里，他学习了新知识，读了讲述华盛顿、林肯这些资产阶级革命家生平事迹的书，特别是夏威夷人民的反美斗争，他们喊出的"夏威夷是夏威夷人民的夏威夷"的口号，使孙中山形成了反对殖民主义和要求民族独立的思想。当鲁迅开蒙上学，开始读《鉴略》以及走进三味书屋时，孙中山正就学于香港西医书院，学医之外，更学习西方的政治学、军事学、历史学、物理学、农学等新知识、新学问，特别爱读的是《法国革命史》和达尔文的《物种起源》。他受西方资产阶级革命的思想影响，树立了进化论的观点。在鲁迅的整个接受封建教育的少年时代，孙中山却接受的是西方资本主义的教育；鲁迅在这个时期酝酿了他对于封建思想的不满，但对于西方资产阶级文明还不知其存在，孙中山则在这个时期酝酿了他的资产阶级民主革命思想，成为一个积极向西方学习、探求救国真理的爱国青年。他们的世界终将交叉。

当鲁迅行将结束少年时代的生活，迈进青年时代（1896—1879年）的时候，孙中山已经卓然成长，建立了兴中会，发出了资产阶级民主革命的第一个信号，1896年在伦敦被清朝驻英使馆绑架，被囚42天。后来由他的英国老师康德黎营救脱险。从此他名扬四海。

孙中山代表中国资产阶级民主革命力量，一天天成长、发展，反映了中国社会在变、中国革命在发展。鲁迅正迎着这变化长大起来。孙中山作为革命的先行者，推动中国革命运动前进，给后继者鲁迅开辟了一个发展的新天地，建造了一个扮演历史活剧的新舞台，而且，引导着后继者循着他的足迹前进。

鲁迅的战友、中国第一代共产主义知识分子、中国共产党的创始人之一李大钊同志，诞生于1889年。这年，鲁迅已经8岁，正就读于三味书屋。鲁迅出生于江南水乡，李大钊出生于冀东平原。他的身世比鲁迅悲惨得多：他的父亲在19岁上便得肺病死去，留下了他这个遗腹子。他出生才16个月，母亲便因忧伤过度而弃世了。后来，在狱中，他追忆儿时，写道："在襁褓中，即失怙恃，既无兄弟，又鲜姐妹，为一垂老之祖父抚养成人。"比起鲁迅的一家融融，相去甚远。

当李大钊7岁时在偏僻的村塾里开蒙，习诵《四书》时，鲁迅已经15岁，家庭已经没落，知识却大有长进，他对图画、民间艺术已经产生了浓厚的兴趣。同样，作为中国新的思想文化的革命先驱，他们共同生长于内忧外患日益进迫的时期，共同成长于日益陷进半封建、半殖民地苦难深渊的社会之中。他们同样是"侧身天地，荆棘如林"①的处境，同样处在"空山已无歌哭之地，天涯不容飘泊之人"②的境地。但是，他们的家世不同，他们的家教不同，他们幼年时代、少年时代的生活经历不同，一个生长在江南古城的台门世家里，一个生长于华北农村的乡绅之家；一个在南方熏染了一些欧美资产阶级文化的火焰，一个在北国亲见了八国联军的肆虐和家乡冀东各地的义和团起义。就是这些，使他们有着不同的志愿，走着不同的道路：一个去到日本，决心学医，以医学来救国救民；一个却来到天津，坚决不投军医学校，立志学法政，正如《狱中自述》中所说："急思深研政理，求得挽救民族。振奋国群之良策。"③

他们两人，少年时经历殊异，长大后在选择救国道路上却分道扬镳。但是，后来，他们在五四运动中，却成为亲密战友，虽然，"所执的业不同"。更以后，又殊途同归，都成为共产主义伟大战士。他们共

---

① 《李大钊传》，人民出版社，1979，第4页。

② 同上书，第5页。

③ 李大钊：《狱中自述》，转引自《李大钊传》，人民出版社，1979，第6页。

同走着历史必由之路。这些都是遥远的身影，目前还只是作为鲁迅世界的遥远的外在世界而存在。但从他们的状况可见鲁迅成长之背景。

鲁迅的同时代人还很多，南京求学时期、日本留学时期、五四运动时期……他的"历史同龄人"还很不少，他们都或多或少影响了鲁迅，就像鲁迅也影响了他们一样。这里，我们不拟细说。而只把与他的幼年时期有联系的主要历史人物的情况，同他的发展史配合着简略地叙述一下，从历史的窗孔中，窥探一下他的思想成长的背景、路径和渊源。

然而，对于鲁迅的世界产生直接的、明显的、早期的心性影响的，则是生活在他周遭的师友们。他们是当时正在直接发生作用的力量；虽然在以后，那些在背景中存在着、活动着的人们，当时还只是在遥远之处与鲁迅"各不相扰"地发展，但之后却走到"前台"来，成为影响鲁迅世界和他的发展的更重要、更切近的力量；但是，在当时，直接地和更有作用地影响少年鲁迅的，还是生活和活动在他身边的这些师友们。他们播下了一些影响鲁迅今后发展的种子。

每一个儿童来到世上以后，就由他周围的人组成他的老师和朋友的队伍，给他以各种各样的、好或不好的影响，自觉或不自觉地引导他走上人生的道路，影响他的发展方向。这是一个虽然常常不被注意但却是不可忽视的现象。

鲁迅少年时代的师友可谓不少。有的是名义上的师，但既不是老师也不是朋友；有的既是师又是友，像朋友那么亲密，又像老师那么给他教益；有的是给他教益的老师，但不是朋友；有的是用友情的温暖慰藉了他童年生活中寂寞的心。

1882年，当鲁迅不到两岁的时候，父亲便把他送到绍兴城里长庆寺，拜了一个和尚为师父。这就算是舍给寺里，出家了。据说，这就可以避免灾难，得以长大。

鲁迅虽然拜了师父，小时候也常常去长庆寺，但并没有学什么佛法经书，更没有产生一点皈依佛门的念头，倒是从他的师父和师兄们相同的和不相同的生活经历中，看见了以"普度众生"为号召的佛教的弊端，也感受了他的师父和两个师兄的不脱红尘的世俗感情与生活。

鲁迅的第一位真正的老师要算是保姆阿长，即长妈妈吧。她把鲁迅带大，给鲁迅讲故事。她讲过老百姓怎样给菠菜取了一个"红嘴绿鹦哥"的好听名字，就使得皇帝终年老老实实地吃菠菜。鲁迅后来从这民间故事中，悟到了皇帝会施行愚民政策，老百姓也会实行愚君政策。她给鲁迅买了带图的《山海经》，使鲁迅得到了自己第一本心爱的书。直到几十年后，鲁迅还深情地追怀这件事。阿长是一个劳动妇女。她连真名也不为人知，但她的勤劳艰辛的一生，纯净的灵魂和朴素的爱，却使鲁迅对她怀着深厚的感情。三十多年后，鲁迅在《朝花夕拾·阿长与〈山海经〉》中写道："仁厚黑暗的地母呵，愿在你怀里永安她的魂灵！"

鲁迅开蒙读书的第一位先生，是远房叔祖周兆兰，他字玉田，小名兰，孩子们都管他叫兰爷爷。他是个秀才，在同族长辈中算是个有学问而且有艺术趣味的人。他读书多，藏书也不少，自己还写得一点诗词古文。他长得胖胖的，为人和蔼。他家里种了许多花木，有珠兰、茉莉，还有据说是从北边带回来的马缨花。由于受到他的影响，鲁迅也自己栽种花木。

兰奶奶跟兰爷爷正相反，她对什么都无所谓，不要说对兰爷爷的书她不感兴趣，就是对他的花花草草，也不爱惜。有时，她把晒衣服的竹竿放在珍贵的珠兰花的枝条上，把花枝压断了，她还要骂一声兰爷爷："这死尸！"所以兰爷爷是一个孤独的老人，他因此愿意侄孙们到他家里来慰他的寂寞，亲切地叫他们作"小友"。

他家里的藏书很多，而且还有别人家里没有的"闲杂"书。鲁迅简直把这里当作自己的图书馆，时常来借书。

1892年，鲁迅12岁，他离开家塾，到三味书屋读书。这里的寿镜吾老先生，算起来是第四位教他读书的先生。他是一位学问高深、为人正直和气的人。他的为人和品德深为鲁迅所敬重，也许鲁迅受到了他潜移默化的影响。他家父子三人均以教私塾为业，不事权贵，安贫守拙。一件长衫，挂在那里，父子三人出外时，轮着穿。老先生不喜八股文，却深爱汉魏六朝文学，时常诵读并且抄写。鲁迅耳濡目染，也喜读汉魏文章。鲁迅在三味书屋一直读到17岁，寿先生的影响似乎也就这一点点吧，但却是颇为宝贵的。

鲁迅在幼年的时候，便"混进了野孩子群"，在农民孩子里结识了不少朋友。

外祖母家在离城30里的安桥头。这里全村住的都是鲁姓人，绝大多数是农户或者种地兼打鱼的人。鲁迅的来到，被看作大家的客人，许多农民孩子和他一同玩耍。虽然有的辈分大，但年纪相仿，大家玩得很好。他们教给鲁迅许多在城里、在书房里学不到的农业生产和农村生活的知识。后来，外婆家又搬到皇甫庄住。鲁迅又同这里的农民孩子结识了。除了日常玩耍，他们有一次生动、愉快的看社戏的事情。后来，鲁迅把这段生活，作为素材写成了小说，记录了他与农民子弟的深厚友谊和农民子弟的淳良质朴的品德。

1893年，鲁迅13岁这一年，他家轮到九年一次的值祭，要主事家族的祭祀。新年神像前的祭器要有人看守，常来做忙月的短工章福庆便让他的儿子运水来帮忙。

新年将到，祭器已经搬出来摆上了，章福庆果真带了运水来。他圆圆的脸庞，带着银项圈，样子很老成朴实。鲁迅很快和他交上了朋友。这一对小朋友，手拉着手，一同到绍兴城的大街上蹓跶，一起到风景区游玩。运水来自海边农村，告诉他许多新鲜事：贝壳有"鬼见怕""观音手"；潮汛来时，可以看到一种老是跳的鱼，长得像青蛙似的，有两只脚。还有沙地看瓜，要同"猹"战斗。这是一个多么神奇的世界呵！

祭祀结束了，庆叔要带运水回去了。鲁迅和运水都哭了，他们恋恋不舍地分了手。友谊的种子在两个少年的心上发芽滋长。1900年，运水再度来城里。这时，鲁迅已经20岁，正从南京回故乡度假。他很高兴地同旧友重逢。青年时代的运水在婚姻问题上很不如意，以后又是十几年的人世坎坷，他们的变化很大很大。这些，反映在小说《故乡》里面了。鲁迅这篇不朽的名著，正是对运水的深厚情谊所开出的艺术之花。

鲁迅13岁以后，除了上学读书，还逐渐地帮助母亲处理家务，和社会的接触面日见广泛了。在他家附近的居民中，手工业工人、种菜的、打短工的、摇船的、抬轿的，他都有一定的接触，有一定的了解，这些劳动者也可以说属于他的师友。

幼年鲁迅所生活的时代和社会状况，他所在的故乡和家庭的环境，他的家世和家族成员，以及他的各方面的师友，我们在前面已经介绍过了。他的思想性格就是在这样的环境中逐步萌芽、发展、形成的，当然，这还是在早期，是在发展途中，是构成他日后的伟大思想性格的最初因素。

四、人间浪涛

鲁迅在13岁时，就过早地结束了他的和平宁静的少年生涯。这是他的生活道路和思想性格的重大转折点。

1893年，鲁迅13岁。这年的2月16日，曾祖母戴氏病故，在北京做官的祖父周福清赶回家来办丧事和守孝。

秋天，正是乡试时期，浙江正主考官殷如璋到了苏州，周福清说是去拜访他们，实际是去买通关节。他派了家丁陶阿顺，封了一万两银子的期票，开了书生五人：马官卷、顾、陈、孙、章，又小儿第八等的姓名，请关照。

阿顺到主考官的船上，呈上了书信。这时，副主考正在船上说天，主考心里明白是怎么回事，故意不拆信，吩咐打发来人回去。陶阿顺急了，大喊大叫：

"那信里有钱，怎么不给收条呀？"

殷如璋只好当场拆封，事情也就暴露了。案子到了光绪皇帝那里。正赶上他想励精图治，当天就下了一道谕旨：

"案关科场舞弊，亟应彻底查究。丁忧内阁中书周福清著即行革职，查拿到案，严行审办，务得确情，按律定拟具奏。"

祖父信中的"小儿第八"，即鲁迅的父亲。他原有的秀才身份被革除了。祖父则在光绪上谕到达浙江之前，便在会稽县自首投案，被解送杭州，投进了监狱。按清律，考场舞弊应判死罪。周家变卖田产，各处疏通，刑部这才奏请"于斩罪上量减一等，拟杖一百，流三千里。"上谕则说："未便遽予减等。周福清著改为斩监候，秋后处决。"

这个突发事变，使鲁迅的家庭受到猛烈的冲击，迅速没落，经济上由小康坠入困顿。因为怕株连家族人等，鲁迅兄弟逃到外婆家避难。这时，外祖父已经去世，只有外祖母和两个舅舅。这种寄居生活，人家看不起，他们被当作乞讨一样的人。鲁迅随舅父先后迁居皇甫庄和小皋埠，那些豪门贵族，歧视穷亲戚，这和当年到安桥头外婆家的情形真是天壤之别。人情冷暖，世态炎凉，使鲁迅幼小的心灵上第一次投上社会人生变迁的阴影。

在这两处农村，他看见贫苦的雇农被地主逼债，走投无路，上吊而死，也看见极端劳苦艰辛的盐工日夜疲于奔命却还要受东家的鞭笞；还有可怜的寡妇，为失去儿子而哭瞎了双眼；年轻的姑娘因为贫穷没有陪嫁被夫家抢亲劫走。这些穷苦农民的悲惨生活情景，深深印在他的心里。他自身的不幸遭遇，使他的心容易与这些穷苦人的心相通，引起对他们的深切同情。

13岁的鲁迅，被人世的浪涛冲击到这僻乡一隅，过早地尝到了人生的苦辛。在寂寞中，他更思念焦灼煎熬中的父母。

在小皋埠住了大约半年，风声渐渐松了，在第二年的春夏之交，鲁迅和弟弟们又回到城里，回到双亲的身边。然而，并没有体验到团聚的乐趣。

冬天，父亲病倒了。从此，鲁迅常常出入于当铺和药铺。他为母亲分担着生活的悲愁和忧伤。他拿着衣物家什，在比自己高一倍的当铺柜台前去典当，在冷漠、歧视的眼神下接过钱，又到同自己一样高的药铺柜台前为父亲买药。父亲生病以后，先是请了一位姓冯的中医。他来看病时，总是醉醺醺的，还说些"舌为心之灵苗"之类的昏话。以后，家里人陆续请了两个当时绍兴的名医：姚仙芝与白莲臣。他们名气高，要价也高，还专门开些不易找到的古怪的药引，什么芦根啦、经霜三年的甘蔗啦，什么原配的蟋蟀一对（即本在一窠者）。有一回，还开出什么"平地木"，鲁迅问药店，问乡下人，问卖草药的，问年轻人，问读书人，问木匠，都是摇摇头说不知道，最后还是问到那位博学杂识的兰爷爷才算找到了。可是父亲的病却日益沉重了。

在与这些庸医的周旋中，在出入于当铺、药铺中，以及见到母亲的操劳与忧愁、父亲的病苦与忧伤，鲁迅幼小的心灵日益感到家境的困厄。尤其使人焦急的是，祖父监禁在狱中，每到秋天，就可能服刑问斩，这时，母亲就要辛劳奔波，筹措款项，去赎买疏通，渡过这一难关。父亲因贫病交加，脾气越来越坏，经常闷闷地喝酒，醉了，就发脾气，使家人痛苦。鲁迅对此印象极深，后来，力戒自己过饮。

祖父从北京回来时，带来一个与小姑同岁的姜潘氏，她像一个飘零到这个封建大家庭里来的孤女一样，被人蒙骗、耍弄、挑唆，使这个多难的家庭更增加了争执和不悦。妇姑勃谿，这是封建家庭必然出现的弊害和腐败现象。由于幼时的印象深刻，鲁迅以后对这种事情深恶痛绝，并且给予深刻的批判。

贫贱家庭百事哀，而不幸则像盐一样撒在人们在生活中被折磨出的伤疤创口上，由此而使他们的脾性改变，易怒而暴躁，给家庭生活带来乌云和风暴。首先是一家之主的祖父，他本易怒，好骂人，奔丧居家期间，变本加厉，不仅同妻子蒋氏不睦时有口角，且出秽语恶言。对儿孙，为了早晨没起床，就会像夏日的暴风雨，脸一变，便爆发了，很叫人难堪，家庭气氛紧张。

周福清与儿子伯宜的关系也是不好的。前述的爆发，原因之一就是伯宜也没有起床。而且因为他的晚起是因为抽鸦片烟。他为此事对儿子是如此痛恨，以致儿子死后，他在挽联中，还给予讥刺性批评，悬之壁上，能不叫家人为父子之不睦以至如此而心寒吗？他的孙儿们（当然是该包括鲁迅在内的）也因此不满，觉得人已经离世而去，还这样不能原宥吗！？

父亲本来的脾气是好的，然而发生了家庭变故后，他因为科场舞弊案的诱因之一是为自己的考试通关节，使父亲突遭横祸，负疚于心；自己又因此受惩，不得再应试并被革去秀才功名；而且家庭从此不振，自己身罹恶症；这样，便萎缩了那和善的一面，而恶性地发展了乖戾的性格。他有时喝喝酒会突然发作，将食具横扫地下，也是风暴式地把哀伤痛苦洒向家人与家庭吧①。他的抽鸦片，不仅为周福清所痛恶，而且给家人以痛苦。有时，母亲拉着小豫才的手，去到父亲常去的那个本家窗外，偷偷地察看，父亲果然躺在烟床上。母亲黯然饮泣，悄悄地拉着儿子的手走回家去。这是怎样凄惨的情景。它一定曾经深深刺痛了鲁迅的心，而留下难忘的记忆吧②。

鲁迅的妹妹瑞姑，生于1887年，比鲁迅小6岁，出生第二年便得天花死去，鲁迅的父亲对爱女的夭折最为伤心，亲为之题写墓碑。鲁迅的四弟椿寿，聪明貌美，最为母亲疼爱。但一场急性肺炎夺去了他的小生命，母亲悲恸不已，鲁迅也颇伤怀。当时他17岁，已求学南京，然而

① 鲁迅对此印象很深，痛苦的记忆深深烙在心上。直到他中年时，说到自己不会酗酒，还指出其原因是记得父亲的醉酒如何使母亲痛苦。

② 对于鲁迅父亲的吸食鸦片，周冠五等的回忆中，都解释为因为用以治病，久而成瘾。但是，周作人在《知堂回想录》中偶然涉及此事，说：当周福清奔丧刚回家时就因儿子伯宜抽鸦片晚起而发火。而此时伯宜尚未得病，家庭变故亦尚未发生。可见他是早已抽鸦片了。正是因此，其父对之不能容忍。

因四弟之丧，连县考都无心应试了，足见其心痛之甚①。鲁迅的小姑母周康，1894年得产褥热惨死，此时鲁迅14岁，曾为文祭奠。

这些亲人的相继亡故，且都是不正常的逝去，在鲁迅的心灵上留下了深深的伤痕。

家庭的变故和没落，改变了鲁迅的思想方向，引起了他思想上、感情上的剧烈变化。他在人世波涛的冲击下，开始注视严酷的现实，寻找它的意义与真相。……

五、看见世人的真面目

少年鲁迅从两方面经受冲击和启发，睁开眼来看世界。

首先，他曾在家庭的开明气氛中获得思想的营养和最初的启蒙。

祖父虽然脾气暴躁，但是耿直，虽然热衷科举功名，但却具有一定的开明思想。他并不强迫儿孙们钻研试帖八股之类的腐物。他主张小孩子应该先念一点历史书，好对史事有一个简括的了解（这显然是他受到当时已经开始酝酿的维新思潮影响的结果）。然后，可以看《西游记》，因为容易懂，小孩喜欢看。接着，可以看《诗经》，这也是比较好懂的。他写过一张《示樟寿诸孙》的字条，至今保存在北京鲁迅博物馆里，上面写道：

> 初学先诵白居易诗，取其明白易晓，味淡而永。再咏陆游诗，志高词壮，且多越事。再诵苏诗，笔力雄健，辞足达意。再诵李白诗，思致清逸。如杜之艰深，韩之奇崛，不能学亦不必学也。

他对孙辈的读书指导，表现了他的爱好和格调。他主张读白居易、李白、陆游、苏轼的诗，而不主张学杜甫和韩愈的诗。他对白、陆、李、苏诗的评价都是颇具见地的。这个专门写给鲁迅等孙儿们的"意见书"，对于鲁迅当然有直接的指导作用，而且在思想上有久远的影响。大概就是在他的指导下，鲁迅开蒙读书，不是像一般人那样，念《百家姓》《三字经》，而是读《鉴略》。同样，正是因为有这种开明的家风，

---

① 周作人在《鲁迅小说里的人物·旧日记里的鲁迅》中持此说，而周建人则说鲁迅是厌恶科举制度而不应复试。看来两种原因皆有，四弟之丧则是心情上的因素。

鲁迅幼年时候才有机会读《西游记》之类的"闲书"。

1900 年正月，鲁迅从南京回家过春节，路过杭州，曾经去狱中探望祖父。祖父交给他两件东西带回家中，一是浙江求是书院章程，一是《圣武记》十本。祖父还在信中说：求是书院明年正月二十日招考儒童60 人，可以去考。这求是书院是当时维新运动中产生的一个新式学堂。祖父身在狱中，还念念不忘叫孙儿去投考，可见他对维新运动的态度了。《圣武记》是清代地主阶级进步思想家魏源的著作，它记述了清朝初期到道光年间的军事史实。其中有关于鸦片战争的可靠史料。祖父还写有《恒训》，教育子弟要有恒心。《恒训》中还有这样的故事：有兄弟三人，老大当官，老二开大店铺，老三最次，开豆腐坊。可是，后来当官的败落了，开店的倒闭了，生活没有出路，都到老三的豆腐坊来做工为生了。祖父讲述这样的故事，表明了他的见地：官商二家的荣华富贵不可靠，小本买卖、劳动为生，虽苦却安全可靠。这反映他经历宦途坎坷和家族衰败后的忧心忡忡。鲁迅在南京时，曾经手抄《恒训》，可见他对这本家庭生活和道德教科书的重视，也可见这《恒训》对他思想上的影响了。

当然，这部《恒训》中，有许多一般处世格言，还有旅行须防匪人、勿露钱财、勿告姓名之类，其中有的教条反映出封建保守思想，如警戒后人不要相信西医"戴冰帽"，他认为谁戴谁就要死。这一点，鲁迅后来直接违反了他的遗训，对西医十分推崇，并且一度想用西医来推动维新运动。

祖父的性格和他的庭训，都表现了他的思想中开明的一面，而它很明显地在鲁迅思想上留下了痕迹。鲁迅后来的坚决不走科举道路，走进被人看作把灵魂卖给洋人的新学堂，以及后来思想中最早的倾向进步的因素，都和祖父的影响有着不可忽视的因缘。

鲁迅的父亲叫周伯宜，本名凤仪，后又改名文郁、仪炳，是个秀才，但乡试却多次未中，只好赋闲在家。

关于他，由于鲁迅在《朝花夕拾·五猖会》中的那段描述——正当全家兴高采烈，准备去看迎神赛会时，他突然勒令鲁迅背书，因此人们一般都认为他是一位威严凌厉、难于接近的父亲。其实不然，他虽然严厉，寡言笑，却很和善。他从没有打骂过孩子，这在封建社会是不可多得的。他有时喝酒，高兴起来，会把孩子叫到跟前，给他们讲故事。他同鲁迅的祖父一样，也有着比较开明的思想。1894 年中日（甲午）战争时，他曾经为战争和国运担忧。他还说过：现在有四个儿子，将来可以派一个往西洋，一个往东洋，去做学问。在距维新运动的兴起还有好几年的时候，他就有了这样的想法，可以说是颇为进步的了。不过，后来由于他的父亲入狱（这入狱的原因又同他有关），家庭败落，自己又被取消了应考资格，病魔也趁机纠缠住他，他的脾气就坏起来，改变了那和善的一面，而恶性地发展了严厉的一面了。他不迷信，不怕鬼。他坚持说世上没有鬼，自己死了，也不会变鬼，甚至在他逝世时，他也申明什么也没看见。他还有一个照鬼的故事。那是光绪初年的一天，他在亲戚家吃酒，半夜才归，提着一盏灯笼，独自走着。来到一个僻静的弄堂，忽然看见一个东西：身子只有三尺长，脸狭长，有一尺多，长长的头发披散在两边。这是“鬼”，一个“矮子鬼”。他没有害怕，迎着“鬼”走去，倒有点庆幸自己有运气，能够真正见识一下“鬼”。他走上前去，“鬼”并不退避。他走近了，举起灯笼在“鬼”面上一照，那“鬼”呼的一声逃跑了。原来，那是一匹马，在一个废园的倒塌的墙的缺口，伸出头来观望。他后来常常给人讲述这个故事，并且说：“我好容易见到了马面鬼，就可惜是一匹真的马。”他讲的这个故事，给了鲁迅很大的影响。他后来也有一个在坟场踢“鬼”（一个盗墓者）的故事。他讲给别人听，然后说：“鬼是怕踢的。”父亲的不迷信，不信鬼，并且打“鬼”，这样的思想性格也给了儿子以一定的影响。

鲁迅与父亲的感情是很好的。有的传记和有关文章中，完全依据《朝花夕拾·五猖会》的记述或者更加上自己的臆测，把鲁迅说成不理解父亲，甚至把父亲当作封建礼教的维护者，而产生疏远、厌恨的感情，这是一种误解①。鲁迅后来到日本留学，最初决定学医，其原因之一，正如大家所知道的，就是“救治像我父亲似的被误的病人的疾苦”。

这表明鲁迅的父亲也同样在时代风雨的吹拂下和自身的不幸遭遇

① 乔峰（周建人）在《略讲关于鲁迅的事情》中说：“我为了求事实的真相明白起见，我想指出：鲁迅说的‘我至今一想起，还诧异我的父亲何以要在那时叫我来背书’的话，据我了解，是在形容过去当时所感到不快意，甚至于后来追想起来犹如此。其实，鲁迅不会真的不理解：在那时候，真是严厉的家庭，迎神赛会，根本就不会许可小孩去看的……鲁迅的父亲只要鲁迅把功课背出了许可他去看五猖会，在那时，已经要算比较的‘民主’了。”[乔峰（周建人）：《略讲关于鲁迅的事情》，载《鲁迅回忆录》，北京出版社，1991，第742页。]

中，萌生了倾向于维新的开明思想，而且用这些感染了他的儿子们。而鲁迅对父亲的情感，也使他能够比较容易地接受父亲的影响。

父亲后来的脾气变得坏了，他自己痛苦，家人也痛苦，这痛苦并没有使鲁迅对父亲产生怨恨，那时他就已经能够理解父亲的苦衷了。这痛苦的记忆，使鲁迅日后约束着自己不纵饮、醉酒了，也不向别人发作。

如果说家庭主要成员，特别是祖与父这样两代长辈的开明的思想成分给了少年鲁迅的思想以最始初的和最初级的启蒙影响，并为他的趋向维新开辟了道路；那么，家庭的和家族的没落，在没落途中的种种人生相以及种种亲人的衰败凋敝惨状，则成为人生的激浪、社会的冲击力，而使鲁迅睁开眼来，惊讶而又凄凉地窥视人生，并产生惆怅与郁悒、痛苦与悲伤，也萌发了疑问和追求。于是他走向人生的与世界的海边，眺望……

在生活的风雨摧残下，百草园里的快乐消失了，三味书屋中所体味的那种寂寞更为加深了，周氏家庭中的脉脉温情，全被愁云惨雾所代替。封建大家族的败相越来越暴露无遗了。

在新台门周家，破落大户的子弟，群魔乱舞般登台献演。有的没有谋生本领，穷困潦倒，丑态百出；有的假充斯文，却偷鸡摸狗；有的沦为乞丐，仍傲气十足；有的终日幻想发迹，而至疯癫；有的破产流落，混迹市井，或寄宿寺庙；有的家破人亡，妻离子散……。整个封建家族在崩溃、腐烂，等待末日的到来。

尤其给他留下深刻印象的，是明爷爷之死。他考秀才考不上，教家塾，尽出错，处罚学生又非常狠。两个儿子都遭他毒打而出走了。他成年盼望着从地下挖出白银来，真的挖了几回，却失败了。他渐渐神经错乱了。常常大劈自己的巴掌，又用头去碰墙，大声地嚷："不肖子孙，不肖子孙！"在一个炎热的三伏天，他拿剪刀戳破了自己的喉管，又在胸前刺了五六个小孔，竟用纸浸煤油点着火，伏在火上烧，烧了一会儿，便走出房门，到桥边，跳下了河，嘴里喊着："老牛落水哉，老牛落水哉！"

他就这样卑微地死去了，他的一家，就这样飘零了。

礼房的子弟中有一个阿惠，当过朱墨师爷之类，早已赋闲，整日无所事事，就泡在茶馆里，成了绍兴话所说的"街椿"。四七是鲁迅的堂伯，年轻时潇洒能干，写得一手好字。可是，后来吸上了鸦片，又好酒贪杯，整天在外鬼混，傍晚才晃回来，他曾经讲过自己的"打翻以（又）爬起，爬起以（又）打翻"的艰苦的英勇奋战史。斯文扫地，潦倒破落。而四七的兄弟五十却是另一路货。他总是笑嘻嘻的，什么也不干，然而却总是吃得很好，过得很舒适，而且抽鸦片。他常说："没有钱，愁它什么，到时候总会来的。"他的钱从哪里来的呢？这很叫人怀疑。

另一类破落户子弟，早已失去书卷气，但倒也不是流氓地痞，只是完全成了一个一无所能的多余的人。桐生要算是鲁迅的叔伯辈了。他几乎不识字，什么也干不好，他并不偷窃，但在酒面前却失去了一切控制力，有时借到一点钱，宁可饿着，却买了酒灌下去。他生命史上的光荣记录要算是求爱那出戏了。有那么一天，他来到义房的厨房里，忽然跪在老妈子面前，乞求道：

"你做我的老婆吧！"

然而他有一句话倒是说得深刻：他怨恨父亲造成了他的不幸生活，说他养儿子像生蛆虫似的，生下就不管了。——这正是破落大户腐败的一个深刻原因和具体表现。

这些周家子弟，他们多少辈来身居台门，养尊处优，趾高气扬，如今一个个落得浑身酸臭气，纨绔浪荡胎，成了不务正业的"多余人"，沦为社会渣滓了。

观鱼（即周冠五）在他的那本真实详尽地记录了周氏家族的历史和没落后的状况的著作中，曾经不厌其烦地记述了在台门周家出现的种种人物，他们都是活动于鲁迅周遭的人物，鲁迅从他们身上看见了自己家族的形象和命运，也看见了当日的世界。观鱼是这样写的：

现在把春秋两届参与祠祭典礼时，所目击的实际情况，就记忆所及作一概括的介绍，权作当时的实地写照。

宗祠中所接触的是哪些人物呢？粗率地观察分析，可说是行行皆有，色色俱全，熏莸同器，良莠互见。有官绅胥幕，地主奸商，有衙役地保，乞丐小偷，有媚富傲贫的钱猢狲（绍兴呼钱庄中人为钱猢狲，以其手腕敏活，动即为其攫去），有剥食贫民的镴夜壶（镴夜壶绍人呼当"朝奉"的鄙称，绍人呼"尿壶"为"夜壶"，呼"锡"为"镴"，意谓用锡制夜壶，锡即等于废料，不能改制他物，以其臭不可闻也），有执行死刑的刽子手，有局赌渔利的牧猪奴，有玩弄女性的假道学，有巧取豪夺的伪君子，有颠倒是非的恶讼师，有代撰书状的"官代书"（清朝经官衙考取准为人民代撰书状的谓之官代书，由官发给木戳，撰就盖于状尾），有坐拥皋比的村学究，有酸气扑鼻的穷秀才，有累试不第的老童生，有种菜翻地的园艺人，有挑葱卖菜的行贩人，有小本经纪的商业人，有工雕琢篆的手艺人，有擅长丝竹管弦兼唱词调的曲艺人，有专务游荡不务正业、迷信宿命坐以待毙的没落人，有胁肩谄笑卑鄙龌龊的无聊人，有遇事生风借端敲诈的白相人，有迎神赛会演戏施食首事敛钱的人，有游山玩水迷惑风鉴寻求来龙去脉的人，有诵经拜忏勉持生计的人，有念佛宣卷借作鬼混的人，有看相卖卜测字算命浪迹江湖的人，有纵情逸乐不问生计唯声色犬马是务的人，有好吃懒作自趋绝境的人，有傲世玩物目空一切的人，有忍饥挨饿不屑人怜的人，有依人作嫁的店伙栈司，帮工打短的苦力，依赖手艺的百作老司（泥水木作，成衣剃头等等都叫百作老司）。凡此种种都是全族众的写景，三台门中的人物当然也有些在内，不过像地保、衙役、乞丐、小偷、刽子手、代书等是三台门中所没有的。[1]

这简直是当时社会的一个缩影，从绅商到官吏、从手工艺工人到小商小贩、从苦力到流氓、从社会蛀虫到人间渣滓，聚集一堂，纷然杂陈。这景象既反映了古老家族的庞杂，又反映了同一族系的分化散逸。它把社会相与家族态都毫无遮拦地裸露于它的观察者面前了。它也刻下了印痕于观察者的心上。观鱼便是其中之一，周作人也是其一（他在《鲁迅的故家》、《鲁迅小说中的人物》和《知堂回想录》中都记述了这些）；而鲁迅，自然也会是其中的一个，且是突出的一员了。

不过观鱼说，这种种人中，出自三台门者不多。三台门又自有其特色。观鱼说其特殊性在于"行为乖僻具有异于寻常嗜好者"皆出于三台门。这些人中的"佼佼者"，我们在前节中已经记叙过了。他们是鲁迅的更亲的族人，也是鲁迅更了解和更为其命运生痛切之感的人们。

鲁迅在《呐喊·自序》中说："有谁从小康人家而坠入困顿的么，

---

[1] 观鱼：《回忆鲁迅房族和社会环境35年间（1902—1936）的演变》，人民文学出版社，1959，第2-3页。

我以为在这途路中，大概可以看见世人的真面目。"他所看见的就是这样的"世人的真面目"。这真面目，一方面是在人情冷暖、世态炎凉中表现出来的一些社会相；另一方面，也包含破落户的飘零子弟身上暴露出来的种种人生相。前者使人愤懑不平，从而对世道人心起改革之心；后者，使人看到破落户子弟的不可救药，而毫不可惜这个没落阶级的溃灭。鲁迅少年时代的经历，在这两方面都有着痛切的感受，这为他以后的成长埋下了最早的思想因素和感情种子。

六、最初的人生觉醒与艺术觉醒
——艺术思维与艺术世界（2）

每个人都有他的人生觉醒期和艺术觉醒期。作家不同于一般人的地方，是他的觉醒度更高，但更在于他在觉醒之后，继续滋补以人生内涵与艺术内涵的营养，并且不仅形成自己的审美心理结构，而且形成了自己的艺术思维。那最初引动觉醒的刺激，其性质和力度影响和决定受者的觉醒性质与觉醒度。同时，这两种觉醒有时又是相伴而行，并互相渗透、互相影响的。

鲁迅的人生觉醒的最初发动，显然来自家庭变故的发生，而家族的没落，加强了这个发动，并且充实了这个发动。家庭大祸来临之后，又促使少年鲁迅更敏锐地去感受整个家族的没落。祖父的罹难，家庭的破产，父亲的遭际与患病以及自己与兄弟的避难，更有家族的人们的变态，母亲的苦楚与凄怆，这一切，都是那样突然来到，又来得那么猛烈①，给这个家庭的震荡与轰击又是那么强烈，其连锁反应又是那么多方面、那么深沉。这些汇合而成一种冲击力，使少年鲁迅猛醒，睁开眼来看取人生、看取世界，并形成了自己独特的视角、独特的眼光、独特的色彩。他感受到人生的变幻、人情的冷暖、世态的炎凉，他感受到亲人离伤的苦

---

① 周作人在他的回想录中，把这件事直称为"风暴"。而周建人在他的《鲁迅故家的败落》中，更生动具体地描述了风暴来临时的情景："大约在十月，忽然黄门外传来一阵异乎寻常的喧闹声，……我听出这喊声是：'捉拿犯官周福清……'这好象是万里晴空，忽然听得一声霹雳，使全家万分震惊。""这两个差役坐了有小半天的工夫，总是这个姿势，也总是这么叫喊。除了他们的声音以外，台门里似乎是死一样静寂。""这一天晚上，……在饭桌上，只剩下女人和孩子了。"（周建人口述、周晔编写《鲁迅故家的败落》，湖南人民出版社，1984，第81-82页。）

凄、家庭衰败的哀痛，并且由此而波及对家族没落命运与社会、民族的沦落的感受。鲁迅的最早的人生觉醒便带着悲剧的色彩。这是他人生经历的最初刻痕与纪录，进入他的记忆与信息库的便是与此等世事有关的素材与影像、感受与反应。这便成为他的创作心理与艺术思维的滥觞。

鲁迅的艺术觉醒是为民间艺术所启蒙和促成的。民间艺人的表演及这种表演的内容与形态，民间艺术品的影响和民间故事的触动，特别是图画作品的引动，组成了一股强劲的冲击波，使他浮上艺术觉醒的沙洲，去眺望艺术的海洋。在这途程中，民间戏曲和化装游动表演的生机勃勃、生动活泼、幽默机智给了他以最早的民族文化积淀与审美心理的"营养液"的灌输，民间故事里渗透着的朴素的美的意蕴、对合理生活的愿望与热爱、对善的颂扬与对恶的谴责，则给了他以正义感、与平民百姓的情的交流与心的相通。民间画纸，包括《山海经》中的为奇异事物写照的图画（以及文字），更启动了他的艺术想象力，他的幻想、联想、冥想的习惯与能力。这本是一片显着生命的朝气与生活的欢乐的美的绿洲，一个充满幻想异彩的美的园地。然而，家庭不幸和它所造成的人生觉醒的定势与"人生眼光"的特殊色彩，终竟使这片绿洲错落着枯枝落叶、萎草冷泉，使这块园地上空笼罩着乌云，卷起了风沙。这样，便使鲁迅最初形成的艺术思维与创作心理（这时都在未成型和不自觉状态中）被充填以悲痛与惆怅、哀伤与怨愤了。这成为他日后艺术世界的基石。

七、去寻找别样的人们

1896 年，鲁迅 16 岁了。

这年的 10 月 12 日，久病不治的父亲终于离开了人世，扔下老父、老母，寡妻弱子一大家人。他摆脱了人世的痛苦，却把痛苦留给了人世。他仅仅活了 37 岁，未至不惑之年，可谓早夭。这时的鲁迅家，在为营救祖父而卖掉大批家产之后，又为给父亲治病和办理丧事，卖去了所剩无几的水田，家庭经济宣告破产。生活的困窘加重了忧愁和凄凉。

亲友们不断投来的白眼、冷遇、歧视、欺侮，真是令人寒心和愤恨①。

到1898年，鲁迅虽然还算三味书屋的学生，但只是"遥从"，自己在家里写诗作文，送去给先生批改。这时，寿镜吾老先生已经自称文笔古旧，要他儿子寿洙邻先生来代劳批改了。变法维新的风也已经吹进绍兴。新式学堂不仅南京、杭州有了，绍兴城里也有了，叫中西学堂。守旧的人嘲骂这个新生事物，而思想先进的人则表示欢迎。

这时，三味书屋的同窗学友纷纷走上了自己的人生征途。有的走科举仕途，而破落户的子弟在这条并不平坦的道路上走不下去时，便相继奔向作幕友和商人的路，然而这都不是鲁迅所愿意选择的路。

维新的风已经吹进了台门周家，吹进鲁迅的心田了。在没落的封建士大夫家庭，由于祖父、父亲的思想性格趋向开明，鲁迅这时候已经可以接触到一些新事物了。这时候，他看到了《点石斋画报》，它的主要内容是解说时事和介绍外来的新事物，它使在封建守旧生活中的人们耳目一新。鲁迅还看过《格致汇编》，这是由英国人傅兰雅编辑、于1876年创刊的科学杂志，是西方人在中国出版的最早的一种刊物。鲁迅后来在《南腔北调集·〈木刻创作法〉序》中还回忆这种刊物里的插图对他的影响："那时我还是一个儿童，见了这些图，便震惊于它的精工活泼，当作宝贝看。"特别是，鲁迅这时阅读了《知新报》。这是由维新运动主要领袖康有为的堂弟、戊戌变法中被杀的六君子之一的康广仁创办、在澳门出版的新刊物，它是配合上海的维新宣传物《时务报》而出的。它宣传维新思想，报道国内大事和西方各国的政事，还介绍西方先进的农业、学术、工矿、商务、工艺和科学等。鲁迅受到《知新报》很大的影响，它开阔了他的眼界，增长了他的知识，启迪了他的思想。据《周作人日记》记载，鲁迅在1898年3月21日给在杭州的周作人（他那时在杭州陪侍狱中的祖父）的信中说：

① 鲁迅自述和别人的记述、回忆中，此类事情的具体情况提供不多。不过，这是封建大家族的普遍现象。瞿秋白在《饿乡纪程》中曾议及这种状况。他写道：（破落封建家族里的人际关系）"好的呢，人人过一种孤寂无生意的生活。坏的呢，人人——家族中的分子，兄弟，父子，姑嫂，叔伯，——因为经济利益的冲突，家庭维系——夫妻情爱关系——的不牢固，都面面相觑带着礼教的假面具，背地里嫉恨怨怼诅咒毒害，无所不至。'人与人的关系'已在我心中成了一绝大的问题。"（《瞿秋白自选集》，人民文学出版社，1959，第13页）。鲁迅家是聚族而居的封建大家族，较之秋白家会有过之而无不及。

有《知新报》内有瓜分中国一图，言英、日、俄、法、德五国，谋由扬子江先取白门①，瓜分其地，得浙，英也。

　　信中表现了鲁迅对于帝国主义瓜分中国的担忧，对于祖国命运的关心。维新宣传打开了他的眼界，使他的眼光越过了台门与绍兴，不仅忧伤于一己的不幸和家庭的败落，而且寄怀于祖国的沉沦和人民的苦难。维新之风，鼓起了他思想的风帆，使他想到驰出败落的台门，驶出虽然美丽但却停滞、沉闷、落后的故乡，远离那些连心肝也已经看透了的人们。

　　当鲁迅最终结束少年时代、正式步入青年时代的时候，他也最终结束了在生养之地的绍兴的生活，结束了在新台门周家聚族而居的大宅第里的生活，也结束了三味书屋里的枯燥的读书生活和百草园里欢乐的嬉戏日子，更结束了笼罩着温情脉脉的面纱，然而又弥漫着愁云惨雾的小家庭里的生活。他要告别这一切，告别老母弱弟，告别往昔的生活，特别是告别原先熟识的、感到亲切而又痛恨的旧的世界，去到一个新的世界。前程如何？

　　这新的世界是什么样的？他不知道。但他深深知道，这旧的世界和在这个世界里蝇营狗苟、你争我斗、浑浑噩噩、麻木不仁的人们，不是他所留恋的。

　　父亲去世以后他所遭逢的那些事情、所见到的那些嘴脸、所过的那种生活，都使他下决心要离开"S城"：绍兴。

　　"那么，走罢！"

　　然而，外面的世界怎么样呢？

　　这对他的一生是决定性的转折，是旧生活的结束、新道路的起点。

　　让我们祝福他吧！

---

① 白门，即南京。

第二章　别样的天地，别样的人们

1898年（18岁）—1902年（22岁）

南京

　　在这学堂里，我才知道世上还有所谓格致，算学，地理，历史，绘图和体操。……而且从译出的历史上，又知道了日本维新是大半发端于西方医学的事实。

——《呐喊·自序》

我有一言应记取，文章得失不由天。

——《集外集拾遗补编·别诸弟三首》

一、新世界与旧世界

　　在记述鲁迅最终结束他在个人的旧世界中的生活而去迎接一个新世界的生活之前，我们还需要勾勒一下，他的新旧世界转换的情况。这种转换，标志着旧的在逐渐衰朽死亡，新的在萌发生长。

　　这时间大约在1895—1897年他15岁到17岁时，以中日甲午战争的失败和维新之风开始吹起为背景，而以他的家庭的继续败落、父亲的终于弃世，以至处于孤儿寡母群中之长子地位而感受人间冷暖更深，如此等等一系列不幸与令人愤激的事件为契机。鲁迅自小爱画爱书，由透影描画到抄书成册，读书生活和知识世界随年龄的增长而日渐丰富、日益拓展。以前曾经从叔祖玉田家借来过一部《唐代丛书》，他从其中抄录了陆羽的《茶经》三卷、陆龟蒙的《五木经》和《耒耜经》各一篇。还有《释草小记》《释虫小记》这些书，他也抄了一遍。可以看到，他这时的兴趣，不在试帖八股，不是属意科举道途。他的兴趣在历史、自然，也可以说是在实学，在自然和社会这两个世界。

然后，他逐渐对野史笔记产生了兴趣，所读日多，所见日新，所知也日深了。他透过许多正史的封皮，看到历史的真相；尤其当他读到日益切近自己时代的历史时，在现实面前，拿历史与今天相较，他的思想变异了，在他面前的世界和他自己的内在世界也就发生变化了。

他读了《立斋闲录》《蜀碧》《明季稗史汇编》《玉芝堂谈荟》等书，变异就这样发生。他在《且介亭杂文·病后杂谈之余》中说：

> 我常说明朝永乐皇帝的凶残，远在张献忠之上，是受了宋端仪的《立斋闲录》①的影响的。那时我还是满洲治下的一个拖着辫子的十四五岁的少年，但已经看过记载张献忠怎样屠杀蜀人的《蜀碧》，痛恨着这"流贼"的凶残。后来又偶然在破书堆里发现了一本不全的《立斋闲录》，还是明抄本，我就在那书上看见了永乐的上谕，于是我的憎恨就移到永乐身上去了。②

对封建统治和制度的反感与反抗的潜在意识，就在旧的思想世界中萌发了，而《扬州十日记》之类的野史稗书，就更使这意识里灌进了对现实的不满因素了。而且这时候外面的世界正开始吹着维新的风，风也已经透进了绍兴府。

再后，鲁迅的阅读面拓展开了，而且自己买书了，这选择的主动权就更大，不是"你有什么书我借什么书"了。他的兴趣仍不在八股试帖，似无应考求功名之意，而是大读其杂类书。据周作人记述，他这时期（1897年，17岁前后）购读的书计有：《阅微草堂笔记》《容斋随笔》《淞隐漫录》《板桥全集》《酉阳杂俎》《辍耕录》《池北偶谈》《古诗源》《古文苑》《六朝文絜》《六朝事迹类编》等；同时，家中藏书中，引起他注意而为他所爱读者有《唐诗扣谈集》《文史通义》《癸巳类稿》《四库全书总目提要》等。

从这个大概并不齐备的读书目录中，我们可以看到他的读书范围，也可以说是反映了他的世界的，有几点可以一提：第一，诗的世界；第

---

① 宋端仪，明成化时进士，著有《考亭渊源录》《立斋闲录》等。《立斋闲录》共四卷，是依据明人的碑志和说部杂录的笔记，自太祖吴元年至英宗天顺止。鲁迅家藏的是明抄《国朝典故》本，残存上二卷。（载《鲁迅全集》第六卷，人民文学出版社，2005，第198页。）

② 《鲁迅全集》第六卷，人民文学出版社，2005，第185页。

二，史的世界；第三，对人物世事的、人情世态的杂记零拾漫录——一个人间社会的光怪驳杂的世界。还有可以一提者：这不仅增长了知识、提高了见识、深化了世态体验，而且，加强了他的语文修养，为他日后的创作生涯培植了一个最初的基础。

不过在当时，他主要还是在完成一个不自觉的新旧世界的转换。他的文化思维已经在旧的、传统的文化土壤中吸收了那些进步的、民主的、优秀的部分，而注进现实生活的反应、实际人生的体验，产生了新质、新因素，向新的世界转换。

"那么，走罢！"这是对于旧世界的告别；"去寻找别样的人们"，这是对于新世界的憧憬。

当时，绍兴已经有了中西学堂，虽然"汉文之外，又教些洋文和算术"，"但我对于这中西学堂，却也不满足"。他要求课程更为"别致"的学校，这样的学校而又不要学费的，在南京，那么，"自然只好往南京去"①。

连教洋文、算术的中西学堂也不满足，而希望课程更"别致"，就是说要更为传统文化所无有者，或与其他更不相同者，这说明他的新旧世界的转换已经基本完成，他于旧世界已无"骸骨的迷恋"，而于新世界则怀着"美丽的憧憬"了。

这种思想状况、文化根基和接受意识，决定了他来到新世界时将会是何等风貌。

我们且来看看吧。

二、变异中的世界

当鲁迅的家庭和家族都在急遽地蜕变、衰落的时候，整个中国则在进行着更大、更带本质性的变化。它波及绍兴时影响还较小，但对大城市南京的影响却很大。鲁迅到南京求学正是走进一个新的世界，去迎接一个正在变化着的世界。

1894年，中日甲午战争中，清廷败北，敌骑渡过鸭绿江，踏上美丽的中国半岛旅顺、大连。翌年，《马关条约》签字，丧权辱国，割地

---

① 以上引号中的文字均见《朝花夕拾·琐记》。

赔款。于是，富国强兵的洋务运动宣告破产。人们思考着，追索新的道路、新的方法和新的手段。中国近代史的新的一页掀开了。就在日寇侵占旅大的次月，即1894年的11月，孙中山在美国檀香山创立兴中会，响亮地提出了"驱除鞑虏，恢复中华，创立合众政府"的纲领和口号。它当时还是空谷的遥远的足音，就像它发声于地球的另一边。然而，另一个运动却轰轰烈烈地兴起了。就在《马关条约》签字后一个多月，康有为发动来到京城参加会试的1300多名举人，签名上书皇帝，要求变法图强。

维新运动开始了。接着便是一系列的维新举措。思想发动，舆论宣传，声势渐大。严复在《直报》上发表了《论世变之亟》《原强》，变法之音频响；黄遵宪在上海创办赫赫有名的《时务报》，宣扬变法之外，还配合地提出"诗界革命"；康有为去澳门创办《知新报》；严复、夏曾佑等在天津创办《国闻报》，后又发行《国闻汇编》，在上面发表了影响及于一代知识分子的《天演论》（部分）；谭嗣同、唐常才在湖南长沙创办《湘报》。海外神州，维新之音劲吹；南天北国，变法之声激荡。

世界在变。中国在变。

这一切，都发生在鲁迅到南京求学前两三年。一个变化着的世界在等着他；他终于迎着一个变化了的世界走去。

他来到了南京。

年轻的鲁迅来到南京，是带着同故乡绍兴诀别的心情离开故土、离开家庭的。

既然于旧世界已经腻烦，既然故乡人的脸已看熟了，连心肝也看透了，既然在由小康坠入困顿中见到了世人的真面目，他就要去寻求另外一种人。这是一种什么人呢？他还不知道。他只希望去接触那种为故乡人所诟骂和不满的人们。为我所憎恶的人所憎恶者，就可能是我所要寻求和愿意接近的人。这表现了他的憎恶之深。他说，即使这种人是畜生或魔鬼，也在所不计，这又表现了他的坚决。

这深刻和坚决，迸发着强烈的感情火花，但在理智上，还不是充分明晰的。

可以说，鲁迅从这时起，就开始研究"人"这一课题了。或者说，他的思索人生与世界，开始聚焦于人和人性了。他的这种对于人性的注意和思索，为日后的研究国民性以至创作揭示国民性落后面（奴隶的魂灵）播下了最初的种子。这表现了他思想的深沉，也成为他以后和贯彻终生的思想特征之一。

他就带着这样的"装备"，迎着变异的世界，奔向南京。

三、南京：新天地

鲁迅接过母亲艰难地筹措到的八元川资[①]，带上一只网篮、一个铺卷，告别垂泪的母亲和尚不更事的两个弟弟，毅然上路了。母亲鼓励儿子说："我们绍兴有句古话，叫做'穷出山'[②]……。"

母亲的夹着辛酸的鼓励，使鲁迅伤心、凄楚，然而他毅然地走了。

这是1898年的5月，他18岁。

船抵下关，发出一声长鸣。江上船来船往，码头车水马龙，好一派繁忙热闹景象。鲁迅登上岸来，以多少有些惊异的眼光看着这些景象，它与故乡绍兴迥然不同。宽阔的马路展向前方，这是三年前才修的，它比绍兴那狭窄不平的麻石路显得开豁平坦。在这条路上，行人熙熙攘攘，马车疾驰，东洋车更引人注目。

前面就是仪凤门，这是南京的门户，鲁迅在书上见过。目睹后，更觉雄伟。这一切，都使鲁迅感到进入了一个新天地。他迈着18岁青年特有的矫健步伐，向前走去。口袋里只剩下两元钱了。这困苦并没有使他踌躇。只要能进官办学堂，就有官费，吃用就可以维持了。他仍然以愉快、欣赏的眼光，顾盼流连，摄取对南京名城的第一印象。

他先是落脚于叔祖周椒生[③]处。

乌烟瘴气水师堂

住在周椒生处，并不是很舒心的。这个保守的监督，虽然身为水师学堂的教官，但却认为自己的族孙来入此学堂，是于祖宗脸上有碍的，

---

① 据周作人回忆，当时从绍兴到南京，行程六天，路费约六元；到南京后，寄住叔祖屋里，每月贴三元饭钱。可见八元之资是计算过的。他到南京后，仅剩二元，连一月的伙食费也不够，可见其艰困，亦可见其寻求新人之坚决。

② "穷出山"，意为穷人家子弟能读书、有出息。

③ 周椒生（1845—1917），名庆番，大排行十八。1876年（光绪二年丙子）考中举人，以候补知县的资格任江南水师学堂的监督。

因此难入家谱。这样，他要给鲁迅改名。他取"十年树木，百年树人"之意，为鲁迅取名树人。

"周树人"这个名字就这样诞生了。以后，这个名字响遍全中国，传扬全世界，长留人间，永垂史册。

这是一个历史的嘲讽："树人"这个名实相符的大名，竟出自一个封建老朽之口。但这却是事实。

不久，鲁迅便以"周树人"的名字，报考了江南水师学堂，被录取后，分配在管轮班的机关科。也许，他将成为一名海军战士吧？

学校在仪凤门附近，校里的设置在当时是新派头，有驾驶堂、管轮班以及洋枪库等。教员大多数是英国人。学生入学后，外语从英文字母学起。

这一切，都是颇为新鲜的。

课程设置是学四整天英语，读一天汉文，一天作文。较之三味书屋里读的经书，自然也是新鲜的。不过，汉文部分却仍然是"君子曰，颍考叔谓纯孝也已矣，爱其母，施及庄公"之类。作文题目，则是《知己知彼百战百胜论》《颍考叔论》，等等。

学校里设有桅杆，是供训练用的，那桅杆足有20丈高，鸦鹊都只能停在它的半中腰的木盘上。人如果爬到顶上，便可以近看狮子山，远眺莫愁湖。为了安全起见，下面还张着网。

还有一个游泳池，更是新奇事物了。然而，因为淹死过两个年幼的学生，已经填平，上面还造了一个小小的关帝庙。学校里施行的是一种高压统治。校长叫总办，他持有军令，有权"办"学生，直至处以死刑。学生中还流行不成文的封建等级制，不同班级的学生，宿舍里床板的多少和座椅的数量都不一样，高级生可以随便对待低级生，他们连空手走路时，也将肘弯撑开，像一只螃蟹似的，走在低班生前边，鲁迅称他们为"螃蟹式的名公巨卿"。

这一切，都是新鲜、奇异事物后面的陈旧、腐败现象，待得愈久，这旧相便看得更加明显，也更加令人生厌。专制的魔影同样统治着这个学校。

有一次，新来了一位职员，势头非常大，学者似的，很傲然。但是，他很不幸，有一位学生名叫"沈钊"，这位"学者"却读为"沈钧"。从此，"沈钧"就成为他的绰号，在学生中间流传，见面就讥笑他。学校对此采取了高压手段，给鲁迅等十多个同学连记了两大过两小过，再记一次小过，就要开除了。

然而等不到他们来开除，鲁迅自己决定退学了。因为他觉得学校乌烟瘴气。而且，他被分在管轮班，他想，将来毕业了，也"上不了舱面"，不能掌握他所向往的驾驶技术。

他决定改考江南陆师学堂附设的矿务铁路学堂。

抛却水军学陆军。未来又如何？

学问：碧落黄泉两不见

1898年10月26日，鲁迅考入江南陆师学堂附设的矿务铁路学堂①。这陆师学堂是几年前由洋务派官僚张之洞奏请"仿照德制"创办的。开始只想附设铁路学堂，后来，接替张之洞的两江总督刘坤一听说江宁青龙山煤矿有潜力，能赚钱，便加设矿务班，成了矿务铁路学堂了。

陆军学校里附设办铁路、开煤矿的学校，这是很可笑的，但正反映了洋务派的买办嘴脸。

考取之后，因学校外国教员尚未到校而推迟开学，于是鲁迅便在深秋季节返回故乡。正值会稽县考。鲁迅被族叔辈拉去应试，名列三图三十七。但他没有去参加府试，而是继续在矿路学堂学习。他已经决心不走科举仕途了。

在家时，正遇四弟椿寿夭折（年仅六岁），母亲很伤心。鲁迅主持料理了丧事。

第二年的2月，矿路学堂才开学。

鲁迅在《朝花夕拾·琐记》中描述道：

> 这回不是It is a cat了，是Der Mann, Das Weib, Das Kind。汉文仍旧是"颍考叔可谓纯孝也已矣"，但外加《小学集注》。论文题目也小有不同，譬如《工欲善其事必先利其器论》，是先前没有做过的。

---

① 关于鲁迅何时考入矿路学堂，过去说法不一，现据当时报载确定。1898年10月28日上海《中外日报》《外埠新闻·南京》栏内载《路矿总局开学》的报道，内称："京师既设路矿学一斋，招英俊少年，授铁路矿务诸学。……前日榜发，计正取二十名，副取十五名……。"（《鲁迅研究资料》第四辑）

这里确实大不相同，学习的内容多了，有矿学、地质学、化学、熔炼学、格致学、测算学、绘图学等。这都是非常新鲜的。

由于书少，学生有时还要把老师写在黑板上的课文全都抄下来。鲁迅博物馆至今还保存着鲁迅当年用十分工整的字体抄写的几何、开方、八线、开方提要四种数学课本。他还曾把古典科学著作、英国赖耶尔的《地质学纲要》的译本《地质浅说》抄写了一部。

这些课程，为他打开了一扇认识自然界的大门，让他了解了许多新的自然科学方面的知识，也给他进行了数学、逻辑方面的训练。他的传统思维模式被楔进了新的知识和因素，发生重大的变化。对于生理卫生的学习还使他感悟到更重要的东西。《呐喊·自序》中说：

> 在这学堂里，我才知道世上还有所谓格致，算学，地理，历史，绘图和体操。生理学并不教，但我们却看到些木版的《全体新论》和《化学卫生论》之类了。我还记得先前的医生的议论和方药，和现在所知道的比较起来，便渐渐的悟得中医不过是一种有意的或无意的骗子，同时又很起了对于被骗的病人和他的家族的同情；而且从译出的历史上，又知道了日本维新是大半发端于西方医学的事实。

这里，启动了他对于维新运动的感情，并且埋下了他日后希图学医以促国人维新的思想种子。

他当时在班上虽然是年岁最小的学生，但学习成绩却是优秀的，他得了不少银质奖牌。十个银牌可以换到一个金牌。鲁迅是仅有的得到过金牌的学生。

虽然如此，但他自己仍然是不满足、不满意的。课堂上的种种功课，固然为他打开了一个知识新天地，使他在文化思维上已经走进了新的范畴，但是，这仍都只是基础知识性质的，仍不能满足他的需要；而如果从学习开矿来说，知识当然就更浅薄，不足以成为开发地下资源的真本领。最可笑的是，那为它而开办矿务班的煤矿，到后来却连煤在哪儿也不甚了然；而掘出来的煤只够烧两架抽水机用，于是所谓煤矿，不过是抽了水来掘煤，掘出煤来抽水而已。他们还到江苏的青龙山煤矿实习过。鲁迅在1929年1月6日给章廷谦的信中说：

> 青龙山者，在江苏勾（句）容县相近，离南京约百余里，前清

开过煤矿，我做学生时，曾下这矿洞去学习的。

到得洞里一看，那情景是相当凄惨的：抽水机像喘息似的叫唤，转动着，但是，洞里的积水却有半尺深，上面还滴着水，而矿工们"便在这里面鬼一般工作着"①。

这就是矿路学堂！因此，"一到毕业，却又有些爽然若失"。《朝花夕拾·琐记》中说：

> 爬了几次桅，不消说不配做半个水兵；听了几年讲，下了几回矿洞，就能掘出金银铜铁锡来么？实在连自己也茫无把握，没有做《工欲善其事必先利其器论》的那么容易。爬上天空二十丈和钻下地面二十丈，结果还是一无所能，学问是"上穷碧落下黄泉，两处茫茫皆不见"了。

四、学问得失在己身

不过，客观地说，在南京求学四度春秋，他学到了自然科学课程的知识、外语，以及在南京所见所闻所感受的维新运动的熏陶，——这都是不可忽视的收获，也是他打破旧的思维格局、形成新的内心世界的基础。除此之外，他在课堂之外，在教师教学之外，靠自学所得，也是很多的，而且是更为重要的。

1901年，由于学校总办（校长）换为倾向维新的官员俞明震②，学校风气开明，维新书刊增多。正是这一年，他读了严复译述的赫胥黎的《天演论》，并不断接触维新派的著译，打开了眼界，开通了思路；同时，还读到了林纾翻译的西方新小说，又见一片崭新的文学天地。我们现在从他当时购置和寄赠二弟作人的书中可以推见他的阅读范围和心之所向。这些书，或是他购读的、或是他托人带回家的、或是他与后来也到南京学习的周作人同读共研的，它们计有：《天演论》、《农学丛刊》

---

① 引自《朝花夕拾·琐记》。据南京大学中文系等单位联合调查，青龙山煤矿系现在的南京官塘煤矿象山矿区；鲁迅等所下的矿洞，系现在的象山矿区的古井。

② 俞明震（1860—1918），浙江山阴人，曾参与章太炎、邹容因之被捕的"苏报案"。辛亥革命后退隐。著有《觚庵诗存》。

（罗振玉编印，石印四册），谭嗣同的力作、维新运动代表作《仁学》、《科学丛书》、《日本新政考》，日本加藤弘之的《物竞论》，涩江保的《波兰衰亡战史》，英国亚当·斯密的重要著作《原富》。

这时，他还喜爱林纾的翻译小说。自从读了《巴黎茶花女遗事》之后，林译一出，他就买了来读，竟有二三十种之多。此外，还有《包探记》（即福尔摩斯故事）、哈代的小说《长生术》以及司各德的小说《撒克逊劫后英雄略》，等等。小仲马和司各德的名著，引起了鲁迅浓厚的兴趣，这是他最早接触到的欧洲文学。鲁迅对于林纾的翻译的爱好，使他从两方面受到了影响。一是接触到欧洲文学。这是从题材、生活、体裁到思想、感情、艺术手法、风格都与中国作品迥然不同的文学，是鲁迅最早接触的西方文学。第二，林纾的翻译虽然对原著不够忠实，但文笔清顺、流畅、生动活泼，有模仿《史记》的痕迹，有桐城派风格，这些构成了它本身特具的一种文学价值。鲁迅从中受到了一定的影响①。

对中国古典小说及笔记、传奇等，鲁迅当时也很喜爱。《西厢记》《红楼梦》是他喜好的读物。当时的同学张协和回忆说，他"过目不忘，对《红楼梦》几能背诵"。

他在不知不觉中，提高着自己的文学修养。

五、《天演论》：新世界观

在新知识中，最重要的是接触到了进化论。当知道有《天演论》这么一本书时，鲁迅便跑到城南状元境李光明书庄买了一本，高兴地读了起来。《天演论》是英国生物学家赫胥黎的一部宣传进化论的重要著作。鲁迅读着读着，立即被书中的思想吸引住了。他看见了一片思想的新天地，感到眼界大开。

恩格斯对进化论评价很高，认为达尔文发现了自然界的发展规律，把它誉为19世纪自然科学的三大发现之一。这个新学说，当时已经风靡欧洲；这朵思想学术之花，彼时刚被移植于中华大地，它立即引起了

---

① 钱钟书在《林纾的翻译》（载于1964年《文学研究集刊》）中指出："林纾的翻译所起的'媒'的作用，已经是文学史上的公认的事实。他对若干读者也一定有过歌德所说的'媒'的影响，引导他们去跟原作发生直接关系。"（《林纾的翻译》，商务印书馆，1981，第22页。）

赞成与反对两种思想的斗争。对于信奉和鼓吹"天不变，道亦不变"的封建统治阶级和士大夫来说，这种宣传发展变异的学说，就是大逆不道，是异端邪说。但是，对于希冀改革的人们来说，"物竞天择""生存竞争"，正好成了激励前进的口号。因此，刚从封建士大夫阶级中分化出来的知识分子，立即把它拿来作为自己的思想武器，鲁迅正是这批人中的一员。

《天演论》的正确译名是《进化论与伦理学》。译述者严复并不是简单地把书译出来，而是译述，他一方面译介了书的内容，同时又借他人酒杯浇自己块垒，趁机针对中国的贫弱受欺的现实，抒发了许多爱国言论。用他的话来说，这样译述叫作"达旨"。他所要达到的是爱国之旨。他借"物竞天择""优胜劣败"之说，呼号国人注意那国亡种灭的前途。他以优美的文笔、铿锵的词句，慷慨陈词①。

这本书深深地打动了青年鲁迅的心。它的内容，它的学理，它的感情，以及它的文笔，汇成一股思想的清泉流注他的心田。他深深受到进化论的影响。

《天演论》打开了鲁迅的眼界。一方面是有了一个新的对世界的基本看法：自然界的生物以至人类自身都是由低级到高级发展来的，今后还要发展下去。在这个发展的历史长途中，自强不息者日益向上发展，停滞不前者将在物竞与天择中遭到淘汰。这是一个规律。有了这个基本的看法，世界就不再是混沌一片，也不是固定不变的，它对于观察贫困积弱、备受欺压的中华帝国的命运，很有发人深省、促人猛醒和激励上进的作用。再不发奋图强，就将从地球上消失！如若猛然醒悟，力图上进，则能日益进步，屹立世界。

另一方面，在《天演论》中，苏格拉底、斯多噶这一批哲人都"出来"了，由此循迹探索，鲁迅读到他们的作品，便又看见了一个新天地：这些西方古代的哲理是多么新鲜而启人智慧。

---

① 严复（1853—1921），字又陵，又字几道，福建闽侯人。早年留学英国，就读于海军学校。两年后回国，先后在福建船政学堂和天津北洋水师学堂任教。1894年中日甲午战争后，发表《论世变之亟》等文，反对顽固保守，主张维新变法，翻译了赫胥黎的《天演论》、亚当·斯密的《原富》、穆勒的《名学》和孟德斯鸠的《法意》等书，传播了欧洲资产阶级进步思想，是当时向西方寻求真理的代表人物之一。戊戌变法后，日趋保守，辛亥革命后更主张尊孔复辟，1919年参与筹安会活动，拥护袁世凯称帝。鲁迅说他"先前认真的译过好几部鬼子书"，肯定了严复的贡献。

鲁迅就这样接受了西方自然科学和人文科学的知识，吸取了它的进步思想。

六、洪涛激荡：新时代

19世纪90年代，对于中国来说，是一个苦难的时代，但也是大变革的时代。1894年中日甲午战争的炮火，又一次震撼了老大帝国，进一步加深了民族危机。接踵而至的是：1897年德帝国主义的魔爪伸向了胶州湾；1898年法帝国主义的战舰开进了广州湾，"租"去了这个中国南部的门户；同年，英帝国主义又把威海卫、香港、九龙都"租"去了。版图变色，国土沦丧。但是，历史的灾难总是用历史的进步来补偿。列强入侵更进一步激发了中国人民的爱国热情和奋发图强的决心。这给康、梁们维新运动的酝酿发动注进了催化剂，提供了政治的和思想的基础。它借此机会而迅速发展，日渐高涨。梁启超在《戊戌政变》一书中说，在这3年内，全国设立了提倡新学的学会、学堂、报馆、书局51所。但是这位维新运动的第二号领袖人物的统计并不确切，据后人估算，实际有300所。正是在这种形势下，杭州求是书院、绍兴中西学堂出现了。鲁迅正是在这种时候，带着决绝的心情，走出了新台门周宅，走出了三味书屋，走进了南京的新式学堂。

鲁迅是在维新运动的微风吹拂下开始觉醒的。

1898年6月11日，当鲁迅走进水师学堂不久，光绪下诏变法，陆续颁布了一系列维新政令：废八股，办学堂，鼓励新著作、新发明，设译书局，广开言路，等等。维新运动达到了高潮，戊戌变法开始了。如果在绍兴还只能感受到时代浪涛的余波，那么，重镇南京，可就是受到震动的重要区域了，尤其鲁迅正在新式学堂里读书，其感应之快、之深，更不同一般了。

以后，鲁迅又转入陆师学堂，其新总办俞明震更给学校带来了生气。他"是一个新党，他坐在马车上的时候，大抵看着《时务报》。"他出的作文题竟是《华盛顿论》，弄得教汉文的老冬烘先生莫名其妙，惴惴地来向学生求教："华盛顿是什么东西？"在俞总办的倡导下，学校里设立了阅报处，那些宣传维新的书报如《时务报》《译学汇编》等，学生们都能看到。这个比较新式一点的官僚，让维新的清风吹进了陆师学堂，注进学生的心田。维新运动的发展进一步唤醒了鲁迅。从思想上看，他的进步很显著。如果说，当他离开故乡时，他还只是以强烈的憎厌感情，与封建社会的豪族士绅、没落地主以及市井小人（即他所说的"世人"）决裂，那么，现在经过维新之风的吹拂，在他的感情中，灌输了理智的因素，他开始感觉到封建制度的弊害，萌生了朦胧的革新要求，充实了他的爱国激情。如果说，当他告别故乡时，他还只是对旧的学问知识感到不满足，那么，随着维新运动吹进来的欧风美雨，他看到了一个知识的新天地，看到了一个物质的和精神的新世界。如果说，当他诀别故乡的人们时，只是带着一个强烈的然而是朦胧的对于"别样的人"的期望，那么，在南京的学习和交往中，他已经看到了这种"别样的人"的具体形象了。像俞明震这样的长辈中的维新人物和像胡韵仙、丁耀卿①这样的同窗学友中的血性男儿，当然还有其他一些人，他们都是他在绍兴所未见到、也见不到的"新"的人。如果说当他走出故乡绍兴城时，只不过是决心"逃异地，走异路"，还不知道异地状况如何、异路如何走法，那么，现在他逐渐明确了，这异地是一片新天地，这异路就是维新之路。

总之，封建教育的框框被打破了，他受到资本主义新思潮的熏陶，他在封建文化的旧日污池之外，发现了一片近代自然科学和资产阶级思想文化的绿洲。

这是他从封建的士阶层分化出来，走上新式知识分子道路的起点。

但是，这条路并不平坦。

那位叔祖，对于他的表现产生不满了。他说：

"你这孩子有点不对了。"

而且交给他一篇文章，勒令阅读。文章的题目是：《明白回奏并请斥逐工部主事康有为折》，发表在1899年5月24日的《申报》上。作者是当时的礼部尚书、总理各国事务大臣、反对维新变法的顽固分子许

---

① 胡韵仙，江西铅山人，鲁迅在南京时的同学。很有才气，能讲话，会写文章，会办事，在同学中颇有威望。他在学校宿舍里，将床板拆去，只睡三张书桌，平时将衣裳打成背包，背在背上绕着桌子走。问他是何用意，他讥刺地说："中国这样下去非垮台不可，大家学习逃难要紧。"其实他是在锻炼，准备从事革命工作。丁耀卿，鲁迅同乡同学，因患肺结核早死。鲁迅当时曾赠挽联，内云："男儿死耳，恨壮志未酬。"可见其为人与志向。

应骙。

周椒生是许应骙的忠实信徒，他除了把这个奏折给鲁迅看之外，还对他说："康有为是图谋不轨，想要造反。这从他的名字就看得出来：有者，富有天下也；为者，贵为天子也。这还了得么？"

然而鲁迅"不觉得有什么'不对'，一有闲空，就照例地吃伶饼，花生米，辣椒，看《天演论》。"

但是，不幸的是，戊戌变法真像昙花一现，只短短的一百天，便凋落了。

"跪着的造反"，只能得到这样一个结局。

维新运动唤醒了鲁迅，而它的失败，又使他感到这个运动的无力。

戊戌变法被镇压下去之后，接着又崛起了义和团运动，接着是八国联军入侵，于是清王朝投降，求和，割地，赔款。

国家更进一步沉沦不拔，人民陷入更深的苦难之中。但人们拯民救国的激情也相应地高涨，民主革命运动正在酝酿之中。

在这样的时代洪流的激荡下，鲁迅的思想在动荡、变化、前进，两股紧密相连的思绪在他心里萦绕：爱国热情和维新思想。

他感到了国家民族的衰败沦落，认为必须改革，而改革之道在于维新。他的爱国情绪与维新思想结合在一起。

为爱国热情所激动，鲁迅这时候，身在军事学校，心也向着习武练功。他不仅爱读书，而且喜骑术。

鲁迅身穿青色短上衣、制服裤（这是矿路学堂的军服），跨上一匹骏马，挥鞭执辔、飞驰前进，直奔明故宫。现在，这里是八旗绿营兵的驻扎地。旗人子弟看见汉人骑马从这里经过，便不断把石子扔过来。鲁迅不屑顾盼，策马而过。忽然，只见一个军人跳上马迎面奔驰而来，在接近鲁迅时，故意靠紧，突然将腿抬起，与鲁迅相擦而过，如果不是鲁迅躲闪得快，纵不血肉横飞，也会腿骨断折。这是旗人有意的伤害。鲁迅的骑术与勇气都受到一次考验，然而这也没有吓唬住他，他仍然经常向三牌楼一个养马人租了马去练习骑术。他想为自己将来的横枪跃马、驰骋疆场的生活做好准备。

他为自己取了两个别号：戛剑生、戎马书生，并且刻了印章。这意思很明显，他要拔剑而起、挥戈战斗。他不仅是一介儒生，而且准备有朝一日投身戎马，为国捐躯①。

这两方印章，表现了鲁迅当时意气风发的精神面貌。

当时鲁迅还刻有一方印章："文章误我。"它言简意赅，感情沉痛。是什么文章误了他？显然不是此时在南京正如饥似渴地读的西方自然科学课程和《天演论》等著作。他指的是封建教育、封建文化。

这是觉醒的声音。他对自己过去所受的教育、所看过的书，包括《二十四孝图》以及四书、五经等在内，都持否定的态度，认为误了自己。这认识是深刻的。

鲁迅在读书上，这时就已经显露出一个突出的特点：他对于官书正史不很注意，而对于野史稗书、小说笔记之类却不仅爱读，而且重视。因此，他不是要抛弃一切文章。他的态度是批判旧的，欢迎新的。这时，鲁迅在读书方面的兴趣越来越浓厚了。他的思想性格的内在因素，在逐渐增长。

鲁迅学矿务，却并没有当技师；鲁迅学骑术，也终于没有成为军人。他的思想素质，给他提供的是文化战士的基因。

七、新的世界观与新的文学世界
——艺术思维与艺术世界（3）

南京四年的学习生活，使青年鲁迅在思想上进入一个新的天地：新的知识基础、新的世界观和新的文学世界。

我们从他后来所写的文章中了解到，他当年在南京水师学堂，尤其是在陆师矿务学堂学到那些西方自然科学知识之外，他在课外还大量地阅读了属于西方近代资产阶级人文科学方面的著作和材料。

在鲁迅的以中国传统文化为基础的知识结构中，又增加了西方进步的自然科学和社会科学的知识。他的融东西方文化为一体而以民族优秀文化传统为主的知识建构，于此时有了一个雏形。它具有广大的空间和发展前景。这个雏形也是鲁迅的艺术思维与艺术世界的基础；它给予鲁

---

① 按周作人的说法，鲁迅入南京水师、陆师学堂，"不是志愿当海陆军人，实在只为的可以免费读书罢了。"再就是有一位叔祖在水师学堂。这两条，的确都是鲁迅入水陆师学堂的原因，但决不能抹杀他的思想动因。从鲁迅当时的爱国情绪、所取别号以及爱好骑术看，他此时确有投军报国之志。

迅日后的艺术修养以充足的文化血液，是鲁迅日后成为伟大作家而又是伟大文化战士的基础和优势。在鲁迅身上，文学艺术与文化同构。

当然，最重要的还是他从以《天演论》为代表的严复介绍进来的西方社会科学中获得了一个观察世界、观察社会、观察人生的新的世界观。具有了这个世界观，不仅眼界大开，而且天地变色，他看到以前看不到或看不清或视而不见的世界的新质新貌、民族与祖国的新生命、人生的新意义。他也从严复那儿学到了和看到了翻译传播西方进步文化的作用和方法（那种编译、"达旨"，甚至加上自己观点评述的做法），甚至严复的文笔也为他所激赏和意欲模仿。严复把中国近代向西方文化学习的浪潮掀得更高并进入一个新阶段。一代至几代知识分子从他那里进入西方文化领域，而后反顾自身（本民族），于是而跨越了他。鲁迅便是如此。如果说胡适从《天演论》和进化学说中学得了"适者生存"而易名"适"，字"适之"，使他一生始终要做一个"适者"，不免走入实用主义文化的歧路，那么，鲁迅却从《天演论》和进化学说中，吸取了自强、自立和观察、思考的精神与文化营养，使自己循着这条路不断前行。

林纾的翻译小说，打开了鲁迅的文学眼界，使其窥见一个新的艺术世界。他是为之欢欣鼓舞的，并从此注视这个世界的风光旖旎。然而，此时的鲁迅，在"书生"之前，冠以"戎马"，他也确实时常骑马驰骋，又以夏剑生自许。然而英雄气概、书生意气、文学，还只是他的爱好、性之所近，不是他的意向、追求和目标。不过，这个新的西方的艺术世界，已经开始进入他的潜在的艺术思维与艺术世界之中了。

八、诗文初露：艺术世界的萌生

鲁迅那时还无意于当作家，因此也不曾着意经营自己的艺术世界。然而秉赋所钟、天性使然，又加他接受的艺术熏陶和那几年无意为之的艺术学习，他在几年间或写诗、或作祭文、或拟挽联，倒也写了不少诗文，初露才华，稍显身手。然而，已觉气度不凡，并且萌生了他自己的艺术世界了。这是日后他的艺术世界的一个最早的胚胎，一个基因，它还远不是发展了的，连雏形也还未形成。然而它究竟已经萌生，并显示生机了。当然，这生机可能继续生长、发展，但也可能被扼杀。这就要看以后的发展条件和他自己的努力了。

我们可以见到的是，他的诗文，寄情山水、亲情缠绵，故乡家人、常绕梦魂，他是情感丰富的人；文思高洁、品性坚毅、笔致优雅，他的思想文才是突出的。

鲁迅到南京读书后，曾经在假期几次回返故乡。第一次回来，被拉去参加县试，又遇幼弟夭折，家庭笼罩哀伤，心里充塞抑郁。第二次回乡，欣逢春节，拜望师长，探访友戚，特别是又与幼年时好友章运水登上了应天塔，眺望了故乡的风光。

1901年春节，鲁迅再次回乡，探亲度假。他游长庆市，看迎春会，逛书市买书，去农村访友。在乡下，他还看了几出家乡土台子戏，其中有《更鸡》《盗草》《蔡庄》《四杰村》等。在家里，他与兄弟们读书、种花、吟诗、作对。生活虽然清苦，然而充满乐趣。

所以，我们看到，在鲁迅心里有两个故乡，一个是为他所憎恶、愿意永远离开的故乡，那儿充满贫穷、痛苦、落后、衰敝，横行的是封建官僚、地主富豪，受苦的是可怜的穷人，受折磨又遭嘲笑的是破落户子；另一个故乡，却充满青山绿水、名胜古迹，秀丽优雅、人文荟萃，他对它充满了爱；而且，这里有母亲、兄弟、朋友，有百草园、三味书屋、安桥头、皇甫庄、小皋埠。因此，他在最初的诗作中，写下了他对故乡和故乡亲人的眷恋："怅然回忆家乡乐。"

他的第一篇作品，就是用"戛剑生"之名，写于1898年的《杂记》：

> 行人于斜日将堕之时，暝色逼人，四顾满目非故乡之人，细聆满耳皆异乡之语，一念及家乡万里，老亲弱弟必时时相语，谓可当至某处矣，此时真觉柔肠欲断，涕不可仰。故予有句云：日暮客愁集，烟深人语喧。皆所身历，非托诸空言也。

这篇短短的杂记，表明他对故乡和亲人情意缠绵，相当感人。

1900年和1901年，他两次写《别诸弟三首》，对家乡亲人、对两个弟弟情深意长，反映了他的情感的丰富深邃：

> 还家未久又离家，日暮新愁分外加。
> 夹道万株杨柳树，望中都化断肠花。

梦魂常向故乡驰，始信人间苦别离。

夜半倚床忆诸弟，残灯如豆月明时。

以离家为断肠，苦叹别离；魂牵梦萦是故乡，倚床常忆乃诸弟。依依情意，沉沉乡思。文笔畅达流利，笔底情深意挚，已足表现他的诗人情怀和文字修养了。

《庚子送灶即事》和《祭书神文》又描述了另一种心情：清贫凄苦。尤其后者，更表现了他的心性：诗书纸笔就是他的财产与生活内容。

今之夕兮除夕，香焰氤氲兮烛焰赤。钱神醉兮钱奴忙，君独何为兮守残籍？……绝交阿堵兮尚剩残书，把酒大呼兮君临我居。……寒泉兮菊菹，狂诵《离骚》兮为君娱，君之来兮毋除除。……若勿听兮止以吴钩，示之《丘》《索》兮棘其喉。令管城脱颖以出兮，使彼慑慑以心愁。宁召书癖兮来诗囚，君为我守兮乐未休。他年芹茂而樨香兮，购异籍以相酬。

对钱的鄙视、对书的爱好，表现了他在苦况中的情操，他在清贫中的志趣。幕友商贾，不是他的选择；富贵荣华，不是他的理想。对《离骚》是"狂诵"，拿《丘》《索》为吴钩，书癖诗囚、琴剑笔海，这就是他在以寒泉冷华祭奠书神时的情感天地与精神世界。它自然预示着什么……。

最值得注意的该是此时所写的《莲蓬人》了。诗如下：

芰裳荇带处仙乡，风定犹闻碧玉香。

鹭影不来秋瑟瑟，苇花伴宿露瀼瀼。

扫除腻粉呈风骨，褪却红衣学淡妆。

好向濂溪称净植，莫随残叶堕寒塘！

这里创造了一个鹭影苇花、清香微露、秋意寒塘的"仙乡"式的艺术境界，特别是塑造了一个芰裳荇带、风骨高雅的"莲蓬人"形象。它不仅表露了鲁迅的志趣情操，而且透出他对于一种人格的追求，寄托了他高洁的情怀。

"莲蓬人"这个艺术形象，不是偶然涉笔成趣写出的，而是鲁迅思想发展的产物。

鲁迅写这首诗时，到南京读书已经两年了。这时，他已经感到封建思想文化的"误我"，也已经受到资产阶级思想文化的影响，他与许多同时代人一起，在新思潮的熏陶和维新运动的推动下，从封建士大夫的腐朽队伍中分化出来了，走进了一代新知识分子的先进行列。他的思想，比之诀别故乡时的状况，已经变化了、前进了，新的世界观趋于形成。在这首诗里，他以艺术形象来批判社会上许多人的趋炎附势、奴颜婢膝的媚态，赞美那种不怕风霜侵袭、不惧冷漠寂寥而敢于向封建礼俗作斗争的高尚品德与战斗风格。

"莲蓬人"这个艺术形象，既摆脱了封建传统思想束缚，又不落于当时一些"新式人物"的浅薄。

鲁迅在南京求学的四年中写作的诗文，我们今天能看到的有九篇[①]。诗如其人，文如其人，从里面我们窥见了青年鲁迅思想的深沉，以及他运用形象思维的卓越才能。他的性格品行，也都从这一束诗文中初露端倪。

"我有一言应记取，文章得失不由天"，这是对于"文章本天成，妙手偶得之"的旧观念的批判，也是对天才论的批判，它闪耀着唯物论的思想光芒；同时，也真实地反映了他自己在南京求学的经历：虽然在学堂里"学问上是'上穷碧落下黄泉，两处茫茫皆不见'"，但他凭刻苦自学、广泛涉猎，求得了知识，充实了自己。

九、跨向东瀛作远游

鲁迅在矿路学堂毕业了。这是1902年1月。他的成绩是：一等第三名。然而，他感到并没有学到什么真正的救国救民的本领，觉得"爽然若失"。"所余的还只有一条路：到外国去"。

他的愿望，符合当时清政府的要求：在民主革命派的革命呼声震撼下，在维新浪潮的冲击下，顽固派不得不采取一些粉饰门面的措施来缓和形势。《且介亭杂文末编·因太炎先生而想起的二三事》中说，于是，"又要维新了，维新有老谱，照例是派官出洋去考察，和派学生出

[①] 这九篇诗文是：1898年两篇，《戛剑生杂记》《莳花杂志》；1900年两篇，《别诸弟三首》《莲蓬人》；1901年四篇，《庚子送灶即事》《祭书神文》《惜花四律》《和仲弟送别元韵并跋》；1902年一首，《挽丁耀卿》。

洋去留学。"

在出国之前，那位落拓不羁、颇富文才的同学胡韵仙，写了三首诗送鲁迅，并有前言：

> 忆昔同学，曾几何时，弟年岁徒增，而善状则一无可述。兹闻兄有东瀛之行，壮哉大志，钦慕何如！爰赋数语，以志别情，望斧正为荷。

> 英雄大志总难侔，跨向东瀛作远游。
> 极目中原深暮色，回天责任在君流。

> 总角相逢忆昔年，羡君先着祖生鞭。
> 敢云附骥云泥判，临别江干独怆然。

> 乘风破浪气豪哉，上国文光异地开。
> 旧域江山几破碎，劝君更展济时才。

这三首七绝，很好地描绘了远游东瀛时青年鲁迅的风貌：他的抱负、他的理想以及作者的殷切期望都跃然纸上。

中原暮色，江山破碎。他们为祖国的沉沦羸弱而忧伤激愤。英雄大志，跨向东瀛，他赞许同窗好友的爱国情怀，也羡慕他像祖狄一样走上恢复中原故国的征途，乘风破浪，施展宏才，他怀着殷切而信任的期望，在江边送别学友。

鲁迅在矿路学堂毕业后，就提出了出国留学的申请，经江南督练公所审核，认为他学业优良，批准了赴日本留学。1902年3月24日，鲁迅和同学们一起，登上日轮大贞丸号，离开南京，告别祖国，驶向扶桑。

大贞丸的汽笛长鸣，大海上的波涛滚滚。鲁迅的人生征途又走进了一个新的阶段。在他的战斗的历程上，又进入一个新的时期。迎接他的将是什么呢？是海上的清风明月，还是东海的万顷波涛？是风平浪静的航程，还是惊涛骇浪的战斗？

当四年前鲁迅离开绍兴到南京时，他怀着对故乡的人（"S城人"）的决绝心情走异路、逃异地，寻找别样的人们；而当他出国远游时，则怀着对"孔夫子和他的之徒"绝望的心情①，他要去故国，走异域，寻找救国救民的真理与道路。

他在思想上已经跨出了一大步。

望着浩瀚的大海，他的心中，以爱国、维新之弦，弹奏着"英雄大志"之曲。

---

① 鲁迅在《在现代中国的孔夫子》中谈到在弘文学院的一次拜孔活动时，写道："这是有一天的事情。学监大久保先生集合起大家来，说：因为你们都是孔子之徒，今天到御茶之水的孔庙里去行礼罢！我大吃了一惊。现在还记得那时心里想，正因为绝望于孔夫子和他的之徒，所以到日本来的，然而又是拜么？"

第三章　日本"桥"：睁眼看世界

1902年（22岁）——1909年（29岁）

东京——仙台——东京

今且置古事不道，别求新声于异邦，而其因即动于怀古。

——《坟·摩罗诗力说》

意者欲扬宗邦之真大，首在审己，亦必知人，比较既周，爰生自觉。自觉之声发，每响必中于人心，清晰昭明，不同凡响。

——《坟·摩罗诗力说》

一、登临通向世界的"桥"

当1901年李鸿章颤抖着长着长长指甲的枯瘦的手指，在《辛丑条约》上屈辱地签字之后，八国联军撤出了北京，慈禧又携带光绪回到京城。在庆幸得了一个苟且偷安的局面之余，不得不想一想采取什么办法来维持这摇摇欲坠的爱新觉罗氏的江山。顽固派找到了一针强心剂：把被自己用刀与剑镇压下去的维新运动的方案从血泊中拣了起来。以前严禁的，现在举办起来。废科举，办学堂，向外国派留学生，一时竟热闹起来。尤其是日本，不仅是一衣带水的邻邦，而且维新成功，以一个不大的岛国而遽然崛起，击败中华帝国，雄踞东亚，对中国人具有很大的吸引力。它是仿效西方而得到成功的，它又是中国人向西方寻求救国救民的媒介区，于是，官府更重视向日本派遣留学生，1902到1904年，人数猛增。

正是在这样的留学热潮中，鲁迅去国离乡，东渡留学。

东海万顷，浩瀚无际，水天一色，鸥鸟翱翔。大贞丸破浪前行。它时时在告诉人们：离祖国远了！这时，胡韵仙的诗句涌上心头："极目中原深暮色"，"旧域江山几破碎"。这概括了祖国现状的诗句，令人倍感神伤。鲁迅把去国离乡的感怀以及旅途的感闻都写了下来，题为《扶桑日记》。

4月4日，大贞丸抵达横滨。

登上日本的国土了。

迎接他的将是什么呢？

从1902年4月到达日本，到1909年8月学成回国，鲁迅在日本整整生活、学习了7年零4个月。这正是他从22到29岁的时期，他的青春时期的最好时光是在日本度过的。在这一时期，他奠定了自己一生革命道路的牢固基础，也奠定了他作为一代宗师、文化巨人的思想文化基础。

鲁迅来到日本留学时，中日两国都正处在文化递嬗、社会遽变的时期；不过，日本明治维新成功，先走一步，正急速由传统向近代转化；而中国则戊戌维新失败，正挣扎于传统的桎梏之下。

鲁迅落脚日本国土那年，22岁，正当风华正茂时。那时的日本处于明治三十年代后期，也正是这个民族兴盛发展的时期：经济—社会—文化正在整体性和本质性地发生变化。鲁迅来到斯国，一怀救国救民之理想，二抱因"绝望于孔夫子和他的之徒"而图求新宗的职志。他的来到，与其说是求学，不如说是探路：探求一条拯救沉沦祖国和愚弱国民于沉沉黑暗中的道路。所以，他虽身在异国，心中却总浮动着祖国的身影，"风雨如磐黯故园"。也因此，无论是在弘文学院努力地学日语、热闹地求知识，还是在仙台孤寂地学医术，抑或是后来到东京从事启蒙运动和文艺发动，他都是目光四射、热情认真地不仅习眼前手下之艺，而且更注意追踪观察与研习更广大的知识和更深邃的学问。他近观日本之实，远察欧美之情。他有如一个观察者、探路者、研究者登上了一座桥，一座通往广阔世界的桥，既考察本身，又眺望桥以外的世界；既接受桥上的所有，又凭借桥来接受广阔世界的事物。

东京，当时已成为中国资产阶级民主革命在海外的活动中心，国内的许多次起义，都预先在这里谋划、准备，国内的种种政治风云变幻，都会在东京得到回响和反应。许多革命者常到这里集结，或进行学习讨论，或从事组织策划，因此，这里也是中国当时的一座革命学校。鲁迅在这里前后生活了五年之久，又与不少革命者有密切的交往，自己也参加了革命组织和革命活动，这对他形成革命民主主义思想具有决定性影响。

当时，从封建士大夫阵营分化出来的中国新一代知识分子，很多在日本留学或从事革命活动，东京更为集中。在这支新的知识分子队伍中，人才辈出，不乏英雄豪杰、志士仁人。这是当时知识界和全民族的精华。当时的留东知识界，顽固派、保守派、保皇派、改良派、革命派都有，他们之间展开了激烈的论战。这样的环境和这样的斗争对于启发鲁迅的思路，发展他的思想，也都起了很好的作用。日本这座桥，不仅是鲁迅了解国内革命形势和学习掌握知识的文化桥，也是他走向世界的通道与坦途。

二、风雨如磐黯故园

鲁迅第一次踏上了异国的土地，走上了日本这座桥。4月13日，到达东京。他修家书一封，连《扶桑日记》一同付邮。信上说，不日进成城学校。

成城是一所陆军士官学校的预备学校，按日本政府的定例，只有学陆军的学生才能入学，鲁迅等人虽然是陆师学堂毕业，但读的却是矿务班，因此不能入学。后来，只好改入弘文学院。这个学院的《章程》第一条就指出：为清国留学生教授日语及普通教育，以期培养成材。

鲁迅进的是这个学院的速成普通科，学制二年，除学日语外，还学习几门理科课程。他被编在学校的江南班。

他就这样从一个可能被培养成为军人的陆军学校，转到了文理科学校。人生道路上的又一次转折！如果不是这样，他就将成为一个武人而不是文人吧？不过也难说。他后来学医，不是也没有成为医生吗？外因只能通过内因起作用；而且，一个被命运摆布的人和一个力图掌握自己命运的人，对环境的反应是不一样的；更何况，他的思想和情趣、特长和心性，决定了他发展的方向和路途。

弘文生活：读书与编译

弘文学院坐落在东京牛込区西轩町三十四番地。掌院叫加纳治五郎，学监是大久保高明。

鲁迅住在一间八人一室的寝室里。恰同学少年，风华正茂。他们都是二十几岁的青年人，除了切磋学问外，还经常谈论祖国的沉沦、人民的苦难和怎样救国救民。

此时的东京，如鲁迅日后所形容，留学生"漫天塞地"。据清国留学生会馆的不完全统计，仅1902年就有500多人，1903年增至1073人，1904年又增至2412人。

《且介亭杂文末编·因太炎先生而想起的二三事》中说："凡留学生一到日本，急于寻求的大抵是新知识。除了习日文，准备进专门的学校之外，就赴会馆，跑书店，往集会，听演讲。"

鲁迅同许多留学生一样，也投身于这种紧张的、充实的、飞扬着青春热情的生活之流中。赴会馆就是指去清国留学生会馆。

在这里，经常举行集会，那些留学生中的爱国志士，尤其是革命的风云人物，或自国内来，或路过东京，或落脚东京，总要在这里讲演。那时的讲演，大都是激昂慷慨、鼓舞人心的。在会馆的门房里，还往往能买到新出的宣扬革命的书报杂志。

1902年春季，当鲁迅到达东京不久，著名的革命领袖孙中山和章太炎来到了东京，两人携手战斗，被人赞为"英杰定交"。他们共同发起在横滨召开"中夏亡国二百四十二年纪念会"，在为召开这个大会而发出的《告留学生书》中，激昂慷慨地写道：

> 愿吾滇人无忘李定国，愿吾闽人无忘郑成功，愿吾越人无忘张煌言，愿吾桂人无忘瞿式耜，愿吾楚人无忘何腾蛟，愿吾辽人无忘李成梁！

在每一个省的留学生面前，都树立了一个自己先辈中的仁人志士的英勇形象，以激励其光复志气、革命精神。宣传反清的报刊也不断创办。留学生创办了《国民报》《江苏》等报刊。《国民报》"宣传革命仇满二大主义"。留学生中的浙江同乡会也创办了一个刊物，命名《浙江潮》，那封面上便画着卷起巨浪的江涛，象征着革命浪潮汹涌。发刊词上写着这样的词句："忍将冷眼，睹亡国于生前，剩有雄魂，发大声于海上。"[①]

这年的12月16日，鲁迅在家信中附寄了《浙江同乡会章程》，并告家人《浙江潮》即将出版，又推荐由梁启超主编、在横滨出版的《新小说》，说它是一种"佳书"。身处异国，刺激增多。留学生走在东京街

---

① 见许寿裳《亡友鲁迅印象记》，据鲁迅当时的同学回忆，该刊封面是鲁迅设计的。它在当时的中国刊物中，是颇为新颖的。（《亡友鲁迅印象记》，岳麓书社，2011，第12页。）

头，常常遭到日本少年的辱骂。他们记起的是中日甲午战争中，丧权辱国的愚弱的老大帝国。这歧视与骂詈，令人异常气愤。鲁迅当然也有同样的感受，但是，他想得更深沉。据厉绥之在《五十年前的学友——鲁迅先生》中记述，鲁迅当时说："我们到日本来，不是来学虚伪的仪式的。这种辱骂，倒可以编在我们民族的歌曲里，鞭策我们发愤图强。"

那时的留学生鱼龙混杂，良莠不齐，有日后在历史上留下美名的，如陶成章、徐锡麟、秋瑾、廖思煦（仲恺）、何香凝、吴玉章、杨昌济，等等。但也有以他们的名字玷污了历史篇章的败类，如曹汝霖、章宗祥、吴稚晖等。留学生中也有一些是醉生梦死的昏虫，如《朝花夕拾·藤野先生》中描述："但到傍晚，有一间的地板便常不免要咚咚咚地响得震天，兼以满房烟尘抖乱；问问精通时事的人，答，'那是在学跳舞'。"还有的头上梳着油光可鉴的辫子，有的把辫子盘在头顶上，带上制帽，使它高高地耸起，好像一座富士山。

来到东京留学的，据《清国留学生会馆第一次报告》所载，500多人中，有半数以上是学警察法政的。这里面，自然也不乏爱国志士，但多数是功名利禄之辈、浑浑噩噩之徒。

鲁迅对这些人深恶痛绝，由此在心灵深处，怀着对祖国前途的担忧。

1903年2月，他毅然剪掉了辫子。他是弘文学院江南班第一个剪掉辫子的人。

这天，他高高兴兴地走进好友许寿裳的自修室。他的脸上浮现的喜悦表情，引起许寿裳的注意。他发现，鲁迅脑后的辫子没有了，禁不住兴奋地表示祝贺与赞赏："啊，壁垒一新！"

鲁迅炯炯的目光中，满含喜悦，举起手迅速地在头上摩挲一下，向着许寿裳笑了，好像是说："是的，从此壁垒一新，再不为这烦恼了。"

《且介亭杂文·病后杂谈之余》中说："对我最初提醒了汉满的界限的不是书，是辫子。这辫子，是砍了我们古人的许多头，这才种定了的，到得我有知识的时候，大家早忘了血史，反以为全留乃是长毛，全剃好像和尚，必须剃一点，留一点，才可以算是一个正经人了。而且还要从辫子上玩出花样来。"东京留学生头上的"富士山"和"油光可鉴"就是这种花样。然而现在鲁迅把自己的辫子剪掉了，除去了异族统治者用高压手段种定的孽根。

大约也在这时期，他经常同许寿裳在一起讲道论学。有一次，许寿裳问他："《离骚》里你最喜欢吟诵的是哪几句?"鲁迅不假思索，立即念道：

> 朝吾将济于白水兮，登阆风而绁马。
>
> 忽反顾以流涕兮，哀高丘之无女!

他欣赏的不只是屈子的哀怨和骚体的绰约绚丽的风姿，而且，也借《离骚》的酒杯，抒一己的块垒：他流涕反顾的是风雨飘摇中的祖国，他哀伤忧愤的是人民的愚弱。

正在此时，他拍了一张"断发照"，在那圆圆的年青英俊的面孔上，一对明亮的眸子，透射出悲天悯人的柔情，整个的面部表情严肃、深沉、抑郁。他还似在观察、询问、沉思、探寻。他把这张照片，送给了挚友许寿裳，并在后面题诗一首：

> 灵台无计逃神矢，
>
> 风雨如磐黯故园。
>
> 寄意寒星荃不察，
>
> 我以我血荐轩辕。

这深沉激越、华美流利的诗句，写出了鲁迅的真情挚意，含着一己的哀怨惆怅，也蕴藏着对家国的眷恋忧伤，这是一个遭受不幸摧折而又眷怀祖国的感情丰厚、精神坚毅、寄意深沉的青年爱国者的心声①。

---

① 对这一诗句的意义，一般均据许寿裳的解释，认为是写留学异邦刺激之深，此处所用的"神矢"虽然用外国神话典故，但却转意为对祖国之爱，拙作《鲁迅诗选释》(辽宁人民出版社出版)即曾用此说。

　　然而，锡金先生一直用"婚姻说"，即认为此句、此诗为写与朱安的不如意婚姻。此说出于许广平之口，是她同锡金先生于1941年在研讨这首诗的内容时说的。她说："这首诗我问过周先生，周先生自己对我这样解释的。周先生不但自己解释了这诗，而且，还举出了后来在1918年所写的新体诗《爱之神》和1919年所写的杂文《随感录·四十》说，诗里的意思，和后面两篇里所写的是差不多的。"后来，1950年，许广平又在答单演义同志的问题时，作如此回答。"'灵台无计逃神矢'句，疑是先生旧式结婚后回日所写，因神矢典故乃爱神之矢示婚姻乃盲目被迫，照许(寿裳)说，留学外邦受刺激似解释较牵强。"(以上均见锡金：《〈自题小像〉和"婚姻说"——〈鲁迅诗直寻〉之一》，载1981年《鲁迅研究年刊》)。

　　按许广平之说得之鲁迅本人，当可靠。此种解释也可解得通，而且更好。既用洋典，其义本指男女爱恋，何以又转借他用? 要讲爱国之情，本可用更贴切之典。下句讲祖国之零落，国仇家怨相连，亦通，且于人之感情、心理上也符合。当然，此说仍可讨论。仅申述如上。

这首本来无题、后被称为《自题小像》的诗作，与几年前的《别诸弟三首》，有着多么大的差别！在南京时的那种对家庭的怀念、对亲人的眷恋，现在都转注于祖国和人民方面了。他从一己一家的天地中走出来，进到广阔的世界之中了。短短四句诗，思想境界，感情寄托，都较以前发展了、深化了，也提高了。

鲁迅在东京的生活，同在南京的生活一样，可以用两个字来形容：清苦。那些阔绰的自费留学生不必说，同是官费留学生，鲁迅也不能像别的同学那样，从家庭得到接济。当时，弘文学院每个学生收学费28元日金。其中，25元是学杂费，剩下的3元发给学生零用。鲁迅便拿3元钱买些零食和香烟。抽屉里装着略可充饥的花生米，吸的是廉价的"樱花"牌香烟，音译为"杀苦辣"，那气味，可真有点又苦又辣。但是，生活的清苦，他早就习以为常了。给了他的生活以乐趣和丰实内容的是学习。

来到学院不久的一天，学监大久保高明把留学生集合起来说："因为你们都是孔子之徒，今天到御茶之水的孔庙里去行礼吧！"

鲁迅心里很不愉快，他想："正因为绝望于孔夫子和他的之徒，所以到日本来的，然而又是拜么？"

他不仅惊愕，而且失望。"文章得失不由天"，看来又要像在南京求学一样，学问要自己去探求了。当然，日语要靠在课堂上学，那些自然科学知识，也在课堂上得到增进。"在这里，三泽力太郎先生教我水是养气和轻气所合成，山内繁雄先生教我贝壳里的什么地方其名为'外套'"[①]。不过，他的活动地方狭小而接受范围却很广阔的吸收知识的天地，却在自修室。日语给了他以打开知识宝库的钥匙。当时，明治维新以后的日本，大量翻译出版欧洲资产阶级的自然科学和哲学、历史、文学等各类社会科学的书籍，鲁迅如饥似渴地阅读，涉猎范围相当广泛。虽然我们现在无法得知他当时的读书目录，但从他1903年托人带回家的图书中可见一斑。这年4月9日，他带回家一只皮箱，里面装了这样一些新书刊：《清议报》《新民丛报》《新小说》《译书汇编》《朝鲜名家诗集》《あか东侵史》等。次年4月在带回家中的书包里，又有《生理

---

① 以上引文均见《且介亭杂文二集·在现代中国的孔夫子》，载《鲁迅全集》，人民文学出版社，2005，第326页。

学粹》、《利俾瑟战血余腥录》（林纾译）和《旧学》等书。他的好友许寿裳回忆说，"他课余喜欢看哲学文学书"，"已经购有不少的日本文书籍，藏在书桌抽屉内，如拜伦的诗，尼采的传，希腊神话，罗马神话等等"。但他阅读的重点，仍然是自然科学书籍和严译的资产阶级启蒙学者的著作。这时，严译著作陆续出版了穆勒的《名学》、亚当·斯密的《原富》、斯宾塞的《群学肄言》、甄克斯的《社会通诠》，他都一本一本地研读过了。另一位当时的译界泰斗林纾（琴南），这时也一本接一本地译出欧洲文学名著，呈现于中国读书界。鲁迅对林译小说，差不多每一本都买来阅读。

他的知识迅速地增长，思想也随着知识的增长而发展。

1903 年 6 月，许寿裳接编《浙江潮》。他向鲁迅约稿。很快，鲁迅便交他两篇文稿：一是根据外国历史材料编写的小说《斯巴达之魂》，二是翻译雨果的短篇小说《哀尘》。许寿裳颇为欣赏，便将前稿的上篇和《哀尘》在 6 月 15 日出版的《浙江潮》上发表了。《斯巴达之魂》在第 17 期上载完。

他的译作的热情，颇像《浙江潮》杂志封面上的图案：浪花飞溅，汹涌澎湃。他坐在自修室里，阅读，选材，翻译，思考，奋笔疾书，文思泉涌。8 月到 9 月，鲁迅又把法国著名的科学幻想小说作家儒勒·凡尔纳的科学幻想小说《月界旅行》翻译、改编成 14 回的章回体小说，并写了"弁言"。10 月，这本书在东京进化社出版。

10 月 10 日，介绍四年前居里夫人发现的新元素镭的科学论文《说钼》，在《浙江潮》第 8 期上发表。同期，还发表了鲁迅的论文《中国地质略论》。

12 月，鲁迅翻译并改写的儒勒·凡尔纳的科学幻想小说《地底旅行》的头 2 回，在《浙江潮》第 10 期上发表。全书共 12 回，后于 1906 年由南京启新书局出版。这时期，他还与同学顾琅合作编写了《中国矿产志》。

总计这半年，他编译改写论文、专著、小说，已发表的有 6 种，未发表的还有翻译著作《世界史》、《北极探险记》，以及《物理新诠》中的《世界进化论》和《原素周期则》二章。这都是在课余时间做出的成绩，他的热情与勤奋，他的知识根底及文思的敏捷，都很使人感佩。这可以说是他的第一个写作高潮，第一个丰收期。

在《月界旅行·弁言》中，他对科学小说这一形式的特点和功能，给予了很准确的概括和很高的评价。他说，讲科学，一般地介绍，"常人厌之，阅不终篇"，但如"假小说之能力"就能收到好效果。而所谓"小说"的特点就是"被优孟之衣冠"，"去庄而谐，使读者触目会心，不劳思索"，于不知不觉间获得知识。他指出，这样就可以"破遗传之迷信，改良思想，补助文明"。所以他着重指出：要想弥补中国当时译界之缺点，导引中国人民前进，"必自科学小说始"。

他不同于梁启超。梁氏提出要以政治小说始，鲁迅着眼着力于科学、文化。

科学与爱国

通读这六篇作品，两个鲜明的主题像两颗明亮的思想之星，闪烁在字里行间：科学与爱国。铿锵的、炽热的、动人的语言，表述了爱国的、诚挚的深情；即使在讲科学的论文中，也跳动着一颗爱国的赤子之心。

开首第一篇，他就挑选了欧洲历史上闻名古今的斯巴达人抗击外族侵略的题材，他写他们的爱国、他们的抗争、他们的牺牲。他在前面所加的按语中，发出了这样一唱三叹的呼号与激励声：

> 我今掇其逸事，贻我青年。呜呼！世有不甘自下于巾帼之男子乎？必有掷笔而起者矣。

在《中国地质略论》中，他开篇就歌颂祖国的可爱：

> 吾广漠美丽最可爱之中国兮！而实世界之天府，文明之鼻祖也。凡诸科学，发达已昔……[1]

然后，他又笔锋一转，痛楚地写道：

> 况吾中国，亦为孤儿，人得而挞楚鱼肉之；而此孤儿，复昏昧乏识，不知其家之田宅货匨，凡得几许。益据其室，持以赠盗，为主人者，漠不加察……[2]

---

[1][2] 《鲁迅全集》第八卷，人民文学出版社，2005，第5—6页。

他又禁不住义正词严，大声疾呼：

> 中国者，中国人之中国。可容外族之研究，不容外族之探捡；可容外族之赞叹，不容外族之觊觎者也。①

这是他的"我以我血荐轩辕"的美句佳词的最好注释，它说明他是这样热爱自己的祖国，所以决意以身相许。这也是他的襟怀之付之实践：他日夜努力，奋笔疾书，写出自己对祖国的爱恋与忠诚、眷念与奉献。虽在述地质状况，那一份爱国激情也流泻而出。他要唤起国人的爱国热情，还要用科学思想来充实国人的灵魂，改良他们的思想。他在《月界旅行·弁言》中说，科学小说的主旨就在使人们"获一斑之智识，破遗传之迷信，改良思想，补充文明"，他认为："导中国人群以进行，必自科学小说始。"他是要把科学当作一盏思想明灯，引导中国人民向前进。在《说钼》中，他指出，科学不仅能改良思想，而且，它的新发现，可以使"思想界大革命之风潮，得日益磅薄"，它是推动社会前进的一种革命力量。他写《中国地质略论》，就是为了使豪杰之士以至人民"悢悢以思，奋袂而起"，想以此来推动祖国的前进。

他的思想之锐敏和深刻，是令人敬佩的。他这时就抓住了民主革命的两个轮盘，开始注目于民主革命的思想启蒙工作了。这使他在思想领域已经站在当时民主革命阵线的前列了。

在他的这第一批作品中，就已经表现出他作品的鲜明的特点和优点。他的文章，都是为时需而作，都是言志之作。这是一种"外""内"交融。他当时感到故国风雨如磐，而自己愿"血荐轩辕"，但是，现状却是"寄意寒星荃不察"，他便写了《斯巴达之魂》，呼号"魂兮归来"！愿我国人都像斯巴达克人一样，奋起图强。当发生依附于李鸿章的官僚买办刘鹗伙同杭州绅商高尔伊出卖浙江矿权的事件时，他振笔而写《中国地质略论》，以后又与同学顾琅合编《中国矿产志》。文中，他对瓜分祖国的帝国主义恶魔发出了喝声：只许你们研究赞叹，但不许垂涎，更不许霸占。他谴责卖国贼"引盗入室，助之折桷挠栋，以速大厦之倾"；他指斥清朝政府"老病昏瞶"。他慨叹国家民族的危难："将见此肮肮中原，已非复吾曹之故国。"

---

① 《鲁迅全集》第八卷，人民文学出版社，2005，第5-6页。

他的这几篇作品，都是旗帜鲜明，思想清晰，尖锐、泼辣，求实而不虚夸，质朴而不拙讷的佳作。不过，他的才华在此几篇中，仍未能充分发挥，这是论著与译作自身的品格限制了他，使他只能在字里行间偶然迸发出文才的火星。这火星当时还只能潜伏着、沉埋着，待机而发。

这几篇译作，他用了"自树""庚辰""索子""索士"等笔名发表。"自树"从"树人"化来，但又含有树人者应先自树之意，既有自勉亦含共勉的意义。"庚辰"是我国古代传说中大禹治水的助手，曾制伏怪兽"无支祁"。"索子""索士"既有探索之子、探索之士的含义，又有索求人之子、索求爱国之士的意思。这表现了鲁迅当时的爱国热情、宏伟抱负和深沉思想。

如果说在南京求学时，他还只是自己要拔剑而起，投身戎马生涯，那么在日本，他却懂得了在起而奋战之前，需要自我锻炼和修养（自树），也要树人（索士），他愿成为一个治国救民者的助手，也意欲探索救国救民之路，索求救国救民之士。笔名体现了他的思想的发展和状况。

严复与林纾

鲁迅与许寿裳在一起，他们又一次谈起了严复译《天演论》。鲁迅谈到高兴处，禁不住背诵起来："赫胥黎独处一室之中，在英伦之南，背山而面野，槛外诸境，历历如在机下……"许寿裳也高兴起来，接着背下去："乃悬想二千年前，当罗马大将恺彻未到时，此间有何景物？"鲁迅像是回答一样："计惟有天造草昧，人功未施，其籍征人境者，不过几处荒坟……""哈哈"，两人一口气背下来，不禁高兴得笑起来。

鲁迅不仅接受《天演论》中的思想，而且很欣赏严又陵的译笔。他后来到了仙台，在一次给许寿裳的信中，模仿严译著作的文体，描述一个同学的下作行为，并自注说："昨夜读《天演论》，故有此神来之笔。"

严复不仅如我们在前面所述，通过《天演论》给了鲁迅一个新的世界观，开辟了认识自然界与社会的途径，而且，以他的翻译使鲁迅得以接触、学习、研究资产阶级上升期的进步的哲学、经济学、社会学著作，接受进步的资产阶级世界观；同时，还以那种他自称为"达旨"、被鲁迅称为"做"的翻译方法，影响了鲁迅，他的《斯巴达之魂》就是这种性质的作品。

严复的翻译工作的意义和作用，使鲁迅也重视起这项工作来，把它看作进行革命首先需要做的事。

严复可以说是鲁迅的真正的老师中的第一个，是鲁迅"启蒙三师"之一①。

林纾翻译的外国小说，鲁迅读得很多。不应该忘记这位辛勤的译述者所起过的"媒"的作用，他的译作使我国文学界，也使鲁迅打开了眼界，把眼光转向世界文学之林，看见了这郁郁葱葱的百花园中奇葩异卉、群芳斗艳，这是同我国古典的、民族的艺术之花，如《三国》、《水浒》、《红楼》、临川四梦、《西厢》、《聊斋》完全不一样的一个新的艺术世界。它又反映了一个新的世界、新的社会，写出了一群新的男女和他们的新的生活与感性世界。

无论是在认识世界上或者是在接受艺术影响上，这种文艺之"媒"的劳作，都是不可抹杀的，当然，他以后走向了反面，成了历史的绊脚石，鲁迅也给了他以严厉的批判。

就像严复在翻译中进行评注与发挥一样，林纾在他的译作中也增添了自己的独创的东西，他往往"捐助自己的'谐谑'为狄更斯的幽默加油加酱"，"他在翻译的时候，碰见他心目中认为是原作的败笔或弱笔，不免手痒难熬，抢过作者的笔代他去写"。"他认为原文美中不足，这里补充一下，那里润饰一下，因而语言更具体、情景更活泼，整个描述笔酣墨饱"②。可取的是，他这种越俎代庖并非胡改乱划，也没有违反艺术规律，而是使原著增色，更具吸引力了③。他用文言译外国小说，但掺进了新语汇、新名词以至外来词，并且输入了欧化的语法、句法。他的这些做法，对当时正在如饥似渴地吸收外国文化营养，并且自己也从事译作的鲁迅来说，都产生了一定的影响。

鲁迅后来在东京译《域外小说集》、在"五四"时期大量翻译欧美

---

① 这是我的一点认识。另两个启蒙之师是章太炎、藤野严九郎，他们在不同的方面影响了鲁迅，这种影响在早期是具有决定性意义的，后来，他们又都被鲁迅远远地超过了。但鲁迅仍然怀着美好的感情谈起他们，公正地肯定他们前期的革命性与进步作用。关于章太炎、藤野对鲁迅的影响，后面详述。另外，我原来称为早期三大宗师，杜一白先生曾告我，他以为不妥。我同意这个意见，今改此说。

② 此处引文见钱钟书《林纾的翻译》，商务印书馆，1981，第26页。

③ 林纾这种做法，自然是违反忠实于原作的原则的。但在当时，却确有其一定的积极作用。钱钟书说他后来读了忠实于原著的翻译，兴味反不如林译。

日本文学作品以及后来在上海时期，更有计划、有组织地大量翻译马克思主义文艺理论著作、苏联小说以及欧洲进步文艺作品，都同严、林的影响分不开。虽然后来他对严、林的思想都作过批判，尤其是林琴南更是他的一个主要批判对象，而且对他们的翻译和关于翻译的主张，也都有所批判，但早期的影响却不可否认，而后来的批判，却也是从反面所起的一种联系与影响。

"译才并世数严林"，康有为的这个评价有一定的道理，在20世纪初的中国文化界，他们同时把眼光和手伸向西方，移译了许多有益的东西，有过他们的历史贡献。但他们所涉及的范围不一样，所做的工作不一样，各自的思想不一样，所起的作用也不一样，严几道为中国知识界、思想界输入了一个新世界观，而且他的结合中国的实际发挥其独创性，使译作在思想上越出了原著、高出于原著，他以此唤醒了、影响了一代知识分子；影响及于当时和后世的中国整个思想文化界。林琴南的一百多种译作，对于当时中国的影响也是很大的，他获得了众多的读者，但他们并非都是文化界人士，而真正产生的影响则仅限于文学界、翻译界。他与严复相比，似不可并列。

他们两人对于鲁迅的影响，也同样是不能并列的。在这里一同提起他们，仅仅因为在时间上，他们对于鲁迅的影响处在相同时期而已①。

"人性" 的思索

鲁迅带着深沉的表情，向许寿棠发问："季茀，你说，什么是理想的人性？"许寿裳望着挚友，深思着。这两个年轻的朋友，常常在一起讨论，他们的讨论涉及这样三个有关联的问题：第一，怎样才是理想的人性？第二，中国国民性中最缺乏的是什么？第三，它的病根何在？

---

① 鲁迅自1902年到日本，至1909年回国，这七年中，正是严林二氏译作鼎盛时期，也是鲁迅读得热情、读得集中，因而受影响最重要的时期。兹将此时期二氏译作出版情况排列如下：A. 严复：《天演论》（1902，译载于报纸）、《原富》（1902）、《群学肄言》《群己权界论》（1903）、《社会通诠》（1904）、《法意》（1904—1909）、《名学》（1905）、《名学浅说》（1909）。B. 林纾：《埃习兰情侠传》（1904）、《鬼山狼侠传》（1905）、《迦茵小传》（1905）、《雾中人》（1906）、《金风铁雨录》（1907）、《恨绮愁罗记》（1908）、《髯刺客传》（1908）、《滑稽外史》（1907）、《冰雪因缘》（1909）……等计61部，其中有哈葛得的作品14部。可见鲁迅这时期能读到的林氏译介欧美小说之多，以及接触哈氏小说之多了。

鲁迅一直把自己的注意力倾注于人性问题，这不是偶然的。最早引起他对于这个问题的注意，是在故乡。那时，他家道中落，又恰在他初识人世的时候，便遭逢到世态炎凉、人情冷暖，而他作为长子、长孙，在父亲病势缠绵之时，帮助忧伤劳碌的母亲张罗家务，在家族内、社会上，所受到的冷遇白眼尤其多，所感受到的刺激特别深，因此，他不能不带着忧愤与怨恨，思考一个摆在眼前的而又十分虚缈的问题：人为什么竟这样？人为什么会这样？"人之初，性本善"，这是中国的古训，七岁蒙童念三字经第一句就是这个对于人性的颂歌。然而，中国古代哲人也有的说：人之初，性本恶。人性本来是善呢，还是恶呢？

当他18岁决心离开故乡时，他说：已经看透了故乡人的心肝，要到异地去寻求别样的人。这是他的结论：他以为人性因地而异，或者以为外界天地广阔，别样的人才能找到。但他确实怀着希望找到一种与"S城人"不同的人。

这种愿望是深沉而真切的；但也是幼稚的、模糊的人生追求。

但他一直注意着这个问题。这成为他的思想的一大特点和优点。

到南京求学的几年后，他走出了顽固、守旧、落后的封建古城绍兴，走出了基本上以封建没落家族为主的生活圈子，来到一个半殖民地性质更浓厚的，交通发达、人口稠密、社会结构复杂的大城市，见多、识广，有许许多多他在绍兴所没有见过的人。尤其是被维新运动所唤醒，被沉沦没落的国运所刺激，他树立了爱国主义思想，而且又为生物进化论和社会进化论为特点的新的世界观所武装，他的对于人性的研究，被注进了爱国主义，因而具有了深厚的内容、实际的意义。

还记得那"文章得失不由天"的诗句吗？它得出了人不由天、人能胜天的结论。这结论同"天命论"，同"天不变，道亦不变"的古训是对立的。这已经透露了他的人性进化论的最初消息，不过更多的是从他自身体验中得出的。

来到日本后，他的眼界更开阔了，东京更非南京可比，这是一个新兴资本主义城市，是一个东方国际城市，他的见识更广了，他的知识与思想比翼同飞。当外国输入的国民性问题一与他接触，便立即同他的更发展、更深入、更热烈的爱国热情相结合，同他的对于人性的研究相结合。要救亡图存，保国保种，就要举国上下，奋发有为，发扬人性的力量。国民性的研究和爱国救国的愿望结合起来了，国民性问题也具体到中国人的国民性了，而且主要在探究其病根和最缺乏的东西。

现在我们没有发现说明他当时的研究结论的资料。但是，从他这时的作品中所进行的正面宣传中，可以看出来。

"寄意寒星荃不察。"这个"荃"字，源于屈原《离骚》的"荃不察余之中情兮"。他最爱吟诵的《离骚》佳句是"忽反顾以流涕兮，哀高丘之无女"。他的忧伤哀愁在于自己的理想与爱国衷情不为国人所察！为什么？他们还在昏沉的梦中！所缺的是什么？反抗的斗争的精神与科学知识。因此，爱国与科学成为贯穿于他这时期论著中的两大主题。

他显然抓住了重要的切合时需的主题，不过，这个主题在他那里还不免缺乏实感，还是比较一般的、朦胧的。这时候君主立宪的改良派和资产阶级民主革命派，阵线还没有那么清楚，思想上的界线尤其不那么分明。鲁迅虽然以其观察的深刻和思路敏锐而走在前列，但究竟不能飞越于整个思想界的"境域"之外。因此一方面他在深刻地思索"理想的人性"问题，触及"国民性改造"问题；但另一方面，他仍然在自己原有的思考范畴中思考，依着原来的结论推演，即用新医学来拯救像父亲一样被庸医害死的人，并使国民有一个强健的体魄，又由此引起人们对维新的信仰。所以，他选择了学医的路，即医学救国的道路。

他的梦很美。

三、解剖刀与笔

虽然他曾握笔编译，且有成绩，但他却放下笔，准备拿起解剖刀来。

1904年4月，鲁迅在弘文学院结业。按照规定，他应该到东京的帝国大学工科所属的采矿冶金科学习。但他不愿意学工，更不愿意去搞当时的留学生蜂拥而去的警察法政之类。他毅然决定去学医。正如他在《集外集·俄文译本〈阿Q正传〉序及著者自叙传略》及《呐喊·自序》中所说：

> 待到在东京的豫备学校毕业，我已经决意要学医了，原因之一是因为我确知道了新的医学对于日本的维新有很大的助力。

> 我的梦很美满，预备卒业回来，救治像我父亲似的被误的病人

的疾苦，战争时候便去当军医，一面又促进了国人对于维新的信仰。

这就是他决定学医的原因。医学救国、医学救民，也即科学救国，这就是他要走的"我以我血荐轩辕"的具体道路。显然，他还没有同维新思想彻底划清界限。

为了学医，他选择了仙台这个比较偏僻的地方，以躲开那些他所不满的东京的清国留学生。他似乎又有一点离开"S城人"的那种心情。

然而，迎接他的，又将是什么呢？

恩情与歧视

仙台是日本东北部一个不大的市镇，当时还相当冷僻。仙台医学专门学校是1901年办的一所学校。鲁迅的到来，受到热情的欢迎和优礼待遇。因为他是来到仙台的仅有的两名清国留学生之一，在仙台医专则是第一个也是唯一的外国留学生①。学校不收学费，派人送他进教室并且介绍："这是从中国来的学生！"甚至当地报纸对他的来到和情况也加以报道。

清国当时是一个弱国，甲午之战又打了败仗，因此，清国留学生被一些受军国主义思想影响的日本学生看不起。鲁迅在东京便受到过这种待遇。然而，仙台的人们却热情欢迎他的到来。尤其是他还遇到了藤野严九郎先生和其他一些爱护他的师友。师长的爱护与同学的友情，温暖了他的心。

那是第一次上解剖学课的时候，一位日本先生走上了讲台。他就是藤野严九郎先生。

藤野先生注意到有一名清国留学生：周树人。他在《谨忆周树人君》中说："周君身材不太高，圆脸，很聪明的样子。他当时的气色看来也不像很健康。"那时，他很关心地端详了一个来自弱国的留学生。

藤野在少年时期，曾经跟一位叫野坂的先生学过汉文；他借此窥见了一个东方文明古国数千年文化的博大精深，从此他便尊敬中国。因此，"对那个国家的人也就应该高看的"。而且留学生只有鲁迅一人，他于是十分关心鲁迅。

---

① 另一名中国留学生为施霖，他在仙台第二高等学校二部工科学习。施霖，字雨若，浙江仁和人。1902年官费留日。他在二高学工兵火药。

开始，藤野先生很担心鲁迅过不惯仙台的生活。他想："在异邦，这要是在东京还有许多同胞和留学生在身边，而在仙台，像我在前面已经讲过的那样，只有周君一个人，所以我想他一定是寂寞的，但实际上也看不出特别寂寞的样子，听课时是非常努力的。"这样他就放心了。但他又注意到，由于日语程度和理解能力还不够，恐怕不能完全记下讲课的内容吧。

一天，大约是星期六，藤野先生让助手来叫鲁迅了。见面之后，他问：

"我的讲义，你能抄下来么？"

"可以抄一点。"鲁迅谦恭地回答。

"拿来我看。"

鲁迅把所抄的讲义交了上去。过了两三天，讲义全退还了，并叮嘱说，以后每星期要送去看一回。

鲁迅打开一看，惊讶了：笔记上脱漏的地方全都补上了，语法错误也都一一用红笔改正。他感到先生的关切和温暖，感激而且不安起来。

又有一次，藤野先生把订正过的笔记还给鲁迅，翻开一页图，指着一处和蔼地说："你看，你将这条血管移了一点位置了。——自然，这样一移，的确比较的好看些，然而解剖图不是美术，实物是那么样的，我们没法改换它⋯⋯"这样订正讲义的工作，一直继续到他教完全学年的课程。

第二年开始解剖实习了。"敬重鬼神的中国人，肯不肯动手解剖尸体？"藤野先生这样想。

然而走进解剖室，他看到这位中国学生在专心致志地进行解剖作业，先生十分高兴。从此师生两人的心更靠近了。

鲁迅十分理解这个正直学者伟大的心："他的对于我的热心的希望，不倦的教诲，小而言之，是为中国，就是希望中国有新的医学；大而言之，是为学术，就是希望新的医学传到中国去。"

这是鲁迅早期的第二位启蒙老师——他不同于第一位启蒙师严复，他们未见过面。严复给了鲁迅以新的世界观和长期运用的一把解剖世界（社会）的刀。藤野则是异国师长，鲁迅曾经亲炙，虽然未从他手上接过人体解剖刀，但是却从他那里学得了仁厚博大的学者胸怀。三十多年后，他以同样的胸怀，教授了一个研究中国文学的日本青年增田涉。这也许是藤野先生的影响的回报吧。

在二十多年后，他带着深情在《朝花夕拾·藤野先生》中写下了这样的话语："在我所认为我师的之中，他是最使我感激，给我鼓励的一个。"

在晚年，他还叮嘱要翻译自己作品的日本友人兼学生增田涉："在我看来，非放进去不可的东西是没有了。不过《藤野先生》一篇请你译出加入。"

鲁迅与藤野的这段佳话，将永留中日人民友谊的史册，辉照后人。

除了藤野先生，还有另一位教解剖学的敷波重治郎教授，也十分关心鲁迅的学业，经常把这个外国学生叫到自己的研究室，辅导他的学习。鲁迅与房东佐藤喜东治也有着亲密的关系，感情很好。鲁迅有一把日本短刀，便可能是佐藤所赠。

但是，学生中是有人白眼相看的，有的甚至骂中国人是"中中和尚"①。

在第一学年末，发生了不愉快的事情。

学校公布了学年考试成绩，鲁迅全学年各科平均成绩如下：

解剖学59.3　丁

组织学72.7　丙

生理学63.3　丙

伦理学83　乙

独逸学60　丙

化学60.3　丙

总平均66.4，名次为142名学生中的第68名。

这只不过是一个中等的成绩，但一些受军国主义思想影响太深、民族优越感太强的日本学生，竟然认为这样的成绩不是一个来自弱国的青年所能达到的。他们认为这是鲁迅从藤野那里得到了泄露的试题。他们向鲁迅进行挑战，写匿名信侮辱他，信的第一句就是："你改悔了吧！"

鲁迅对其势汹汹的进攻并不示弱，他在一些友好的同学的支持下，向他们反击，最后迫使这些人道歉了。

事情虽然解决，但在异国留学的种种遭遇，引起他的激动与思考。他想起初到仙台不久读过的《黑奴吁天录》这本书，黑人奴隶受殖民主

---

① "中中和尚"，日语，有"胡言乱语的和尚"之意。

义者迫害的悲惨遭遇使他联想到自己的祖国和人民。他想起同日本学生的接触，觉得他们的德行和才能并不高于中国青年，只是社交活泼是他们的长处，以此看来，祖国前途仍不必悲观。但眼下却遭到如此凌辱，对他的刺激是很深的。

死的生命与活的死人

在到仙台才一个月的时候，鲁迅在给友人的信中，写到自己"索居仙台"，"形不吊影，弥觉无聊"①，当他看了《黑奴吁天录》之后，虽然"离中国主人翁颇遥"，但仍不忘怀故国。信中又写道，学校的课程有物理、化学、解剖、组织、独逸（即德语）等，课程多、学习紧张，"皆奔逸至迅，莫暇应接"。他学习上是勤奋的，也能跟上班，"自问苟侥幸卒业，或不至为杀人之医"。他对自己的学业是具有信心的。但是，他不满足。首先，他对教学法不满意："校中功课，只求记忆，不须思索，修习未久，脑力顿锢。四年而后，恐如木偶人矣。"他素来是生动活泼地吸取知识的，这种奔迅而至、不须思索的硬记死背的学习方法，为他所不取。更有甚者，是他曾经翻译一本理论"颇新颖可听"的《物理新诠》，但只译了两章，就为了应付这种紧张的功课而"竟中止，不暇握管"。他感叹地写道："而今而后，只能修死学问，不能旁及矣，恨事！恨事！"抱憾之情，溢于言表。

他关心国家大事，不愿修死学问，表现了深切的爱国热情和卓越的见识。这不仅表现了他思想上的成长，而且，已经埋下了他放弃医学的种子。他终究不是那种墨守成规、追求一己安身立命之目的的人。

第二学年，解剖学课程进行到实地解剖人体了。藤野先生怕这个中国学生迷信，会拒不动手；而鲁迅却因为不忍戮尸，而不敢下刀。

每当面前摆着一具少女或者婴儿的遗体时，他凝视着，不忍下手：多么丰满、柔嫩、匀称，"造物主"多么精心地制造了这"人"，年青

---

① 此处和本节以下引文均见致蒋抑卮函（《鲁迅书信集》上卷，人民文学出版社，1976，第3页）。鲁迅在仙台学医，是他早期思想发展过程中的重要阶段。在这里，他彻底抛弃了医学救国思想，而藤野的关怀与他的品德、医学教育对增进学识和引起思想上的变化，包括对旧教授法的不满等方面，又给予他颇深远的影响。有的在他的作品中直接表现出来了，如《藤野先生》、《狂人日记》以及一些杂文。因此。对此段生活不可忽视，本书试图作些探索，而不止写"幻灯片事件"这一方面。

的、幼小的生命正在生长着，突然停止了。当血液停止循环、肺部停止呼吸、心脏停止跳动，生命就终止了。他从这停止了生命的人体中，探索生命的奥秘。从这些已死的生命体中，他惊讶赞叹胎儿在母体内安置、结构得何等巧妙；痛苦地看到矿工的碳肺如何墨一样黑；更深受震动地观察了双亲的花柳病如何残酷地贻害无罪的子女。他从已死的生命体上看见了活的生命体的内涵和珍贵，从而引起对活的生命的尊重和爱护，燃起使生命免遭戕害的愿望。一种人道主义的思绪酝酿于他的心中。他对"人"的认识，从自然科学的角度又前进了、深化了一步，从而对他思想的发展，又增添了一种新的因素。

因此，他眼前总是活动着那麻木的、愚昧的"活着的死人"一般的中国人。

故国风云异邦情

鲁迅到仙台的两年中，世界风云更加多变。日本海上，旅顺口外，硝烟弥漫，大清帝国日益处于风雨飘摇之中。祖国摇摇欲坠的危殆状况，就像一首哀歌，一阵哭嚎，惊醒、激励了许多革命志士。他们携起手来，担负起救亡图存的责任。1905年8月，中国三个著名的反清革命团体兴中会、华兴会、光复会在日本东京结成联盟，成立了中国同盟会，并且提出了一个完整的资产阶级革命纲领："驱除鞑虏，恢复中华，创立民国，平均地权。"从此，民主革命运动以空前未有的规模展开了。刺杀王公大臣，联络会党起义，血与火的斗争在沉寂的中华大地上迸发，收回权利的呼声响彻阴云密布的中国上空。直隶人力争开滦煤矿，云南人为七县矿山的权益而奔走呼号，山东人为沂水金矿而抗争，江浙人民胜利地争回了苏杭甬铁路的修筑权，山西百姓集资从英国佬手里把矿权赎回。1905年，在广州、厦门、福州、天津、牛庄，商人们联合行动，开展了广泛的抵制美货运动。宣传战线也活跃起来，青年革命家邹容发表了他那呼唤暴风雨的《革命军》，著名的理论家、宣传家章太炎为之作序。激越的革命宣传鼓动家陈天华把他那震撼人心的著作《警世钟》《猛回头》奉献国人。他写道：

"列位，你道今日中国政府还是满洲政府的吗？早已是各国的了。"

他明确地指出："当今的天下"其实是"洋人的朝廷"。

也是在这时期，革命民主派的《民报》与保皇的《新民丛报》在东京展开激烈的思想大论战。章太炎发表了著名的《驳康有为论革命书》。

每一个支流都发源于中国的现实，每一个支流都汇集成革命的洪流，要刷洗这充满血泪的中国。

这革命浪潮也波及了广濑川。鲁迅怎能一人独处，冷静地解剖那任人宰割的尸体？他难于安心地在课堂上听藤野先生平静地讲血管的分布，而不顾爱国志士正在喷洒热血。他身在仙台，心驰东京，他关心《民报》上关于革命与改良的争论。有时亲赴东京参加集会和革命活动。1904年12月，陶成章到东京筹建光复会东京分会。鲁迅与许寿裳、沈瓞民等同窗学友一起，加入了光复会。

1905年11月，光复会的领导人陶成章及徐锡麟和骨干分子范爱农、陈伯平、马宗汉东渡，到日本来从事起义的准备工作。鲁迅得到邀约，从仙台赶到横滨，迎接战友来临。

1905年11月，日本政府文部省（即教育部）为了限制中国学生的革命活动，颁布了所谓《清（韩）国留学生取缔规则》，遭到中国留学生的强烈反对，爆发了抗议运动。革命宣传鼓动家、湖南籍学生陈天华悲愤已极，投海自杀，以示抗议，遗信勉励同学坚持斗争，誓死报国。在留学生是否集体回国的集会上，革命女杰秋瑾慷慨陈词，说她不强求大家都回国，但她决不允许反叛革命、卖友求荣，她登台发言时，激动地从靴筒里取出一把倭刀，用力一掼，插在讲台上，警告地宣布：

"如有人回到祖国，投降满虏，卖友求荣，吃我一刀。"

鲁迅很为这位女革命家的豪气所感动。

祖国革命浪潮的翻腾，东京革命志士的行动，以及在仙台受到的刺激，使鲁迅心里翻滚着一个问题：维新道路还能继续走下去吗？医学能够救国吗？

基因与触发

仙台医专的教室里一片黑暗，只有一束光柱射向前方的银幕，细菌课演试已经结束，还有一些剩余时间，教师利用它来放映时事幻灯片。银幕上出现了一个中国人，"久违的中国主人翁啊，没想到在这里看见你！"然而他被捆绑着跪在地上，正要被日军砍头了，据说他是在日俄战争中替俄军当侦探的，所以应该受到这样的惩罚；一群中国人围着观看，每一个人的脸上都毫无表情，仿佛这里发生的事情与自己毫无关系。

"万岁！万岁！"

教室里的日本学生欢呼起来，声震屋瓦。

鲁迅的心狂跳，要跳出胸膛，要跳出喉咙，羞辱、痛苦、哀怜、愤怒，一齐涌上心头。他走出教室，回到住处，心里一直不能平静下来。

这是1906年初的一天。

他吃饭觉得不香，睡觉睡不安稳。他走进山林，看着这异国的青山，眺望这异国的河川，他想起祖国的名山大川，它正蒙受着耻辱的浓雾。望着这异国的湛蓝的天，他想起祖国的天，那上面有沉沉的乌云在翻滚。风吹过树林，像在叹息；山泉在水草上流淌，声似呜咽。那诗句又在心头泛起，诉说衷情："灵台无计逃神矢，风雨如磐黯故园。寄意寒星荃不察，我以我血荐轩辕。"他坐在树下，凝神沉思。他思索着，怎么来拯救自己的祖国？国人如此愚昧、落后、麻木，病根何在？应该怎么来救治？用维新运动来改良，走日本人的路吗？清政府不是已经做过吗？结果又如何呢？靠医学能医治国民的愚弱吗？那幻灯片上显示着的跪着的、围观的人，何尝瘦弱？他脑里闪出一个念头，即《呐喊·自序》中所说：

"凡是愚弱的国民，即使体格如何健全，如何茁壮，也只能做毫无意义的示众的材料和看客，病死多少是不必以为不幸的。"

"我们的第一要著，是在改变他们的精神！"

善于改变精神的是什么呢？文艺。

他读过那么多西方的小说、诗歌，他为之倾倒，深受感动，精神振作，奋然欲行。这就是文艺的力量。

还能继续学医，以维新手段来救国吗？不能。最需要的是提倡文艺运动！

两年来世界风云的变幻，尤其是国内革命局势的发展，革命派与改良派最后划清了界限，并且聚集了力量，建立了中心组织，提出了完整的纲领。这一切，是促使鲁迅从改良的道路最后走上革命道路的最根本原因。幻灯片事件的刺激，不过是爆发前的触发而已①。

---

① 关于鲁迅弃医学文的原因，向来都根据他在《呐喊·自序》和《朝花夕拾·藤野先生》中的自述，认为只是由"幻灯片事件"促成。其实，这不过是一个触发罢了，当时革命形势的变化，引起他思想的变化，才是根本原因。另外，他在前引致蒋抑卮的信中所说的不愿只修死学问，也是一个重要原因。

鲁迅下定了决心：放弃医学，改学文艺。他向清政府驻日学监李宝巽提出了退学请求，得到批准。

　　6月的一天，第二学年已经结束，鲁迅学医的历史也已经结束，他来到藤野先生家辞行，告诉他，放弃学医，并且离开仙台。藤野感到很难过。他想说什么，却又说不出，只是拿了一张自己的照片，赠给鲁迅，并用工整的笔法在照片背后写了两个字：惜别。

　　这两个字概括了师生二人共同的心情。

　　但鲁迅对于告别医学，却毫无惜别之心。正如同他离开绍兴到南京求学，离开南京到东京求学一样，他今番离开仙台，对他一生来说，具有决定性意义，是他在人生征途上又一次决定性的转折。这转折，使他向着他终生献身的事业，他为之奋斗终生的目标，更前进一步了。

四、不幸的姻缘与心灵的重创

　　1906年的三四月[①]，鲁迅离开了仙台，来到东京。他在东京本乡区汤岛二丁目的伏见馆公寓里安顿下来。当他把自己退学的决定告知挚友许寿裳时，许不解地问他为什么这样做。

　　鲁迅回答说："我决计要学文艺了，中国的呆子、坏呆子，岂是医学所能治疗的么？"

　　他是怀着一颗至诚而热烈的心来到东京，开始实现自己的学习与行动的计划的。不过，他暂时还没能够付诸实施。

　　在他到东京不久，他与同学顾琅合著的《中国矿产志》由上海普及书局出版发行了。他在这部介绍祖国山河资源的书里表达了他的爱国之至情。这部书受到读者的欢迎和清政府农工商部的重视，几个月之后便再版发行，并且由农工商部通饬各省矿务、商务界购阅；学部还批准此书为中学堂参考书。但是，这种成功，并没有鼓励起鲁迅继续此业的热情。如果说这种著述虽然蕴含着爱国的情意，但终究未脱出科学救国的轨道；那么，鲁迅之以其出版之日为结束之时，就完全是可以理解的事

---

① 　这个时间至今无确说。鲁迅于1906年获准退学，已有日方的有关文件为证，时在该年3月15日。然而离校，特别是离仙台日期，估计得稍迟，办手续、了结有关事宜，以及安排去东京事，均需时日。故此处持此说。鲁迅在《朝花夕拾·藤野先生》中说是"第二学年终结"，则在暑期，而他六月已在东京入学。可能是误记。

情了。因为，他已经把自己奉献给文艺之神，想要凭借她的伟力来拯民救国了。——然而，从这时一直到他临终，对于科学、对于通俗的科普著述，他始终保持着钟爱的热情，只是并不以为是救国的根本罢了。

然而，当他为与友人合作的著述出版而感到欣慰，为自己改变道途、开始习文救国而兴奋时，一桩不幸的事件来临了。母亲因为听信谣言①，但也因为男大女大，早该完婚，书信连连，催他回家了。不过母亲知道儿子的心情与意向，她说出的理由不是未过门的媳妇儿急待出嫁、长大成人的儿子早该成婚、衰败的家庭意欲借此求得人丁发旺；她告知的是自己病倒，思儿心切，望儿归省。

鲁迅只好收拾行装，长途返国。

就像从仙台到东京是他一生的大转折一样，从日本回归故国，也是他一生的大转折。不过两个转折的性质大不一样：前者使他开始走上以文艺救国救民的道路，从此迈出了他作为伟大文学家的第一步；而后者，则使他开始陷入终身的痛苦，从此跌足于封建礼教、不幸婚姻的精神图圈之中。然而两者却又并非毫无关联，倒是血脉相通的：这后一个不幸的转折，一以其摧残之重、造成痛苦之深，而使鲁迅既有身受之苦，又推己及人而知同病者之疼，更由此及彼而对封建礼教、封建制度怀着刻骨铭心的深仇大恨，使他成为坚强的奋战之士；二以其哀痛怨愤凄楚神伤，而形成他的特殊的创作心理与创作特色。这两方面则都融汇为他的反帝反封建伟大战士的思想与精神的特质、意志与性格的内涵。

现在，鲁迅漂洋过海回到祖国了，回到故乡了，他想见到分别四年的母亲的慈颜，弟弟们的欢笑；然而，他哪里知道，等待他的是巨大的痛苦！

当鲁迅走进新台门，就被眼前的情景惊呆了：门楼上挂红结彩，大红喜字特别耀眼。他这才明白，母亲催他归来是怎么回事了。但他没有转身离去，却默然走进牢笼，默然接受了母亲的安排。为了母亲，他饮

---

① 当时传言，鲁迅已在日本结婚，且有孩子。据张能耿回忆，鲁迅一次与许寿裳游公园，遇一日本女子，拖儿带女，行走艰难，便上前帮助抱了一下孩子（见《鲁迅早期事迹别录》）。此事许寿裳也曾同他的孩子们讲过。足见确有其事。或以此为诱因，讹传而为娶亲生子了。另，当时日本《万朝报》上也登载过此类艳事。与日本女子结婚，在当时留学生中也不少（后来的周作人便如此）。鲁迅母亲听信谣传，亦情有可原。

下了这杯酿制了多年终竟未能摆脱的苦酒。他痛苦非凡。但他可能仍未料到这痛苦竟至那么深沉、持久，纠缠如毒蛇，跟随他并涉及至亲骨肉好几人！

婚礼在新台门大厅里举行，也许是母亲的妥协和让步，婚礼进行得比较简约，旧礼仪的繁文缛节少一些[①]。不过像拜堂、拜长辈老人、闹洞房之类还是必不可少的。鲁迅忍着泣血的苦痛，脸上毫无表情地任人摆布，完成了人们要他完成的"婚礼作业"。

新婚之夜，他饮泣度过。第二天人们看见他脸上染着泪水浸湿枕头后洇上的蓝色，这泪痕反映了他用痛苦来排遣了这难熬的暗夜。第三天，他便搬出了新房；五六天之后，他便离家去国，重返东京了。此时，痛苦似已被排遣，也似乎不那么太令人难忍了。然而这颗苦果的种子从此播下，它与时俱增，开出黑色的花，结出苦汁的果。

那么，鲁迅为什么没有反抗？第一，据许广平回忆，鲁迅曾对人说，当时正是革命时代，自己死无定期，母亲愿意有个人陪伴，也就随她去了。对当时的鲁迅来说，自己未能尽孝侍亲，由"妻"来承担，也算自己尽了一点心，略有所慰吧!?

第二，当时的社会环境、时代风尚，也还没有创造出抗命逃婚的条件、气氛与可能。这是"五四"时代的一辈青年人才争得的权利与自由。

因此，鲁迅把自己的结婚称为"母亲娶儿媳妇。"他对许寿裳说："这是母亲给我的一件礼物，我只能好好地供养它，爱情是我所不知道的。"

然而，鲁迅在当时可能的条件下和允许的程度上，确曾进行了一定的反抗。鲁迅与朱安订婚，约在1903年[②]。此时，鲁迅已经23岁，而长鲁迅3岁的朱安姑娘则已经26岁了。这在当时女子十五六岁便出嫁、20岁就算晚婚的习俗中，便是很为突出的迟出闺阁的待嫁老姑娘了。一般地说，姑娘家如此情形，总是有缘由的。如果不论品性，而品评才貌，

---

① 周建人口述、周晔编写《鲁迅故家的败落》，湖南人民出版社，1984，第241页："……除了三台门里的本家，很少有什么客人来，也不演戏，一点也不热闹。也许由于我大哥的意见，我母亲一切从简，只是在仪式上，还是照旧……。"

② 鲁迅订婚的日期尚无具有确证的说法。此处用蒋锡金《自题小像婚姻说》中提出的时间界限。

那么，安姑娘身矮、脸长、脚小、额头凸出、皮肤黝黑，似乎发育不全，缺乏少女的风韵。应该说，男子的爱慕之情碍难萌生。而且，她不识字，无文化。鲁迅在母命难违的情况下，提出了放足、读书的要求。然而，都没有被接受。于是，鲁迅一直拖延着这件婚事。直至安姑娘已经二十八九，眼看而立之年已届，才被骗、被迫结婚。这也就算是一种反抗了。然而这种反抗只是一面忍受着折磨，一面推迟了痛苦的到来而已。要来的，终于来了。他在接受了之后，便把它搁起、放下，自己又远走高飞，寄身异邦，寄情书翰，寄意事业，让苦痛埋藏心底了。

作为幼弟的建人，在日后追忆当年事，说道：

> 我大哥的失望是很难形容的，这也难怪，俗话说："生意做勿着，一遭；老婆讨不着，一世。这是一生一世的事呢！当然，老公嫁不着，也是一世不着，是一样的，也许更痛苦。
>
> 看了我大哥这副失望的样子，我想起我的表姊们来了，……①

接着，他记述了如此憾事：小舅父鲁寄湘生有四女，"个个汉文很好"，尤其大女儿琴姑，更是佼佼者，"能看极深奥的医书"。当鲁迅求学南京时，曾经提过姑舅结亲、表姊弟结合的事，但可能因为八字不合之类，被否决了。后来琴姑另有许配，而不久便夭折了。临终，她对贴心妈妈诉说衷情、哀叹薄命："我有一桩心事，在我死前非说出来不可，就是以前周家来提过亲，后来忽然不提了，这一件事，是我终身的恨事，我到死都忘不了。"

多么哀怨痛楚的声音，爱情同生命一同夭折了，像鲜花付流水。这段爱的潜流，鲁迅真的一无所知，确实未曾互相渗透与交流？②

据周建人说，琴表姊的妹妹意姑"也是很好的"，郦家姨父的女儿

---

① 周建人口述、周晔编写《鲁迅故家的败落》，湖南人民出版社，1984。

② 鲁迅在青少年时代，与舅父、姨父家来往甚密。他同二弟作人还曾为避难寄居舅家。在当时男女甚少交往、表亲结合盛行的风习下，表姊弟、表兄妹之间产生爱恋之情的甚多。而在男女社交不多的情况下，常易对仅能接触的异性产生感情，亦是常情。周作人曾在《初恋》一文中记述过他为陪侍祖父坐牢在杭州寄居时，对邻家少女产生私心恋情的事。鲁迅在当时，或可与对他钟情的表姊灵犀相通。至少，鲁迅是知道这件事也知道琴姑对之钟情的。因为，年幼的三弟建人尚知其详，难道当事人的大哥树人倒会一无所知吗？这自然只是一种推测。但其意义则在于此事于鲁迅之思想、心理可能产生过影响，并折射于他的创作之中。

永平姑娘也是可供选择的对象，而且他的母亲同舅父、姨父"感情都很好"，但是，"不知为什么"，母亲对于她喜爱的，而且"很好的"侄女、甥女们，有的虽然认作女儿，却都不择为儿媳。表兄妹姊弟结亲，是不科学的，后果不良，我们现在是反对的。然而，在这种所谓亲上加亲的习俗颇为盛行的当时，又有如此好的条件，且小儿女们心中有意，竟没有缔结良缘，这实在是怪事，也是憾事。而它的后果，却是置一代哲人于终身摆不脱的痛苦中。

鲁家表姊的钟情，鲁迅即使在伊人生前不知，临终的哀叹总是知道的，因为连幼弟建人都已知晓了。而建人说，那意姑和永平两位表姐妹，后来都遇人不淑，痛苦哀怜，且来鲁迅母亲处诉苦。这些，鲁迅该也都知道的。那么，他的不幸的婚姻所引起的痛苦，也许会因这些遗憾与悔恨而有如创伤上添上了盐粒而加剧的吧!?

这桩不幸的姻缘所制造的痛苦，远不只是涉及男女双方，而且，几个表姐妹、母亲本人，以及后来的许广平，都被卷入了这痛苦的旋涡里了。

人们为此付出了多大的代价！

鲁迅为此付出了多大的代价！

这件事，是他终身的痛苦，是他心灵上深重的创伤，它始终未得平复，直到关涉其中的人们一个个离开人间。

这自然是一个历史的错误。任何人在其中都是受害者，都没有坏心恶意。罪恶在于那腐朽的制度。鲁迅从自身的这个创伤中，不仅感受了深沉的痛苦，而且认识和看清了制度的罪孽深重，人们——下一代和后辈们从其中解放出来，获得自由的意义和价值。这是我们在他后来的作品中可以看到的。

那么，这里就不仅是痛苦和损失了。种下的是跳蚤，收获的是龙种。这心灵的创伤，将成为他的意志与理念的进步因素之源，且蜕变为他的创作心理的特质，形成他的艺术的特色。这在审美素质的形成来说，又是"蚌病成珠"的效应了。

五、精神装备与实际行动

婚后不几天，鲁迅便携二弟作人，偕同学邵明之和他的友人张午楼，四人同行，重返东京。

他把痛苦埋藏在心里，抖擞起精神，投入学习和工作之中。他正式开始自己计划中的工作了。同时，他也有计划地在知识、思想、意志上装备自己了。他有一个充实的精神世界。也许那心头的隐痛反倒成为他精神上的动力：借此以消愁。

此时的东京，已经是中国民主革命志士荟萃之地，此外还聚集了一批新知识分子——留日学生，达数千人之多。革命氛围十分浓厚。胡绳在《帝国主义与中国政治》中说，早在1903年，清政府就在给各督府的密谕中发出警告说："东京的留学生已尽化为革命党。"现在，东京留学生界更加革命化了。

两年前鲁迅怕见的那些清国留学生醉生梦死的现象已经有了改变。现在，重回东京，正是为了投身于这个革命运动之中。

重返东京这一年，他整25周岁。他的沉思的习性和坚毅的品格使他已具有思想战士的品性。罗曼·罗兰所著的《贝多芬传》中说："25岁！不是已经临到了吗？……就在这一年上，整个的人应当显示出来了。"鲁迅正是在25岁的年岁上，开始显出他的"整个的人"来了。他在东京的三年中，正是中国思想界的活跃期，是中国革命需求一场思想革命的时期，他就在这时成长为一个辛亥革命准备期的杰出的思想战士。

鲁迅在东京，先住在本乡区的伏见馆，第二年春，搬到离伏见馆不远的东竹町中越馆公寓居住。一年以后，又应许寿裳之约，共同搬进日本著名作家夏目漱石住过的房子里，因为是五个同学同住，便在门口的路灯上标上"伍舍"①。这地点在本乡区西片町十四番地237号。许寿裳在《亡友鲁迅印象记》中说，这原是一处绅士家园，"规模宏大，房间新洁而美丽，庭园之广，花木之繁，尤为可爱。""而且，房子修建在坂上，可以居高临下眺望四周景色。"这是一个很适宜于自修读书的所在。对鲁迅来说真是得其所哉了。

物质生活仍然清苦。每个留学生的学习费用全年金额是400元，每月只给33元，租房与饭食费、杂用费扣去之后，就所余无几了。鲁迅常穿的是布制和服，无论到哪里，都是那一套服装：打鸟帽、和服系裳，除了脚下的皮靴之外，他纯然是一个日本的穷学生打扮。冬天，外

---

① 同住"伍舍"的同学是：许寿裳、周作人、钱均夫和朱谋宣。

衣里包着的也是短裤，别人穿绒布长脚衬裤过冬，他可就这样对付着熬过去。墨砚都是日本小学生的用品。这就是他在东京三年的物质生活状况。

然而，鲁迅的精神生活是丰富的、多样的，他的思想的触角，广阔而深入地伸向外国和中国，今天和昨天，自然科学和社会科学。当时他虽然列名于"独逸语学协会"附设的德文学校，但主要的却是在自修。他学德文、俄文，学哲学、历史及自然科学，博览西方各国的文学著作。他搜求德译本的弱小民族的小说，如匈牙利、芬兰、保加利亚、捷克、南斯拉夫、希腊等，周作人在《鲁迅的青年时代》中说，他以德文这个"敲门砖"，"去敲开了求自由的各民族的文学的门"。他还通过德文、日文来翻译介绍外国进步文学作品。同时，又利用星期天到章太炎先生那里去听讲《说文》。在不多的闲暇时间里，他访旧书店、上新书铺，同日本桥的丸善书店、神田的"中西屋"都建立了关系，买德文书到"南江堂"，看日本新书刊去"东京堂"。他口袋里不多的钱，总是到这些书肆换回了德文、日文书籍。常常是同好友许寿裳，夹着新买的书离开书店，拍拍一空如洗的衣兜，笑着说："又穷落了！"

从现在仍然保存的鲁迅在东京时期的一份《拟购德文书目》中，我们可以看出，当时他涉猎的范围之广和他自学的重点。这份书目中计开要购的书123种，分哲学、文学艺术和自然科学三大类，自然科学中主要是动物、植物、化学与生理学，还有少量的地质学。其中值得注意的有《进化论和达尔文主义》等书。在文学艺术类中，有英、德、法、俄和西班牙等国家的文学史和罗马、北欧文学史，还有各国文学作品，特别是希腊、匈牙利、波兰、印度等国家的诗歌和小说，还有绘画史等。在哲学类中，除了哲学引论等之外，还有美学著作。这样广泛的阅读和钻研，使他更加博学多识。同时，可以看出他学习的重点已经放到文学艺术方面来了。他的这种学习，引起了日本学界的注意。1905年5月1日，在东京出版的第508期《日本及日本人》杂志的《文艺杂事》栏内，有这样的报道："在日本等地，欧洲小说是大量被人们购买的。中国人好像并不受此影响。但在青年中还是有人常常在读着。住在本乡的周某，年仅二十五六岁的中国人兄弟，大量地阅读英、德两国语言的欧洲作品。"①

除了自学以外，因为受到严复和林纾译作的启发和影响，鲁迅也想用这种方式来起"媒"的作用，把当时革命运动所需要的东西介绍给国人。后来他在《我怎么做起小说来》一文中介绍过当时自己的想法：

> 因为所求的作品是叫喊和反抗，势必至于倾向了东欧，因此所看的俄国、波兰以及巴尔干诸小国作家的东西就特别多。也曾热心的搜求印度、埃及的作品，但是得不到。记得当时最爱看的作者，是俄国的果戈理（N·Gogol）和波兰的显克微支（H·Sienkiewitz）。日本的，是夏目漱石和森鸥外。

这段自述，表明了鲁迅从事文学工作的动机和目的：他注意的是同当时排满的民族民主革命"同调"、叫喊和反抗的被压迫民族和国家的作品，他的目的是从中选择材料，翻译给国人阅读，以激起他们的觉醒和反抗，即利用文艺的力量来改良社会。

这期间，鲁迅一面广泛阅读，把思想的触角伸向各个方面，在精神上装备自己；一方面也和国内来的革命分子密切往来，参加他们的工作。不过，活动的方面仍然是思想文化领域。

鲁迅在东京的三年内，中国燃起了革命的烈火。起义不断在各地爆发：黄兴在江西、湖南发难，徐锡麟在安徽向巡抚恩铭挥动手枪，孙中山先后在广东饶平、惠州和广西钦州举起义旗，黄兴又在云南河口鸣起了枪声。三年之内，革命烈火越烧越旺。虽然，一次次革命的发动，都未能达到预期的目的，而被埋葬于血泊之中，但是热血头颅的抛洒，进一步唤醒了人民，激励了斗志，震惊了中外敌人。

鲁迅深切关心这些斗争的成败，细心地观察、思考它的意义和作用。徐锡麟的失败，马宗汉的遇难，以及秋瑾的英勇就义，这些共同在东京从事过革命活动，为鲁迅所熟悉的革命党人的牺牲，给了鲁迅以深沉的哀痛与深刻的刺激，并对他们奉献自己的敬意，而对另一种人——革命的逃兵，鲁迅则予以极大的憎恶并与之决裂。如徐、秋诸烈士牺牲以后，原来与鲁迅、许寿裳等交往甚多的蒋观云态度变了，害怕革命

---

① 这个报道的后面，还说到这周氏兄弟计划出版《域外小说集》，可见周氏兄弟是指周树人（鲁迅）、周作人二人（引自日本留学生藤井省三《日本介绍鲁迅文学活动最早的文字》，载《复旦学报》1980年第2期）。

了，倒向保皇党，与梁启超等人混在一起，组织"政闻社"，提倡君主立宪。鲁迅非常蔑视他，改蒋的旧日诗句为"敢云猪叫响，要使狗心存"，以揭其劣迹，表示讽刺与决裂。

鲁迅这时同革命党人的来往更密切了。他的住处成了一些革命党人聚首的地方，亡命者常常到这里来坐坐。炭盆上搁着水壶，随时可以冲泡廉价的绿茶，到时候了，大家用粗茶淡饭充饥。常来的客人，除了陶成章，还有龚未生、陈子英、陶望潮等人。中越馆虽小，却装得下纵横数千里、上下几千年的世界性和历史性话题。他们的议论从列强的入侵到满族的统治，从割地赔款、丧权辱国到"宁赠友邦，不予家奴"的反动政策，从伏羲、轩辕到慈禧、光绪，从日本维新的成功到中国变法的失败，从徐锡麟、秋瑾的被害到孙中山、黄兴的起义，从进化论到国民性的改造，无所不谈。

有时也谈到起义的战斗。鲁迅看着说话的人。他们平静、从容，似乎是在谈一件极平常的事。鲁迅很佩服这种镇定自若。不过他的经历、思想性格与特长，都决定了他的活动领域不是那刀光剑影的沙场，而是思想启蒙运动的天地。

六、《新生》夭折与《域外》冷遇

1907年春，鲁迅决定创办杂志，邀请了许寿裳、袁文薮、苏曼殊①，还有周作人，共同来筹办，友人蒋抑卮②答应在经济上资助。

鲁迅积极热情地开展筹备工作。开始大家商量为杂志取名"赫戏"或"上征"，都是《离骚》的词句。但是，这太不易懂，鲁迅便想出了

① 苏曼殊（1884—1918），广东中山人，近代文学家，曾参加南社。原名玄瑛，字子谷，后出家为僧，号曼殊，能诗文，善绘画，通英、法、日、梵诸文。曾任报刊编译和教师。著有《断鸿零雁记》《碎簪记》等，用浅近文言所写爱情小说，表现出浓厚的颓废色彩。用文言翻译过拜伦、雨果等人的作品。另拟有《梵文典》，今不传，有《苏曼殊全集》。在日本时与鲁迅结识。鲁迅曾告诉增田涉说，苏曼殊是《新生》杂志的同人之一。鲁迅说，苏曼殊是一个古怪的人，与其说他是虚无主义者，倒应说是颓废派。

② 蒋抑卮，名鸿林，浙江杭州人，曾几次游学日本，与鲁迅、许寿裳相识。他家庭颇富有，在上海开设广昌隆绸缎庄并任浙江兴业银行董事。曾经资助《浙江潮》，也在经济上帮助鲁迅筹办《新生》杂志和出版《域外小说集》。广昌隆绸缎店曾经销售《域外小说集》。

"新生"这个名字,意思是"新的生命",这既有继承、发扬旧的生命的意义,又有革新、进化的含义。这名字在当时是极为新颖的,然而有人嘲笑说:"新生,还以为是新进学的秀才呢!"①但鲁迅毫不动摇。他亲自为《新生》设计了封面,选定了插图。封面是从一本德国出版的画集中影摹下来的装饰画,插图中有英国画家华兹(1817—1904)的《希望》和俄国画家威列夏庚(1824—1904)的《英国在印度镇压革命者》等。《希望》的画面是:在处于缥缈中的地球上,坐着一个抱着竖琴在遐思冥想的诗神。表示着对未来怀着热切的希望,然而却又在渺茫中。

鲁迅选出的这些画,表示他当时眼界的开阔与思想的新颖。

他为这个即将降临的新生儿准备了华美的服饰,希望她以绰约多姿之态飘然入世。他期望在留学界掀起一个学习新文艺的运动,在冷落荒漠的空气中响起反抗斗争之声。

然而,《呐喊·自序》记载:"《新生》的出版之期接近了,但最先就隐去了若干担当文字的人,接着又逃走了资本,结果只剩下不名一钱的三个人。创始时候既已背时,失败时候当然无可告语,……这就是我们的并未产生的《新生》的结局。"

这是鲁迅从事文艺运动的第一次尝试。这也可以说是中国新文艺运动预备期的首次发动。但这第一次尝试失败了。赞助者极少,说明了在不成熟的历史条件下,不成熟的果子终究只能坠落。但这坠落不是说明它的不能生长,恰恰表明了它确曾存在。

鲁迅并没有灰心。他继续从事他的文艺运动。他把为《新生》准备的美花佳果都移植于《河南》这块园地上了。与此同时,他还搜集了大量外国文学作品,主要是被压迫民族的和俄国民主主义的作品,还亲自翻译了几篇小说,筹备出版《域外小说集》,作为文艺运动的第二朵浪花。

当小说集筹备就绪时,他以欣喜的心情,写了一篇序言。他说:

> 《域外小说集》为书,词致朴讷,不足方近世名人译本。特收录至审慎,逐译亦期弗失文情。异域文术新宗,自此始入华土。使有士卓特,不为常俗所囿,必将犁然有当于心。按邦国时期,籀读

---

① 科举制度中,称考中秀才为"进学",称秀才为生员,故说"新生"为新进学的秀才(生员)。

其心声，以相度神思之所在。则此虽大涛之微沤与，而性解思惟，实寓于此。中国译界，亦由是无迟莫之感矣。

这番论述十分精彩，思理朗然，信心百倍，期望甚殷，说明鲁迅当时虽然只是出版一本小说译文集，但所思甚深远，他从救国的目的出发，又考虑到输入西方文化的远景。

1909年3月2日，《域外小说集》第一册出版了，由东京神田印刷所印行。7月27日又出版了第二册。两个新生儿联翩问世，它比那未出世的《新生》幸运得多。感谢那位开明的友人蒋抑卮，他垫付了出版费：第一册1000本，印费100元；第二册500本，印费50元。两册小说集，共收短篇作品16篇：波兰1人3篇，波斯尼亚1人2篇，俄罗斯4人7篇，芬兰1人1篇，英、美、法各1人1篇。其中，第一册收鲁迅翻译的安特莱夫的《谩》与《默》；第二册收迦尔洵的《四月》和波兰显克微支的《镫台守》中的诗歌（小说为周作人所译）。

《域外小说集》两册的出版，确实是一个胜利。因此，鲁迅的梦做得很美，他在《译文序跋集·〈域外小说集〉序》中说："待到卖回本钱，再印第三第四，以至第×册的。如此继续下去，积少成多，也可以约略绍介了各国名家的著作了。"

然而，希望的翅膀却被严酷的现实所折断。

6个月过去了，两册书在东京和上海两地只卖出20本。于是，第三册就不能再出版了。存书堆积在寄售处而无人问津。

莽莽中华，数亿人众，千册之数的书，都不能销行。异域鲜花，始入华土即在冷漠荒凉中凋残了。中国译界，不是有迟暮之感，而是曙色未开，方待来日。

七、摩罗诗人与超人哲学

鲁迅在这个学习与探求的时期接触到的东西是很多的。但是，他却总是"取其所需"。

在这个"需"字中，既反映了鲁迅的思想（包括它的优点和缺点），也反映了时代的面貌和历史的背景，其中有着中国社会本质的反映。这里，且探索一下他当时的思想状况吧。

鲁迅在从国内回到东京不久之后，就同日本早期社会主义者、当时《平民新闻》的主笔堺利彦有过接触，并且购买了平民社出版的六册《社会主义研究》，其中有堺利彦译的《共产党宣言》《社会主义从空想到科学的发展》等书。这套丛书鲁迅一直保存着。说明他是宝爱它的。但是，在当时，社会主义思想并没有引起鲁迅的注意，更不要说受到它的值得重视的影响了①。当时既进入他的视野，又融进他的思想的，主要的、基本的仍是资产阶级进步的哲学、历史、教育、文艺等方面的学说、观点以及近世自然科学知识，还有被压迫民族的文学。其中，特别值得注意，最为鲁迅所推崇、受到深刻影响的是：摩罗派诗人和尼采的哲学。这是我们从鲁迅当时所写的文章中可以很明显地看到的。而且，这影响一直到很久之后还没有消除，鲁迅仍然在自己的文章中提到他们。尼采，鲁迅直到五四运动时期，还不断提及，翻译他的作品，在散文诗的写作上明显地有着尼采的影响，在看待群众的问题上，思想上仍然留有尼采超人哲学的投影。至于那些摩罗诗人，鲁迅在十几年后，在为《坟》写题记时，还深情地提到他们，并且追忆说："他们的名，先前是怎样地使我激昂呵。"

今天的深情怀念，反映了昔日的热爱之深。

那么，鲁迅为什么会这样受到摩罗诗人和尼采哲学的影响？这情况又说明了什么呢？

鲁迅在博览欧洲文学、历史、哲学书的过程中，了解其发生、发展的脉络，探求其特点和长处。他的思想驰骋于古代的希腊、罗马和现代欧美诸国，也萦回于祖国的先秦两汉、魏晋唐宋。他与拜伦、雪莱、普希金、密兹凯维茨、裴多菲、厘沙路一同歌哭，也和屈原、嵇康、李贺、温庭筠一块吟咏。他敬仰这些摩罗诗人的"立意在反抗，指归在动作"的精神，想要从中吸取促人觉醒、呼唤斗争的力量。而他自己的思想也在这种钻研中开阔丰富、深入发展，他的精神也更加昂扬奋发。他深究人类进化的途程，探寻世界历史的轨迹，思考文化发展的规律。但他并不沉湎于古代文化盛世的繁花似锦，也不游乐于近代欧美物质文明的花花世界。他立足的本位是中国，他思考的中心是今天，他注目的重

---

① 有的论者根据鲁迅当时接触到社会主义宣传的情况，得出鲁迅这时就受到社会主义影响的结论。这是没有依据的。鲁迅当时所写的几篇论文中都没有反映。

点是被压迫民族的文学，他所欣赏的是民主主义思想。

正当鲁迅寻新声于异邦时，除了摩罗诗人们之外，又在阅读中遇见、发现了尼采，并且喜爱他。鲁迅在日本时，正是日本的"尼采热"高峰刚过、余浪未平之时，他在两方面受到了日本"桥"上的尼采热的影响。第一，他感受到了这个热浪的吹拂并接受了它的影响；第二，他接受了日本对于尼采的介绍，也就是日本透过自身的文化、社会心态和民族需要对尼采及其思想、哲学进行的滤过、选择和改塑。因此，一方面，鲁迅在"桥"上既受"热浪"之熏染，又从"热浪"中得到众多尼采作品的译介；另一方面，他的对尼采的接受，是对于"日本对尼采接受"的再接受。但鲁迅的接受又并不是完全被动的。他的基本坐标是中国的社会现实需要和中国的传统文化背景。他据此而对尼采和对日本对尼采的接受，又作了滤过、选择和改塑。

鲁迅站在遥远的东方，透过日本的氛围，眺望欧洲思想领空，看见尼采这颗升腾而起的闪光新星；并且还透过中国的现实条件和文化氛围去映照这颗亮星；因此，他乐于听见尼采的呼号与战叫："上帝死了！""重新估价一切"；他赞赏尼采的贬斥"凡人"，赞颂"超人"；他也同意尼采对于偶像的批判和对于精神自由的讴歌；他更赞同尼采对于西方物质文明流弊致使精神凋敝的揭露。鲁迅称尼采为"个人主义之至雄杰者"，赞扬他是"思虑学说志行"都博大深邃，勇猛坚贞，"纵忤时人不惧"的"才士"。鲁迅对于尼采和他的超人学说，就像对于达尔文的进化论一样，是把它作为自己求索真理途中的有用的思想材料，放进自己的武库的。因此，鲁迅借取于尼采的是反对现实、反对庸俗、攻击物质文明和强调精神独立的精神，也借用了他的"天才论"，以呼唤反抗的斗士和精神界的战士。他心目中的尼采形象，并非尼采的原型，也不同于日本改塑后的尼采形象，而是"尼采（原型）——日本尼采形象（改塑）——中华型（再改塑）"的尼采形象。正如伊藤虎丸所说，在总体上，日本和鲁迅对于尼采的接受都不是他的"反近代"思想，而是"近代思想——个人主义"。但是鲁迅所倡导的"个人主义"，又不同于日本的"个人主义"，由于当时日本的社会状况使然——日本是"个人主义＝本能主义"，而在鲁迅那里却是：个人主义＝个性主义＝发扬踔厉振兴民族之精神。因此，尼采，日本改塑的尼采和鲁迅再接受与改塑的尼采，都源自尼采，又都源自本民族的社会情况与传统文化土壤，是尼采的变形。鲁迅赞赏尼采的超人学说，也呼唤英哲、才士、超人的出现。但是，在尼采超人的背后站着的是不满于资产阶级腐朽没落的贵族后裔和资产阶级哲人的孤独身影，他站在芸芸众生之上和对立面，他反对垄断资本主义的到来，也反对社会主义思潮；但是，在鲁迅的"超人"背后，屹然而立的却是拯民救国的革命先驱、救国人出于荒寒的精神界战士，他站在群众的前头领路开道，又站在群众的面前呼号鼓舞。他还谈不到反对资产阶级而是要反对封建主义。尼采提出"半人半兽"式的超人，反映了对于群众运动、革命潮流的对抗；鲁迅提出英哲，却是因为人民群众尚未觉醒，反映的正是群众的落后和对其觉醒的殷切期望。这又正是曲折地反映了对于群众起来斗争的呼唤。

这样，尼采的被鲁迅"请"到中国，是经过了中国社会与文化的折射和对于"日本的折射"的折射，这便发生了奇特的相反的作用：对于现代弊病的攻讦、指责、咒骂、嘲笑和鞭笞变成了对于现代进步的理想的赞美、呼唤、招揽和追求。这是一种历史的误会，也是一种历史的倒错，但却是一次种下的是跳蚤而收获的却是龙种的意外收获。

八、立雪章门

清晨，鲁迅和许寿裳、周作人一同走出住宅"伍舍"，前往民报社听课，他们来到牛迈区二丁目八番地的民报社，走进章太炎居室。这是一间小小的陋室，师生九人，围着矮桌上课。

1906年六七月间，章太炎从上海西牢出来，便亡命日本，在东京一面主持资产阶级革命派的喉舌《民报》的笔政，一面开办国学讲习班，为留学青年讲学。1908年7月，章太炎有意约鲁迅兄弟代为翻译《吠檀多哲学论》和《印度宗教史略》等书，但鲁迅因为对学习佛教哲学并无兴趣，没有应召前去。后来，却经过请求，与其他几个同学一道，每个星期天来听章太炎讲《说文解字》。这原因，如他后来所说：是景仰章太炎是一个"有学问的革命家"。

章先生博学多识，为一代国学大师。讲《说文》，他旁征博引，议论风生，时而是古经故典，时而是俚语方言，诙谐间作，妙语解颐，新论创见，层出不穷，有的沿用旧说，有的发挥新义。从早晨8点钟讲到正午，整整4个小时，他口若悬河，滔滔不绝。既显示出渊博的学问，又表现了诲人不倦的精神。章先生秉性耿直，疾恶如仇，对阔人发脾气耍态度，对学生却很友善，同家人朋友一样。

鲁迅学得很用心，他不大讲话，只是用心地默默地听着、记着。有些没记下来，便借龚未生的笔记本抄录（第一卷的抄本后来还一直保存着）。但是，他并不盲从，而能独立思考。有一次，章先生问到文学的定义是什么，鲁迅回答说：

"文学和学说不同，学说所以启人思，文学所以增人感。"

他的回答区分了一般学术论著与文艺作品的不同，并且说出了文艺的主要特征。这是他研读西方文艺理论之所得。但是章太炎先生却说："这样分法，虽然较胜于前人，然仍有不当。郭璞的《江赋》，木华的《海赋》，何尝能动人哀乐呢。"

鲁迅默然，但出了民报社，却对许寿裳说："先生诠释文学，范围过于宽泛，把有句读的和无句读的悉数归入文学。其实文章与文学固当有分别的。《江赋》《海赋》之类，辞虽博奥，而其文学价值就很难说。"

这个以文字学为课程的国学讲习班，每周一课，一直进行了一年，直到鲁迅回国前才结束①。

后来鲁迅说他这时听课之所学，差不多都还给先生了。的确，鲁迅从章太炎处所受的影响主要还是他那风行一时的宣传革命的文学。章先生的《狱中赠邹容》的革命诗，深深地打动了青年鲁迅的心，他爱读它，能背诵它。章先生的《驳康有为论革命书》以及与梁启超大论战中的驳难文章，也为鲁迅所爱读。除了思想上的影响，在文风上也受到一定的影响。鲁迅在近20年后的《坟·题记》中说："又喜欢做怪句子和写古字，这是受了当时的《民报》的影响。"

我们可以说，章太炎是继严复、藤野之后成为鲁迅早期的第三位启蒙老师。严复以所译的《天演论》给鲁迅以重要的思想影响，又以他的整个翻译事业给鲁迅以文学上的影响。藤野博大的胸怀和对医学科学的忠诚，给了鲁迅极大的鼓舞和力量，使他终生难忘。章太炎对鲁迅的影响，则主要是在民主革命思想方面，以及教育作风上的潜移默化。

当然，除了那位异国的藤野先生，对于严、章二师，鲁迅作为他们

---

① 据周作人回忆，可能还讲过《庄子》："《说文解字》讲完以后，似乎还讲过《庄子》，不过这不大记得了。"（《知堂回想录》，三育图书有限公司，1980，第216页。）

的弟子，远远超过了他们，但鲁迅却从未忘记过他们对自己的启蒙作用、引导作用和濡染作用。

泰山不辞握土泥丸而能巍峨屹立；长江不拒涓滴细流才成浩瀚汪洋。鲁迅接受了多方面的影响与熏染，方才臻于精深博大。

九、系列论文见精神

鲁迅在《新生》失败之后，筹谋《域外小说集》的选编、翻译与出版之时，还写作和发表了一系列论文。这时期，他并未因《新生》的失败而灰心，而是一面继续参加反清革命的一些活动，一面努力搜求和阅读西方哲学、文学、文化方面的著作。并且，运用这些资料，写作了系列论文。

恰好这时，河南省籍的留学生们创办了《河南》杂志。这是一个资产阶级民主革命旗帜很鲜明的月刊。它在出版预告中明确提出："摆脱依赖性质，激发爱国天良，作酣梦之警钟，为文明之导线。"这一办刊宗旨是革命的、进步的、适合时宜的。鲁迅此时正欲发动思想启蒙运动，而办《新生》又失败，这一杂志的创办，正合他的需要。因此，当孙竹丹①前来约稿时，鲁迅便欣然同意并热情撰写论文。《河南》从第一期到第八期，除第四、六两期未发他的文章之外，其余六期，都有他的长篇论文问世。六期中，除第七期发表的《裴彖飞诗论》和《〈裴彖飞诗论〉前记》之外，其余都是思想文化论文。这些论文是：《人间之历史》②、《摩罗诗力说》、《科学史教篇》、《文化偏至论》和《破恶声论》③。他发表这些论文时，用了"令飞"与"迅行"两个笔名，意思很明显：要前进、要行动、要迅速。这五篇文章，观点统一，各有侧重，构成了一个思想体系，反映出他在哲学、历史、科学、文学等方面的观点，论述了救国救民之大旨，表露了愤时、爱国、爱民之至诚，提出了完整的启蒙运动的纲领。这几篇文章，确实做到了近察中国之实情，远探世界之大势，稽求既往，相度方来。皇皇巨制，蔚为大观。文笔流利跌宕，犀利泼辣，妙思善感，热诚雄辩，堪称奇文。从这几篇文

① 孙竹丹，名元，别号同仁子，更名负沉，字幼符，江苏上元人，南社社员，也是光复会成员。

② 此篇后改名为《人之历史》。

③ 此文未载完。

章中我们可以看到，鲁迅在科学、哲学、历史、文学等方面有充足的准备和精深的研究。在这几篇文章中，鲁迅对当时顽固的守旧派、君主立宪派，以及图谋私利的假革命派，作了中肯的、切实的、深刻的批判。

在这几篇论文中，他提出了一个资产阶级民主革命的思想启蒙运动纲领，并且作了详细的、多方面的论述。《坟·文化偏至论》对这个纲领的描述是：

> 诚若为今立计，所当稽求既往，相度方来，掊物质而张灵明，任个人而排众数。
>
> ……
>
> 是故将生存两间，角逐列国是务，其首在立人，人立而后凡事举；若其道术，乃必尊个性而张精神。

这个纲领体现了反对封建束缚、解放思想、唤起民众的民主革命精神。鲁迅把眼光注视在群众身上，希望"精神界之战士"起来唤醒他们，发扬国人的"勇猛无畏""独立自强"的精神。而且，当他把眼光转向西方时，也同时注意到它的弊害，提出了避祸的主张。这几篇文章是辛亥革命准备时期的思想文献，它标志着鲁迅已经成长为民主革命启蒙运动的勇猛战士。

在鲁迅上述的每一篇文章中，我们都看见一个飘摇零落的中国的形象，也感受到作者炽热的爱国之心。在《人之历史》中，他用生物进化发展的史实说明了"人类演化之事"，已"昭然无疑影"，然而，哀我中华，虽然"进化之语，几成常言"，但是，"喜新者凭以丽其辞，而笃故者则病侪人类于猕猴，辄沮遏以全力"，更有"抱残守阙之辈，耳新声而疾走"。而当近代自然科学高度发达，给西方世界带来高度物质文明和社会进步之时，当这股西方文化的洪流"来溅远东，浸及震旦"之际，在我国，或者有人"死抱国粹"，漫天鼓吹"今之学术艺文，皆我数千载前所已具"，"尸祝往时，视为全能而不可越"，有的则"震他国之强大"，"兴业振兵之说，日腾于口"，又"仅眩于当前之物，而未得其真谛"。在《文化偏至论》中，他列举种种事实，谴责切切，力抗时俗，指出有的人偏于物质，有的人偏于众数，有的人"抱残守阙"，眼见将使中国如印度、波兰一样，"以底于灭亡"；有的"轻才小慧之徒"，又"竞言武事"，"谓钩爪锯牙，为国家首事"，有的"稍稍耳新学之语"，"翻然思变"，竟然"言非同西方之理弗道，事非合西方之术弗行"。他们竟这样偏于一极，顽固、偏狭、守旧、昏聩、执拗。他指出由于欧风美雨来浸远东，西方文化思想传入中国，"使中国之人，由旧梦而入于新梦，冲决嚣叫，状犹狂醒"。他概括地描述这种矛盾惶遽、如醉如狂的形象："夫方贱古尊新，而所得既非新，又至偏而至伪，且复横决，浩乎难收，则一国之悲哀亦大矣。"在《摩罗诗力说》中，他在介绍了世界诗坛的群星，赞颂了他们的"立意在反抗，指归在动作"的精神之后，"惆怅无间"作"芳菲凄恻之音"，慨乎言之："家国荒矣"，"然则吾人，其亦沉思而已夫，其亦惟沉思而已夫！"

一颗灼热的、赤诚的爱国之心，跳动于字里行间，我们不由得想起他的名句："寄意寒星荃不察，我以我血荐轩辕。"这个救国的主题，正是危机四伏、朝不保夕的祖国最重要、最迫切的主题，也是启蒙运动的第一主题。鲁迅深切地感受到而又有力地抓住了这个主题。他以人民的代言人的姿态，以悲愤壮丽的语言，表述了这个主题。这个主题也是三四年前他所写的《斯巴达之魂》等文章的共同主题，他当时的工作，正是前者的继续。但其前期的作品，无论在见解的深度上、知识的广博上、思想的丰富上、文才的发挥上，都远远超过了以前的作品[①]，在这里，爱国的炽热之情、至诚之心比之当年有增无已，而爱国内容却充实得多，具体得多，实在得多了。

科学，也是这篇文章的重大主题。这同样是鲁迅在之前几年探索过的主题，它也是启蒙运动的重要的、不可或缺的主旨之一。在这个主题上，他的思想也进到了一个新的境界。他在文章中充分估计了科学对人类历史发展的伟大作用，正如《坟·科学史教篇》中所说："盖科学者，以其知识，历探自然见象之深微，久而得效，改革遂及于社会。""故科学者，神圣之光，照世界者也，可以遏末流而生感动。时泰，则为人性之光；时危，则由其灵感，生整理者如加尔诺，生强者强于拿坡仑之战将云。"

这里，指出了科学对认识世界、改革社会、建设国家、改造人性的作用。

---

① 指1903年所写的几篇文章。一般论者常把鲁迅1903年的几篇文章与1907—1908年的几篇论文混为一谈，通称早期作品，对其思想内容也统一分析。事实上，鲁迅的"早期思想"，仍可分成几个阶段，互相之间有联系，但又有区别。

发表于1908年12月号《河南》上的《破恶声论》（后被收入《集外集拾遗补编》），是鲁迅这时期一系列论文中的最后一篇。这是一篇未竟之作，文章一开头就写道：

> 本根剥丧，神气旁皇，华国将自槁于子孙之攻伐，而举天下无违言，寂漠为政，天地闭矣。

痛感祖国寂寞荒凉，岌岌可危。他继续发挥前几篇文章的思想，提出了启发人民的"内曜"（精神）的课题。他说："人群有是，乃如雷霆发于孟春，而百卉为之萌动，曙色东作，深夜逝矣。"他所希求的就是人民精神上的解放，这个号召的反封建意义是很明显的。这篇文章的主旨在破恶声，即妨碍这种"内曜"的消极力量。

他所破的恶声有："破迷信也，崇侵略也，尽义务也。"为什么"破迷信"竟要当作恶声来破？难道鲁迅要提倡迷信吗？他不是热烈地提倡科学吗？不是的，鲁迅从鼓动、发扬人民的美上之精神出发，反对把优美的神话、传说当作"迷信"来破。

第二为破"崇侵略"。崇尚侵略，这当然要破，要破它个彻底。列强吞并瓜分，"攻小弱以逞欲"。帝国主义侵略的理论必须破。更可贵的是，鲁迅还提出"凡有危邦，咸与扶掖"的思想，希望弱小民族团结自卫，很明显地表现了他的反对帝国主义侵略的思想，显示了真挚灼热的爱国热情。可惜，他这样的沉痛热切的呼吁没有得到回响。下篇未及写出发表，他就回国了。

这五篇论文所组成的系列论述，塑造了一个青年启蒙思想战士的英姿丰采，而且显露了鲁迅的思想深邃高远的品格。这自然不是单靠他的天才条件而取得的。这是他的深思好学，而又利用日本"桥"近察远观日本、欧美的实际，又根据中国实际取异域思想文化营养而结出的思想文化之美卉佳果。最为突出的一点是：正当辛亥革命的领袖们和风云人物劳碌奔波，时而浪迹海外，时而潜入国内，结交英豪，连络会党，选拔英士，集结勇武，扔炸弹、挥刀枪，组织暗杀，发动起义，而"无暇"顾及思想发动，不去关顾思想领域、广大群众的深层发动时，鲁迅却以深沉睿智与炽烈热情撰文立论，发动启蒙。他胸襟开阔，目光辽远，思想敏锐，以五篇系列论文组成了以文化为中心内容与视野聚焦，熔社会、政治、思想、文化于一炉的启蒙论纲。这五篇论文，不仅在当时是立于思想文化战线的前列，为辛亥时期的重要历史文献，而且，在今天仍然保有它们的珍贵文化价值与现实意义。

为了全面和深入地了解鲁迅这一组系列论文的思想内容和文化价值，了解它们在当时和以后的现实意义和历史意义、它们的理论价值与文化价值以及它们在鲁迅思想发展途程中的地位，我们有必要专门来加以记述。

十、新文化："取今复古，别立新宗"

鲁迅的革命民主主义立场和他的深沉热切的爱国主义，以及他对于祖国传统文化的热爱与稔熟，使他在文化史观的基础上形成了中国文化本位的思想。这是贯穿于他的几篇论文中的一条鲜明的思想线索，是坚固的立论根据。他在《文化偏至论》中这样写道：

> 此所为明哲之士，必洞达世界之大势，权衡校量，去其偏颇，得其神明，施之国中，翕合无间。外之既不后于世界之思潮，内之仍弗失固有之血脉，取今复古，别立新宗，人生意义，致之深邃，则国人之自觉至，个性张，沙聚之邦，由是转为人国。人国既建，乃始雄厉无前，屹然独见于天下，更何有于肤浅凡庸之事物哉？

这段精彩的论述，把他的中国文化本位思想概括地、精辟透彻地表露出来了。他提出"内之仍弗失固有之血脉"，这是基础，是本位。这就使他同那些"皇皇焉欲进欧西之物而代之"的最早的全盘西化论划清了界线。但他同时又提出，要洞达世界大势，要不落后于世界思潮；而且，要"权衡校量，去其偏颇，得其神明"，然后拿来，"施之国中"。这又既同那些"抱残守阙"的"死抱国粹之士"，即那些顽固派、守旧派、改良派划清了界线，又同那些拿着外国事物囫囵吞枣地生搬硬套的"轻才小慧之徒"相区别。他的目的是要使"沙聚之邦"的中国，转变而成为"人国"，并"屹然独见于天下"。这就又使他的思想完全同那些"假改革公名，而阴以遂其私欲"的假爱国真谋私的论客们相区别、相对抗了。

他的总纲是：取今复古，别立新宗。

这新宗不是别的，就是从封建文化中解放出来的既继承祖国几千年优秀文化传统，又吸取外国近代进步文化营养的中华民族的新文化。在《摩罗诗力说》中，他具体地发挥了这个论点。在这篇以介绍外国摩罗诗人和外国文化发展踪迹为主旨的论著中，他不时地把眼光从欧洲移向祖国，笔锋一转，插入对于发展中国新文化的论述。他批判了那种单纯"缅怀往古"的复古主义思想，指出："夫国民发展，功虽有在于怀古，然其怀也，思理朗然，如鉴明镜，时时上征，时时反顾，时时进光明之长途，时时念辉煌之旧有，故其新者日新，而其古亦不死。"这段形象的描述恰当而深刻。问题不在于怀古（他也曾批判过"蔑古""弃古"的思想），而在于"如何怀法"。上征，反顾，向着光明之前途，也不忘旧有之精华，而且是时时如此，那么，古的不死，新的日新，新从古中发展而来，古在新中获得新生。

另一方面，他又指出："文明无不根旧迹而演来"，说明了文化发展的历史根据、民族渊源，他批判那种对"成事旧章，咸弃捐不顾，独指西方文化而为言"的西化论者，并警告说，这种全盘照搬的做法，实乃"由旧梦而入于新梦"，"所得既非新，又至偏而至伪"，"则一国之悲哀亦大矣"。

这样，鲁迅便进行了文化思想上的两条战线的斗争。

但他的主张又不同于"中学为体，西学为用"这个洋务派的纲领。这个纲领是要保存孔孟封建文化之体，而以"西学"的船坚炮利、技艺巧术为用。鲁迅在离国去日留学时就已经"绝望于孔夫子和他的之徒"，而这时又已经抛弃了维新的道路。他所批判的"抱残守阙""死抱国粹"，正是否定那个"中学之体"，他所慨而言之的"黄金黑铁""立宪民主""凡庸之物"，又正是否定那个"西学之用"。

鲁迅所倡导的"新宗"即中华民族的新文化，按照他这时的描述，已经包含有民族的、科学的、时代的和异域文化等内容。当然，具体论述虽然明晰，但还没有能够作出提纲挈领的明确的理论性的总论和概括。这要有一个过程，不仅他的思想还需要深入、"净化"、理论化，而且更根本的是，中国社会的发展，文化思想的发展，也都要有一个演化过程。但是，鲁迅这时已经达到的高度，却也足以令人敬佩了。作为代表中国新文化方向的伟大先驱，他在这时就已经进射思想光芒，露出了端倪了。

但是，真正伟大的哲人大师，绝不可能一蹴而就；就像他们不会昙花一现一样。

时代与历史仍在孕育他；他也在培育他自己。世界造就他；他也在建造一个自己的世界。

十一、思想纲领：立人及其道术

鲁迅在五篇论文中，除了综合地和分解地从思想、文化、科学几个方面概述和论列了文化新宗，而且，还同时提出了作为系统启蒙思想的"思想纲领"。他的深刻和正确，表现在他这时就提出了"首在立人"，即重视人、改造人，塑造人，既"致人性于全"又塑造新的"国人"（即中国人）的完整纲领。这些闪光的论述，至今读来也是深刻引人、启人思索和痛快淋漓的。在《科学史教篇》中，他劈头就写道：

"观于今之世，不瞿然者几何人哉？"

开门见山，突兀而起，气势不凡，把人们一下子带入一个令人惊讶不已的"观于今之世"的辽阔视野中。他比较、思考、追索、探究，中国的、传统的、西方的、近代的、昨天的和今天的，物质的和精神的，哲学、经济、文化、文学、艺术，他都涉足其中，作分析的、比较的和综合的研究。他胸有成竹，全面周到地提出了别立新宗的总纲领。而这"新宗"的具体内涵，又是什么呢？《文化偏至论》中说：

> 掊物质而张灵明，任个人而排众数。
>
> ……其首在立人，人立而后凡事举；若其道术，乃必尊个性而张精神。

这就是他提出的资产阶级民主主义思想革命纲领。

马克思在《摘自"德法年鉴"的书信》中说："专制制度的唯一原则就是轻视人类，使人不成其为人，……。专制君主总把人看得很下贱。他眼看着这些人为了他而淹在庸碌生活的泥沼中，而且还像癞蛤蟆那样，不时从泥沼中露出头来。"在异族封建君主统治下的中国人民，境遇情状之凄惨，远比马克思所形容的更为严重。解救他们于水深火热之中，正是革命的任务与目的。正如《坟·摩罗诗力说》中所说，"新精神"、"新灵明"和"任个人"、"尊个性"等，就是要使人民从封建桎梏下解放出来，发扬踔厉，"所遇常抗，所向必动，贵力而尚强，尊己而好战，其战复不如野兽，为独立自由人道也"。这是从精神上为人民解除枷锁，唤起他们反抗斗争的响亮号角。它具有强烈的反抗封建、个性解放的思想意义。鲁迅提出"排众数"，一方面是他看见广大农民群众愚昧落后，为他所十分同情；另一方面，又是针对那些他所批判的人而说的。这些"抱守残阙之士""轻才小慧之徒"，或者"竞言武事"，以"钩爪锯牙为国家首事"，或者"制造商估立宪国会之说"，或者鼓吹"黄金黑铁"救国论，有沽名钓誉者、昏聩糊涂者，有图升官发财者。总之，他把批判的锋芒对着那顽固派、保皇派、改良派以及革命派内部某些人的丑恶灵魂、卑劣嘴脸。在鲁迅看来，前者暂时难于依靠，后者根本不可依靠。这固然反映了他轻视群众的观点，同时，也是群众还很落后的反映——他们的内在伟力还没有人去启动，也就还没有迸发出来，这种伟力还是作为一种潜在的地下之火，在地底运行，不为人所知、所感、所见。

鲁迅"掊物质"，主要是接受西方物质文明流弊的教训而提出来的；"排众数"也同时蕴含这种意思。《坟·文化偏至论》中说："物质也，众数也，十九世纪末叶文明之一面或在兹，而论者不以为有当。"不当在哪里呢？

> 递夫十九世纪后叶，而其弊果益昭，诸凡事物，无不质化，灵明日以亏蚀，旨趣流于平庸，人惟客观之物质世界是趋，而主观之内面精神，乃舍置不之一省。重其外，放其内，取其质，遗其神，林林众生，物欲来蔽，社会憔悴，进步以停，于是一切诈伪罪恶，蔑弗乘之而萌，使性灵之光，愈益就于黯淡：十九世纪文明一面之通弊，盖如此矣。

这段对于西方物质文明弊害的总结批判是深刻的、抓住了要害的。辛亥革命的领导人孙中山当时也曾经想到要在经济制度上避免资本主义的祸害，提出了被列宁称为"主观社会主义"的理想；鲁迅同样在这里提出了思想上、精神上避"西方之祸"的理想。

一种有趣的历史现象是：鲁迅一方面在物质方面提出避西方之祸，不使伤害精神文明的思想；另一方面，却在精神方面"接受"了西方的民主、自由思想的影响。虽然他不乏贬斥群众之言说，并且明确指出："惟超人出，世乃太平"，"希望所寄，惟在大士天才"，表现了轻视群众、寄望"超人"的思想。但是，鲁迅却是希望"超人"出来"致吾人于善美刚健"，"援吾人出于荒寒"。鲁迅在谈到德国诗人开纳时，曾说："开纳之声，即全德人之声，开纳之血，亦即全德人之血耳。"这说明他赞颂的摩罗诗人、超人，是与人民血肉相连的，是群众的代言人。鲁迅由此还进一步推而论之说："败拿坡仑者，不为国家，不为皇帝，不为兵刃，国民而已。"这更深刻地说明他的"国民"与"超人"之间也是血肉相连的。这样的"超人"不是以"庸众"为牺牲与工具，而是以群众为解救对象和待发动的力量。鲁迅所说的"超人"，就是革命的先知先觉、唤醒民众的爱国志士。"他"是当时领导革命的资产阶级的形象，在"他"的背后站着期待解救、等待唤醒的全体国民，包括小资产阶级、城市劳动者、工人，主要是几万万农民。

而且，鲁迅所轻视的庸众，也并不完全指人民群众，有时是特指那些他所批判的"轻才小慧之徒"等类人。在《文化偏至论》中，他有一段非常中肯的文字：

> 至尤下而居多数者，乃无过假是空名，遂其私欲，不顾见诸实事，将事权言议，悉归奔走干进之徒，或至愚屯之富人，否亦善垄断之市侩，特以自长营撝，当列其班，况复掩自利之恶名，以福群之令誉，捷径在目，斯不惮竭蹶以求之耳。呜呼，古之临民者，一独夫也；由今之道，且顿变而为千万无赖之尤，民不堪命矣，于兴国究何与焉。

这里所攻击斥责的"千万无赖之尤"，很显然是指前面所列举的那些富人、市侩、干进之徒等类人，而不是"民"——群众；而且，他是把这类人同"民"对立起来的，所以他说，这些人"临民"，就"民不堪命矣"。

因此，鲁迅提出的"任个人""尊个性"，也包含从这类"无赖之徒""干进之徒"的挟制、欺骗下解脱出来的积极意义；他所说的"排众数"，也包含排除这种使"民不堪命"的"临民"者的意思，他们不再是"独夫"，而是成千上万，已成众多了。这含义也是带有积极意义的。而这两者，就又含着民主的意义与意识了①。这同他所提的"口

---

① 有人说，鲁迅的这段话是揭露了资产阶级议会民主的虚伪性。这是离开了鲁迅的原意的。鲁迅这时期并未把资产阶级国家作为批判对象。他主要是针对中国现状发言，抨击当时社会现象。

号"在表面上是矛盾的；但在内蕴上却有着这层积极的意义，违背了"口号"的字面意义。

有人说，鲁迅早期受了尼采极端个人主义思想影响。这是因词害义。这里有几重误解。尼采表述和提倡的本非什么"极端个人主义"；鲁迅所受影响，自然也非此种东西。而鲁迅所言，究其实际，又是什么呢？

《文化偏至论》中说，鲁迅在提出"重个人"时，接着便指出："个人一语，入中国未三四年，号称识时之士，多引以为大诟，苟被其谥，与民贼同。"鲁迅说这种"未遑深知明察"，竟"迷误为害人利己之义"，他说这是"至不然矣"。那么，他所说的"个人""个人主义"是什么呢？他解释得很清楚。他指的是"久浴文化，则渐悟人类之尊严；既知自我，则顿识个性之价值"，"人必发挥自性"，"必以己为中枢"。这就是尊重人、自我观念、发挥个性、以己为思维活动的中枢等，总之，是个性解放。这又是民主思想的一个重要内涵。

在《破恶声论》中，鲁迅说得更清楚：

> 故今之所贵所望，在有不和众嚣，独具我见之士，洞瞩幽隐，评骘文明，弗与妄惑者同其是非，惟向所信是诣，举世誉之而不加劝，举世毁之而不加沮，有从者则任其来，假其投以笑骂，使之孤立于世，亦无慑也。则庶几烛幽暗以天光，发国人之内曜，人各有己，不随风波，而中国亦以立。

这段话说得很明白，鲁迅的所谓"个人""个人主义"是指要使人从封建桎梏中解放出来，但也不要受外国思潮所左右，而要独立自主，以己为中枢，不随波逐流。这里，那种反封建、反庸俗、反全盘西化、反"抱残守阙"，要求精神解放、独立思考、敢于违抗流俗、不怕孤立的思想光芒闪烁着、迸发着，它和利己的个人主义（利己主义）是不可同日而语的。

鲁迅这时的世界观的基础是唯物主义，他对世界的物质性、它的发展的历史、人自身发展的历史都持唯物主义的观点。但他却停步在历史唯物主义面前，他用来观察历史、社会和国家命运的仍然是唯心主义。他的"偏至"的论点，是一种深刻的见解；他由此概括了人类历史发展的曲折性，由一个阶段向另一个阶段过渡的继承性与对抗性，并由此得出"偏至"的结论。他还认为，世界是发展的，宇宙、社会、人都是不断发展的，而且是"自卑而高，日进无既"地发展的；又说："顾世事之常，有动无定"，"文化常进于幽深，人心不安于固定"。他在《摩罗诗力说》中以十分肯定的口吻指出：

> ……进化或可停，而生物不能返本。使拂逆其前征，势即入于苓落，世界之内，实例至多，一览古国，悉其信证。……进化如飞矢，非堕落不止，非著物不止，祈逆飞而归弦，为理势所无有。

这里对进化、发展的论述，坚定而乐观，有一种一往无前、坚定不移的气势，满怀歌颂之情。在他看来，势与理都是进化、发展、前进的，不允许停滞，更不允许倒退。这是一种可贵的，充满鲜明的、活生生的、积极向上精神的辩证法观点。从这个观点出发，他相信中国虽已零落，正处于寂寞荒寒之中，中国国民愚昧落后，但是，最终必然会改变、要进化，否则，就是灭亡；停滞不前和反复倒退的事是没有的，为势与理所不容。他的结论，既有积极的推动力，又有"不进则灭"的激励作用。

而且，他的发展观不是和平的进化观。他在《摩罗诗力说》中指出"平和为物，不见于人间"。他说："外状若宁，暗流仍伏，时劫一会，动作始矣"，"故杀机之昉，与有生偕"。他还指出事物的发展都并非直线式的，"常曲折如螺旋，大波小波，起伏万状"；他还进一步指出，在这种发展过程中，往往是"甲张则乙弛""乙盛则甲衰"，因此，发展情状与规律是"物反于穷"，"物反于极"。在这一系列关于发展、变化、前进的矛盾斗争过程中，"破坏"发生着一种重要的契机作用。鲁迅写道：

> 故世之嫉视破坏，加之恶名者，特见一偏而未得其全体者尔。若为案其真状，则光明希望，实伏于中。恶物悉颠，于群何毒？破坏之云，特可发自冥顽牧师之口，而不可出诸全群者也。若其闻之，则破坏为业，斯愈益贵矣！

这段"破坏颂"写得多么精彩！在破坏中蕴藏着希望与光明，新的事物正是在对旧的事物的破坏中生长发展起来的。让那些冥顽不灵的人们发抖去吧，在进化的途程中，"破坏"却是"愈益贵矣"。不过，他是把"破坏"纳入整个进化过程之中来对待的，是作为在众规律共同地、整体性地发挥作用的状态和过程中的一个契机来看待的，他不是一般地论破坏、赞破坏。

这是面对着清朝封建统治的一篇证其必亡和赞颂革命的檄文。学术与革命在这里自然而紧密地结合在一起。

作为唤醒民众起来革命，破坏旧世界、建设新世界的启蒙运动战士，鲁迅的批判精神非常突出，他承担了革命发动所必须的扫除思想障碍的历史任务，他的鲜明深刻、尖锐泼辣的笔锋，更增加了批判的力量。

将近而立之年的鲁迅，已经显得比较成熟了。他的文章浩瀚而深沉、质朴而华美。作为一个启蒙运动的思想文化战士，他表现了突出的特点和优点，那就是：不离实际，实事求是，感觉敏锐，观察深入，卓尔独立，反抗时俗，思理朗然，才华横溢。

十二、近代文学的传人与现代文学的先驱

鲁迅此时正以启蒙战士之姿从事文艺运动。他对自己手中的这个武器具有全面深刻的认识，他对文艺的性质、作用、特征都作了中肯的、深刻的、有见地的论述。他从西方学来了近代文艺观，并以此结合我国当时的社会情状提倡文艺。这是我国新文艺运动的一次最早发动，是西方近代文艺理论的最早传入中国。他强调人类不能只重物质，也不能只有科学；文艺——"美上之感情"，也是致人性于全的一个不可缺少的重要内容。他一反我国关于文艺必须"温柔敦厚"的古训，而肯定了文艺的倾向性、斗争性、革命性，但同时又主张要"舒两间之真美"，"使观听之人，为之兴感怡悦"。

他站在这个在当时处于前列的新文学观的基础之上进行了中国现代文学的最初发动。不过，他首先是中国近代文学的一位传人。

作为伟大的文学家，鲁迅是在中国近代文学的哺育下长大的。他是中国近代文学的忠实继承者、杰出的传人。但他又越过了他的先辈，跨向前进，成为中国现代文学的最早的、真正的、杰出的先驱。

恩格斯在《共产党宣言·1893年意大利文版序言》中论及意大利伟大诗人但丁时，曾经写道：

封建的中世纪的终结和现代资本主义纪元的开端，是以一位伟大人物为标志的。这位人物就是意大利人但丁。他是中世纪的最后一位诗人，同时又是新时代的最初一位诗人。[①]

鲁迅也是如此。他是中国近代文学的最后一位诗人，同时又是中国现代文学的最初一位诗人。这主要不是从时间与年龄上来说的，虽然也有这方面的因素。但主要的是从他的思想、作品的内涵、意义、作用和所处的地位来说的。那些曾经在中国近代文学的发展史上崭露过头角而又在现代史上仍然执笔为文、驰骋文坛的优秀作家，比如苏曼殊、梁启超、林纾、柳亚子等，也同样横跨近现两代文坛，但是，他们在近代文学史上显现巨大的身影，却落在现代文学的队列后面，有的甚至成为拉历史车轮后退的人。佼佼者如柳亚子，堪称现代文学的忠实盟友，他同鲁迅、郭沫若、茅盾这些现代文学大师们保持着深情厚谊，然而他却不曾在现代文学领域中占据一定位置，因为他终身使用着南社时代就使用的旧体诗这个文学武器，且主要不在文坛活动。足称承前启后者，堪为真正传人与先驱，处于"最后"与"最先"地位的，只能是鲁迅。

毫无疑问，鲁迅接受了近代文学在思想上和艺术上的熏陶与养育，是近代文学促成了鲁迅的新的文学觉醒，灌输他以不同于中国传统的近代文学意识。他直接师承章太炎，是他的及门弟子；他也直接受到了梁启超的影响。梁在亡命日本期间编行的杂志，其中包括《新小说》，都是鲁迅留学日本时爱好的读物。鲁迅1903年为科学小说《月界旅行》写的"弁言"，同梁氏写于1902年的、在近代文学史上占有重要位置的论文《论小说与群治的关系》（为《新小说》创刊号所写的序言）在观点上非常相似，都同样肯定小说以述说故事的形式为启蒙手段来改良社会，这种新的文学观念上的承传关系是很显明的。梁启超发动的"小说界革命"给了鲁迅以小说观念的革命（同时也是文学观念革命）的启迪，并受这种观念革命的推动去从事科幻小说的译述事业。特别重要的是，鲁迅还借近代文学的通道，尤其是林纾的翻译的"媒"的作用，接触到欧洲文学，走进一个新的小说与文学的世界，见到一片新的天地，从而使自己的艺术观产生了新的质变。并且付诸实践，从事进步小说的

---

① 恩格斯：《共产党宣言·1893年意大利文版序言》，载马克思、恩格斯《马克思恩格斯选集》第1卷，人民出版社，1972，第249页。

翻译。

鲁迅就这样接过了近代文学的接力棒，开始走上文学的征途。

然而，鲁迅不仅继承了先辈和师长的事业，而且把它推向前进。

鲁迅从中国近代史结尾和现代史开头的过渡期的社会生活中取得自己的诗情，他根据生活的需要、革命的要求和文学的职责给自己规定了任务。他为受维新思想鼓舞也受其制约的小说界与文学观念的革命所唤醒，但他又为受维新运动失败的刺激和这个带着改良印记的"小说界革命"的局限的促动而觉醒。他思考、寻求并开辟新的启蒙之路、思想之路与文学之路。

他写《文化偏至论》，探索人类思想文化的一般发展道路，又凭此研讨中国思想文化发展的轨迹，从而提出救亡新生之路。他的思想的精到与深邃、眼光的开阔与敏锐、知识的广博与丰富都表现出，他是从广阔而高深的世界性、历史性和时代性的视角来看待文学发展道路的。

他写《科学史教篇》，从上述前提出发，以科学为主体，探索了人类思想之两翼——科学与文艺的发展道路。他把文学放在一个比较准确的社会、历史和时代方位上来考察，以明确它的性质、任务、作用。

他写《摩罗诗力说》，请出了欧洲摩罗诗人，提出了"立意在反抗，指归在动作"的总体立意，以世界的与民族的眼光，呼唤反抗之声、觉醒之音。他把文学同祖国、人民、民族的命运紧密地联在一起。让诗神吹奏呼唤觉醒、反抗、斗争的号角。

这些都表明：鲁迅远不只是接过了先辈们、前行者手中的诗国的火炬，而且，是以诗的火炬去点燃民族觉醒之火，为建立人国而抗争、奋斗。显然，"青出于蓝而胜于蓝"，他越过了近代文学的界限，超出了近代文学的诗国"诸神"，开始了新的工作。文学的眼界因此开阔了，观念更新了，思想品格提高了，艺术意境拓展了。

他从革命现实主义的精神和立场出发，以救国救民为文学的天职和特质，祭起西国摩罗诗魂，举起了革命浪漫主义的旗帜，意欲掀起一个启蒙的革命文学运动。

这是中国现代文学的第一次认真的发动。然而，却是一次条件尚不成熟的、未能得到响应的发动。新文学的第一位诗人的第一次呼号与咏叹之声，消失于茫茫荒漠。《新生》没有落生就死去了；《域外小说集》这个宝贵的新生儿，出生在域外，一旦进入域内，便冷寂地躺在上海和东京的寄卖处；而几篇思想深邃、振聋发聩之作，也都如利矢飞向雾迷大地的旷野，没有回响。条件暂时还不具备。他需要等待历史的呼唤。他不能不感到寂寞！

他的寂寞是近代文学的送行曲。

他的寂寞是现代文学的迎春歌。

十三、理论基础——人性进化论

如果说科学与爱国是这几篇论著的两大鲜明的主题，那么，人性进化论便是它的理论基础。贯穿在这几篇文章中的一根红线，是人——人性——人性的进化、改造与发展。人是核心，是主角。他开首第一篇，便是讲人的历史，人怎样从至卑的原生物而发展成为万物之灵。他从人的这种进化历史中得出的是人的光荣感和人的尊贵与高强。以后诸篇，便全面地论述了如何以科学、文学、艺术致人性于全；提出了理想国民性的主要内容；并且正确地论述了物质文明与精神文明保持平衡的问题①。他要求的是完全的、理想的人性和完全的、理想的人类文明。

通读诸文，我们从字里行间，通过由"理想国民性"的对比，看到一个"人"的形影：他由于自身发展的历史和现实生活的贫弱，造成了萎枯；又由于外来的新的疠疫缠身，因此，虽然他高大、魁梧，然而瘦弱、苍白、萎靡、满身创伤；他的眸子里闪着深沉的、哀苦的、期望的亮光。"他"，就是受列强欺凌、积贫积弱的半殖民地半封建社会中的中国人！

---

① 鲁迅认为科学是"人性之光"，能发展健全人的本质，同时又要以文学艺术培养"美上之感情""明敏之思想"。这样"致人性于全"，才是"今日之文明者也"。他认为理想的人性应是具有反抗精神、斗争品性的："所遇常抗，所向必动"、"抗伪俗弊习"；而且具有斗争的彻底性："贵力而尚强，尊己而好战"，"不克厥敌，战则不止"。也应具有不落流俗，敢于坚持真理的品性："不取媚于群，以随顺旧俗"，"不和众嚣，独具我见"，即使"孤立于世，亦无慑也"。总之，应该是强健的、刚直的、勇毅的、真诚的，"刚健不挠，抱诚守真"。他认为，19世纪欧洲物质文明，固然使人类幸福得以增长，但"诸凡事物，无不质化"，则是"偏于一极"，他说，"纵令物质文明，即现实生活之大本"，如果"崇奉逾度"，也必"失文明之神旨"。因此，他主张要发扬"精神生活之光耀"，"内部之生活强，则人生之意义亦愈邃"。以上，都表明鲁迅思想之深刻，远远超出于当时的思想界的其他人。

要革命，要进化，首先要立人，进而建立"人国"。这个人国，实质上就是资产阶级民主共和国。但鲁迅不说建立合众国、共和国、民国，而是"人国"。他的着眼点在人。早在弘文学院的时候，鲁迅就与许寿裳经常讨论同人性相关联的那三个问题[1]。他后来所做的就是：诉说人们的苦难而"哀其不幸"，指斥人们的愚昧而"怒其不争"，启其蒙昧，激其斗志，探索其病根，寻求改良的药方。鲁迅的这些思想抓住了根本，表现了它的彻底性与深刻性，这也是他高出于当时一般思想家的地方。

有人说，鲁迅的思想基础是生物进化论。有人甚至说他的人生观是"生物学的人生观"，理由就是"鲁迅的作品，最后大抵都关系到'死'"。也有人表示同意这种说法，认为"人得要生存"，"在鲁迅人生观的根底里，成了他各种思想、行为的中核。"[2]这是不符合鲁迅的思想实际的，是对鲁迅的严重的误解。即使用来说明鲁迅的早期思想也是不正确的。的确，鲁迅自从接触到达尔文的进化论，就欣然拿来作为自己的思想武器，以它为基础形成了自己的世界观。但是，鲁迅只是接受了他的人由进化而来并且还要向前进化的思想，却从来不把人的进化与动物的进化等同。在《人之历史》中，他不是就指出了"人类之能，超乎群动"吗？如果说，在这里只不过说人类超过了各种动物，为万物之灵，还不足以说明他把人和动物区别开来了；那么，在其他几篇论文中，他说到理想、科学、文艺（包括美术与音乐）对于人性的影响，他论证、希望人性应该以此为照亮自身的光，以此为人性的内容，以此来致人性于全。而这一切，是动物所具有的吗？是生物人生观吗？鲁迅还论述了人性、社会与文明（物质文明和精神文明）交互影响、共同发展的情况，他把人看作社会的人。而且，并不是一般的人，也不是外国异族的人，而是中华民族的子孙，20世纪初叶的中国人。

鲁迅笔下的"人"的形象和对于改变这种人的"人性"的期望，正是民族的、人民的心声的反映。作为年轻的精神界之战士，他代表了人民，反映了人民的愿望。作为爱国者，他是人民的热诚的代言人；作为思想家，他是深刻的民族的"思考人"。

---

[1]　见本书第三章的《"人性"的思索》。

[2]　增田涉：《鲁迅的印象》，钟敬文译，湖南人民出版社，1980，第59页。

有人说，鲁迅的文化思想是"全面反传统"，即抛弃传统，全盘西化。这种说法，用之于鲁迅的整个思想固然是错误的，即使用来评论鲁迅的早期思想也不对。此意无须多说，只举鲁迅在这几篇论文中的几段话，即足以证明。

如《文化偏至论》：

> 此所为明哲之士，必洞达世界之大势，权衡校量，去其偏颇，得其神明，施之国中，翕合无间。

如《摩罗诗力说》：

> 夫国民发展，功虽有在于怀古，然其怀也，思理朗然，如鉴明镜，时时上征，时时反顾，时时进光明之长途，时时念辉煌之旧有，故其新者日新，而其古亦不死。

鲁迅在这里，以活生生的辩证观点，说明从世界全局出发、立足中国、权衡比较的重要，论证了念旧取新与新陈代谢的规律。这与全面反传统是不可同日而语的。

从鲁迅1907—1909年所写的几篇论文中，我们看到，较之1903年所写的几篇论文，虽然爱国与科学仍是两大主题，"人"仍旧居于核心地位，但是，他的视野开阔了，思想更深刻了，已经发展到一个新的高度。他开始从整个人类思想文化发展的深度，从世界性的广度来观察探讨这些问题了。他探讨人、历史、科学、文艺的发展史及其规律，得出了产生"偏至"的结论，即《文化偏至论》中所说："文明无不根旧迹而演来，亦以矫往事而生偏至。"这就使历史具有了客观性，有可循的"旧迹"和应矫的"往事"，矫枉过正，又纠其"偏至"，如是向前发展，不纯然是英雄伟人主观意力的创造。因此，鲁迅此时虽然仍未脱出唯心史观的范畴，但却已经是客观唯心主义的思想了。

他表现了丰厚的哲学思想，尤其是辩证法思想，生动、具体、丰富，也脱出了朴素阶段。他认为"平和为物，不见于人间"，"世事之常，有动无定"，肯定了世界在矛盾斗争中不断发展，并且指出这种发展是曲折的、螺旋式上升的；"世事反复，时势迁流"，"世界不直进，常曲折如螺旋，大波小波，起伏万状"。他总结的"偏至"规律，正是用自己的语言表述了事物矛盾斗争的发展，导致向相反的方面转化。鲁迅不是以哲学的方式和语言来论证，而是以一个爱国的精神界之战士的姿态，为了革命，为了斗争，从对历史的研究和对现实的考察中得出了这些规律性的认识。

这不仅表明他的思想进一步成长了，而且说明他已经打下了非常坚实的知识与思想的基础，预示着他的广大的发展前途。

鲁迅作为资产阶级民主革命的思想战士，他这一时期世界观的基础是坚定的唯物主义，对于世界的物质性，它的发展的历史、人的发展的历史，都坚持了唯物主义。

但鲁迅却停步在历史唯物主义面前，他用来观察历史、社会和国家命运的仍然是唯心主义，表现为一种文化史观，即把人类历史的发展归结为思想文化的发展。他在《文化偏至论》中说："若曰惟物质为文化之基也，则列机括，陈粮食，遂足以雄长天下欤？曰惟多数得是非之正也，则以一人与众禺处，其亦将木居而芋食饮？"唯物史观认为：决定历史发展的是物质资料的生产，是人民群众。然而，在鲁迅的历史观中，两者都被颠倒了位置。

十四、时代烙印与历史条件

任何伟大的历史人物，都是时代的产儿。鲁迅也是他所处的那个时代所造就的，是发展到20世纪初的五千年古国所养育的，无论是思想的优点或缺点、特点或缺陷，都不仅具有个人经历与品性的印记，而且也打上了时代的烙印。他所有重要的观点，他的世界观与人生观都来自他激进的民主主义立场。而这个立场，并不是他主观自生的，而是他童年的生活，不幸的家庭破落的遭遇；他对祖国在列强侵略下的沉沦的愤怒和对民族在腐旧文化侵润下的衰敝的感奋；他所受到的清廷腐败无能、丧权辱国的刺激；他对人民苦难、民族零落的感应；他在日本所受的歧视和他在"日本桥"上所看到的"桥"的现实与"眺望"到的西方物质文明与人文艺术，以及他所受到的影响；他对祖国文化典籍的学习、对祖国历史的研习；以及他在东京与章太炎、秋瑾、陶成章这些人的交往，与许寿裳、钱玄同等学友的切磋，等等，总之，是在他的生活环境、同时代人和自身经历的影响下形成的。这是时代——历史——社会——文化的一股合力，促他前进与成长。他的思想观念是这一切的反应、内化、提炼与结晶。当然，这并不否认他个人的条件、作用与努力。他的许多与其经历类似情况的同时代人——特别典型的是周作人，他的同出一家同在一起成长的兄弟——并没有达到他的成就，这就说明了他的杰出之处。

人们都一致肯定他在自然观方面的坚定唯物主义，也赞扬他的出色的朴素辩证法观点。然而，这些也都既是他的个人才能所致，但又不仅仅是他的"天才"条件所决定的。这是反映了时代的条件、社会的状况、阶级的特色的。比如他的朴素辩证法观点，便不是他主观自生的，而是有着客观社会生活的"决定权"。我国自鸦片战争以来，封建社会的解体，国运的衰败式微，社会的裂变异化，人民生活的急遽变迁（鲁迅家庭、家族的衰变即其表现之一，好似大海中的一滴水），以及19世纪末到20世纪初世界局势的急遽变化：西方从自由资本主义转到垄断资本主义，高度的物质文明带来的西方社会生活的巨变和人的精神生活的异化，以及亚洲、非洲殖民地半殖民地国家和地区的巨变，等等，这一切都在昭示着世界、社会、人们的生活和思想，在激烈动荡、互相斗争、发展变化。作为一个要推翻旧生活、建立新生活的激进民主主义者，他欢迎、欢呼这种变化，拥护这种变化，而且立志要催促这种变化的发生发展和向好的方向实现。这就产生了反映客观生活内涵和现象的主观辩证法的因素。

鲁迅的哲学观点，正是处在资产阶级革命前夜这个时代背景下的中国现实生活的反映和补充。当然，能够反映这个现实并做出这个补充，是并非人皆可为的，因此是对社会对革命的一种贡献。这一点，是不应该被抹杀的；否则，就跌入机械唯物论中去了。

鲁迅当时思想上的弱点和缺陷，也同样印着时代的烙痕。他在社会观方面的唯心主义，他之所以停步于历史唯物主义之前正是落后的中国社会生活所决定的。当时，社会主义、马克思主义，在东京出版的中国报刊上都有介绍。鲁迅所爱看的《民报》上，也是如此。但是，介绍者的介绍本身就不地道，而鲁迅即使读过，也并没有受过多大触动。因为落后的中国，现代工业的作用微乎其微，资产阶级刚刚形成，无产阶级还处于自在阶段，都没有独立活动起来，在这种时代与社会条件下是难于完全理解也难于接受无产阶级的革命哲学的。鲁迅在思想上对群众的同情而又轻视（对其命运的同情和对其力量的轻视）也同样是中国落后的社会生活所决定的。群众自身的不觉醒甚至麻木的状况，使一个寻求社会力量的启蒙运动者只能看到其消极面，而想着如何迅速出现"才士""超人"，来援救人民出于荒寒，因此，对于群众自己解放自己、对于他们的创造历史的伟力，是难于认识到的。

社会生活条件仅仅提供了这样的舞台，时代就是这样定下了基调，人们总是只能在这个有限制的舞台上按照时代的基调去发挥自己的才智与能力，演出历史的活剧，做出自己的贡献。鲁迅不是偶然划过长空的一颗流星，也不是突然爆发的一枚弹丸，他是一个具有深沉底蕴、丰富深邃的内涵和过人的才智与伟大心性的大师哲人。他汲饮时代之汁、历史之液、文化之琼浆而成长。

他的成长、他的优长高强，以至他的局限与缺陷，都记录着时代与历史前进的轨迹。

十五、黄鹂之音逝于荒寒

鲁迅的几篇论文，内容虽如上述，本具振聋发聩之功，然而在《河南》上一篇接一篇发表后，却并没有引起多大反响。它们像引吭高歌于广袤的沙漠上，没有听见回声，像登上峻岭呼号，声响随风飘过群山，消失在旷野里。

"我感到未尝经验的无聊"，鲁迅在《呐喊·自序》中这样说。

> 后来想，凡有一人的主张，得了赞和，是促其前进的，得了反对，是促其奋斗的，独有叫喊于生人中，而生人并无反应，既非赞同，也无反对，如置身毫无边际的荒原，无可措手的了，这是怎样的悲哀呵，我于是以我所感到者为寂寞。

鲁迅的寂寞，具有深刻的时代含义。

中国刚刚登上政治舞台的年轻的资产阶级，远不如它的欧洲先辈们。他们为了进行反对封建主义的资产阶级革命，提出了一系列的思想理论、纲领原则，勇敢地喊出了自由、平等、博爱的口号，撰写和出版了大批宣传品和论著。但是，中国的资产阶级，幼稚而且软弱，他们当时的宣传工作侧重在反对满族统治和恢复汉族光荣上。有人取了"扑满"之类的别号，以示革命；有人躲在东京图书馆里，翻出了满族入关时对汉族大肆屠杀的历史记载，拿来出版；有人学法政警察陆军，竟言武事，倡兴兵振业之说。浅薄的资产阶级"没有工夫"，更缺乏才力去著书立说，推行思想启蒙运动，甚至连他们的外国先辈们，西方17、18世纪的启蒙学者的著作和19世纪中叶的主要思想家的论著，也没有怎么翻译介绍。他们还有一个自信正确的理由，对于"群众落后怎么办"这个问题，他们回答说：群众向来如此，等革命成功了再说。

他们就这样在没有强有力的思想革命作先导的情况下，发动革命。纵然是一次又一次的起义失败，勇士们一批又一批地倒在血泊中，也仍然没有唤起他们的注意，仍然只是把自己的宣传工作局限于反满复汉的内容上，发动群众的范围则局限于国内会党和国外华侨的狭小圈子中。

既然血泊尚且没有能够使软弱者坚强起来、使昏庸者清醒过来，那么，鲁迅的几篇文章又怎么能够为他们所注重呢？

鲁迅的寂寞，是辛亥革命的一个严重缺陷的反映；是一位独步前进、走在行列最前头的少数人回顾后继者远在后尾时的落寞心境的反映。

恩格斯在提到欧洲资产阶级革命时，曾经赞扬这是一个需要巨人，也产生了巨人的时代。在欧洲资产阶级准备自己的一场革命斗争时，产生了一批伟大的学者、思想家、文学艺术家，群星灿烂，为人类的思想文化发展做出可贵的贡献。在中国如何呢？就个人条件说，无论是知识的准备、思想的能力、对现实的了解与把握，还是感应的敏锐与才华的出众，鲁迅都有可能在此时成为一个杰出的启蒙思想家。然而，中国落后的社会生活和在落后的经济基础上所产生的资产阶级，以及这个阶级所领导的不彻底的民主革命，都限制了鲁迅，"耽误"了鲁迅，它尚不足以培育这样一位思想文化巨人。

这正说明了历史条件对于一个伟大人物的产生的"最后决定权"。

鲁迅必须等这个历史条件的出现。

在文章如石沉大海、不起涟漪之后，两册《域外小说集》陆续出版，却又都陆续冷漠地躺在东京的书店和上海的广昌隆绸缎庄，像它们的翻译者一样寂寞。

鲁迅在结束《摩罗诗力说》一文时，转述了俄国作家柯罗连柯的小说《末光》中的故事：一个老人在西伯利亚教一个少年读书，给他讲樱花黄鹂，说黄鹂是栖于樱花上，能引吭歌唱美丽动听之歌的鸟儿。少年置身寒带，从未见过这些，只能沉思默想，究是何种状况。鲁迅述此并感叹地说：这少年处于萧条之中，即使听不到黄鹂之音，究竟还有"先觉之声"来给他讲解。

　　而先觉之声，乃又不来破中国之萧条也。然则吾人，其亦沉思而已夫，其亦惟沉思而已夫！

他慨叹着，痛苦地发问：

　　今索诸中国，为精神界之战士者安在？有作至诚之声，致吾人于善美刚健者乎？有作温煦之声，援吾人出于荒寒者乎？

事实上，鲁迅的论文就是黄鹂鸣叫的好音，他自己就是那为之诠解的"先觉之声"，他自己就是那"作温煦之声"的战士。

然而，这位杰出的战士，却感到分外寂寞。他想，下一步该做什么、怎么做？他想去德国深造。他对德国文学并不特别注意，但他认为那里是歌德、贝多芬、尼采的故乡，是"文化渊薮"，到那里可以进一步研究欧洲文化。

但是，这时候，母亲在故乡生活发生困难，而在日本已经结婚的周作人，又需要经济接济，于是鲁迅只好决定做出牺牲，告别日本，回到祖国。

祖国，祖国，日夜惦念的沉沦零落的祖国呵，你将以什么来接待你的去国七年的游子归来呢？

十六、知识结构与思维特质
——艺术思维与艺术世界（4）

几篇重要论文的发表，说明鲁迅一开始就以战士、学者、思想家和作家的整体化形象出现在20世纪初叶的中国思想界、文化界和文坛。他有着爱国的激情和献身的热忱；他更有雄厚广博的学识、深邃精到的识见，他站在民族的立场上，以世界范围的文化眼光，鸟瞰祖国新生之路逶迤于寂寞神州大地之上；他又以一个比较文化和比较文学的广收博取的学者姿态，深究精研、中外比较、古今考稽，探索中华民族文化新生之途，以及中国新文学的诞生之机与发展途径。以他当时的年岁来讲，他已经是一个青年学者、初试锋芒的思想家，也是一位富于情思文采的文学家。以他的文章在当世的地位来看，他远远地走在思想界的前列，把同时代人，包括那些革命界、思想界、文化界的佼佼先辈，都抛在后面了。

他的博学是惊人的。在当时，他站在学术界的最前头。他一开始就表现了他的"学者—作家"这样一种知识结构的雄深思想之力。举凡哲学、历史、政治、文化、美学、文学，他都具有当时最新的知识装备，都有一定的修养。博识而深思，这构成了他的思维特质。

然而，从当时他所写的文章看来，他的作为文学家的艺术意识也已经成熟了，他的艺术世界的格局已经形成了。他具有发自思想深处的、坚定热烈的革命现实主义精神。利用文艺的特殊功能来唤醒民众，改造国民性，以拯救民族，建立人国。这是他的艺术观念的核心，也是他的革命现实主义最深厚的源泉。在他对于摩罗诗人的颂扬评介之中，他在《摩罗诗力说》中描绘了摩罗诗魂："立意在反抗，指归在动作"；"力如巨涛，直薄旧社会之柱石"；"不恤人言，破坏复仇，无所顾忌"；"如狂涛如厉风，举一切伪饰陋习，悉与荡涤，瞻顾前后，素所不知；精神郁勃，莫可制抑，力战而毙，亦必自救其精神；不克厥敌，战则不止"；"若为案其（指破坏）真状，则光明希望，实伏于中。恶物悉颠，于群何毒？……则破坏为业，斯愈益贵矣！""描绘社会人生之黑暗"；"刚健不挠，抱诚守真；不取媚于群，以随顺旧俗；发为雄声，以起其国人之新生，而大其国于天下"；"作至诚之声，致吾人于善美刚健"，"作温煦之声，援吾人出于荒寒"。

这就是鲁迅当时请出的诗之神。从这些描绘之中，我们可以看到，这诗之神就是真善美之神、战斗之神、理想之神、反抗破坏之神。她的内心充满了爱国主义的激情，激荡着痛恨旧物、冀求新生、追踪理想的精神，飞扬着破坏的、反抗的、斗争的意志。我们也还看到，鲁迅的颂扬与赞赏，寄于浪漫主义以及象征主义。他重情感，重想象，重理想。他在《摩罗诗力说》中说：

> 由纯文学上言之，则以一切美术之本质，皆在使观听之人，为之兴感怡悦。

> 惟文章亦然，虽缕判条分，理密不如学术，而人生诚理，直笼

其辞句中，使闻其声者，灵府朗然，与人生即会。如热带人既见冰后，曩之竭研究思索而弗能喻者，今宛在矣。

……诗人为之语，则握拨一弹，心弦立应，其声澈于灵府，令有情皆举其首，如睹晓日，益为之美伟强力高尚发扬，而污浊之平和，以之将破。

这就是鲁迅对于文学艺术的力量之所在的论述，就是他对于艺术特质的理解。这就是他的艺术思维的特质、他的艺术世界。

这是一种以革命的现实主义为基础，又以革命浪漫主义为灵魂的艺术思维与艺术世界，它们因有渊博深邃的知识而添翼、而丰富，因吸取中华古文化的养育而具有民族特质，因汲饮19世纪末20世纪初的新的艺术思潮的乳汁而具时代性。

这一切为鲁迅在日后一举奠定中国现代文学的基础，成为新文学运动的开山、新文化革命的主将，准备了比较全面充足的条件。历史要选择它的任务的承担者；而承担者却往往在不自觉中准备了主观的条件，去应召、去供选择、去经受严峻的历史考验。

鲁迅已经做好了这种准备。

然而，历史的召唤与选择呢?

沉默!

寂寞!

第四章 "火的冰的人"：寂寞孤独的世界

1909年（29岁）——1918年（38岁）

杭州——绍兴——南京——北京

这寂寞又一天一天的长大起来，如大毒蛇，缠住了我的灵魂了。……只是我自己的寂寞是不可不驱除的，因为这于我太痛苦。我于是用了种种法，来麻醉自己的灵魂，使我沉入于国民中，使我回到古代去，……

———《呐喊·自序》

沉默呵，沉默呵！不在沉默中爆发，就在沉默中灭亡。

———《华盖集续编·记念刘和珍君》

沉默而苦痛，然而新的生命就会在这苦痛的沉默里萌芽。

———《华盖集·忽然想到（十至十一）》

唉，火的冰。

唉，唉，火的冰的人！

———《集外集拾遗补编·自言自语》

这是他1919年8月19日，用"神飞"的笔名发表于《国民公报》《新文艺》栏的《自言自语》中的一篇自言自语：

流动的火，是熔化的珊瑚么？

中间有些绿白，像珊瑚的心，浑身通红，像珊瑚的肉，外层带些黑，是珊瑚焦了。

好是好呵，可惜拿了要烫手。

遇着说不出的冷，火便结了冰了。

…………

火，火的冰，人们没奈何他，他自己也苦么？

唉，火的冰。

唉，唉，火的冰的人！

这个"火的冰的人"的形象，是一个炽烈燃烧着的火、一下跌入冰凉中、"火便结了冰"的形象；而当一个人的热情如火般地燃烧着时，突然被冰凉所包围，所凝冻，火来不及熄灭便冰化了，于是成了"火的冰的人"。

这形象概括了辛亥革命后的鲁迅的心情。他的热情被冰冻了，在寂寞和沉默中，他不得燃烧，亦未曾死亡，火被冻成了"火的冰"，冰的火。他有如一个"火的冰的人"！

辛亥革命后，五四运动前，他便是处于这种"冰的世界"中，他内心又有一个"火的冰的世界"。

一、暂别了，文学！

他怀着极大的热情和希望，弃医习文，试图掀起一个启蒙思潮，发动一次文学运动。梦是美丽的；工作是勤奋的；思想认识是深刻的；主观的准备是适应时代之所需的。然而，失败了！一石投水，不兴波涛，只见涟漪，且即消逝。他痛苦而寂寞。疑问产生了，失望随之。他并不怀疑文学的力量和作用，却不免怀疑自己的能力与品性，也失望于他的工作的对象：那沉睡中的同胞呵！

在1920年3月，新文学运动已经产生并发展，鲁迅也为之铺下了奠基石之后，《域外小说集》二册由上海群益书社合订出版新本，他回忆起十几年前的往事，曾经说到"介绍外国新文学"这一件事，需要五个条件："一要学问，二要同志，三要工夫，四要资本，五要读者。"而当时的情形如何？他说："第五样逆料不得，上四样在我们却几乎全无！"但他们还是在人走钱缺的条件下，惨淡经营，出了两册《域外小说集》，而这时，那不可逆料的第五个条件——读者，用沉默和淡漠来"发言"了。

他在《古籍序跋集·〈域外小说集〉序》中说：

《域外小说集》初出的时候，见过的人，往往摇头说，"以为他才开头，却已完了！"那时短篇小说还很少，读书人看惯了一二百回的章回体，所以短篇便等于无物。

鲁迅接着又写道：

> 这三十多篇短篇里，所描写的事物，在中国大半免不得很隔膜；至于迦尔洵作中的人物，恐怕几于极无，所以更不容易理会。同是人类，本来决不至于不能互相了解；但时代国土习惯成见，都能够遮蔽人的心思，所以往往不能镜一般明，照见别人的心了。

这里所说的，还都是"读书人"和"读书界"的情况，他们是不懂不爱不理解的；至于那芸芸众生，浑噩无识，潦倒道途，就更不用说了。因此，鲁迅在十几年后，忆及往事，还痛苦感叹，他在《译文序跋集·〈域外小说集〉序》中写道："过了四五年，这寄售处不幸被了火，我们的书和纸板，都连同化成灰烬；我们这过去的梦幻似的无用的劳力，在中国也就完全消灭了。"

这是他的事后的回忆，反映了他们当年的冷遇与失败：梦想，幻灭了；劳力，徒劳了！

这是客观的情势，而他主观的感受又如何呢？他后来回叙往事，在《呐喊·自序》中又如此沉痛而哀婉地诉说道：

> 凡有一人的主张，得了赞和，是促其前进的，得了反对，是促其奋斗的，独有叫喊于生人中，而生人并无反应，既非赞同，也无反对，如置身毫无边际的荒原，无可措手的了，这是怎样的悲哀呵，……。

他们叫喊过了，并且沉重地呼号过"而先觉之声，乃又不来破中国之萧条"吗？而我们国人，"其亦沉思而已夫，其亦惟沉思而已夫"！但是，皆无反应。他怎能不深深地感到悲哀而且寂寞！？

他由此而生出反省，总结自己的痛苦教训，在《呐喊·自序》中写道：

> 然而我虽然自有无端的悲哀，却也并不愤懑，因为这经验使我反省，看见自己了：就是我决不是一个振臂一呼应者云集的英雄。

他发表了数篇论著，振臂数呼，然而，一无反响，应者寥零。

他在《摩罗诗力说》中还说过：

盖诗人者，撄人心者也。凡人之心，无不有诗，如诗人作诗，诗不为诗人独有，凡一读其诗，心即会解者，即无不自有诗人之诗。

凡人之心都有诗。诗人一诗之出，读者立应，内外结合。然则中国之人，心已寂灭，其无诗乎!?

以此，他不得不停下了他的竖琴，停顿了吟咏与呼号，思索、沉吟。他不得不暂时停止了文艺运动的发动。别了，文学！别了，摩罗诗人！

然而这只是暂别。

但在此时，他是放弃了文学的发动的。这也许是他归国的更重要的原因。至少，这个原因和其他原因的结合，促成了他的归国之行。他后来曾经说，这寂寞于他太痛苦，他不得不用种种方法来麻醉自己的灵魂。这方法有两条，《呐喊·自序》中说：一是"使我沉入于国民中"；二是"使我回到古代去"。前一条，就是说，他将泯灭了自己同国民的距离，收起竖琴，掩蔽诗神，停止唤醒民众的文艺运动，"沉入"（!）芸芸众生之中去。第二条，他将回到古代去，钻进故书古纸，与先人死者对话交流。这两点都深含着消沉，充满寂寞、悲哀、痛苦、无可奈何的意蕴。然而，却也渗透着另一种信息，可能沉入众生，更接近和了解他们，从而更好地为解救他们寻找道路；可能从古代去发现今天、从死者去探寻生路。

正是为此，鲁迅没有实践去德国继续深造的计划，决定回国。异国数年，风雨故园。现在决心沉入国民之中去了。新的文艺，不为国人所接纳，他决定"回到古代去"，"稽求既往"，以"相度方来"。这大概决非偶然：正是在1909年6月到8月，《域外小说集》遭到冷遇，他决定回国，而同时，他开始了《古小说钩沉》的收集工作。8月，他在东京从事的文艺运动结束了，而他的古小说的收集工作也正式开始了。

当然，我们不能忘记，鲁迅在《集外集·俄文译本〈阿Q正传〉及著者自叙传略》中说过，他是"因为我底母亲和几个别的人很希望我有经济上的帮助，我便回到中国来"。这里的"几个别的人"，指的是周作人。周作人这时还在日本立教大学读书，却已经和一个日本女子羽太信子结婚，开支增大，要求鲁迅帮助。鲁迅便改变了计划，做出自我牺牲的决定，返途回国了。然而，这也只是原因之一，不妨是重要的原因，但决非唯一的；可能是直接的原因，但也并不排斥其他更重要的原因。就像鲁迅离开仙台停止学医，"幻灯片事件"是诱因、触媒，而时代的原因、革命形势的发展和他的思想的变化，是更为根本的原因一样；鲁迅之离日返国，弃文习古，帮助家人是重要的、直接的原因，而形势变化，思想转变，心情与意绪摇荡，想要观察、沉思、寻觅，则是更本质、更重要，然而不免表现为潜在隐存的原因。正是因此，当他回到祖国，就不再思谋发动启蒙运动，从事文学活动，既未筹办刊物，也不写作论文了①。

二、家国荒寒赋哀歌

鲁迅在东京从事的文艺运动戛然而止。从他对于文艺所寄予的厚望，从他弃医习文的雄心大愿来看，这戛然而止对于他是何等的无聊、痛苦而且悲哀！他感到周围环境的冷凛，他感到他所要为之献身的人民何等冷漠。他决心回国，就业谋生，助人养家，在荒寒中苦度岁月！

1909年8月间，鲁迅回到了阔别多年的祖国。

海草国门碧

扁舟一叶，漂浮江上。船夫坐在船尾，用脚划着短柄的双桨，缓缓前行。鲁迅斜倚在狭小的船舱内，望着缓缓移去的岸边的青山、绿树、田野、村庄。李白诗云："海草三绿，不归国门。"他离开故国家乡已七年，海草国门，已经七度黄绿了。想起去国时的意气，归国时的寂寞，鲁迅的心中抑郁沉重。《新生》的失败，《域外小说集》的冷遇，自己立志发动的文艺运动全无反响。为什么沉沦零落的故国，竟不能振奋起来？为什么痛苦哀伤的人民，竟不想觉醒起来？为什么那些慷慨悲歌、抛洒热血的仁人志士，竟自己赴汤蹈火，而弃这一切于不顾？这一切，

---

① 鲁迅为什么此时回国，历来都根据他自己所述，是母亲和"几个别的人"，即周作人及其妻子羽太信子等人需要帮助，所以决定放弃学业和正从事的启蒙运动回国。但是，是否仅仅这个原因，就促成了他的回国？是否还因为那失望与寂寞，使他感到无法进行工作，冷却了原先的热情，回到祖国？那经济上的事情，也只不过是个诱因和具体问题。否则，何以解释他突然停止了文学工作，而且回国后也没有继续进行？这里根据他的自述作了分析，但尚无直接的说明材料，以为力证。

鲁迅当时都无法做出完满的解答。而只是于苦痛与寂寞中，深思、反省、总结。

现在，他已经回到阔别七载的祖国了。"海草国门碧，多年老异乡"，他心头油然而生亲切欣慰之情。然而这眼前的荒凉景色，这江上的沉寂，不又是荒寒祖国的写照吗？

也许是为了排遣心头的惆怅，也因为见到久别的同胞乡亲而感到亲切，他和船夫攀谈起来。这时，船夫忽然说：

"先生，你的中国话说得真好。"

"我是中国人，而且和你是同乡，……"鲁迅连忙解释。

"哈哈哈，你这位先生还会说笑话。"

鲁迅默然。一个愿以身献祖国的热爱人民的青年爱国者，却被自己亲爱的同胞当作了异国人！他感到同自己热爱的同胞之间有着深深的隔膜。

他更加感到祖国的荒寒！

他又陷入了沉思，暮色更浓了，天上寒星闪烁，扁舟飘泛于绿水青波之上，但他仿佛置身于旷野荒原。

正像《坟·摩罗诗力说》所说："然则吾人，其亦沉思而已夫，其亦惟沉思而已夫！"

悠悠江水，在船底缓缓流过，发出微微的响声，仿佛在鸣咽，仿佛在叹息。

故乡人呵，竟这样迎接你久别思归的游子吗!？

辫子，这根他所痛恨、代表了种族屈辱的辫子，竟成了他与自己的同胞之间的一堵墙。据《且介亭杂文·病后杂谈之余》介绍，早在回到祖国之初，在上海，他就打算装上假辫子返归故里，以免麻烦。但又怕假辫在路上掉下来或者被人扯下来，反比原本没有辫子更麻烦，于是，他就短发、西装而归故里了，谁知会得到这样的结果！这深深刺痛了他的心。

然而，当他回到故乡，走在他曾经度过黄金时代的岁月的故园路上时，他的灾难则更重了，《且介亭杂文·病后杂谈之余》中描述：

> 走出去时，在路上所受的待遇完全和先前两样了。我从前是只以为访友作客，才有待遇的，这时才明白路上也一样的一路有待

遇。最好的是呆看，但大抵是冷笑，恶骂。小则说是偷了人家的女人，因为那时捉住奸夫，总是首先剪去他辫子的，我至今还不明白为什么；大则指为"里通外国"，就是现在之所谓"汉奸"。我想，如果一个没有鼻子的人在街上走，他还未必至于这么受苦，假使没有了影子，那么，他恐怕也要这样的受社会的责罚了。

故乡的人们就这样以冷眼笑骂来迎接他们归来的游子，而同胞们也就是这样将"奸夫""汉奸"的丑名加于忠诚服膺于他们的赤子之身，使他受双重的苦楚：既痛苦于受自己的乡亲同胞的误解，更痛苦于乡亲同胞不知羞辱之根、悲苦之源，而竟会产生这样的误解。他们是何等的麻木不仁呵！他们是何等的沉眠不醒呵！"寄意寒星荃不察"！他的痛苦与悲哀，双重地深沉！

寄情山水草木间

鲁迅在故乡没有停留多久。老母幼弟，令人眷恋，故乡家园，令人流连，然而，这"S城的人们"呵，依然故我，他在短暂逗留之后，便于9月间来到了杭州，就职于同学好友担任教务长的浙江两级师范学堂，开始了一种新的生活。

浙江两级师范学堂是清朝政府废科举、办学校之后，在杭州贡院的基地上改建的，1908年建成，建筑规模宏大，教学设施在当时是堪称先进的，为东南地区少有。这个新办的学校得到浙江进步知识界的支持，监督（校长）沈钧儒是个进士，却是一位富于民主思想的新派人物。教师中间，日本学人不少，留日学生也不少。许寿裳、夏丏尊、经子渊、钱家治、朱希祖等人，都是具有新思想、新学识，并且同情和支持孙中山领导的资产阶级民主革命运动的年轻的新知识分子。鲁迅在这里才算能呼吸到一些新鲜空气。

一位才从文艺战阵上退下来的启蒙运动战士，一不教文，二不治史，他担任的却是既是他的"本行"又非他的所长所爱，更非他的心神所系的课程：优级班的生理学课和初级班的化学课，兼作日籍植物学教师铃木珪寿的课堂翻译。他的职业与文艺相去甚远了，他的心似乎也与文艺疏淡了。如果不是后来社会生活的激荡变异，他也许就这样成为一个理科教师吧。生活的道路多么复杂曲折！

鲁迅以他向来的严肃认真的生活态度来从事教学工作，而且给学生灌输新鲜的知识。他的教学思想新，方法也新。他亲笔写了生理学讲义《人生象斅》和《化学讲义》。这讲义从内容到字迹都贯穿着严肃认真、一丝不苟的精神。有人劝他，这种讲义，何必那么认真呢？他回答说："惯了！"

在植物学课堂上，鲁迅是一个热心的、认真负责而又颇有水平的翻译。铃木珪寿虽是一位颇有造诣的植物学家，但有时也不免讲错或漏讲，鲁迅发现了，便在口译中更正过来，铃木会心地向他点头微笑，表示感谢。

工作是有意义的，生活是平静的。然而，鲁迅的心情却是抑郁的。那从东京带回的寂寞感仍然啃啮着他的心，而那不幸的婚姻所带来的个人生活上的寂寞，更渗透于这种事业的寂寞感中，与之混合，加浓加色。此时的鲁迅将及而立之年，少年气盛、血气方刚，然而，冷漠孤单寂寞抑郁的生活，与之抗衡而更增苦痛。他曾经是摩罗诗魂的追求与爱慕者；他曾经要弹奏文学竖琴的醒世之音，来唤起同胞；他曾经"披发长啸"："我以我血荐轩辕。"然而，现在他却只能，也只愿讲碳、氢、氧、氮，画生理图像，译植物名称。文艺女神，你在哪里？那写出了皇皇巨论数篇的手笔、奕奕文采、深邃思想，都消磨在讲述消化系、运动系的枯燥讲义之中了。他怎么竟这样戛然而止、态度决绝、判若两人了呢？

在客观上，他失去了社会依托，不为人所理解；在主观上，他失去了意绪情怀。这痛苦，是莫可名状的。

"欲把西湖比西子，淡妆浓抹总相宜。"西子湖畔，青山秀水，楼台亭阁，美不胜收。但是，鲁迅却无心绪去欣赏。许寿裳说，在此期间，他真正的游览，只有一次，而且是应许的邀请去陪客的。如此漠然于自然美景，对于年轻的鲁迅来说，只能归之于无心于此吧。

不过，为了实习和采集标本，他却有时陪同铃木带领学生们到湖边山上活动，星期日也自己前来采集植物。吴山圣水间，印着他沉重的足迹。每两周一次，每逢周末，他便在山峦翠巘间盘桓半天。他的足迹遍及孤山、葛岭、灵隐、栖霞、玉皇山、南高峰。每出去一次，就带回一些植物标本，然后整理、压平、张贴、标名，据许寿裳回忆，鲁迅房间里草木标本"堆积如丘，琳琅满目"。

这时的鲁迅，已经把对拜伦、雪莱、裴多菲的热情，完全倾注在青枝绿叶紫罗黄花之上了。固然，他从小爱种花草，并且抄录过这类书籍。但此时的摘花采草，却绝不只是少年时代兴趣的复苏，而是于无可奈何中，把青年意气寄情于山水草木间。从以后发生的事情来看，他的精神界的战士的心依旧在胸中跳跃，他的一颗摩罗诗魂依旧在他的身上留存，只是，这些都隐没着罢了。它们都在等待着时机和历史的条件。

死水微澜

辛亥风云正在酝酿，浙地为革命党人活动的重要地区，徐锡麟、秋瑾等志士的行刺起义之举，震惊中华。然而，就整个形势看，革命危机尚未到来，还处在暴风雨来临前的沉寂阶段。省城杭州，表面上还若死水一潭。但就在这死水之中的两级师范，却掀起了风潮。在全省来说，也算微波起浪，预示着将要来临的风暴。

两级师范作为一个新办的新式学堂，本是一块非分之地，更何况集中了这些留日学生，这些具有新进思想的教员。因此它素为清朝地方政府所注意防范。然而终于爆发了一场风潮。

1909年冬天。沈钧儒当选为浙江省咨议局副局长，辞去校长职务。清政府乘机派了夏震武来接任。此人自以为是"理学家"，鼓吹"忠君""尊经"。为人不仅守旧，而且呆头呆脑，所以来了不久，师生们便给他起了一个绰号：夏木瓜。他对师范学堂的新风气不满，教师们对他的守旧也不满。

夏木瓜到任后的种种举措，如守旧、尊孔、官僚架子、反对新党，激起了教师们的不满，终于酿成风潮，教员辞职，学生支持，正值清政府想要表示"革新"，不敢开罪这批留学归来的教师，于是便让"木瓜"滚蛋了。这是鲁迅回国后参加的第一次政治斗争。他称为"木瓜之役"，斯役的发生和结果，说明保守势力仍在挣扎，但革命力量也在增长。

取得胜利的教师们，聚集一起，合影留念。可见他们对这次胜利的重视。鲁迅日后也多次回顾和欢欣地提到这次"木瓜之役"。死水微澜，虽属小事件，但究竟让人看见生命的跃动，看见渺茫的希望。

在阳春三月的胜利之后，接着是四月的祖母之丧。鲁迅闻讯奔丧返故乡。祖母蒋氏，虽说是祖父的继室，但鲁迅从小未见过亲祖母，却是与继祖母感情深厚。祖母的丧仪，悉按旧规办理，族长亲友中那些守旧势力本以为这个新党长孙会有一番"革命举措"，打算来一场争斗，然而，鲁迅却默默地一切照办了。这沉默的依顺，深蕴着极度的痛苦。他想起祖母对自己的抚育，儿时听祖母讲故事，想起祖母一生的不幸，心里该是痛楚的；而守旧势力的活时无情义、死去重礼仪，也使他心寒。然而对于这种无意义又无结果的争执，他采取了退让的态度、妥协的做法。这也算是他当时私生活中的死水微澜吧。然而，这件事深刻在他的心灵中，久久不能忘记。以后，他将这段经历如实地写进了小说《孤独者》中。

在夏木瓜滚蛋之后，两级师范又聘请了御史出身的徐定超担任监督，执掌校政。这又是一个旧派人物。鲁迅深知此人"未必有胜于夏"，不愿与之委蛇，便辞去教职，返回故乡了。

故里寒云恶

1910年7月，鲁迅回到了故乡。他应绍兴府中学堂校长杜海生的聘请，当了该校的教务长并兼教博物学课程。这对鲁迅来说，是不得已而为之的。他在这时给许寿裳的信中说："今年秋故人分散尽矣，仆无所之"，所以才受聘回乡任教，然而，"所入甚微，不足自养，靡可骋力，姑庇足于是尔。"令他懊丧的是，友朋散尽，无处可去，回到故乡，教书所入，生活维艰，而且不可能施展自己的才力（他在给许寿裳的同一封信中说到杜海生在接交过程中，所得文件，"关于教务者，竟无片楮"，因而感叹地说："君试思天下有如此学校不？"）这里岂是久可驻足之地？因此，他在给许寿裳的信中最后提出了希望："他处有可容足者不？"又说："仆不愿居越中也，留以年杪为度。"

他才回到故乡家园，马上又想离去。从1898年他怀着决绝的心情离别故乡，到当时已经13个年头了。当年，他作为一个愤世嫉俗要走异路的青年人，离家别乡，至异国他乡，读书求道，雄心远志，意欲献身祖国、拯救生民。然而，今竟何如？学毕归国，一事无成。故乡依旧，心境哀苦。

故乡用什么眼光迎接他的归来？依旧是那副眼神，依旧是因为无辜而带来的灾殃。然而，又有了更可怕的内涵，即如《且介亭杂文·病后杂谈之余》中所说：

尤其应该小心的是满洲人的绍兴知府的眼睛，他每到学校来，总喜欢注视我的短头发，和我多说话。

这注视的眼光和谈话的机锋中，暗藏着怀疑、侦察与杀机。这位父母官，很清楚这新来的留学日本的教务长，他就是造反的徐锡麟、秋瑾的同道，怎能不防范他？鲁迅心里也明白：徐烈士、秋女侠，就在不久之前，被他们杀害了。怎能不防范他？

故乡的青山秀水和鲁迅的抑郁胸怀，都笼罩在阴霾之中！暴风雨即将来临，但是尚未来临；阴云密布，然而电闪雷鸣。

鉴湖碧水平静如镜，稽山巍巍安坐不动，绍兴似乎很平静。然而，鉴湖之滨，革命的风云也在激荡。这时期的中国，已经是山雨欲来风满楼，革命有一触即发之势了。在1910年到1911年间，全国各地人民的抗捐抗税、保路及其他斗争，就发生了200多起。武装起义不断发生。1910年2月同盟会会员倪映典领导的广州城郊三千人的起义失败之后，不过一年，便又爆发了黄兴领导的广州起义。这次起义虽然也失败了，但它震惊了清廷，惊醒了人民。孙中山后来形容说："是役也，碧血横飞，浩气四塞，草木为之含悲，风云因而变色，……直可惊天地，泣鬼神。"《黄花岗烈士事略》评价它的意义说："全国久蛰之人心，乃大兴奋。怨愤所积，如怒涛排壑，不可遏抑。"

在这种统治者不能照旧统治下去，人民不能照旧生活下去的时候，绍兴鉴湖之滨、稽山之岭，也滚动着革命的风雷。秋瑾烈士前几年在这里播下了革命的种子。另一重要革命领导人陶成章继续积极联络会党，图谋起事。嵊县的绿林豪杰王金发也在同盟会领导下，在绍兴府治内威震一方。鲁迅的来到绍兴，他的日本留学的经历，他的头上没有辫子和身上穿着西装，都是他作为革命党的标志。学堂里的学生都知道他的情况，很尊敬他。当时的学生胡愈之在他的回忆录中说：学生们都知道他"和同盟会及徐锡麟有过关系"，"是革命党"。当时，学校里有一个革命文学团体越社，它是学校教师、同盟会会员陈去病在1908年建立的，有社员40多人。这个社实际是陈去病、高旭、柳亚子等人建立的革命文学团体、同盟会的外围组织南社的分支组织。据《三闲集·现今的新文学的概观》记录："他们叹汉族的被压制，愤满人的凶横，渴望着'光复旧物'。"越社的骨干是鲁迅的学生宋紫佩等人。当陈去病走后，鲁迅就成为这个革命文学团体的实际领导人了。

鲁迅参加的并不仅仅是这些活动。

后来，在他同日本友人增田涉谈到自己的往事时曾说："在对清朝的革命运动兴盛时期，我跟革命的土匪颇有往来，土匪就是吃肉，也是大样大块的（用手比画着），你要不全部吃下去，就会生气的，因为他认为你是在反对他。"跟鲁迅很熟识的另一位日本友人山本初枝夫人也说，鲁迅对她说过，"我曾经做过土匪，我很知道土匪的事情。"[1]

上面的记述，反映了鲁迅在辛亥革命前夕，参加革命活动的情况。这时，他不仅是一个光复会的会员，而且，他同革命的起义活动有联系，同起义的会党有来往，帮助他们开展活动。如果不是他的性格的原因，他甚至可能去参加扔炸弹、搞暗杀的革命行动[2]。

1911年的暮春，离武昌起义仅仅几个月了。绍兴府中学堂发生了学潮：学生们在革命思潮的影响下，起来剪辫子，这在当时是一件震惊当局和社会的大事件。学生自然地想起一直是短发的周先生，他们派代表去见鲁迅，问他的意见。几个学生来到他的房间，说：

"先生，我们要剪辫子了。"

鲁迅先是兴奋，而后沉吟。

他想起自己在东京弘文学院剪辫子后这些年来的苦痛经历：东京留学生中的窃窃私议和当局以停止官费留学相威胁；回故乡时船夫的误把他当作外国人；绍兴知府的不怀好意的注视；家族里顽固派要告密的威吓；路上行人的恶骂……

他不觉脱口而出："不行。"

"先生，你说有辫子好呢，没有辫子好？"学生这样带着责问的口气说。

"没有辫子好。"鲁迅说，"辫子总归是条'猪尾巴'，它迟早是要剪掉的。"

"你怎么说不行呢？"

---

[1]　增田涉：《鲁迅的印象》，钟敬文译，湖南人民出版社，1980，第67页。

[2]　增田涉回忆说："他曾经对我说过，他在晚清搞革命运动的时候，上级命令他去暗杀某要人，临走时，他想，自己大概将被捕或者被杀吧，如果自己死了，剩下母亲怎样生活呢？他想明确地知道这点，便向上级提出了，结果是说，因为那样记挂着身后的事情，是不行的，还是不要去吧。"（《鲁迅印象记》）许广平也有类似的回忆。

"犯不上，你们还是不剪上算——等一等吧。"

他支持学生的革命行动，但他爱护学生，怕他们被伤害。

然而一部分学生终于还是把辫子剪去了。社会上议论纷纷，风传清政府当局要追查风潮的根源，少不得要惩处几个学生。鲁迅这时便以监学的身份，起而保护青年，他教他们戴上遮阳帽上课，以免被人发现。

革命的风暴就要来临了，鉴湖里的碧波掀起了浪涛，稽山之岭滚动着密云。

阴霾塞途何所之

他难以忍受这种抑郁无为的生活，挣扎着、翘盼着摆脱它，离开故乡。在这期间，绍兴府中学堂发生了两次学潮，鲁迅作为具有民主思想的先进教师，是同情学生的，他在 1910 年 12 月 21 日致许寿裳的信中说："此次风涛，别有由绪，学生之哄，不无可原。"他追忆自己身为弘文学院学生参与风潮的体验，将心比心地说道："我辈之挤加纳于清风，责三矢于牛人，亦复如此。"但是，作为学校的监学，负管束学生之责，上有令规，又不能表同情于学生，而不得不佯为教管，委蛇于双方，有愧于内心，因此，不能不甚感苦痛懊恼。他在 1911 年 1 月 2 日致许寿裳的信中诉说道："仆归里以来，经二大涛，幸不颠陨，顾防守攻战，心力颇瘁。"他想到自己，颠沛流离，"一遭于杭，两遇于越"，"难道天下之大，容不下我么？难道天竟不容我在自己的祖国存身么？"[1]他由此又想到故乡的环境和故乡的人。他觉得这里尽是些奇人怪事，上上下下都是那样卑劣险恶，到了不可救药的程度，他激愤不已，发出了这样的诅咒："这个鬼蜮都退避三舍的地方，这班不可拯救的卑劣小人，让天怨神怒，让洪水湮灭了吧！"[2]

因此，他一再地慨叹，自己无处可去，一再地表示决心，越地不可居，非离去不可，又一再地求援于挚友许寿裳，帮助他离去吧！他在信

---

[1] 鲁迅在致许寿裳的信中说："府校迩来大致粗定，藐躬穷奇，所至颠沛，一遭于杭，两遇于越，夫岂天而既厌周德，将不令我索立于华夏邪？"（1910 年 12 月 21 日）（见《鲁迅书信集（上卷）》，人民文学出版社，1976，第 7 页。）

[2] 致许寿裳："越中理事，难于杭州。技俩奇觚，鬼蜮退舍……上自士大夫，下至台隶，居心卑险，不可施救，神赫斯怒，湮以洪水可也。"（1911 年 1 月 2 日）（见《鲁迅全集·两地书 书信》第十一卷，人民文学出版社，2005，第 341 页。）

中说："颇拟决去府校，而尚无可之之地也。""越中棘地不可居"，"希冀既亡，居此何事？""今年在校，卒卒鲜暇，事皆末猥杂，足浊脑海，然以饭故，不能立时绝去，思之所及，辄起叹喟。"直到辛亥革命爆发前几个月，他还在给许寿裳的信中诉说，绍兴府中学堂的事，只有纵横家才能对付得了，而他自己是只有"沙汰"的份儿。1911 年 7 月 31日，他在给许寿裳的信中向好友求援说："仆颇欲在它处得一地位，虽远无害，有机会时，尚希代为图之。"之后，他又打算到上海的一家大书店去当翻译，请蔡元培帮忙，试译的稿子已经送去了，但没等到答复回来，辛亥革命发生了，风云色变，他的整个生活也改变了。但此时，他仍在郁闷中，亟欲离乡他去。他似乎又临到当年决心逃异地、走异路、去寻找别样的人们的时候一样，然而，此时的忧愤，饱含着人世的更深经历，越出了家园族人的范围，涉及国家民族的安危，较之当年，是更广远、更深沉，因而也更沉重浓郁了。

鲁迅这时已经完全停止了论著的写作。以他在东京从事文艺运动时的气势、才华与学力，以他当时几篇论文所达到的水平，以及他当时的总的立意与宏图，他这时是完全可以继续他的工作，写出更高成就的文字的。但是他没有这么做。非不能也，是不为也。唯一的解释只能是他感到周围环境的冷漠荒凉，以及人民的心的愚弱闭锁，他寂寞消沉，无所可为。他依然搞一点翻译，但不是拜伦、雪莱的诗，不是果戈理的戏剧，也不是尼采的华文，而是《地质学》（与友人张协和代译）、《心理学》（答应为许寿裳代译）。这同样是"非不能也，是不为也"。1911 年的 5 月，为了敦促周作人回国，他再度赴日。旧地重游，这里有多少他身处华年时朝夕流连、长期居留的处所，这里有多少维系着他青年时期的美丽的梦的地方，然而，他没有重历旧地，没有停留多久；在 1911 年 7 月 31 日致许寿裳的信中说，"居半月而返，不访一友，亦不一游览"，只重访了当年常去的丸善书店，书很多，喜欢的也很多，但正因为"所欲得者极多"，所以就"索性不购一书"①。这也足见他的心情之恶劣了。他简直有点灰颓消沉，连旧梦也不欲重温。然而这正是他的沉痛处。

---

① 鲁迅这期间生活是拮据的，曾有"家食既难"之叹，而每月尚需寄 60 元给在日本的周作人。他曾累催作人不归，不得已而亲赴日本催促。家庭生活之困苦，也影响了他的心情。

在故乡的一年多里，鲁迅杂务繁忙、生活清苦、心情沉闷。他基本上没有住在家里，而是独身寄宿学校。——老母弱弟，家人团聚，固然有人伦之乐，然而那不幸的婚姻所送给他的那个形式上的妻子，能给他什么慰藉呢？也许，还是少见面更为心松意静一些吧!？

寄情山水，也许可算是当时鲁迅略可排遣的一条路。他曾经带领学生游览远足，绍兴的名胜古迹如禹陵、兰亭、快阁、柯桥、宋六陵、七星岩等处皆留下其足迹，甚至杭州也去过了。而且，他还继续在杭州的工作：采集植物标本于山野，既悠游于大自然中以舒积郁，又可以从事植物学的研究。这时，他甚至写了《辛亥游录》二则。这游记文字，清顺畅达、朴实简扼，表现了甚深的文字功底、植物学修养，然而也于平实沉迟的文字中，隐约潜存着他内心的激荡和痛楚，仿佛遭受重创者的咬牙抿嘴以显平静。

此时，故乡的山和水在鲁迅眼里也起了变化：它不仅秀丽优雅，而且有着丰富的植物种类。早在杭州期间，他就写信告诉在故乡的三弟建人采集植物标本。现在他同建人，还带上鹤照，去会稽山和吼山采集标本。他向来重视自然科学，热爱自然科学，但他看到当时研究自然科学的条件很差，而且自己又担负着教学任务，没有时间来从事专门的科学研究工作。只有植物学，对象是大自然漫山遍野的树木花草，不需要更多的设备，业余时间也可以搞，因此，他把植物学作为自己的研究课题。自然，儿时对于花草和种花的兴趣，在这时也起了作用。

鲁迅在1910年暑假期间，到农村去看了两次社戏。一次是同母亲、衍太太一起到舅舅家小皋埠看绍兴戏，另一次是和母亲一起到昌安门外的松林去看目连戏。这些儿时十分喜爱的民间戏曲，给了他一种带着辛酸的甘味的欣喜，他仿佛又回到童年，然而那是已逝的韶光，不能回复。不过，今天领略到的民间艺术在思想上和艺术上的深厚内涵、美的享受和人们的心声与才华，却都是那时所不能得到的。在这些与民间艺术的再度接触中，他更多和更深地受到江南民间艺术的陶冶。

与此同时，他的儿时的农民朋友仍然同他保持了联系，那个曹娥江畔的"捕猹英雄"章运水，不时到城里来，帮周老太太干活儿，也来看看儿时的好友。他也已经30多岁了，生活的重担压在双肩，已经完全没有昔日的风采了。此外，安桥头和小皋埠的朋友们，如六一、梅香、阿子、七斤、四一、阿发、桂生这些人，也常常来看望鲁迅。他们的境遇，他们的生活以及他们的变化，都使鲁迅更进一步了解到农民的苦难，他们的淳朴的友谊也使他的心里感到温暖。

家里还有一位工友，名叫王鹤照。鲁迅并不把他当作仆人，而是视同朋友，他请鹤照讲绍兴戏，讲民间故事，也同鹤照一同去游览故乡的名胜古迹。他们的友谊，同样也成为他的思想感情通向人民的桥梁。

蓄志故书古籍中

在此时期，鲁迅最大的慰藉和最深的寄托，要算是收集、辑录、整理、考订故书古籍了。他实现着自己的愿望和计划：稽求古代。他在这方面进行了大量的工作，在工作中认真、严肃、细致、深入。工作的范围大致可分为几个方面：一是收集会稽郡的故书；二是辑录有关草木虫鱼、各地风土人情的古籍；三是发掘、辑录古代小说。这三方面的工作同时又分别地进行，各有目的，但其用意却是统一的：辑录、整理古籍，从中体味民族的优秀文化传统，发现华夏精神的神髓。他似乎是要从古代去发现现代并探索未来，以梳理一个历史的轨迹。

值得注意的是，鲁迅在东京从事文艺启蒙运动那几年，大量地、深入地去搜读西方的、欧洲被压迫民族的历史文化，追寻其历史发展轨迹，并循此研究西方以至当代世界思想文化的现状、性质、优势以及弊端；更从这里，站在世界看中国，探索、思考、追寻中国自新之路。这些思考的结论，他都写进了他那时发表的几篇论文中了。在这些论文中，他大量征引和介绍的是西方过去和现代文化的状况和性质、发展的脉络和轨迹，又以此来论证中国文化发展的道途，以为结论。但是，现在，他好像忽然忘记了自己的过去，忘记了思想、文化、文学，忘记了西方、欧洲，忘记了借鉴。他不再翻译文学、艺术、思想方面的著作，似乎也未像在东京时那样大量地、如饥似渴地览读西方著作，却是一心向古了。对此我们只有三点可以作为解释的：第一，他从自己的工作的失败和所遭到的冷漠对待中，可能感受到这中间有什么不大对头的地方，他可能感到是在于药不对症，或者是药虽对症，但对"病体"的特性尚未摸准、摸细，所以对症之药如何施之，还需探求，为此就要进一步彻底摸清"病体"症结之所在。因此，他决定回到古代去，从古至今地寻求病症的来龙去脉。第二，从文学的角度，他要整理一个小说发展的脉络。他是以现代小说眼光来看中国古代小说，并以此为规范来从事挖掘工作的。这可以说是他的文学运动工作的深入和民族化的起点。同时，他从此路亦可达到前一个目的。因为，在那些野史稗说、街谈巷议、民间传说中，正反映着我们民族的思想、文化、道德与性格。第三，有关草木鸟兽虫鱼和民情风俗的古籍故书中，含蕴着他对自然科学的兴趣和他探索并掌握自然、地理、人文知识的目的。而这些，与第一、二两个目的，也是统一的、互相结合着的。

当然，我们也必须指出，鲁迅当时从事这些工作，虽然是非常认真严肃的，怀着宏大目标与志向的，但是，由于当时环境和社会状况的冷漠、落后，由于鲁迅自己工作上的失败，沦入寂寞无聊中，也由于他的校务的繁杂而卑琐令他不悦、懊丧，家庭生活的拮据以及婚姻上的不幸，他的心情是抑郁痛楚的，情绪是低沉的。因此，从事这些工作，又是抱着一种"只管耕耘，不问收获"的心情来做的。他曾经在1910年11月15日致许寿裳的信中这样痛苦地慨叹：

> 仆荒落殆尽，手不触书，惟搜采植物，不殊曩日，又翻类书，荟集古逸书数种，此非求学，以代醇酒妇人者也。

在激愤之词中，蕴含着无限的沉痛。"此非求学"一语，非写实，乃写情，"以代醇酒妇人"，倒确有写实的意味，然而更多的是表示了他对当时或由于本身的腐化堕落或因为内心的消沉颓唐而沉沦于酒色女人中的士大夫给予了讥刺；同时，客观上也表明了他的品格的高尚、志趣的深远。

他是痛苦和沉默的，然而他执着而坚定：隐隐然追求民族的新生之路和自己的人格的清纯。

在这期间，鲁迅治学所得的成绩是很可观的。他除了继续从1909年就开始了的从周代到隋代的中国古代小说的钩稽辑录和会稽郡的故书古籍的收集工作，并且取得成绩，完成了其中的部分工作之外；还辑录校勘了多种地方史地风物志和植物著作，计有：

纂辑校勘唐代刘恂撰写的《岭表录异》三卷，并写了《拾遗》十八条和校勘记。

抄录清郝懿行的《记海错》一卷。

抄录晋嵇含撰写的《南方草木状》三卷，分草、木、果、竹四类。

总题为《说郛录要》一书中的几种著作：从《说郛》中抄出的王方

庆的《园林草木疏》一卷、李翱《何首乌录》一卷、杨天惠《彰明坿子记》一卷、戴凯之《竹谱》一卷、赞宁《简谱》二卷、陈仁玉《菌谱》一卷、傅肱《蟹谱》二卷。

抄录《穆天子传》。

在辛亥革命的风暴来临前的阴霾沉沉的日月里，他寄沉痛于治学，蓄远志于故籍，做出了这样可观的成绩，也为今后的发展打下了基础。

三、辛亥风云入梦来

革命的风暴终于来临。好似电花一闪，引爆了积存已久的炸药，一声巨雷，阴霾扫除。1911年10月10日，武昌起义的炮声响彻了中华大地，震毁了清朝封建统治。全国各省陆续响应，义旗举处，宣布共和。中国从此改观。

11月4日，钱塘江涌起巨涛，全浙易帜，军民起义。第二天，西湖变色，杭州光复。

鲁迅热情地迎接风暴的来临，欢呼革命的胜利。他应府中学堂学生代表的邀请，同陈子英一起，到无人负责的学校去主持工作。他参加庆祝大会，走上大街游行。他组织府中学生的讲演团，带领他们到街头向民众宣传革命的意义，安定人心，并鼓动革命的情绪。一直到很久以后，他回忆起来，还带着欢欣。许广平在《民元前的鲁迅先生》中回忆说，鲁迅说到这时的情形，"总带着不少的兴趣描述当时的情景，就好像刚刚出发回来的那么新鲜，感动"。鲁迅说他自己当时"没有做过什么工作，只是高兴得很"。但鲁迅也看到另一种情形，就是那些官僚士绅们的反应却全然不同。他在《坟·论"费厄泼赖"应该缓行》中说：

> 一群臭架子的绅士们，便立刻皇皇然若丧家之狗，将小辫子盘在头顶上。

而那些曾经参与过杀害绍兴的革命烈士徐锡麟、秋瑾的人们，就更是深感报应已到、末日降临了。

一个伟大的、理想的梦，如今实现了，从阴霾沉沉中过来的人，深感到这梦的实现像阳光那样明媚。所以，鲁迅是那样的高兴，连他这个认为自己并非登高一呼便应者云集的人也在群众大会上发表演说，高兴地组织学生武装上街巡行，以扫除谣言的影响，安定民心，并准备对付可能发生的来自败兵的骚扰。

他手拿钢刀，对学生说："遇到万一，这把刀准能砍杀几下的。"

在这光复的日子里，鲁迅一扫心中的抑郁，欢欣地投入风暴之中了。这时，在阴霾岁月中一直受到压抑、息影乡村教授蒙童的好友范爱农①也来到城里拜访老友，共度欢庆胜利的光明日子了。然而，他们上街一看，情形却有些不对头。《朝花夕拾·范爱农》中说：

> 我们便到街上去走了一通，满眼是白旗。然而貌虽如此，内骨子是依旧的，因为还是几个旧乡绅所组织的军政府，……。

原来，武昌起义胜利后不到一个月的11月4日，那个参与杀害秋瑾的清政府官僚汤寿潜，居然当上了浙江省的都督，执掌了大权。于是，毫不奇怪，绍兴原来的知府程赞清等人，也就"咸与维新"，响应革命，宣布绍兴光复，成立绍兴的"革命的"军政分府了。权力过渡，程赞清由旧知府摇身一变而成为新府长，民团团长徐显民原职留任，而清政府浙江巡抚衙门的刑名师爷章介眉竟担任了治安科科长。他要"治"谁之"安"、能"治"谁之"安"呢？阴霾又遮上来了。

这个换汤不换药、内骨子里依旧的军政分府于1911年11月6日宣布成立的当天，就贴出了一张通告，声称接到了浙江都督府的来电，告各县速办民团自卫，又对"举程公极表同情"，即承认了程赞清的"革命"了。接着，通告警告说：

> 凡我人民务必各安生业，切勿自扰。现在民团兵力已厚，并已派专员赴省接洽一切。地方倘有土匪抢劫情事，即当严行剿办，不稍姑宽。愿我城镇乡居民，处以镇静，勿再惊疑，致滋扰攘。

这个通告，露出了旧政权的狰狞面目，透出了杀机：只许安分守己，不许乱说乱动。

但是，时代毕竟不同了，皇帝的金冠已经跌落在地上了，鲁迅支持

---

① 范爱农（1883—1912），浙江绍兴皇甫庄人，曾与鲁迅同时留学日本，后因徐锡麟被杀事，受牵连及经济困难辍学归国。辛亥革命前，均生活困难。1912年落水身亡。

的革命社团越社在开元寺召开了会议①，徐叔荪（徐锡麟之弟）等表示赞同光复的人也开了会。徐叔荪派人去杭州见汤寿潜。最后商定，派革命党人、徐锡麟的战友王金发②来绍任军政分府都督，而徐叔荪则当了民团团长。

这样，情况又有了变化。

王金发的到来，给绍兴带来了欢腾，带来了新气象。鲁迅高兴地带领学生到河边等候和迎接了这位老朋友、新官长和他的军队的到来。阴霾重又扫除，阳光再次显出。

新都督按照革命党人的政策，施行了一些改革："限令米商出粜平价米以恤穷黎"，"释放全狱囚犯，并组织教养"，没收几个反动地主的田产，来作为纪念烈士秋瑾、徐锡麟的秋社、徐祠的祭产，尤其是对敌人实行镇压，枪毙了残害革命党人的恶霸劣绅五十余人。这些革命措施使人心大快、民心大振。

在教育方面，他派鲁迅担任山（阴）会（稽）初级师范学堂的监督（校长），拨给经费二百元。鲁迅又让富于正义感的老朋友范爱农当监学。他们精神振奋，想要把这个学校办好，为革命胜利后的新政权做出自己的贡献。

但是，曾几何时，明朗的天上就罩上了乌云，绍兴，显出了它的旧相了。

《朝花夕拾·范爱农》中说："他（指王金发）进来以后，也就被许多闲汉和新进的革命党所包围，大做王都督。在衙门里的人物，穿布衣来的，不上十天也大概换上皮袍子了，天气还并不冷。"

《华盖集·这个与那个》则记述道："这个拜会，那个恭维，今天送衣料，明天送翅席，捧得他连自己也忘其所以，结果是渐渐变成老官僚一样，动手刮地皮。"

王金发就这样迅速变坏，激起了一些热血青年的不满。

---

① 鲁迅在《朝花夕拾·范爱农》中曾说："几个少年一嚷，王金发带兵从杭州进来了。"这可能即指越社在开元寺召开的会议，会上或许有要求省城派军队来的提议。此处用倪墨炎说。见倪著《鲁迅革命活动考述》。

② 王金发（1883—1915），名逸，字季高，浙江嵊县人。原为浙江洪门会党平阳党的首领，后由光复会创始人陶成章介绍加入该会。1911 年 11 月 10 日，他率领光复军进入绍兴，成立绍兴军政府，自任都督（地方最高军政长官）。"'二次革命'失败后，在1915年 7 月 13 日被袁世凯走狗、浙江督军朱瑞杀害于杭州。"（据《鲁迅全集》注释）

"我们要办一种报来监督他们，不过发起人要借用先生的名字。"越社的激进青年知识分子们提出了这样的建议，并要求鲁迅支持。鲁迅慨然允诺。1912年1月3日，由鲁迅、陈子英、孙德卿三人联名发起的《越铎日报》出刊了。鲁迅为它写了发刊词，他指出这张报纸的宗旨是："纾自由之言议，尽个人之天权，促共和之进行，尺政治之得失，发社会之蒙覆，振勇毅之精神。"这个报纸的宣传纲领，比较完整地反映了鲁迅的启蒙主义思想，它较20世纪初期（1907—1909）鲁迅的思想已经有了长足的进步：它不仅具有启蒙思想和以振奋勇毅精神为主要点的改造国民性的思想，而且要促进共和，改革政治，从思想领域的斗争进到社会政治斗争了。

　　绍兴的警钟敲响了，它反映了人民的声音。由于鲁迅的建议，报上开辟了《稽山镜水》专栏，还有《禹域秋阳》专栏，发表短小锋利的文章，揭发社会上的腐败现象和不良倾向。《朝花夕拾·范爱农》中载："开首便骂军政府和那里面的人员；此后是骂都督，都督的亲戚、同乡、姨太太……"1月7日发表《杜海生污我浙水》，抨击了前绍兴府中学堂监督、秋瑾案的告密者之一杜海生的罪行。接着，1月15日又刊出《呜呼章介眉——奸贼，奸贼而今水落石出》，揭露了劣绅、秋瑾的谋害者章介眉的狰狞面目。越铎铮响，它的斗争精神受到群众的欢迎，报纸很快销到1700多份，这在当时的绍兴是一个不小的数字。

　　然而，那个刚刚从封建桎梏中苏醒过来的社会，舆论的力量还没有那么强大；而那时刚刚从几千年封建官僚制度下脱生出来的"共和"制度，也并不那么畏惧什么舆论。王金发照旧受贿，竟然因收了章介眉"捐助革命"的田地（实际是贿赂）而将他释放了。——此人后来"爬"了上去，官至窃国大盗袁世凯的秘书，又"咬了许多人"。

　　鲁迅闻讯十分气愤，第二天便在《越铎日报》上发表文章，予以揭露抨击。王金发看到文章后，大为恼火，扬言要杀害鲁迅。鲁迅的母亲很为鲁迅的安全担忧，叮嘱他不要再外出。但是鲁迅并不畏惧，照旧外出，夜间也还是提着写有"周"字的灯笼到学校去住宿。他说："这是威胁，我想他也不敢。"

　　王金发又使用软的一手：给报馆送来五百元。但对山会师范却是另一手：不给经费。鲁迅写信去力争，勉强给了二百元，而且声明：再要来，没有了！

鲁迅愤而辞职，先到都督府面辞，2月19日又在《越铎日报》上公布了辞职消息。他交出了账目，所余仅一角零两个铜元！

不幸的、令人气愤的消息不断传来：鲁迅辞职后，孔教会会长傅力臣接任山会师范学校校长；《越铎日报》内部分化，那个老是弯腰恭称"鄙人同意"的孙德卿和他的同伙，投靠封建势力，把宋紫佩、陈去病、马可兴这些进步力量排挤出去，《越铎日报》转向反动。更痛心的消息是："以革命为事""用麻绳做腰带的困苦的陶焕卿"，在上海被反动政客陈其美、大流氓蒋介石暗杀了。章介眉获释，陶焕卿被害，鬼蜮逞凶狂，英杰遭摧残，这是什么世道！？

"故里寒云恶"，革命后的绍兴依然如故。鲁迅决心第二次离开故乡。本来，他想到上海一家书店去当编辑，但是，不久便应南京临时政府教育总长蔡元培的邀请，到教育部任职。

伟大的、理想的梦实现之后，现实又使这一切像梦般消逝了。辛亥风云，震惊中华。然而，风云变幻，程赞清的"咸与维新"、上台下台，王金发的来到，新政的稍纵即逝，王金发的变化，章介眉的捕而复放，人民的与这一切的隔膜与冷淡，《越铎日报》的兴办、纷争和变化，……一切一切，像梦幻一般来复去，变一下子，又复回到老路旧态。

在故乡所经历的这一段革命风云中的生活变幻，给他留下了难忘的记忆，深深地印在他的心里，成为他日后创作的基因。

他终于再次离开故乡，去到南京。这是第二次了，又是离乡，又到南京。前后14个年头，无论是国家的命运、社会的面貌，还是他自己的思想，都发生了巨大而深刻的变化。而在他的生活经历中，也又一次发生了巨大而深刻的变化。前途未卜，迎接他的将是什么呢？

四、孤独寂寞心

梦在消逝

1912年2月下旬，鲁迅自杭州首途，来到南京。这个当年旧游地，今天已经面貌大变。秦淮河泛着欢乐的浪花，莫愁湖闪着轻盈的笑靥，夫子庙更加热闹，旗营地已成一片瓦砾场，鲁迅旧地重游，真是无限感慨。他留着短发，穿着自己设计的服装①，行走在街上，再没有人来骂假洋鬼子了。他用手抚摸一下头顶，感到分外畅快。看看大势，令人乐观。第一任临时大总统，发布了《临时大总统就职宣言》，宣告中华民国成立，改用公历，以这一年为中华民国元年。接着，又颁布了30多条法令，宣布取消清朝法律对于所谓"贱民"的一些特别限制，废除奴婢卖身契约和一切主奴名分；禁鸦片、禁赌博、禁缠足，下令剪辫；鼓励兴办工业；人民享有各项自由权利。民主共和国的形象在人们心中具体化了，"天子"的权威在人们心里降落了。

虽然绍兴乌烟瘴气，但那究竟是一角之地。从全局看，一个光明灿烂的前景出现在革命后的中国大地上。……

《两地书》中记述："说起民元的事来，那时确是光明得多，当时我也在南京教育部，觉得中国将来很有希望。"

陶成章的被害、章介眉的释放以及绍兴的种种败相，确在他心头作痛，但正如《两地书》中所述，他觉得："那时恶劣分子固然也有的，然而他总失败。"

当时，他看到光明与黑暗的搏斗、新与旧的斗争，但他怀着希望，具有信心。教育部尚属草创，工作没有就绪，他不习惯官老爷式的清谈闲聊，更讨厌官场的饮宴作乐，于是，江南图书馆便成了他的最好的去处。他每天出现在阅览室，他阅读、校订、抄录，在紧张中度过了一个闲散官员的无数个白昼和黑夜。

1912年3月10日，即武昌起义胜利后整5个月，孙中山在南京就任临时大总统两个月后，袁世凯便粉墨登场，当上了中华民国临时大总统。他采用种种卑劣手段，迫使政府迁到北京，教育部随之北上，鲁迅也随部入京。这时候，他暂时还没有看清事态变化的实质，浓重的乌云暂时还只遮蔽了北国的上空。革命胜利后的阳光依旧射出它那令人欢欣的光芒。然而，乌云已经迅速地涌上来了，希望则随之在消逝……

藤花馆里苦岁月

1912年5月5日，鲁迅与许寿裳等，一同自南方来到北京，第二天

① 这种上衣，单立领，四个兜，既非西装也非中式便服，而与中山装颇类似，这是鲁迅自己设计、让裁缝做成的。鲁迅穿着此装照过一张相。

便一同住进了绍兴县馆。许寿裳之兄铭伯、侄儿许世瑛也都住在这里，这绍兴县馆位于宣武门外南半截胡同路西（现为南半截胡同七号）。鲁迅这时一人独居。有时在街头的游动饭挑上买一点吃，就是他《日记》里所写的"市饭"。有时买一点馒头、饼干充饥，算是一顿。下午，四五点钟回到会馆里，晚饭就在附近的广和居吃。他的生活十分简朴，他常年穿一身蓝布或灰布长衫，冬天罩一件黑色棉褂。房里没有一件多余的摆设，桌上堆放着书、拓片、画册。他的起居不很规律，晚睡晚起。这时他正是三十出头的壮年时期，然而日记里却常有生病的记载：感冒、牙痛、胃痛、神经衰弱等。

晚间，来客不是很多的，除了同住在会馆的许氏兄弟，常来的就数钱玄同了。如果没有客人，八九点钟时，鲁迅便开始自己的夜生活了。他读书，钻研历史、文学、哲学、佛学，抄古碑，校核古籍，考订整理石刻画像。夜深，人静，斗室，孤灯，他驰骋于思想的广阔原野上，沉浸于历史的回顾中，现实使他痛苦，他思考、探索、比较，想要得到一个答案。他的心感到深深的寂寞的折磨。

岁月不居，宝贵的时光一天天溜过去，藤花馆外的树木花草，披上绿装，装点花枝，又卸去绿衣换黄裳，然后落尽枝叶，等到来年春天复由嫩绿而墨绿，到夏季便绿荫婆娑。然而鲁迅看不见春天的光彩，看不见希望的面影。

藤花馆里的生活是孤寂的。然而思想的骏马始终在奔驰。

三件"小事"明心迹

鲁迅日记是写得很有特点的。它简短，只记人事信件往来、收入支出等。偶有重大事件，或一笔带过，或简略几句。但在1913、1915、1916年中，在袁世凯称帝、出殡，教育总长替换这等大事之中，却有三条关于人力车夫的记载。这是小事，又是大事。在鲁迅的生活中是小事，但在他的思想中，却是大事。一次，记录了在街上看到一位人力车夫，误碾了地上一根橡皮水管，便有巡警等三五个人，突然跑来乱殴打车夫。鲁迅对车夫表示深深的同情，对打人者非常愤慨，便在1913年2月8日的日记中责骂和感叹道："季世人性都如野狗，可叹！"又一次，在1915年5月2日的日记中写道："车夫衣敝，与一元。"还有一次，在1916年5月17日，写道："下午自部归，券夹落车中，车夫以还，与之一元。"

　　这样简单的记事，却不可轻视。鲁迅在那样精练简略的日记中，不厌其烦地一而再、再而三地记下关于车夫的事，可见对他的思想触动之大，影响之深，由于不能忘怀，便把它记了下来。几次记事，流露了他对车夫深深的同情和看重。在那种"人心不古，世道浇漓"的乱世，一个车夫竟能捡到钱夹而主动归还，鲁迅从中看到了劳动者的品质。

　　鲁迅的这种主观感受，和他当时的思想感情分不开。他正在注视国民性的改造问题，他正在寻找新的社会力量，把希望寄托于新人之身。他在观察、寻觅、试验，现在，看到这样一种人的品行，不能不引起他的深思。

　　这纵然不是一颗种子，也是一粒酵母。

五、炎天凛夜长

　　鲁迅曾经从辛亥革命中看见了光明，他曾热情地欢迎它，热烈地歌颂它，他满心以为中国将一天天好起来。

　　然而，曾几何时，这灿烂的前景便失去了光彩，被笼罩在阴云暗雾之中。孙中山就任临时大总统仅仅70多天，便让位给袁世凯，这不是他的过度谦虚，而是他所代表的资产阶级的力量过于空虚，他们根本没有去发动中国民主革命最主要的力量——几万万农民。孙中山正当全力推行自己的建设民主共和国的纲领的时候，突然退出政权机构，宣布"十年内不问政治"，当然也不是由于他的革命积极性突然消失，而是他所代表的资产阶级的革命警惕性过低。他们对革命的敌人"不念旧恶"，握手言欢，连袁世凯这个手上沾满戊戌诸君子和义和团的鲜血的手，他们也紧握着，并把总统的"宝印"交到他的手上。袁世凯巧取豪夺，把临时大总统的桂冠戴到头上后，当然仍不满足。他把身子完全依靠在帝国主义怀抱里，然后伸出手来，打击革命力量，把革命党人从政府里排挤出去；他指使特务在上海车站暗杀了国民党的巨头宋教仁，然后便立即把手伸向英、法、德、日、俄五国银行团，签订2500万英镑的所谓"善后"大借款，把主权"签"给帝国主义，用加强的武装来对付人民。

　　在日本考察和借款的孙中山在"宋案"发生后，立即回国，宣布

"非去袁不可"，并发动江西、安徽、广东等省的革命党人起来武装讨袁，保卫共和国，这就是有名的"二次革命"。然而，在帝国主义的破坏和袁军的猖狂进攻下，失去了号召力的涣散的国民党和它的缺乏统一指挥的各省讨袁势力，很快就被瓦解。孙中山仅仅活跃了不到两个月的时间，便在"二次革命"的失败声中再次逃亡日本。

袁世凯于是为所欲为起来。他要把那总统的桂冠永远戴在自己的头上。他废除了《临时约法》，另搞了一个新《约法》，把内阁制改成了总统制，又把总统的权力和任期规定得同封建帝王一个样。为了取得帝国主义的支持，他接受了置中国于灭亡之地的日帝提出的"二十一条"。他进一步掀起尊孔的潮流，在《尊崇孔圣文》中宣称"国民体制"必须"详细规定""祝孔典礼"之后，又定孔教为国教，要以"孔子之道为修身大本"，并亲率文武百官，祭天祀孔，扮演尊孔丑剧。他还进一步加强了反动统治，张起了杀人的网，《伪自由书·〈杀错了人〉异议》中记述："北京城里，连饭店客栈中，都满布了侦探；还有'军政执法处'，只见受了嫌疑而被捕的青年送进去，却从不见他们活着走出来。"身居北京、任职于教育部的鲁迅，亲眼见到、亲身感受到了这一切。《两地书》中说，他看到了"一到二年二次革命失败之后，即渐渐坏下去，坏而又坏，……"他痛苦、思索、寻求。

鲁迅所在的教育部，更使他深切地看清了这个"坏下去"的情形的一个侧面。北洋政府的教育部不过是前清学部的继续，不同的只是新换了一块招牌。教育部就安置在前学部的大衙门里；教育部保留了旧学部的大量人员，他们带来了旧的官僚作风。而且，教育宗旨也是改头换面的旧货色，正如《教育杂志》第四卷第十号记载："撤两字之学部匾额，易以三字之教育部匾额，公署景象，于是成立。"这几句记事，很准确地描述了这种换汤不换药的情景。鲁迅在1912年5月10日的日记中说，到职的第一天便是："至教育部视事，枯坐终日，极无聊赖。"执行进步的资产阶级教育方针的总长蔡元培到京不太久，便被迫辞职了。1912年12月，上海有个陈焕章，在沪拼凑了一个孔教会，宣称要以此"挽救人心，维持国运"。北洋政府教育部便表扬该会"力挽狂澜"，"殊堪嘉许"。在袁世凯发布了《尊崇孔圣文》之后，继任的教育总长便下令实行。

鲁迅在1913年9月28日的日记中写道："昨汪总长令部员往国子

监，且须跪拜，众已哗然。晨七时往视之，则至者仅三四十人，或跪或立，或旁立而笑，钱念敏又从旁大声而骂，顷刻间便草率了事，真一笑话。"

1914年1月，袁世凯的御用机关"政治会议"又通过祭天祀孔两案；2月，通令全国"以夏时春秋两丁为祀孔之日，一律对孔老夫子举行典礼"，同时还公布了《崇圣典例》，对如何崇、如何祀、如何拜，做出了种种规定。3月间，鲁迅参加了一次这样的祀孔盛典，他在1914年3月2日的日记中说："其举止颇荒陋可悼叹。"同年9月，袁世凯又亲率文武百官举行祀孔典礼，并且发布《大总统祭圣告命》。

在尊孔闹剧的紧锣密鼓中，复辟帝制的悲剧也同时演出，一时间，筹安会"六君子"奉令出台表演，各色"请愿团"反映"民意"，流窜街头，什么"请愿书""拥戴书"纷纷出笼。在似乎万事俱备的情况下，袁世凯宣布当皇帝了，他说恢复君主制度，是"民主所从，天必从之"。袁世凯在1916年元旦"登极"，改"中华民国"为"中华帝国"。至此，连民国这块招牌也拿下来了，建立了一个赤裸裸的封建帝国。

但是，在经历了辛亥革命洗礼的中国，在20世纪的革命年代，要重温皇帝梦，并不那么容易。曾经领导人民推翻了清朝皇帝的孙中山立即发出了《讨袁宣言》，蔡锷在云南掀起了反袁运动，组织"护国军"，向川、黔、桂进军。全国各地人民以至华侨都纷纷起来声讨袁世凯。于是，袁世凯在做了83天的皇帝之后，就同他的皇冠一起，葬身于历史的洪流之中，随波逝去。

鲁迅从1912年5月起，至1916年6月，四年中间，亲身经历了中国在辛亥革命后的倒退：中国又一步步沉入黑暗。早在1902年鲁迅就怀着与孔孟之道的封建文化决裂的心情，离开祖国，到日本去寻求救国救民的真理。在日本他愤慨于学校当局把他们看作孔子之徒，让他们去拜孔子。然而十几年后，在辛亥革命胜利之后，孔教居然成了国教，全国人民都要祭孔。早在十几年前，就要推翻帝制，建立中华民国，然而今天，却在皇帝被赶跑后，又由总统亲手来恢复了帝制。中国的现实，真正是：

狐狸方去穴，桃偶已登场。

故里寒云恶，炎天凛夜长。

然而，为什么会这样呢?!

六、寂寞如毒蛇纠缠

在《新生》杂志悄然流产，《域外小说集》又遭冷遇，数篇论文"生人并无反应"，启蒙运动陷于失败之时，鲁迅曾经感到悲哀和寂寞。《呐喊·自序》中说，后来，"这寂寞又一天一天的长大起来，如大毒蛇，缠住了我的灵魂了"。

武昌起义的烽火，全国各地的炮声，一下子照亮了黑沉沉的天地，震惊昏沉沉的人们，希望向着人们招手。鲁迅也觉得中国将一天天好起来。但是，事情却向相反的方向发展。革命失败了，黑暗又笼罩上来。

鲁迅感到痛苦和寂寞。

这痛苦是经历了一次希望的破灭后的痛苦，这寂寞是在热闹了一阵之后的寂寞。因此，更深、更浓、更难排除，也更令人深思。《呐喊·自序》中说：

> 只是我自己的寂寞是不可不驱除的，因为这于我太痛苦。我于是用了种种法，来麻醉自己的灵魂，使我沉入于国民中，使我回到古代去，后来也亲历或旁观过几样更寂寞更悲哀的事，都为我所不愿追怀，甘心使他们和我的脑一同消灭在泥土里的，……。

这亲历或旁观的更寂寞、更悲哀的事，便是在前述四年中所发生的。他"用了种种法，来麻醉自己的灵魂"。但，与其说他确是在麻醉自己，不如说，就因为他的痛苦太深，它对他的折磨太重。而情况之所以会如此，又正因为他爱得深沉、真挚、热烈，他的希望紧迫、殷切、强烈。他在《呐喊·自序》中这样描述自己当时的生活：

> 但我的麻醉法却也似乎已经奏了功，再没有青年时候的慷慨激昂的意思了。

> S会馆里有三间屋，……许多年，我便寓在这屋里钞古碑。客中少有人来，古碑中也遇不到什么问题和主义，而我的生命却居然暗暗的消去了，这也就是我惟一的愿望。

这描述是何等深沉、真切感人。

然而，一个人需要麻醉，就说明他仍然清醒。爱的波浪在他心里翻滚，希望和种子在他心里萌动，但他觉得一切不能如愿，因为他受挫过，失望过，他太痛苦。于是麻醉。……

人们向来根据鲁迅的这段自白，认为他在辛亥革命胜利后，一直是沉默，一直是蛰伏，一直是寂寞而无为。然而，这是不确切的。他的自白纵然真切，但感情的色彩浓于真实的记述，难免有渲染得过重的偏颇，而最真实的"记述"是他的"实践"所做的记录。

事实上，鲁迅在这段长达五六年的"沉默"期中，虽然被"寂寞缠住了灵魂"，但是，并不只是抄古碑、读佛经、校核古籍，一味消沉，麻醉；也并不只是不管什么问题和主义，让生命"暗暗地消去"，他的心一直是热烈的。痛苦，本是热烈的另一面，而且他有反抗之音迸发。他的"回到古代去"，却又是为了现代，为了今天。而且他的考古也有其自身的积极意义。

首先，鲁迅的沉默是被迫的。在那个乌云翻滚、到处都潜藏杀机的日子里，袁世凯的特务们像明代的厂卫恶狗一样，到处闻嗅，大小文官一律被监视着，被抓走的、失踪的不计其数。于是，为了躲避耳目，不被怀疑，有的嫖赌蓄妾①，有的玩古董，有的打麻将。这些都为鲁迅所不屑为。所以，他就收集石刻拓片，装作玩古董模样，同时临碑帖、抄古书，以示"玩物丧志"。但他却从这中间寻找着积极的意义。

而且，鲁迅的寂寞、沉默，不是什么个人的消沉，而是时代的"通病"。鲁迅的痛苦与寂寞反映了那个时代的本质，反映了中国革命发展的历程。他所做的探索，反映了中国人民前进的脚步。正当鲁迅在痛苦中求索的时候，在中国民主革命时期的历史上空闪烁的灿烂群星，也都在经历着相同的轨迹。他们或稍长于鲁迅而当时已是名扬四海的人物，或稍小于鲁迅，当时正在求索或求学阶段，但他们经历着相似的轨迹。

当时，中国民主革命的伟大先行者孙中山，也在被迫辞去大总统、无可奈何拱手让出胜利果实后，经历着一个漫长的、艰苦曲折的苦闷、失败、寂寞与探索追求的历程。他曾宣布过"十年内不问政治"，曾亡命日本，曾埋头著述，写建国方略，曾经奔走呼号，讨袁、重组国民

---

① 著名的反袁领导者蔡锷（松坡），即以此种办法，使袁世凯放松了对他的警惕与监视，终得逃出北京，发动了护法之役，以反对袁世凯。

党，也一再受挫。

五四运动左翼知识分子的代表、鲁迅的亲密战友李大钊，1913年时正是风华正茂的青年，他眼见袁世凯窃国，自己壮志难酬，激愤地写了《大哀篇》，接着去国东渡。他写下这样的诗句：

> 班生此去意何云，破碎神州日已曛。

他对反袁军的失败深感失望，对祖国前途流露哀痛与担忧。直到1916年春回国参加反袁斗争时，还留下了诗句道："壮别天涯未许愁，尽将离恨付东流"，"斯民正憔悴，吾辈尚蹉跎。故国一回首，谁堪返太和"。思绪也仍然是抑郁愁闷的。

"五四"时期另一左翼知识分子的代表，当时更年轻一些的瞿秋白，在"五四"前几年，也同样经历着苦闷、痛苦、寂寞的岁月。《瞿秋白文集·饿乡纪程》曾这样描述："从入北京到'五四'运动前，共三年，是我最孤寂的生涯。友朋的交际可以说绝对的断绝。北京城里新官僚'民国'的生活使我受一重大的痛苦刺激。厌世观的哲学思想随着我这三年研究哲学的程度而增高。……因研究佛学试解人生问题，而有菩萨行而为佛教人间化的愿心。"

当时年纪正轻的郭沫若，在辛亥革命失败后到五四运动前，也是在痛苦、失望、孤寂中度过的。在《文艺论集·泰戈尔来华之我见》中，他说："民国五、六年的时候，正是我彷徨不定而且最危险的时候，有的时候想去当和尚。每天只把庄子和王阳明和《新旧约全书》当作日课诵读，清早和晚上又要静坐。"他在这时期的诗题竟有《寻死》，诗中写道："出门寻死去，孤月流中天。寒风冷我魂，孽恨摧吾肝。"1918年除夕写的组诗中，还有这样的句子："寄身天地太朦胧，回首中原叹路穷。入世无才出未可，暗中谁见我眶红？"同样是在彷徨、苦痛、求索中。

他们共同的特点是：都是为国为民而苦痛忧愁，探索追求。这是时代的苦痛、民族的哀伤、人民的心声。在这里约略展示一下同时代人的相同的思想轨迹，对于理解鲁迅和他的思想发展是有好处的。

我们看到有些论者，或者强调这时鲁迅的消沉，而只从他个人的思想发展途径来解释，因此过重地强调了他思想的阴暗面，而没有顾及这是反映了时代的内涵，其中有着积极的意义。也有的论者，强调后来鲁迅在五四运动中的突变，成为伟大的文化革命旗手，也只从他个人的思想发展路径来解释，又从另一方面忽略了时代的影响，以及时代和同时代人给他的力量。这两种倾向都是不符合鲁迅的思想实际，也是不符合历史唯物论的。

七、在沉默中抗击

1912年7月19日，鲁迅到北京两个多月，就得到范爱农游湖淹死的噩耗。他对爱农之死，"为之不怡累日"，几天之后，便作了《哀范君三章》①。鲁迅在这首诗中，不仅对一个朋友不幸死去表示哀悼，而且从他的致死之因中，针砭了时弊，指出了环境的黑暗，更进一步批判了辛亥革命的不彻底。

"狐狸方去穴，桃偶已登场"，他以愤怒之笔，揭露抨击了袁世凯之流的窃权，也反映了辛亥革命后软弱的资产阶级不仅未能把革命进行下去，而且很快就向封建势力投降了。"故里寒云恶，炎天凛夜长"，以苍劲有力之笔，描述了辛亥革命后的中国仍然陷于黑暗，而且一时见不到光明希望的沉沦情状。这首哀悼友人之丧的诗作，成为对于辛亥革命的深刻的批判。鲁迅把这首悼友伤时之作，发表在《越铎日报》转向后分化出来的进步力量创办的《民兴日报》上；这也是一种战斗，他对绍兴的反动势力（如"何几仲之辈"②），对窃国篡权者，都给予了有力的抨击。

对于袁世凯的倒行逆施，鲁迅是不满的、深恶痛绝的，他不断地在日记里和与人言谈中予以口诛笔伐。当1912年8月袁世凯公布中华民国国会组织法及参、众两院选举法时，鲁迅直截了当地对同事指出："此假面具耳。"因此，他对"议员"也反感。有一次一个叫田多稼的拿出印有议员头衔的名片来会他，他便在日记中讥刺道："田多稼来，名刺

---

① 范爱农是徐锡麟的学生，一个具有民主主义意识的正直知识分子，但他在辛亥革命后，一直郁郁不得志。范在逝世前，有一封给鲁迅的信，信中说："如此世界，实何生为，盖吾辈生成傲骨，未能随波逐流，惟死而已，端无生理。"这里表现了一个愤世嫉俗的知识分子的不平与苦痛，后来鲁迅怀疑他是投水自尽而不是落水淹死，不是没有道理的。

② 何几仲是绍兴自由党的主持人，他借自由党以营私，一向为范爱农所藐视，他也更加排挤范爱农。鲁迅诗中所写"白眼看鸡虫"，即以双关语，对何几仲进行抨击。鲁迅在稿后附记中写道："而忽将鸡虫做人，真是奇绝妙绝，辟历一声，速死矣之大狼狈矣。"更明显地将何几仲加以贬斥。

上题'议员'，鄙倍可厌。"表现了十分鄙视厌恶的感情。这年，当山西送来教育部一份呈文，要求建立"宗圣会社"组织，以宣扬孔教时，鲁迅不满地说："'宗圣会社'这个名儿就可笑了，更不用谈内容。"正当袁世凯一面伪造舆论来"拥戴"他当终身总统；一面又压制舆论，在茶馆酒肆和街头巷尾秘密安插特务时，鲁迅日夜临碑抄书。他在1913年10月1日的日记中写道："夜抄《石屏集》卷第三毕，计二十叶。写书时头眩手战，似神经又病①矣，无日不处忧患中，可哀也。"

10日，袁世凯粉墨登场爬上总统宝座。鲁迅在日记中写道："午闻鸣炮，袁总统就任也。"语虽平淡，但在沉静中透出鄙视与轻蔑。这天，袁大总统举行盛大庆典，然而鲁迅拒不参加。

当袁世凯亲率文武百官祭祀的时候，鲁迅在当天的日记中写上"无事"二字，以示轻蔑。

当章太炎反对袁世凯复辟帝制、遭到长期软禁时，鲁迅和许寿裳等人两次到钱粮胡同去看望老师，以表示对章氏的支持，对袁贼的抗议。

这些零散而又极为简短的日记，用简笔为我们勾勒了鲁迅当年在痛苦与寂寞中横眉冷对以袁世凯为代表的封建势力的形象。

抄录、校核古书中，也透露出鲁迅的思想感情——他并不总是消沉地麻醉自己，却也同时寄托着自己的心情。他虽然早就辑录会稽郡故书，这里饱含着他对故乡的热爱，对故乡先贤的崇敬，但当他正处于这种痛苦寂寞中而来辑校这些著作时，不免有所寄托。他说过，他很爱古书上所说"会稽乃报仇雪耻之乡，非藏污纳垢之地"，在《〈会稽郡故书襍集〉序》中，他又写道："会稽古称沃衍，珍宝所聚，海岳精液，善生俊异。"他把这些先贤的事迹介绍出来，正是对末世浊流、腐朽世风的抵抗。他在《序》中还说："书中贤俊之名，言行之迹，风土之美"，"用遗邦人，庶几供其景行，不忘于故"。这正是他的用意所在。

《嵇康集》的辑录校核，也有同样的意旨。鲁迅对于嵇康的思想、学问、道德、人品很是称赞，一向爱好嵇氏之作。在《而已集·魏晋风度及文章与药及酒之关系》中，他称颂嵇康"非汤武而薄周孔"。在"差不多都是反抗旧礼教"的竹林七贤中，他称道嵇康、阮籍能够反抗时俗，嵇康因而被杀害；他还称赞阮籍的文章和诗都很好，而"嵇康的

---

① 指神经衰弱症。

论文，比阮籍更好"，好就好在"思想新颖，往往与古时旧说反对"。比如《难自然好学论》就是反对孔子的"学而时习之，不亦说乎？"的。鲁迅还说到嵇康之所以被杀，是因为他在《与山巨源绝交书》中，说了"非汤武而薄周孔"这句话，因为这句话对司马懿篡位不利。在袁世凯篡位窃国和一大批封建顽固、卖身求荣的士大夫颂孔拥袁、鼓吹复旧的时候，将《嵇康集》校勘出版，让他的诗文集公之于世，其中就包括《难自然好学论》和《与山巨源绝交书》在内，那弦外之音不是铮铮作响吗？

这就是鲁迅在沉默中的战斗。

八、沉静中的深化

既然鲁迅的寂寞反映了当时中国的社会状况和中国革命发展途中的问题，而且他在寂寞中并没有停歇了战斗，那么，他的沉默就是一个思想战士的沉默。

辛亥革命的失败，使鲁迅感到失望和痛苦。他在痛苦中沉默，在沉默中思索：革命为什么会失败？今后应该怎么办？出路何在？对于第一个问题，他的结论包括三个方面。第一，革命之后，虽然外表有些改变，但"内骨子是依旧的"，"还是几个旧乡绅所组织的军政府"。后来，换了革命党，但又被"许多闲汉和新进的革命党所包围"，也成为封建官僚（如绍兴的王金发），而就全国来说，则被袁世凯篡夺了胜利果实。第二，革命党人太慈悲了，革命胜利之后，不仅那些改良派、保皇派、顽固派都"咸与维新"，自称和革命党"都是草字头，一家人"了，而且连对那些反革命分子，地方上的如章介眉，全国性的如袁世凯，也都握手言欢，大讲其中庸之道了。于是他们在装死躺下一段之后，又起来咬死许多革命党人。陶成章、宋教仁之死不就是明显的教训吗？而且这些鬼蜮竟又登上了统治宝座。第三，农民的地位与生活依旧。鲁迅与农民有着密切的思想感情上的联系。辛亥革命胜利进行的时期，他在故乡绍兴见到了农民是怎样冷漠地对待这次伟大的历史风暴的，因为他们事先没有直接受过什么宣传教育，他们还被压榨得转辗于穷困愚昧的境地，对于革命的到来没有丝毫思想准备，也不理解。而革命党人在起义前只顾暗杀，联络会党起义；在起义胜利之后，又立即和

"新进的革命党"（即那些投机分子）、从地上爬起来的大地主劣绅和反革命分子们携手，而仍然"忘了"广大乡村里的农民。鲁迅在辛亥革命胜利前后和1913年六七月间，返绍兴探亲，都同运水、六一、七斤等农民有些密切的交往，他从他们身上了解到、看到了革命后农村的社会状况和农民的苦难，深刻地感受到这个问题的存在。鲁迅的这些总结是正确的、切中要害的。稚嫩而软弱的中国资产阶级不仅在革命前后没有能力进行一场思想革命，而且在革命取得胜利之后，又没有力量、没有勇气去把革命进行到底。它一方面不敢去镇压那些反革命分子，反而与他们分享胜利之果；另一方面又忽视真正的革命力量——广大的农民，不让他们得到一点胜利的果实。这就使革命成为不彻底的、失败的革命。他的这些总结，只在《哀范君三章》和零散的、片断的、简略的日记与谈话中有所体现，但在他的思想中是酝酿已久的。只有这样，他才能在两年之后的五四运动前夕，猛然跳出"壕堑"，发起进攻，不仅一发而不可收，而且发发中的、入木三分。

那么，应该怎么办呢？出路何在呢？如果说对于前一个问题，鲁迅在思想上是清醒的，他的回答是明确的，而这种清醒与这个回答却又使他自己痛苦；那么，对于后一个问题，他却未能十分清醒，也一时做不出明确的答案，这种情形尤其使他痛苦。"无日不处忧患中"，"而我的生命却居然暗暗的消去了，这也就是我惟一的愿望"，都反映了他的痛苦之深。

鲁迅这种深沉的痛苦，不是仅仅属于他个人的，而是同中国社会的状况相连，同中国革命的进展相连。这时期活跃于中国社会舞台与政治舞台上的，是摇身一变而为"革命"的老封建官僚和新官僚军阀，这就是从袁世凯到奉系、皖系、直系的各系军阀；还有资产阶级的革命家和政客们。此外，小资产阶级还没有崭露头角，而农民则还处在不觉醒的、待发动的状态中。因此，鲁迅在《呐喊·自序》中说，他感到中国好像"一间铁屋子，是绝无窗户而万难破毁的，里面有许多熟睡的人们，不久都要闷死了"，他们正在"从昏睡入死灭"的过程中。当时，正在刀枪相见、争权夺势的军阀们，把人民推进苦难的深渊，把中国割裂，摧残得四分五裂、百孔千疮。站在他们背后的是各个帝国主义列强，外国侵略者的魔爪抓住中国军阀的手脚，牢牢地控制住他们。而以孙中山为代表的资产阶级革命势力奔走呼号、惨淡经营、浴血奋战，却始终没有能够握成拳头，进行胜利的打击。敌人是这样的强大。革命是这样的弱小。

在这种形势面前，鲁迅对于已经试过一次、证明确实不行的资产阶级领导的革命已经失望了。但是，谁是新的历史前进的推动者、谁是新的历史的主人呢？新的革命力量在哪里呢？他没有看见。在辛亥时期，"驱除鞑虏""创立民国"的口号曾经鼓舞人心，但是，"鞑虏"已驱，民国既建，情况并没有好起来，历史证明资产阶级共和国的方案在中国也仍然不能"起死回生"，那么，新的方案是什么呢？也是没有答案。这样，鲁迅便无可奈何地陷入了深沉的痛苦之中。这痛苦远远超过辛亥时期的陷在"缠住了灵魂的"寂寞之中。

他的痛苦就是中国人民的痛苦。他的寂寞反映了人民的冷漠、中国的寂寞。他是中国人民感应的神经。

但他在探索。这个时期，他对中国古籍进行了深入的钻研，对佛学也进行了深入的钻研。现在，我们已经无法得知他在当时看了一些什么书和心中得出了什么结论，而只能从他之后的如喷泉般涌出的精湛深邃的思想文字中推断出来。我们还可以从他自己当时的一些有关记载中和别人的有关回忆中窥见一些情景。从他的"书帐"中，我们看到：1912年，购书总数较少，他在年终写定"书帐"后，写了一段感慨至深的话："审自五月至年莫，凡八月间而购书百六十余元，然无善本。京师视古籍为骨董，唯大力者能致之耳。今人处世不必读书，而我辈复无购书之力，尚复月掷二十余金，收拾破书数册以自怡说，亦可笑叹人也。"《鲁迅日记》1912年"书帐"所记这年所购的书中，占总数一半的是画册，估计这有两个原因：一是他从少年时即培养起来的对于美术的爱好；二是当时他正协助蔡元培提倡美育，并作《美术略论》的讲学。次年（1913）购书数更少，其中略占多数的是笔记、小说、野史、杂书之类，而佛经书则初见端倪。这类书是正史以外之作，向来为鲁迅所重视，认为从中可以看到正史里所看不到的历史的真情实貌，名人轶事和名不见经传的奇人异士多有所载。显然，这是有利于认识中国历史、中国社会、中国的人生的。这正是鲁迅探索的轨迹。又次年（1914）购书增加，而佛经佛学书陡增，几近购书总数的一半，在所购书籍中，独占鳌头。鲁迅读佛经不在求仙拜佛，信仰宗教，而在研究一种哲学思想，一种人生观；并且，佛学对中国的历史和思想史影响很深，鲁迅也要从中探索历史的迹象和本质。许寿裳在《亡友鲁迅印象记·鲁迅在北京》中记述说："民三以后，鲁迅开始看佛经，用功很猛，别人赶不上。""但是后来鲁迅说：'佛教和孔教一样，都已经死亡，永不会复活了。'所以他对于佛经只当作人类思想发达的史料看；借以研究其人生观罢了。别人读佛经，容易趋消极，而他独不然，始终是积极的。他的信仰是在科学，不是在宗教。"许寿裳还说："他（指鲁迅）又对我说：'释伽牟尼真是大哲，我平常对人生有许多难于解决的问题，而他居然大部分早已明白启示了，真是大哲！'"可见，鲁迅是带着现实中的和自己思考着、苦恼着的问题去钻研佛经的，他想要并且确实从中吸取有益的思想资料，丰富了自己的思想；而那些他不能苟同的东西，又刺激、激发、促进他去从对立方面发展自己的思想。

据许寿裳回忆，鲁迅读佛经也还因为受到章太炎的影响。辛亥革命前，章在上海坐牢时，做苦工之余，就朝夕研诵《瑜珈师地论》，"悟到大乘法义，才能克服苦难，期满出狱后，鼓动革命的大业"。这时（1914）章太炎正被袁世凯软禁在钱粮胡同住宅，并曾进行绝食斗争，他是主张以佛教救中国的。鲁迅当时曾去看望章氏，他可能劝鲁迅读佛经。鲁迅向来不同意章氏见解，但可能从他的谈话中得知佛学思想之广博深邃，引起研究的兴趣。这也反映出他的研究的出发点是现实人生，是如何救中国。但经过研究，他得出结论：佛教已经死亡，不能救中国。

1915年，佛经的购读突然降为两册，可见已经结束对这一思想资料的研究。而碑帖、拓片和石刻画像等的购置又猛增到130多次（每次不止一件，有多至十数件或数十册的），远超购书总数的一半。这一年，正是袁世凯倒行逆施，日趋猖獗，直至登皇帝位，复辟帝制的一年。鲁迅的心情是痛苦、失望、愤恨、寻觅、探索交织在一起，正是他痛苦迭于高峰、寂寞臻于极致之时。同时，袁世凯的镇压、侦察也变本加厉。因此，他借临帖、抄碑、收集研究石刻画像来避耳目，排遣苦痛，并探索道路。

1916、1917、1918年的"书帐"仍以画像、拓片、墓志为主，这已经主要是进行专题的学术研究的需要了。他从以抄碑消磨时光进到有了整理校勘古籍的兴致了。在1916年的整年里，由于国内形势的黑暗重重，袁世凯的猖獗达到顶峰，鲁迅也在悲愤而痛苦、寂寞中度过一年，全年几乎没有动笔写作一点东西，这在鲁迅是少有的情况。但值得注意的是，不是在"书帐"中，而是在日记中，从1917年5月开始，出现了没有记入"书帐"的从国外购书的情况。5月7日，他收到从日本丸善书店购得的《波兰说苑》一书；过一个月又从日本东京堂购得《露国现代之思潮及文学》，之后又陆续购买《陀氏（陀斯妥耶夫斯基）小说》《高木氏童话》《古普林说选》《法文学之精神》等外国文学作品。

鲁迅在日本东京从事启蒙运动时期，热情地学习西方资本主义思想文化，借取欧洲的革命思想来解决中国的问题。在辛亥革命以后的四五年里，他主要浏览和研读中国的哲学、历史、文学古籍，研究中国的昨天和前天，解剖它的"本体枯槁之身"。而现在，进到1916—1917年，他又开始阅读西方的著作了，又要借他山之石来针砭本民族的痼疾了。

他就这样在沉默中向深化前进。

九、深度与弱点

1913年5月7日第103号的《真理报》上，发表了无产阶级革命领袖列宁的文章，题目是：《亚洲的觉醒》。《列宁文选 Ⅱ · 亚洲的觉醒》一开头就写道："中国不是早就被称为长期完全停滞的国家的典型吗？但是，现在中国的政治生活沸腾起来了，社会运动和民主主义高潮正在汹涌澎湃地发展。"这位伟大的马克思主义者，虽然远在俄国，但是，却正确地估计到中国革命的主流和社会情况的本质。而且，他在该文的结尾处这样写道：

> 亚洲的觉醒和欧洲先进无产阶级夺取政权的斗争的展开，标志着20世纪初所揭开的全世界历史的一个新的阶段。

这位革命导师以他那敏锐的眼光环视世界，以非常开阔的国际与历史视野把中国的民主运动同亚洲的觉醒联系起来，又把这种觉醒同欧洲的无产阶级革命联系起来，预言历史进入了新阶段。

正当这篇文章随着《真理报》传遍俄国以至全欧洲时，鲁迅正钻研中国历史，试图解剖自己的祖国，接着便陷入了失望的寂寞境地，沉默地研究起佛经来了。然而列宁却在俄国大地上用热情洋溢、信心百倍的口气对这个古国的民主运动予以赞扬，做了高度评价，并且展望了它的光明的前景。这是何等的不相同呵！

然而，这种"外表"的不同，却有着相同的本质。他们从两个不同的侧面反映了中国资产阶级民主革命的命运、进程与前途。鲁迅身在中国，从中国的现实中看到了以袁世凯为代表的封建顽固势力的猖狂、革命的失败、继续前进的困难，以及前途的暗淡。而列宁却用马克思主义的思想光芒照亮了这个黑暗中的初生的共和国，把它同土耳其、波斯、印度的以至整个亚洲的觉醒联系起来，看到了它们共同的民主主义高涨的深厚源泉。

鲁迅的深刻在于他既不像南社诸君子那样，以为满族统治推翻了，革命就成功了，于是消失了革命意志，也不像悲观绝望主义者那样，饮酒自醉，玩世不恭。他在冷若冰霜的外表下裹着一颗炽热的心，他看到了革命的失败，准确剖析了它的原因，以自己的苦闷、沉痛、寂寞、沉默，反映了像潜流似的隐藏在江河深处、像地火运行于地壳底里一样的中国民主主义的强烈要求。这个要求是从中华民国可能灭亡、中国人民苦难无涯中产生的。但是中国社会生活的落后，又使他无法看到历史的主人和历史的主流，而不得不发出叹息。鲁迅以自己的思想和心境，反映了中国人民的要求和中国革命的进程。但他的弱点也正在于此。他不像列宁那样洞幽烛微，发现历史的光明面，高瞻远瞩，看见亚洲的、欧洲的以至世界的时代特征和前进脚步。当然，他这个弱点，也正反映了中国社会的落后。

但是，鲁迅也有他的深刻处。这深刻之处在于，他总是抓住人这个根本，而现在他又从抽象地研究人性——国民性，进到把人和社会制度——中国的封建社会的腐朽制度——联系起来。暂时我们还看不到他的结论，但它很快就出现了，而现在还在研究与探索中。关于这一点，我们留待下一节再详述吧。

十、走向斗争

1916年6月6日，北京，一个阴天。乌云浮游，笼罩在灰色的城市上空，午间，天放晴了①。天气好像预示着政局。正是在这一天，袁世凯头上的金冠滚落到地上。袁氏"驾崩"，在试图用孔子这块敲门砖敲

---

① 天气的描写，根据鲁迅当天的日记记载。

开幸福之门时，他在门的外边倒下了。这个窃国者在全国人民的声讨声中结束了可耻的一生。中国政治形势发生了一个大变化。

当天晚间，鲁迅提笔写日记，记下收到李霞卿的信，收到羽太家信，寄出给二弟周作人的信和给李霞卿的复信。但是，对于"袁大总统"、袁皇帝的滚下宝座，不着一笔。"轻蔑得连瞅也不瞅一眼"。

当月28日，袁世凯被黄土，也是被人民和历史埋葬了。这天刮着风。风带着这个大快人心的消息飞向全国。鲁迅这天的日记是这样写的："风。袁项城出殡，停止办事。午后往留黎厂。"简单得不能再简单，冷淡得无法再冷淡。短短的五个字，翻过去历史的黑暗的一页。

我们似乎看见鲁迅松弛了一下紧锁的浓眉，有一缕带着讥刺的微笑在他的嘴角隐现。

7月的一天上午，教育部里稀稀落落地来了几个人，先来的走到一张办公桌前，认真地看着什么东西，后来的也挤上前去，大家争着看。这是一份抗议信，内容是反对新来的但却是第二次当教育总长的范源濂秉承袁世凯的继任者兼老同僚黎元洪、段祺瑞的旨意，又一次提倡读经尊孔。在上面签名的有周树人、许寿裳等六个人。同样内容的信已经交给范源濂本人。这是一次内部的小小的造反。

我们似乎看到鲁迅在沉默中昂起了头。

1917年7月1日，张勋率领辫子兵从安徽到北京，发动兵变，把那个被废弃在故宫闲度岁月的末代皇帝溥仪拥上了宝座，实行又一次帝制复辟。第三天，夏雨淅沥，鲁迅冒雨赶到教育部，愤而辞职。

鲁迅确实从沉默中昂起了头。从那时候起，在往后的日子里，他在补树书屋里，埋着头抄录古碑的生活结束了，他抬起头，把那敏锐的、探寻的目光移向了切近的现实生活，移向了在中国大地上出现的新的事物、新的现象、新的人物。

袁世凯的皇帝梦仅仅83天就破灭了。张勋的复辟梦，更只有12天，便泡影似的消逝了。他们灭亡的命运反映了中国民主革命的力量增长起来了；民心背着他们，他们灭亡之迅速更反映了这股力量的威势和潜力。

在中国历史的上空，这两片乌云的出现使人们警醒，觉得再这样下去不行。当这两片乌云飘逝而去时，天空便显出了一片亮光。人们也看到了光明的前程。这时，在闪烁于蓝天之上的群星中，有两颗明亮的星射出光芒。一颗亮星是孙中山。他在这年的 7 月，当张勋复辟梦破灭后，便打出了"护法"的旗帜，想要"树立真正之共和"。他在广东建立了与北洋军阀政府相抗衡的中华民国军政府，自己担任海陆军大元帅，再次走上斗争的道途。另一颗亮星是李大钊，他在张勋复辟之日，离京赴沪。到达上海后，"淹滞沪滨"，"百感交集"，深感十年流徙，寻找救国救民之真理，探寻国家民族之出路而不可得。

"一代声华空醉梦，十年潦倒剩穷愁。"

他提出辛亥革命已经"流产胎殇"，现在要重新开始，"勿稍怠荒，月异岁新，与时俱进！"

鲁迅正是在这样的时候，同他的稍前和稍后的同时代人中的优秀者一样重新思考了问题，走向斗争的战场。他们的同时转变和产生新的思路都不是偶然的，都有着共同的原因，都和中国革命紧密相连。他们共同反映了中国革命的发展路程。他们不仅殊途同归，而且像天上的群星，以彼此的光交相辉映、互相照亮，而又给祖国和人民以光和热。

鲁迅和他的同时代人一样，他的新的思想路径的开辟，他的寂寞的消逝和沉默的打破，都不是他自己的内心世界的"思想原子"的自我爆炸，而是时代、环境条件促成的转变。自从 1916 年袁世凯垮台和张勋复辟梦破灭之后起，到 1918 年他写作发表《狂人日记》前夕，这两年多一点的时间里，鲁迅经历着一个打破沉默、逐渐从沉默中昂起头、走向斗争战场的历程。这两年，可以说是他的沉默期的结束阶段，也是战斗期的酝酿阶段，但这并不是一味沉默①。值得特别指出的是，鲁迅的这个思想演变的轨迹，是和中国革命的发展过程相吻合的，也是同世界革命相联系的。这是他和孙中山、李大钊、陈独秀这些他的同辈人、中国革命史上的代表人物所共同经历的。

---

① 过去习惯的看法是把鲁迅在从 1912 年到 1918 年（或 1919 年）五四运动爆发前这一阶段笼统地都看作抄古碑、读佛经的沉默时期，"六七年的沉默"是通用的说法，这样把六七年中的思想看作前后完全一样，没有量的变化和部分质的变化，是不符合鲁迅的思想实际的。如果是这样，1918 年的参加《新青年》的编辑工作，写出《狂人日记》，以至接着的"一发而不可收"便成为没有渐变的突变、一蹴而就的奇迹了。这是不符合辩证法观点的一种看法。

十一、新时期新起点

正是在这两三年中，帝国主义国家之间发生了掠夺战争，那些原来拼命争抢撕裂中国这块肥肉的豺狼们，从东方掉过头去彼此在西方厮打起来了。这给了瘦弱的，被紧缠住、捆住，自身又在溃烂的中国这头睡狮以睁开眼来喘一口气的机会，它悄悄抖动了一下鬃毛，摇动着尾巴，扬起了前爪。作为一个发展着——虽然很缓慢但却确实在发展着——的社会，它的前进的标志就是新的生产力和生产关系的发展。这在当时的中国就是民族资本主义的发展。几年之中，纺织、面粉、电力、火柴等工业部门顿时活跃起来，迅速地发展。比如纺织厂，1911年全国只有22家，1916年增加到32家，1918年增加到41家，几乎翻了一番。有趣的是面粉业，1900年，偌大一个国家可怜见地只有两家面粉工厂，而到1916年就剧增到67家，到1918年更增加到86家。在第一次世界大战期间，中国竟从面粉输入国变成输出国了。资本的增加则是惊人的。比如丝织业，1911—1914年，平均每年只增加资本3万元左右，而1914—1919年，平均每年却增加资本达180万元左右，后者为前者的整整60倍[①]！随着民族工业的发展，有两个新兴的阶级发展了：民族资产阶级和无产阶级。中国的民族资产阶级在它的这个也许可以说是第一个黄金时期，挣脱了封建的镣铐，躲过帝国主义的扼杀，当然也是吸着工人的血汗，慢慢发展起来了。为了自己的发展和经济利益，它要求政治上的权力，也提出了思想文化上的希求，这些综合而成革命的积极性。同资产阶级一同发展的是新的对抗者——无产阶级。到1919年，中国无产阶级已经发展到200万人了，这是一支一无所有的无产者队伍，又是一支中国最有组织的队伍，因此也是最革命的队伍。他们受压迫、受剥削的生活引起他们反抗斗争的行动，他们在中国工人运动黎明期的前夕走上了中国的历史舞台。辛亥革命以后工人的罢工斗争开展起来了。1913年汉阳兵工厂的罢工，1914年上海招商局、太古、怡和三个轮船公司工人的总同盟罢工，1915年开源煤矿工人的罢工，1916年到1919年上

[①] 以上数字均根据上海总工会1929年版《商业月报》第八期的调查统计。转引自华岗《五四运动史》。

海工人为增加工资而进行的多次罢工，这些斗争，在中国人民革命的历史上，以新的斗争者和被斗争者、新的斗争内容、新的斗争方式而出现。

新的社会状况、新的阶级、新的形势、新的斗争出现在中国，这便是每个中国人亲身经历、每天从他们眼前闪过的中国的人生。鲁迅每天也同样经历和亲见这一切，他的感受自然还要更深切。如果如他所说，这是一间没有窗户的铁屋子，里面的人全都昏睡着快要闷死，那么，现在，这里却出现了一点点动乱，一点响声。鲁迅本是被寂寞缠住灵魂、觉得不可忍受的人，本是早就期望有人来打破荒寒的人，他一直在侧耳谛听民族的声音。现在，这响动，他是一定会听见、引起思索的了。一个不相识的黄包车夫的细小的行动都使他感动不已，不能忘记，在记事极简略的日记中记下，难道这几千人、几万人、十几万人的动作和声音，还能逃过他的视听吗？

当然，这时候更直接地引起他的注意的是另外一种声音。这种声音其实不过是前面所说的革命要求的表述，是上述历史的声音的"回声"。不过，它们作为另一种表现形式出现于思想文化界，表现为思想文学，因而更引起鲁迅的关注：这便是五四运动的号角——《新青年》杂志。

《新青年》原名《青年杂志》，1915年9月创刊于上海，由陈独秀主编。1916年9月更名《新青年》。1917年1月因陈独秀到北大任文科学长而搬到北京。到这时，鲁迅才开始接触到《新青年》。开始他对《新青年》是冷淡的。他寄10本《青年杂志》给在绍兴的周作人，是因为这是蔡元培所赠，寄去聊备一格，随便看看。他买《新青年》杂志是因为许寿裳说其中"颇多谬论"，所以买来翻翻。但是，翻过之后。他并不觉得有什么"谬"，而且听见了一种新的声音，可谓空谷足音。

他于是仔细地谛听。他曾经在十来年前，热情地呼唤过，出吾人于荒寒的"至诚之声"、反抗之音。这是否就是那种声音呢？这是各种高调乱弹声中的一种呢，还是确为历史的真声？这是一掠而过的喧嚣呢，还是发自民心的诚言？在懂得社会的复杂、经历过希望与失望折磨的鲁迅看来，还需要观察一下。而且，当时他那个被寂寞纠缠得久了的心，一下子还不能立即肯定和相信这新的声音的发展前景。他不是一个热情而轻率的斗士，而是一个诚挚而深沉的思想战士。他开始时冷淡的态度反映了他的冷静、深思和扎实。

从1916年下半年到1917年初的《新青年》，是相当热闹而可取的。这里响起了一种真正的历史的声音。1916年9月出版的第二卷第一号上发表了李大钊同志的《青春》。这篇文章，是一首青春的颂歌，它提出了"以青春之我，创建青春之家庭，青春之国家，青春之民族，青春之人类，青春之地球，青春之宇宙"的目标，它号召青年人"进前而勿顾后，背黑暗而向光明"，"宜有江流不转之精神，屹然独立之气魄"。要"冲决过去历史之网罗，破除陈腐学说之囹圄"，"涤荡历史之积秽"。这首青春颂歌所赞颂的是革命民主主义精神，所依凭的是唯物主义的宇宙观，所发扬的是革命进取、英勇奋战的精神，所期待的是"青春中华之创造"！1917年1月出版的《新青年》第二卷第五号发表了胡适的《文学改良刍议》，主张从八个方面入手来改良文学。接着陈独秀发表了《文学革命论》，反对宣扬封建思想的八股文，提出了文学革命的旗帜，"旗上大书特书吾革命军三大主义"①。正是在这之后，鲁迅在中断了对外国文学的集中学习之后，又开始购买外国文学作品，研读介绍俄国革命思潮与文学的著作。思想革命的号角嘹亮地吹响了。文学革命、文艺运动本是鲁迅早已密切注意、十分关心并且已经实际从事了一段的事业。思想革命更为他所重视。他弃医习文，不就是为了要唤醒人民吗？他曾经那样精神振作、殷切地期望国人奋起反抗，却遭到了失败。现在，反抗的人们异军突起、声音嘹亮，而且不像他自己当年那样如入荒原，生人既不赞成，也无反对，而是有响应者、有赞助者了。钱玄同、刘半农等人，都在《新青年》上发表了讨论文学革命的文章。

正是在这时候，钱玄同经常来访。他当时是《新青年》的积极撰稿人。他总是在下午四点来到补树书屋，同鲁迅高谈阔论到十一二点钟才回师大寄宿舍去。他们的交往，增加了鲁迅对《新青年》杂志的了解。

当1918年1月《新青年》在停刊4个月之后复刊时，编辑部进行了改组，鲁迅、李大钊都参加了编辑方针的讨论。鲁迅在1918年1月4日给许寿裳的信中兴奋地告诉他："《新青年》以不能广行，书肆拟中止；独秀辈与之交涉，已允续刊，定于本月十五出版云。"这说明，鲁

彭定安文集 7
走向鲁迅世界（上）

---

① 陈独秀提出的"三大主义"是："曰推倒雕琢的、阿谀的贵族文学；建设平易的、抒情的国民文学。曰推倒陈腐的、铺张的古典文学；建设新鲜的、至诚的写实文学。曰推倒迂晦的、艰涩的山林文学；建设明了的、通俗的社会文学。"

迅与陈独秀来往颇熟，而且了解杂志的各种问题与安排。也在这时候，鲁迅还认识了李大钊和胡适。

据《南腔北调集·〈守常全集〉题记》记述："我最初看见守常先生的时候，是在独秀先生邀去商量怎样进行《新青年》的集会上，这样就算认识了。不知道他其时是否已是共产主义者。总之，给我的印象是很好的：诚实、谦和，不多说话。"

从此，他就同"五四"文化革命运动中的主要人物结成了战斗的伙伴，投身于一个文化革命的领导集团之中了。同时，也踏上了他一生中最重要征途的起点。

历史的风暴就要来临。暴风雨中的海燕也已经振动着翅膀，准备迎接它的到来了。

他将飞入另一个世界。

十二、拓荒者：官宦生涯岂空度

这里，让我们稍微打乱一点时间的顺序，回叙和插叙一下鲁迅的官宦生涯；不过还不是全部，而是只限于他随政府迁京到五四运动前这一阶段的官宦岁月，也就是他在沉默与寂寞时期在自己的岗位上所做的工作。这不仅是他生活的一部分，而且也是他事业的一部分，是中国社会文化事业发展的不可忽视的一部分，更是鲁迅对此所做贡献的值得纪念的部分。人们后来都不大记起这些往事了，因为他后来在文学创作、文化革命和建设方面的成就已经远远超出这些成绩，把它掩盖了。

让我们略述一点历史的陈迹。

从1912年到南京教育部起，直到1926年离开北京，鲁迅一直在教育部任职，前后14个年头，他是一个官吏。但他始终没有加入这个官吏的行列，无论是在思想上还是在行动上。他观察了官场的种种丑态与笑料、黑暗与腐败、昏聩与恶作，对其予以揭露抨击，对之进行斗争。当有人邀游于官场秽水之中，有人消闲于吃喝嫖赌之中，有人消磨时光于品茶下棋之中时，他却进出图书馆，钻研学问，走上大学讲坛，培育青年人，从事文艺运动，开创新文艺事业，创作小说，写作杂文，同旧势力斗争，为新事物开路。然而，他不得不到部"视事"，不得不参加一些官场活动，不得不听那些走马灯式地上台下台的总长的胡说八道的

"训词"，为办那些无聊费精神的公文操劳，这些，他统称为"学做官"。当然，他始终没有学好，他也不想去学好这件事。

然而鲁迅在教育部期间，却在艰难困苦中劳碌奔波、惨淡经营，为我国最早的社会文化艺术事业开创了一个初步基础。在封建君主统治下，是谈不到什么社会文化事业的。推翻帝制，实行共和以后，才在形式上学习西方资本主义国家，开始创建这一事业。民国初年，在教育部设立了社会教育司，司长是夏曾佑。鲁迅先后任第一科科长、佥事兼第二科科长，专门负责管理文化、科学、美术等项事业，具体地说，有关博物馆、图书馆、美术馆、美术展览会和动植物园的事项，有关文学、音乐、演剧以及调查和搜集古物等事项，都归他管。事实上，几乎相当于现在的文化部管辖范围。但在军阀统治下的教育部，是一个纯粹的官僚机构，所给的经费极少，办起事来又各方窒碍。对于军阀统治来说，社会文化事业不过是装装门面而已，有时，却又用它来做御用工具，为宣传提倡封建思想文化服务。而那位夏曾佑司长，学问还是有一点的，想当年参加变法维新，同赫赫有名的谭嗣同一道提倡"诗界革命"，也颇有一点名气。但是，当时却是个颓废派，抑郁消沉，遇事抱定"多一事不如少一事"的态度。鲁迅每到他府上，必拉着饮酒。鲁迅有一次到他家去，坐下就饮酒，从上午一直喝到下午，还没喝完，鲁迅只好"逃归"。

在这样的环境下，鲁迅的主张是："利用职权，各行其是。"他在1918年8月20日给许寿裳的信中说："有权在手，便当任意作之，何必参考愚说耶？"他决定运用有限的权力和社会教育司可怜的条件来开辟一些工作，以"启发人们的觉悟"，改造国民性。

1913年，教育总长还是著名的资产阶级教育家蔡元培。他正热心地提倡美育，鲁迅积极辅助。为此鲁迅起草了《儗播布美术意见书》。这份意见书表现了鲁迅的唯物主义的、进步的美学观。他指出："盖凡有人类，能具二性：一曰受，二曰作。"人受之于天物，而后才能作文艺作品。这就是说文艺是客观世界的反映。而作者又必"出于思"才能做，"倘其无思，即无美术"。也就是要求作者要有思想，并不是简单地、纯客观地反映现实。他提出了美术的三要素："一曰天物，二曰思理，三曰美化。"他还明确指出了艺术的实用价值："实则美术诚谛，固在发扬真美，以娱人情，比其见利致用，乃不期之成果。"他详述了艺术的功用，有："可以表见文化"；"可以辅翼道德"；"可以救援经济"。为了"起国人之美感，更以冀美术家之出世"。他提出了"播布美术之方"，主要内容有：建立美术馆、美术展览会、剧场、奏乐堂和文艺会；保护古建筑、碑碣、壁画及造像，建立自然保护区和公园、动植物园；开展古乐和国民文术（歌谣、俚谚、传说、童话等）的研究。

根据这个设想，利用能够争取到的条件，鲁迅首先把教育部图书馆充实起来，这里收藏的大部分是中国古籍，包括清朝内阁大库的部分宋元版本在内。鲁迅曾多次为该图书馆搜购图书。鲁迅对于今天中国国家图书馆的前身京师图书馆的建设和发展付出了不少辛劳与心血，这是他对我国文化事业发展的一项贡献。

京师图书馆建于1909年（清宣统元年），1912年移交给教育部。为了增加馆藏图书，建立科学管理制度以及迁馆（包括选址、扩建等），鲁迅各处奔波，不辞辛苦。他把集存于翰林院和国子监的大批图书调归京师图书馆，又从辽、吉、黑、豫、晋、云等省调来大批官书，1914年更把热河避暑山庄所藏的《四库全书》调来北京。他还为设立通俗图书馆做了很大努力，他不断把自己的适合这个图书馆需要的图书赠送给它。这个图书馆里还设立了儿童体育场。

鲁迅还曾为筹建历史博物馆付出许多辛劳，并且多次把自己购得的文物赠送给历史博物馆。为守护送德国莱比锡万国博览会的13件宝贵文物，他守在教育部，通宵不眠。

1914和1916年，鲁迅主持举办了儿童艺术展览会和专门以上学校成绩展览会。

鲁迅还先后担任过通俗教育研究会小说股主任和审核干事。这时期，鸳鸯蝴蝶派的小说风行一时。后来，通俗教育研究会便通令查禁了代表这个文学流派的杂志《眉语》，因为它提倡"聚钗光鬓影能及时行乐"的淫乱思想，对青年毒害很大。以后又查禁了《金屋梦》《鸳鸯梦》这些黄色小说。同时，鲁迅奖励好的创作和翻译。1917年中华书局要出版周瘦鹃译的《欧美名家短篇小说丛刊》，送教育部审查，鲁迅很为赞赏，认为是"空谷足音"，所以呈请教育部给予奖励。周瘦鹃在多年之后，还感激地提到，这是"永恒的知己之感"。

十三、隐在学者

到目前为止，鲁迅仍然没有作为一个作家出现，甚至他自己也并未向这方面努力。然而，他却确实已经成为一位地道而纯正的学者，而且，是一位思想与方法都颇具新貌的学者了。不过，他却又是以一个隐在的学者身份存在的。因为，他这个时期在学术上所取得的成果，虽然非常丰硕，然而尚未能得到问世的机会，不为社会所认知与承认。他在寂寞中默默地工作，辛勤、细致、认真、精审，但是也让成果默默地躺在书箧里，有的在很久以后才得出版，有的直到他逝世以后，才能够与世人见面。这是他的一种苦恼，同时也是我国学术界的一种损失。因为，如果当他在世时出版，有些成果，他是还需要校订、删改、修饰的，那样，我们所得到的就是更为精深周到的精品了。

然而，情况虽然如此，但是他这方面的成果在这时期确已实在取得了，我们也就提前，然而却是如实地在这里给以反映和评述，而不是等到本书出版时才来追述了。

当我们把鲁迅从1909年归国后到1918年止的近十来年的辑录、考证、校订古籍和石刻画像的成就集中起来叙述时，我们便会发现，这成就是很伟大的，而且，我们看见一个严谨博识的学者鲁迅的形象。他是在条件十分困难、基本上是利用业余时间、心情又很不好的情况下，进行这种浩繁细致的学术工作的。

1914年冬，当鲁迅坐在藤花馆的斗室里，把收集整理完毕的《会稽郡故书襍集》翻检一遍后，写了总序和引序八则（传序、典录序、后传序、象赞序、土地记序、贺记序、孔记序、地志序）。在序言中，他写道："幼时，尝见武威张澍所辑书，于凉土文献，撰集甚众"，便产生了辑录会稽古籍的想法。中间因为有人认为这种工作是"夸饰乡土，非大雅所尚"，所以没有进行。但是后来回到故乡，看到"禹勾践之遗迹故在"，而"士女敖嬉，睥睨而过，殆将无所眷念"，便有感于故乡先贤的高风亮节、言行美德以及故乡风土之美都将湮灭，不为后人所知，于是着手辑录。从这里，我们可以看到鲁迅从事学术工作的纯正的目的。为什么校订《嵇康集》，我们前面说过，是寄托了他对嵇康的崇敬与喜爱之情的。关于嵇康，在鲁迅辑录的《古小说钩沉》中，有一段故事：

"嵇中散夜灯火下弹琴，忽有一人，面甚小，斯须转大，遂长丈余，黑单衣皂带。嵇视之既熟，吹火灭，曰：'吾耻与魑魅争光。'"

这一短小的故事，很足以说明嵇康的为人，也可见鲁迅为什么要校勘他的诗文集了。

对于古小说的钩沉工作，鲁迅回国后不久就开始进行了。这是他在东京从事文艺活动、研究文艺的余绪。他研究欧美诸国的小说，自然会想到中国在这方面的遗产，而回国后外文书籍不易得的条件也使他决定来进行对祖国典籍的搜求钩沉工作。这是一件前人从未做过也不可能做的工作。做这件工作，需要博览群书，而在文学方面又要有真知灼见，有新的学识。

到北京以后，他继续进行原来进行的学术工作，又开辟了新的领域，即对碑帖墓志和石刻画像的搜集、整理、考证、研究。这也可说是一个意外的收获。他是为了避袁世凯禁锢思想之祸和排遣自己心头的寂寞而开始这项工作的，而后来，却成为他的一项正式的学术研究了。在这方面，他也是有独到之处的。比如汉魏石刻画像，人们向来只注重研究其中文字，却很少专门研究那上面的"插图"或叫"题头画"的。而鲁迅却注意研究其画像与图案。他的这项工作，是过去的考据家、鉴赏家所没有做过的。他曾经对老友许寿裳说："汉画像的图案，美妙无伦，为日本艺术家所采取。即使是一鳞一爪，已被西洋名家交口赞许，说日本的图案如何了不得，而不知其渊源固出于我国的汉画呢。"

作为一位新学者的鲁迅，在学术工作上有几个显著而重要的特点。首先，他是怀着一种明确而有见地的态度来从事研究工作的。对于会稽郡故书的收集、对于嵇康作品的校订和对于古代小说的钩沉工作的致力，其目的，我们在前面已经说过了，而这些的综合表现，便是他的"回到古代去"的总旨趣。但这不是一般的发思古之幽情，也不是无所事事的返古、迷古。他是清醒的。他正是在实现自己在东京时期所提出来的宗旨和发扬民族文化传统、寻求新的发展道途的纲领。正如《坟·文化偏至论》中所说："稽求既往，相度方来"，"外之既不后于世界之思潮，内之仍弗失固有之血脉，取今复古，别立新宗"。他的治学求古，正是为了了解并保持民族"固有之血脉"，为了寻求未来，为了别立新宗。因此，他的治学，站得高、看得远、居高临下、近积远发。这是一种新学人的眼光与胸怀，非同一般。

其次，正因为他具有这样的眼光和胸怀，所以他的辑录工作眼界开阔，范围舒展，他的考订工作精审周密而又新颖别致、独辟蹊径。比如对于旧小说的钩沉，他并未拘泥前人窠臼；而对汉石画像的收集，则是前无古人的。

当然，鲁迅在考订古籍、整理故书上，又是接受了乾嘉学派的影响、吸取了他们的优秀传统的。他得益于乾嘉学派，不仅在于治学的态度与精神上，而且在方法上也是有所继承的。他的学生和治学上的朋友郑振铎称赞他的《古小说钩沉》的辑录"是乾嘉诸大师用以辑录校周秦古籍的方法"。然而，由于鲁迅治学稽古的出发点有如前述，所以眼光新、方法新，又不同于乾嘉先师。郑振铎在《中国小说史家的鲁迅》中说，用乾嘉学派诸大师的方法"来辑录古代小说的，却以鲁迅先生为开山祖"。对于鲁迅本人来说，对于学术界和文学界来说，鲁迅这方面的工作，最重要、最有价值，也是最为精创成功的，是他的《古小说钩沉》。郑振铎在《中国小说史家的鲁迅》中称赞此书"辑校的周密精详，至今没有人能追上他"，"不仅前无古人，即后来有作，也难越过他的范围和方法的"。这部古小说的辑录，为我们了解和研究我国隋代以前的小说作品和小说史提供了第一部全备的著作。据研究者指出，它有如下一些特点①：第一，规模宏大，搜罗广博，辑录全备。这不仅表明鲁迅功力超越古人，而且见识超越古人。他是"采用现代小说概念，兼顾中国传统"来从事这项工作的。鲁迅在本书中辑佚作品36种，而马国翰的著名的《玉函山房辑佚书》小说部分却只有8种。鲁迅引用的古籍有60多种，用来参校的古籍有十多种，总计约80种。不仅总量上，而且每一种小说中所搜的佚文，也超过前人。据林辰、顾农考证：如以《古小说钩沉》与马国翰辑本相比，前者中《青史子》多1则，《语林》多28则，《笑林》多3则，《玄中记》多9则。"刘义庆的《幽明录》，明桃源居士《五朝小说》魏晋部分仅辑得十一则，胡珽《琳琅密室丛书》辑约一百六十一则，而鲁迅辑约二百六十五则，空前完备，可以单独成书。"

第二，集中的每一则小说，"字句完备，校勘到家，文义优长"。鲁

---

① 以下有关《古小说钩沉》一书的成就与特色的介绍，主要参阅林辰《鲁迅辑〈古小说钩沉〉的成就及特色》（载《文学评论》1962年第6期）与顾农《〈古小说钩沉〉的成就与遗留问题》（载《社会科学辑刊》1984年第3期），文中引文未注明出处者，均引自此二文。

迅在辑录校订中，对每一则复见于多种古书中的小说，均选一个他认为优长的本子为基础，再以其他各本参校。在这里，鲁迅"博采群书，互相补订"，"又非常注意每则内容的纯净，避免羼入不相干的文字，真正达到了去伪存真的要求"。

第三，鲁迅在辑佚中，做了大量的拼补工作。这是富有创造性的，既见他在这方面的深厚功力，又表现了他的出色的见地[①]。这些拼补工作，复活了那些失传而仅存散片段的古代小说，使它们成为完整的故事和成形的作品了。这是鲁迅辑录佚书中的一个突出的贡献。

第四，在辑佚中，鲁迅对原著中的一些问题加了按语。这些按语虽为意校，但颇有见地，启人思路，指迷决疑，文语虽短，但值得重视。这些按语，有的是关于作品时代的考证，有的是关于书名出处的考辨，也有的是对于原书内容的补充说明，还有的是对所引各书同事异文的是非正误进行的考辨；此外，还有附载异说，校订文字，订正朝代、年号和个别文字的。这些零碎短小的按语，却是下大功夫、费大力气做出的，大有益于后学者和后来的研究者。

当然，由于鲁迅对这本书还未及最后审定，还有的工作他要做而未及做[②]；还由于当时历史条件的限制，有的后来的发现和研究成果当时尚未出现；这部书还有它的缺失和不足之处[③]。这是很自然的，也无损于它的成就，白璧微瑕而已。

---

① 如据《太平御览》卷75、392、698三处的引文，集纳而成裴启《语林》中的一则小说，构成一个完整的故事：

　　郑玄在马融门下，三年不得见，令高足弟子传授而已。融尝算浑天不合，召郑玄，令一算，便决。众咸骇服。及玄业成辞归，融心忌焉；玄亦疑有追者，乃坐桥下，在水上据屐。融果转式，欲敕追之，告左右曰："玄在土下，水上，据木，此必死矣。"遂罢追。竟以免。（见《古小说钩沉》）

② 许广平说："辑录中国唐以前小说佚文的《古小说钩沉》，原意似乎在每一卷之前有一序文，来说明这一卷小说是从哪里搜寻来的、别的书上没有类似的记载、原著者的略历和鲁迅先生自己考证所得的意见等，体裁略似《会稽郡故事襍集》。但是因为屡次想付印都没有成功，同时因为别方面的写作也抽不开时间来整理，所以至今印在全集里的仅只是小说，这是很值得惋惜的。"（见许广平：《研究鲁迅遗产的几个问题》，载《欣慰的纪念》，人民文学出版社，1951，第2页。）

③ 这主要有编排次序偶有失当、多卷小序尚未写就，特别是钩沉辑佚尚有可补（如关于裴启《语林》，戴不凡又辑得二则）；校勘中有的由于所用非善本，还有不够周密详尽者（见顾农：《〈古小说钩沉〉的成就与遗留问题》）。

鲁迅的这种工作精神、治学态度，也同样施之于《会稽郡故书襍集》的收集、《嵇康集》的校订以及《岭表录异》、《南方草木状》等方志和有关草木鸟兽虫鱼诸著作的搜集、抄录与考订中。总之，鲁迅的学术工作，认真、严谨、热忱、细致，开辟了新的领域与途径，具有独到的见解。他整理古碑、校订古籍，总是参照诸本，不厌其详，不厌其烦，考证精审，一无泛语。鲁迅做研究工作，重视收集整理丰富的资料，但他不主张靠孤本秘籍眩人耳目，沽名钓誉。他总是在人们都能得到的资料中，通过自己的努力得出新颖的成果。他的治学态度，不仅得到好友许寿裳的赞扬："搜罗的勤劬，考证的认真，允推独步"，连后来反对他的钱玄同在鲁迅逝世时写的文章中也不得不承认鲁迅"校勘古书或翻译外籍，治学最谨严，青年应效法"，"治学不粗制滥造，青年应效法他的'阐修'精神"。

　　鲁迅这一段所作的学术工作，具有承先启后的性质；他的工作，已经不同于清代乾嘉学派，也不同于章太炎，而具有恢宏博大又细致精微的作风，而且方法灵通而不拘泥，见解新颖而不迂腐，已经开了"五四"以后古典文学研究工作的先河。对于他自己来说，也是在这个过程中最后结束了旧学者的风格而建树了新学人的特征。——这主要是具有了中西文化融通而以民族传统文化为根基的文化思维格局，具有了新的文学意识，并且采用了比较文化研究的方法。

　　鲁迅这个时期所有的学术工作对于他日后成为新文化的伟大先驱、伟大的作家，都具有重要的意义和独到的作用。这正是他"回到古代去"重要的步伐和内容，从中他得以对古代的思想、文化作深入的了解，特别是对于中国人的民族灵魂与性格进行了解；同时也对中国文化，特别是文学，包括小说文化，有独到的理解，掌握它的风格与气派。这对于鲁迅掌握和吸取中国文化的精华、成长为文化巨人，无疑是重要的。对于养育他成为伟大作家，也同样是重要的。由此，他深入地了解了中国小说的发展史迹，掌握了它的体性风格、艺术特质。同时，也使他从这里"多识于草木鸟兽虫鱼"，具有广博的知识，形成他所独具的、别人难有的博大精深的知识结构。

　　当然，同时对于他日后成为一位杰出的学者，也奠定了新的基础：对古文化的了解、对小说史料的掌握、对严谨学风的培养等。

　　鲁迅在五四运动的浪潮一来，就出手不凡，一举成为中国现代文学的奠基者，这绝不是偶然的。这个预备期，他正在不自觉地做着充分的知识、思想和艺术的准备。

十四、潜入创作心理的历史积淀与审美素质
——艺术思维与艺术世界（5）

作为一位未来的伟大作家，鲁迅这时候正在成长，正在进入他的成长的决定性时期。他的创作心理也正处于它的形成期的重要关头。当然，这一切都还是处在不自觉的状态，因为他并未立志将来要成为作家。但是，无可否认，他的对于文学的爱好的深沉，对于文学性质、特征的研究之精深与了解、掌握之精到，以及他的秉性的敏感，都使他对于社会生活、对于外界事物、对于人物形象、对于故事的情节，都能够有独到的观察、精微的体味和深刻的、形象的记忆。这在某种意义上说，他又是在半自觉的状态中形成着他的创作心理和作为作家的对于创作的各项准备。对于这些，我们可以从他尔后的创作来作逆向追溯；然后又能从这种追溯所获得的线索和必要的结论中去求得解释他以后的创作的钥匙。

阴霾中的岁月和辛亥风云前后的见闻与亲历，显然成为他的生活的主要经历，或者说是他的生活经历中的主要的内容、主要的时期。也就是他后来所说的成为他的创作的源泉和推动力，他"偏苦于不能全忘却"的"年青时候也曾经做过（的）许多梦"和那些"已逝的寂寞的时光"。他在《呐喊·自序》中还说："这不能全忘的一部分，到现在便成了《呐喊》的来由。"而事实上，他的《彷徨》《朝花夕拾》，也应该说是以此为"来由"的。这里也许更偏重于指素材与人物的来源，而事实上，就创作总体说，尤其就创作心理来说，他的这一段生活，也可说是他的全部创作的来由。

一个作家的创作心理是随着他的人生觉醒和文学觉醒的过程形成的。他对于人生的体察和他对文学的感受，都要进入他的创作心理；这在创作心理形成的过程中，便是以历史积淀与艺术积淀的方式与形式留在他的记忆和心理中。在以后到来的创作过程中（首先是在创作的过程的酝酿阶段），这些积淀便会以其特具的素质，成为作家创作的定势力量而发挥作用，决定他的创作决策和模式：写什么以及如何写。鲁迅少

年时代的经历主要是那深深刺激了他和深深地嵌入了他的记忆中的事件、时光和人物，都已进入他的难忘的记忆中，成为他的创作心理的一部分；而此时的深深刺激他并嵌入记忆中的事件和人物，就具有更强的刺激力和更深的嵌入力了。其特点是，这些都和他的生活紧密地结合，成为他自己的生活的部分，又都是同他的梦、他的理想、他的事业、他的追求紧密结合的；而且这一切都经历了消沉——兴起——奋发——破灭的发展过程，这过程又拌和着他的痛苦和哀伤，渗透着他的心血和眼泪。因此，这些积淀就不仅是不能忘怀的，而且是深印于心，时常反刍，特别是遇触发而飞动的。

最使鲁迅不能忘怀的，给他刺激最深的是辛亥革命的失败和他对于失败的原因的观察与剖析了。这两者是相联系的。辛亥革命的失败在于革命者不能怀着坚定远大的革命目标并坚持不懈而不中途变节或废弃，也在于广大民众的冷漠和麻木、愚昧和落后。由于前者，革命者被捧杀，为金钱、吹捧、伪装所欺骗和软化；由于后者，革命者无所依恃，没有深的根基。鲁迅的这些思索和结论，都是当时社会生活的反照，成为历史的积淀而进入他的创作心理的积淀中。他的一开手创作，便进入社会政治主题，进入人民的命运及其命运改变的艰困与出路的追求，是和这时的历史积淀与创作心理的定势性成型分不开的。

他的审美心理、情境和特色，在这时，也同前述积淀相结合地进入成型期的决定阶段。早在东京时，他是欧洲浪漫主义文学和摩罗诗人的热烈爱好者，也是中国富有浪漫主义色彩的伟大诗人屈原以及李商隐、李贺等唐代浪漫诗人的热烈爱好者。他的审美心境中，反抗战斗、飞扬奋发、想象瑰丽、理想深远、文采华美，是理想之所归。以后，由于失败和失败所造成的他的深沉的寂寞，更以后，又进入阴霾沉沉的岁月，使他的热情顿入冰谷；迅即冷凝，并且逐渐紧缩，直到他自己沉入国民、寄情故书，想要把昔日的热情、理想和梦，全都忘却。忽地一声惊雷，辛亥革命爆发，他从冷凝中苏醒，并且开始奋起，然而才一动作，便遇阻滞，而且看见故乡的一切依旧、复旧。又进入冷凝中。这使他的审美心境自然披上凄艳的色彩，带着深沉的悲剧因素。从他的在阴霾岁月中写给许寿裳的信件的用语中，我们可以看到他的激愤、哀痛、悲伤，他因此对于鬼蜮伎俩、对于民众的麻木乖戾，因恨而迸发嘲讽讥刺①。这时，浪漫主义的魂灵进入现实的冷谷中，凝聚苦痛的血泪，而落在现实的泥土上。

在这个时期的对于古小说的收集整理，是他对于古国文化和人们性格探究的一部分，而同时也进入他的文学修养与文学觉醒的范围，成为他的审美心境与情趣的新因素。这些后来集入《古小说钩沉》中的古代小说叙事简洁、情节平实、语言朴素，但形象生动、性格鲜明，于朴素平实中透出力与美。这又成为他的浪漫主义精神的补充和增益。作为语言大师，他这一段辑录工作客观上成为熟悉、掌握、体味民族传统语言的表述方式、力量与美的过程。这也成为他的审美心理的一部分。

好似作为一种预告，一种笔锋的初试，他这时写作和发表了文言小说《怀旧》②。这应该是他的第一篇小说创作。它所使用的语言以及作品的结构、情节的简洁，都反映了对于我国古代小说的继承性；但是，它更为丰满了；而且，它的某些情节的细微的刻画、人物与情节的布局与发展，又都流露了对于欧洲小说创作体式与手法的借鉴。

特别值得注意的是，这篇写于辛亥革命爆发期而未注明历史背景的小说的背景，显然是辛亥革命。他写了革命爆发引起乡绅的惶恐，而他们视为可怕的还以为是四十多年前的"长毛"（太平军），其昧于世势、麻木愚昧为何如！而人民呢？则只知道"来了"来了，一群难民的来到，就使他们东奔西窜，正如《怀旧》中所说，"中多何墟人，来奔芜市；而芜市居民，则争走何墟。"这里含着明显的讥刺和隐然的沉痛。最后是一场虚惊，人们进入梦乡，一切归于故旧。稍一震颤，随即平静。死一般寂静。——这一切，都可视为《故乡》《阿Q正传》的写作背景；后来有些杂文的思想，也于此萌芽。

这种小试，使我们看到鲁迅的写实的本领、创作技巧的趋于成熟。而且，透露了他的创作心理与审美心理中冷静地剖析、呈现，简洁地表现的特征。这在以后有了远大的发展。

而且，这是一个预兆、一个消息：他将重新提起笔，进行文学创

---

① 鲁迅在1911年1月2日给许寿裳的信中写道："越中理事，难于杭州。技俩奇觚，鬼蜮退舍。近读史数册，见会稽往往出奇士，今何不然？甚可悼叹！上自士大夫，下至台隶，居心卑险，不可施救，神赫斯怒，湮以洪水可也。"（见《鲁迅全集·两地书　书信》第十一卷，人民文学出版社，2005，第341页。）

② 《怀旧》作于1911年。1913年4月25日上海《小说月报》第四卷第一号发表。

作。但这个预示提前出现了，以至直到5年后，在历史条件的催促下，才迸发出来。然而作为一种预示，其带有某种程度的确定性：他将向作家的道路发展。

第五章 奋战的世界：中国现代文化的火凤凰

1918年（38岁）—1926年8月（46岁）
北京

时候已是二十世纪了；人类眼前，早已闪出曙光。

          ——《坟·我之节烈观》

自己背着因袭的重担，肩住了黑暗的闸门，放他们到宽阔光明的地方去……。

          ——《坟·我们现在怎样做父亲》

我虽然竭力想摸索人们的魂灵，但时时总自憾有些隔膜。……我也只得依了自己的觉察，孤寂地姑且将这些写出，作为在我的眼里所经过的中国的人生。

          ——《集外集·俄文译本〈阿Q正传〉序及著者自叙传略》

吾令羲和弭节兮，望崦嵫而勿迫；路漫漫其修远兮，吾将上下而求索。

          ——《彷徨·题词（引自屈原〈离骚〉）》

当"五四"的浪潮已经发出汩汩的涌动之声，当文学革命的号角已经吹响，当他自己也已经逐渐在沉默中昂起了头时，他又重新提起了久经搁下的笔，燃起了新的希望，拿起文学的武器了。不过，这次他暂时还不是怀着激烈的热忱，也不是由自己独自来发起文学的运动，而是投身于一个文学运动，并且是在别人的催促、"动员"之下，他才重新奋起的。但，却又不是完全的被动。

钱玄同的催促起了触媒的作用。他引出了一个"狂人"和一位新进的作家。这是一位拥有充足准备的作家：文化的装备、文学的和艺术的素养、创作心理的养成，他都是充足的，而且是超等的。他深知传统，也了解异域。他早就想要稽求既往，相度方来，"谁对古老的渊源已经悟彻了，看啊，他终于要去追寻那未来的流泉与新的渊源了"①。好像凤凰涅槃，火中再生；中国现代作家第一代人和现代文化的创业与辟路者们，以及中国现代文化的创生，都需要历经劫火，火中再生。因而，首先是：面对传统，进行选择。

一、"狂人"形象

中国现代文学的第一块真正的奠基石是：《狂人日记》。《〈中国新文学大系〉小说二集序》中说，它的出现，"算是显示了'文学革命'的实绩"。它的出现仿佛偶然，实非偶然。

那是历史的召唤始出的，那是历史的浪潮涌出的，那是作家心中的情波思澜凝结而成的。

风暴引出的"狂人"

这时期，鲁迅虽然仍旧在绍兴会馆的补树书屋里抄古碑，但这些在他的生活中已经不占主要位置了。《新青年》打破了他思想上的寂寞；而且，《新青年》的活跃的编辑——钱玄同②的出现，又打破了他的生活的寂寞。这个在日本时的老同学，现在正在寻找战友。

1918年8月9日，他又出现在补树书屋。从这天开始，他频繁地出入鲁迅的书斋③。

---

① 这是鲁迅所引尼采语的白话译文，鲁迅曾用古语译为："求古源尽者将求方来之泉，将求新源。"并用为《摩罗诗力说》的题词。此处为赵瑞蕻白话译文，见赵瑞蕻《鲁迅〈摩罗诗力说〉注释·今译·解说》，天津人民出版社，1982，第18页。

② 钱玄同（1887—1939），原名夏，后更名玄同，号疑古，浙江吴兴人。语言文字学家。五四新文化运动的著名战士。1906年9月赴日本留学，曾与鲁迅同听章太炎讲文字学。1907年加入同盟会。1910年归国。辛亥革命后入北京，任北京大学、北京高师教授。1918年至1919年，与李大钊、陈独秀等轮流编辑《新青年》，曾提出打倒"选学妖孽""桐城谬种"的著名口号。"五四"过后，逐渐隐退，并鼓吹尊古、信古，甚至与反马克思主义势力站在一起。但抗日战争爆发后，蛰居北平，拒绝伪聘，恢复钱夏本名，以示民族大节。1939年1月17日病逝。

③ 钱玄同与鲁迅在日本留学时是同学，到北京后，他经常拜访鲁迅。从1913年起，每隔两三天就来一次。据钱玄同回忆，1913—1926年的13年中他与鲁迅见面100多次。而我们根据《鲁迅日记》统计，在1917年9月到1919年9月的两年中，他们就见面61次。足见那几年他们交往之密。

他衣襟上别着自来水笔，腋下夹着大皮包（这在当时是颇为时髦的打扮），笑嘻嘻地走进鲁迅的书房：

> 将手提的大皮夹放在破桌上，脱下长衫，对面坐下了，因为怕狗，似乎心房还在怦怦的跳动。
>
> "你钞了这些有什么用？"有一夜，他翻着我那古碑的钞本，发了研究的质问了。
>
> "没有什么用。"
>
> "那么，你钞他是什么意思呢？"
>
> "没有什么意思。"
>
> "我想，你可以做点文章……"

鲁迅对于鼓动他重新提笔的热情的朋友，说出了这样一番话：

> 假如一间铁屋子，是绝无窗户而万难破毁的，里面有许多熟睡的人们，不久都要闷死了，然而是从昏睡入死灭，并不感到就死的悲哀。现在你大嚷起来，惊起了较为清醒的几个人，使这不幸的少数者来受无可挽救的临终的苦楚，你倒以为对得起他们么？

《呐喊·自序》中这番深含痛苦的话，发自他的内心，饱含着他所亲历的人生的苦汁。但它的冰冷的外壳，却包含着炽热的内核。他诅咒"铁屋子"的黑暗与牢固，哀痛里面的人们的昏睡，他要唤醒他们，又深恐这会使他们比昏睡而死要受更深的苦痛。不过，这是以往生活的遗迹与回声，诉说的不是今日的消沉，预示的却是明日的奋起。这种强化的甚至有些夸张的表述，是对驳难者有意制造难题，但目的却不是要难倒对方，而是要使对方以有力的反驳来驳倒这夸大强化了的理由，使自己更感奋，信心更增强①。

这番话是鲁迅在辛亥革命以后经历了苦闷与曲折所积存的思想结论，表现了他忧愤的深广：对祖国前途的忧虑，对人民的深刻同情。前

---

① 不少研究者都根据鲁迅的自述，把这些话当作他的准确的自白，以为确是他当时思想的写照，从而认为只是金心异（即钱玄同）的一番话，就完全消除了他的沉默心情，使他奋起。这是不符合鲁迅思想实际的，也不合乎思想发展的规律。突变都有渐变的过程为前奏，据此，这里对鲁迅的这番"消沉"话语，作了这种分析解释。至于其社会的、历史的原因以及鲁迅自己的思想根源，均见前章的记叙。

面说到，他早在这时以前就已经从沉默中抬起头来了。

由于钱玄同的不断来访和《新青年》主编胡适的着力催逼，他终于答应做文章了。

1918年4月2日，鲁迅写完了短篇小说《狂人日记》，在同年5月15日出版的《新青年》第四卷第五号上发表。

《狂人日记》写了一个"迫害狂"的病人，如何病象丛生，用他的狂人的眼睛，看自然、看世界、看人生、看人与人之间的关系，并把他的"观察""思索""想象"杂乱无章地记录在他的日记里。他的惊人的发现是，历史的全部记载的字里行间都写着"吃人"二字；而现在也仍然在人吃人，甚至亲人之间也是在互吃。这是一个狂乱的世界、恐怖的世界。也不知到底是狂人自己狂悖，还是这个世道狂乱；也不知到底是这个世界充满了恐怖，还是狂人的内心充满了自我恐怖。

表面上看，自然是狂人以狂悖的眼光看世界；但实质地看，明眼人就明白，是在狂悖之眼中看穿了世界的狂乱与人生的狂悖。为什么会如此？皆因人人沿着那旧的思路、旧的习惯、旧的规矩行事，忠诚而愚蠢地守着那旧的制度。

作品用一种颠倒的心态反映了一个颠倒的世界的正常（！）的事实。

作者采用了象征主义的手法和诡奇的立意。借着"狂人狂语"，说出了惊世骇俗的警语：

> 我翻开历史一查，……满本都写着两个字是"吃人"！
>
> "从来如此，便对么？"
>
> 去了这心思，放心做事走路吃饭睡觉，何等舒服。这只是一条门槛，一个关头。他们可是父子兄弟夫妇朋友师生仇敌和各不相识的人，都结成一伙，互相劝勉，互相牵掣，死也不肯跨过这一步。
>
> 有了四千年吃人履历的我，当初虽然不知道，现在明白，难见真的人！
>
> 没有吃过人的孩子，或者还有？
>
> 救救孩子……

就这样，他揭露了"人吃人"的现象，揭出了礼教制度的罪恶的本质，发出了"救救孩子"的呼号。

这是五四运动中彻底地反封建的最强音！

这是中国新文学的第一块奠基石!

《狂人日记》发表时,他用了笔名:鲁迅。这是他第一次使用这个名字,它含有鲁钝而迅行的意思,表现了鲁迅的谦虚与热情。这名字从"迅行"演化而来,因为《新青年》编者不愿意有别号一类的署名,因此加了姓氏。冠以"鲁"字则是因为母亲姓鲁,古代周鲁本是同姓之国。从此,"鲁迅"的名字,就像一颗灿烂的明星,升起在中国的上空。

《狂人日记》是在思想文化革命的召唤下诞生的。在它之前,《新青年》上发表了陈独秀、李大钊、吴虞等人讨伐孔孟之道和封建礼教的檄文,还有胡适的《文学改良刍议》、陈独秀的《文学革命论》、周作人的《人的文学》、刘半农的《答王敬轩》、钱玄同的《中国今后之文学问题》,都连续发表了。但是用白话文写作的,能表明文学革命实际成绩的作品,却没有,于是鲁迅决心用小说创作来响应革命前驱者的号召,这就是他后来追述的"须听将令"和"步调是和大家大概一致的"。这种一致,是大方向和总目标的一致,至于打击的重点、使用的武器、战斗的风格以及批判的深度,鲁迅都是有独创性的。他在1918年8月20日,即《狂人日记》发表后不久,写信给许寿裳说:

> 《狂人日记》实为拙作,又有白话诗署"唐俟"者,亦仆所为。前曾言中国根柢全在道教,此说近颇广行。以此读史,有多种问题可以迎刃而解。后以偶阅《通鉴》,乃悟中国人尚是食人民族,因此成篇。此种发见,关系亦甚大,而知者尚寥寥也。[1]

他通过对中国历史的钻研发现了这一惊人的事实和本质,他于是发出了呼叫,以引起大家的注意。

鲁迅说,他写《狂人日记》,意在暴露家族制度与礼教的弊害。这弊害是什么样的呢?他为什么把家族制度与礼教放在揭露与抨击的重点呢?这正表现了鲁迅的思想与艺术的特点。他是作为一个作家,而不是作为一个政治家来解剖社会、历史,探寻民族出路的。以他的生活经历和思想经历所形成的创作心理是这样的:从社会思想文化的系统,从揭示人的灵魂的角度,来进入他的对于中国社会的剖析、历史的追溯和前途对策的设想。在他的艺术思维与艺术世界里,活跃着的是人和人的魂

---

[1] 《鲁迅书信集(上卷)》,人民文学出版社,1976,第18页。

灵。从鲁迅的创作意图看，他把封建家庭作为封建社会的一个细胞来解剖，孔孟之道、封建礼教，都以家庭为最基本的单位来贯彻、渗透、实行。在封建社会，皇帝是全体臣民的"家长"，全体百姓都是他的子民；家长则是家庭的"皇帝"，全体家庭成员都是他的臣民。忠与孝是最高的封建伦理标准，是统治全体人民和每个家庭的纲。"三纲五常"是捆绑每一个人的精神绳索。在家庭里，家长的意志至高无上，他们手中的权力杖和"法律"就是封建礼教。仅包办婚姻这一项，就在肉体上残害了、在精神上虐杀了多少青年男女。人的基本权利、人性的合理要求，都被当作祸祟之源的"人欲"而受到禁锢、压制、摧残。千百年来，封建家庭成了一个囚笼，一个屠场。这一切，鲁迅都形象地写实地表现出来了。《狂人日记》中关于"妹子被吃"的那段描写，便是一个例子。"妹子是被大哥吃了"，"母亲想也知道；不过哭的时候，却并没有说明，大约也以为应当的了"。大哥、母亲怎么会"吃"了妹妹、女儿呢？历史的、现实的实际是：女孩儿们为了遵守那些"三从四德"之类的封建条规，或者苦守一生、或者殉夫自尽，当了节女、烈女；或者相反，成了"忤逆不孝"的罪人；或者逆来顺受，牺牲了自己的青春和幸福。制造这种人间惨祸的，便是她们的父母兄长。可悲的是许多父母兄长在这样做时，并不认为他们"吃"掉了自己的亲人，反以为这是"爱"。《狂人日记》里写到母亲在女儿死后，"那天的哭法，现在想起来，实在还教人伤心，这真是奇极的事！"奇在哪里呢？奇就奇在本质上是"猫哭耗子"的悲剧，却又哭得这般真实、诚挚。

因此，鲁迅通过《狂人日记》发出呼吁：

"你们可以改了，从真心改起！要晓得将来容不得吃人的人，活在世上。"

"没有吃过人的孩子，或者还有？救救孩子……"

"狂人"形象的诞生与本质

中国现代文学的第一个生动深刻的艺术形象，是一个狂人。这个历史的、文学的现象，是意味深长的，这是鲁迅的一个创造。这个艺术形象的诞生和它的本质至今人们还在探讨，而且发生了争论。这不是很好地说明了这个艺术形象创造的成功、内容的丰厚深刻吗？

鲁迅为什么要塑造一个狂人的形象？

鲁迅广泛地阅读和深入地研究过中国几千年的历史。他从小就爱读稗官野史，以后更在进步历史观的指导下，读史而轻官书正史却注重野史。他在收集、研究中国小说史资料的过程中，也同时对中国历史进行了研究。在前引给许寿裳的信中，他说明了自己这种研讨的过程和结论。"中国人尚是食人民族"，"礼教吃人"，这个结论就是他对于中国封建制度的最后宣判。这个结论是沉痛的，然而又是确实而又深刻的、切中要害的。鲁迅是在五四运动前夕，前驱者遭到攻击颇感寂寞时创作《狂人日记》的。他要回答"革命为什么是必要的"、"革谁的命"和"怎样革命"这样一连串的问题。他的回答都凝练于狂人这个形象中了：吃人的礼教还在为害作祸，所以要革掉它的命，途径就是——解放了孩子！《狂人日记》的主题思想就这样被提炼出来了。

《狂人日记》的主题思想，就是这样来体现了[①]。

"狂人"的形象也有实际生活的依据。这就是鲁迅曾经接待过一个"迫害狂"病人，有过这样一次生活经历[②]。这个"迫害狂"病人阮久孙的病状是怎样的呢？他说，他的同事要谋害他，所以逃到了北京。到了北京，又是疑神疑鬼，听见响动，看见人，都说是跟踪的、布置好要杀害他的。他住在鲁迅住的会馆里，一早就来敲鲁迅的窗户说，今天要去杀了，怎么不早起来。带他去医院看病，车上看见背枪站岗的巡警，突然吓得面无人色了。这就是一个"迫害狂"的病状。显然，这个"迫害狂"的表现，鲁迅自己的这段生活经历，加上原有的医学知识，给了他一个创造狂人形象的契机和生活基础。

关于"吃人"这寓意深刻的话语，由一个狂人说出，显然是非常恰当的，一个狂人对于周围日常生活中的人与事的惊惧疑虑，就造成一种气氛，令人紧张、震惊、思考，产生一种发人深省的艺术作用。

---

① 鲁迅在同期和稍后写的杂文中写道："对于家庭问题，我在《新青年》的《随感录》（二五，四十，四九）中，曾经略略说及，总括大意，便只是从我们起，解放了后来的人。""要除去世上害己害人的昏迷和强暴。""旧账如何勾消？我说，'完全解放了我们的孩子！'"（分别见《坟·我们现在怎样做父亲》《坟·我之节烈观》和《热风·随感录四十》）这都是对《狂人日记》主题的注释。

② 1916年10月30日，鲁迅的一个在山西游幕的表兄弟叫阮久孙的，忽然来到北京，他是一个"迫害狂"。第二天，他"病颇恶，至夜愈甚"，鲁迅就急请日本医生池田来诊治，并且把他送到池田医院住院，雇了一个工人看护。以后鲁迅几乎每天到医院去看望，直到11月6日雇了一个叫兰德的人把久孙送回绍兴去，才算结束，总共闹腾了8天。

鲁迅这样做，还有另一方面的生活根据：中国历来对于敢于反抗世俗、提倡改革的前驱者，往往加以"狂人""疯子"的恶名，使他的话无人相信，使他生活于防范甚严、令人窒息的环境中，终于抑郁致狂或困顿而死。鲁迅曾经在《华盖集·补白》中记述过他所敬重的师长章太炎被反动势力视为"章疯子"的事，并且说："其人既是疯子，议论当然是疯话，没有价值的了。"①《狂人日记》里狂人的遭遇，正是这种状况的反映。

鲁迅刻画了一个狂人的形象，从他的眼中来看世界、看社会、看人生，一切就都超出了常规，也就改变了固有的、陈旧的看法，而显出它的本来面目。狂人形象的更深刻的意义还在于，大家还在昏睡中吃人、被吃，并不觉醒，而且对首先站出来道出这个真理的人加以迫害。这就表明改革的双重困难。

鲁迅正是通过刻画一个首先觉醒的人被迫害成狂人的艺术形象来揭露、控诉了中国封建传统的罪恶。他的"救救孩子"的呼声，是含泪带血的呼号。

狂人形象的诞生，显然还受到俄国作家果戈理同名小说的影响。这主要表现在艺术构思方面。果戈理为了揭露沙皇俄国封建农奴制社会的不合理，塑造了一个狂人——小人物波普里希金。他的卑微的社会地位、贫困的被蹂躏的屈辱生活和猥琐畏葸的心理状态，都通过发了狂的变态心理表现出来。这种似乎违反了生活真实的描写，却具有高度的艺术真实。果戈理的这种艺术构思启发了鲁迅，他也采用了这种艺术手法来表现和揭露中国封建礼教的祸害，但鲁迅不是简单地模仿，而是作了改造、创新。果戈理通过狂人同狗的谈话、对部长小姐的可怜可笑的慕恋，以及幻想自己"已经成为西班牙国王"等，揭示了波普里希金的性格，控诉了那个罪恶的社会环境。它的思想特色是哀怜，它的艺术特色是幽默。但鲁迅的《狂人日记》却是通过狂人的变态心理来撕去蒙在惨痛人生上的一层温情脉脉的面纱，揭出了它的吃人的内涵，控诉造成这

① 章太炎在1906年的一次讲演中说："当时对着朋友，说这逐满独立的话，总是摇头。也有说是疯癫的，……但是凭他说个疯癫，我还守我疯癫的念头。"（《民报》第六期）鲁迅在《华盖集·补白》中说："这一种手段也不独讼师有。民国元年章太炎先生在北京，好发议论，而且毫无顾忌地褒贬。常常被贬的一群人于是给他取了一个绰号，曰'章疯子'。"

种悲惨状况的封建制度，唤醒人们的觉悟。它的忧愤深广得多。"忧"，不是对于一个小人物的怜悯同情，而是对于在罪恶的封建制度下受残害的全体国人的同情与痛惜；"愤"，不只是对于官僚士绅欺侮凌辱人的愤怒，而是对于整个封建制度的愤恨与控诉。它的思想特色不是哀怜，而是沉痛、激励；它的艺术特色不是含泪的微笑与幽默，而是带血的呼号与悲愤。鲁迅笔下的狂人是一个患"迫害狂"的反封建战士，中国狂人和俄国狂人，不是异国兄弟，而是两个不同历史条件下不同命运的典型。中国狂人在思想上高于俄国狂人，性格上强于俄国狂人。他不是呼吁怜悯、爱抚，而是呼喊反抗、斗争。它的社会意义与革命意义，比果戈理的狂人高得多，大得多。

狂人是怎样一个形象？他是真疯还是假狂？他是真实的，还是寓意的？

从上面所作的关于《狂人日记》的思想与艺术渊源的探索中，也许可以说已经大体回答这两个问题了。鲁迅不是要写一个狂人（疯子），而是要写一个被迫害成狂人的反封建战士。这是鲁迅根据历史的真实、生活的真实，创造出来的一个有血有肉的艺术典型①。它具有历史内容上的、社会本质上的、艺术创造上的深刻的真实性；但它并不完全符合狭义的生活的真实性。在这里，切不可把现实主义只看作"写真实"的等同物。这种会写很好的日记的狂人，在生活中是不会有的。这是作家的一种夸张，一个创造，一种典型化的手法。

中俄两国"狂人"和尼采的"超人"

前面，我们已经指出鲁迅的《狂人日记》同果戈理同名小说的渊源和原则不同。这里，有必要将两篇小说做一较详细的比较、研究，以进

---

① 有人认为狂人是疯子，鲁迅不过借疯人之口，用疯言疯语说出那些寓意深刻的话语与批判，这是所谓"寓意说"。照这个说法，这个人物（狂人）不过是一个思想的寄宿主，一个传声筒，人物形象是与思想内容脱节的、不相干的，形式与内容是外在的统一、内在的分离。也有的说，狂人并没有疯，他不过是被诬蔑为疯子罢了，所以，他说出了那么多含意深刻的警句。按照这种说法，小说里许多按照疯人的变态心理所作的描写都是不真实的、和狂人脱节的，因为他并没有疯，而那从历史的字里行间看出了"吃人"二字这样一类描写，才是真实的，是属于"狂人"的，但不是他的疯话而是警句。真实的与非真实的，真话与疯话混合在一起。这样，同样的，艺术形象与思想主题是游离的、脱节的，内容与形式是分裂的。

一步揭示《狂人日记》的深刻内涵和艺术意蕴。鲁迅在《〈中国新文学大系〉小说二集序》中谈到《狂人日记》的出现时，曾经明确地指出了它受到"外国作家的影响"，并说："1834年顷，俄国的果戈理（N.Gogol）就已经写了《狂人日记》。"

这种中外文学的源流演变关系，是一种很有趣也含着深意的文学与文化的现象。19世纪30年代初，俄国文学界出现了一篇小说《狂人日记》，一个俄罗斯狂人用含泪的、满脸凄苦与无告的卑微小人的眼神，哭泣哀鸣："妈妈呀，救救你可怜的孩子吧！"80多年后，20世纪最初年代的中国文坛，也出现了一篇《狂人日记》，作者毫不隐讳地把自己的小说命以相同的题名，但他却又根本未曾模仿那个俄国同名小说，他所描绘的中国狂人的形象，却是用站在时代前列的觉醒者的布满忧伤恐惧与激越呼号的神情，惊惧怒吼："救救孩子！"俄国狂人的出世，反映了俄国社会生活已经发展到不仅产生了小人物波普里希金的可怜无告的苦难，而且产生了他们的不满，并且这种不满已经积存到足以由作家酝酿创造出文学形象的程度了。这个小人物受屈辱与折磨，痛苦万分、怨愤不已，已经难于忍耐，由此而沉溺幻想（幻想自己发迹了），以至自我陶醉而发狂了。人民的苦难的深沉与反抗的强烈要求，以及这种要求的还不成熟，都在这个狂人的形象中反映出来了。然而，诞生于20世纪最初20年间的中国狂人，作为艺术形象，受孕于中国近代、现代社会生活和现代民主主义革命，养育它的则是作家鲁迅对于中国历史的深入研究和对于现状的深刻认识。当时的中国，已经面临历史的巨大转变期，几千年的历史和古老传统的民族思想文化要来一个彻底变革，一切都要重新评估、重新来过。然而陈尸又沉重地压着人们的思想灵魂。新的力量跃跃欲动，旧的浓雾重重笼罩。正是在这个历史的关头，鲁迅发出了"中国几千年的历史，就是人吃人的历史"的呼号，并且惊惧呼吁："没有吃过人的孩子，或者还有？救救孩子……"

这个狂人，不仅表现了潜藏于人们心中的愤怒情绪，而且表现了对于旧制度吃人本质的深沉的忧愤，它的攻击的矛头不仅止于侍从官、将军，而且指向整个旧制度。我们说，中国狂人在思想上高于俄国狂人，在性格上强于俄国狂人，这不是对于果戈理的贬低，而是承认两个作家生活于不同时代的不同国家所带来的差距。鲁迅生活于20世纪第一个10年末期的东方古国，与果戈理生活的年代相距近一个世纪。在果戈理创造狂人形象的时候，俄国还处于十二月党人起义之后，反动统治加强而人民尚在积蓄仇恨与革命情绪的时候。不彻底的农奴制度的改革在19世纪60年代才实行，而1905年的资产阶级革命，则远在十二月党人起义80年以后。但鲁迅创造他的狂人时，中国已经经历了辛亥革命那样大规模的资产阶级革命。这场革命已经推翻了帝制，并且刚刚过去几年，更重要的是，发生在十月革命以后的五四运动将由无产阶级来领导，将有广大工人农民参加，已经是新民主主义革命了。这场革命一年之后便爆发了。鲁迅的《狂人日记》正是作为正在酝酿、已经成熟的这场革命的第一声春雷而鸣响的。由于历史条件的不同，鲁迅不能不站在比果戈理更高的历史阶梯上。他所创造的狂人，也不能不站在较俄国狂人更高的历史阶梯上。两位伟大作家和他们创作的作品的相同之处在于，它们用真实动人的人物形象揭露旧社会的弊端，以引起疗救的注意。这反映了两位作家对社会、国家命运的敏感与责任心和他们的现实主义精神，而其思想及作品的不同则真实地、准确地反映了两个不同时期的不同国家的不同历史内容。这应看作现实主义的胜利。

这里，我们还要作另一个比较，这就是鲁迅的"狂人"与尼采的"超人"的比较。人们向来忽视鲁迅的《狂人日记》在立意与艺术构思上曾经受到过尼采的影响。然而，他自己却明白地指出了这一点。《〈中国新文学大系〉小说二集序》中记载鲁迅在说明《狂人日记》受到果戈理的影响时说：

> 尼采（Fr. Nietzsche）也早借了苏鲁支（Zarathustra）的嘴，说过"你们已经走了从虫豸到人的路，在你们里面还有许多份是虫豸。你们做过猴子，到了现在，人还尤其猴子，无论比那一个猴子"的。

鲁迅在这里是要说明，他的《狂人日记》除了借取了果戈理的《狂人日记》的题目、艺术构思，还从尼采那儿借取了思想：一种把现实同历史相联系，以揭露现实的思想。尼采说，人类从虫豸发展成为人，但是，在高级形态的人的身上，还有许多虫豸的成分；人类从猴子发展进化成为人了，但是，人的身上却还保留着许多猴性，甚至超过猴子。尼采在这里以虫豸和猴子的借喻，揭露和讥刺了现在的人类身上的低等动物的动物性和高等动物的猴性。这里既是寓意和象征，又是写实：人类的进化史确是如此。为此，尼采提出了清除动物性与猴性的高于一切人的"超人"的理想。鲁迅正是从这里得到启发并借鉴这种寓意和象征，指出：中国人尚是"食人民族"，现代中国人已经不是茹毛饮血时期的吃人的原始野蛮人了；然而他们身上却还保留着吃人的品性，不过不是直接地吃，而是借家族制度与封建礼教来吃。这也同尼采的说法一样，既是一种寓意与象征，又是如实地反映了中国历史的演变和停滞。

这是鲁迅从尼采的思想和立意中借取来的。如果说从果戈理处借取的偏重艺术的构思；那么，从尼采那里借取的则偏重思想与立意了。这对于《狂人日记》内容的形成是具有重要意义的。

不过，鲁迅在指出他的后出的《狂人日记》比果戈理的同名作品"忧愤深广"的同时，还指出，他的"狂人""也不如尼采的超人的渺茫"。因为，尼采的超人，只是从揭露讥刺现代人的虫豸性、猴性的时候，提出来的一种呼号、宣言，究竟这种超人是什么样的、应该如何产生呢？他都没有说明。而且，尼采写的是精湛的文章，而非呈现的小说。因而在内容上和形式上，就都是空洞的了。而鲁迅的狂人，却是一个具有确定历史内涵的活生生的人和艺术形象。狂人提出的"新人"——未来的人，也明确其目的与道路是"不再吃人"和"没有吃过人"，方法是劝转那些还在吃人的人，停止了吃人；救救那些从未吃过人的孩子，使他们不再吃人、永不吃人。如是，则没有吃过人的人就出现了，吃人的现象就消失了。这也是想象中的空疏的设计，然而究竟不是一句呼吁和一种赞赏那么空洞。

这是鲁迅的独创与前进。

二、中国现代文学的第一块奠基石

《新青年》发表《狂人日记》以前，在新文艺方面，只有胡适等人的白话诗，以及胡适、陈独秀的文学论文，还没有小说创作的样品。现在好了，《狂人日记》发表了，它是完全用白话写的，而且那样流畅，清顺、铿锵有力，含意深邃，易懂而不浅薄，畅晓而不淡寡。这是坚实的，经过提炼加工的口语化的文学语言。作品的表现格式也是特别的，它的思想、内容、生活是中国的，它的叙述的方式、表现的手法也是中国作风、中国气派，但是，它又吸收、引进了外来的东西，这就是改革了短篇小说的基本结构，也改变了人物心理刻画、环境描写和对话的叙述方式。也就是说，它既有民族传统，又吸收了外来因素。

由此，《狂人日记》以其内容上忧愤的深广、艺术上表现格式的特别，成为中国新兴文学的第一篇成功之作，显示了文学革命的实绩。从此，中国新文学奠定了基础。

《狂人日记》发表后，立即引起了强烈的社会反响，新文化运动中的活跃人物吴虞看了《狂人日记》以后，专门写了《吃人与礼教》一文，"协同作战"。他在《新青年》第六卷第六号中一开头便写道："我读《新青年》里鲁迅君的《狂人日记》不觉得发生了许多感想"，"我觉得他这日记把吃人的内容和仁义道德的表面，看得清清楚楚。那些戴着礼教假面具吃人的滑头伎俩，都被他把黑幕揭破了"。新文学的坚实阵地《新潮》在《期刊介绍》栏内介绍《新青年》时，称赞《狂人日记》"用写实的笔法，达寄托的旨趣，诚然是中国近来第一篇好小说"。当时在上海商务印书馆编辑《小说月报》的茅盾赞扬《狂人日记》是"前无古人的文艺作品"。他在《读〈呐喊〉》中说，读了这篇小说之后，"只觉得受着一种痛快的刺戟，犹如久处黑暗的人们骤然看见了绚艳的阳光"。

从此，新的短篇小说联翩而至，逐渐多起来了。《〈中国新文学大系〉小说二集序》中说，《新青年》杂志除了又陆续发表了鲁迅的小说之外，"此外也没有养成什么小说的作家"，但是，在继起的《新潮》杂志中，却升起了中国新文学的第一批小说作家的群星：叶绍钧（圣陶）、俞平伯、杨振声、汪敬熙、欧阳予倩、罗家伦等。他们的出现，虽然在作品的思想和艺术上都远不及《狂人日记》，但是，却都同《狂人日记》一起，组成了中国新文学小说创作的第一批成果，它们是在《狂人日记》这块奠基石上建立起来的小说艺术之亭台。

鲁迅曾在《三闲集·无声的中国》中说："只有真的声音，才能感动中国的人和世界的人；必须有了真的声音，才能和世界的人同在世界上生活。"狂人的呼号，就是荒寒寂寞的中国在"五四"时期发出的最早的真的声音。而由此而引起同声共音的文学之声，也都与此真声共振共鸣。

鲁迅在发表《狂人日记》的同时，还发表了三首白话诗：《梦》、《爱之神》和《桃花》。在新诗被攻击为"驴鸣狗吠"时，他写此以"敲边鼓"。

《青年杂志》创刊时，曾经申明："盖改造青年之思想，辅导青年之修养，为本志之天职，批评时政，非其旨也。"但是，1918年复刊以后，改变了这个方针，从第四卷第四号起，更开辟了《随感录》一栏，以短小精悍的文字针砭时弊，这是适应斗争需要而新起的一个文学形式，它是战斗的武器、思想的利刃、文学的轻骑兵。鲁迅在创作小说的同时，又拿起了这个武器。他一篇接着一篇地发表。在这个专栏发表的133篇随感录中，他写了27篇。

在1919年5月4日以前，他在《新青年》上总计发表了小说3篇：《狂人日记》、《孔乙己》与《药》；发表了洋洋大观的论文《我之节烈观》；发表了随感录20篇[①]，还有新诗6首。

这样，鲁迅不仅以小说，而且以诗歌，以新创作的"随感录"，由中国驳论与散文的母胎中生发出来的新文体——杂文——的最初形态，为新文学全面地奠基了。

正如他自己后来所说，他既上阵，就一发而不可收了。这是他对于即将来临的五四运动的呼吁，对历史风暴的呼唤。

三、小说系列与国人魂灵

在十月社会主义革命的影响下，中国革命的风暴也迅速来临。1919年5月4日，在天安门广场，北京大学等校三千多名青年学生举行集会，喊着"外争国权，内惩国贼"的口号，游行示威，抗议帝国主义在巴黎和会上对中国主权的践踏，反对北洋军阀政府的卖国政策。他们去找亲日派卖国贼曹汝霖、陆宗舆、章宗祥算账，在激怒中痛打章宗祥，火烧赵家楼（曹汝霖的住宅），这就是著名的五四运动的发端。它揭开了中国新民主主义革命的序幕。

"五四"的火炬，点燃了全国人民心中的爱国烈火，也引爆了1915—1916年就开始积蓄并不断发展的思想革命的火药库，推动了已在蓬勃发展的新文化运动。这样三位一体的斗争和革命运动，总汇于一炉，构成了中国新民主主义革命的熊熊烈火。从5月上旬开始，革命的

---

① 《热风》中收入"五四"以前写的随感录有从《随感录（二十五）》到《随感录（五十四）》中的17篇文章，加上1978年孙玉石发现的《敬告遗老》《孔教与皇帝》《旧戏的威力》3篇佚文，总计20篇。

烈火迅速蔓延至全国。首先兴起的是学生运动。天津、上海、武汉、长沙……全国几十万学生走在运动的前列，成为生力军。紧接着中小商人、民族资产阶级也都卷了进来，开展了罢市斗争。工业无产阶级投入运动，登上政治舞台。上海的各业工人、唐山和长辛店的铁路工人都举行了罢工斗争。全国工业最集中的上海市，工人从6月9日到11日先后走上街头举行示威游行。邓中夏在《中国职工运动简史》中说，据不完全统计，参加罢工的人数大约有六七万人。在全国人民一致奋起的革命洪流冲击下，北洋军阀政府认输了。6月10日，免了曹、章、陆三人的职。京津学生一万多人，包围了怀仁堂总统府，总统徐世昌在群众的威力压迫下，给在巴黎和会上的中国代表拍去电报，要他们拒绝签字。6月28日，出席巴黎和会的中国代表，拒绝在损害中国权益的《巴黎和约》上签字。中国人民第一次在全世界面前表示了自己的意志，显示了自己独立的态度。随着革命运动的高涨，在思想文化战线上，也出现了空前活跃的局面。国内各地出现了各种各样的新刊物，数量达二三百种之多；《新青年》《新潮》《每周评论》《星期评论》《湘江评论》，在国内影响很大；全国四百多种报刊改用白话文。一代青年在这些革命的、进步的刊物影响下觉醒了，并起来斗争。

五四运动是中国人民的第一次思想解放运动，是民族的一次大觉醒。12年前，鲁迅呼唤精神界的战士出现，作"至诚之声""援吾人出于荒寒"，并沉痛发问"吾人惟沉思而已夫！""五四"时期，几十万青年发出了怒吼，全国人民发出了呼喊，特别是几万无产阶级发出了自己的声音。这民族之音、人民之声，冲破了古国的沉默与荒寒。

十几年来，一直在期待人民的觉醒、谛听民族的声音的鲁迅，在这怒吼声中，是很兴奋的，充满了希望与信心。当五四运动的火炬点燃之后，他更进一步看到革命力量的增长、民族觉醒的出现。他所盼望的暴风雨终于来临。1918年初，他还在致许寿裳的信中说："吾辈诊同胞病颇得七八，而治之有二难焉：未知下药，一也；牙关紧闭，二也。牙关不开尚能以醋涂其腮，更取铁钳摧而启之，而药方则无以下笔。"但是，七八个月后，当他参加了《新青年》的编务，在这个刊物上发表了作品之后，他的思想完全变了。他在给许寿裳的信中说："历观国内无一佳象，而仆则思想颇变迁，毫不悲观。"

他坚定地走上阵地。

他拿起了小说这个武器。

五四运动作为一场思想解放运动，在思想解放的过程中，需要运用多种多样的武器来解剖旧社会，批判旧社会。在这场伟大的革命中，鲁迅首先运用了小说这种形式。鲁迅把自己在"五四"时期所写的小说，称为"聊以慰藉那在寂寞里奔驰的猛士"的"呐喊"，是"遵命文学"。也就是说，他的作品是为革命而做的，那主题都是配合着革命的需要的。

在《狂人日记》之后，他又于1918年冬在《新青年》第六卷第四号上发表了《孔乙己》，以一个没落的、可怜的旧知识分子悲惨的命运，控诉了科举制度的罪恶，提出了必须摧毁这种制度进行革命的依据。

载于《新青年》第六卷第五号上的《药》写于五四运动爆发前夕的1919年4月25日。它的故事，提出了一个值得深思的问题：抛洒热血的革命英烈，为了拯救人民于苦难之中而牺牲自己，然而被救的人民却用他的鲜血作为治病的药物。这是何等的寂寞与悲哀，何等的麻木与昏沉！这里，鲁迅反映了辛亥革命失败的主要原因：没有进行一场思想革命来唤醒民众。在五四运动正在兴起时，鲁迅总结了上一次革命失败的教训，既证明了目前正在进行的这场思想革命的必要性，又提醒了革命者莫要重蹈历史的覆辙。这篇小说的冷峻的风格，反映了鲁迅的语重心长的用意。这篇作品是及时的、发人深省的。如果说《狂人日记》提出了推翻吃人的封建礼教的必要性、迫切性问题，那么，《药》则提出了如何来推翻吃人制度的问题。他提醒和呼吁：铁屋里的人们还在昏睡，要唤醒他们啊！这两篇小说，不仅表现了他作为一个伟大的作家，把深刻题旨和丰富内容浓缩在短小篇幅中的巨大的艺术才能，而且表现了他作为思想家的深刻与敏锐。

继《药》之后，鲁迅又于1919年六七月间在《新潮》月刊第二卷第一号上发表了《明天》、于1920年8月5日在《新青年》第八卷第一号上发表了《风波》、于1920年9月29日在《时事新报》副刊《学灯》上发表了《头发的故事》、于1921年1月在《新青年》第九卷第一号上发表了《故乡》。这几篇小说，几乎都以辛亥革命为时代背景，描绘了这个时期的社会状况。它通过描绘刻画人的魂灵来表现时代气氛的压抑、历史惰力的沉重、群众精神的麻木，由此而反映革命的必要性、迫切性，以及必须改变现状，否则就将沦亡的悲惨状况，并提出改变这种现状、求得从未有过的未来新生活的愿望，思索着如何来实现这一切的道路。这里蕴含着历史的教训、现实的黑暗、未来的理想。——《明天》中单四嫂子孤苦凄惨的命运，发出了同样的改变现实的呼声，而且，特别表现了高墙里面的人们互相之间竟是如此的不相通。就在单四嫂子遭到失去唯一的儿子的痛苦的时候，周围的人们竟是那样地趁机向她进袭：医生何小仙以他极端的冷酷对待她儿子的病与死，对待她的恐惧与悲苦；药铺的伙计又是那么冷漠地抓药包药；蓝皮阿五趁机调戏她；当她"苦苦的呼吸通过了静和大和空虚"，终于带着微末的、未知能否实现的会见宝儿的梦想，朦胧进入梦乡时，蓝皮阿五和红鼻子老拱，已从隔壁的咸亨酒店里走出，在暗夜中醉醺醺地唱道："我的冤家呀！——可怜你，——孤另另的……"这就是"沙聚之邦"的人们。他们连自己的手都不懂得自己的足，他们怎么能够共同起来斗争呢？这个问题过去曾经存在着，并导致了一次革命的流产，那么"五四"时期，应该如何来正视并解决这个问题呢？

在小说《风波》和《头发的故事》中，他从现实生活中提出了辛亥革命的沉痛教训问题：在皇帝的宝座被推翻数年之后，还会发生复辟的丑剧，而这场短命的丑剧在农村，竟然会引起如此大的恐惧和风波。这是一个经过了革命然而又未曾搅动过的沉寂停滞的社会，人们的灵魂也是麻木的、停滞的。这里需要的是什么不是很清楚的吗？在《头发的故事》里，事情就更令人吃惊、恐惧以至愤慨了：在革命已经进入胜利后的第十个年头，还有已经"剪掉头发的女人，因此考不进学校去，或者被学校除了名"。"阿，造物的皮鞭没有到中国的脊梁上时，中国便永远是这一样的中国，决不肯自己改变一支毫毛！"作者在这里发出的感叹是何等沉痛和激越。

在这之前的《一件小事》和在这之后的《故乡》，一个写了一位工人（人力车夫）的朴实而崇高的品质，并抒发了他自己从中所受到的触动和教育。另一个则写了一位农民（闰土）的凄苦悲惨的运命（由"英雄少年"而变成了"石像一般"麻木呆滞的人），特别是写了由少年朋友变成了两相隔膜的人，以及由此而引起的他的感触和期望：

我想：我竟与闰土隔绝到这地步了，但我们的后辈还是一气，宏儿不是正在想念水生么。我希望他们不再像我，又大家隔膜起来……然而我又不愿意他们因为要一气，都如我的辛苦展转而生活，也不愿意他们都如闰土的辛苦麻木而生活，也不愿意都如别人的辛苦恣睢而生活。他们应该有新的生活，为我们所未经生活过的。

希望有些渺茫。路在何处？他希望"走的人多了，也便成了路"。

鲁迅这几篇小说的发表，越发震惊了"五四"时期的文坛，他的"同一阵营"中的战友们，包括陈独秀在内，都对之称赞不已。这些作品为新文学奠定了更为坚实的基础。对于作家本身来说，也使他在文学界和新文化阵营中占有了重要的位置。

至此，鲁迅在不到三年的时间里，写作和发表了8篇小说。这构成了一个小说系列，它们以共同的总体创作立意，处理了历史的和现实的生活题材，也从这两个角度提出了革命的重要性、必要性和迫切性这个课题，更重要的是总结了历史的教训，揭示了现实的问题，把病苦表露出来了，引起人们赶紧去疗救的注意。它们汇集成一声呐喊，喊出了时代之声、历史之音和人民之心。

好像是对于前面8篇创作的承总，最后地完成这个系列小说；也因为经过这一时期的充分的酝酿，特别是创作实践的实际的促动和使人物、事件、情节进行了重新组合的结构活动，在鲁迅的心里，阿Q的影像更明晰了、更活跃了。他在鲁迅想象中的鲁镇活动，他的生活和命运在展开，他的这一切所蕴含的意义和启示也在思虑中成熟。

鲁迅在酝酿更大的经营，更深刻广阔的探索。一个更具思想规模和性格特征的文学典型在他的眼前飘忽。只等待那偶然的一击了。

四、阿Q的诞生和它的意义

1921年，阿Q这一不朽的文学典型和中国人的典型，在北京出世。从此长活在人间。

阿Q：现代中国文学第一典型

有一个影像，这是一个中国人的灵魂寄寓于其中的影像——他，就是鲁迅命名为阿Q的形象。它在鲁迅的心目中已经存在好几年了，或者可以说，由模糊到清晰的酝酿过程就有更长久的年代了。但是，鲁迅在《华盖集续编·〈阿Q正传〉的成因》中说："我一向毫无写他出来的意思。"为什么呢？也许是还没有酝酿成熟，也许是感到还没有找到一个妥贴的表现方式。但不管是否想写出来，阿Q的影像却确实在他的心中活动着。前面几篇小说的创作好像是为阿Q的诞生进行了实际的准备和侧面的促进。这是同一个时代发生的故事，在同一个时代的、社会的舞台上献演，而且他们是同台表演；只是似乎还少了一个中心的人物、一个主角。他是最有代表性的，具有最丰富的历史容量，具有最深厚的民族思想文化道德习俗的积淀。他是几万万同胞的活的国民性的魂灵。

必然性总是要通过偶然性来开辟道路。正是在这个时候，鲁迅在绍兴师范学堂的学生、活跃的报纸副刊编辑孙伏园要在《晨报》副刊上新添一个周刊，名叫《开心话》。他是当时很少几个知道鲁迅是谁的人中的一个，他马上想到请自己的先生来支持这个专刊。对于学生的请求，先生不便推却。他答应了。这又是一次偶然的触发，就像当初钱玄同去约他为《新青年》写点什么，而触发了他胸中的积郁，开手写了《狂人日记》一样；孙伏园的这一触发，又使他心目中的阿Q的影像活跃着，呼之欲出了。"开心话"？当他照往常的习惯，在晚上提起笔来实践诺言，"请"出阿Q来时，他想起了这个专刊的题名和它的特殊的要求。于是他写了第一章：序，并且"胡乱加上些不必有的滑稽"。

阿Q的不朽的形象，就这样诞生了。

以后是每周一篇。善于催稿的笑嘻嘻的孙伏园，每个星期来一回，他提醒和催促道：

"先生，《阿Q正传》……。明天要付排了。"

于是，先生就交给他写好的一篇。渐渐地，阿Q的影像活动起来，他的劳苦的生活，他的凄苦而麻木的心境，他的拖着小辫子的瘦骨嶙峋的身影，在纸上、在报纸上、在读者的眼前活动起来了。渐渐地，"认真起来了；伏园也觉得不很'开心'，所以从第二章起，便移在'新文艺'栏里"。

这在《〈阿Q正传〉的成因》里有详细的介绍。

阿Q的在中国出现，阿Q的在这时期的中国文坛出现，绝非偶然。当然，这是鲁迅的一个创造，是他所创造的艺术形象。但是，这个概括性极广阔、丰富、深刻的民族性格的典型，却又不是作家心造的幻影、臆造的影像。他是作家根据生活的真实，又依据自己的研究、分析、理解、体察创造出来的。阿Q首先是我们民族的历史和生活、民族心理—文化的产物，他活在现实生活中、活在中国国民的身上和心里，被作家捕捉到了，并加以概括地、艺术地表现了。

阿Q在"五四"时代出现，也是应运而生的。因为新的革命浪潮来到了，过去曾经涌起过这样的浪潮，这就是辛亥革命，但是失败了，它像梦幻一般消逝了；现在再一次浪潮来了，会不会像过去一样？为了不重蹈覆辙，就需要总结历史，从过去的失败中找出原因，那便是今天胜利的依据。鲁迅在《华盖集·答KS君》中讲到过这样的道理："我们看历史，能够据过去以推知未来。"而在《华盖集·忽然想到》中则说："历史上都写着中国的灵魂，指示着将来的命运。"从最切近的辛亥革命的教训中，来寻出五四运动的行动路径，不是最有直接意义的吗？正是有感于此，而又有孙伏园的约稿，就把存在于作家心中有好多年的阿Q的形象催发出来了。

阿Q是应着历史的召唤而出现在文坛、出现在历史舞台上的。

当然，一个民族的文学典型的产生，是必然有历史的因素、时代的条件的；当这种条件不具备时，就不能出现。塞万提斯的堂吉诃德、歌德的少年维特、普希金的奥涅金、冈察洛夫的奥勃洛莫夫、屠格涅夫的巴扎洛夫、托尔斯泰的彼埃尔·别素号夫，以及罗曼·罗兰的约翰·克利斯朵夫、曹雪芹的贾宝玉等都是如此。民族文学典型的产生，是民族经济、历史、文化条件发展成熟了，成熟到足以产生代表某个历史时代的民族典型时，才得实现。阿Q也是如此。

同时，还需要有文学发展的基础和条件，需要有作家的条件。五四运动时期，新文学运动的发展和鲁迅的出现，又在这两方面具有了基础。

然而，这里还只是勾画了一个轮廓，从宏观上探索了这个不朽典型产生的历史条件、时代环境和文学发展的基础。这当然还是很不够。这还不足以真正深入地解剖和说明这个典型。尤其是像鲁迅所创造的阿Q这样的典型，更是如此。自从阿Q来到世间之后，毁誉皆有（对他本身和对他的创造者作家鲁迅都是如此），众说纷纭；在各类评价里，对其意义、性质、产生的根源、价值以及许多有关的问题，都存在着争论。

正确理解《阿Q正传》的最好途径，是鲁迅自己关于这个作品所说过的一些话。鲁迅在《集外集·俄文译本〈阿Q正传〉序及著者自叙传略》中明确地说过，他是要"写出一个现代的我们国人的魂灵来"。鲁迅这时正在研究国民性的改造问题，又认为文学应该是为人生并改革这人生的。这是他创作的动因和立意的基础。"写出一个现代的我们国人的魂灵来"这个创作意图自然也是由此产生的。这就为鲁迅塑造阿Q这样一个形象奠定了思想基础。既然是要写出病态社会的疾苦，写出国民的劣根性，以引起疗救的注意，自然就决定了：第一，要写一个落后的典型；第二，要写这个落后典型中最主要的劣根性①。在这样的"规定性"之下鲁迅选择了阿Q这样一种类型的落后农民来塑造他的典型人物。这反映了他对中国社会的深入观察、深刻理解和一种深刻的思想。他已经认识到中国广大农民是最痛苦、最受压迫的，而且处于麻木、愚昧状态中；他们是人口中的大多数；他们的命运最需要改变。而从鲁迅的只有先改革了国民性才能改造社会、改造国家的观点出发，最需要改造的也正是他们。这样，鲁迅虽然没有明确地作出"农民是中国民主革命的主要支柱"这个正确的理论概括，但已经作出了要首先改变农民的命运的结论。因此，他就在"病态社会的不幸的人们中"选取了农民来作为他的典型创造的对象。但这又不是一般的农民，而是落后的农民，而且又不是一般的落后农民，而是如《且介亭杂文·寄〈戏〉周刊编者信》中所说的"有农民式的质朴，愚蠢，但也很沾了些游手之徒的狡猾。……不过没有流氓样，也不像瘪三样"的农民。阿Q的基本品性仍是农民，但沾了些游手之徒的习气，然而却不是现代的、城市的流氓瘪三。鲁迅还给了他一个特别的名字：阿Q。他的用意就是这Q字，外形上非常像一个人拖着一条小辫子②。这里颇具讽刺意味，但又饱含着辛酸。鲁迅是非常清醒的，他就是要写一个落后的农民的典型，来反映我

---

① 鲁迅后来说："十二年前，鲁迅作的一篇《阿Q正传》，大约是想暴露国民的弱点的。"（《伪自由书·再谈保留》）因为是以别人的口气评论作品，所以对作者的创作意图的说明用"大约"二字，实际意思是完全肯定的，即"是暴露国民的弱点的"。

② 周作人《鲁迅小说里的人物》："据著者自己说，他就觉得那Q字（须得大写）上边的小辫好玩。"这里满含着鲁迅的内心辛酸。他曾经说中国人的辫子是杀了许多人的头才种上的，这是耻辱的印记。许多外国人也往往以辫子为中国人的标识，而鄙视与嘲骂之。然而辛亥革命前有多少人却几乎以辫子为命根子，以剪掉辫子为大逆不道。辛亥革命后，仍有遗老遗少以辫子为荣。（《鲁迅小说里的人物》，江苏人民出版社，2018，第83页。）

们国人的劣根性，以引起疗救的注意。他其实并非不能写出有一定积极性的农民的典型和其他类型的落后农民。——后者他已经写出了闰土与七斤，他们都不同于阿Q。前者，在鲁迅的生活积存和记忆里是有这种积极形象的，他后来写的《离婚》中的爱姑和《社戏》中的农民便都是如此。因此，认为只能写出阿Q式的落后农民的典型是鲁迅的思想局限性的表现，这种看法是不对的。

当时国人的病症，主要的就是愚蠢、麻木和精神胜利法。这是阻挡改革的重大思想障碍。因为愚蠢和麻木，就不想改变现状；因为精神胜利法，就永远不会承认落后，连想也不会去想关于改革的事了。他心里虽有不满，他骂这世界，骂赵太爷和假洋鬼子。但他又不去反抗，因为在实际上每次失败、每次受欺之后，他都在精神上"胜利了"。一切的羞辱感，一种由恼羞而成的怒气，由愤怒而酿成的仇恨和由仇恨而引起的斗争，通通都消失于脑子里一转就胜利了的"一念之变"中了。精神胜利法，鲁迅是作为在大石底下压了几千年的、沉默的国民的灵魂来写的，它表现了鲁迅的极为深刻的历史眼光和极为深沉的民族痛苦。阿Q本应当奋起、自新、斗争，然而他却在精神胜利中逃遁、苟安、偷生，寻求到自我安慰与自我补偿，躲藏在一个精神的避风港里。他的精神上的"胜利"，既滋长了他的奴性，又毒化了他的精神，并且麻痹了他的斗志，阻碍了他的前进。因为，不幸得很，他这个一贯的失败者，却在精神上成了永久的胜利者。他的奴性令人心酸，他的偷生令人哀叹，他的自我补偿令人若有所失，而他的胜利更令人痛苦。——因为这"胜利"将导致他的更惨的失败，甚至有不可救药、万劫不复之势。这是一个可怕的悲剧。鲁迅把这种悲剧性格描绘、刻画出来了，引起国人的注意，这是疗救的第一步。他把病情诊察出来了，而且抓住了真正的病症，又引起人们对治疗的注意。这是鲁迅的一个伟大贡献。

当然，我们不能忽视阿Q性格的另一面：他要反抗。他之所以需要精神胜利法，正反映了他的对于自尊的维护、对于自卫的坚持和对于自强的追求。因此，精神胜利法，是一种反抗性的歪曲表现。这应视为一种希望的种子。

精神胜利法是阿Q精神的核心。它反映了自鸦片战争以来，中国沦为半殖民地半封建国家以后，清朝统治者在同外洋的交涉中表现得可笑可叹。统治者的思想，"传染"给阿Q这样沾了游手之徒的习气的人，是很自然的。鲁迅既然是以阿Q来画我们国人的魂灵，因此把这班"上等人"的魂灵也"摄"了进去，也并非完全不可能。——但这不是主要的。

精神胜利法最主要的、根本的根源，还是阿Q自己思想的内因，这就是他的小生产者的落后性、狭隘性和软弱性。尤其作为落后农民的代表，他这种性格就更"全面"、更突出了。小生产者本身是处在彼此隔离的孤立状态中的，是在生产上经不起任何一点风吹雨打的，他们总是在风雨飘摇中；然而，他们的苦难的生活、不幸的命运又总是使他们想要改变现状、企求好日子，盼望凭借那一点"小生产"，以中农、富农以至地主老财为目标，爬上去。然而，事实上他们往往不敢也不能在现实中去取得"光明"和"胜利"，于是他们总是耽于幻想，安于命运的安排，这就是一种"精神胜利"的心理根苗。这根苗，因阶层、因人而表现为各种不同的形式。阿Q在城里混过，沾了游手之徒的狡猾，所以他会去摸尼姑的光头而且说出"和尚动得，我动不得？"之类的下流话；当他失败了的时候，他会立即脑子一转就转败为胜："我们先前——比你阔的多"，"儿子打老子"，等等。阿Q的这些"优胜"事迹，闰土就绝对干不出来，他只是觉得苦，但说不出来，只能默默地忍受生活的折磨。

当然，我们绝不能忽视存在决定意识这个马克思主义的原理。阿Q的精神胜利法，同时也是环境的产物，是物质世界里的东西在精神世界里的反映。中国封建社会发展的长期停滞和封建统治的极端残酷，是精神胜利法产生的外界条件。鲁迅曾经一再指出中国的长期的、破坏了又修补的、细密精致的封建统治和它所产生的精神文明，戕害人是广泛、深入、残酷、恶毒的。所以，鲁迅指出，在这种物质力量的统治和精神文明的统治下，人们都愚昧、麻木、不敢动弹，因为稍一动弹，立即丧命。于是，从精神胜利上来苟安、偷生，便成了"最佳选择（！）"了，因此，鲁迅说是"在大石底下压了几千年的国民"。在《阿Q正传》中，鲁迅也具体地反映了环境对阿Q的残酷的压制：从举人老爷、秀才大人到假洋鬼子到地保、狱吏、狱卒以至同监牢的犯人，组成了一个压制的网，使阿Q不能动弹、不敢动弹。而且连未庄其他那些本身也是受欺凌压迫的人，也使阿Q遭到打击。这就是鲁迅在杂文中多次指出过的"对于羊显凶兽相，而对于凶兽则显羊相"，受欺侮便抽刀向更弱者的品性，这是弱者的不幸的病症。鲁迅说，治这病症的良药就是反其道而行之：受到强者的压迫，抽刀向更强者。鲁迅在《阿Q正传》中对于阿Q活动的环境和周围人们的刻画，正是揭示出这种外界势力是造成阿Q精神胜利法的根源。而作品的力量也正表现在这里：通过人物的精神世界，揭示了造成这种主观世界的客观世界的弊病。这正是鲁迅创作的目的：要揭出病态社会的弊病，引起疗救的注意，以改良这人生，进而改造这个环境、这个社会制度。从创作上讲，这也表现了鲁迅的现实主义精神：他创造的阿Q，确实是典型环境里的典型性格。

"阿Q的革命"与非革命

但是，阿Q终于起来革命了。这首先也是因为环境开始起了变化。这就是发生了辛亥革命。这个革命唤醒了阿Q，在辛亥革命的影响下，他内心深处的由于他的贫苦的生活与卑微的地位而产生的反抗性，亦即革命性，苏醒了。他也"造反"了。不过，很遗憾，"他们没有来叫我"，他的"反"并没有"造成"，最后却被杀害了。在这里，鲁迅对辛亥革命做了现实主义的描绘和深刻的批判。阿Q的革命，是从别人那里听到风声的，是"无师自通"的；辛亥革命的领导者，并没有到乡村来搅乱地主绅士的梦，也没有来向农民们做宣传发动工作。而革命成功后，又把地主、举人老爷、假洋鬼子通通用上了，倒是把真心拥护革命的阿Q给杀了。

一方面，鲁迅非常真实地描写了阿Q的革命，如《呐喊·阿Q正传》中所说：第一，"第一个该死的是小D和赵太爷，还有秀才，还有假洋鬼子……留几条么？王胡本来还可留，但也不要了"。这是施行暴力，"实行专政"。第二，"东西，……直走进去打开箱子来：元宝，洋钱，洋纱衫，……秀才娘子的一张宁式床先搬到土谷祠，此外便摆了钱家的桌椅，——或者也就用赵家的罢"。这是分浮财，或者叫"经济革命"。再就是关于女人的，在赵司晨的妹子、邹七嫂的女儿和假洋鬼子的老婆、秀才的老婆以及他追求过的吴妈这群女人之间，他简直挑花了眼，最后也没选中谁。这大概算是"社会革命"。这就是阿Q的"造反"。报私仇、捞一把、选美人，这就是阿Q心目中的革命。这种"阿Q式的革命"是揭露批判得极为深刻的。阿Q生长在未庄，所以，他想的就是这些东西。这确是他的局限性。有人以此而否认阿Q的革命性，并且否认鲁迅是描写阿Q的革命性，但是，鲁迅在《华盖集续编·〈阿

Q正传〉的成因》中明确说过：

> 据我的意思，中国倘不革命，阿Q便不做，既然革命，就会做的。我的阿Q的运命，也只能如此，人格也恐怕并不是两个。民国元年已经过去，无可追踪了，但此后倘再有改革，我相信还会有阿Q似的革命党出现。

鲁迅在这里说了两个意思：第一，阿Q固然落后，但只要中国发生革命，他一定要做革命党；第二，但他却是一种阿Q式的革命党。关于第一点，鲁迅承认阿Q的革命性，这是正确的。一般地说，任何革命性都是同物质利益分不开的，革命就是要改变生产关系，包括物质财富的分配原则在内。农民参加革命就是要去夺回被地主老财夺去了的财富。从改变自己的物质生活条件的愿望出发而去革命，是无可厚非的，并不能以此否定其革命性。鲁迅一直到后来也仍然认为革命开始时怀着各种动机的人都有，有的是为了爱人，有的是为了自杀，但鲁迅仍然肯定他们射出的子弹也同样会打死敌人，即肯定其革命性与革命作用。当然，以后会要发生分化：有的倒退，有的叛变，有的被淘汰了。

但是，鲁迅又同时写了这种革命性中含着破坏性，这是农民（即小生产者）的狭隘性造成的。你看阿Q连小D、王胡都要杀掉。他也要奴役小D。他要分财物、弄女人。这是鲁迅的揭露与批判，从这里不是仍然反映了愚蠢与麻木吗？不是同样也要求引起疗救的注意吗？

关于最后一点，《华盖集续编·〈阿Q正传〉的成因》中说：

> 我也很愿意如人们所说，我只写出了现在以前的或一时期，但我还恐怕我所看见的并非现代的前身，而是其后，或者竟是二三十年之后。

鲁迅后来在30年代同斯诺谈话时曾说：阿Q"现在在管理着国家"[①]。证实了他所说的"并非现代的前身，而是其后"的沉痛的预言，国民党反动派的"革命"，不过是阿Q式的革命性，而一部分上层

---

① 埃德加·斯诺在《我在旧中国十三年》中写道："既然国民党已经进行了第二次革命了"，他向鲁迅问道，"难道你认为现在阿Q依然跟以前一样坏吗？"鲁迅大笑道："更坏。他们现在管理着国家哩。"（见埃德加·斯诺：《我在旧中国十三年》，三联书店，1973，第49页。）

人物连这一点革命性也没有；后来，后者抛弃了伪装，前者丧失了那一点革命性，而恶性地发展了阿Q式的破坏性。当他们"联合专政"时，就比民间的阿Q坏得多得多了。

《阿Q正传》虽然主要的创作立意是要暴露国民性的弱点、画出国人的魂灵来，但是，这"人"必须活动于一个社会环境中。因此，在刻画阿Q的过程中，作为对典型人物生活于其中的典型环境的描写与刻画，鲁迅通过塑造栩栩如生的各种人物，广泛而深刻地表现了20世纪初、辛亥革命时期中国农村的社会矛盾与阶级对立，而且描写得鲜明、尖锐、生动、具体。

对中国当时社会结构和阶级关系，鲁迅的描述也很生动、具体、形象，虽然当时他还没有掌握马克思主义，还没有阶级观点，但他描写的生活本身，却客观地、如实地表现了社会的本质。这是现实主义的胜利。

在这篇小说中，鲁迅还创造了"假洋鬼子"这个形象。这是殖民地、半殖民地社会的特有产物。鲁迅对他的社会本质作了深刻的揭露。这个艺术典型，在旧中国的社会中，是很带普遍性的。他们的买办性和封建性相结合的特质，在政界、商界、学界都有其代表人物。解放后，他的那种"不准革命"的哲学，仍为不少人所信奉。

在写作前，阿Q这个典型就在鲁迅心中酝酿好几年了，而它最早的根苗更是鲁迅在少年时代就种下了。周遐寿在《鲁迅小说里的人物》中说，在阿Q的事迹中，有着谢阿桂、他的本家四七、桐生等人的影子。但是，从生活到艺术，这中间的差距与变化极大。这里有一个对生活进行观察、分析、研究、选择、提炼、加工的艺术创造过程。在这个艺术创造的过程中，需要巨大的思想才能和艺术才能。鲁迅的成功，证明了他在这两方面都是非常杰出的。

《阿Q正传》诞生之后，在当时就引起了广泛的注意，得到了高度的评价。茅盾在20年代写的《读〈呐喊〉》中就说："现在差不多没有一个爱好文艺的青年口里不曾说过'阿Q'这两个字。我们到处应用这两个字。"茅盾在《茅盾论中国现代作家作品》中还指出："中国历史上的一件大事，辛亥革命，反映在《阿Q正传》里的，是怎样的叫人短气呀！乐观的读者，或不免要非难作者的形容过甚，近乎故意轻薄'神圣的革命'，但是谁曾亲身在'县里'遇到大事的，一定觉得《阿Q正传》里的描写是真实的。我们现在看了这里的七八两章，大概会仿佛醒悟似的知道十二年来政乱的根因罢！"这里，既肯定了作品的现实主义精神，又指出了它对辛亥革命的批判。以后，这篇作品被译成英、俄、日、法等国文字。戈宝权在《鲁迅作品在世界各国》中说，早在1926年法国伟大作家罗曼·罗兰在看了《阿Q正传》的法译本后说："这是一篇明确的富于讽刺的现实主义杰作。……阿Q可怜的形象将长久地留在人们的记忆里。"

阿Q形象的典型性与系统质

前面我们基本上仍然是在宏观上和外部规律上，对阿Q的典型性及其意义作了分析；而事实上，阿Q的性格又远不止于此。作为不朽的民族文学典型，其原因和基础正在于此。因此，我们如果只是泛泛地限于社会学的分析，还是很不够的。而且，关于阿Q的许多争论，往往是由于这种分析领域的局限而造成的，或者，部分地源于此。解决这个问题的主要方法，首先仍然是鲁迅自己之所述。这里，我仍不避烦琐，大段地摘引鲁迅所说的关于《阿Q正传》的话，来作分析的起点①。

这段话是鲁迅在《俄文译本〈阿Q正传〉序及著者自叙传略》中说的：

> 我虽然已经试做，但终于自己还不能很有把握，我是否真能够写出一个现代的我们国人的魂灵来。别人我不得而知，在我自己，总仿佛觉得我们人人之间各有一道高墙，将各个分离，使大家的心无从相印。这就是我们古代的聪明人，即所谓圣贤，将人们分为十等，说是高下各不相同。其名目现在虽然不用了，但那鬼魂却依然存在，并且，变本加厉，连一个人的身体也有了等差，使手对于足也不免视为下等的异类。造化生人，已经非常巧妙，使一个人不会感到别人的肉体上的痛苦了，我们的圣人和圣人之徒却又补了造化之缺，并且使人们不再会感到别人的精神上的痛苦。
>
> 我们的古人又造出了一种难到可怕的一块一块的文字；但我还

---

① 这段话常被引用，为分析《阿Q正传》和阿Q典型所不可或缺的。但为了说明问题，我这里不得不重复，还是引证，因为这是"主证"。但我将做出自己不同的解释，以与大家讨论。

并不十分怨恨，因为我觉得他们倒并不是故意的。然而，许多人却不能借此说话了，加以古训所筑成的高墙，更使他们连想也不敢想。现在我们所能听到的，不过是几个圣人之徒的意见和道理，为了他们自己；至于百姓，却就默默的生长，萎黄，枯死了，像压在大石底下的草一样，已经有四千年！

要画出这样沉默的国民的魂灵来，在中国实在算一件难事，因为，已经说过，我们究竟还是未经革新的古国的人民，所以也还是各不相通，并且连自己的手也几乎不懂自己的足。我虽然竭力想摸索人们的魂灵，但时时总自憾有些隔膜。在将来，围在高墙里面的一切人众，该会自己觉醒，走出，都来开口的罢，而现在还少见，所以我也只得依了自己的觉察，孤寂地姑且将这些写出，作为在我的眼里所经过的中国的人生。[①]

鲁迅在这里首先明确说出了他创作《阿Q正传》和描绘阿Q这个典型的总体立意是：要"写出一个现代的我们国人的魂灵来"。接着便又明确地说出了他对这个魂灵的主要特征或叫本质的东西的认定，这就是：人与人之间都有一道高墙，大家的心无从相印，无论肉体上还是精神上的痛苦，彼此都不能感应。这就是鲁迅早年所说的"沙聚之邦"。同时，他又指出了造成这个可悲结果的原因是我们的古人把人分为十等，等级森严，各不相同，亦不相通。又加文字的艰深和人们的愚昧，百姓们无从发出自己的声音。这样，他们就只能"默默的生长，萎黄，枯死了，像压在大石底下的草一样，已经有四千年！"在这里，鲁迅把现实同历史联系起来、把现代中国人和古人联系起来，指明了从古至今四千年发展的历史轨迹。并且接着说："我们究竟还是未经革新的古国的人民。"就是说今人依旧古人魂，还是各不相通，连自己的手都不懂得自己的脚。由于这种历史的和现实的状况，所以他说自己虽然"竭力想摸索人们的魂灵"，但是，却还是"时时总自憾有些隔膜"。这"隔膜"本身就证明着心不相印情不互通的状况和魂灵。不过，他决心依自己的觉察，孤寂地，姑且把自己的体味和剖析写出来。然而他同时寄希望于将来，一切人众从大墙中走出来（或者把高墙推倒），自己觉醒了，自己开口，自己来讲。

在鲁迅这段长长的自白中，创作意图是阐述得再明白不过了：他就是要画被压了几千年、被隔离了几千年的中国的百姓的魂灵；这魂灵的主要特征（即本质）就是被关闭在心灵的大墙中，孤独地、不与人通地、压抑地、曲折地走着这样寂然泯灭的道路：生长——萎黄——枯死！

由于是这样的总体立意、艺术构思，怀着这样的美学理想，所以，他便着意描绘、刻画、雕镂人物（阿Q）的心灵，他的意识、心理、性情；而对于他的社会物质生活的状况，比如如何地受剥削、受压迫、受折磨，如何地过着吃不饱、穿不暖、身无分文、居无定所的生活，也没有对比地去描绘乡绅地主如何吃香喝辣、骄奢淫逸，官僚们如何作威作福、鱼肉人民，也并未去描写一般社会生活的惨状。总之，他没有像一般现实主义作品那样，去如实地、展开地、细致地描写社会各阶级和各阶层的生活、矛盾、斗争的情况，也没有安排互相连贯、层层铺开、网络交叉的几个大事件，描写其起讫发展的过程；而是把这一切都作为背景，以阿Q的生活，主要是他的灵魂的展现与发展为核心，来抒写、铺叙。他写的是魂灵、是心理史，但不是社会史。这是他的最初的立意所决定了的。

自然，因为他要着意写百姓的魂灵，而当时众生中最大多数就是农民，农民中最苦的又是阿Q式的无业雇农，所以他也必然会选择这样的出身、身份、经历的对象来描画。既如此，当然也就少不得要写他的一般生活情状，但也只是一般地记叙，侧重的却是阿Q对这一切生活中、社会上发生的事情的情感波浪、心理反应，即他的魂灵状貌。因此，当我们按照对待一般现实主义作品的要求那样，去分析、追究甚至图解阿Q的典型性，即阶级的出身、社会的地位、某个事件的历史真实性、社会意义等，就未免以侧面为正面、从虚写中求实体、以背景为前景了，甚至有时会陷入隔靴搔痒、似有其意却未得神髓的境地。

近年来的鲁迅研究中，出现了堪称突破性的成果。其中，特别值得重视的是对于阿Q形象的典型性的认识的深化，其特点则是深入到阿Q这个文学形象的本体内涵与特质中去了，使我们对阿Q的认识深入了，对鲁迅创作的认识也深入了。

首先是对于阿Q精神、阿Q的典型性格的分析，从哲理和心理内涵上来追求①。把阿Q的精神胜利法作为普遍的人的心理状态在特殊环境条件下的表现来分析，承认人类在社会生活中历史地形成的一些心理现象、心理活动内涵。然后，再具体地、历史地来分析这种共同的心理现象，在阿Q身上的具体表现。这里，构成了一个非常复杂的、变幻的、又矛盾又统一的心理活动状貌，它绝不是几个简单的、固定的概念所能包容的。吕俊华在他的著作中指出：恩格斯在《英国工人阶级状况》中曾经指出，无产者要"设法挽救自己的人类的尊严"，并且号召无产阶级"起来反抗，尽一切力量捍卫自己人类的尊严，而这只有在反抗资产阶级的斗争中才能做到"。自尊之心，人皆有之。"人类这种根深蒂固的本性是源远流长的，人是自我意识的实体，人类有了自我意识就有了自尊心，自尊心与自我意识同样古老，它们是在长期的社会共同劳动中形成和发展起来的。"②阿Q自然也有这种自尊心。但是，自尊是在与别人的交往中得到实现的、得到承认的。它不能孤立自生和孤立自存。"一切自尊莫不要求别人尊重。"③但阿Q是不幸的，他得不到任何人的尊重，他受到任何人的欺侮。他痛苦于自尊心的受到损害。为了从痛苦中求得解脱，他"发明"了精神胜利法，寻到了这个心理的、精神的避风港，他在冥想中得到了自尊的保证。因此，"他的精神胜利法就是他维护和保护个人自尊的一种特殊方法，一种反常的努力"④。不过，阿Q之为阿Q，他的精神胜利法又有其特点，这是他的可悲的社会地位所决定的。

　　阿Q对未庄各色人物态度的不同，导源于他的自尊。对权势者和实力派阿Q用精神胜利法来维护和保护自己的自尊；对同等地位者阿Q用"实力政策"来维护和保护自己的自尊；对毫无自卫和报复能力的弱者阿Q则奉行"霸权主义"来伤害他人自尊以满足自己的自尊。⑤

① 吕俊华著《论阿Q精神胜利法的哲理和心理内涵》（陕西人民出版社，1982年版）对此作了详细、新颖、深入的论述与剖析。
② 吕俊华：《论阿Q精神胜利法的哲理和心理内涵》，陕西人民出版社，1982，第2页。
③ 同上书，第4页。
④ 同上书，第3页。
⑤ 同上书，第14页。

这样，同一个阿Q就有好几副面孔、好几样性格表现，但是，却都统一在他的精神胜利法中，其表现因时因地因人而异。而这种表现又正体现了他的心理内涵的社会的、阶级的实质：他的自尊是封建等级性的自尊，是奴性的自尊。他的奴性通过精神胜利法得到曲折的反映。

然而，阿Q的这种变态的、反常的、极为敏感的自尊，恰是他的"强烈的自卑的反动和反应"[1]。恩格斯在《布鲁诺·鲍威尔和早期基督教》中则说："在各阶级中必然有一些人，他们既然对物质上的解放感到绝望，就去追寻精神上的解放来代替，就去追求思想上的安慰，以摆脱完全绝望的处境。"列宁在《两种乌托邦》中则说："幻想是弱者的命运。"处在绝望境地的弱者阿Q，除了用自尊心的维护与保护来获得自卑的补偿之外，还有什么能够使他得到生活下去的勇气和力量呢？在白日梦中，在幻觉中，他胜利了，他的自卑乃得到心理的补偿，由此而"忘了"屈辱，"消除"哀痛，又高高兴兴地活下去了！

吕俊华指出，此种心理也是人所常有的。不同的是，常人偶一为之，阿Q则"屡试不爽"。他的此种心理的表现形态有数种：自认门第高，辈分大；比丑；自贱第一；自打嘴巴；委之于命；健忘。精神胜利法在阿Q身上已经成为一种深闭固拒的系统，这是变态心理学中的一种"念结"（Complex）；对阿Q来说便是"一种自卑的'念结'（Inferior Complex）"[2]。

同时，"从生物学观点看"，阿Q的精神胜利法"则是出于自卫的本能"。[3]阿Q正是从精神上的胜利、梦幻中的得意中，得到自卑的补偿，也得到心理的平衡，由此，也就得到生理上的病痛的消除，得到生理上的平衡。否则，他就会因此而得神经衰弱症以至发疯，或者，各种内脏、器官生出各种病痛来。但阿Q没有，而且健壮地能够干活谋生。这是生理得到自卫的结果。

特别值得注意的是，阿Q的精神胜利法，毫无疑问是一种愚昧麻木的表现。从开始到结尾，从头上挨了木棒的打击还只是好像觉得是打自己，到为画圈画得不圆而懊丧，都表现了他的麻木愚昧已经到了无以复加的地步。但是，虽说如此，他的精神胜利法却又是一个幻觉者、麻木

---

① 吕俊华：《论阿Q精神胜利法的哲理和心理内涵》，陕西人民出版社，1982，第29页。

② 同上书，第49页。

③ 同上书，第50页。

者、愚昧者的反抗。马克思论述宗教的产生和性质时，指出："宗教里的苦难，既是现实苦难的表现，又是对这种现实的苦难的抗议。"①阿Q的精神胜利法正是这种反抗，当然，"这种反抗却是消极的变态（或病态）的"。

但，不幸的是，阿Q的精神胜利法始终是失败的。因为，这种胜利只能在精神领域里给他心理平衡、生理自卫和自尊自足，一到物质领域，它就是一张"画饼"、一种幻影、一种欺骗了，所以在生计问题上、恋爱问题上，就一概没有作用了。"因为精神胜利解决不了食欲和性欲问题，阿Q才终于要革命，但也终于被枪毙，连同他的精神胜利，这意味着他的精神胜利的彻底失败。"

然而，这种失败的结局，正是鲁迅的立意所在，也是生活本身的逻辑，自然也是阿Q性格发展的必然归宿。置之死地而后生。他的精神胜利法失败了，就该从物质方面去寻找夺取胜利的途径和方法了。这意味着他要从麻木、愚昧、幻觉中走出，走向觉醒和真的反抗。至少，鲁迅画出我们国人的这个魂灵，是要引起疗救的注意，引起反省与自觉，走另外的反抗求生自新的道路。

阿Q的这种心态，是一种复杂的聚合体，体现了阿Q性格的社会系统质。我们过去习惯于只从阶级分析的观点、从社会学的角度去考察和规范阿Q的性格，用单向的、静态的、线性的思维方式和分析方法去剖析一位伟大作家的极为深厚、丰富、精粹的艺术形象。而事实上，"阿Q性格是一个复杂的系统，它是由各种性格因素按一定结构方式构成的有机整体"，而且，阿Q性格的系统质，"是对阿Q性格在社会大系统中所产生的多种社会性的综合规定"。②

阿Q的性格构成因素中，有作为基本因素的他的阶级性所规定的内容，也有社会性所融汇的其他各阶级的秉性、心理与心态，还有时代性所赋予的时代物质与精神生活的内涵、特质；此外，还有历史性、民族性所留下的民族心理—文化—性格的历史积淀与遗痕，以及人类性所共存的人类普遍存在的心理、文化素质（这是几十万年在劳动中、在社会交往中、在人类共同生活中积淀和提炼、升华而成的人类共性）。这

① 马克思：《〈黑格尔法哲学批判〉导言》，载马克思、恩格斯《马克思恩格斯选集》第1卷，人民出版社，1972，第2页。
② 林兴宅：《论阿Q性格系统》，《鲁迅研究》1984年第1期。

些，构成了一个极为纷繁复杂、矛盾统一、中外古今融合而成的性格典型。但是，阿Q的雇农的社会地位、生活与性格，又是这一切的基础、中枢、基调、核心，它吸取其他一切、溶蚀其他一切，消化它们又同化它们，使它们归化，又使自己异化。

历史在前进，社会在发展，人的认识能力和认识水平也在发展，关于文化与文学、艺术的观念和见解也在不断发展。我们不仅不应嘲笑人们以前的认识（不论是20年代，还是30年代、40年代以至50、60、70年代的人对阿Q的分析），不仅不应抛弃这些历史的积淀，而且，还应该承认它们产生的合理性、在当时的正确性，以及对后来者的启发性。我们今天的认识的发展正是在那些历史的积淀上取得的、发展起来的，甚至那些在当时就证明是错误的或当时部分正确今天证明不对的分析、见解，也都有它们的历史的功绩。

而且，从接受美学的角度来说，欣赏者是参与艺术品的创造的，在欣赏艺术典型时，是在进行着再创造的。有多少读者就有多少个哈姆雷特。鲁迅也说在不同读者眼中所见到的《红楼梦》有不同的内容与价值。对艺术典型的欣赏，带着历史性、时代性、民族性、阶级性、社会性、个体性。在今后的发展长途中，后人还将越过我们或者异于我们，去理解鲁迅、分析阿Q，见前人之所未见，发前人所不可能有之议论。在这一点上，也证明了艺术大师的著作和艺术典型的丰富性与不朽价值。

五、从随感到杂文：两种批判

《新青年》上开辟了《随感录》专栏，发表一些短小的、无标题的感想，实际上是将一些随感记录下来，以揭露抨击社会上的不合理的、落后的现象。此类文字，篇幅短小、事小，议论也少，无论编者还是作者，虽然态度是认真的、严肃的，但倒也未尝十分重视，随事而感、随时而发，然后也就随事过境迁而消逝了。事实上，当时的"五四"健儿们所写的许多随感，现在也确是消逝于历史的风尘中了。然而，几乎可以说只有鲁迅，使随感未被历史的风尘卷去，而且将随感发扬光大，成了杂文，成了一种中国的和鲁迅式的特殊文学样式，成为文学史上的精品。这却是《新青年》的主事者、《随感录》专栏的创设者以至鲁迅本人，都没有想到也不曾设想的。

《新青年》的《随感录》专栏开设于1918年的4月出的第四卷第四号，鲁迅则从这一年的9月第五卷第三号《随感录》已经发了24则随感时，才在本栏以"唐俟"的笔名露面。他写的第一篇《随感录二十五》，主题与不久前发表的小说《狂人日记》相呼应，仍然是"救救孩子"之意，不过，此处从另一侧面入题，即父亲不仅要生子而且要教子，但鲁迅把问题纳入一个非常广厚深刻的主题范畴："中国所多的是孩子之父；所以以后是只要'人'之父！"要"人"之父，培养"人"之子，这当然又和建"人之国"联起来了。

从此，写随感录也是一发而不可收。几乎每月必有，少则一两篇，多则三四篇。唐俟（即鲁迅）的随感录，已经显露匕首之犀利与深入的威力了。综合这些匕首式随感的主题和抨击对象，我们可以称之为社会批判。他主要是对于应该改革的社会和反对社会改革的势力给予讥刺、抨击，将热风吹向冷冽的社会，给社会以温煦。只是因为是随感录，是小匕首，所以一刺即止，未遑展开，不克多论。

当时反对改革的，主要是：第一，以一切传统，包括那些过时、腐朽、没落、溃烂以至残酷的封建货色，均为国粹；第二，要保存这国粹。鲁迅的社会批判，即以此二者为主要靶的。

他在《热风·题记》中说：

> ……除几条泛论之外，有的是对于扶乩，静坐，打拳而发的；有的是对于所谓"保存国粹"而发的；有的是对于那时旧官僚的以经验自豪而发的；有的是对于上海《时报》的讽刺画而发的。记得当时的《新青年》是正在四面受敌之中，我所对付的不过一小部分；……

鲁迅说过，中国的封建思想文化是"杀人不觉死"的软刀子，在新文化运动不断向前发展时，那些守旧派、顽固派以及遗老遗少们，手里都拿着这把"软刀子"来进行抵制和破坏，这些衰朽的势力，将祖传的老例、条规、成法这些历史垃圾堆在道路上，以阻止历史车轮的前进。

《〈出了象牙之塔〉后记》中说："幸存的古国，恃着固有而陈旧的文明，害得一切硬化，终于要走到灭亡的路。"因此，鲁迅决心要进行一番扫荡的工作。"第一著自然是埽荡废物，以造成一个使新生命得能诞生的机运。"这是思想革命和文化革命不可缺少的战斗。

鲁迅首先是对于所谓"国粹"进行了多方面的深刻的揭露与批判。因为它要把封建主义的一切上层建筑都当作国宝保存下来，以束缚人们的手脚，麻痹人们的斗志，阻碍革命的前进。他在《热风·随感录三十五》中说，所谓"粹"，就是"一国独有，他国所无的事物"，即特别的东西。但是，独有、特别的东西就好吗？就应该保存吗？他在《热风·随感录三十九》中对国粹家们投以辛辣的讽刺："只要从来如此，便是宝贝。即使无名肿毒，倘若生在中国人身上，也便'红肿之处，艳若桃花；溃烂之时，美如乳酪'。国粹所在，妙不可言。"

鲁迅在《热风·随感录三十五》中提出了几个设问。一问：如果国粹真正那么好，"何以现在糟到如此情形，新派摇头，旧派也叹气"。二问："以前，全国都是'国粹'……何以春秋战国五胡十六国闹个不休，古人也都叹气。"三问："何以真正成汤文武周公时代，也先有桀纣暴虐，后有殷顽作乱；后来仍旧弄出春秋战国五胡十六国闹个不休，古人也都叹气。"

这几个设问，非常有力，短小精悍而犀利，用历史的铁的事实证实了国粹的不仅无用，而且有害。

鲁迅在《热风·随感录三十六》中说："现在许多人有大恐惧；我也有大恐惧。"他恐惧的"是中国人要从'世界人'中挤出"，因为，中国的"粹"太多，"粹太多，便太特别。太特别，便难与种种人协同生长，挣得地位"。他提出，我们必须有相当的进步的知识、道德、品格、思想，才能站得住脚。

但是，这样的"国粹"，却有一批人物出来大保而特保。他们不愿退出历史舞台。对于呼唤与准备迎接革命风暴来临的新文化运动，他们一齐出动，抵制，咒骂，抗拒，破坏。他们视"国粹"为贾宝玉颈上挂着的那块玉石一样，是须臾不可离开的命根子。于是，斗争便集中在反对国粹还是保存国粹这个焦点上。这实质上就是革除还是保留封建思想文化的斗争。在一批被新文化运动的洪流冲击得如丧考妣、惶惶不可终日的老朽中，跳出来一个林琴南，他自称"清室举人"，"年逢七十"还要"抱守残缺，至死不易其操"，他发誓要"拼我残年，极力卫道"。同时，还有一个张厚载，是北大法科学生，年纪轻轻，中封建流毒却颇深，因为维护旧戏，受过《新青年》批判，怀恨在心。他同乃师结成一伙，一师一徒，一老一少，一文一"武"，发起了一个攻势。时在1919年二三月间，正是五四运动已经临近的时候，这可算是一次反扑。林琴南先是在上海《新申报》上发表小说《荆生》。他炮制了一个"伟丈夫"，借他之口来责问："中国四千余年伦纪立国，汝何为坏之?"他幻想这个"伟丈夫"用两个指头按在田其美（影射陈独秀）的头上，他便"脑痛如被锥刺"；"更以足践狄莫（影射胡适)"，"狄莫腰痛欲断"；金心异（影射钱玄同）近视，"伟丈夫取其眼镜抛之"，金"则怕死如猬，泥首不已"。林某人就这样在精神上得到了"胜利"的满足。林琴南还给蔡元培写信，攻击《新青年》"覆孔孟，铲伦常"。又写小说《妖梦》，影射攻击蔡元培等人。林琴南的行为，正像当时有人所形容的"竟是拖鼻涕的野孩子在人家大门上画乌龟的行径了"。他的弟子张厚载则是另一番动作。他化名半谷，在上海《神州日报》发表通讯，散布什么《新青年》编者"自行辞职""逃往天津"的谣言。又在上海《申报》发电，抛出《新青年》编委被"驱逐出校"的谣言。面对这样猖獗的攻击，《新青年》同人起而迎战。陈独秀、李大钊都写文章予以还击。鲁迅也积极地投身于战斗中。他在辑录的《什么话》中，把林纾为所译小说《孝友镜》写的《译者小识》抄录示众，借林某之笔揭露其利用西洋小说维护孝悌纲常的嘴脸。

当鲁迅听说刘师培[1]勾结北大的封建遗老辜鸿铭、黄侃等人，要恢复《国粹学报》和《国粹丛编》后，便在1918年7月5日给钱玄同的信中予以猛烈的抨击。他说他自己"阅历已多，无论如何复古，如何国粹，都已不怕"。他指出："该坏种等之创刊屁志、系专对《新青年》而发。"但他说："既将刊之、则听其刊之、且看其刊之、看其如何国法、如何粹法、如何发昏、如何放屁、如何做梦、如何探龙、亦一大快事也。国粹丛编万岁! 老小昏虫万岁!!"这封信犀利泼辣，气势凌厉，充满了战斗的激情，也充满了胜利的信心。

后来，刘师培之流终于成立了国故月刊社，出版《国故》月刊，粉墨登场，与新文化运动对垒。

---

[1] 刘师培（1884—1919），江苏仪征人。早年投机革命，曾参加光复会和同盟会。后投降变节，充当清政府两江总督端方的密探（所以鲁迅信中有"如何探龙"的讥刺语）。辛亥革命后又投靠袁世凯任政府咨议、参政院参政。袁倒后，蜷伏天津，后到北大教经学。五四运动前后，仇恨新文化运动，积极参与《国粹学报》《国粹汇编》的工作。

鲁迅对这股逆流的实质给予了深刻的揭露与批判。他在《热风·随感录四十二》中指出，这些老小昏虫所搞的维护文言，提倡国学，宣扬固有文明和固有道德，以及缠足、拖大辫、吸鸦片、人身买卖、一夫多妻，等等，所有这些"国粹"，"没一件不与蛮人的文化（?）恰合"。他在《热风·现在的屠杀者》中愤怒地指出，这些人是要用祖传的一切垃圾来堆在四周，使中国成为一个"活埋庵"。他批判这些保存"国粹"的"大师"都是"现在的屠杀者"。

鲁迅在《热风·随感录四十八》中特别指出，老朽们的软刀子是杀人不觉死的，他们会用种种手法，随机应变地来达到反动目的。在新文化、新事物的洪流涌来，抵挡不住时，他们就说："'西哲'的本领虽然要学，'子曰诗云'也更要昌明。"他们是"要新本领旧思想的新人物，驮了旧本领旧思想的旧人物，请他发挥多年经验的老本领"。《华盖集·补白》中说，他们并不"将自己变得合于新事物"，却能"将新事物变得合于自己"。

鲁迅对于"国粹"本身和"国粹主义"的揭露、批判，就是对封建思想文化的清算。

他批判了那些老是叫嚷"人心不古，世道浇漓"的不平家，他们用这种叫嚷来否定革命，阻遏改革。鲁迅在《热风·随感录六十二　恨恨而死》中称他们为"恨恨而死"的人物。他说"万不可单是不平"，"愤恨只是恨恨而死的根苗，古人有过许多，我们不要蹈他们的覆辙"。他反对"恨恨"，也批判他们"发出许多悲观绝望的声音"。在《热风·随感录六十一　不满》中，他提倡"不自满"，"多有不自满的人的种族，永远前进，永远有希望。多有只知责人不知反省的人的种族，祸哉祸哉！"披荆斩棘，摧枯拉朽，他带着欢欣，带着希望，也带着信心，向前奔进！

他在《热风·随感录六十六　生命的路》中说：

> 无论什么黑暗来防范思潮，什么悲惨来袭击社会，什么罪恶来亵渎人道，人类的渴仰完全的潜力，总是踏了这些铁蒺藜向前进。
>
> 什么是路？就是从没路的地方践踏出来的，从只有荆棘的地方开辟出来的。
>
> 以前早有路了，以后也该永远有路。

他的热情有力的话语鼓励着人们，尤其是青年们，踏着铁蒺藜前进，从没有路的地方踏出路来，从只有荆棘的地方开辟出路来。

鲁迅不遗余力地猛烈抨击封建迷信和落后思想。这是他所认为的中国国民性落后的一个重要方面，也是他认为封建统治的"治绩"之一。他以沉痛而又带着善意的语言，批评了人民群众身上的这种落后，而同时又用愤怒而带着谴责的语言，嘲讽、抨击了反动统治者和封建顽固派。

他热情地宣传、提倡科学的态度和科学精神，在《热风·随感录三十三》中，他指出："科学能教道理明白，能教人思路清楚，不许鬼混。"他号召用科学来扫荡社会上的妖气和鬼气。

自从在《狂人日记》中提出了"救救孩子"的呼吁之后，鲁迅一直坚持着解救我们的后代——青年和孩子，这是他所极力宣传的社会解放的具体内容。他在《坟·我之节烈观》中说："要除去世上害己害人的昏迷和强暴"，"要除去于人生毫无意义的苦痛。要除去制造并赏玩别人苦痛的昏迷和强暴"。他在《坟·我们现在怎样做父亲》中提出："父母对于子女，应该健全的产生，尽力的教育，完全的解放。"

在这同时，鲁迅还写了长篇的杂文。这是区别于匕首式随感的长篇议论，在主题上与随感录是相同的，但它侧重于文化批判，即从根底上来挖国粹及保存国粹者的源流。《我之节烈观》（1918年）、《我们现在怎样做父亲》（1919年）、《娜拉走后怎样》（1923年）、《论雷峰塔的倒掉》和《说胡须》（1924年），与《随感录》的写作与发表相伴同步，互相配合，从文化—心理结构的深处，揭示了封建文化的弊病、危害与源头。

在《坟·我们现在怎样做父亲》中，他说：

> 中国觉醒的人，为想随顺长者解放幼者，便须一面清结旧账，一面开辟新路。就是开首所说的"自己背着因袭的重担，肩住了黑暗的闸门，放他们到宽阔光明的地方去；此后幸福的度日，合理的做人。"这是一件极伟大的要紧的事，也是一件极困苦艰难的事。

鲁迅紧紧抓住的根本就是人，就是人的解放、人的改革与新生。无论是社会批判还是文化批判，总的主体和最后的归宿都是人——人的文化心态的改变。

他运用两种武器——随感和杂文，来进行两种批判：对社会与文化的批判。

六、黑暗与光明：哲人的受难

历史，总是走着曲折的路。当鲁迅在进行着这种勇毅的批判时，不仅批判的对象的营垒发生了变化，而且批判者的队伍也发生了变化。

当辜鸿铭、林琴南这些拖着辫子的遗老们败下阵来以后，那些西装革履的遗少和洋绅士们又攻了上来，而且，有些人是从新文化阵营中分化出去的右翼力量，于是新老反动势力拧在一起，组成黑暗重压。五四运动刚刚过去，新的斗争就展开了。在分化产生之后，鲁迅继续英勇地站在斗争的最前线。他运用杂文这个武器，进行着多方面的战斗。

1919年7月，"五四"的火炬还在继续点燃全国各地的革命火焰，俄国十月革命的胜利使得马克思主义的革命学说冲破了封建主义的云封雾锁，迅速广泛地在我国传播了。这时，胡适跳出来了，在《每周评论》上发表了一篇奇文：《多研究些问题，少谈些"主义"!》。在《胡适文存》卷二中，他说："空谈好听的'主义'是极容易的事，是阿猫阿狗都能做的事，是鹦鹉留声机都能做的事。"他还把所谓"过激主义"（布尔什维克主义）同军国民主义、无政府主义混同一起，统称"外来进口的主义"，一律反对。他反对"根本解决"，而只要解决一个一个的具体问题，比如"从人力车夫的生计问题，到大总统的权限问题，从卖淫问题到卖官卖国问题"等。李大钊回应了他的挑战。当时李大钊正在家乡乐亭五峰山上小住写作，看到胡适的文章，立即用写信的方式给了一个公开的答复。李大钊明确指出，为了发动多数人来解决社会问题，就必须"先有一个共同趋向的理想、主义"，"必须有一个根本解决，才有把一个一个的具体问题都解决了的希望"。他在1918年8月17日《每周评论》第三十五号中严正地、明确地宣布："我可以自白，我是喜欢谈谈布尔什维克主义的。当那举世若狂庆祝协约国胜利的时候，我就作了一篇《Bolshevism的胜利》的论文，登在《新青年》上。"

新文化运动的裂痕就这样产生了，并且日渐扩大、发展。以胡适为代表的右翼，走向了"五四"精神的反面。刘半农出国，钱玄同逐渐功成名就，吴虞则在四川躺倒在鸦片灯之下了。而李大钊勇猛前进，成为马克思主义的激进的宣传家，并且投身于筹建中国共产党的实际革命活动了。这个分化，给鲁迅很大的思想震动，后来他在《南腔北调集·〈自选集〉自序》中回忆说：

> 后来《新青年》的团体散掉了，有的高升，有的退隐，有的前进，我又经验了一回同一战阵中的伙伴还是会这么变化，并且落得一个"作家"的头衔，依然在沙漠中走来走去，不过已经逃不出在散漫的刊物上做文字，叫作随便谈谈。……只因为成了游勇，布不成阵了，所以技术虽然比先前好一些，思路也似乎较无拘束，而战斗的意气却冷得不少。

鲁迅这种沉痛的"经验"是联系在东京办《新生》、从事文艺运动和辛亥革命时的两次分化而说的。他虽然已经是游勇，布不成战阵，但还是没有放下笔来。

同时，还有另一方面的消极现象来"压迫"鲁迅。《且介亭杂文二集·〈中国新文学大系〉小说二集序》中说：

> 北京虽然是"五四运动"的策源地，但自从支持着《新青年》和《新潮》的人们，风流云散以来，一九二〇至二二年这三年间，倒显着寂寞荒凉的古战场的情景。

枝繁叶茂的新文学园地和硝烟弥漫的文化革命战场，由于思想上的分化，人员风流云散，竟像古战场一样寂寞荒凉了！

这种分化和风流云散，再次反映了中国资产阶级的软弱性，反映了中国革命力量的弱小。一方面，以李大钊为代表，马克思主义的宣传扩大了；中国工人运动很快进入第一次罢工高潮。另一方面，军阀们也很强化他们的反动统治，加紧遏制马克思主义的传播和镇压工人运动的开展；同样在不太长的时间里，工人运动进入了低潮。在思想文化领域，反动军阀统治者的帮凶、帮忙、帮闲文人，也都活跃起来，同封建势力结成反动同盟，一齐向新文化进攻了，出现了复古逆流。南京东南大学教授胡先骕、梅光迪、吴宓等，创办《学衡》杂志，他们不像辜鸿铭、林琴南等遗老那样，骨子上带着封建主义的印记；他们留学海外，既懂中国文化，又了解西方文化，但是，他们在思想文化上的方向却是保守的。他们要保存国粹，连封建文化的思想体系与腐朽糟粕也要一同保留。他们反对新文化运动，提出"昌明国粹，以融新知"的口号，要用国粹来阻碍新文化运动。胡适这时也活跃起来，一方面在政治上叫嚷"被斯大林牵着鼻子走也不是好汉"；另一方面却把自己的鼻子交给杜威，由这位洋教授牵着在中国宣扬实验主义。同时，又想要牵着中国知识青年的鼻子跟他走。他向青年鼓吹"救国必先求学"，"发明一个字的古义，与发现一颗恒星，都是一大功绩"。他给青年们开国学书目，劝他们"踱进研究室"，"整理国故"。胡适是很有欺骗性的，因为他不仅"学贯中西"，而且沾着"五四"文化革命的荣光，因而迷惑了许多青年人。以后，又有北洋军阀政府的教育总长章士钊，大肆贩卖尊孔读经的陈货。更有陈西滢等一班文人和章士钊结成一伙，用流言和造谣来维护封建军阀的统治，镇压学生运动。

当逆流汹涌而来，要把中国的一线光明、一点革命朝气淹没的时候，鲁迅却像巨人似的屹立着，"肩住了黑暗的闸门"，并且举起投枪，杀开血路，放青年们"到宽阔光明的地方去"。他连续发表《估〈学衡〉》《"一是之学说"》等杂文，并在文中如实地指出所谓"学衡派"实不过"聚在'聚宝之门'左近的几个假古董所放的假毫光"，鲁迅随手举了他们几个文理不通的笑话，讥讽地写道："倘使字句未通的人也算是国粹的知己，则国粹更要惭惶煞人！'衡'了一顿，仅仅'衡'出了自己的铢两来，于新文化无伤，于国粹也差得远。"

对于胡适等学者对新文化运动，特别是学生爱国运动持反对态度，要青年学生从文化革命、民族救亡的斗争线上退下来，退进书斋、实验室，不问国事，只顾读书，鲁迅进行了无情的揭露与坚决的斗争。他在《华盖集·导师》中写道："青年又何须寻那挂着金字招牌的导师呢？不如寻朋友，联合起来，同向着似乎可以生存的方向走。你们所多的是生力，遇见深林，可以辟成平地的，遇见旷野，可以栽种树木的，遇见沙漠，可以开掘井泉的。问什么荆棘塞途的老路，寻什么乌烟瘴气的鸟导师！"

鲁迅在稍后一些年总结这一段斗争时，在《华盖集·通讯》中说："前三四年有一派思潮，毁了事情颇不少。学者多劝人踱进研究室，文人说最好是搬入艺术之宫，直到现在都还不大出来，不知道他们在那里面情形怎样。这虽然是自己愿意，但一大半也因新思想而仍中了'老法子'的计。我新近才看出这圈套。"

鲁迅的战斗是多方面的。对于章士钊（他是鲁迅的顶头上司）等人的"读经救国论"，以及梁启超等人所宣扬的"中国固有的精神文明"，还有跟随在他们之后的以陈西滢为代表的"现代评论"派，鲁迅都给予了彻底的揭露、深刻的批判。直到这些人败下阵来，鲁迅仍然没有罢手，他知道他们的本性，他主张打落水狗。

鲁迅一方面为了青年的解放，肩住黑暗的闸门；同时，他自己身上，还"背着因袭的重担"！

他当时称这种"因袭的重担"为自己身上的"鬼气"。这"重担"与"鬼气"主要的就是对于改革的路到底怎么走、对于依靠什么力量来革命、对于"将来"究竟是怎样的这样几个相关联的问题，他还不能做出明确的、有把握的回答。总之，是还不能用完全正确的世界观来观察社会、国家和革命。关于这些，我们在后面还要加以论述，这里要指出的是：鲁迅身上虽然背着这么沉重的因袭的重担，同时又要那么"独立"地顶住黑暗的闸门，然而却能进行这样多方面的、英勇不屈的、锲而不舍的斗争，正显示了他是文化革命最英勇的旗手。

七、战绩与丰碑

鲁迅这时期除了不断在《新青年》上发表《随感录》之外，还先后在《晨报副刊》《京报副刊》《国民新报》，以及《莽原》《语丝》《猛进》等报刊上，发表一篇又一篇杂文与论文。这些文章后来被收入《坟》《热风》《华盖集》《华盖集续编》中。这些杂文，突出、鲜明地体现了鲁迅的激进的革命民主主义立场，它的矛头始终指向封建制度，指向封建思想、道德、文化和风俗。鲁迅进行的广泛的社会批评，都贯穿着一根思想的红线，这就是五四运动的基本精神：民主与科学。

在战斗中，鲁迅总是能够敏锐地感觉到、深刻地观察到革命进行途中所遇到的迫切需要解决的问题，并且立即予以揭示、剖析和回答；对于反动势力，他迅速而深刻地予以揭露、抨击、批判。杂文在他的手里，真正成了"感应的神经"，"攻守的手足"。他踏着"铁蒺藜向前进"，他在《华盖集·忽然想到（五）》中号召"世上如果还有真要活下去的人们，就先该敢说，敢笑，敢哭，敢怒，敢骂，敢打，在这可诅咒的地方击退了可诅咒的时代！"而在《华盖集·忽然想到（六）》中则说，如果有阻碍我们前进者，"无论是古是今，是人是鬼，是《三坟》

《五典》，百宋千元，天球河图，金人玉佛，祖传丸散，秘制膏丹，全都踏倒他"。

在新文化运动史上建立了丰功伟绩，成为它的发展史上的胜利丰碑的，是鲁迅从1919年到1925年所写的，从《我之节烈观》到《论"费厄泼赖"应该缓行》这19篇论文（后均收入论文集《坟》）。其中，除了《宋民间之所谓小说及其后来》一篇是学术论文之外，其余18篇，对婚姻、家庭、妇女解放、社会革命、吸收外来文化等问题作了深刻的论述，对封建伦理、道德，对顽固派的僵死、昏庸，都作了有力的批判。收集在《热风》中的杂文，是对社会上各种阻碍反封建斗争、同民主与科学精神相对抗的现象给予广泛的批判。而这19篇论文，则是对于有碍改革的封建思想、道德、文化的某个观点、某个问题、某种现象的深入、透辟的批判。它的社会作用是巨大的。

在这个时期，鲁迅在学术领域也进行了卓有成效的工作。他的《中国小说史略》是我国小说的第一部史书，他进行了开辟草莱、摸索道路、奠定基础的工作。此外，他还做了不少考订、校核、搜集、抄录古籍的工作，对汉画石刻进行了开创性的、独到的研究。

从1918年4月他写了《狂人日记》起，到1926年9月他离开北京南下为止，在8年多一点的时间里，他写了大量的作品。下面是一个粗略而不完全的统计：

小说集：《呐喊》、《彷徨》2部，26篇（其中历史小说1篇）。

杂文集：《热风》、《坟》（部分）、《华盖集》、《华盖集续编》四部半，计182篇，其中包括《集外集》中54篇和新发现的8篇杂文。

散文诗：《野草》一本23篇，另有新发现的7篇散文诗。

学术专著：《中国小说史略》1部。

翻译小说、剧本、论文集：《桃色的云》、《一个青年的梦》、《工人绥惠略夫》、《爱罗先珂童话集》、《小约翰》、《苦闷的象征》、《出了象牙之塔》7部。

校订、校阅书籍：《山野掇拾》、《大西洋之滨》、《往星中》3部。

此外，还有到此时尚未收集的：

散文：5篇。

诗歌：6篇。

译作：60篇（主要是短篇小说）。

以如此之多方面的战斗和工作，如此巨大的战果和成绩，鲁迅作为五四新文化运动的主将和旗手，是当之无愧的。

八、苦闷的象征

荷戟独彷徨

"你可知道前面是怎么一个所在么？"

"鲁迅"显得有些疲乏劳顿的样子，但是倔强，眼光阴沉，黑须，乱发，支着等身的竹杖在路上走着。这儿站着一个白须发、黑长袍年约70岁的老翁和一个大约10岁的小女孩，只见她紫发、乌眼珠，白地黑方格长衫。

当"鲁迅"走近老翁和女孩的时候，他们发生了这样的一番对话：

翁：阿阿。那么，你是从哪里来的呢？

"鲁迅"：（略略迟疑，）我不知道。

翁：对了。那么，我可以问你到那里去么？

"鲁迅"：自然可以。——但是，我不知道。

"鲁迅"：老丈，你大约是久住在这里的，你可知道前面是怎么一个所在么？

翁：前面？前面，是坟。

"鲁迅"：（诧异地，）坟？

女孩：不，不，不的。那里有许多许多野百合，野蔷薇，我常常去玩，去看他们的。

"鲁迅"：（西顾，仿佛微笑，）不错。那些地方有许多许多野百合，野蔷薇，我也常常去玩过，去看过的。但是，那是坟。（向老翁，）老丈，走完了那坟地之后呢？

翁：我单知道南边；北边；东边，你的来路。那是我最熟悉的地方，也许倒是于你们最好的地方。你莫怪我多嘴，据我看来，你已经这么劳顿了，还不如回转去，因为你前去也料不定可能走完。

"鲁迅"：料不定可能走完？……（沉思，忽然惊起，）那不行！我只得走。回到那里去，就没一处没有名目，没一处没有地主，没一处没有驱逐和牢笼，没一处没有皮面的笑容，没一处没有眶外的眼泪。我憎恶他们，我不回转去！

（"鲁迅"说"有声音常在前面催促我，叫唤我，使我息不下。"）

（翁说那声音也曾经叫过他，但是，"他也就是叫过几声，我不理他，他也就不叫了"。

但"鲁迅"说："不行！我还是走的好。我息不下。"）

翁：你总不愿意休息么？

"鲁迅"：我愿意休息。

翁：那么，你就休息一会罢。

"鲁迅"：但是，我不能……。

翁：你总还是觉得走好么？

"鲁迅"：是的。还是走好。

翁：那么，再见了。祝你平安。

"鲁迅"：多谢你们。祝你们平安。

（徘徊，沉思，忽然吃惊，）然而我不能！我只得走。我还是走好罢……。（即刻昂了头，奋然向西走去。）

（女孩扶了老人走进土屋，随即阖了门。"鲁迅"向野地里跄踉地闯进去，夜色跟在他后面。）

这是一段真实的记事吗？是的，它是真实的；但又不是真实的。实际上并没有发生过这样一回事。但是，这又确乎是鲁迅思想的真实写照。这段记事见于鲁迅的散文诗《过客》中，我们把"过客"换成鲁迅了，这是应该被允许的吧，因为这篇作品是鲁迅的"灵魂的自白"。我们从"过客"可以窥见鲁迅。他确实是一直在走，一直在战斗，但是，他却不知道前途是什么——是好的、光明的，但是，是什么样子的呢？不知道。而他又不愿意回转去，他不愿回顾、后退，甚至不愿停滞，不愿休息。在《两地书·二》中，他还这样概括自己的思想："可惜我连自己也没有指南针，到现在还是乱闯。……"

但是，同在《两地书·二》中，他明白地写出了当他遇到歧路和穷途时，是如何对待的：

……"歧路"，倘是墨翟先生，相传是恸哭而返的。但我不哭也不返，先在歧路头坐下，歇一会，或者睡一觉，于是选一条似乎可走的路再走，……

如果遇到的是"穷途"呢？"我却也像在歧路上的办法一样，还是跨进去，在刺丛里姑且走走。"

这里的"写实"同《过客》中的"虚拟"，不是几乎完全一样吗？

他坚持战斗，但不明了前途是怎样的。——这就是他的苦闷、彷徨的表现。但也是他的伟大之处，因为，虽然如此，他毫不灰心，仍然战斗，而且依旧前行。

他为什么彷徨？

当"五四"前夕，他接受钱玄同的邀约，提笔写了《狂人日记》，打破了长期的沉默时，《南腔北调集·〈自选集〉自序》中说：

> 然而我那时对于"文学革命"，其实并没有怎样的热情。见过辛亥革命，见过二次革命，见过袁世凯称帝，张勋复辟，看来看去，就看得怀疑起来，于是失望，颓唐得很了。
>
> …………
>
> 既不是直接对于"文学革命"的热情，又为什么提笔的呢？想起来，大半倒是为了对于热情者们的同感。这些战士，我想，虽在寂寞中，想头是不错的，也来喊几声助助威罢。首先，就是为此。

他的怀疑和失望，是对于资产阶级领导的革命的怀疑和失望，对于"民国"——资产阶级共和国——的失望。那么，转而希望谁呢？希望建立什么样的社会，什么样的国家呢？他一时看不见，看不清。

现在，有一批人站在他的面前了，这就是围绕在《新青年》周围的陈独秀、胡适、钱玄同、刘半农这些人。这是些新的人，为他在辛亥革命时所未曾见过的人。他同意、赞赏他们的"想头"。因为，在十多年前，他自己在东京想要发动思想启蒙运动，就正和今天的《新青年》所进行的工作基本是一致的。旧时的希望之火熄灭了，今天又在他们身上复燃。他觉得这些人虽然寂寞，支持者不多，但是他们的事业是祖国、民族所需要的，他们勇猛、坚定、有朝气、有锐气。因此鲁迅把这些人看作革命的先驱，称赞他们是战士，虽然由于历史的教训，思想上有负累，他还存有怀疑，热情度不是很高，但是，他愿意为之呐喊助威。

鲁迅是要前进的，于是他对自己的失望和怀疑本身也是怀疑的。《南腔北调集·〈自选集〉自序》中说：

> 不过我却又怀疑于自己的失望，因为我所见过的人们，事件，是有限得很的，这想头，就给了我提笔的力量。

这里，还有一个重要原因不可忽视：十月革命的影响。这种影响主要表现在"依靠什么社会力量来建立一个什么样的国家"这样一个根本性的问题上，这个问题得不到解决，是鲁迅产生怀疑、失望的根源，也是他苦闷、痛苦、沉默的根源。鲁迅在后来追述、回顾这段思想演变的历史时曾经在《答国际文学社问》里这样说：

> 先前，旧社会的腐败，我是觉到了的，我希望着新的社会的起来，但不知道这"新的"该是什么；而且也不知道"新的"起来以后，是否一定就好。待到十月革命后，我才知道这"新的"社会的创造者是无产阶级，但因为资本主义各国的反宣传，对于十月革命还有些冷淡，并且怀疑。

这段简练的话，说明了三个问题：第一，从十月革命中他知道了这"新的"是什么——就是无产阶级专政的工农国家、社会主义社会；第二，创造这样的国家与社会的社会力量是无产阶级；第三，还有一个问题没有得到回答，或者说存疑，这就是，这"新的"起来以后，一定就好吗？

上面说到的前两点，对于鲁迅的思想来说，是具有决定性意义的，是有根本性作用的。从此，他的思想中种下了一颗新世界观的种子。当然，知道了，并不等于理解了、接受了，也不等于相信了。而且事实上，他还是冷淡的、怀疑的①。

但毕竟出现了一个新的社会、新的国家，他们是用新的手段、方式、方法来改革的。这就使鲁迅不得不怀疑自己的怀疑了，使自己从失望中向着新的希望转化。何况，眼前正一期期出着《新青年》（这不就是那个夭折的《新生》的再现吗？）并且有一群围绕在它周围的先驱与

① 不少论者，强调鲁迅在《随感录五十六：“来了”》中所说的对“过激主义”“不必怕他”的话，强调鲁迅在《随感录五十九：“圣武”》中所说的俄国人民是“有主义的人民”，“他们因为所信的主义，牺牲了别的一切，用骨肉碰钝了锋刃，血液浇灭了烟焰”；认为鲁迅从十月革命中受到鼓舞，他赞成“过激主义”（即布尔什维主义），歌颂了俄国人民的革命，并且从十月革命的“刀光火色”中“看出一种薄明的天色”，便是“新世纪的曙光”。他们由此得出结论说：鲁迅从此时起就讴歌十月革命，理解并相信无产阶级革命了。这是一种误解。事实上，鲁迅讲过激主义“不必怕他”是要论述“我们中国人，决不能被洋货的什么主义引动”，“无论什么主义，全扰乱不了中国”，他更要说明可怕的不是什么主义来了，而是“来了”来了。他不是讴歌过激主义。他在《“圣武”》中又说：“我们中国本不是发生新主义的地方，也没有容纳新主义的处所，即使偶然有些外来思想，也立刻变了颜色。”而只有刀与火（“‘来了’便是他的总名”）才能起到作用。正是在这个意义上，鲁迅赞美俄国人民能够顶住“来了”。因为是“有主义的人民”，能用“骨肉碰钝了锋刃”等。这里，都不是正面地歌颂十月革命和俄国人民，而是一般地赞美，就像鲁迅在日本时写的早期作品中，歌颂斯巴达人民的勇敢一样。同时，鲁迅所说的“新世纪的曙光”，并不是如我们现在所说的十月革命是历史的转折、无产阶级革命时代的曙光。他这里所说的“新世纪”是指20世纪，“曙光”是指20世纪人类发展途中的曙光。他是从进化论观点出发来讲的。他在1918年7月所写的《我之节烈观》中，就讲：“时候已是二十世纪了；人类眼前，早已闪出曙光。”这里比较明显地是说人类进化途中的20世纪的曙光。

那么，鲁迅所说的“二十世纪人类的曙光”又是什么呢？他指的就是早年在《文化偏至论》中说的作为十九世纪末物质文明的流弊的“偏至”的发展，产生了“神思宗”，即“张精神”、“掊物质”，他认为这是“将来新思想之朕兆，亦新生活之先驱”，也就是人类的、20世纪的曙光了。所以，他在《“圣武”》中的最末说：“曙光在头上，不抬起头，便永远只能看见物质的闪光。”（着重号是引者所加）根据以上的分析，足见鲁迅当时并不是完全理解了和讴歌了俄国十月革命的。据此不能得出他已经转变到“具有初步共产主义思想”的结论来。

奇怪的是，一些同志对于鲁迅在《答国际文学社问》一文中的话，却放过不论，而这段话是直接分析他自己的思想实际的，也是鲁迅在已经转变为共产主义者之后，能够准确表述自己的思想实质的时候说的话。这段话就是本文前引的：“待到十月革命后，我才知道这‘新的’社会的创造者是无产阶级。”这是真正说明了十月革命对他的思想所起的影响所在的话。其意义与分量都很重，虽然话很少。大概有人以为下面接着说了对十月革命还“有些冷淡，并且怀疑”的话，不好，所以不引不论。但这是事实。而且，这才真正说明了鲁迅的实事求是的态度，说明了他当时思想上的局限性，说明他为什么还会彷徨。

战士（他们的人数与团结力、一致的"想头"不都比当年在东京的那三五个人强得多、有力量得多吗?）。

这样，他便最终打破了沉默，走上了战场，投身于五四新文化运动的革命洪流了。后来，当运动中的吼声还余音未消，便产生了分化，五四运动中的战士风流云散；接着又是封建势力的反扑，尊孔、读经、崇儒的叫嚷又一次嚣张起来。往日的余痛，又被勾起，"同一战阵中的伙伴还是会这么变化"！历史的悲剧难道又重演了么?"寂寞新文苑，平安旧战场"，他不能不陷入苦闷、彷徨之中。莫非又要重新陷入痛苦的沉默之中？难道又要再次钻进补树书屋去抄碑帖、读古书、研究佛经了吗!?

不。时代不同了，鲁迅的思想也不同了。他只是彷徨，决不回转去。他又不止于彷徨，而是期望战斗。

中国革命发展的一面镜子

对于上面的问题，我们不仅要从鲁迅的思想演变中去探索，而且，更要从中国革命的发展轨迹中去寻求。

中国革命在发展，然而是走着曲折的路。

当欧洲几个帝国主义国家在第一次世界大战中像狼一样厮打的时候，中国民族工业趁机得到一个发展的黄金时代。于是无产阶级和资产阶级的队伍都扩大了，力量都增长了。当时集中在城市中的大中学校的学生，反映着资产阶级、小资产阶级的利益和要求。他们是有文化、关心国家大事、追求解放、非常敏感的阶层。这是辛亥革命后新兴的阶层。他们成为五四运动中的先锋和主力军。1919年6月6日以后，资产阶级也参加进来了，尤其是无产阶级发出了整齐有力的怒吼。鲁迅在运动中注意到青年学生这股活跃的、朝气蓬勃的力量。这是他在辛亥革命时期没有看到过的。青年学生的革命积极性和力量的表现，正符合鲁迅的进化论观点：青年必胜于老年。无产阶级力量的显示，自然也在鲁迅的视野之中。自从1921年中国共产党成立之后，在党的领导下，从1922年1月到1923年2月的一年之中，中国掀起了第一个工人运动高潮。在这个怒涛汹涌的高潮中，罢工斗争达一百多次，参加人数有30多万。香港海员大罢工、安源路矿工人大罢工、开滦煤矿工人大罢工、京汉铁路工人大罢工，一个浪涛接着一个浪涛，席卷大江南北，从经济斗争发展到带有鲜明反帝反封建性质的政治斗争。这股力量本身和它的威力，这种斗争的内容、形式、格局，在中国都是旷古未有的。它震撼着中华大地，改变着中国的社会面貌。它标志着中国无产阶级不仅登上了政治舞台，而且成为革命的主力军了。中国最早的工人运动杰出的领袖之一的邓中夏，在评价五四运动时工人运动的影响时说：

> ……工人是向来为所谓"上等社会"的老爷先生们所瞧不起的，但在此次运动中工人却表现了相当的力量，于是使得资产阶级的知识分子也不得不感觉这是一种力量，……。首先是北京大学校长蔡元培在北京天安门开破天荒的讲演大会，头一个题目就是"劳工神圣"。①

鲁迅也会有蔡元培的感觉，这不仅因为他们是同一营垒中人，同在进行斗争，同样注意社会的革命力量；而且，因为鲁迅从十月革命后，已经知道那创造新的社会的，正是无产阶级，而正因为他又还有怀疑，他就一定会注意、观察、研究。这样，我们看到，鲁迅是听到十月革命的炮声而从沉默中抬起了头，并侧耳谛听这历史的声音，侧目而视这异国的洪涛的。鲁迅正是被民族的、阶级的各种声音汇合成的历史之音、民主之声唤起和催促，而投入战场的。他为"五四"酝酿期革命前驱者的战叫、青年们不平的鸣叫、企求个性解放自由幸福的呼叫和后来掀起的历史巨浪的吼叫以及人民在遭到压榨与屠戮时的惨叫，所唤起、所推动、所催促，从而昂起头，挺起胸，迈步走出寂寞庭院，走向社会，走向世界。人民和革命给了他力量与勇气。

总之，鲁迅的打破沉默，走上战场，从他自己来说，是因为十月革命而改变了自己的思想方向，因五四运动的兴起而投入文化革命的战斗，这是他一生最重大的一次转折。

鲁迅的这个转折，从广阔的历史视野来看，正是像一面镜子一样，反映了中国人民新的觉醒，中国革命从旧民主主义革命到新民主主义革命的转折。软弱的民族资产阶级没有能够领导旧民主主义革命达到胜利，辛亥革命失败的历史证明它无力担负领导的重任。鲁迅的怀疑与失望，正代表了人民对于资产阶级的怀疑与失望。历史的发展，把广大的小资产阶级推到了历史的前台，他们以广大知识青年和城市小手工业

---

① 邓中夏：《中国职工运动简史》，人民出版社，1953，第9页。着重号是引者所加。

者、小商贩，特别是以青年学生为代表和主力军，活跃在"五四"时代的中国历史舞台上。鲁迅正是被他们推动又作为他们的最杰出的代表，活跃在"五四"文化革命战线上，做出了他的伟大的历史贡献，成为主将与旗手。这种历史画面也正反映了中国革命的状况、进程和特点。从这一点说，鲁迅的思想、作品，像一面中国革命的镜子。

但是，当革命运动出现挫折、低潮、反复时，当原先的革命统一战线出现分化、改组时，他就不免出现苦闷、痛苦、矛盾、斗争了。他要继续前进，决不停留、倒退，这是坚定不移的，也是鲁迅的伟大之处。但是，"前面究竟是什么所在"？前途是什么？是否一定就好？依靠谁来取得这个明天？他都不能作出自信的、明确的回答。

这是他的世界观所决定的。

紧张的心灵：矛盾、孤寂与追索

凡有高等动物，倘没有遇着意外的变故，总是从幼到壮，从壮到老，从老到死。

我想种族的延长，——便是生命的连续，——的确是生物界事业里的一大部分。何以要延长呢？不消说是想进化了。但进化的途中总须新陈代谢。所以新的应该欢天喜地的向前走去，这便是壮，旧的也应该欢天喜地的向前走去，这便是死；各各如此走去，便是进化的路。

明白这事，便从幼到壮到老到死，都欢欢喜喜的过去；而且一步一步；多是超过祖先的新人。

这是生物界正当开阔的路！人类的祖先，都已这样做了。

这是鲁迅在1919年写的《随感录四十九》中说的，这当然是比较典型的进化论了。而后，他在《热风·随感录六十六　生命的路》中说：

生命的路是进步的，总是沿着无限的精神三角形的斜面向上走，什么都阻止他不得。

自然赋与人们的不调和还很多，人们自己萎缩堕落退步的也还很多，然而生命决不因此回头。……

生命不怕死，在死的面前笑着跳着，跨过了灭亡的人们向前进。

…………

人类总不会寂寞，因为生命是进步的，是乐天的。

他歌颂人类的进化、前进；歌颂进步，歌颂生命，甚至歌颂死亡——因为进化就要"跨过了灭亡的人们向前进"。这基调是进步的，是乐天的。这正是五四运动风起云涌的年代。

直到1925年4月，他在《华盖集·忽然想到（六）》中还这样明白地宣称："我们目下的当务之急，是：一要生存，二要温饱，三要发展。"

他当时坚信的一条是：将来必胜于过去，青年必胜于老年。

他还在不少篇章中直接地或间接地、明显地或曲折地表现了这种进化论的观点，他后来总结自己的思想发展时，也说过原先有"只信进化论的偏颇"。后世的研究者，根据他这时的文章和后来的总结，也不无根据和理由地论证其前期的思想是进化论，并由此而总结他的思想发展途径是由进化论到阶级论。毫无疑问，鲁迅此时手中紧握的思想武器是进化论。这是他的思想特点。但据此而论定他此时的思想可用进化论来完全概括，却是不完全符合实际的，在理论上也说不过去。这一点，我们留待后面再说。现在，只说明这样一点：鲁迅在从"五四"前夕起到1925年时止，他的思想的特点、他的思想武器是进化论，这是他的文章、书信、谈话所表明的了。正因为如此，当社会的发展、革命运动的进展遭到挫折，遇到阻力，发生停滞、反复甚至倒退现象的时候，他就不能不发生苦闷、矛盾、彷徨了。而且，他痛苦。因为他认为，人类、社会的进化是必然的、不停的，倘有落后民族，不思改革，自甘落后，那么就只有灭亡一途了。他的痛苦来源于自身所在民族处在将从人类与世界上消逝的危机中。

这种担心，这种痛苦，也与他的改造国民性的思想相联系。他有一种观点：必须"先改造了自己，再改造社会"。而中国民族劣根性这个"自己"究竟怎么样呢？自然，是愚昧、落后、麻木、不觉醒。早在日本留学时期，他就形成了改造国民性的思想，那时他就说"角逐列国事务，其首在立人"，也就是改造人。《南腔北调集·我怎么做起小说来》中说：五四运动时，他提笔写小说，参加战斗，其立意仍然是"抱着十多年前的'启蒙主义'，以为必须是'为人生'，而且要改良这人生"。他写《阿Q正传》，就是要"画出这样沉默的国民的魂灵来"，也就是写出国民性的缺陷来，以引起疗救的注意。直到1925年他在给许广平的信中仍然明白地指出：

> 此后最要紧的是改革国民性，否则，无论是专制，是共和，是什么什么，招牌虽换，货色照旧，全不行的。

《华盖集·通讯》中说：

> 我想，现在的办法，首先还得用那几年以前《新青年》上已经说过的"思想革命"。还是这一句话，虽然未免可悲，但我以为除此没有别的法。而且还是准备"思想革命"的战士，……待到战士养成了，于是再决胜负。

既然这样寄根本希望于国民性的改造，那么，当他看到国民性的病根仍然那么多，广大群众仍然那么不觉醒，他怎能不苦闷、彷徨而且对前途感到渺茫呢？他在《华盖集·通讯》中痛苦地指出：

> 大约国民如此，是决不会有好的政府的；好的政府，或者反而容易倒。也不会有好议员的；现在常有人骂议员，说他们收贿，无特操，趋炎附势，自私自利，但大多数的国民，岂非正是如此的么？这类的议员，其实确是国民的代表。

那么，怎么办好呢？

从进化论出发，他寄希望于青年。他在《坟·灯下漫笔》和《华盖集·题记》中说：

> 扫荡这些食人者，掀掉这筵席，毁坏这厨房，则是现在的青年的使命！
>
> 而创造这中国历史上未曾有过的第三样时代，则是现在的青年的使命！
>
> 希望中国的青年站出来，对于中国的社会，文明，都毫无忌惮地加以批评。

同时，他也寄希望于知识分子，这是与前一点紧密联系的；他所说的青年，主要也是指知识青年。

《华盖集·通讯》中说：

> 现在没奈何，也只好从智识阶级……一面先行设法，民众俟将来再谈。

这样，我们看到：这个时期，鲁迅的基本思想就是进化论与改造国民性。这是有他的作品为证的。有人说，鲁迅这时期战斗的思想武器是"无产阶级的宇宙观和社会革命论"，说他是"属于具有初步共产主义思想的知识分子阵营的"，还有的说他的进化论"就是发展的观点"，"这是历史唯物主义"。从我们前面的引证中可见，这样的结论，若鲁迅在世，也会不表同意的吧？

但是，我们也应该看到，鲁迅这时期的思想也已经不是进化论所能概括的了，也已经不是"改造国民性"的观点所能包括的了。他已经有所突破。这也是有他的作品为证的。

首先，需要说明：无论进化论还是国民性问题，都是外国输入的，也是从辛亥革命到"五四"期间，思想界、文化界的一部分人共同的思想观点。在"五四"时期，陈独秀、恽代英、胡适，也都宣传、运用过进化论观点。因此，它同样是时代的产物，是应运而生的。在分析鲁迅这方面的思想时，不能忽略了这一点。正因为如此，他的这种思想状况，就自然地随着时代、社会的发展和阶级斗争的变化而发展变化，虽然，它的理论外壳要到后来才抛弃。

鲁迅的进化论和改造国民性的思想，就是在"五四"时期，也不是前后完全一致的，而是有发展、有变化的。这两个阶段基本上可以分为1918—1924年、1925—1926年南下以后。

在前一阶段，他基本上是以"纯粹"的进化论的观点来观察和分析社会的发展，观察、分析国家、民族、人民的命运。从这里，他表现了进化是必然的和人类必然要向上这样坚定的信念，充满了乐观的精神，唱着欢乐的歌去走那进化的路途，连死亡也不怕，都欢欢喜喜。

《热风·随感录四十九》中说：

> 老的让开道，催促着，奖励着，让他们走去。路上有深渊，便用那个死填平了，让他们走去。

少的感谢他们填了深渊，给自己走去；老的也感谢他们从我填平的深渊上走去。——远了远了。

明白这事，便从幼到壮到老到死，都欢欢喜喜的过去；而且一步一步，多是超过祖先的新人。

但是后来的事实却使他明白了这是不可能的。在现实的观察和斗争中，他逐渐给进化论的内涵加进新的东西，突破进化论的藩篱。

首先，他发现在社会生活中，人们并不那样各各相让地欢天喜地、从幼到壮到老到死、大家向前进化，而是彼此阻遏、斗争、残杀，心思各异，目的不一。这一点，他在第一阶段就已经有所发现。在《热风·随感录五十七　现在的屠杀者》中，他说：

> 做了人类想成仙；生在地上要上天；明明是现代人，吸着现在的空气，却偏要勒派朽腐的名教，僵死的语言，侮蔑尽现在，这都是"现在的屠杀者"。杀了"现在"，也便杀了"将来"。——将来是子孙的时代。

这些僵尸，就并不愿意退出、让路，而要阻碍，甚至屠杀"现在"和"将来"。

鲁迅是具有了在斗争中进化的思想，否定了和平进化的观点，从而和改良主义划清了界限。不过这里，把老幼之间的矛盾和新旧之间的矛盾混淆了，因此是把社会问题、社会矛盾看作了自然界的问题、自然界的矛盾。但是，到了1925年，他改变了、发展了、明确了：是旧的封建势力在阻碍进化。

于是，鲁迅用进化论的观点，猛烈地攻击守旧、倒退、保存封建旧物的国粹主义，揭露社会生活中各种封建落后的现象，揭露封建礼教的吃人本质。这就使他的进化论思想具有了丰富深刻的社会内容与斗争品性，而不是生物界的"物竞天择"，"自然淘汰"了。

以后，鲁迅更把人分作"治者"与"被治者"、压迫者与被压迫者、"食人者"与"被食者"，指出他们的利害是不一致的、对立的，正是压迫者阻碍了人类社会的发展。他在《坟·灯下漫笔》中指出，几千年的封建传统，"早已布置妥帖了，有贵贱，有大小，有上下"。"'天有十日，人有十等'……"这就是把社会成员分为两个对立的集团，他们之间进行着不断的、尖锐的、你死我活的斗争："于是大小无数的人肉的筵宴，即从有文明以来一直排到现在，人们就在这会场中吃人，被吃，以凶人的愚妄的欢呼，将悲惨的弱者的呼号遮掩，更不消说女人和小儿。"这里把历史上社会的分裂、阶级的分野和斗争，很深刻地揭露出来了。进化论的"生存竞争"，在这里实质上已经被描述成、被看成阶级斗争了。

1925 年以后，鲁迅对青年采取了分析的态度，看出了他们的分化，在实际上已经在否定自己那个"青年必胜于老年"的进化公式了。他在《华盖集·通讯》中很沉痛地说："但据我所见，则有些人们——甚至于竟是青年——的论调，简直和'戊戌政变'时候的反对改革者的论调一模一样。"在《华盖集·导师》一文中，他一开头便写道：

> 近来很通行说青年；开口青年，闭口也是青年。但青年又何能一概而论？有醒着的，有睡着的，有昏着的，有躺着的，有玩着的，此外还多。但是，自然也有要前进的。

鲁迅对青年采取分析的态度，对一部分青年产生了失望，也就是对进化论的失望与突破。

同把青年看作创造新社会的根本力量的，也是改造国民性观点所产生的，便是他怀疑群众、轻视群众力量的观点。在《热风·随感录三十八》中，他说："中国人向来有点自大。——只可惜没有'个人的自大'，都是'合群的爱国的自大'。"他认为"'个人的自大'，就是独异，是对庸众宣战"，而"'合群的自大'，'爱国的自大'，是党同伐异，是对少数的天才宣战"。这种怀疑群众的观点到 1925 年时仍然存在。在这时，他还主张先从知识分子一面设法。这里，带着明显的、浓重的历史唯心主义的色彩。忽视或者无视这些，而说鲁迅此时已经具有历史唯物主义的观点，是不实事求是的。但是，我们同时又不可忽视，在 1925 年时，他的历史观点又不是历史唯心主义所能概括的。首先，鲁迅怀疑群众的观点，自然属于历史唯心主义，但是又同那种认为帝王将相王公大臣是历史创造者的反动唯心史观有质的不同。鲁迅明显地把人分为两种，并分明地指出了"君子劳心，小人劳力"和"治于人者食人，治人者食于人"的理论，是统治者、压迫者进行统治和压迫的方法。他把所谓"圣君，贤臣，圣贤，圣贤之徒，以至现在的阔人，学者，教育家"，同所谓"小人"、劳力者、被压迫者截然分开，并且认为阻碍改革和革命的是前者，希望、要求改革和革命的是后者，还认为后者的落后、愚昧、不觉醒，都是前者的"治绩"，是他们统治、压迫、剥削所造成的恶果。所以"国民性"在这里也有了阶级的分野，"庸众"也有了同样的分野。他对于封建统治者、士大夫阶层深恶痛绝，会对其进行揭露、抨击、批判；而对于劳动人民和他们身上的缺点（国民性中的病根）则是"哀其不幸，怒其不争"，充满了同情与热爱。

鲁迅的"哀其不幸，怒其不争"，既表现了他怀疑群众、看到他们身上的缺点和不觉醒的一面；但同时，又表现了他对农民的深厚感情，热切希望改变他们的不幸命运。这些在他的小说和杂文中都很鲜明突出地表现出来了。这正表明了他的革命民主主义的立场。而且，这种思想以及要改造国民性的思想，也都表现了他寄最后希望于劳动群众，即最后还是要达到全体民众的觉醒。这不能不说是反映了他的群众观点。当然，在这里，又面临了抉择：怎样来"疗救"？怎样来改造呢？鲁迅在《热风·随感录六十二　恨恨而死》中说："必须先改造了自己，再改造社会，改造世界。"他还不能看到人的改造只能在改造客观世界的过程中实现，人类是在改造客观世界的过程中改造主观世界的。

这样，鲁迅当时的思想状况就有了一种复杂的呈现。一方面，从十月革命看到了新社会的光芒，知道了无产阶级是这新的社会的创造者，从而鼓舞了自己，改变了思想方向；但是另一方面，又存在着冷淡与怀疑。一方面，勇敢地、坚决地、披荆斩棘艰苦卓绝地进行斗争，期待并相信明天的光明的到来；另一方面，又苦闷、怀疑、彷徨，不知道前面是一个什么所在，新的是否一定就好。一方面。相信青年，扶持青年，认为他们是创造"第三样时代"的希望所在；但是另一方面，又为他们的分化而痛苦，对一部分青年的消沉、堕落、保守、满足于现状感到失望与不满。

鲁迅思想的复杂性和矛盾，最根本的原因还是当时中国社会生活的落后。鲁迅思想中的矛盾性和局限性，是20世纪初到20年代中期中国社会生活状况的反映，是中国革命斗争本身矛盾的反映。一方面，几十万学生出现在五四运动的战场上，起了先锋和桥梁作用；另一方面，他们又显出力量的薄弱和革命的软弱性，以后又产生了必然发生的分化。作为这种历史状况的反映，鲁迅一方面受到新的社会力量（青年学生）

的鼓舞，奋然走上战场，勇气倍增，斗志昂扬，所向披靡；另一方面，在青年们表现消极和发生分化时，又不禁产生怀疑与苦闷，陷于寂寞和彷徨当中。一方面，工人运动的兴起，农民斗争的开展，使这位伟大作家的心中跃动着劳动人民（主要是农民）的巨大身影，他感受到广大农民群众的民主主义要求，他们用行动来诉说自己的苦难与不幸，并且起来斗争，要求过新的生活。但是，另一方面，工人运动在1923年二七大罢工高潮之后进入了低潮，处于一个消沉期，直到1925年五卅运动爆发。而农民运动也只是零星和分散地发动，而且很快被镇压。这些问题要到后来的大革命运动中才能解决。作为当时历史状况的反映，鲁迅的思想中，就产生了那样一些矛盾，产生了苦闷与彷徨。所以，从他的思想发展来说，其主要特征是进化论，但是内涵在起变化，闪烁着阶级论的思想光华。他的世界观是唯物主义的，历史观还是受着唯心史观的羁绊，但是，对进化论、对唯心史观又都有突破。

他已经走到旧唯物主义的顶点，带着来自实际斗争与生活的辩证唯物主义和历史唯物主义的熠熠思想光华，停步在辩证唯物主义和历史唯物主义面前。

"路漫漫其修远兮，吾将上下而求索"。他在不断地求索，不断地从事实际的斗争。斗争的洗礼将冲刷他思想上的负累。

直面惨淡的人生

鲁迅迈着坚定而迅疾的步子，走上讲台。教室里坐得满满的。他上课向来如此。这是在北京女子高等师范学校。从1923年10月起，他受校长许寿裳之聘，到这个学校来担任国文系兼职讲师，讲授《中国小说史略》和文艺理论课。在讲到六朝神怪小说时，他插言道：魔鬼将要向你扑来的时候，你若大惊小怪，它一定会把你吓倒，你若勇猛地向它扑去，它就吓得倒退，甚至于逃掉。年轻的女学生们，听着他的话，领会着他的意思，感到这是鼓励她们要勇敢前进，不要畏惧怯懦，对敌人决不宽容，而要使它受伤或致死。

果然，在这所女子学校里，发生了"魔鬼"向女学生扑来的斗争；而她们也的确没有被吓倒，而是"勇猛地向它扑去"。

1924年2月，校长许寿裳因为受排挤而辞职，北洋军阀政府教育部任命杨荫榆为校长。杨曾留学日本，又到美国游学。归国后在女高师

（女师大前身）任英语系主任。她以封建礼教和家族制度来统治学校，她曾在一篇文章中宣称："窃念女子教育为国民之母，……本校且为国民之母之母，其关系顾不重哉？"这段话一时传为笑谈，人们给她取了一个外号叫"国民之母之母之婆"，以讽刺她对学生以"婆婆"自居。这样一个"学了新本领，保存了旧思想"的"教育家"来办女子教育，后果就可想而知了。正如鲁迅在《坟·寡妇主义》中所形容的："始终用了她多年炼就的眼光，观察一切：见一封信，疑心是情书了；闻一声笑，以为是怀春了；只要男人来访，就是情夫；为什么上公园呢，总该是赴密约。"她用旧社会婆婆对媳妇的态度和手段来对待女学生。她把封建糟粕强加给渴求新知识的学生：前清的八股腐儒被当作宝贝，请来国文系当改文教员；上海滩的鸳鸯蝴蝶派文人，也被送上讲台。这引起学生的不满，她们反抗了。杨荫榆便"整饬学纪"，横加镇压。斗争展开了。

杨要拼命地把持学校的领导，而学生则要赶走她，她们开展了一个"驱羊运动"。斗争的实质是：追求自由解放，要求新的学习生活的青年学生，同北洋军阀政府及其在教育界代理人的斗争；也是同以封建军阀为后台的封建思想文化势力的斗争。

杨荫榆使出种种招数：开除学生；派军警围困学校；派军警与雇佣女打手，强拉学生出校；取消女师大，另立国立女子大学。她们这一伙，上面有教育总长章士钊指挥，下面有教育部司长刘百昭为之撑腰，还有以陈西滢为代表的"现代评论"派为之鼓噪帮腔。学生们是勇敢的。杨荫榆登台自任主席，她们就用嘘声把她轰下台，把她驱出会场。校长开除学生会总干事许广平和刘和珍等六名学生会干部，学生们就开除校长杨荫榆。杨荫榆呈报北洋军阀政府教育部，吁请支持，学生们就递《呈教育部文》，要求撤换杨荫榆。教育部、杨荫榆解散女师大，另立"国立北京女子大学"，学生们就自己另立"女子师范大学"，把"国立"二字去掉，自行办学、自行招生①。

学生们的斗争如此英勇顽强，如此坚定沉着，如此井然有序。这一方面表现了青年一代的革命精神和成长，另一方面也由于几个重大因素

---

① 临时校址在北京西城宫门口南小街宗帽胡同十四号的一所房子里，开辟了六间教室，又在附近另租一屋，作为新生宿舍。

的存在。第一，这次运动是在中国共产党的领导下展开的；第二，这次运动同全国群众运动的主流汇合在一起了；第三，这次运动得到了以鲁迅为代表的师长们热情的、诚挚的、坚决的支持、关怀与帮助。

女师大学生运动是第一次国内革命战争时期党领导的群众运动的组成部分。当时，女师大有李桂生、李友兰等共产党员。五卅运动后，党派夏之栩同志到女师大工作，领导运动。在运动中刘和珍、许广平、刘亚雄、郑德音、赵如芝、李慧、蒲振声、雷瑜、程毅志等都是学生运动的领袖和骨干。1925年底，经过学生运动斗争的考验，赵如芝、刘亚雄、郑德音、蒲振声①等加入了中国共产党，学校成立了党小组。

在这场尖锐、激烈、复杂、持久的斗争中，鲁迅始终站在学生一边，支持求解放、争自由的青年向封建势力冲击。他立场坚定、旗帜鲜明、正气凛然、威武不屈，真正显示了文化新军的旗手的英姿。当时，在毫无民主可言的军阀统治下，党不能公开活动，在斗争中公开出面的常常是鲁迅。北京学联（刘亚雄、郑德音、蒲振声、雷瑜都是北京学联的代表）和女师大的党员、青年学生都常去拜访鲁迅，听取他的意见。刘亚雄说："可以说，如果没有鲁迅，单靠学生力量，女师大运动是搞不起来的，更不可能搞得这样声势浩大。"②这是正确的。

早在1924年8月，鲁迅就曾因为杨荫榆的黑暗统治，奋然退回聘书，后来因学生们一致热情挽留，才留了下来。"驱羊运动"一掀起，他就同学生们站在一起。当杨荫榆被学生赶出会场，恼羞成怒，在西长安街西安饭店举行宴会，策划阴谋，并于第三天宣布开除刘和珍、许广平等六名学生自治会成员时，鲁迅愤然而起，写了杂文《忽然想到（七）》，公开地与反动势力斗争，揭露他们的凶相与卑怯。

我还记得中国的女人是怎样被压制，有时简直并羊而不如。现在托了洋鬼子学说的福，似乎有些解放了。但她一得到可以逞威的

---

① 赵如芝当时名为赵世兰，是赵世炎烈士的姐姐，当时是女师大文预科学生，入学后，任党的小组长。刘亚雄、雷瑜、郑德音、蒲振声于1926年，被党派往苏联莫斯科中山大学学习。雷瑜于1928年回国，受命赴武汉工作，不久被国民党反动派杀害。刘亚雄、郑德音、蒲振声三人于1928年底回国。蒲振声于九一八事变后到东北参加义勇军，后病逝于哈尔滨。解放后刘亚雄曾任长春市委书记、劳动部副部长等职。郑德音一度与组织失去联系，解放后重新入党，曾任北京女三中校长。

② 见《刘亚雄同志谈女师大风潮》，载《鲁迅研究资料》第二辑。

地位如校长之类，不就雇用了"掠袖擦掌"的打手式的男人，来威吓毫无武力的同性的学生们么？不是利用了外面正有别的学潮的时候，和一些狐群狗党趁势来开除她私意所不喜的学生们么？而几个在"男尊女卑"的社会生长的男人们，此时却在异性的饭碗化身的面前摇尾，简直并羊而不如。羊，诚然是弱的，但还不至于如此，我敢给我所敬爱的羊们保证！

这指脸点鼻的揭露何等泼辣，何等尖锐，何等痛快。这是需要勇气和决心的。其根源是对于革命青年的爱，对反动势力的恨。

他还提醒青年们：封建统治者及其帮凶们向来是"对于羊显凶兽相，而对于凶兽则显羊相"，那么，正如《华盖集·忽然想到（七）》中所说：

> 只要青年们将这两种性质的古传用法，反过来一用就够了：对手如凶兽时就如凶兽，对手如羊时就如羊！
>
> 那么，无论什么魔鬼，就都只能回到他自己的地狱里去。

他的话，对于在斗争中的青年们是巨大的鼓舞和有力的支持。

5月21日，北京，太平湖饭店。灯红酒绿，欢声笑语。杨荫榆在这里召集全体主任、专任教员、评议会议员参加校务紧急会议。

同天，女师大学生召集了校务维持讨论会。鲁迅出席了这个会。晚，归来，他提起了笔，写下了《"碰壁"之后》。他写道：

> 我……幻出饭店里电灯的光彩，看见教育家在杯酒间谋害学生，看见杀人者于微笑后屠戮百姓，看见死尸在粪土中舞蹈，看见污秽洒满了凤籁琴，……

5月27日，鲁迅自己起草了《关于北京女子师范大学风潮的宣言》，邀集6名教员联名在《京报》上发表。这是对学生们的有力的支持。

五卅运动的浪潮来了，它席卷了全国，中国人民又一次发出了反帝反封建的吼声。女师大学潮像一股激流汇进了"五卅"爱国洪流。"五卅"革命洪流也给这股激流注进了力量，激起了新的浪花。在党的号召与领导下，女师大学生们走上街头，走在北京学生运动的行列中，呼喊着激动人心的口号：

"援助五卅惨案!"

"为五卅惨案的烈士复仇!"

"起来向帝国主义进攻!"

鲁迅看见青年们革命精神的发扬,斗争的英勇,十分高兴,他在给许广平的信(即《两地书·二九》)中说:"今年的学生的动作,据我看来是比前几回进步了。"

杨荫榆及其后台狗急跳墙,动用军警打进了女师大,紧锁大门,截断电线,声称这是为了防止"男女学生混杂"。这是当时最下作的诬陷,最能引起学生家长的担心,破坏社会的同情。学生们识破了他们的阴谋,在学生会总干事许广平的带领下,撞开了大门,把堵在校外的亲友迎了进来。为了避免奸人造谣并保卫学校,学生们请求师长来校住宿值班。鲁迅欣然接受邀请,在学校教务处值宿一夜。

由于鲁迅对女师大学潮的坚决支持,军阀政府对他施行拉拢手法,派人对他说:"你不要闹,将来给你做校长。"

鲁迅不为所动。

于是,流言蜚语出来了:鲁迅"鼓动学潮"、"想当校长"。

鲁迅又给顶了回去。

于是,教育总长章士钊呈请段祺瑞政府免除鲁迅教育部佥事的职务,企图以此在政治上、经济上、声誉上打击鲁迅,迫他投降。鲁迅的回答是:利用合法手段,向平政院提出诉讼,抓住章士钊"倒填日月,篡改事实"的漏洞,发起反击。此时,许寿裳等好友发表《反对章士钊宣言》,抗议他们对鲁迅的迫害。教育部齐寿山等部员也提出辞职,以示支援。在鲁迅的斗争下,在社会人士的支援下,鲁迅胜诉,挫败了章士钊的诡计。

在这次学潮中,鲁迅不仅援助了青年学生,使之得到胜利,而且在这场斗争中,写下了一批锋利的、深刻的杂文。

在整个女师大风潮中,陈源(即陈西滢)勾结杨荫榆,攀附章士钊,以《现代评论》杂志为阵地,为杨荫榆张目,为章士钊和整个军阀统治效劳。他用写作《闲话》的形式,施放暗箭,散布流言,制造谣言。鲁迅与之针锋相对,写了一系列杂文:《"碰壁"之后》《并非闲话》《我的"籍"和"系"》《忽然想到(十至十一)》《"碰壁"之余》《并非闲话(二)》《并非闲话(三)》《无花的蔷薇》《"公理"的把戏》

《这回是"多数"的把戏》《杂论管闲事·做学问·灰色等》，等等。在这些杂文里，他运用讽刺与幽默的武器，不仅批驳了陈西滢等人的造谣诬蔑、流言蜚语，而且深刻揭露了陈西滢等人帮凶、帮忙、帮闲的嘴脸，剖析了他们封建买办资产阶级的卑劣灵魂，活画出他们的"叭儿狗""苍蝇""蚊子"的丑恶形象。鲁迅的这些有力的批判，及时、中肯、透辟，使对方无力还手，无处逃遁，露出了"麒麟皮下的马脚"。

这里，鲁迅虽然批判的都是具体的人，但是，因为各自站在不同的营垒，代表不同的阶级、不同的政治集团、不同的利益，因此，这种批判就具有了普遍的意义。鲁迅在 1934 年 5 月 22 日致杨霁云的信中说："我的杂感集中，《华盖集》及《续编》中文，虽大抵和个人斗争，但实为公仇，决非私怨……"

瞿秋白后来也正确地指出：

> 现在的读者往往以为《华盖集》正续编里的杂感，不过是攻击个人的文章，或者有些青年已经不大知道陈西滢等类人物的履历，所以不觉很大的兴趣。其实，不但陈西滢，就是章士钊（孤桐）等类的姓名，在鲁迅的杂感里，简直可以当作普通名词读，就是认作社会上的某种典型[1]。他们个人的履历倒可以不必多加考究，……。[2]

鲁迅的极其锋利的杂文，有摧枯拉朽的力量，具致敌于死命的效力。敌方守不住阵脚了，经受不住了。就在女师大的学生们节节胜利，章士钊、杨荫榆等人节节败退之时，陈西滢营垒里的人，出来呼喊"带住！"了。

然而，鲁迅是敢于直面惨淡的人生、面对残酷的斗争的，他不愧为英勇的战士、主将与旗手。

1926 年 8 月 18 日，在北京铁狮子胡同的段祺瑞政府门前，发生了大惨案！手无寸铁的举行爱国示威游行和请愿的青年学生遭到军政府的

---

[1]　此处的着重号是原文中的。

[2]　《瞿秋白选集·〈鲁迅杂感选集〉序言》，人民文学出版社，1959，第 327 页。

屠杀。北京女子师范大学的学生领袖刘和珍^①、杨德群惨遭杀害。在这次屠杀中死47人，伤200多人。其中，学生占十分之七八，女生又占十分之三四。在死难者中，有孕妇2人、50岁老妇1人、13岁的小学生1人。这是一次预谋的大屠杀。事后，段祺瑞在接见卫队旅参谋长楚溪春时，竟然大放厥词："你去告诉卫队官兵，我不但不惩罚他们，我还要赏他们呢！"

罪恶的枪声又一次震惊了沉睡的古国，枪声和鲜血激发了全国人民的愤怒和仇恨。中国共产党代表全国人民发出了斗争的号召：段祺瑞是"彰明较著的凶犯"，"唯一的办法，只有实际的行动，民众应立即起来团结、武装和革命"。

鲁迅的杂文，紧密地配合了党所领导的斗争。

当大屠杀惨案发生时，鲁迅正在写《无花的蔷薇之二》，已经写了三段，批章士钊的《甲寅》，批陈西滢的"流言"。当他听到执政府门前发生流血事件的消息之后，再也不能像原先那么写下去了。他在《华盖集续编·无花的蔷薇之二》中提起笔写道：

> 已不是写什么"无花的蔷薇"的时候了。
>
> 虽然写的多是刺，也还要些和平的心。
>
> 现在，听说北京城中，已经施行了大杀戮了。当我写出上面这些无聊的文字的时候，正是许多青年受弹饮刃的时候。呜呼，人和人的魂灵，是不相通的。

这些话已经够沉痛的了。这话又是多么愤激！然而惨状更激动着他的心。他写道："如此残虐险狠的行为，不但在禽兽中所未曾见，便是在人类中也极少有的，……。血债必须用同物偿还。拖欠得愈久，就要付更大的利息！"

---

① 刘和珍（1904—1926），安徽合肥人。14岁时父亲死在合肥，遗下她的母亲和两弟一妹在南昌生活。1918年，刘和珍考入江西女子师范学校，任校刊编辑。五四运动后，她和三十多位江西青年一起组织了"觉社"，并担任总务股干事，出版《时代之花》周刊，宣传进步思想。1923年，考入北京女高师预科，后升入女师大英文系。她经常旁听李大钊主讲的社会学、女权运动史和鲁迅主讲的中国小说史略等课。她十分爱读鲁迅的文章，鲁迅编辑的《莽原》半月刊发行后，她在生活艰难中毅然预订了全年刊物；鲁迅翻译的《出了象牙之塔》，她是第一个购买者。她革命热情饱满，办事干练，入校不到一年就被选为女师大学生自治会主席，并且成为当时北京学生运动的领袖之一。

在文章的最后，他写明了日月："三月十八日"，然后又特别注明："民国以来最黑暗的一天，写。"

这种深刻的、沉重的、凝练的语言，像鼓声，像号角，不仅鼓舞人们去斗争，而且启发人们去思考。语言本身也是记录着思考的进行，它表明新的跃进和突破正在酝酿。

一周后，他又写了《"死地"》，及时地总结这次大流血的历史教训。

他指出：杀人者想要以"死之恐怖"来吓唬人民，"使人民永远变作牛马"，却不能达到目的。所以，历史上各种斗争，虽然死人，但仍然是"先仆后继"。这说明，死，吓不倒人民。

同时，鲁迅也在《"死地"》中指出了这次牺牲的教训，说：

> 但我却恳切地希望："请愿"的事，从此可以停止了。……
>
> 世界的进步，当然大抵是从流血得来。但这和血的数量，是没有关系的。
>
> …………
>
> 中国的有志于改革的青年，是知道死尸的沉重的，所以总是"请愿"。殊不知别有不觉得死尸的沉重的人们在，而且一并屠杀了"知道死尸的沉重"的心。

死地确乎已在前面。为中国计，觉悟的青年应该不肯轻死了罢。

在《华盖集续编·空谈》中，他告诫青年的有两点：

第一，认清自己敌人的反动本质，他们是些"不觉得死尸的沉重的人们"，他们是些屠杀者，连"'知道死尸的沉重'的心"，也都屠杀了。敌人就是这样疯狂、残酷。他说倘要"锻炼群众领袖的错处"，那就是"将对手看得太好了"。

第二，为了中国的前途，不应该轻死。敌人既如此，就应该懂得保存实力。他还说："改革自然常不免于流血，但流血非即等于改革。血的应用，正如金钱一般，吝啬固然是不行的，浪费也大大的失算。""这并非吝惜生命，乃是不肯虚掷生命，因为战士的生命是宝贵的。在战士不多的地方，这生命就愈宝贵。"

鲁迅确实是革命的诤友、青年的导师。

虽然鲁迅这样无情地抨击与揭露敌人，并且沉痛地严肃地总结惨痛的教训，但他心里一直为痛苦和愤恨所折磨，他深深地悼念那些死难者。那几天，他饭也不吃，话也不说，甚至生病了。他向人们再三提到刘和珍死难时的惨状。

据李霁野的《三一八惨案前后》记述，鲁迅说："非有彻底巨大的改革，中华民族是没有出路的。"

这是一个非常重要的结论，这正是当时革命的需要、人民的愿望。这反映了他的思想又酝酿着巨大的跃进。

1926年3月23日，北京各界人民在北大三院召开了"三一八死难烈士追悼大会"。会场悬挂着"烈士之血，革命之花"的标语，中法大学学生陈毅主持了大会，他痛斥了军阀统治的罪行。接着，3月25日，女师大在本校大礼堂为刘和珍、杨德群二烈士举行追悼会，来参加追悼会的将近一万人。鲁迅参加了追悼会，当他沉痛地独自在灵堂外边徘徊时，碰见了刘和珍的战友程毅志，她悲戚地说：

"先生可曾为刘和珍写了一点什么没有？"

"没有。"鲁迅说。

"先生还是写一点罢，刘和珍生前就很爱看先生的文章。"

鲁迅默然。但他在心里想："是有写一点东西的必要了。"

几天之后，他怀着极度痛楚的心情写下了不朽的名文：《记念刘和珍君》。它歌颂了"中国女子"勇毅、干练、坚决、百折不回的革命品性，也用怒火照射出军阀统治和帮凶文人的凶残暴虐、阴毒卑劣的反动本质。

他在《记念刘和珍君》中用格言般的警句号召着战斗：

真的猛士，敢于直面惨淡的人生，敢于正视淋漓的鲜血。这是怎样的哀痛者和幸福者？

…………

苟活者在淡红的血色中，会依稀看见微茫的希望；真的猛士，将更奋然而前行。

他自己就是这样的"真的猛士"，他化悲痛为力量，奋然前行了。

九、闯进生活里的"害马"

战士的生活，充满了激烈的斗争、自我牺牲的精神、公而忘私的品德，这是他的伟大之处。但是，他是人，不是神。他也同样有"私生活"的一面：个人的爱和恨、愁和怨、欢乐和哀伤。让我们来看看鲁迅的普通人的生活这一面吧，这些与他的伟大是相连、相通的。

1925年3月11日，鲁迅收到一封信。这不过是他每天要收到的众多信件中的一封而已。是一个学生的来信，信中向他陈诉"许多怀疑而愤懑不平的久蓄于中的话"，而且向他请教人生的问题，希望给予"一个真切的明白的指引"。这是一封严肃的信。署名为："受教的一个小学生许广平"。①后面补了一段"附白"，申明：她是"被人视为学生二字上应加一'女'字"的，但是"不敢以小姐自居"，"也如先生不以老爷自命"。

鲁迅当天就给了回信。他丝毫不顾及那"附白"的内容，提笔写了个开头：

"广平兄："。

回信同样直率而严肃。他认真、细致、深刻地回答了许广平提出的问题。就在这封信里，他较详细地讲述了他的基本战略：壕堑战。3月

---

① 许广平（1898—1968），广州人，是鲁迅的夫人、学生、战友和助手。她的崇高品德，可以用周恩来的话来概括："许广平同志一生从鲁迅那里学到不少宝贵的东西，特别是爱憎分明。"

许广平出生于败落官僚家庭。她出生三天即被父亲"碰杯为婚"许配给马姓劣绅家。她十二三岁时即反抗包办婚姻。1917年父亲病故，在二哥帮助下，解除婚约，随兄入京，后投奔天津的姑母，考入天津直隶北洋第一女师预科，以成绩优异获得公费。五四运动期间，在周恩来、邓颖超的影响和领导下，以天津学生会联合会会员身份积极投入反帝反封建斗争。1922年在天津女师毕业，考入北京女子高等师范学校。在女师大潮中，为学生领袖之一。

1927年与鲁迅同居后，以自我牺牲精神，为协助鲁迅从事伟大斗争而放弃自己的写作与工作。她说："他的工作是伟大的，然而我不过做了个家庭主妇，有时因此悲不自胜，责问自己读了书不给社会服务。但是，我又不能又不忍离开家庭，丢下他独自个儿走到外面做事。"她愿意"老了自己"，做一个默默无闻的人，尽力使鲁迅为中国革命、为人民贡献更多的非她自己所能及的功业。鲁迅逝世后，她积极投身抗日和民主运动，同时努力搜集、整理、出版鲁迅著作，写作有关鲁迅的回忆和研究的文章，做出了有益的贡献。

新中国成立后，历任中央人民政府政务院副秘书长、全国人大常委会委员、全国妇联副主席、民主促进会副主席。

著有《两地书》（与鲁迅合著）、《遭难前后》、《欣慰的纪念》、《鲁迅回忆录》等，并编校了《鲁迅书简》、《且介亭杂文末编》、《译丛补》、《鲁迅全集》（二十卷本）和《鲁迅三十年集》等鲁迅的著作。

15日，许广平来了第二封信。从此，他们连续不断地通信。他们在信中讨论全国时政，探讨救国救民的药方，揭露封建统治及教育界、文化界的鬼蜮们的嘴脸，研究战斗的方法……。《两地书·序言》中说，确实，"其中既没有死呀活呀的热情，也没有花呀月呀的佳句"；"所讲的又不外乎学校风潮，本身情况，饭菜好坏，天气阴晴"。但是，其中确有炽烈的战斗热情、深刻的革命思想，有心的相通、情的交流。鲁迅不仅授业于课堂，而且，引导许广平提起笔，走上思想斗争的疆场。在鲁迅的帮助下，许广平在《莽原》上发表了一篇又一篇的杂文。鲁迅在战略战术上给她以指导。在《两地书·一二》中，他说：

> 我觉得"小鬼"的"苦闷"的原因是在"性急"。在进取的国民中，性急是好的，但生在麻木如中国的地方，却容易吃亏，纵使如何牺牲，也无非毁灭自己，于国度没有影响。……要治这麻木状态的国度，只有一法，就是"韧"，也就是"锲而不舍"。逐渐的做一点，总不肯休，不至于比"踔厉风发"无效的。

当然，在写作上，从思想到文字，鲁迅也给以悉心的指导。1925年4月，即他们通信一个月以后，许广平拜访了鲁迅。在《两地书·一三》中，她带着神秘而甜美的幻想，用女性细腻的笔调，这样描述了她的印象：

> 归来后的印象，是觉得熄灭了通红的灯光，坐在那间一面满镶玻璃的室中时，是时而听雨声的淅沥，时而窥月光的清幽，当枣树发叶结实的时候，则领略它微风振枝，熟果坠地，还有鸡声喔喔，四时不绝。晨夕之间，时或负手在这小天地中徘徊俯仰，盖必大有一种趣味，其味如何，乃一一从缕缕的烟草烟中曲折的传入无穷的空际，升腾，分散……。是消灭!? 是存在!? （小鬼向来不善于推想和描写，幸恕唐突！）

但是，当他们的交往日趋密切，感情的蕴藏都彼此打开之后，她，一个年轻的大学生，逐渐感觉到生活并不那么惬意，也并不充满了幻想和甜蜜。他们在通信中触及"死"这个主题。许广平在《两地书·二三》中谈到亲人的死，说："我因他们的死去，深感到死了的寂寞，一切一切，俱付之无何有之乡。"而鲁迅呢？在《两地书·二四》中，他这样表述了自己对于死的看法和态度：

> 我是诅咒"人间苦"而不嫌恶"死"的，因为"苦"可以设法减轻而"死"是必然的事，虽曰"尽头"，也不足悲哀。而你却不高兴听这类话，……。

一个是生命的花朵正在盛开，怀着对生的无限的希冀，对夺取生命的"死"的极度憎恶。一个是生命之果已经结实，饱含着人生的甜酸苦辣的汁液，怀着对生的清醒的认知和对生命之必然的"死"的冷静心境。然而，他们以真挚的、高尚的感情的清泉，彼此浇灌，使盛开的鲜花能结硕果，使已经结实的生命之果更丰硕，使生命之树更婆娑。

许广平关心鲁迅的起居饮食，劝他少饮酒，勿吸烟，请他珍惜自己的健康。那语言，真是情深意长，既有对师长的敬爱，又有对恋人的爱怜。

当许广平作为学生领袖活跃于女师大风潮中时，曾被杨荫榆称为"害群之马"。鲁迅便拿来作了她的外号："害马。"甚至在通信中写为：H．M．（拼音Hai Ma的缩写）。这匹不羁的骏马，跳跃奔腾，闯进鲁迅的生活里来了。这生活，有紧张的战斗，也含着淡淡的哀愁。

当时，五四运动的风暴呼唤着个性解放、妇女解放、婚姻自主、恋爱自由。然而，鲁迅和许广平却背着因袭的重担，被自己所掀起的和投身的历史浪涛所击拍、颠簸。一个是爱的萌芽，带着初恋的欢欣与大胆；一个是爱的苏醒，夹杂着中年人的苦痛与忧思。许广平从小尝尽了旧社会给予一个孤女的冷遇，生活中充满了波折，凭着自己的反抗和哥哥的帮助，才解除了封建婚约；鲁迅由于母亲的包办，接受了一件"母亲的礼物"，与朱安女士结婚了。他诅咒这没有爱情的婚姻，但却不得不忍痛饮下这杯苦酒。他为青年一代的幸福而呼号、战斗，却把自己对幸福的追求深埋心底，准备让它默默地消逝。鲁迅曾经自卑地说，自己没有爱的权利。他这样自省却又坦率地反问许广平："那个人不是太为我牺牲了么?"许广平给予了真诚的回答："那个人并不认为是牺牲，你又何必以此自苦呢?"

然而，许广平却早已在10月就表示了坚决的爱的意志。她在鲁迅主编的《国民新报》副刊上发表了《同行者》。她要与他同行。她热情地歌颂鲁迅用"热烈的爱、伟大的工作，要给人类以火、力、血，使将来的世界璀璨而辉煌"；她表示她将不畏惧"人间世的冷漠、压迫"，不畏惧"戴着'道德'的面具专唱高调的人们"给予的"猛烈的袭击"，她要"一心一意的向着爱的方向奔驰"。她还写了散文《风子是我的爱》，说得勇敢而坚定，纯净而无畏："不自量也罢，不相当也罢，合法也罢，不合法也罢，这都与我们不相干！"

他们相爱，需要冲破双重的旧传统、旧观念的束缚，需要勇气，需要搏斗。他们之间充满了彼此深深的了解与同情、互相的扶持与帮助，充满战斗的欢快与两心相知的愉悦，但也始终笼罩着一层浓重的乌云和淡淡的哀愁。许广平说：

> 对于鲁迅我同情他"陪着做一世牺牲，完结了四千年的旧账"，而拼命写作，于寂寞中度过一生的境遇；而又自觉我比他年纪轻些，有幸运解除婚约的痛苦。因我之幸运，更觉得他的遭遇不幸而同情起来。这也许是我们根本思想——反抗旧社会——一致的缘故，所以才能结合起来。[①]

许广平的爱，给了鲁迅以欢欣，破了他生活的寂寞，给了他新的力量。鲁迅曾在《两地书·二四》中说他自己"有时则竟因为希望生命从速消磨，所以故意拼命的做"。他还说过他原来预想"活不长的"。后来，鲁迅改变了。

在那艰苦的战斗的日子里，在个人生活非常简朴而缺乏应有的照料的情况下，在孤寂的生活中缺乏伴侣和爱的岁月里，许广平带着对严师的敬重和对恋人的同情与挚爱，勇敢地、坚定地闯进了鲁迅的生活里，像寒夜的明月，驱散了鲁迅生活的天空上的阴云，他在《野草·希望》中说，"我早先岂不知我的青春已经逝去了？但以为身外的青春固在"；"虽然是悲凉漂渺的青春"。但后来，他却能够在迟来的爱情中得到"爱的翔舞"和鼓励，从而更增强了斗争的力量。

十、爱的痛苦

然而，这种爱虽然给他们以幸福，同时，却又给他们以痛苦。这是一种爱的痛苦。它令人在甜蜜中感到辛酸、苦涩、哀痛，必欲排遣，然而难于排遣；只要他们相爱，他们就一定要忍受这种痛苦。这是时代造成的恶果，旧社会礼教制度造下的罪孽；然而，也是人们（首先是母亲鲁瑞）自己亲手所酿造的苦酒。这种恶果、罪孽、苦酒，在遇到新的因素时，从沉寂、压抑、消逝状态中突然跃动起来，增长、繁殖、骚扰，发挥它的淫威了。这是压在鲁迅心头的沉重的、难耐的苦痛。当然，苦痛之源首先是鲁迅有一桩无爱的婚姻，在家里住着一位朱安夫人。这婚姻是强迫的、包办的、无爱的、不合理的，然而它却具有法律的威权和道德的约束力。这两者通过几个方面，向鲁迅和许广平扑来，尤其压在鲁迅身上。首先是巍然而在的母亲，这是她老人家的赐予，是她送给儿子的礼物，如果撕毁这个既成之局，那么，何以对老母？又何以抚慰与奉养老母？这在鲁迅是一个十分难于突破的大关。其次是朱安，鲁迅与这位名义上的妻子之间是没有爱情的，但却不是无情的。他首先尊重她是母亲的礼物和母亲的儿媳，是母亲的人；其次，他也尊重她是具有自己的生命与人格的人，这在鲁迅的民主思想和尊重妇女的思想中是存在的；同时，他也同情她的孤苦无告的，与自己一同把青春、生命与幸福付诸逝水的牺牲者；而且，他还尊重她是家庭的一个成员，且是一个照顾自己的生活、诚挚真情地尊爱自己的一个成员。因此，鲁迅自搬出八道湾与周作人分居、在阜城门内西三条胡同21号安家之后，家庭经济开支交由朱安掌握；他每次买回点心来，总是先送到母亲那里，请她老人家挑选；次即送朱安，由她挑选，然后拿回屋自己吃用。俞芳在《我记忆中的鲁迅先生》中说，朱安在后来也一直承认："周先生对我并不算坏。"这样，朱安的存在，无论在实际上和心理上、感情上，都是一个大难关。他考虑过，如果离婚，她或者回绍兴娘家，或者自己流落某处独居，但无论走哪条路，都是走向凄惨的死亡。前者，她将被视为"被休之人"而遭到冷眼忌视；后者，她将孤寂以亡（朱安自己也深知此中悲苦，所以当鲁迅搬出八道湾征求她的意见时，她坚定地说"我想和你一起搬出去"）。因此无论从私情还是从人道的立场来说，他也都是不能毅然、决然地处置的。

还有，周作人那里，也不是没有压力。羽太信子早就散布过谣言，说鲁迅纵容自己的女学生，对母亲不敬、对朱安无理，也还曾挑动朱安。他们将如何作为，鲁迅也不能不虑。而且，家庭又将如何？再经历一次破裂吗？

社会的舆论给予了更巨大的压力。那些卫道者、论敌、反对者，当然会要而且已经在冷嘲、讥刺、攻击；就是那些新派人物，甚至朋友又何尝不多所议论？同情者、友好的学生、青年朋友，也怀着各种想法和感情，看待和谈论这件事情。他们之中，有各种各样的人，有各种各样的反应。这些，都是洒向鲁迅的谴责的或讥嘲的或不负责任的议论的社会舆论，是道德谴责之倾盆大雨。

而且，就是对许广平，鲁迅又何尝没有沉重而深沉的顾忌！鲁迅甚恐自己的爱灼伤了她，上述诸端，也同时是洒向许广平的倾盆大雨。能让她为了自己付出如许巨大的牺牲吗？

因此，在鲁迅与许广平面前，便有着几重的搏斗：内在的与外在的，感情的与理智的，旧道德的与新道德的，理论的和与实际的，家庭的与社会的。这是一种爱的、幸福的痛苦，也是一场思想、性格与人生道路的考验。

这一切，无论是爱的幸福，还是爱的痛苦，都影响到当时以及以后的鲁迅的生活、思想、情绪、意志与心理，由此也影响到他的创作、反映在他的作品中。

但总起来说，寒夜明月驱散乌黑的云，照进阴郁的雾裹着的斗室，给予了鲁迅亮与热、信心与力量，改变了鲁迅的生活道路，激励了鲁迅的斗志，触发了鲁迅的创作契机，并赋予了他一种特殊的伴着痛楚凄伤的幸福与畅快的心理。正是在这情境中，他戒酒，他服药，注意健康、爱惜生命了，他对学生孙伏园说过："许公很鼓励我，……希望我多加保养。"在《野草》创作即将结束时，他"为爱我者"而作《腊叶》。他写道：

> 我自念：这是病叶呵！便将他摘了下来，夹在刚才买到的《雁门集》里。大概是愿使这将坠的被蚀而斑斓的颜色，暂得保存，不即与群叶一同飘散罢。

当然，这"保存"不是暂时的，而确实使他不会因自戕而至与群叶一同飘散；并且，他从此进入一大转折，走上生活与战斗的新路。

这是许广平对于鲁迅，也是对于人民和民族的一个贡献；功在历史，是不应抹杀的。

十一、隐痛：婚姻、家庭与生活

《且介亭杂文附集·"这也是生活"……》中说："战士的日常生活，是并不全部可歌可泣的，然而又无不和可歌可泣之部相关联，这才是实际上的战士。"鲁迅的生活的一角，我们在前面概略地记叙了，这里，让我们对他在北京期间的生活也作一个简略的展示吧。

鲁迅从1912年到北京至1926年离北京，前后共14个年头。在这14年里，他先后住过4个地方。这种不算多也不算少的搬迁，反映了他的战斗生涯的动荡。在这14年中，他的家庭、他的生活都发生过不小的变化，其中，有的事情使他遭到打击、感受痛苦，刺伤过他的心。鲁迅在1926年11月28日给许广平的信中曾经沉痛地说过："我一生的失计，即在向来不为自己生活打算，一切听人安排。"这可以说是他离开北京前的家庭生活的真实写照。

鲁迅于1912年5月初到北京时，一人独自住在绍兴会馆，先住在藤花馆的西屋。这里确有一座藤花池，但环境却十分恶劣，邻居聚众赌博，有人有时怪声唱戏。然而，鲁迅却在这里临帖抄碑，研读佛经，度过了整整4个年头的十分喧闹然而又颇为寂寞的苦痛岁月。后来，1916年5月6日，搬进补树书屋居住。进了会馆，穿过一个圆洞门，经过一棵大槐树，就到了补树书屋了。书屋前面是"仰蕺堂"，里面供着历代乡贤的牌位；屋后是"希贤阁"，供着文昌魁星的神位。补树书屋可算是鬼神众多，然而人少，安静。他仍然过着独身生活，老母和朱夫人都还在故乡绍兴。他一床一桌一椅而已。每天到教育部去上班。他说过："我在教育部见天学做官。""我每天签个到，一个字值好些钱呀，除了报到，什么事也不干。"在部里，他不像别人那样吃茶、走棋、闲聊，有一位老爷居然拿鸡毛掸子在身上打出节拍和花样，从脚打到肩膀，以作消遣。鲁迅也很少到别的办公室去走动，只有许寿裳几个老同学、老朋友，有时到他的屋里去。回到补树书屋，他的功课就是临帖抄碑，研读古籍。他从那时已经养成晚睡的习惯，夜间览读（以后是写作）到子夜以后。夏天的夜晚，他坐在那棵槐树下乘凉，心头充塞着寂寞生活的惆怅和对于中国前途的思虑，有时树上吐丝的槐蚕挂下来，落在他的头颈上，冰凉。它有一个可怕名字："吊死鬼"。

1918年4月，他终于结束了寂寞的生涯，打破了长久的沉默，写了《狂人日记》。在这可纪念的补树书屋里，他总计写作和翻译了50多篇作品，其中包括小说名篇《孔乙己》、《药》、《明天》和《一件小事》，著名论文《我之节烈观》《我们现在怎样做父亲》等，还有27篇随感录以及许多译作。

1919年，由于周作人一家来到北京，也由于绍兴老屋由新台门六房联合出卖给绍兴大地主朱阆仙，母亲和朱夫人、周建人一家需要北上，鲁迅四处奔走，买下了八道湾11号的房子，全家住了进去，建立了一个大家庭。鲁迅曾先后在多处选屋，最后因为这座房子不仅房间多，而且院子空地大，这才买了下来，为的是让两个弟弟的孩子们可以有宽敞的游戏的地方。鲁迅在八道湾住了3年多，伟大的不朽作品《阿Q正传》就在这里诞生，《风波》《社戏》等小说名篇，也在这里写出。此外，还写了不少杂文、翻译了不少作品。在这里住时，他开始出版著作，先后出版的有小说集《呐喊》，译文《爱罗先珂童话集》《桃色的云》《工人绥惠略夫》；还编完了《中国小说史略》（上卷）。

1923年7月，鲁迅与周作人决裂，8月2日愤然从八道湾住宅搬出，借住砖塔胡同61号，前后共住9个月。在这里，他写了著名小说《祝福》《在酒楼上》；校勘了《嵇康集》，编印了《中国小说史略》（下卷）。这里的房子很矮小，环境很嘈杂，不能久住。1923年12月，鲁迅借款买了阜成门内西三条胡同21号的住宅。经过重新修缮，于1924年5月同母亲、朱安夫人一起搬进了新居，一直住到1926年8月离开北京。在这里居住的两年零三个月的时间，是鲁迅工作最繁忙、战斗最紧张的时期，也是创作力最旺盛的阶段。他在这时期写了散文诗集《野草》、杂文集《华盖集》以及《华盖集续编》、《坟》、《彷徨》、《朝花夕拾》中的部分文章，印行了《中国小说史略》（下卷）、《热风》、《出了象牙之塔》等译著。总计，在这时期他写下了译著200多篇。这是鲁迅一生中的重要时期。

无论在哪处居住，鲁迅的生活都是清苦俭朴的。最后两年在西三条住宅，他的卧室兼工作室，是从正房接出去的一间矮小的灰棚子，伸手可以触到顶棚，这就是他戏称为"绿林书屋"和"老虎尾巴"的所在。他的伟大的作品就在这里一篇篇地在深夜的寂静中、在他的辛勤劳作下诞生。在这间房里，墙上挂着集《离骚》句而成的对联：

望崦嵫而勿迫
恐鹈鴂之先鸣

这对联与《彷徨》的题词"路漫漫其修远兮，吾将上下而求索"，恰好组成一组"誓词"，表明他要求索救国救民的道路，不管茫茫征途有多远；但他要珍惜时光，奋然迅行。

屋里墙上还挂着他尊敬的日本老师藤野先生的照片，还有著名画家司徒乔的炭笔速写《五个警察和一个〇》，这幅画每天都在诉说着人间的不平和穷苦人的深深的不幸与统治者的残暴。这装饰，都体现着主人的精神生活。此外，还有什么呢？孙伏园在《鲁迅先生与家庭》中说：

> 鲁迅先生的房中只有床铺、网篮、衣箱、书案这几样东西。万一什么时候要出走，他只要把铺盖一卷，网篮或衣箱任取一样，就是登程的旅客了。他永远在奋斗的途中，从来不梦想什么是较安逸的生活。他虽是处在家庭中，过的生活却完全是一个独身者。

鲁迅曾对友人说过：

> 你看我的棉被，是多少年没有换过的老棉花，我不愿意换。你再看我的铺板，我从来不愿意换藤绷或棕绷，我也从来不愿意换厚褥子。生活太安逸了，工作就被生活所累了。

鲁迅的大家庭，由于1923年7月他与周作人的关系彻底破裂而破毁，从此他虽然与三弟建人一直兄弟情深，但与周作人再未复归于好。与周作人的决裂，对于鲁迅的刺激很深，这无疑是他的生活中的一件隐痛。鲁迅与周作人只差四岁，与建人差八岁。因此他与二弟作人从小及长，兄弟怡怡，手足情深。他们一同求学，从南京到日本，有共同的爱好，作人也是颇具才华，好学博识。鲁迅青年时代，离家到南京求学，对母亲与诸弟怀念情切，当时写的诗句"何事脊令偏傲我，时随帆顶过长天"，在诗后并有跋云："嗟呼！登楼陨涕，英雄未必忘家；执手消魂，兄弟竟居异地！"表现了深沉的兄弟情谊。周作人在日本留学期间，婚后生活发生困难，鲁迅便改变自己的生活，提前回国，为弟弟做出了牺牲。回国后，自己教书，给周作人寄生活费。周作人全家回国至北京后，他们同居一处。鲁迅的收入，除了负担全家的生活费用的绝大部分之外，还要给羽太在日本的家寄钱，接济她家的生活。在《鲁迅日记》中，我们经常看到这样的记载："寄羽太家泉（即钱）卅。""寄羽太家用泉二十。"而且，羽太信子的弟弟羽太重久，还不时来要钱，他三次来中国都要鲁迅拿钱，甚至羽太信子的妹妹福子的学费，也每月由鲁迅汇寄。周作人夫妇很能挥霍，过着奢侈的生活。他们一有钱，就去日本商店买东西，从腌萝卜到儿童玩具，吃的、用的、玩的买了一大堆，钱花光了，就要鲁迅去借债。在《鲁迅日记》中，也常常看到他向许寿裳、齐寿山等朋友借钱的记载。许广平在《鲁迅回忆录》中说，鲁迅后来回忆这段生活时颇感凄凉、伤怀：

> 我总以为不计较自己，总该家庭和睦了罢，在八道湾的时候，我的薪水，全行交给二太太（即羽太信子），连周作人的在内，每月约有六百元，然而大小病都要请医生来，过日子又不节约，所以总是不够用，要四处向朋友借。有时借到手连忙持回家，就看见医生的汽车从家里开出来了。我就想："我用黄包车运来，怎敌得过用汽车拉走的呢？"

这位羽太信子不仅奢侈挥霍，而且泼辣凶悍，动不动就晕倒装死，弄得一家不得安宁。以后，在日本帝国主义步步进逼侵略中国时，她更依势凌人，事事请教日本人，经常同日本使馆联系，俨然成为家庭里的侵略者了。她又好拨弄是非，而周作人又偏信妇人之言。就这样，家庭关系日益紧张。鲁迅曾说：

> 周作人的这样做，是经过考虑的，他曾经和信子吵过，信子一装死他就屈服了。他曾经说："要天天创造新生活，则只好权其轻重，牺牲与长兄友好，换取家庭安静。"

这就是周作人的生活态度、人生哲学。周作人好学，也颇有学问。他认为一切身边琐事都是"麻烦"、不值管，只怕减少了读书时间。1919年购置八道湾住宅，托人、找房、看屋、借贷以及购屋、监修、议价、家具的购置、水管装置等，全由长兄鲁迅奔波劳碌，他全当作"麻烦"，一概不管，却带着老婆孩子到日本游玩去了，直到新居一切就绪，他回来坐享其成。许广平在《鲁迅回忆录》中说，鲁迅对此则不以为意，他认为：

让别人过得幸福些，自己没有幸福不要紧，看到别人得到幸福也是舒服的！"

1923年7月14日鲁迅在日记中写道：

是夜始改在自室吃饭，自具一肴，此可记也。

家庭的风暴经过长久的酝酿与压抑，终于来临了。鲁迅单独就餐后5天，周作人手拿一封信，来到鲁迅房间，一言不发，递给鲁迅。鲁迅拆开一看，上面竟然写着这样的话：

鲁迅先生：我以前的蔷薇的梦原来都是虚幻，现在所见的或者才是真的人生。我想订正我的思想，重新入新的生活。以后请不要再到后边院子里来，没有别话，请你安心，自重。

鲁迅愤而搬出了八道湾，托许钦文找到了砖塔胡同的房子暂住。从此更大病一场。

鲁迅与周作人的决裂，最根本的是政治上、思想上的水火不相容，人生哲学、生活态度的根本相异。周作人在"五四"时期也曾活跃于文坛，"周氏兄弟"名扬中外。后来，周作人曾为《语丝》撰稿，在女师大风潮中，也都参加一些战斗。但后来便意气不振，说什么女师大"经过一次解散而去的师生有福了"。在鲁迅与章士钊、陈西滢等搏斗中，周作人的"软"，得到了对方的赞扬。这时，他就已经露出了政治上堕落的端倪了。以后，更逐渐投靠、依附黑暗势力，在北平沦陷后，竟至充当了汉奸。

鲁迅在家庭中、在与周作人的关系上所表现的一切，虽然并不可歌可泣，可是，这和他的可歌可泣的伟大的一生又不无联系。在这里，我们看到了鲁迅能牺牲自己、以别人的幸福为幸福，但却既有深挚感情又有原则、既能忍让而又不屈服的伟大高尚的品格。同时，周作人的种种表现、性格、变化以至堕落，作为长兄的鲁迅，甚感伤痛，他了解其根由、发展过程，所以，这对鲁迅认识人、解剖人、知人论世都是很有作用的。

鲁迅对母亲很孝敬。家庭分裂，鲁迅搬出来后，母亲先是与周作人一起生活，但周作人家里虽然男女仆人甚多，却让母亲做饭。老人便走出与鲁迅一起生活。鲁迅与母亲的感情深厚，因为母子曾经共过患难。母亲在39岁时丈夫去世，留下一个破落的家庭，她独自带着鲁迅等4个孩子，孤儿寡母，在败落的家族里，历尽艰苦辛酸。当时鲁迅已经16岁，他是唯一能够帮母亲操劳、为母亲分忧的人。在家族中发生对孤儿寡母施以欺凌的时候，也只有年长的鲁迅能够与之抗争。这段艰难的经历，增添了母子之间的深情挚谊。

母亲搬出八道湾后，原来议定，生活费由鲁迅和周作人分担，但周作人却常常过期不送。母亲很不满意，有时就坐人力车到八道湾去"讨账"。鲁迅知道了，说：

"娘，你老人家不要去了，免得生气。要钱我这里有。"

母亲说："我不是等钱用，而气他们的这种行为。唉，只当我少生了他这个儿子。"

每天，鲁迅吃过晚饭，就要到母亲房里，陪母亲谈天，他们谈时事，讲故事，说笑话，谈论亲朋好友的生活、家境，其景融融，其情怡怡。

母亲很爱读小说，《三国》《水浒》《西游》《红楼》她都看过，尤其爱读社会言情小说，鲁迅便根据母亲的爱好，一批批买了送给母亲看。在女师大风潮和三一八惨案时，鲁迅家里不断有学生来访，母亲知道了，并不阻挡儿子的正义行动，而是丢开消遣的小说，看起报纸来了。每天清早起来，先把儿子订的报纸看一遍，以后，等不到第二天的报纸，自己便买晚报来看。许广平等女学生来了，老人便同青年人一起谈论报上登载的事情，说到不平处，慷慨激昂，责骂军阀、反动文人。鲁迅在一旁看了笑着说："娘何必这样生气呢？"有一次，母亲听到学生们争论关于鲁迅的《故乡》的事情，她说："拿来我看看。"老人戴上花镜，认真地、一口气读完了。她说："呒啥希奇的，这种事我们乡下多得很。"她无法理解她儿子的不朽作品的内容。

鲁迅曾经经历了三个家庭。一个是台门周家里的没落的家庭，他在那里度过了自己的童年、少年时代和青年时代的初期，留下了许多深刻的记忆，其中有温馨的天伦之乐，而更多的是动荡、变迁、没落途中的苦痛与辛酸、悲哀与怨愤。第二个是在北京的前半段，一个新式的大家庭，融两国人、集三代人于一体。然而一开始就不协调，虽然鲁迅做出了巨大的牺牲，终于破裂而分手，留下了生活的伤痕、感情的损毁。后来是第三个家：这里虽然有母子的深情，却没有夫妻的恋情。他沉埋住自己的隐痛，对那个陪伴他作一世牺牲的无辜女子以礼相待，却不能以情相合。然而，有一弯明月照进他的被淡淡的哀愁笼罩的生活，有一枝挺拔俏丽的鲜花悄然开放在他那寂寞的庭园里。他的生活又在起变化。这同他的战斗生涯是不可分的。它是生活的血肉，它是活生生的每天的日月时光。他将迎接这个变化。

家庭的分裂，兄弟的失和，给鲁迅的刺激是很大的。在他的心灵上留下了深深的伤痕。

这伤痕非同一般。鲁迅对母亲至孝，对兄弟至悌，因父亲早逝，他以长兄之身，承担起提携兄弟成长之责。他期望，也相信，并曾经努力、做出牺牲，来维持一个中国式的传统大家庭。但是失败了。这失败和伤痕，在以后的岁月中，一直是他心中的隐痛。他不能忘怀乃弟，同胞之情，至死未断。但是，周作人后来走得越来越远，兄弟异途，鲁迅作为兄长，深知乃弟之才学出众，又痛心他的堕落，因此造成公私相并、爱恨同生的双重痛苦。这些，对于鲁迅的思想、情绪、心理与创作，都留下了内在的、深刻的印痕。从家庭到社会、从一己之身到人民大众、从内心的隐痛到人世的斗争，都发生了紧密相联的关系，而产生了相应的效应。

当鲁迅落脚西三条胡同，定居下来时，他终于组成了第三个家，由母亲、朱安夫人和鲁迅自己（以及仆人）组成。这是一个"老龄化"的家。它是和睦的，但却是沉寂的。它有母子的深情，却没有夫妻的爱情。这里很少哭声，甚至缺少谈话声。主持家务的朱安每天只有早午晚同鲁迅有三句日常的、每天一样的对话，此外，他们就很少能够一起叙谈了。她爱丈夫、忠诚于丈夫、一切寄托于丈夫之身，但是她不理解他，不懂得他的事业、他的心。鲁迅在家庭生活中也是极为寂寞的。这寂寞与他这个时期在文化战场上、在思想革命战线上所感受到的寂寞融会在一起，前者给后者加色、加味、加浓，使后者更为深沉痛楚。他似乎没有一个心灵的避风休养之处，没有使心理得到平衡、心境得到宁静的温暖的家。

只有经常的来客的叩门声，能打破这儿的寂静；只有那些来访者，给这里增添热气，而那些年轻的学生和朋友们，更给这里带来了青春的气息和欢快的笑声。尤其是后来，"害马"出现了，她在通信一年之后，成为这里的常客，帮助先生抄稿、整理材料，或者他们之间进行倾吐心曲的谈话，进行事业的与战斗的合作。这里于是有了热气，有了欢乐，有了生机。然而这些又不能见容于这个家，它们的发展却酝酿着爆发，准备着新的转折与变化。

我们可以说，这个时期的鲁迅，搏击于两个紧相联系的历史风暴之中，一个是五四运动的伟大的历史风暴，这包括运动的来潮和退潮时期的进击奋发与孤军奋战、呐喊与彷徨；另一个是他个人的恋爱、婚姻与家庭的巨大风暴，这包括无爱的婚姻的凄楚与难耐、迟来的爱情的欢欣与痛苦，社会舆论、封建伦理道德在实际上与心灵上的束缚与压力，以及兄弟失和家庭破裂的伤怀与怨愤。前者是社会的、时代的、历史的；后者是个人的、私生活的，心灵与心理的。然而，前者决定和影响他个人的生活和整个心灵与心理的内涵与活动；而后者，也具有历史的、时代的与社会的内涵。事实上，是互为表里、粘连渗透的。因此，两者都投影于他的创作中，使他的作品既反映了这个时代的历史与社会的内涵与特质，又反映了他自己的生活的、心理的与心灵的内涵。结合着的两者，在创作中合二而一、两位一体，使得鲁迅的创作既具有社会内容，具有时代感、历史感，又具有个人的亲身感受、深切体验，因而具有个人的艺术特色和巨大而深刻的历史内涵。其作品具有充沛的、活跃的、真切的思想、感情、情绪，具有内容与形式、思想与艺术的高度的统一，社会效用与审美效应的高度统一。就艺术上说，鲁迅个人生活的不幸和痛苦，反倒成全了他，他自己对这一切感受之深、痛苦之深，也帮助他在创作心理上、在艺术上完成了转变。

生活、历史总是这样等待一个伟大的人，而同时又是如此成全了他。这是历史的辩证法、生活的辩证法，这也是伟大的历史人物的生活总是悲剧性的最深沉的根源。他们总是要在痛苦中磨炼，在痛苦中追寻欢乐与幸福，然后又在痛苦中创造幸福与美，给予别人、留赠后人。于是他们在这种痛苦中、折磨中永得欢乐与幸福。

第六章 "鲁迅艺术世界"：建造与构架

1918年（38岁）—1926年（46岁）

北京——小说·杂文·散文·散文诗

    自然，做起小说来，总不免自己有些主见的。例如，说到"为什么"做小说罢，我仍抱着十多年前的"启蒙主义"，以为必须是"为人生"，而且要改良这人生。我深恶先前的称小说为"闲书"，而且将"为艺术的艺术"，看作不过是"消闲"的新式的别号。所以我的取材，多采自病态社会的不幸的人们中，意思是在揭出病苦，引起疗救的注意。

——《南腔北调集·我怎么做起小说来》

    所谓回忆者，虽说可以使人欢欣，有时也不免使人寂寞，使精神的丝缕还牵着已逝的寂寞的时光，又有什么意味呢，而我偏苦于不能全忘却，这不能全忘的一部分，到现在便成了《呐喊》的来由。

——《呐喊·自序》

    也有人劝我不要做这样的短评。那好意，我是很感激的，而且也并非不知道创作之可贵。然而要做这样的东西的时候，恐怕还要做这样的东西，我以为如果艺术之宫里有这么麻烦的禁令，倒不如不进去；还是站在沙漠上，看看飞沙走石，乐则大笑，悲则大叫，愤则大骂，……

——《华盖集·题记》

    歌德在《诗与真实》中说过："在整理一部丰富多彩的传记时，为了使某些事件清楚明确，有时不得不把时间上交错在一起的情节分开，而把某些只有根据严格的先后程序才能理解的情节排列在一起，这样我们就把整个内容分成若干部分，以供研讨、回顾和逐渐加以消化。"鲁迅的一生是极为丰富多彩的；"五四"时期是其中突出的一部分，他从事了多方面的战斗和多方面的创作（以及翻译），他个人的生活，在这个时期也风波迭起。许多事件和重要作品的产生和出现，我们在前章已简略述及；对他的重要作品的客观的社会、政治意义，也给予了极概略的说明。但这只是一个略图，它不仅未能反映鲁迅思想、生活、创作的全部，更不能反映他的作品的全部内涵、意义与作用。我们只好采取前面所引歌德说的办法，把时间上交错在一起的情节分开，而又把一些程序有先后的情节排列在一起。这样做未免有重复之处和先后倒错叠累之嫌，但也只有如此，才能使一些问题便于阐述和易于整体掌握。现在，我们就在已经概述了鲁迅在"五四"时期的全部活动之后，再回叙他的创作，包括这些作品产生的背景、意义、艺术特征以及成就等，即总体描述"鲁迅艺术世界"。

鲁迅在五四时期①，在新文化运动中、在思想革命中，冲锋陷阵，英勇、坚定、执着、顽强；在新文学领域中，他进行了艰苦的、创造性的工作。在这些方面，他都是进行了开辟草莱、开拓途径的工作的。他所涉及的领域十分宽广：小说、诗歌、散文、散文诗、杂文、文艺理论、翻译，小说史研究以及其他学术工作，文学教学，石刻画像和碑帖的收集与研究，还有社会文化事业的建设与发展，等等，他在所有这些方面都留下了业绩，而且都达到了当时别人难以企及的高度，为他那个时代和后世做出了巨大的贡献。他以这些不朽的业绩，不仅成为我国现代文学的大师、奠基者与开山祖，而且成为我国现代思想文化的伟大先驱、新文化运动的伟大旗手、文学革命的主将。

我们在本章将对主要方面分别记叙和评议。

一、"奴隶的魂灵"：映照中国革命的轨迹

鲁迅的小说创作是中国革命的一面镜子。然而，这又是一面质地特殊、角度特别的镜子。作为文学艺术作品，这些小说虽然绝大多数是短篇，仅有一篇中篇，但确实反映了历史的面貌、时代的精神。就像杜甫的作品曾经用诗篇这样的短篇幅反映了他那个时代的历史面貌而被称为

---

① 我们在这里特指从1919年五四运动发生前一年到1925年五卅运动发生前这样一个时期，即从1918年5月《狂人日记》发表到1925年五卅运动爆发前后的7年左右时间。这是鲁迅前期思想发展的重要时期。此后到1926年8月离京前，是此时期的后期。这里权且视为"广义的'五四'时期"。

诗史一样,鲁迅也以篇幅短小的中短篇小说反映了他那个时代,而以小说这种文学样式构成了"诗史"。不过,鲁迅的特异之处在于,他运用小说这种反映社会生活的全貌,特别是从政治、经济、社会、人民生活等方面如实地、真切地、具体地反映现实的艺术形式,却避其所长,用其一隅,而独具慧眼、独具特色地,深刻而独到地反映了中国社会的现实和历史、革命的经验和教训、人民的苦难和愿望、生活的曲折和真理、人生的意义和真谛。这不仅是他的特点,也是他的优点;不仅是他的特殊的角度,也是他的特有的深度;使他的作品不仅具有时代的价值,而且具有历史的意义;使他的作品不仅富有民族性格和民族气派,而且拥有世界价值和世界意义。

鲁迅小说的这种特殊的质地,特有的角度,特殊的成就、意义和价值,不是别的,就是他用来反映中国民主革命历史的,不是对于人民的苦难生活、地主阶级的残酷的剥削、封建统治阶级的血腥统治、人民的革命斗争的直接的、铺陈式的、正面的描绘、刻画,而是从侧面,从思想、道德、文化领域进入现实生活、进入主题、进入审美境界。而且,他选取这种角度、这个领域,也没有直接地、正面地、铺陈式地去展开这个领域本身的生活与斗争、事件与情节、人物与环境、成功与失败、过去和现在、历史与前景,而是又深一层、进一步地从国民性这一角度,特别是从国民劣根性这个角度入手;而且,从他所瞩目的重点、关怀的对象、描写的主体和研究的中心来说,特殊角度的特殊视角更是奴隶们的劣根性,即奴隶的灵魂。以奴隶们的灵魂为镜子来反映中国革命的轨迹,这是鲁迅小说的特质。他没有描写习见的情景,而是着力地描写了奴隶们的灵魂依旧浸泡在封建思想意识、伦理道德、价值观念的汪洋大海里,这种思想毒汁久存脑海,使他们沉迷不醒、昏聩、麻木、愚昧、沉滞。鲁迅在作品中,主要的还不是描写封建思想、伦理道德等如何统制人民、毒害人民,不是直接地、正面地去揭露、指陈、控诉它的罪恶和危害;而是主要着力于奴隶们自身在其统治迷醉下,不能觉醒、不知觉醒。"哀其不幸,怒其不争",哀与怒,都倾注于奴隶自身。华老栓、单四嫂子、七斤、阿Q、闰土、祥林嫂,以及那些以群像出现或未见名姓而以社会舆论力量出现的群氓、庸众,都无不如此。那些解救他们、为他们的利益而斗争的人们,如狂人、"疯子"、吕纬甫、魏连殳,是牺牲于统治者的屠刀下或封建势力的统治下的,但同时又无不是痛苦地牺牲在他们的麻木、冷漠与不觉醒中。倘若他们已经觉醒，就可以把封建统治力量消灭或与之抗争、给予抵制，也不至于其自身就成为致人于死命的不见其形的网罗。鲁迅在《华盖集·杂感》中说："死于敌手的锋刃，不足悲苦；死于不知何来的暗器，却是悲苦。但最悲苦的是死于慈母或爱人误进的毒药，战友乱发的流弹，病菌的并无恶意的侵入，不是我自己制定的死刑。"此种概括，庶几近之。暗器、误进的毒药、流弹、病菌侵入而又无恶意、别人制定的死刑，等等，都是无意的；却又是互相残杀的力量。

鲁迅这样做，正是抓住了问题的重点。唤醒民众问题，既是辛亥革命失败的关键所在，是历史的课题，又是五四运动发展的现实的课题。他遵前驱者的命令来写作遵命文学，所要完成的任务就在于此。他用作品告诉人们，群众就是如此麻木、愚昧、沉迷不醒，不叫醒他们，这铁屋子是永远砸不开的。他在1925年初写的《华盖集·通讯》中说道：

> 我想，现在的办法，首先还得用那几年以前《新青年》上已经说过的"思想革命"。还是这一句话，虽然未免可悲，但我以为除此没有别的法。而且还是准备"思想革命"的战士，和目下的社会无关。

这里既说明了时至1925年客观需要的、他所瞩目的仍然是思想革命，而且回叙了几年以前，即他写作《呐喊》《彷徨》时的首要课题是思想革命。为了实现这个目的，鲁迅揭出了群众处于极端麻木、愚昧、落后这个病苦，同时揭示了这个病苦的产生，就是封建统治者用以儒学为代表的中国式的封建思想意识、伦理道德、价值观念体系，来统治、压制、麻痹、毒害奴隶们；而像几千年来都压在大石底下的小草似的奴隶们，已经被统治、压抑得太久了，肉体和灵魂都已麻痹，彼此又都存有隔膜，他们不仅不知道去仇恨那个毒化和镇压自己的封建思想意识形态的巨石，掀翻它，而且竟至惧怕它，甚至信奉它，并以它为自己行动的圭臬，而且还在奴隶们内部彼此仇恨和争斗。统治者的这个意识形态的巨石和毒液，鲁迅给予它的总称就是：中国的精神文明。它的最集中的表现形式则是封建的等级制。《坟·灯下漫笔》中说："但我们自己是早已布置妥帖了，有贵贱，有大小，有上下。自己被人凌虐，但也可以凌虐别人；自己被人吃，但也可以吃别人。一级一级的制驭着，不能动弹，也不想动弹了。……'天有十日，人有十等。下所以事上，上所以共神也。故王臣公，公臣大夫，大夫臣士，士臣皂，皂臣舆，舆臣隶，隶臣僚，僚臣仆，仆臣台。'（《左传》昭公七年）但是'台'没有臣，不是太苦了么？无须担心的，有比他更卑的妻，更弱的子在。而且其子也很有希望，他日长大，升而为'台'，便又有更卑更弱的妻子，供他驱使了。"鲁迅在《坟·灯下漫笔》中还指出，这个"中国故有的精神文明"，"使人们各各分离，遂不能再感到别人的痛苦；并且因为自己各有奴役别人，吃掉别人的希望，便也就忘却自己同有被奴使被吃掉的将来。于是大小无数的人肉的筵宴，即从有文明以来一直排到现在，人们就在这会场中吃人，被吃，以凶人的愚妄的欢呼，将悲惨的弱者的呼号遮掩，更不消说女人和小儿"。

鲁迅在这里所作的概括和描述，正是他在《呐喊》《彷徨》两小说集中的作品所描绘和刻画的。简直可以说，杂文（《灯下漫笔》及其他许多篇文章）是这种思想的理论的表述，而小说则是这种思想的艺术的呈现。两者互为表里、互相补充，共同战斗。鲁迅的小说，用血淋淋的现实生活表现了人们怎样用封建思想意识、伦理道德来吃人和被吃，并且各各分离、感觉不到别人的痛苦，也用血淋淋的事实表现在吃人与被吃中，"凶人的愚妄的欢呼"，被吃的"悲惨的弱者的呼号"，以及"女人和小儿"的哀鸣、呻吟凄厉的哭泣与惨叫。

因此，鲁迅小说的总体立意和总体效应就很明显、很突出地表现为两点。第一，表现和诉说整个国民（尤其是奴隶们）的劣根性，集中地、侧重地表现和诉说奴隶们的麻木、愚昧、不觉醒。他们不觉醒，一切都是空谈。第二，通过揭露凶人的吃人的愚妄与欢呼，诉说奴隶的痛苦与凄惨，使人们恨，也使人们爱，总之使彼此心不连、情不通的隔离着的人，在思想上、感情上、心理上沟通起来。这就是鲁迅把他眼里的"中国的人生"展示出来的目的。他说，将来高墙里面的人们终将走出来，觉醒了，自己来诉说这一切，而现在，他只得自己姑且孤寂地写出来了[①]。

鲁迅提出的，正是历史的最真切的、实际的、沉痛的教训，也正是现实的最迫切的、重大的、深刻的课题。

---

① 鲁迅《集外集·俄文译本〈阿Q正传〉序及著者自叙传略》："在将来，围在高墙里面的一切人众，该会自己觉醒，走出，都来开口的罢，而现在还少见，所以我也只得依了自己的觉察，孤寂地姑且将这些写出，作为在我的眼里所经过的中国的人生。"

政治革命、经济革命与思想革命是三位一体的，后者是前两者的前导，又是它们的表现形式。辛亥革命由于资产阶级这个领导者的软弱，只完成了政治革命的一件主要任务（推翻帝制），而没有提出经济革命的任务，又耽误了思想革命的任务，把排满和恢复汉族文化的光荣当作反封建的思想革命和思想发动，并且混淆了封建思想文化和民族优秀文化传统的界限。因此，在"五四"思想革命、文化运动发动和展开时，就既要补这个历史的课程，又要完成这个现实的课题；而且，作为资产阶级民主革命的表现形式和前导的思想文化运动，在思想革命方面的任务就更突出、更重要、更迫切了。

作为戊戌维新运动的发展与提高，作为辛亥革命的补课，作为新的民主主义革命的思想发动，五四运动是我国现代史上的第一次真正的思想解放运动，一次崭新的文化运动和一次真正的思想发动。虽然这时在历史舞台上献演的有资产阶级、无产阶级、地主阶级、农民阶级和现代知识分子，但是，在意识形态上却只有主要的两种：一种是封建思想文化，它取儒家学说的形态而存在；另一种是民主主义思想文化。前者虽然以儒家正统的面目出现，但是又已经羼入了半殖民地的文化，即封建文化的近代化过程中产生的渣滓。后一种思想文化虽然以资产阶级进步思想文化为宗，但是，却已经有初步的共产主义思想文化同其结成同盟，并且以盟主身份存在着和发挥着作用。不过，由于历史的任务仍然是民主主义革命，所以共产主义思想文化主要的和现实的任务仍然是体现激进的民主主义性质。并且，由于中国经济的落后，无产阶级登上政治舞台还为时不久，马克思主义的传播也为时不久，仅是开始同工人运动结合，所以，自身的发展也还不够成熟。这样，在当时的历史舞台上和思想文化领域中，主要活跃着的还是封建思想文化和民主主义思想。活跃着而引人注目的则是最苦的农民阶级和最先觉悟的知识分子阶层。他们也为鲁迅所熟悉。而已经登上历史舞台并且活跃起来的工人阶级，鲁迅则还不十分了解，没有表现的把握。因此，农村和农民、城市小资产阶级知识分子也就很自然地成为当时的文学和鲁迅所表现的主要对象。不过，在当时兴起的小说中，知识分子阶层几乎成为文学的主角，而农民和其他劳动群众虽然也有表现的，但却限于一般的肤浅的和未免隔膜的描写，并未能真正表现他们的生活和性格，至于地主阶级也更未触及其要害。这是很自然的，因为知识分子，尤其是几十万青年学生，本来就是当时首先冲出家庭樊篱、冲出学校庭园，走上街头、走向社会、投身斗争旋涡的先锋，他们在社会革命、政治革命的舞台上最为活跃；而且，第二批小说作者们也正是从他们之中产生的。

鲁迅则迥然不同了。他正是主要地写了当时并未引起充分注意的农民，同时，也写了知识分子。但更重要的不仅在于写什么，而在于怎么写。鲁迅主要从思想革命的角度，描写了中国人民的大多数——农民——的不觉醒和他们的思想与命运的必须改变。这两方面，他也都是从麻木、愚昧这一点入手来呈现和解剖的。他写这种现状与性格及其形成原因；他写为了改变国家和人民的命运，必须首先改变这部分人的这种思想状况与性格的重要性、迫切性。而对于知识分子，他则侧重表现了他们的觉醒和反封建的行动，如何在不觉醒和不行动的群众的不理解与冷漠包围中，走向失败和死亡。他更特别表现他们在这种命运中的软弱和消沉，消沉而又痛苦①。这方面的描写，仍可归结为前者（农民）的不觉醒，并且不听呼唤他们觉醒的声音，而使先觉者沉入荒原、跌入孤苦无救的境地。狂人、"疯子"、吕纬甫、魏连殳以及子君、涓生都无不如此。这是一个头尾相连的不幸的环套：先觉者、"精神界之战士"如不能唤醒民众，他们只有死路一条；而因此，群众又更无由觉醒，或觉醒得更迟缓；群众无由觉醒和觉醒迟缓，先觉者则又难于存活，更何谈胜利!?

群众的冷漠，那种深入骨髓、成为灵魂之魂的冷漠，就是鲁迅所主要揭示、鞭策并呼吁注意与疗救的现代中国社会的病苦。鲁迅的深刻正在于此，他的作品的思想特色也在于此，而其艺术上的超群出众与特异色彩，也正源于此。他正是在奴隶的冷漠的灵魂这面镜子中，折射出中国革命的轨迹：过去，现在与未来，民族、国家、人民的命运皆系于此，即唤醒民众，改造民众。过去因为未抓住这个根本而失败了；现在仍然系成败于这个根本问题；将来，则视现在解决得如何而定，视将来我们如何解决而定。不过鲁迅并不是悲观主义者，而是激进的民主主义者，他从生活本身和人物性格本身出发，描写了、表现了这个恶性循环

---

① 王富仁："鲁迅真实地表现了首先觉醒的知识分子的软弱无力、孤独单薄，但仍然是把他们做为反封建思想革命的积极力量加以表现的，在《呐喊》、《彷徨》中，只有他们的思想代表着现代社会思想意识的素质，这符合当时历史的真实状况。"（《文学评论》1985年第三期《〈呐喊〉〈彷徨〉综论》）

的头尾相连的环套断裂的可能性及其所在：群众已经沉迷、麻木得不能再继续生活下去了，他们已经处于前觉醒状态，他们已经用反抗来对待虐杀了，无论是坚强的还是软弱的、清醒的还是模糊的、正常的还是变态的、自觉的还是不自觉的、有力的还是软弱的，总之，不仅在狂人、夏瑜、"疯子"等先觉者、反抗者、奋斗者身上出现了，而且在阿Q、单四嫂子、祥林嫂、闰土等人物的身上也都萌芽了、出现了，潜藏着、酝酿着、积蓄着了。套环终将断裂、破碎的。

二、思想变迁与艺术精进
——从《呐喊》到《访徨》

从《呐喊》到《彷徨》，反映了鲁迅的从呐喊到彷徨，思想上、心理上、创作上、艺术上，都发生了变化，而且是巨大的、重要的变化。这是他的前期思想发展上的又一个阶段，虽然基本思想体系没有变化，但是具体方面却有了变化，这变化是值得重视的，它是酝酿和准备着质的变化的重要量变并表现了质的渐变。在创作上，题材、人物、主题、艺术手法，特别是艺术素质上，都有了重要的变化。这是随着时势的变化而产生的。从呐喊到彷徨，无论是在思想上还是在艺术上，都是一次前进、一次变化，又是一次深化、一次下降，更是一次提高、一次发展①。

《呐喊》中的14篇小说，有9篇是为革命发出的呐喊之声。其中《狂人日记》、《药》、《头发的故事》、《风波》和《阿Q正传》等5篇，从根本性的问题，即如何改变以农民为主的人民群众的不觉醒状态、改变其劣根性问题入手，直接反映了辛亥革命的历史教训，描绘了一幅历史画卷——一幅人民群众精神上受折磨和处于沉昏状态的历史画卷，从而提出了革命的需要，主要的是思想革命的需要和再次进行革命的重要课题。这显然是《呐喊》的主题，也是呐喊的最强音。然而，以《阿Q

---

① 我们一向将《呐喊》和《彷徨》作为一个统一体来分析和阐述。这是有道理的。因为都是鲁迅在"五四"时期的作品。它们具有很大的和很多的共性。然而，却不能忽视它们之间的差异，它们各自的个性。因为它们产生于同一时期的不同阶段，我们应该求同存异，这才能符合鲁迅的创作实际。

鲁迅本人对此是作过明确的说明的，虽然语焉不详，未加申述。然而，鲁迅的思想发展本身，两本小说集的作品本身，以及当时鲁迅的杂文，都明显地，而且是比较深刻地表现了这种不同、这种变化和发展的。我在这里特别加以专节评述，以供讨论。

正传》为分界线，《呐喊》发出了另一种声音。此后的 5 篇小说中，除了《白光》仍然发出凄厉的呻吟之外，却都写了别样的生活、别样的人物。尤其是《兔和猫》、《鸭的喜剧》和《社戏》这压卷的 3 篇，它们以轻松、愉悦的笔触，用散文体的形式，写出了过去的和现在生活中的情趣，然而其中也都蕴含着人生的欢快与哀愁。但同以前诸篇比，显然已进入另一个领域。如果以《阿 Q 正传》的写作和发表时期（1921 年 12 月—1922 年 2 月）为限，那么，这正是新文化运动发生了分裂的时期，鲁迅又一次经历了"同一战阵中的伙伴还是会这么变化"。革命的形势变化了，他的思想和心境也发生了变化。于是，创作也进入一个新阶段。这个新阶段以紧接在《阿 Q 正传》之后创作于 1922 年 6 月的《白光》为契机，中经 1923 年的停笔未写小说，到 1924 年 2 月 7 日写《彷徨》中的第一篇小说《祝福》，而进入"彷徨阶段"。在《白光》之后，在 1922 年的下半年，连篇写出《端午节》（9 月）、《兔和猫》（10 月）、《鸭的喜剧》（10 月）和《社戏》（10 月）。这 4 篇小说的题材、生活内涵和艺术素质，都是一致的，是一个艺术的整体，不妨称为"系列小说"：它们基本上描述了"正在进行时"的生活情状（除了《社戏》之外）。尤其是后 3 篇小说，被称为"回忆录式的短篇"。它们之中固然有生活的情趣，但又都潜藏着隐隐的哀愁和寂寞，就连《鸭的喜剧》那样充满生活情趣、人际欢欣、天伦快乐的抒情散文式小说，也隐含着无可奈何的淡淡的哀愁。但它们却又都期待着生的欢欣、来日生活的美好。这隐含的情意，又更反衬出那寂寞哀愁的深沉。这些作品，有三点不同于同一集中的前面诸作。第一，如鲁迅自述所说"战斗的意气却冷得不少"，不再是直接揭示下层人民的病苦，以引起疗救的注意，呼唤觉醒，吁请改革了；第二，思路、意旨和情趣，都转向现时的和生活的"轻快"方面，而不再是"使精神的丝缕还牵着已逝的寂寞的时光"，取材自"偏苦于不能全忘却"的过去的生活了；第三，艺术风格也自然地转向清新、流丽、委婉、曲折，而不像前面诸作那么激昂、沉痛、哀怨了。

　　这是一个不小的转变，其更深沉的原因是作者的艺术思维和创作心理都发生变化了。他的想象和构思所用的素材，由往昔的寂寞时光中不能忘怀的惊心动魄或魂牵梦萦的旧故事，转向现时的日常生活中的寻常事了；他创作时的心理活动，开始由激动的、摇曳的、变幻的，转向平静的、舒缓的和平实然而悠悠然的了。

这一阶段，以一篇历史小说《不周山》为终。然而这却是另一个转机的开始。第一，写此篇"是想从古代和现代都采取题材，来做短篇小说"；第二，立意则在于"描写性的发动和创造，以至衰亡"，"取了萧罗特说，来解释创造——人和文学的——的缘起"。这样两点，同以前诗篇确是大不相同的了。不过，第一点的自历史取材，没有继续下去，而在中断了数年之后才又"捡了起来"；至于第二点，则只在一点上继续下去，这就是注意追求艺术的技巧。所以，《不周山》代表了一种结束：往昔的寂寞时光中的生活经验，不拟再写了；同时却又预告了一个开始：要取材于现代生活、现时生活，并注意艺术技巧的追求。

关于这一点，不是"往事已写完"，更不是"寂寞"已逐尽，而是时势变化了，心境也变化了，艺术的创造也就随着变化了。因为，又一次的革命的又一个高潮，退潮了。用往时下层人民愚昧苦痛的故事和他自身的寂寞来激起今日的改革浪潮的任务已经过去，历史的主题已经变化，心绪也已经改变，旧的寂寞已经成了遥远往事，而新的寂寞却又已产生，迫在眉睫。以前是寂寞于前驱者的呼号奔走以至流血牺牲，在愚弱的国民中却都引不起回声，如入无人之境，既无人赞成，竟连反对之音也寂然；所以要大声疾呼，发激越之音以唤起前驱者的注意；唤醒他们吧，招呼他们一同前行，否则，旌旗后头无援军，会要失败，不是遭杀身之祸而无人救助，就是如入无人之地而寂寞以亡，或者，甚至被自己为之奋斗以解救的对象，视为"狂人"戕害而死。然而当时这新的寂寞是另一种情形。连前驱者的群体也分化了、"各奔前程"了，是寂寞于前驱者之群中。他于是要剖析这寂寞的根源，揭示新的病苦，而另有求索。他用于《彷徨》的题诗，是很表明他的心绪和实况的：

> 寂寞新文苑，平安旧战场。
> 两间余一卒，荷戟独彷徨。

他要揭示这寂寞的新文苑和新文苑的寂寞，包括寂寞的人和这人的寂寞，包含为什么寂寞和造成这寂寞的人们和环境；这同先前的寂寞和寂寞的人与造成寂寞的环境虽然有联系，但却是不完全相同的；他也要揭示平安的旧战场和旧战场的平安，以及造成这种"平安"的原因。这就是游弋于两间的荷戟之一卒的彷徨与战斗。

《彷徨》集《离骚》句的题词，也是很有深意的。首先是屈子关于朝发苍梧，夕至县圃，想留灵琐，日忽将暮的倾诉与慨叹①；然后是羲和弭节勿迫，路漫漫还将上下求索的决心②。这不是借屈子的吟咏，优美而坚定地表达了自己的心曲吗？跋涉已久，日且将暮，但还要决心求索，不怠不急。这已非呐喊时期的心境和情绪了，但这不是主体心智情怀的变化，而是客观社会现实的变化在作家心中的反映。这从客观现实和主观体验两方面都反映了创作心态的变化。作家的创作心态随着现实的变化而变化了，创作心态又反映着客观现实的变化。这种创作心态便决定了作家对于现实的把握的视界和主体体验，他的选材标准与角度，他的构思的规范、想象的范畴、风格的确定以及语言的经营。总之，整个作品的美学构成都发生了变化，美学理想也变异了。这就是彷徨的艺术世界。

不过，以《不周山》（《补天》）为转折，其创作之路却又并未沿着《不周山》的路发展下去。既没有继续历史小说的经营，也没有转向"内在"去追求人类心态与社会生活的相搏与发展的轨迹；却只是部分地汲取和发挥创作《不周山》的艺术思维与创作心理的功能，注意和深入了作品中人物心理的描绘刻画，注意了艺术技巧的运用和经营。由此进入彷徨期。不再显耀呐喊的激情与昂扬，却另辟彷徨的沉思与求索，好像战士的激战之后的总结和取"别样的战斗"。这在情绪和心态上是一种彷徨，但在思想上却又是一种深化，在艺术上是一种向更成熟的阶段的发展与提高。他在《自选集·自序》中评述说：

> 得到较整齐的材料，则还是做短篇小说，只因为成了游勇，布不成阵了，所以技术虽然比先前好一些，思路也似乎较无拘束，而战斗的意气却冷得不少。新的战友在那里呢？我想，这是很不好的。于是集印了这时期的十一篇作品，谓之《彷徨》，愿以后不再这模样。

他在《〈中国新文学大系〉小说二集序》中说：

---

① "朝发轫于苍梧兮，夕余至乎县圃；欲少留此灵琐兮，日忽忽其将暮。"（《楚词》，林家骊译注，中华书局，2010，第11页。）

② "吾令羲和弭节兮，望崦嵫而勿迫；路漫漫其修远兮，吾将上下而求索。"（同上）

以后虽然脱离了外国作家的影响，技巧稍为圆熟，刻划也稍加深切，如《肥皂》，《离婚》等，但一面也减少了热情，不为读者们所注意了。

鲁迅的自评是客观的、科学的。他强调了两点：第一，技巧比《呐喊》好，较为圆熟了，摆脱了外国作家的影响，而且思路也较无拘束。第二，热情较前减少了，战斗的意气也冷了不少。第一点是很确切的，《彷徨》诸篇，把外国小说的影响更深邃地融进民族小说传统技巧之中，小看痕迹，在总体技巧上，无论结构艺术、人物刻画、心理描写还是语言运用，都达到了更精到圆熟的程度。所谓思路的较无拘束，一方面可以看作思想（内容）从外国技巧影响（艺术形式）的束缚下解脱了；另一方面，也可理解为，不再为自己所规定的"遵命文学"的内容所约束，除了这一主题之外也写别样的东西，除了"呐喊"这个主旋律之外，也奏响其他的旋律了。《幸福的家庭》、《肥皂》、《高老夫子》、《弟兄》以至《离婚》，差不多占了一半篇幅的作品，是写的各类社会生活与情状，虽然，也揭露封建统治势力狰狞的和腐朽的面目（《肥皂》中的四铭、《离婚》中的七大人），揭示各类知识分子种种腐朽的、隐秘的、不健康的思想和心理，其中当然也都蕴含着给以鞭笞、呼吁改变的思想情愫；然而主要的已不是对于革命的呼唤，不是对于改变现状的激烈热忱的呼号，像《呐喊》中所作的那样了，而是侧重于对种种社会世相的揭露和刻画了。这种"非革命的主题"已经不是完全遵奉他所说的"革命的前驱者的命令"那种作品了。这种思想上的较无拘束，应该说是鲁迅在文学思想与创作思想上的一种解脱与发展。当然，这并非说他原来被谁限制了，而是说在他初上战阵、正当新文化运动与思想革命运动向前冲刺的战斗方酣时，他不可能旁骛，也无暇涉猎其他，而只能也只愿意集中全力以应革命的急需来创作。而且，他自己的久被压抑的喷泉般的思想和迸发的革命热情，他的久久不能忘怀的对于"寂寞时光"的记忆，他的在心中存活已久的人物形象，以及他的长久的创作酝酿，也都使他不能不集中目标、集中主题来展开自己的创作。这是他的一种"自我束缚"，然而是愉快的、"也是我自己所愿意遵奉的"约束。而当时过境迁、情随事迁之时，当"布不成阵"时，他反倒有一点儿余裕之心来进入其他生活和艺术的领域了。然而这里是含着一点儿苦涩之味的。

这样，我们对于他所说的第二点，就需要进行分析了。当然，应当说战斗热情的减少和战斗意气的冷却，这是事实。但又不能不看到，这里也有鲁迅的歉抑之词，甚至有那么一点点对于当年战阵分裂、战友分化的愤懑之情的余绪。问题在于这种减少与冷却产生的原因。主要的自然是革命形势的变化，即高潮过后的波谷的产生。而几经磨折，曾在痛苦寂寞中苦度岁月的鲁迅，对其反应又特别强烈和痛楚，因此，情绪与意气未免彷徨，而陷入历史的反思，思考眼前事情发生的原因、将来发展的趋势和前景。这样，战斗的热情相对地减少了、冷却了，然而又向另一面发展：更深入地解剖和追索。这就是《在酒楼上》与《孤独者》的对于现实的抨击和历史的解剖，在吕纬甫和魏连殳的灵魂上，深镂着失败的历史的印痕和现实的冷酷的印痕，以及对于未来前景的茫然的痛苦，但又蕴蓄着强烈的追求：要摆脱，要改变，要前进。在这里，鲁迅不是热情地挥动匕首去战斗、去呐喊，而主要是以冷静地插入解剖刀，去剖析、去审视，并发出深沉的叹息、呻吟与那像"受伤的狼，当深夜在旷野中嗥叫"的声音（"惨伤里夹杂着愤怒和悲哀"）了。这里，热情与战斗意气的减退与冷却，本身就是对于客观形势和需要的一种反应与反映，同时，也是鲁迅心绪的一种反映；而且，又是鲁迅思想、创作上的深入发展。

因此，从《呐喊》到《彷徨》，反映了鲁迅思想的、感情的、心理的从呐喊到彷徨，也反映了革命形势、新文化运动的从高潮到退潮，然而又是从波涛汹涌到潜流深入的发展。同时，还反映了鲁迅思想上的深化、在创作上的发展。

特别需要指出的是，从《呐喊》到《彷徨》，鲁迅完成了从对农民灵魂的解剖到对觉醒知识分子的解剖。一开始，他在呐喊，主要是揭露农民这个革命主体不觉醒这个痼疾与病苦，指出改变这种状况的重要意义；那么，后来，他在彷徨，主要则是揭露首先觉醒的知识分子在遇到挫折，跌入周围群众冷酷、麻木的冰谷中时，他们的软弱、痛苦、萎退与消沉，以及如此状态又不甘心，转入更大痛苦的情状了。总之是写他们的彷徨、彷徨而痛苦。这方面的描写当然仍未脱离前一主题，因为，陷他们于冰谷的原因正是群众的不觉醒。但是，主题已经转换，主体（人物形象）已经转换，主要是追索这种知识分子之所以如此的原因和改变他们的状况的道路之所在了。这既是当时革命退潮又是深化的表现，又是当时知识分子队伍中一部分前驱者分化转退的反映，还是鲁迅自己的彷徨的心境的反映。"路漫漫其修远兮，吾将上下而求索"。求索什么呢？求索农民不觉醒，而先觉醒的知识分子来呼唤他们时，自己又被这不觉醒的冰谷里的冷凛之气噎住了歌喉、冻僵了肢躯。而后者却是改变前者的魂灵、改造现状的前提条件呢。问题的症结就在这些知识分子自己的改变，由软弱到坚强、由过去的路到新的路的开辟了。

这也是构成鲁迅那面特殊的历史与革命的折射镜的一种重要因素，也是它所折射的历史与革命的内涵、轨迹的一个方面。

一开始是呐喊，后来是求索；一开始是揭露与鞭笞，后来是剖析与倾诉；一开始是催促觉醒、呼号起来革命，后来是探索先觉醒、起来革命而遭遇挫折、跌入困顿与消沉以后应该怎么办；一开始是"哀其不幸，怒其不争"，后来是"怒其不争，哀其不幸"。

如果说鲁迅的创作是"遵命文学"，如他自己所说是遵前驱者的命令而作，那么，我们可以说，这主要是指《呐喊》而言；至于《彷徨》则是他在"落荒"之时，荷戟独彷徨，是对于已经分化了的前驱者阵营中的某种分子的解剖了。他已无命可遵，而是对于发号施令者的分析、解剖与再生的探索了。

革命形势是退潮而又深化了，鲁迅的创作也随着冷却而又前进与深化了。从这一点上说，鲁迅的文学仍然是遵命文学，不过，是直接遵奉革命之命，而非遵奉前驱者之命了，所以他说是游勇之战了。

而且，他的文学，也仍然是从思想革命这个角度进入反映中国革命发展轨迹这一领域的，仍然保持了这面折射镜的特殊的质地与特殊的角度。

而且，还有特别值得提出并加以注意的，这便是在《彷徨》之首的《祝福》、之末的《离婚》和居中的《长明灯》中，他写了祥林嫂的灵魂的不安与焦躁（不同于阿Q的安于精神胜利和闰土的麻木）、"疯子"的反抗——要放火，以及爱姑的面对面地展开斗争。人物依旧，心灵已变：不再是完全麻木、冷寂、安命信神的奴隶，而是心存怀疑、意欲反抗并已斗争的"起事"前的奴隶了。这当然不是作者以前不谙此类生活、不见此种人物，有了什么新发现；而是因为他的心态起了变化。他立意要写奴隶的不满与反抗了，不再写落后以引起疗救的注意，而是要写反抗以鼓舞斗争的心绪了。自然，这仍然不同于直接写群众斗争的社会历史小说，他仍旧注意深入人物的心态。

由于这种思想立意的变换、反映生活角度的变换，他的艺术思维和创作心理也发生了变化。但也可以说后者的变换体现于前者的变换之上。这种变换的轨迹，在《不周山》的写作之后，在1923年和1924—1925年中，悠悠行进。有几个情况值得注目。

一是整个1923年，没有创作小说，他在"停笔沉思"。这正是艺术思维和创作心理在整理、调协后隐隐进行的表现。不过，他却在此时翻译了收集在《日本现代小说集》中的7篇小说①。作者之中有他喜欢的夏目漱石和有岛武郎。这表明他注意和钟情于这些日本作家的作品反映现实、揭示当前生活的创作立意，也表明他属意他们的艺术技巧。这也正是《彷徨》作品中的两种艺术因素，突出表现他当时创作心理的重要因素。

二是仿佛是准备就绪、酝酿成熟似的，他在1924年初，就开始了《彷徨》集中小说的创作，于2月7日写了著名的《祝福》。这个开篇之作还"混合着"两种因素，体现出从前一阶段向现今阶段转变的过渡性：既有对下层群众愚昧苦难的描述，又有对于压迫和统治他们的社会和环境的罪恶的揭露，两者"并重"。但即使前者也不同于以前的小说，对"愚众"（祥林嫂）的同情多于鞭笞，"怒其不争"之意弱而"哀其不幸"之情强，特别是写出了她的怀疑，——那是一种最深层又是最始初、虽强烈却朦胧的哀鸣与反抗。这是新的"心"和新的"音"。而对后者，即压迫者统治者群，却开始直接地、占据重要地位地予以揭露和抨击了。

这为下一步的转化与变迁开辟了思想与艺术的路径。这也是创作心理的进一层转换。

三是在写出《彷徨》集中的11篇小说的1924—1925年，小说创作已经在他的创作生活中居于次要地位了。1924年，他只在2，3两个月中写了4篇小说，后即再未写小说；次年，2，3两月写了2篇，5月写了1篇，旋即停笔五个月之久，到10月、11月才又写了4篇小说。终于停止小说的创作。这说明小说创作的状况是写得少、间歇多。而在那两

---

① 它们是：夏目漱石的《挂幅》《克莱喀先生》，森鸥外的《游戏》，有岛武郎的《与幼小者》《阿末的死》，江口涣的《峡谷的夜》，菊池宽的《复仇的话》。

年中，杂文的写作真正是爆发式的，连日写作、集中写作，1924年写杂文20篇，1925年写杂文97篇，数量是惊人的，而且质量也是上乘的。《坟》中那重要的，属于鲁迅杂文精品、中国散文精华的作品，即写于此时期①；《华盖集》中的杂文，也写于此时。这是鲁迅杂文创作的第一个高峰期。

同时，那两年的翻译作品也不少。1924年翻译作品6部（篇），1925年翻译14部（篇），种数不算多，但字数却不少，而且多有专著与长篇论文。其中《苦闷的象征》《出了象牙之塔》《思想·山水·人物》都是日本作家的重要作品，是鲁迅的主要译作。在鲁迅那两年的译作中，有艺术理论的专著，有文学批评、理论的论文，还有杂文。那个时期的散文诗也写得很多，1924年6篇，1925年16篇，总共22篇，占唯一的一本散文诗集《野草》的大多数。《野草》是鲁迅全部作品中的艺术精品，是中国现代散文文学的上乘之作。

总括以上几个方面的情况，我们可以体察到鲁迅多方面的变化：思想的、情绪的、心理的、文学观念的、文学创作的，等等。它们是：

第一，那两年他主要的创作倾向、主要的注意力，是在当时的战斗，是在杂文。

第二，这个总倾向决定了他的小说创作的状况。一是"排挤"了小说创作，使它居于次要地位；二是"扭转"了小说创作的方向，使它从选材、人物、主题、结构、语言以至艺术总体素质上，都发生变化，变得更切入"时事"、更现实化、更"对敌"而不是"对群氓"。

第三，他的艺术观念发生了变化，即更加重视艺术的经营、技巧的运用和人物内心的刻画了；以前并非不重视，但呐喊时期，战斗的意气盖过艺术的经营、表述抒泄内心的积愫盖过推敲琢磨技巧的余裕。几部艺术论著的翻译表明了他对这方面的关心。与其说这些翻译作品影响了他的创作，不如说他的创作立意和创作心理决定和推动他去选择和译出这些艺术论著。

这样，鲁迅思想创作的彷徨期，在思想上却是一个深化期，在艺术上则是一个发展期。在他的艺术思维中，现实性加强了，而同时，艺术

---

① 它们有：《未有天才之前》《论雷峰塔的倒掉》《说胡须》《论照相之类》《看镜有感》《春末闲谈》《论睁了眼看》《坚壁清野主义》《寡妇主义》《论"费厄泼赖"应该缓行》等。

性、文化性也加强了。这不仅表现于《彷徨》集小说的创作中，也表现在散文诗（《野草》）和杂文的写作中。

我们在这里还要补叙一点：正是从1924年开始，鲁迅大批购买日文书籍，而1925年增加的数量很大。这些日文著作或译作，多数是关于艺术思潮、文学理论和文学史的，其中尤其值得注意的是有关苏联文艺政策和文学状况的著作居于突出地位。这些说明，那两年的鲁迅是在向着新的方向，向着革命的新潮头转过眼去并注意研究了。这预示着他的进一步的思想转换和艺术变迁。这些在当时的表现和泄露就见于《彷徨》的创作。

从《呐喊》到《彷徨》，反映了鲁迅的从呐喊到彷徨。但他又止于彷徨。这种彷徨是旧的已轰毁、在轰毁，而新的也同时已萌芽、在生发。这便预示了下一步的发展。

《彷徨》而彷徨止，已成现实；《彷徨》与彷徨止，而小说创作也止，这时也已经露出端倪了。这不是简单的事情，也不是偶然发生的。关于鲁迅后期除了历史小说的创作之外，即停止了小说创作，这原因，我们已经不能和不应该满足于这种解释了：第一，不能去接触现实生活，因为环境太恶劣、压迫太甚，连出去走走都不能；第二，现实的急迫尖锐的斗争，使他不能从容地把思想和意旨熔铸于艺术形象之中。这两条是都能成立的，也是符合实际和正确的；但是，显得很不够。因为只是这两条，也不能完全"阻止"鲁迅写小说。压迫之甚，是左翼作家的共同命运，而鲁迅独因此不能写小说？即使如此，鲁迅自身的"自在生活"（平日生活）就是斗争，就与社会生活息息相关，何尝不可作为创作的素材呢？他的《端午节》《兔和猫》《鸭的喜剧》《幸福的家庭》《弟兄》等多篇小说，不就取自自己的日常生活吗？在历史小说中，不是也"直射"进日常生活去吗？（如《补天》中小丈夫的出现，《理水》中考察专员、鸟头先生等的出现）30年代在上海他亲见亲闻的、在他身边的那些革命的、不革命的和形形色色的青年，不可以成为他的描绘对象吗？

问题恐不止于上述两条。这涉及广泛的原因，特别涉及他的总体创作意识的变化、他的创作心理的构成与素质的演变。

这一点，我们将在以后的章节详加论述。

至此，我们还需要综上所述，从客观到主观、从社会到个体、从现实到心理、从生活到艺术来总体地描述鲁迅在从呐喊到彷徨时期的艺术思维与创作心理的变化与状态，以及由此导致的他的艺术世界的变化。

值得我们注意的是，鲁迅在此时期（我们具体地限定于1924—1925年中，1923年是一个转换阶段，1926年是完成阶段）的创作生活是多方面的，他写小说，写杂文，写散文诗，也翻译小说和文学理论著作，并且还从事学术著述①。这是一个生活的整体，一个文学生涯的整体。它们共同受制于同一个创作主体的创作心理与艺术思维，它们也是同一个创作主体的创作心理与艺术思维的统一的，然而又有区别的体现。我们知道：1924年是鲁迅前期思想最苦闷、矛盾、忧伤和斗争最激烈的时期；而1925年，则是消极思想与积极思想进行最后交锋，也可以说是积极思想处于主动进击、消极思想处于被动退守，……前者昂然冲刺，后者退守、消匿的时期。这里有两个方面：消极的与积极的。这是鲁迅当时的思想、情绪、心理的结构的两爿。我们当然不能用统计学的和物理分割的方式来划定和计算精神世界的状态，不能用比例数来框定孰多孰少；但我们却可以用"模糊数学"的方式，用定性分析来考察孰轻孰重、孰强孰弱。根据前面的分析，我们可以认定，鲁迅此时的心理构成，优势趋向是消极面在弱化，积极面在强化。它们作为创作心理的"静的属性"，体现于作品中；它们作为创作心理的运行过程，则体现于创作心态的转换、抒泄的动态过程中。后者凝聚于前者之中，后者以前者为渊源，前者以后者为归宿。在这种动和静的分化而又结合的过程中，鲁迅思想的积极面，更多地体现于他的杂文创作中；思想的消极因素则更多地体现于小说创作中；而《野草》则体现了两者的"火并"，"是前者撞击后者所迸出的火花"。这样，"三位一体"的作品，体现了作家的"三位一体"的创作心理。这是一个丰富、深邃、复杂、变幻、摇曳起伏的心理构成。它具有巨大丰富的心理能量和创作的冲动力、爆发力。它蕴蓄了充实的创作"因子"，推动作家的创造力的发挥、想象的飞扬、灵感的跃动、艺术思维的活跃，以至艺术语言的跳荡和迸发。它冲击，驱动，骚乱，不安不居，不肯休憩，要求表达，极欲抒泄。这就是创作冲动，就是创造力的激发，就是蚕要吐丝、雷电鸣

① 1924年写了《〈嵇康集〉序》、《〈嵇康集〉逸文考》和《〈嵇康集〉著录考》，又作了"中国小说的历史的变迁"学术讲演，又作了《〈郑季宣残碑〉考》、《〈□肱墓志考〉》、《会稽禹庙窆石考》和《〈徐法智墓志〉考》等。

闪，不吐不快，抑而爆发。这是作家的最佳创作心态。因此，也应是，而且确实是创作力旺盛、成果卓著和质量上乘的时期。

不过，这种总体心理状态和情绪构造是通过几种不同的艺术形式和艺术活动来体现的。他写杂文而表达他那昂扬的斗争精神，显出他的战士的风貌；他写散文诗以抒泄他心中的矛盾怨愤的衷曲；他写小说，则寄托着他的寂寞彷徨的情怀。正是在这种不同类型的艺术创作中，他抒发自己的爱和恨、哀愁和忧伤、谴责和抗争，有情的倾诉、意的表述、心的泄露。他在这创作的过程中求得心理的平衡、意绪的暂憩。

正是因此，几种艺术形式之间表现出一种艺术上的通感，一种同一创作心理产生的不同艺术作品的统一性。《彷徨》中的小说，表现了一种深沉的文化批判精神，无论是对于两类不同的知识分子，还是劳动者的精神状态，都体现了这种精神。而这时期的杂文，尤其是收集在《坟》中的杂文，也同样深沉博大地表现了一种对民族文化的批判精神，它们由小见大、由近及远、由浅入深，广采博取、引古征外、比譬反讽、谈笑风生、纵横捭阖，对民族的文化—心理结构和状态，进行了深刻的揭示、剖析和批判。至于《野草》中的那些名篇，也都是一种自我的和社会的文化心理的剖析、情绪状态的解析性抒发。虽然对象各有不同，表达方式差异，艺术手法有别，但这种艺术素质却是相同相通的、统一的。

在他的创作和翻译的相关活动中，我们也能发现这种"艺术统一性"的蛛丝马迹。正是在此时期，他译了厨川白村的《苦闷的象征》（1924年9月22日开始，10月10日译毕），在该书译本的《引言》中，他表明了自己对于厨川的这种见解的赞赏："生命力受了压抑而生的苦闷懊恼乃是文艺的根柢，而其表现法乃是广义的象征主义"；"所谓象征主义者，决非单是前世纪末法兰西诗坛的一派所曾经标榜的主义，凡有一切文艺，古往今来，是无不在这样的意义上，用着象征主义的表现法的"。这种赞赏用于创作实践，就是《野草》的创作和《彷徨》中小说的创作。正是在《苦闷的象征》的翻译过程中，他写了《野草》中的多篇名篇佳作[①]；在此之前，他写了《彷徨》中的4篇小说。他是自觉到

---

① 在开译《苦闷的象征》前一周，开始写《野草》，第一篇为《秋夜》。开译后两天写《影的告别》《求乞者》两篇，10天后又作《我的失恋》；两月后的同一天写了《复仇》（一）（二）。

自己的"生命力受了压抑而生的苦闷懊恼"的，他明白这是他的文学创作的根柢，也就是他的创作心理的基本内核；并且，他也在创作中运用了广义的象征主义。

当然，鲁迅所取的"生命力压抑"说，远不限于弗洛伊德的"生命力——性欲压抑"说（但他并不否认这方面意义的存在，因此写了《补天》），也还不止于厨川所说的人的个体生命力受到社会的压抑而生懊恼苦闷这个意义。鲁迅之所指更广大重要，他是指人的生命和人生的合理要求、个性解放的追求，即他在《摩罗诗力说》中所申述的那些要求，其中蕴含着民族的、人民的、社会的、历史的自由独立解放的要求。因此，这种"生命力"所受的压抑，也是一种社会力量的阻滞障碍和压迫；而由此产生的懊恼苦闷也就具有深刻的社会—历史—文化内涵。发而为创作，就不是抒一己之哀愁、泄小我之忧伤，而是代表了或反映了国家民族、社会历史所要求的呻吟与呼号。但这种呻吟呼号又饱和着、渗透着、浸润着个人的生活经历中的精神过程和心理感受，因此而成真正的艺术品。所以鲁迅在《〈苦闷的象征〉引言》中指出：

> 非有天马行空似的大精神即无大艺术的产生。但中国现在的精神又何其萎靡锢蔽呢？

这"天马行空似的大精神"就是前面所说的所思广远的救国、拯民、为民族忧的精神，也是鲁迅所期望的精神的解放，即除去萎靡锢蔽，神思飞扬而产生大艺术。鲁迅在《〈出了象牙之塔〉·后记》中又说："造化所赋与人类的不调和实在还太多。这不独在肉体上而已，人能有高远美妙的理想，而人间世不能有副其万一的现实，和经历相伴，那冲突便日见其了然，所以在勇于思索的人们，五十年的中寿就恨过久，于是有急转，有苦闷，有彷徨。"这里便指出了理想和现实的冲突会产生苦闷和彷徨，并且会急转。

鲁迅此时所产生的，正是这种苦闷、这种彷徨；他也在急转。为此他需要创作：产生了创作要求、创作激情，又要在创作活动中排遣和转移。

关于这种"生命力"受压抑而生懊恼苦闷、更生创作的命题，他后来又有申述并融进了自己的体会和含义：

人感到寂寞时，会创作；一感到干净时，即无创作，他已经一无所爱。

　　创作总根于爱。

　　杨朱无书。

　　…………

　　创作是有社会性的。

　　此前两三年，他正处在那个社会发生大变迁、大动荡、大分化的环境中。他感到寂寞。他正在热烈地爱——广大的爱，对祖国人民的爱和具体的爱（他正在与许广平恋爱）；而爱与恨同在，爱的背面便是恨。这是构成他的创作心理的根基、内核和特质。

　　关于后一方面，即创作上的注意运用技巧、运用艺思，特别是广义的象征主义，我们除了可以肯定《野草》中那些人们已经普遍注意、有颇多论述的象征主义手法与意境之外，还可在《彷徨》中较普遍地发现这种艺术闪光。比如，早在《呐喊》中的《白光》中就有祖先留下的"银子""白光"的象征运用；以后《祝福》中祝福的仪式、爆竹的声响，以及"封套式"结构①；《在酒楼上》的"红剪绒花"、以维新派而"无抵抗"地完全"接受"人们旧礼教的所有要求，哭声的如"狼嚎"；《长明灯》中的"灯"和"放火"、"庙"；《离婚》中的"鼻塞"；等等。这都含着他有意经营而我们可以破译的象征和未必是有意或我们难于测定其是否有意，但我们可以这样揣测、认定和推断的象征意义。

　　鲁迅在1919年发表的《自言自语》中的《火的冰》中，创造了"火的冰"和"火的冰的人"两个象征符码。它们象征那炽热的热情燃烧着的人突然跌入了冰谷，瞬间凝固，于是火不熄，却冻凝住又不得燃。这使我们想起鲁迅怀着激昂热烈之情投入辛亥革命所建共和之国后，遇到迅猛失败、深沉的失望，热情一下冻凝的情景与心境。他感到自己是"火的冰的人"。于是而沉默将近十年，像"火的冰"。以后，五四运动的大潮来了，"运动"和前驱者又把他"带出"冰谷，他再次燃

----

① ［美］威廉·莱尔："（二）运用'封套'：这是重复手法的一种特殊运用，把重复的因素放在一个故事或一个情节的开头和末尾，使这个重复因素起着戏剧开场和结束时幕布的作用。"（见乐黛云编《国外鲁迅研究论集》，北京大学出版社，1981，第334页）——如《祝福》开头和结尾的爆竹声。

烧，然而，迅即又再次跌入"冰谷"，再次成了"火的冰的人"。于是再写《死火》，发展丰富了《火的冰》的形象、象征和含义。他正彷徨，痛苦而寂寞。他的心的感受，有如由火一般炽热燃烧中突然跌入冰谷，冻凝住了。——这就是他的创作心理中的主要感受、内核和特质，也是他强烈地要求述说、表达、抒泄的心理内涵与要求。

这种要求会通过种种艺术渠道、各样形象或情节表达出来，或者是整体性的或者是局部的、个别的，夹杂或镶嵌在作品中，但不是直奔而出，或浅露而显，而是曲折的、委婉的、隐蔽的、借喻的，是寄寓、假托、转换、移情、折射，目的是倾诉和转移、抒泄和排除。在这种曲折的心理投射过程中，我们可以看到许多本不相通的沟通和"隔离"的一致。我们从《过客》的过客身上，从《在酒楼上》的吕纬甫和《孤独者》的魏连殳身上，都可以感受到当时的作者的身影在闪现，感受到鲁迅当时的心态的一隅。《颓败线的颤动》中的老妓女以伟大的母爱卖身而养活了子女，老来却为子女所鄙视和遗弃；祥林嫂的满心欢喜去祝福仪式上献礼牲却以其"不洁"而遭忌；《孤独者》中的魏连殳倒霉时给房东孩子们东西而遭白眼，都透露出一种热情、献身、钟爱而被抛入冰谷的情愫与心境。《伤逝》中的无望而失败的爱，《在酒楼上》隐隐的爱和远道带来红剪绒花而伊人却已病苦而死，遗下一种沉重而无诉的爱，也可成为作者的某种类似的、假托的感情和生活经验、心理经验的折射、宣泄、转移以至是替身和化身。《在酒楼上》《孤独者》中都写到主人公的由于失败失望、失魂落魄而玩世不恭，无可无不可，马马虎虎、模模糊糊的人生态度，但又深感内疚，因不自甘退萎而深感痛苦，这情愫与心境也是被夸大和强化了的作者的自责的表现①。他是在排除自己身上的"鬼气"和"毒气"。

有一种心理现象也值得注意：作者在这时期，往往在不自觉间回顾往事，表现出一种"生活的反刍"，情绪的"逆转"，那些记忆的积淀突然泛起，成为想象的素材，创作的细节也许不妨推想，有时，正是这些"细节"、这些记忆，激发了创作动机、激起了想象的翅膀。我们现在可以举出的至少有：东昌坊附近屠家小店的宝姑娘的不幸婚姻与夭亡和阿

① 鲁迅曾说："醒的时候要免去若干苦痛，中国的老法子是'骄傲'与'玩世不恭'，我觉得我自己就有这毛病，不大好。"(《两地书·二》)又在《坟·写在〈坟〉后面》中说："就是思想上，也何尝不中些庄周韩非的毒，时而很随便，时而很峻急。"

有的女儿被阿桂以"你的老公比我还不如"来抢白，竟转化为《在酒楼上》的一段感人的情节；而鲁迅自己为死去的祖母穿衣的一段往事，也成了这篇小说中表现主人公的思想风貌的精彩描写①；鲁迅的明爷爷的悲剧的一生，化为了小说《白光》的故事框架②；鲁迅母亲的女友单妈妈的一段人生经历，成了《祝福》中祥林嫂的悲剧的重大社会压力和心理症结的依据③；而桂轩伯祖母用的一支比她本人还高的竹竿，则到了祥林嫂手中，成为一个重要道具④。如此等等，记忆的丝缕牵惹着往昔生活，时光逝去，相隔久远，然而在心理上，它们却是鲜活的记忆中的亮点。像春日早晨草叶上的露珠，像时闪时灭的黑暗中的萤光，勾起种种情思，扇起想象的羽翼，去构织一个故事、一段情节，由此而生发成一篇作品。这是创作心理的运行过程和功能，凭此，它使作家的一腔衷情、一缕思绪，转化、投射、移位、变幻，而得到抒发和宣泄、升华和结晶。

但它总是服帖地在作家的总体创作意识的掌握下运行，成为它的表达的"语言"。鲁迅这个时期的创作的社会性、时代性、思想性、艺术性都凭这些"语言"来构成和体现。因为，这些往日的细事旧情、人物命运，正是被今日的"心理之磁"吸起并被"酶化"、发酵酿制，而成艺术的形态；这"今日的心理"，又是由今日之社会情状、时代精神、文化背景，以及作家心灵对之所产生的反应而构成的。而艺术创作心理，又在这种"普通心理"的基础之上，加上记忆（更重要的是情绪记忆、形象记忆）、想象、幻觉、理想、审美选择和组合与再创造，使记忆和往事成为表现今日之所需。这样，从鲁迅当时的创作心理出发，他的艺术创造、他的写作活动，最后以作品的形式出现，在总体上，都是他的倾诉、他的移情、他的抒发，是一声叹息、一曲吟哦、一种心理能量的散发、一次内心颤动的平衡。因此，我们对于他的作品（一般地说，对于艺术作品都如此）不能过于求实，过于拘泥：可以追溯到的事实依据、可以获得实证的破译、可以言之成理的揣测，都是有益的；但

---

① 分别见周遐寿：《鲁迅的故家》，人民文学出版社，1957；周建人口述、周晔编写《鲁迅故家的败落》，湖南人民出版社，1984。

② 参阅周遐寿著《鲁迅的故家》中的《白光》和《子京的末路》。

③ 见周建人口述、周晔编写《鲁迅故家的败落》，湖南人民出版社，1984。

④ 同上。

又不必事事求实证、处处找依据，甚至步了索隐派的后尘。因为这里确有许多作家有意无意留下的"未定点"，这正是审美活动的天地，读者驰骋想象的"余裕"，是欣赏接受的艺术"眼"。我们宏观地、总体地、有时不免是模糊地去领会、悬想、解析，似有似无、似虚似实、若真若假、远之若睹其象近之却觉模糊，倒正是理性而艺术地把握艺术对象的正道，也是欣赏、是审美接受的正常活动。这样反可得更大的思想收获与审美愉悦。

这正是接受美学中所谓读者的期待视界与作品提供的艺术基点，在阅读过程中所必然发生的交融和阅读主体的创造，然后产生视界统一和差异，而致视界转换，产生阅读效果以至效益。我们对鲁迅的接受史，正是如此一代一代发生前进、深化、提高性的变化。当然，这都是在鲁迅作品所提供的基础上产生的，而决不能也不应该"越过"、抛弃和歪曲它。我们对《彷徨》便作如是观。

在彷徨时期，鲁迅在创作上还出现了这样一种现象：对曾经处理过的素材再处理一次，对已经做过的文章再做一次：文学上的再创作。属于这种再创作的有：《自言自语》（1919）中的《火的冰》，再创作而成《野草》（1924--1926）中的《死火》；《古城》转化为《野草》中的《过客》；《我的兄弟》转化为《野草》中的《风筝》；1921年的《无题》大部转为《夏三虫》（《华盖集》，1925）。这种再创作有几种情况：一是"材"未尽其用；二是言未尽其意或另有新意。从这几篇的前后对比看，属第二种情况。这是"标准意义"上的再创作，是创作心理对素材、对原意进行再处理和再加工的过程。《死火》比《冰的火》前进了一大步，虽然用了同一基本形象——珊瑚枝形的"火的冰"，但是，形象的重点转换了；由"火的冰"的"冰"到"死的火"的"火"，而且珊瑚枝形的形象的内在含义发展了、丰富了；特别是总体立意变化了，"死火"要出冰谷，宁愿"烧完"，不肯"冻灭"。《风筝》立意基本相同，但是，故事、情节都发展了，文笔也展开了，一段记事成为一篇情感丰腴深刻的散文诗。《过客》的变化则更大。它只取了一个古城里三个不同年龄的人对于"前途"的不同态度和行动，而发展成从老翁、过客、女孩三个人在对"前途"的认识和"行动"的选择的差别上展开故事，且以"过客"为中心人物而述说，抒发思想、意愿、感情和态度，三个人物的形象都丰满了、发展了、变化了，其总体立意当然更是起了根本性的变化。

这是一种什么性质的变化呢？

《自言自语》一开头就说明，这是一个没人与言的孤独老人沉浸于过去的自言自语。它只是一种生活的反刍、记忆的重现，是对于过去的或现时印象中的一种状况的静态描述。而《野草》之作，却是一种动态的呈现和演变，一种内省的搏斗和外在的撞击。前一种是往事的重现，后一种是对往事进行了加工的重述和重演以至新解释和新扮演。创作心态变化了，创作方法变化了，艺术思维、艺术世界和艺术意境也变化了。

这是以彷徨而搏斗的心态，一种起伏跌宕、想象飞动、意象飞扬、灵感迸发的心态；这是对记忆的贮存，是对贮存的故事、人物、细节、生活和心理刻痕进行了加工——想象、组合、变形、夸张、优化、美化，而创作出的艺术精品。仅以《火的冰》《死火》来说，当年（1919）写《火的冰》只是对于辛亥革命失败后的一种现实和心理反应的状态描述；而此后重作，经过作家当时心态（它决定于当时他的全部思想、情绪与心理）的加工，"火""冰"的形象都丰富了、发展了，状态变成了故事，变成了搏斗。从这里，我们又可以从作品的"静的属性"中逆推出作家创作时的心理。

这种情况也发生在《彷徨》的创作之中，这里虽然不是"再创作"，但却是往日生活、记忆刻痕的再加工。那些"难于忘却的往事"，经过当时心态的加工，完全变形、变意、变义了。单妈妈的一般的迷信，变成了祥林嫂的深刻悲剧，而子京的破落子弟的悲剧运命又变成了深刻的历史嘲讽与批判；见于《孤独者》《在酒楼上》的作家的自身经历和所见的生活故事都已非原意原义，而被放进了一种环境、结构和语境中，被注进了一个典型人物的性格系统中。它们都失去了原形，但又生发而显光彩。

这从创作心理和创作过程来说，就是作家启开记忆之闸，放出往昔的刻痕，用今日之心态的"心理汁液"加以酶化，创生出故事、人物、形象、意境。而这些，具象地呈现了作家当时的思想面貌、心理状态：一种我们前面分析了的以彷徨而斗争为特征的创作心态和由它而化生的艺术思维与艺术世界。

三、"狂人"家族：美学特质与精神世界

然而，鲁迅的这面折射镜，却不仅仅由奴隶的灵魂的阴暗、消沉的一面所构成，而是与这一面相结合，又有机地、真实地描绘了奴隶精神的另一面，这就是怨恨、不满和反抗。由于这一面的存在，鲁迅笔下的人物系列便构成了一个"家族"。我们不妨把它命名为"狂人"家族。的确，奴隶的这一面，是隐存的、潜在的、不自觉的、歪曲的、变态的、软弱的、微浅的，但是，不管怎样，它确实存在，而且在发展，我们不仅不应抹杀，还应该看到、承认，而且要给予发掘与阐述。因为这是作品中存在着的内涵，并且是它们的精华之所在，因为，这是和鲁迅的创作立意相结合的，是它的必然的产物。同时，我们更应当看到，鲁迅所描绘刻画的奴隶的"不争"的一面，是同这隐存潜在的"抗争"相结合的，是二位一体的，没有后者，也就没有前者，也就不存在鲁迅的作品是中国革命的镜子的价值了[①]。

鲁迅之为革命的现实主义的创始者和大师，也正表现在这一点上。

"狂人"家族的首要成员自然是《狂人日记》中的狂人，他的不满、愤怒与反抗之火，已经燃烧到了顶点，由于这种愤火的燃烧和人们的迫害，他发狂了。那么，其他成员呢？当然不能与他相比，但他们的生活、思想、情感、愿望，特别是命运，确有与其相同和相通的一面，这就是他们的共性。这共性的特点就是：不满现状、不安于现在的生活

---

① 1982 年，我曾以《鲁迅小说创作中的"狂人"家族》为题，在中国鲁迅研究学会与烟台师专联合举办的鲁迅讲习班上讲课。学员们听后反应强烈，给予了鼓励；但也有人表示怀疑，以为将阿 Q、闰土等列入"狂人"家族，是否合适？这大概同如何理解"狂人"之"狂"有关。后来，我的讲稿，分别以《论鲁迅小说中的"狂人"家族》和《"狂人"家族产生的主观素质与文学、美学意义》为题，先后发表于《中国现代文学研究丛刊》1984 年第 4 期和《鲁迅研究》第 9 辑（1985 年 8 月）上。《文学评论》1990 年第 2 期上发表的新加坡王润华先生的《五四小说人物的"狂"和"死"与反传统主题》一文中说，他于 1987 年曾以《鲁迅小说人物的"狂"与"死"及其社会意义》为题，作为他的学生的毕业论文题目，并指出："其实在 1984 年，彭定安已发表《论鲁迅小说中的'狂人'家族》。"文中还引用拙作中的观点："在鲁迅的小说中，形成一个非血统的家族，他们之间虽然没有血缘关系，但却反映了作家在创作上的社会思想，在这一点上形成一个家族。"又说："所有的'狂'，大致上可称为被人视为疯子的人，另一种'狂'是被逼成了疯子的人。"

和命运，要求改变旧的，希望出现新的，期望一切脱离旧轨道。当然，这一切在他们身上，或明确或朦胧、或浩大或微末、或坚决或软弱、或比较成熟或尚未成熟，但不管怎样，内心里是存在这粒火种的。总之，他们都有一颗不安的灵魂痛苦的心，这就是他们足以构成一个家族的共同点。正因为他们有共同点所以能够成为同一个家族，而又正因为他们有程度、高下、大小的差别，所以，才不在同一水平线上，不是众人一面，而是各居不同层次的家族成员。

与"狂人"具有完全相同品性的，还有《药》中的夏瑜和《长明灯》中的"疯子"。夏瑜在牢中还"口出狂言"，说"这大清的天下是我们大家的"，"关在牢里，还要劝牢头造反"。《长明灯》中的"疯子"，一心要吹灭那象征旧的一切的灯火，人们把他锁闭在古庙中，他便宣言："我放火！"要烧掉这整个世界！他们，当然是"狂人"家族中的最重要的成员，是这个家族中的佼佼者！他们的狂性、反抗、斗争，最直接地、突出地、鲜明地表现出来了！

阿Q是不自觉的典型。然而阿Q不是说过"现在的世界真不像样"吗？虽然他也说过"我们先前——比你阔的多"，表现了阿Q精神，而骂一声世道不像样也是指的"儿子打老子"，也表现了阿Q相，表现了精神胜利法，但是，这一切都表现了他对现状的不满。他也骂过举人老爷，骂过假洋鬼子，他进城去偷盗过①，最后，他要造反、要革命。这都是一种反抗，一种狂性，虽然，这一切都表现了阿Q的特点，表现了阿Q性，既缺乏自觉性，又带着卑怯、沉沦、麻木、愚昧的特征；然而，其为反抗却又是不可否认的。阿Q之所以需要和运用精神胜利法，也从另一面歪曲地表现了他想要改变痛楚无奈的境地的愿望和行动，表现了他的"求胜"之心。虽然又是卑怯、愚昧的。这"求胜"之心正表现了他对于自尊的维护与自强的渴望。

祥林嫂一生都在追求幸福。前半生，她抵抗一切生活的不幸，抢婚、夫死子亡，都顶住了；她乞求神灵的保佑，也是为了生活的幸福；最后，她发出了人死后有没有灵魂的浩叹与怀疑。怀疑已经产生，信仰已经动摇。祥林嫂的疑问，形式上是上问苍天、下问地狱，实质上是质

---

① 盗窃行为是对现存秩序的一种破坏、一种反抗。虽然一般是不自觉的，而且是卑劣的反抗。但如果是自觉的，且为了远大的、正义的目标，那又不失为一种反抗形式。

问人世间、质问现实。朦胧中她期望另一种生活与命运。这也是一种不满与不安分，是一种反抗。虽然，很不自觉，很微弱。

《明天》中的单四嫂子的愿望就更微末与渺茫了：她先只期望宝儿不死，梦想儿子长大给她挣钱（这是她最大的幸福），以后，只期望在梦中与儿子见面。多么微末软弱！然而她不是也不满现实、期求新路么!？她要用微末与渺茫的希望来肉搏那"静和大和空虚"。这也是一种追求与反抗。虽然微琐和可怜。

闰土诉说辛苦，已然麻木，然而他也说这世道"不太平"、"什么地方都要钱"、"没有定规"，"种出东西来，挑去卖，总要捐几回钱，……"这不是明显的不满言论吗!？还有，他寄希望于上天与菩萨。对上天的虚幻的幸福的追求，就是对地上的现实的苦难的不满。虽然，又是微弱而渺茫！

总之，他们都存在着鲁迅在《华盖集·忽然想到（五）》中所说的"心的反抗"。

这是鲁迅笔下的以农民为主体的劳动者支房。

吕纬甫、魏连殳、子君、涓生，这些近代知识分子，以曾经觉醒、如今消退而又痛苦不满的心境，进入这个"狂人"家族：他们觉醒过、反叛过、抗争过，曾经被视为狂人、疯子，以后又退化了、颓唐了，但他们仍然矛盾，矛盾而苦痛，苦痛而求解脱或新的斗争。他们也都有一个不满现实、颤动不安的灵魂。他们的心与劳动者家族成员是相通的，而且，他们的痛苦与抗争，正是因为这种情的相通而产生的。这是"狂人"家族中觉醒知识分子的支房。

没落的封建士族的阶级，也可称作这个家族的支房。孔乙己、陈士成等，或堕落或发疯，都是由士族阶级下沉到下层社会。他们不幸、痛苦、堕落，不能照旧生活下去了。不满在他们心里还没有滋生，但在酝酿中。在身世、地位上，他们与"狂人"家族不是同类，但在社会斗争中，他们却站在斗争阵营的"此方"。

鲁迅通过他笔下的人物所体现的这种奴隶灵魂的另一面，使中国革命的这面镜子更全面、更深刻地反映了现实生活，表现了人物的心灵，揭示了历史的本质，写出了生活的真实。他之所以没有绝望和他的作品的不会产生绝望，正由于此。

鲁迅笔下的"狂人"家族的诞生，不是偶然的。这是中国近代和现代历史以及现代思想文化所产生的具有深刻意义的历史现象和文学现象。

首先，"狂人"家族是中国近代和现代社会的产物。这个家族里的人们，都是在共同的社会土壤里生长的，都出身于华夏望族、中华古国。他们是"余生也晚"，正出生在这个名门望族已经没落的时期。正是由于没落，才产生了一批这样的人物。但他们又是"生逢其时"，古国已经开始觉醒并且进行了一次斗争，虽然失败了，但是正在寻求新的解放。因此，"狂人"们又都是这个没落古国正在觉醒和谋求新生的表现，或者更准确地说，是他呻吟、号哭、呼叫、挣扎、奋斗的表现，是一个觉醒过程的表现。

鲁迅是立足于五四运动爆发前夕（即新民主主义革命前夜）的社会现实，为了解决革命的本质问题（即为什么要革命和如何革命的问题）而来创作小说的。为了这个目的，他的小说的重要篇章所反映的时代，基本上是以辛亥革命为轴线，联及辛亥革命前和辛亥革命后这样一个历史时期。

当鲁迅提笔写作小说投身战斗的时候，中国社会状况是这样的一幅矛盾充塞的图景：一方面经过辛亥革命，不仅推翻了封建王朝的几千年统治，而且搅动了广大人民（主要是农民）的心，连阿Q都被吸引了，鼓动起"造反"的心思了。因此，零零星星的反抗斗争确是到处在发生。但是，另一方面，辛亥革命事先既没有充分去搅翻乡村的生活，发动农民的革命积极性，事后又以失败告终，使人民（同样主要是农民）的生活没有得到改善，他们的命运仍未改变。一面是普遍的不满、期望改革，一面却是厚重的麻木、愚昧、落后。一面存在着零星的反抗斗争，一面却是全体在旧轨道上、旧秩序中苟且偷生。总之，人民是在痛苦中叹息、在死亡线上挣扎、在沉默中积蓄着仇恨、在压迫和思想统治下闪着觉醒的电光。中国像一只待催醒的睡狮，人民的愤怒与仇恨像冰山底下的地火。

作为社会生活的反映的文学艺术，在这个时期，所需要和所产生的，正是鲁迅在《而已集·革命时代的文学》中所说的"革命前的文学"，它的基本性质是"对于种种社会状态，觉得不平，觉得痛苦，就叫苦，鸣不平"。因此，它所能酝酿成熟的、作为历史条件和社会生活的结晶的文学形象，最本质的还是"前英雄主义"的，即主要是对旧制度的痛恨、对旧秩序的揭露和对新生活的期望与希求。总之，是怀疑、不满、呻吟、叹息、呼号、挣扎、反抗与斗争。这种作为历史要求的人格化表现的文学形象，既是成熟了的人民的愿望与要求和尚未十分成熟的反抗与斗争的表现，又是这种人民的愿望、要求、反抗、斗争的推动力。因此，它既是觉醒的表现，又是尚未彻底觉醒的表现。它表现为一种觉醒的过程。如果从文学形象来说，他们将表现为不同性质、不同程度、不同形式的觉醒甚至是向觉醒的过渡。

这样，我们看到，鲁迅的小说创作中之所以出现一个以痛苦、不幸、不满、不平、挣扎、期望、追求、反抗与斗争为特征，也就是可以概括为"狂性"特征的"狂人"家族，正是适应了历史的要求，完成着历史的使命，既体现了又开辟着中国现代文学的现实主义道路，为这个新生的文学奠定了坚实的基础，铺平了前进的道路①。

四、中国现代小说艺术的第一个高峰

鲁迅的两本小说集《呐喊》与《彷徨》的出现，不仅为中国现代文学奠定了雄厚的、坚实的基础，而且，为我国创建了革命现实主义文学，并为这种文学样式的发展开辟了宽广的道路。鲁迅的两本小说集便是革命现实主义文学涌起的最初的洪波，是中国现代小说艺术的第一个高峰，在一定意义上说，它是不可企及的了②。

当《狂人日记》和《阿Q正传》出现，当《野草》《彷徨》结集问世的最初时日，它们便震惊了文坛、惊扰了社会，虽然反应不一，夹杂着许多误解和妄评，但是，有识之士、具有现代文学观念和文艺理论准备的人们（如陈独秀、茅盾等人），却对之作出了最早的高度评价，即使是那些妄评者，也首先肯定了它的巨大成就。被称为"只手打倒孔家店"的老英雄、"五四"时代名震一时的人物吴虞，紧接着《狂人日

---

① 本节关于鲁迅的"狂人"家族诞生的历史根源与意义，曾以《鲁迅小说创作中的"狂人"家族》为题单篇发表。

② 鲁迅的小说，作为中国现代文学的最早篇章，作为中国现代小说的范本，已经以其成就之高和成熟的程度，达到了"古典"的小说形式的高度，在这个意义和范围，它已经是不可企及的了。后来者将在别的方面、别的模式和以别的形式来超越它。这就像托尔斯泰的小说、达·芬奇的画等，在其本身范围内已不可企及一样。

记》之后，在《新青年》第六卷第六号（1919年11月11日出版）上发表了《吃人与礼教》的文章，明确揭示了《狂人日记》的主调与革命意义，他在文中说：

> 我觉得他这日记，把吃人的内容，和仁义道德的表面，看得清清楚楚。那些戴着礼教假面具吃人的滑头伎俩，都被他把黑幕揭破了。……
>
> ……我们如今应该明白了！吃人的就是讲礼教的！讲礼教的就是吃人的呀！

继《新青年》而起却以创作为主的《新潮》杂志的主将、当时的年青一代的傅斯年，则在他的文章中明确地、大胆地指出："疯子是我们的老师"，"我们带着孩子，跟着疯子走，——走向光明去"。徐炳昶则在他的文章中反映了《狂人日记》的社会影响，指出："鲁迅先生《狂人日记》上有'仁义道德均将吃人'之说，其后'吃人的礼教'一名词，遂常见于报纸上面。"[①]

茅盾在他的《读〈呐喊〉》中，首先指出了《狂人日记》的意义和影响：

> 一九一八年四月的《新青年》上登载了一篇小说模样的文章，它的题目，体裁，风格，乃至里面的思想，都是极新奇可怪的：这便是鲁迅君的第一篇创作《狂人日记》，现在编在这《呐喊》里的。……
>
> ……只觉得受着一种痛快的刺激，犹如久处黑暗的人们骤然看见了绚丽的阳光。这奇文中冷隽的句子，挺峭的文调，对照着那含蓄半吐的意义，和淡淡的象征主义的色彩便构成了异样的风格，使人一见就感着不可言喻的悲哀的愉快。这种快感正象爱于吃辣的人所感到的"愈辣愈爽快"的感觉。

接着，茅盾在1923年10月8日《时事新报》副刊《文学》第91期中又用极简略的话语评论了《呐喊》中的其他作品，指出"都是旧中国灰色人生的写照"。特别是对《阿Q正传》的评论，值得注意：

---

① 见徐炳昶《礼是什么?》一文。转引自杨义著《鲁迅小说综论》。

尤其是出世在后的长篇《阿Q正传》给读者难以磨灭的印象。现在差不多没有一个爱好文艺的青年口里不曾说过阿Q这两个字。……我们不断在社会的各方面遇见"阿Q相"的分子。……我又觉得"阿Q相"未必全然是中国民族所特具。似乎这也是人类的普通的弱点的一种。至少，在"色厉而内荏"这一点上，作者写出了人性的普遍的弱点来了。

中国历史上的一件大事，辛亥革命，反映在《阿Q正传》里的，是怎样叫人短气呀！乐观的读者，或不免要非难作者的形容过甚，近乎故意轻薄"神圣的革命"，但是谁曾亲身在"县里"遇到这大事的，一定觉得《阿Q正传》里的描写是写实的。我们现在看了这里的七八两章，大概会仿佛醒悟似的知道十二年来政乱的根因罢！……

……但是《阿Q正传》对于辛亥革命之侧面的讽刺，我觉得并不是因为作者抱悲观主义的缘故。这正是一幅忠实的写照，极准确的依着当时的印象写出来的。……作者的主意，似乎只在刻画出隐伏在中华民族骨髓里的不长进的性质，——"阿Q相"，我以为这就是《阿Q正传》之所以可贵，恐怕也就是《阿Q正传》流行极广的主要原因。

在这篇文章发表后的第8天，在同一报纸的《学灯》副刊上，又登载了"Y生"的《读〈呐喊〉》一文，它把当时的文艺园地比作"荒凉的平原"、"沙漠也似的"，使人感到"寂寞与饥渴"，"没有一朵明媚花"，也"没有一枚黄熟的果实"。就在这种境况中出现了鲁迅的《呐喊》。作者赞美道："其中有独树一帜特殊的作用，收效最大，最使我们满意之作，就要首推一位化名'鲁迅'君新近出版的《呐喊》了。"他指出，这些小说"多为赤裸裸的写实，活现出社会之真实背影"，特别指出：

如《头发的故事》、《风波》、《白光》、《孔乙己》、《阿Q正传》，描写辛亥革命时，下级社会人的心理，与科举的余毒，最为深刻。

最后，作者笔锋含情，表达赞誉和期望：

我觉得《呐喊》确是今日文艺界一部成功的绝好的作品。有左右文艺思潮倾向的魔力，其中也正因他有"特殊的面目与不朽的生命力存在"。……

……漫漫长夜的寂寞场所，青黄不接的饥渴时代，还正包围，逼压着我们。同样的花与果，实在希望他再放出一朵，结成一颗。所以我们仍然立等着，静听着鲁迅君第二次的呐喊声。

胡适在写于1924年的《五十年来之中国文学》中，也称赞鲁迅的小说作品：

> 短篇小说也渐渐的成立了。这一年多（1921年以后）的《小说月报》已成了一个提倡"创作"的小说的重要机关，内中也曾有几篇很好的创作。但成绩最大的却是一位托名"鲁迅"的。他的短篇小说，从四年前的《狂人日记》到最近的《阿Q正传》，虽然不多，差不多没有不好的。

就连对于鲁迅的小说给予了后来被公认为是错误的评价和妄评的人，也不得不承认了鲁迅的小说集的出版在当时的影响和作用。比如成仿吾在原载于1924年1月《创造季刊》上的《〈呐喊〉的评论》中，首先便描述在"消沉到极处"的时候：

> 然而我终于听到一声宏亮的呐喊了，这便是鲁迅的《呐喊》一部小说集了。
>
> ……。
>
> 《呐喊》出版之后，各种出版物差不多一齐为它呐喊，人人读的总是它。

文中特别指出了《呐喊》的特色是："作者的努力似乎不在他所记述的世界，而在这世界的住民的典型。"虽然作者对此持否定态度，但却从反面说明了鲁迅创作的成功之处。作者也还肯定："惟《风波》与《故乡》实不可多得的作品。这几篇中还有一种特色，那便是它所显现的村人的性格。作者所取的几个典型，多是乡村或小镇上的人物，在这一点，作者可谓独开生面了（描写乡村生活的文字很不少，然多庸俗之流）。"这里肯定了鲁迅对农村生活和农民典型的成功描写和别开生面。就连张定璜那篇妄评鲁迅的创作是三个"冷静"，使鲁迅很不以为然的、原载于1925年1月《现代评论》上的《鲁迅先生》中，也从文学史的发展角度，高度地赞扬了鲁迅的作品：

> 《双枰记》等载在《甲寅》上是1914年的事情，《新青年》发表《狂人日记》在1918年，中间不过四年的光阴，然而他们彼此相去多么远。两种的语言，两样的感情，两个不同的世界！在《双枰记》、《绛纱记》和《焚剑记》里面我们保存着我们最后的旧体的作风，最后的文言小说，最后的才子佳人的幻影，最后的浪漫的情波，最后的中国人的祖先传来的人生观。读了他们再读《狂人日记》时，我们就譬如从薄暗的古庙的灯明底下骤然间走到夏日的炎光里来，我们由中世纪跨进了现代。

以上，就是在鲁迅小说诞生的当时，他的同时代人的评论。它们反映了最早的和第一批对于文学珍宝的挖掘。虽然语焉不详，虽然夹杂各种不同的议论，但是却都肯定了，在历史的和现实的状况中，《呐喊》出现的重要意义，它打破了沉寂，冲破了历史的藩篱，它以新颖的思想、主旨、人物和手法，开辟了一个新天地。张定璜在《鲁迅先生》中说："单在这个意义上，鲁迅先生也是新文学的第一个开拓者。事实是在一切意义上他是文学革命后我们所得了的第一个作家。是他在文学史上用实力给我们划了一个新时代，虽然他并没有高唱文学革命论。"同时，评论者们最初便肯定了鲁迅的作品揭露了封建礼教制度的吃人本质，也肯定它们描绘了辛亥革命，反映了辛亥革命失败的教训，并且认为鲁迅对于农民生活的描写和农民典型的刻画是相当成功的。

以后的评论和研究，是这些最早的评论的继承和发展。把这些进行了充分研究和细致评论的主要结论和成果综合起来，就是肯定鲁迅所开创和建设的是革命现实主义，他是中国现代文学的最重要、最主要、最有价值的文学流派的第一位大师和开拓者，他取得了最重要和最高的成就。作为鲁迅的学生和战友，冯雪峰在1936年7月鲁迅逝世前不久，在《鲁迅在文学上的地位——1936年7月给捷克译者写的几句话》中最早提出了这样的论证，鲁迅是"战斗的社会写实主义者"，是"一个伟大的革命现实主义作家"。以后，到40年代，冯雪峰更进一步深化了这个论点，他在《鲁迅和俄罗斯文学的关系及鲁迅创作的独立特色》中指出："鲁迅的现实主义，我们自然要说，是最有中国特色的、独立的现实主义。""可以说，他的现实主义是从他对于历史力、社会力和人民力的一种探索的、追求的努力所凝成的。"而在《中国文学从古典现实主义到无产阶级现实主义的发展的轮廓》中，他指出："在五四以来的人民革命的时代中，体现着我们民族的创造力，独立地创造了以鲁迅为代表的辉煌的革命现实主义。"这些论证不仅肯定了鲁迅的创作的革命现实主义性质，而且论述了它的主要的、深刻的根源。

20世纪50年代，陈涌在他的《论鲁迅小说的现实主义》一文中，详尽细致、有说服力地论证了鲁迅革命现实主义的性质、根源和表现。他得出结论说："鲁迅是现代中国在文学上第一个深刻地提出农民和其他被压迫群众的状况和他们的出路的问题的作家"，"是近代中国第一个最深刻最彻底的革命民主主义和现实主义的作家"，"鲁迅在其根本倾向上，比一般批判的现实主义作家有着更深刻、更彻底和更明确的性质"。在《陈涌文学论集》中，他还指出，鲁迅的"《伤逝》比《娜拉》忧愤深广"，"恰好是易卜生认为是问题解决了的地方，鲁迅却认为是问题的开始"。而且，鲁迅虽然在"根本的思想性质上"与俄罗斯19世纪革命民主主义作家（如萨尔蒂科夫-谢德林、涅克拉索夫等）"是大致相同"，但却"也反映了一些为俄国革命民主主义作家所不可能有的历史特点"，这主要是鲁迅以及以他为代表的中国现代民主主义文学，"很快便取得了社会主义思想的指导，由民主的文学发展为社会主义文学"。

唐弢在60年代更把鲁迅同世界现代文学的发展相联系，放在这个宽广的领域来观察比较，他在《故事的新编，新编的故事》中得出结论说，鲁迅是"20世纪革命现实主义杰出的世界大师之一"。这个评论是恰当的。鲁迅是当之无愧的。仅仅就他的小说创作来说是如此，如果将杂文创作归入，更可以这样说[1]。

我们已经介绍了评论家、鲁迅研究专家的主要论述。现在，需要说明的是，为什么能够得出这样的评价和鲁迅凭借什么取得了这么高的成就，以及我们今天应该如何看待这种成就。这里，我们就要进行综合的评述并阐述自己的理解了。

鲁迅的现实主义最深厚的根源来自他的以文学为改变国民精神、改造故国使之新生的愿望。他从一开始就是如此。他不同一般，不是由于

---

[1]　关于这一点，我们在后面再评述。

单纯的对文学艺术的爱好，性之所好，为文写作，渐渐明了文学的功用和性能，而用以为现实服务；也不是如有的作家，具有文学秉性，感受时代思潮、怀有祖国沉沦之痛和个人苦闷，因而提笔抒发，内含时代精神、爱国思想；当然，鲁迅更不是靠舞文弄墨而走上文坛。当他弃医习文时，便是从总体上、从根本道路——救国之道和个人献身祖国为人民之道上，从文学具有的最高性能上来把握文学，他怀着最崇高的愿望与志向，怀着深重的社会责任感，并且以澎湃的热情、深沉的思想来从事文艺运动。以拯民救国为己任，以文学为利器。这便是鲁迅踏上文学之路时的思想核心。他把文学同民族民主革命的任务紧紧联系在一起，而且以文学为思想革命的通途，又以思想革命为当时革命的基本方针。他站在当时革命思想界的最前列来使用文学利器。这给了他的文学观念与文学创作思想、创作心理以深厚的革命现实主义根源。正如冯雪峰所指出的："鲁迅这种开始接近文学的态度，就决定了他作为一个作家的态度：战斗的社会写实主义者。"

更为重要的是，鲁迅这种文学新观念的内涵，一开始就是以人民为本位、为核心的，虽然当时他在唯心史观的指导下，提出的是"国民性"改造问题，是一个超社会性、超阶级的"国民"概念，但在他的思想的实质上，却是以农民为本位、为主体，在他心目中的"国民"中，背后始终站着一个悲苦凄愁的农民的巨大身影。他的改造国民性的实质是同改善农民的命运相统一的，而最终目的是建立以农民为主体的、他所说的"人国"。这样，更给鲁迅的现实主义精神注入了人民性的深厚的、浓郁的芳香，而使他的现实主义不能不突破旧的批判现实主义而具有了强烈的革命精神。

而且，鲁迅的文学观中，还明确地包含以文学为武器，通过它来唤醒民众以达到推翻旧制度、改变旧社会的目的。他是站在旧制度的彻底否定者的立场上来运用文艺武器的。而在改变了旧制度之后，出现的自然是新的、好的社会与世界。他以坚定的进化论思想，毫不怀疑这个前途出现的可能性。这种信念和观点，自然也成为他的现实主义精神中的新因素，即革命的因素，而使他从包括俄国革命民主主义作家在内的批判现实主义作家中分立出来，而站在了前列。

"靡不有初，鲜克有终"，当鲁迅胸怀远志大愿、热情忠贞地走上文学之路时，他所播下的就是这种崇高的"文学龙种"。将近十年之后，他又经过了这么长时期的深思的陶冶、现实的启迪和各方面的准备，然后，在新的革命高潮来到、新的社会变动开始，特别是新的思想解放运动兴起和新的一批战友来呼唤时，他正式拿起了创作之笔。这时，他明确地以创作"遵命文学"的心愿、志向而从事小说的写作。他在《南腔北调集·我怎么做起小说来》中说："我仍抱着十多年前的'启蒙主义'，以为必须是'为人生'，而且要改良这人生。我深恶先前的称小说为'闲书'，而且将'为艺术的艺术'看作不过是'消闲'的新式的别号。"在创作中，十年前的一切思想、文学的观念和远志宏愿的积蓄，都发而为创作实践的动力和凝结为作品的核心因素，而使他的作品具有了革命现实主义的品格。他以小说来为当时的革命服务，探寻革命的经验教训与发展道路，探索中国的发展道路；他第一个勇敢地开辟了革命现实主义创作与发展的道路。鲁迅的激进革命民主主义思想和他的创作上的革命现实主义是一脉相通的，是互为表里且互相促进的。陈涌在《论鲁迅小说的现实主义——〈呐喊〉与〈彷徨〉研究之一》中说："鲁迅的这种彻底革命民主主义的思想反映在文学思想上，首先便是要求文学自觉地服从于政治、服从于中国的革命斗争"。"鲁迅在他的作品里总是在不断地探求中国向前发展的道路。他把自己的全部的创作活动都集中到找寻中国向前发展的道路这个中心点"。这样的革命思想和这样的小说创作的动因与思想，便是革命现实主义的泉源。

《南腔北调集》中记载，鲁迅在五四运动前夕着手写第一篇小说《狂人日记》时，就明确地确定创作的总体立意是要写出他自己"眼里所经过的中国的人生"和"画出这样沉默的国民的魂灵来"。而他眼里的中国的人生又不是一般的人生，而是要"将旧社会的病根暴露出来"，取材"多采自病态社会的不幸的人们中"，目的则是"催人留心，设法加以疗治"，"意思是在揭出病苦，引起疗救的注意"。他指出他要写出"上流社会的堕落和下层社会的不幸"来，指明了他所指的"病根"与"痛苦"的基本社会内涵和主要矛盾。他的小说也确实都体现着这种尖锐的社会不同层次的人们的对立，他总是把鞭笞与愤怒指向堕落的上流社会，而把同情和深爱指向下层社会的不幸的人们，并且，要在这种尖锐对立中寻找出改变现状、改良这人生的出路与前景来。这些，也往往是批判现实主义者所不为或不能为的。他们或者只揭露、谴责上流社会的堕落（有的人有时还不免带着一点欣赏或留恋的意味），或者只对不幸的下层社会的人们一抛同情之泪而已。他们的批判，往往是挽歌、送葬曲和一首"无可奈何花落去"的凄婉的感叹小调。然而鲁迅却不止于此，他奏的是愤怒之曲，他发出的是战斗的呐喊，他要彻底改变这个旧社会，并且要去争得我们（主要是下层社会的不幸的人们）的"从未生活过的生活"。这种种因素，便也使他的现实主义越出了一般的批判的界限而具有了深厚的革命民主主义的性质了。

当鲁迅在五四运动时期走上战阵时，他是怀着对旧制度彻底否定的思想与决心来创作他的小说的。他首先把一切问题的症结都归结到制度上，然后又对这个制度在思想意识形态和社会伦理道德方面的各种表现予以彻底的揭露和无情的鞭笞、深刻的批判。他这种思想高度比之一般民主主义作家要高出许多[①]。鲁迅小说所批判的不仅仅是中国的某一方面（如礼教），而是把几千年的历史和当前的社会作为一个整体来进行总判决的。杨义在《鲁迅小说综论》中说，《狂人日记》的批判锋芒有着综合古往今来、囊括东西南北的总图性质。狂人叫出了"从来如此，便对么？"否定过去一切的声音，揭出了"人吃人"的现象并且要劝转已吃和正吃人的人，要救出未曾吃人的孩子。夏瑜、"疯子"都否定了古老的、延续至今的和今日存在的制度的存在价值，要亲手来改变它、推翻它；单四嫂子、阿Q、闰土以及孔乙己、陈士成这些形象，都是以自己不幸的命运和痛苦的灵魂控诉了旧制度，哀叹了生活的苦难，提出了要有新制度、新生活的强烈愿望；吕纬甫、魏连殳这些形象，则以觉醒而抗争，抗争而失败，失败而痛苦，痛苦而退缩改弦，因此而更痛苦的灵魂的折磨与不安对历史的曲折道路进行了反思，对新的思想革命和如何革法的期求提出了令人心碎的焦思竭虑和哀怨与热望。这一切，汇成了一股强劲的革命民主主义的文学洪流，为同时代作家所未曾有，也为当时的所有民主主义文学的总和所未能有，而奔流在新时代文学潮流的最前列。

---

① 杨义在《鲁迅小说综论》（陕西人民出版社，1984年1版）中指出："鲁迅是从革命民主主义的立场而不是从一般的资产阶级人道主义的立场，去批判旧的社会制度的，他以无比真实的诗情刻画出'上流社会的堕落和下层社会的不幸'。"（第35页）又指出："取材紧扣着社会的基本矛盾，不是站在旧制度内部，而是站在旧制度的对立面来批判它，不是仅限于批判旧制度的某些方面的过失，而是从整个社会关系着眼，揭示它不可疗救的痼疾。这是鲁迅革命现实主义的第二个重大特征。"（第36页）

鲁迅虽然是以对于国民性的研究和暴露来反映中国的人生，虽然他"所画的民族史图中"，基本的内涵是"关于中国民族的解剖与指示"[①]；但是，由于他的现实主义深厚的生活基础，由于他如实地对生活的描绘，也由于他思想上对于"上流社会"与"下层社会"的明确的划分、对于压迫者与被压迫者的明确意识，他的小说总是准确鲜明地描绘了现实的社会关系，特别是社会的阶级结构和阶级之间的矛盾对立状况，并且把批判的矛头对准了压迫者、剥削者阶级，主要是封建统治者、地主阶级和他们的爪牙、意识形态代表，同时对资产阶级也进行了批判。不过，对前者是无情的揭露与鞭笞，对后者则是对其软弱和不彻底性进行深刻的解剖与揭示。而对农民阶级则是寄予最深切的同情与殷切的期待[②]。这种从生活到思想到艺术的对于中国近代与现代社会的社会结构、阶级结构的如实深切的描绘与刻画、剖析与批判，远远超出了鲁迅自己的理论的认识，在实质上突破了他自己的历史进化论的唯心史观的束缚，也远远超过了当时小说创作的平均水平。无疑，这是鲁迅的革命现实主义的重要表现，是他的革命现实主义的胜利。

在他的收集在《呐喊》和《彷徨》中的25篇[③]小说中，有两组人物：顽固派与叛逆者；知识分子与劳动者。的确，这两组人物正是活跃

---

① 引号中为冯雪峰语，见《鲁迅与中国民族及文学上的鲁迅主义——1937年10月19日在上海鲁迅逝世周年纪念会上的讲话》，见《鲁迅的文学道路》。

② 冯雪峰指出："对于祥林嫂，单四嫂子，闰土，阿Q，以至孔乙己等，他们从没有从任何人那里接受过像鲁迅先生所给他们那样深大的爱过"。"鲁迅先生以最大的爱给予大众，给予阿Q"。(《鲁迅与中国民族及文学上的鲁迅主义——1937年10月19日在上海鲁迅逝世周年纪念会上的讲话》)

陈涌的文章指出："便这样，鲁迅对于资产阶级、农民和其他小资产阶级知识分子这几种不同的社会力量都作了一番考察，这归结起来就是：鲁迅在'五四'和以后一个时候便以其深刻的艺术的现实主义的力量真实地表现了：资产阶级不可能领导中国革命走向胜利，农民的被压迫的地位是必然走向革命化的，他们是中国革命在农村里的真正的动力，但农民本身却具有他们的弱点，而知识分子呢？他们许多人都是聪明、正直的，是每一个革命时期首先觉悟的分子，但当他们对现实还没有明确坚定的认识，当他们把自己'孤独'起来的时候，他们是软弱无力，毫无作为的。很显然，鲁迅需要找寻一种比上面这几个阶级都更坚强的力量，能够把上面这一切力量都团聚起来，带动起来的力量，这就是无产阶级这种力量，但对于这种力量，鲁迅在整个写作《呐喊》与《彷徨》的时期，还是没有找到，没有认识到的。"(《论鲁迅小说的现实主义——〈呐喊〉与〈彷徨〉研究之一》，见《陈涌文学论集》(上)，上海文艺出版社，1984，第220页。)

③ 不包括《呐喊》初版时收入的《不周山》(《补天》)。

在当时中国历史舞台上的主要角色。他们是"病态社会"中的人，各有不同的表现和命运。对于劳动人民，鲁迅倾注了他的深沉而真挚的同情。他描写了、诉说了他们的不幸的、痛苦的命运，也表现了他们的麻木、愚昧和不觉醒状态。鲁迅虽然描写了他们的麻木、愚昧的精神状态，但却不使人产生鄙视和厌弃他们的情绪，而是为之心痛与洒泪。这是因为作者有力地表现了他们的朴素、诚挚、单纯、善良的品性。那些劳动者的高尚品性正是在种种不幸的生活中表现出来的。因此，这里就不是单纯的、庸俗的、"老爷式的"、"隔岸观火"式的同情，而是同呼吸、共命运的真诚感情。因而使人得出结论：必须改革这人生，必须改变这不幸的命运。

而且，在鲁迅的笔下，还出现了对于劳动者的正面形象的描绘。《离婚》中的爱姑的泼辣的反抗性，《一件小事》中的车夫的崇高品德和《社戏》中的双喜、阿发以至六一公公的朴实、善良和宽厚的品性，都是写得很成功、很有意义的。

在全部小说创作中，知识分子占了与劳动者同等的地位，因为，作者本人是一个知识分子，他所写的是他眼里经过的"中国的人生"和他（知识分子）眼里经过的劳动者。具有深刻意义的是，他常常拿劳动者来作为比照，而对知识分子发出了温情脉脉的批评、谴责。在《故乡》中，闰土的一声"老爷"和在昔日密友面前的拘谨与木然，就潜藏着对于"我"的批评了；所以"我"期望下一代能够不再如此隔膜。在祥林嫂面前，"我"又显得畏缩，而不敢正面回答已临绝境的祥林嫂提出的疑问；"我"在祥林嫂的惨死和四老爷的谴责面前，只有"无论如何，我明天决计要走了"而无别的作为。在《一件小事》中，就更为直截分明地宣布了一派道理，对劳动者唱出了崇高的颂歌。

这里，当然不能说"我"就是鲁迅，但是，在"我"的身上寄托着鲁迅当时的思想却是明显而确定的。在这里，鲁迅虽然还没有把工人农民看作历史的主人，但是，在对劳动者的品质上，他已经分明地表露了他的思想感情的强烈倾向性了。

鲁迅笔下活动着几种类型的知识分子，而他对他们的态度是各不相同的。第一种是辛亥革命前的旧知识分子，这可以说是末代"士"的阶级。他们是科举制度的最后牺牲者与殉葬品。孔乙己（《孔乙己》）的堕落与陈士成（《白光》）的发疯，都是为这类知识分子所唱的挽歌。第二种是接受了旧文化的遗产而又冲破了科举束缚的一代新旧交替的知识分子，他们是活跃在辛亥革命时期的"一代新人"。他们反抗过、奋斗过，他们是有志气、有才情的。但是，由于辛亥革命的失败，他们的奋斗也失败了，他们于是有的消沉颓废、玩世不恭，如《在酒楼上》的吕纬甫；有的竟背叛了自己的过去，如《孤独者》中的魏连殳；《头发的故事》中的"N"，牢骚满腹，对现实不满了；《故乡》中的"我"，怀着萧条之感与抑郁之情，期望着与劳动者之间的隔膜的消除和祝祷着后代的新的生活，更相信路是人们从没有路的地方走出来的；《一件小事》中的"我"更是发出了对现实的怨言和对劳动者的颂歌。鲁迅批判了潦倒消沉者，而期待这些人的转变。对于那些受过新式教育，正活跃于当时的社会舞台上的新式知识分子，鲁迅则是无情地鞭笞了他们的浮泛与油滑。他们或者与旧社会同流合污，因此不能不变成可耻的"文化痞子"，如《高老夫子》中的高尔础；或者是脱离了社会客观条件去追求一己的幸福，因而不能不变成空泛的幸福追求者（《幸福的家庭》中的"他"）和被现实碰得头破血流者（《伤逝》中的涓生和子君）。这个批判，是痛切而深刻的，对于后两种人，他希望他们向着切实的斗争的路途转变。

对于另一组人物——顽固派与叛逆者——的描写，也并没有脱离前一组两类人物，他们都是勾连在一起的。叛逆者的形象，如《狂人日记》中的"狂人"、《药》中的夏瑜和《长明灯》中的"疯子"，都是着笔不多而作为陪衬人物的。作者主要是写他们的命运：他们首先都被看作发了疯①，然后或是死在屠刀下（《药》），或者被视为"狂人"而被人囚禁与隔离。他们孤独地战斗，没有去唤起人民，因而陷身于寂寞之中。他们的不幸是与劳动者的不醒联系着的，当然也和顽固派统治者的不仁联系着。

赵贵翁（《狂人日记》），赵七爷（《风波》），赵太爷、假洋鬼子和举人老爷（《阿Q正传》），四铭（《肥皂》），七大人（《离婚》），这些封建统治的代表人物，同叛逆者处于你死我活的对立之中，同知识分子和劳动者也处于尖锐对立的地位。他们所依靠的就是封建的权力和封建礼

---

① 《狂人日记》中的"大哥"对来看热闹的人，高声喝道："都出去！疯子有什么好看！"《药》中的坐在茶馆里的人们议论夏瑜说："阿义可怜——疯话，简直是发了疯了。"《长明灯》中，人们说那个要吹熄长明灯的青年："他不是发了疯么？"

教。鲁迅对他们都给予了有力的揭露和抨击。

鲁迅对这两组人物的描绘、刻画，就是把中国当时的社会状况的轮廓勾勒出来了，并且真实地写出了他们之间的对立关系和非对立关系。中国的人生就这样在进行着。

他们各自以自己的行动、在社会生活中的地位，从反面或者从正面提出了改革的必要性和必然性，完成着鲁迅作品的总主题：引起疗救的注意，改良这人生。

这里，还要就农民问题说几句。鲁迅在小说中把主要注意放在农民身上，作为主体，作为民主革命的主要渴求者、主要解放对象、主要依靠者来表现，这绝非偶然，其重要意义也不可忽视[①]。他不仅对于农民充满了真挚的爱、深切的同情，而且明确认为农民是最可信赖的。这也就证实了鲁迅是把农民作为革命主体、主要解放对象和依靠对象的。这里所反映的不是鲁迅的"天才"，不是他的超越时代的思想才能；恰恰相反，是反映了他从小接近农民、熟悉农民，同他们结下了亲密的友谊，这友谊之甘露曾经滋润过他的幼小而寂寞的心灵；以后，在辛亥革命前夕的那个沉闷、苦痛的岁月中，他又曾经更带理性色彩地接近了农民、了解了农民；而在长期的对于中国历史、文化的研读与反思过程中和对中国现实社会与革命的状况（特别是辛亥革命的失败）的观察、思考中，他更进一步对农民的历史地位和作用有了深刻的认识。因此，他的小说中所反映的农民问题的深刻、正确、符合历史规律，正是他从实际生活中取得了素材、进行了现实的考察与历史的反思的结果，而不是"天才"的"慧眼天聪"自然得之的。同时，更不可忽视的是，鲁迅的见解又正是当时的历史条件和时代精神的反映，正是中国民主革命的主要支柱是农民、主要解放对象是农民这个历史与时代的本质的反映，或者说是社会物质条件通过革命思想家的思想在精神界的反映，也是鲁迅的思想反映了中国人民民主革命实质上是农民革命的特点；鲁迅也像19世纪俄国的民主主义革命思想家和作家一样，他的思想反映了中国

① 陈涌："鲁迅始终都把目光注视着广大的普通的人民，特别是农民；几乎在他的每篇作品里，都注意到他们对于现实生活，对于进步事业的态度。鲁迅是注意到，广大的普通人民，首先是农民的态度是有十分重要的意义的。如前面屡次表现到的，当他们还不觉悟、冷漠，还在封建主义影响下的时候，他们便实际上成为中国封建主义的强有力的支柱。"（载《陈涌文学论集（上）》，上海文艺出版社，1984，第208页。）

的农民革命的思想。

当然，鲁迅自有他的特点和弱点。首先，我们前面已经说到，他更多的是从思想革命的角度，从农民的尚未觉醒、落后状况的角度来反映中国革命的特点而起到了历史的折射镜的作用的。不过，我们也不能完全否认或忽视，即使如此，其作品也不是同政治革命毫无联系的，这在他的小说中已经表现出来，如《风波》和《故乡》中，都有这方面的描写；《阿Q正传》中有关革命问题的章节，尤其是后部分，则是直接对辛亥革命（即政治革命方面）给予描写与刻画。至于鲁迅在杂文中的表述就更直接、更富有政治性了。鲁迅有关思想革命的描写与论证，本身也就是作为政治革命的表现形式、作为政治革命的有机部分而存在的，其政治革命性质也是不可否认地存在着的。这里，鲁迅的考虑，除他的作为革命思想家的思想特点之外，还有从艺术角度的考虑：他更需要、更了解农民灵魂的苦痛、不安和期求解放的情状，从艺术上来表现这种情状，更符合他的思想革命视角描写的特点，也更真切，更符合他的艺术设计。

不过，我们自然不应忘记鲁迅前期思想基本上仍是以进化论为特征的唯心史观这个状况，否则就会降低鲁迅创作与思想在思想革命、意识形态方面的更长久的意义与价值。

当然，我们不能否认差异的存在，而且这差异是原则性的，而并非仅仅是视角的偏差。首先，鲁迅是从进化论为特征的唯心史观这个总出发点和基点来观察问题、得出结论的；他看出了农民是民主革命的主体，但他并没有认识到这个主体并不能成为革命的领导阶级，他也没有和不可能提出革命的领导阶级问题，他的确用事实和尖锐的批判的手笔揭示了资产阶级领导辛亥革命的失败和这个阶级的不可信任、不能充当革命领导者，但他也只是如实地、沉痛地反映和批判了这一点，却没有明确提出革命的领导权这个政治革命的理论问题，相反，倒是提出了要由先觉者、"思想革命的战士"（在早期被称为"精神界之战士"）来首先唤醒农民，而这些人在鲁迅当时的明确的论证中，正是知识分子，而不是无产阶级。鲁迅主要提出思想革命以及"救救孩子"，也没有能够提到在革命的行动中改造主观世界，把思想的变化，即改造主观世界同改造客观世界的革命实践统一起来。鲁迅在依靠什么社会力量和通过什么途径来实现革命的目的、农民的解放等问题上，也只能是"依靠青年去创造第三样时代"这样的革命公式。而这也正是进化论的唯心史观的典型表现。在后期，当他的思想转变到马克思主义轨道上以后，他用"空空洞洞""只信进化论的偏颇"这样的话语来总结和批判了自己过去的思想。这总结不仅是深刻的，而且是准确的、正对自己的症候的。

以上这些都是鲁迅前期思想的特点和优点、弱点和缺点。它们带来了鲁迅的思想和创作的时代局限性、历史特点，也给予了他的思想和创作在正确的政治革命理论之外的长久的思想活力与艺术生命。

鲁迅的革命现实主义，从宏观和客观上说，则是历史和时代在他身上刻下的烙印，也是历史和时代哺育了他，给他灌输了时代思想的汁液。辛亥革命的兴起、爆发、胜利和失败，以及相联系的此前的中国丧权辱国、风雨如磐的哀史痛史养育了鲁迅，尤其是他对于前者的发展全过程的亲身经历与深切感受，特别是痛苦的忍耐与反思给了鲁迅以深刻的历史感和历史经验，而"五四"时代的新气象、新的社会力量，最早是奋战在前线的年轻知识分子，更有具有初步共产主义和激进民主主义的思想以及具有资产阶级民主思想的一批先觉战士（鲁迅尊敬地称他们为"先驱者"，是自己愿意尊奉其"命令"的"主将"），以后又有工人运动的兴起、全体市民小资产阶级的觉醒，这些力量也推动了鲁迅、帮助了鲁迅，增加了他的思想上的新因素，而成为他的革命现实主义的客观的和社会与时代的源泉。鲁迅在《呐喊·自序》中说："既然是呐喊，则当然须听将令的了，……那时的主将是不主张消极的。"为此，他"往往不恤用了曲笔"："在《药》的瑜儿的坟上平空添上一个花环"，"在《明天》里也不叙单四嫂子竟没有做到看见儿子的梦"。鲁迅如此郑重地提出这些小说中的细节描写，在他的思想上和创作上又自非细节。坟上放花环本非当时民间的习俗，而鲁迅"曲笔"写出，也正反映了瑜儿之牺牲虽普遍不被理解，然而究竟已有少数人明白其意义，并将继起奋斗，这是用血去唤醒的灵魂。这在辛亥革命前夕也是确有的事实。它正是希望之所在。捧献花环是细节上的不真实、艺术上的虚构，但却是历史的真实、生活的本质。单四嫂子日有所思、夜有所梦，完全可能梦见他死去的宝儿，但鲁迅竟不叙这个可能发生的事情，保持了他的冷峻的现实主义精神，他不愿人们得到虚幻的满足，而抹去或淡化了读后的苦痛和由苦痛而来的愤怨；但他也并不明叙单四嫂子竟没有梦见儿子，以免使读者跌入绝望的冰窟。把可能性留作悬念和玄想，给读者去体味。这两个细节都是既坚持了现实主义的原则，又据实给作品以希望的与光明的微熹，从而也给他的现实主义添增了革命精神与理想因素的光彩。

这是鲁迅聆听时代之音的结果，也是他遵奉"主将"之令的收获。

鲁迅就以这样雄厚、广阔、深刻的多方面成就创建了中国的革命现实主义，为它奠定了坚实的基础，开辟了向前发展的康庄大道，并且影响和培育了众多的继起者和后来人。他的《呐喊》与《彷徨》成为"五四"以后产生的中国新文学的奔流的主流与高峰。而他的小说创作，也成为我国现代文学（包括各种流派在内）的最高成就，既缩短了我国现代文学和小说艺术（主要是短篇小说）发展的探索路途，又树立了优秀的范本，为后继者循着正确的道路前进树起了界标与丰碑。鲁迅的这一成就已经超出了他的作品价值本身了。这正是主将、旗手与先驱的作用所在。

他的《呐喊》《彷徨》已经成为我国小说艺术的第一个高峰，而且是不可企及的最初的高峰了[①]。

五、匕首：刺杀与解剖
——《热风》、《华盖集》正续编与《坟》

鲁迅杂文的诞生，在"五四"时期，在中国新文学史上，有着同他的小说的诞生相同的巨大而深远的意义。这是时代和革命所产生的一对文学瑰宝，也是鲁迅的思想和艺术所产生的一对"孪生兄弟"。如果鲁迅的小说是中国现代民主革命的一面伟大的镜子，那么，他的杂文便是鲁迅在战斗中为革命冲锋陷阵时的锐利的武器：匕首、机关枪和迫击炮。杂文，是鲁迅对于中国新文学更具独特性的贡献，也是他献给世界艺苑的奇花异葩。对于它的思想意义和艺术成就，至今仍然有一些人不甚理解或不予承认。然而，如果不存偏见，事实应该是具有说服力和论

---

① 杨义：《鲁迅小说综论》（陕西人民出版社，1984年版）："在中国现代文学的发轫期出现了第一批成熟的小说，这项成绩是不能低估的，它无疑是缩短了我国现代小说摸索前进的路程"。"甚至连向被人称为中间派的小说家的沈从文，也这样回顾他开始创作的情景：'从小又读过《聊斋志异》和《今古奇观》，新作家中契诃夫和莫泊桑短篇正介绍进来，加之鲁迅先生起始以乡村回忆做题材的小说正受广大读者欢迎，我的学习用笔，因之获得不少勇气和信心。'（《沈从文小说选集》人民文学出版社1957年版'题记'）鲁迅小说开创了一条新的艺术道路，建立了一种新的艺术原则和艺术志趣。"（第9页）

证力的。

鲁迅从1918年开始在《新青年》上写随感录，到1926年写的《华盖集续编》为止，在8年中，写了3本杂文集和《坟》中的部分杂文。在杂文创作上，他的成果和成就也是丰硕的。在这几年中，他的杂文的写作，呈现出这样的发展轨迹：写作由少到多、由断断续续到经常写作；由对于社会一般问题、一般现象的揭露、抨击，到同封建统治者、旧文化、旧制度的代表者正面的、直接的战斗；思想越来越开阔、深刻、精到；技巧越来越圆熟，艺术上越来越丰富、发展，终于创造了"鲁迅的杂文"这种特殊文体、特殊文学样式，创造了杂文文学。

《新青年》上开辟的《随感录》专栏，就像它的名称一样，随时有感想随时写下来。它目标集中，题目不大，一事一议，篇幅短小。确实，像匕首那样灵活轻便，锋利尖锐。随感录以及后来的杂文是适应当时战斗的需要而产生的。在反帝反封建的激烈的斗争中，对于形形色色的封建主义思想意识和魑魅魍魉的鬼蜮行为，还需要一种灵活机动尖锐泼辣的战斗文体武器，随时给以抨击、批判，于是产生了《随感录》。当时，在《随感录》专栏写这类文章的，不止鲁迅一人。五四新文化运动中的那些风云人物，差不多都写过。然而写得最多又坚持着写的，真正发挥了这种文体的匕首作用，并在艺术上不断发展提高的，却只有鲁迅一人。这些成绩都反映在《热风》中了。从1918年至1924年6年时间里，以1919年写得最多，在27篇中占21篇[①]。鲁迅这时所写的杂感，就已经具备了很明显的特点。

他在抨击与批判中，由于思想的深刻和独到，其文章在对具体事物的剖析中产生了一般的、普遍的意义。在战斗中，他不是去历数对手的论点，逐一驳斥，而是命中要害，一击而毙。《估〈学衡〉》等8篇批判"国学"的文章，就是这样。他在《寸铁》专栏发表的4则杂感，这一点尤其突出。他批思孟所作的《息邪》就没有像钱玄同等人那样去条批缕析，一一道来，而是举起"寸铁"匕首，向其"做些鬼祟事"的本质，一刺而致命。全文不过百余字，读来令人痛快而又有余味，今天仍然保留着它在思想上和艺术上的教育和启发的作用。由于思想含量丰

---

① 近年来北京大学孙玉石同志又发现鲁迅于1919年3月30日在《每周评论》上发表的杂文3篇；孙玉石、方锡德同志发现鲁迅于1919年8月在《国民公报》《寸铁》栏发表的杂感4则。

富，精练有力，加上文采熠熠，许多片段和语句都成为脍炙人口的
警句。

《热风》正如它的名字，是在"周围的空气太寒冽了"的时候，吹
出的热烈的、热情的风。在这风中，播送着爱国的、科学的、反对复古
主义和腐朽国粹的思想的芳馨。在这热烈的风中，也蕴含着鲁迅自己的
热烈的情感和深沉的思想，特别是已经明显地表现了鲁迅思想的特征：
强烈的爱与憎，对于现实的执着，对于复古倒退的憎恨，对于进化的坚
信，总之，体现了五四新文化运动的彻底的反对封建主义的、提倡科学
与民主的精神。在《随感录三十六》中他惊呼"我也有大恐惧"，"许多
人所怕的，是'中国人'这名目要消灭；我所怕的，是中国人要从'世
界人'中挤出"。他认为这个恐惧和险途存在的原因就在于守旧、保国
粹，而不肯革新，所以他在《随感录三十五》中说："保存我们，的确
是第一义。只要问他有无保存我们的力量，不管他是否国粹。"他问得
非常深刻而有力：

> 倘说：中国的国粹，特别而且好；又何以现在糟到如此情形，
> 新派摇头，旧派也叹气。
> 倘说：这便是不能保存国粹的缘故，开了海禁的缘故，所以必
> 须保存。但海禁未开以前，全国都是"国粹"，理应好了；何以春
> 秋战国五胡十六国闹个不休，古人也都叹气。
> 倘说：这是不学成汤文武周公的缘故；何以真正成汤文武周公
> 时代，也先有桀纣暴虐，后有殷顽作乱；后来仍旧弄出春秋战国五
> 胡十六国闹个不休，古人也都叹气。

这种以历史来洞观现实的指陈与责问，是这样有力，使对方无言以
对。针锋相对，一刺见血，那犀利，已经初露鲁迅日后发展了的杂文艺
术的锋芒了。

他反对陈腐荒唐的迷信，在《随感录三十三》中，他提出"要救治
这'几至国亡种灭'的中国"，"只有这鬼话的对头的科学——不是皮毛
的真正的科学！"在《随感录五十四》中，他也反对那种"二重思想"：
"既许信仰自由，却又特别尊孔；既自命'胜朝遗老'，却又在民国拿
钱；既说是应该革新，却又主张复古。"他提出对这种思想"总得连根
的拔去了"。他特别猛烈地抨击那种"现在的屠杀者"。他说：

做了人类想成仙；生在地上要上天；明明是现代人，吸着现在的空气，却偏要勒派朽腐的名教，僵死的语言，侮蔑尽现在，这都是"现在的屠杀者"。杀了"现在"，也便杀了"将来"。——将来是子孙的时代。

《随感录五十六"来了"》一篇是一个深刻思想的最早的简略的透露："无论什么主义，全扰乱不了中国"。我们只见"来了"来了，"大家都单怕'来了'"，却不知、不管是什么来了。他在《随感录五十九"圣武"》中这样号召：

> 因此，只须防那"来了"便够了。看看别国，抗拒这"来了"的便是有主义的人民。他们因为所信的主义，牺牲了别的一切，用骨肉碰钝了锋刃，血液浇灭了烟焰。在刀光火色衰微中，看出一种薄明的天色，便是新世纪的曙光。

这种对于人民信奉主义的伟力的赞颂和期望中国人民也同样去做的思想，如果拿来同当时胡适的主张"多研究些问题，少谈些主义"一比，高下优劣，不是便很显然，而鲁迅的激进民主主义思想家的英姿也很显然了吗？

《热风》还显出这样的发展轨迹，起初，是同一《随感录》的栏目下，按序号排列，如"四十三""五十四"等，从第五十六开始，加上了标题"来了"，以后就都有标题了。而自1921年的《智识即罪恶》始，便除去了序号而只有标题了。这表明了其文字由简略的随想式向题旨集中、明确，申述亦更详的方向发展。而且，从1922年的《估〈学衡〉》开始，文章也由一般地抨击社会不良倾向、朽腐现象，发展到指名道姓的与对垒者的迎面之战了：这是一个重要的发展势头。这时的"随感录"式的杂文，可以说还是杂文的雏形，带着由一般驳难议论的文章向杂文的过渡性，它是匕首式的，轻捷而灵活，杂议散论，随遇而战。然而，鲁迅思想的深沉，议论的精到，文笔的简洁有力，以及讽刺、幽默的运用，也都初露端倪了。它们预示着将来的广大的发展。

这里有两篇堪称美文的闪烁着思想与艺术光芒，而与其他随感录迥然不同的文章：《随感录四十·爱情》和《为"俄国歌剧团"》。前者作于1919年，它抒发了鲁迅内心隐蔽的没有爱情、失去爱情、没有爱的自由的痛苦，也反映了当时追求个性解放、恋爱自由的知识青年们共同的苦衷；后者写于1922年，正值新文化运动统一战线破裂之后，抒写了北京以至整个新文化战场的荒凉与寂寞，但也寄托了鲁迅自己心上的寂寞与荒凉。

> 是的，沙漠在这里。
>
> 没有花，没有诗，没有光，没有热。没有艺术，而且没有趣味，而且至于没有好奇心。
>
> 沉重的沙……
>
> 沙漠在这里，恐怖的……
>
> 比沙漠更可怕的人世在这里。
>
> 呜呼！这便是我对于沙漠的反抗之歌，是对于相识以及不相识的同感的朋友的劝诱，也就是为流转在寂寞中间的歌人们的广告。

优美而富于感情与表现力的文学，幽深的意境，深沉的悲伤与怨愤。这是一首散文诗。然而是战斗的、挑战的、谴责的、期待的。

时势和自己的心，已至如此，他很快就要拨动另外的琴弦，弹奏另样的曲调了；他将由以欢畅与余裕的心，吹送热风来抵御周围冷冽的寒气，到同冷冽的寒风搏斗，在华盖的罩压之下，从事直面的、严酷的、夹着血泪的战斗了。他的杂文艺术也随着向前迈进了一大步。

《华盖集》使鲁迅的杂文进入了新的、真正的杂文世界。如果说，《热风》中的随感录还受到"随感录"这个形式以及鲁迅自己的思想与战斗的格局的约束，因而显得体例比较一致、抨击面比较宽阔和普泛化（一般社会批评），战斗的锋芒也还不那么犀利，那么，《华盖集》及其续编，却是在根本上发生了变化。这一点，鲁迅在写于1925年最后一日的《题记》中一开头就说明了，他指出《华盖集》与《热风》相较有几个变化、几点特色："态度却没有那么质直了，措辞也时常弯弯曲曲，议论又往往执滞在几件小事情上。"这是他自己的带着歉抑的说法，事实上，这里体现的正是他的杂文的内容、思想更深沉、透辟了，而环境的压抑、战斗效果的考虑和艺术上的追求，则又使他的杂文进到新的艺术境界：意旨犀利尖锐，而表达却又常常含蓄、隽永，委婉曲折、旁敲侧击。特别突出的变化是，从《忽然想到（七至九）》之后，鲁迅直接投入了北京女子师范大学风潮，同反动教育当局直面展开了斗争，以后更发展到同帮凶、帮闲文人陈西滢，同他的顶头上司、教育总长章士钊直面展开斗争；而后，更进一步，直接向屠杀爱国进步学生的反动军阀统治政权斗争了。斗争的焦点集中在女师大事件，斗争的方面更多地围绕着这个事件，更多地针对着章士钊、陈西滢几个人。这就是他自己所说的"议论又往往执滞在几件小事情上"了。然而，正如他自己后来所说，他在这里同这些人斗争，"实为公仇，决非私怨"①。后来，瞿秋白在《〈鲁迅杂感选集〉序言》中也正确地指出："现在的读者往往以为《华盖集》正续编里的杂感，不过是攻击个人的文章，或者有些青年人不大知道陈西滢等类人物的履历，所以不觉得很大的兴趣。其实，不但陈西滢，就是章士钊（孤桐）等类的姓名，在鲁迅的杂感里，简直可以当做普通名词读，就是认做社会上的某种典型。"这种战斗的变化及其意义突出地表明，鲁迅已经从写《热风》时期的旧制度、旧文明、旧思想的一般批判者和一般的社会批评家，进到旧制度、旧政权及其代表人物的直接批判者、直面战斗者，已经成为一个社会革命的真正的战士了。而且，也正因为如此，他也就成为一位真正的青年革命导师了。——虽然他自己并不想当导师，也不承认是导师。

在战斗中，他擎起鲜明的两面旗帜——社会批评与文明批评，在思想、文化、政治领域里纵横驰骋，展开了尖锐、激烈的斗争。他继承了"五四"的革命传统，仍然着力于思想革命。

他把自己的工作和写作杂文的总任务也作了如此的规定：一方面自己从事思想革命；一方面从事培养思想革命的战士的工作。他批判中国社会与中国国民性中守旧、落后、迟滞、愚钝的历史沉渣和现实负担；他揭露那些"苍蝇""蚊子""叭儿狗"等吸血鬼、帮凶、帮忙、帮闲者的虚伪的、狠毒的、凶残的嘴脸和心地；他透辟地揭示中国旧的精神文明的桎梏为何阻碍了中国的改革；他也撕下那些自认、自奉为青年导师的伪导师们的绅士面纱。以后，当女师大事件发生、三一八惨案出现，他便直面这惨淡的人生，对封建军阀、反动统治者，进行了勇敢的战斗。

---

① 鲁迅1934年5月22日致信杨霁云说："我的杂感集中，《华盖集》及《续编》中文，虽大抵和个人斗争，但实为公仇，决非私怨，而销数独少，足见读者的判断，亦幼稚者居多也。"（见《鲁迅书信集》（上卷），人民文学出版社，1976，第551页。）

彭定安文集 ⑦
走向鲁迅世界（上）

他一方面以"长城"为象征，在《华盖集·长城》中指出：

> 我总觉得周围有长城围绕。这长城的构成材料，是旧有的古砖和补添的新砖。两种东西联为一气造成了城壁，将人们包围。

他以这古老的"长城"象征那古旧的精神文化，他说："何时才不给长城添新砖呢？这伟大而可诅咒的长城！"这篇《长城》可说概括了他当时战斗的总意图、杂文的总题旨的一个方面。他就是要改变这精神上的长城，以推动社会改革、历史前进。

另一方面，同这个意图与题旨相结合，作为它的积极面，他呼唤青年们的斗争精神。他在《华盖集·通讯》中号召他们"摇身一变，化为泼皮，相骂相打"。在《华盖集·导师》中教导青年相信自己的力量：

> 青年又何须寻那挂着金字招牌的导师呢？不如寻朋友，联合起来，同向着似乎可以生存的方向走。你们所多的是生力，遇见深林，可以辟成平地的，遇见旷野，可以栽种树木的，遇见沙漠，可以开掘井泉的。问什么荆棘塞途的老路，寻什么乌烟瘴气的乌导师！

当青年们起来，真的直面现实，同反动统治展开斗争时，鲁迅便成为他们的忠诚的战友、真正的导师。他勇敢地同鬼魅们展开了肉搏战。他已被撤职，他可能遭到不测。然而他昂首，挺身，挥动投枪与匕首。面对屠杀者，他在《华盖集续编·无花的蔷薇之二》中写道：

> 中华民国十五年三月十八日，段祺瑞政府使卫兵用步枪大刀，在国务院门前包围虐杀徒手请愿，意在援助外交之青年男女，至数百人之多。还要下令，诬之曰"暴徒"！

> 如此残虐险狠的行为，不但在禽兽中所未曾见，便是在人类中也极少有的，除却俄皇尼古拉二世使可萨克兵击杀民众的事，仅有一点相像。

他愤怒地指斥和诅咒：

> 中国要和爱国者的灭亡一同灭亡。屠杀者虽然因为积有金资，可以比较长久地养育子孙，然而必至的结果是一定要到的。"子孙绳绳"又何足喜呢？灭亡自然较迟，但他们要住最不适于居住的不

毛之地，要做最深的矿洞的矿工，要操最下贱的生业……。

他最后如此号召、鼓舞和做出历史的预言：

> 如果中国还不至于灭亡，则已往的史实示教过我们，将来的事
> 便要大出于屠杀者的意料之外——
> 这不是一件事的结束，是一件事的开头。
> 墨写的谎说，决掩不住血写的事实。
> 血债必须用同物偿还。拖欠得愈久，就要付出更大的利息！

这样的血性文字，是血的映照、血的控诉、血的誓言，它预示着作者自己喷洒鲜血的险途。然而面对屠杀者，鲁迅指出了他们身上的血污、心灵上的狠毒和可悲的前途①。

面对着英勇牺牲的烈士刘和珍的遗体，他痛苦万分，思绪万千。他进行了现实的考察和历史的反思，反顾了过去，瞻视着未来。他以充满了挚情的文字，描绘烈士生前的形象，赞誉她和她的同学与战友们的团结与勇敢、纯洁与深沉，他也猛烈地抨击屠杀者，揭露了他们狰狞的面目，还撕下了帮凶、帮忙者虚伪的体面绅士服。他在《华盖集续编·记念刘和珍君》中写道：

> 惨象，已使我目不忍视了；流言，尤使我耳不忍闻。我还有什么话可说呢？我懂得衰亡民族之所以默无声息的缘由了。沉默呵，沉默呵！不在沉默中爆发，就在沉默中灭亡。

---

① 此时期的这些与反动统治者及其帮忙、帮凶们战斗的杂文，当时的战斗作用是极为明显的，他肯定热烈地鼓舞了那些年轻的战士们。鲁迅之所以被他们热爱，真正拥戴为自己的导师，主要的正是以此。鲁迅之所以成为中国文化革命的伟大战士与主将，这也是重要的方面。然而，事过境迁，屠杀者已经灭亡，爱国者也被遗忘，帮凶帮忙帮闲们也已改观，或者改从他业，或者依附新主，或者有了进步，走向人民的行列。于是，历史的篇页掩盖了血的往事，时间冲淡了血的刺心的腥气。鲁迅当年这些血性文章便被一些人视为心浮气粗的狂言，他被责备为不能容人，执着于琐事，或有以他之作此等文字，损伤了艺术的优美与文人的雍容的议论，并表示惋惜。但这是多么健忘，或者是有意抹杀历史啊。艺术是时代的产儿、历史的反映。离开这些，能准确地评价作品吗!? 这里，需要有共同感情，也需要科学的历史感，这是审美评价不可缺少的方面。还历史的本来面目，也就是还作品审美价值的始初面目。如果要作更深层次的审美考察，从这些作品的更普遍、更一般的意蕴来探求艺术魅力与美的构成，也是不会得出相反结论的。此点我们后面还将论述。

在无声的沉默中，看见或者死亡、或者爆发的两种前途。但他却已从今天的现实中看见了历史的消息和明天的隐存的远景：既然在封建礼教制度的统治中，处于与小儿同等低贱地位的女子，"虽遭阴谋秘计，压抑至数千年，而终于没有消亡"，她们的"勇毅"，能够"在弹雨中互相救助，虽殒身不恤"，那么，这不就是"死伤者对于将来的意义"吗？——反抗、斗争的精神在被压迫在最底层的女子身上尚未泯灭，那么，在全体人民身上，还能消亡吗!?

"苟活者在淡红的血色中，会依稀看见微茫的希望；真的猛士，将更奋然而前行。"

至此，一扫哀痛怨愤的基调，从历史的反思中得出了希望与信心，呼唤着真的猛士的奋然而前行了。

这是历史的声音。

这也是鲁迅思想发展史上的新的声音。

无论是从思想上，还是从艺术上，也无论是从它的现实意义和历史意义上来说，《记念刘和珍君》都是不朽的名篇。

作为鲁迅在北京的生活与战斗的结束，也作为《华盖集》及其续编事实上的结束的[①]，是一篇由向培良记录的、鲁迅在出京前的8月22日于女子师范大学学生会举行的毁校周年纪念会上的讲演，发表在《语丝》周刊第94期上，题为《记谈话》。他的讲演从"毁校"这件事情谈起，以阿尔志跋绥夫的《工人绥惠略夫》为引线与例证，反复阐述了有关破坏的问题。他深刻而沉痛地指出，中国没有彻底的破坏者，像绥惠略夫那样，因为先前为社会做事，社会反倒迫害他，以至要杀害他，"他于是一变而为向社会复仇，一切是仇仇，一切都破坏"。鲁迅说中国少有此种破坏者，也不会有、不希望有。中国可悲的是：

> 我们一面被破坏，一面修缮着，辛辛苦苦地再过下去。所以我们的生活，便成了一面受破坏，一面修补，一面受破坏，一面修补的生活了。

他进一步指出：

---

① 《华盖集》尚有"续编的续编"，收《厦门通信》、《〈阿Q正传〉的成因》及《海上通信》等文章，性质已与正续编不同，也均写于出京之后，在时间、思想、内容上，都具过渡性，并偏向《而已集》。鲁迅只因均作于1926年而编为续编的续编。故此处持此说。

中国的文明，就是这样破坏了又修补，破坏了又修补的疲乏伤残可怜的东西。

鲁迅对于中国的文明、中国的生活、中国的革命，作出了一个深刻的总结：破坏了，不变革、不前进，而是又予以修补，回到老路上、恢复老样子。黑暗的势力太沉重了，历史的惰性力太大了。然而，变化了的是鲁迅的思想。在这后面，他接着指出：

> 希望是附丽于存在的，有存在，便有希望，有希望，便是光明。……黑暗只能附丽于渐就灭亡的事物，一灭亡，黑暗也就一同灭亡了，它不永久。然而将来是永远要有的，并且总要光明起来；只要不做黑暗的附着物，为光明而灭亡，则我们一定有悠久的将来，而且一定是光明的将来。

他唱着光明颂、希望颂，结束了这个讲话，而《华盖集续编》也就在这种希望、光明、欢乐的声响中掩卷了。正如记录者向培良在文章前面的附记中所说，这篇谈话"充满着热烈的希望，发挥着丰富的感情"。

这是一种新的声音。这是一个新的起点。

《坟》，这是鲁迅的论文杂集。《坟·题记》中说，鲁迅是在"体式上截然不同的东西，集合了做成一本书"这个意义上，来使用"我的杂文集"（1926年10月29日致陶元庆）这个名称的。然而，这部集子的后面却收了后来被鲁迅使用、也被我们从30年代至今仍在用着的特定意义上的"杂文"。这就是从《我之节烈观》到《论"费厄泼赖"应该缓行》的19篇文章。写作年代为1919年7月至1925年12月。但1919年只有《我之节烈观》和《我们现在怎样做父亲》，其余17篇均写于1923年至1925年的两年内。其中除了《宋民间之所谓小说及其后来》是一篇学术文章以外，都是标准的鲁迅式杂文。而这些杂文中，只有《娜拉走后怎样》这篇讲演作于1923年（12月26日），1924年作的只有4篇；其余从《再论雷峰塔的倒掉》到《论"费厄泼赖"应该缓行》的11篇均作于1925年。这就是说，这18篇杂文（学术文章1篇不计）中，大多数是作于产生《华盖集》的同一年，它们是负着共同的使命、进行着共同的战斗的。不过，它们又是同一"军种"的不同"兵种"的作战。《坟》中的杂文，有匕首、投枪式的犀利泼辣，然而基本体式却有如机关枪、迫击炮。从它们的思想的博大深邃、眼光的宏阔锐利、见识的高妙精到和艺术上、技巧上的圆熟上来说，都是鲁迅杂文的精品、中国现代文学史上散文的上品。它们在它自己的特定的品性范围中、特定审美资质中，与鲁迅那些达到了杂文学高峰的后期杂文比，也是毫不逊色，甚至在某些方面为后者所不及。这些杂文以古论今、引古证今，从现实到历史，从历史到现实，熔历史、哲学、政治、思想、文化、艺术于一炉，以开阔的文化视野鸟瞰中国的历史、文化和现实，深入中华民族的心理—文化腠理，对封建思想文化进行了深入的审理与批判，对中国人的心理—文化素质、特征作了精辟的剖析与评断，它的思想与义理，像磁石一般吸引人，像针砭一样触及人的神经与经络，再加上文字的精湛、知识的广博、故典的广泛与恰当的运用、对现实状况的透彻精微的分析，使这些杂文闪射着不灭的思想与艺术的光芒，令人百读不厌，常读常新。

在这些杂文中，表现了鲁迅思想的辽阔恢宏、深邃精到，知中国文化之根底，明世界文化之思潮，切时代、民族之脉，探国家、国民之病，追寻变革自新之途。虽然这时他仍然受到他的前期思想中进化论的唯心史观的局限，但是他的切实的观察和对于现实的深切理解，使他突破了这个局限，而时时闪露历史唯物主义的思想异彩；而且，他这个时期的思想上的明显而突进性的变化，也已经奠定了向历史唯物主义发展的定势。它也给他的杂文灌进新的思想与力量，而迸发新见解、新思想的光芒。

在作于1923年12月26日的演讲《娜拉走后怎样》中，他接着挪威伟大戏剧家易卜生提出而未解答的问题，结合中国的实际，提出了妇女解放途中的经济问题。他说：

> ……她除了觉醒的心以外，还带了什么去？倘只有一条像诸君一样的紫红的绒绳的围巾，那可是无论宽到二尺或三尺，也完全是不中用。她还须更富有，提包里有准备，直白地说，就是要有钱。
>
> 梦是好的；否则，钱是要紧的。
> ………………
>
> 所以为娜拉计，钱，——高雅的说罢，就是经济，是最要紧的了。自由固不是钱所能买到的，但能够为钱而卖掉。

在论证这一点时，鲁迅提出了人有一个大缺点，"就是常常要饥饿"，为吃饭，就得要有钱，这是基础。还有第二点，便是男女平等的权利。他的论证都是他自己从历史和现实的考察与思考中得出的结论，这结论已经同马克思主义的历史唯物主义的观点一致而接近了。

然而鲁迅更为实际地进入问题，提出要经济权，也要有韧性："有人说这事情太陈腐了，就答道要经济权；说是太卑鄙了，就答道要经济权；说是经济制度就要改变了，用不着再操心，也仍然答道要经济权。"而且他还以中国的"看客"多——看牺牲者上场的悲壮剧或滑稽剧，因此提出："正无需乎震骇一时的牺牲，不如深沉的韧性的战斗。"

他不仅指出了经济的重要，而且又一次具体地发挥了他一向提倡的韧性战斗的精义。

当结束讲演时，他深刻地分析了中国的传统与现势：这是一个"太难改变"的社会与国度，连搬动一张桌子或改装一个火炉，也几乎要流血，"而且即使有了血，也未必一定能搬动，能改装"。这是何等的麻木厚重、积重难返啊。他提出要有很大的鞭子打在背上，才能动弹。而他相信，这鞭子总是要来的，总是要打到的。鞭子打来了，一切就会动，就会变。他是有信心的。

在紧接着的讲演《未有天才之前》（1924年1月作）中，他再次以求实的精神剖析了中国的现实和当前阻碍人才的产生、抑制人才的生长的状况：把青年人引进书斋去"整理国故"；以"崇拜创作"来抵制翻译，"使中国和世界潮流隔绝"；恶意的批评，对幼稚加以戕伐，在"嫩苗的地上驰马"，等等。这便是灰尘，而不是泥土，"在他这里长不出好花和乔木来！"在这篇杂文中，鲁迅传达了重要的思想，即天才和民众的关系："天才并不是自生自长在深林荒野里的怪物，是由可以使天才生长的民众产生，长育出来的，所以没有这种民众，就没有天才。"民众便是天才产生的泥土。他于是提倡一种"泥土精神"。泥土和天才比，不足挂齿，然而艰苦卓绝，自我牺牲，这是"泥土的伟大的地方，也是反有大希望的地方"。他把人引向一个崇高而朴实的思想境界与人生境界。

在两篇论雷峰塔倒掉的文章中，他对于保守的、压制人民的愿望与幸福的追求之心的恶势力进行了深入的剖析和抨击，而对于人民的追求幸福的愿望、理想则表现了深厚而美好的同情、赞赏和歌吟；并由此对于阻碍革新的守旧顽固势力给予深刻的揭露。他再次申述那破坏又修补的可悲的循环的可恶与可怕。鲁迅并不反对破坏，相反，他主张破坏。然而，他要求把破坏同建设相连，反对奴才的破坏、无建设的破坏、破坏了又修补的破坏，而主张先觉的破坏、有建设的破坏、革新的破坏。

在《坟·再论雷峰塔的倒掉》中，他说：

> 岂但乡下人之于雷峰塔，日日偷挖中华民国的柱石的奴才们，现在正不知有多少！
>
> 瓦砾场还不足悲，在瓦砾场上修补老例是可悲的。我们要革新的破坏者，因为他内心有理想的光。

这便是他的结论。这结论不仅期望理想的光，而且本身便含着理想的光。

《看镜有感》《春末闲谈》《灯下漫笔》《杂忆》《论睁了眼看》，这是一组杂文，就像1908年鲁迅写了《文化偏至论》《摩罗诗力说》等一组论文，成为辛亥革命发动期最先进的思想文献一样，这几篇作于1925年的杂文，也以它们的思想与艺术的先进、深沉、恢宏、高超，而成为五四运动退潮后、新的革命高潮来到前这个时期中，思想文化界先进的思想文献，它们的意义是从个别升华到一般，因而是不朽的。这几篇杂文，谈古论今，引经据典，从日常的、普通的现象入手，生发开去，引申开来，挖掘、剖析、比较、追索、反思、瞻望，对封建思想文化给予了有力的抨击和深刻的剖析，对文化发展的轨迹作了深邃独到的揭示，对中华民族的心理、文化结构也作了科学的描绘。由于这一切，再加以文字的精美、逻辑的严密、结构的谨严而又活泼，这些文章令人读后觉得余香满口，心领神会，意味无穷。

在《看镜有感》中，他引汉唐两代的闳放来阐明文化发展吸取外域营养以自丰的规律，猛烈地抨击守旧的国粹家们对外来东西的"仿佛彼来俘我一样，推拒，惶恐，退缩，逃避，抖成一团"，他提出要"放开度量，大胆地，无畏地，将新文化尽量地吸收"。《春末闲谈》以娓娓而谈的风度，尖锐地揭露了历代封建统治者和封建思想文化，制造了"唯辟作福，唯辟作威，唯辟玉食""君子劳心，小人劳力""治于人者食人，治人者食于人"等"卓然"的理论，企望有一种"黄金世界的理想"出现：凭这些理论像细腰蜂的针一样，一螫而使青虫（奴隶）不死不活不烂，以奉献子女玉帛。然而，鲁迅深刻地指出，他们失败了，因为"要服从作威就须不活，要贡献玉食就须不死；要被治就须不活，要供养治人者又须不死"。这是永远不能解脱的矛盾："知觉一失，运动也就随之失却主宰，不能贡献玉食，恭请上自'极峰'下至'特殊知识阶级'的赏收享用了。"这是"很使圣君，贤臣，圣贤，圣贤之徒，以至现在的阔人，学者，教育家觉得棘手"的。鲁迅在这里既揭示了历史发展的不易规律，又满怀着对于奴隶们的信心。他最后说，人们的思想无法禁止，而砍头之后，"也会仍有猛志"，像刑天那样"舞干戚"而反抗。"阔人的天下一时总怕难得太平的了"。他的严密又有趣的论证，启人思、鼓人心，给人智慧与勇气。

《灯下漫笔》把古今中外融在一起，从历史到现实，他用独有的思想阐释着历史的规律、现实的课题和将来的前途。他痛苦地指出中国人向来没有挣到过"人"的价格，百姓们只是在两种治乱交替的时代中讨生活：

一，想做奴隶而不得的时代；

二，暂时做稳了奴隶的时代。

而当时的中国呢？他在《坟·灯下漫笔》中说：

……我们在目前，还可以亲见各式各样的筵宴，有烧烤，有翅席，有便饭，有西餐。但茅檐下也有淡饭，路傍也有残羹，野上也有饿莩；有吃烧烤的身价不资的阔人，也有饿得垂死的每斤八文的孩子……

他于是得出了这样的结论：

所谓中国的文明者，其实不过是安排给阔人享用的人肉的筵宴。所谓中国者，其实不过是安排这人肉的筵宴的厨房。

这结论是诅咒、谴责、抨击、批判，也是警号、呼吁、鼓舞。他还说，这文明、这人肉筵，有人赞颂，有人陶醉，有人对之含笑，而中国的人肉筵竟"从有文明以来一直排到现在"，"人们就在这会场中吃人，被吃，以凶人的愚妄的欢呼，将悲惨的弱者的呼号遮掩，更不消说女人和小儿"。他最终发出这样的号召：要创造中国的第三样时代，"扫荡这些食人者，掀掉这筵席，毁坏这厨房，则是现在的青年的使命！"

这里响着响亮的新的声音：历史唯物主义的，阶级论的，社会革命论的，斗争的声音；这里同样响着"第三样时代"的模糊含混的对于前途的指望和"青年的使命"的对于社会力量的非阶级论的寄托，这是进化论的唯心史观的余音袅袅。然而，新的声音已经嘹亮地要盖过这过去的余音了。

《杂忆》从历史的反思中申述了复仇思想的必要和重要，这是鲁迅一贯强调的思想。他说"我总觉得复仇是不足为奇的"，"有时也觉得宽恕是美德，但立刻也疑心这话是怯汉所发明，因为他没有报复的勇气"；同时，他又提醒激发自己的国民"发些火花"的青年，"对于群众，在引起他们的公愤之余，还须设法注入深沉的勇气，当鼓舞他们的感情的时候，还须竭力启发明白的理性；而且还得偏重勇气和理性，从此继续地训练许多年"。他说："总之，我以为国民倘没有智，没有勇，而单靠一种所谓'气'，实在是非常危险的。现在，应该更进而着手于较为坚实的工作了。"

他的文章，他的思想，以及他的许多工作，都是不仅对民众动之以情，而且给以思想的启发的，给以智，给以勇，正是他自己提出应该做的一种"较为坚实的工作"。

睁了眼看，看社会、世界、人生、历史，这是鲁迅的一贯的思想、一贯的实践。他在《论睁了眼看》中阐述了这个精辟的见解，"必须敢于正视，这才可能敢想，敢说，敢作，敢当"，过去，中国的文人不敢正视人生、社会，圣贤们又教人"非礼勿视"，"不敢正视各方面"，"用瞒和骗，造出奇妙的逃路来，而自以为正路"。这"就证明着国民性的怯弱，懒惰，而又巧滑"。一面天天"满足着"，一面便也天天"堕落着"，"但却又觉得日见其光荣"！在这种人生态度和国民精神中，文艺作为"国民精神所发的火光，同时也是引导国民精神的前途的灯火"，便也成为"瞒和骗"的文艺，于是"更令中国人更深地陷入瞒和骗的大泽中"！由此他在《论睁了眼看》中得出新文艺发展的坦路结论：

> 世界日日改变，我们的作家取下假面，真诚地，深入地，大胆地看取人生并且写出他的血和肉来的时候早到了；早就应该有一片崭新的文场，早就应该有几个凶猛的闯将！

> …………

没有冲破一切传统思想和手法的闯将，中国是不会有真的新文艺的。

这里也同样响着鲁迅的新的声音。他希望去掉瞒和骗，大家睁开眼来看世界，看人生，并且冲破传统的思想和手法，去创造新文艺、新文场，创造新的人生！

就在形势发生了变化，而且向新的高潮转化时，在北京，吴稚晖、周作人、林语堂等人掀起了一个合奏：不要打死老虎。吴稚晖说，现在批评下台的章士钊，"似乎是打死老虎"；周作人呼应说，"打'落水狗'""也是不大好的事"，甚至"有点无聊卑劣"；林语堂又更补充说，周作人的意见正可以补充"'费厄泼赖'的意义"。同他们针锋相对，鲁迅在《论"费厄泼赖"应该缓行》中明确、坚定、尖锐地指出，"落水狗"都在可打之列，而叭儿狗更要把它打落水里，"又从而打之不可"；他又指出，说什么不打落水狗，这是误人子弟，是要使反抗黑暗者"花费更多更多的气力和生命"。他说，塌台人物更不是什么落水狗，而"费厄泼赖"的施行，在中国还太早。他提出的原则是"党同伐异"，是"即以其人之道还治其人之身"。他从汉的清流到明的东林，到辛亥革命的失败以及他所亲见亲历的事件中，进行历史的反思、现实的考察、理性的剖析、经验的总结。他再次提醒人们："反改革者对于改革者的毒害，向来就并未放松过，手段的厉害也已经无以复加了。"我们以后，"是应该改换些态度和方法的"。

这篇论文式杂文中，充满了求实的精神、彻底革命的立场和态度，表明作者对于历史与现实、革命斗争、社会阶级分野有着明确的认识、透辟的分析、坚定的态度。其中充满了历史唯物主义的精神。

在《写在〈坟〉后面》中，他特别的，也是仅有一次的提到自己这本文集中的杂文时，就提出了这篇，他说道：

> 最末的论"费厄泼赖"这一篇，也许可供参考罢，因为这虽然不是我的血所写，却是见了我的同辈和比我年幼的青年们的血而写的。

的确，这是历史的和现实的、他的同辈和晚辈、与他相识与不相识者的鲜红的血所凝聚的文字，它是历史的结晶、经验的总结，它给予后来者的教益是永恒的。

《坟》中的十几篇杂文可以说都是鲁迅杂文中的精品，是鲁迅全部杂文（包括后期杂文在内）中的上乘之作，是中国现代杂文文学中的瑰宝异花。它们具有不同于鲁迅其他杂文的许多特点和优点，它们具有共同的品性和风格，也形成了一个比较完整的熔政治、哲学、历史、文化、文学、美学为一炉的思想体系。它们既是当时战斗的文章，又是重要的历史文献，使我们看到当年的社会状况、思想斗争和历史风貌；同时，也是鲁迅自己思想的最好记录，是他的思想发展史的最好的证明，更是我国现代思想史的文献，是思想的宝库。这一批杂文，是鲁迅杂文艺术的发展中的重要篇章。

六、杂文的艺术世界

杂文，是在五四运动时期应斗争的需要而产生的。当时文化界的明星们，许多都从事杂文的写作。它的发源地就是《新青年》杂志的《随感录》专栏。鲁迅同他的战友们共同支持了这个专栏，创造了这个古已有之、而今翻新的轻巧灵便、尖锐泼辣的战斗文体。然而，尔后却只有鲁迅坚持这项写作，而且热情越来越高，几乎是由他独自一人，在现实的斗争中，在艺术实践中，发展、建设了这个世界文坛独一无二的新的文学样式。如果说五四运动时期是它的滥觞期，那么"五四"过后，直到鲁迅离京南下（1926 年 8 月）这一时期，则是由鲁迅发展和建设了它，使它达到了成熟的阶段。这应视为鲁迅在小说创作之外的一项新的可贵的贡献。如果小说创作上的贡献是继古吸新，发展了这个艺术形式，那么杂文艺术的贡献则是创建性的。

随感录以及鲁迅杂文的产生和发展决非偶然。它是历史、时代、社会斗争的产物，也是鲁迅作为战士、思想家、革命家、学者和文学家的特殊思想与品格、智慧与才能、艺术思维与创作心理的产儿。我们在这里从宏观和微观、客体和主体、社会斗争与内心体验以及创作心理结构几个方面的结合上，来探讨鲁迅杂文艺术的产生、发展，探讨它的特征和社会效益与审美价值。

毫无疑问，急遽的剧烈的社会斗争，是产生杂文这个文体的客观社会条件。中国从"五四"到 30 年代，是一个大变乱、大骚动、大动荡的时代，人们在死亡线上挣扎，并逐渐走向觉醒、走向斗争，但是，几千年的封建思想统治着人们，反动统治用血腥手段镇压人们，社会没有丝毫的民主权利。斗争极为激烈尖锐，时常需要短兵相接的斗争，时常需要付出流血牺牲的代价，它要求特别机巧灵活的斗争艺术。它不容许作家把他的思想感情、他对于社会生活的观察与体验反映到他的长篇创作中去，也不容许作家从容地或直白地把他的意见、思想、感情表露于文字之中。于是使杂文的隐晦曲折、讽刺幽默的品性发展起来，而成为其艺术特征。

近代和现代新闻事业的发展，也为杂文的发展提供了客观条件和社会基础①。每天出版的大量报纸杂志提供了大量的、各方面的信息，一方面它提供了各种反动的、落后的、腐朽的社会相，既给作家以直白坦露的本相，又给其以批判抨击的靶子；另一方面，又给了作家以及时地、迅速地对这些做出反应、展开斗争的条件。而这种及时反映现实的报刊文体，也要求和制约了杂文，使它发展了短小精悍、尖锐泼辣的品性。

当然，这个客观条件是彼此都可利用的。敌对势力和论敌们也都运用杂文来为他们的主子或自己的主张、思想、感情服务。在"五四"时期及以后，陈西滢、周作人、林语堂等，也都是利用了这个形式的。还有反动势力、小报记者、卑劣文人也都匿名写作"杂文"来为非作歹。这样也就使鲁迅在同他们的斗争和论辩中，磨砺了自己的武器，发展了杂文艺术。

但是，这些客观因素和条件还不足以产生鲁迅的杂文，还必须具有主观条件。从这方面看，首先是他的思想家、革命家、文学家三位一体的思想风貌、战斗品性，他的崇高的理想、高度的社会责任感和坚韧不拔的斗争精神；而他的思想的深邃、见解的透辟、观察的敏锐、知识的渊博以及讽刺、幽默的才能，又为体现他的思想品性、战斗目的赋予了不尽的艺术源泉。

特别值得提出的是，鲁迅是为了战斗，为了批判旧的社会、制度、文明以及反动势力，而写作杂文，却不只是为了文学，更不是为了一己

---

① 锡金："但没有新闻杂志的出现，就不能有那种一点一滴地迅速反映社会现象（包括文学现象）而加以评论的短而精的杂文。"（《鲁迅的杂文》，载《长春》1956年第10期）

的名利。他期望自己的攻击时弊的杂文同时弊一同消亡，就如同白血球同病菌同归于尽，他不期望杂文侵入文学的楼台。相反，他要为杂文而付出巨大的牺牲：他为此而不能去创作、去写作学术论著，而这些是既能得名利于当时，又能留芳名于后世的。他倒是为此而遭嘲弄、咒骂、打击、迫害和镇压。但他乐此不疲。当"五四"时代的战友们都放笔不写、洗手不干这速朽而不讨好的"小玩艺"时，他却坚持执笔，战斗不息。最可贵的正是他的这种伟大的、无私的、献身的道德品性。

他在《华盖集》的"题记"中深情而豁达地写道，他不愿做那种"大人物"或"天人师"，他们"洞见三世，观照一切，历大苦恼，尝大欢喜，发大慈悲"，他们"深入山林，坐古树下，静思默想，得天眼通，离人间愈远遥，而知人间也愈深，愈广；于是凡有言说，也愈高，愈大"。他也不愿像"正人君子"那样，"心开意豁，立论都公允妥洽，平正通达"；也不愿去"比附洋楼中的通人"。鲁迅在这里不免带着讥刺嘲讽和自我欣慰，表明自己的心迹：他只要为现实、为人民，在现实的"泥土上爬来爬去"，"救小创伤"，"执滞于小事情"。这便是他的心意、他的志向、他的情态。而这个基础铸成了他的不朽的道德文章。

他宁可甚至是坚决不去遵守那些"麻烦的禁令"，以求进到高尚的"艺术之宫"里。他说，他愿意站在沙漠上，看看飞沙走石，"乐则大笑，悲则大叫，愤则大骂，即使被沙砾打得遍身粗糙，头破血流，而时时抚摩自己的凝血，觉得若有花纹，也未必不及跟着中国的文士们去陪莎士比亚吃黄油面包之有趣"。一边是高雅闲静、名利双收、留芳后世的"艺术之宫"里的超等生活；一边是飞沙走石的沙漠，被打得遍身粗糙、头破血流。然而，他宁取后者，而弃前者。这不仅是比喻，这是实情，是鲁迅当时的思想与工作、感情与生活的真实。此之谓鲁迅。只有这样的鲁迅，才会产生鲁迅的杂文。

鲁迅正是在这种高度的责任感、道德感、献身感的战斗情绪与创作心态中写作他的醒世、救世杂文的。这决定了他的杂文的性格与命运。当然，起初当他写《随感录》时，还是同其他人一样，将其当作一件轻武器，随时有感想，随手写下来，基本上一事一议，简略畅晓。这是杂文的初期阶段。但随感录这个形式，却也在鲁迅手中逐渐发展了。

1925 年，情形大不同了，他在《华盖集》"题记"中说，这一年中所写的杂文，"竟比收在《热风》里的整四年中所写的还要多"；而《华盖集续编·小引》中则说，1926年，仅到8月份，"所写的杂感的分量，已有去年一年的那么多了"。这既反映了社会斗争的急遽和剧烈，也表明了鲁迅没有像那些风流云散的战友那样功成隐退，或远离"人世纷扰"，而是挺身而战，越来越英勇地、艰苦地、勤奋地战斗了。写作杂文，已经从附带的小战斗变成他的主要的战斗，成为他的创作的主要部分了。

他以杂文进行战斗的自觉性越来越强，创作时的思想与艺术的境界也越来越高了。他在整理完1925年的作品，编完并命名为《华盖集》时，这样深情地，然而不无感慨但又并无悔意而更坚定地写道：

> 现在是一年的尽头的深夜，深得这夜将尽了，我的生命，至少是一部分的生命，已经耗费在写这些无聊的东西中，而我所获得的，乃是我自己的灵魂的荒凉和粗糙。但是我并不惧惮这些，也不想掩盖这些，而且实在有些爱他们了，因为这是我转辗而生活于风沙中的瘢痕。凡有自己也觉得在风沙中转辗而生活着的，会知道这意思。

他说他的所获是灵魂的荒凉与粗糙，这是真的，但其本质正是他的灵魂的变化与改造。那种绅士的、士大夫的、文人的、学者的灵魂的丰富和细腻，已经变化、仍在变化了。这正是一个战士向着伟大与不朽的进军，然而却非他的所求，他只是像泥土、若小蜂，为着平凡与小事、琐细与速朽而战斗。但历史的辩证法正是如此：真诚的、彻底的献身者，自甘平凡、自求速朽，却同人民的事业一起进入伟大与不朽。

《华盖集续编·小引》中说，他不冥想"宇宙的奥义"，也不空寻"人生的真谛"，只是"将我所遇到的，所想到的，所要说的"，不管浅薄或偏激，都如实地写下来；而且，"你要那样，我偏要这样"，"偏不遵命，偏不磕头"，"偏要在庄严高尚的假面上拨它一拨"，"就如悲喜时节的歌哭一般，那时无非借此来释愤抒情"。

他为人民的悲喜而同人民一起歌哭；他为人民释愤、释人民之愤；他抒人民之情，也抒为人民的悲喜而发之情以及自己在战斗中的悲喜之情。这种挚情真文，才产生了鲁迅杂文。当《华盖集》中的杂文被一篇篇写出时，鲁迅的杂文艺术也逐渐发展，渐臻成熟了。《随感录》式的质直、简括、平易，逐渐变得尖锐、泼辣、跌宕往复、流丽华赡了。这好像是一种艺术与思想上的反作用力：敌手和论敌越凶残、冷酷、狡猾、刁钻、奇诡，他的批判、揭露、反驳、驳斥、剖析，也就更无情、更彻底、更深入、更多样，更含讥刺、调侃、幽默，更嬉笑怒骂、释愤抒情，思想更丰富、精到、深沉，感情更激越、深厚、浩荡，仿佛受到对方的刺激，也由于自己的激动，想象也更飞扬、生动、辽远、宽广，各种知识、学问、技巧也都被调动起来，为着战斗，为着战斗的艺术和胜利的目的而服务了。瞿秋白在《鲁迅杂感选集·序言》中说，鲁迅一方面，以当泥土的精神为青年、为人民的幸福与前途服务，"新文化运动的领袖，大家都不免要想做青年的新的导师；而诚实的愿做一个'革命军马前卒'的，却是鲁迅。他自己'背着因袭的重担，肩住了黑暗的闸门，放他们到宽阔光明的地方去'……他没有自己造一座宝塔，把自己高高供在里面，他却砌了一座'坟'，埋葬他的过去，热烈的希望着这可诅咒的时代——这过渡的时代也快些过去"。另一方面，他倾注全力，不惜牺牲，直接同反动军阀统治及其帮凶、帮忙、帮闲们展开了白刃战。这在《华盖集》中是明显地表现出了其发展轨迹的。"1924—1928年，他的《春末闲谈》，《灯下漫笔》，《杂忆》（《坟》），以及整部的《华盖集》，尤其是1926年的《华盖集续编》，都包含着猛烈的攻击阶级统治的火焰。自然，这不是社会科学的论文，这只是直感的生活经验。但是他的神圣的憎恶和讽刺的锋芒，都集中在军阀官僚和他们的叭儿狗。"

战斗的总指向是一致的，战斗的品性是相同的，不过，写于大体相同时期的《坟》中的十几篇杂文，却又有它的大不同于《华盖集》及其续编的独特的色彩。它们并没有直接指名道姓或单就某一题目、某一事件、某一人物来发议论或批判、驳斥，而是侧重就一般的思想、文化、政治、道德以至风俗、习惯、心理来品评议论。而行文上，铺陈开展，流畅跌宕，反复申述，引经据典，放得开、收得拢，言东归西，声南击北，把历史、哲学、文学、艺术、美学以及自然科学的知识与故典都融会贯通起来。他从容不迫，娓娓而言，侃侃而谈，辽远开豁，纵横捭阖，悠然，雍容，游刃有余，隽永深邃，寓理于事、于知识、于情，在艺术上达到了思想与技巧、内容与形式的高度统一、高度和谐。它们是论文式的杂文，是杂文式的论文。它们是鲁迅前期杂文的高峰。

在这时期的杂文中，鲁迅已经创造了类型性典型，它们是具象的抽象、形象的概括。诸如"吸人血还要预先哼哼地发一通议论的蚊子"，"嗡嗡地闹了半天，停下来舔一点油汗，还要拉上一点蝇矢的苍蝇"，

"媚态的猫"，"比它主人更严厉的狗"，"虽然是狗，又很像猫，折中，公允，调和，平正之状可掬，悠悠然摆出别个无不偏激，惟独自己得了'中庸之道，似的脸来的'"，"叭儿狗一名哈吧狗"，"脖子上还挂着一个小铃铎，作为智识阶级的徽章"，"能领了群众稳妥平静地走去，直到他们应该走到的所在"的"山羊"，如此等等，都已经成为社会通用的典型。它的概括力、普泛性、典型意义和在社会生活与社会审美中的普遍流行，并不亚于小说创作的典型形象。这确实是鲁迅的一个创造、一个贡献。

讽刺、幽默的使用，在这时期的杂文中，大大地发展了，发挥了战斗的和艺术的作用。《鲁迅杂感选集·序言》中说："作家的幽默才能，就帮助他用艺术的形式来表现他的政治立场，他的深刻的对于社会的观察，他的热烈的对于民众斗争的同情。"他的幽默与讽刺，有时贯穿全篇，通体幽默，如《论辩的魂灵》《牺牲谟》，以虚拟的反派的正经来让他自我表演式地表演他的丑恶的灵魂与形象，使人读了蕴着愤火又含着忍俊不禁的讥笑。另一种幽默与讽刺是含蕴在或夹杂在行文当中的，有时是穿插的，有时是一笔带过的，有时是顺手一笔，有时又是隐存于叙事状物中的。他的《马上日记》和《马上支日记》的题名，都是这种手法的好例证。而在他的揭露与批判章士钊、陈西滢的出色的杂文中，那随处可见的讥刺与幽默，是何等妥恰、有力、辛辣和深刻。

鲁迅这时的杂文充分发挥了它的由小及大、以小见大、由近及远、由浅及深、微言大义的特点，文章中叙述着种种社会现象，日常所见，生活琐事，然而又通过它们透视着政治、社会、心理的内蕴与哲理。在论证这些的时候，他又同时运用他的广博的古今中外的知识，再次以细小的事例、过去的和外国的社会现象、日常生活、历史掌故，来说理、论辩、分析、驳议。

作为手段的语言，鲁迅的杂文中充分发挥了它的形象地表达的作用。与他的小说语言不同，他的杂文用语大量地运用了经过改造的古语、经过提炼的口语、经过选择的外来语，但它们却都融会成一体了。他特别注意到整个叙述驳论语言的表现力、象征意义、心理效应、节奏以及对仗、变奏、长短相间等，大量的比喻恰当地、富有特色和表现力地被运用，有些是借用、巧用已有的比喻，有的是他创造的新颖的比譬。

这时期的鲁迅杂文，已经成熟地形成了它的形象思维与逻辑思维相结合的、文艺性的论文的基本品性。他的杂文的总任务与总目的，同他的小说创作有着基本的相同点，就是反映他"眼里经过的中国的人生"，描绘"压在大石底下几千年的国民的魂灵"。他的杂文创作的总体立意和设计就是：他的革命胸襟、思想与美学理想，他的炽烈的爱憎感情，向实际生活去捕捉事实、现象、生活场景、人物形象，即以逻辑思维之"钳"去"捉拿"具体形象；而他捕捉到的生活实象又使他的形象思维受刺激和启发，而进一步活跃起来，在形象思维的过程中，去凝聚、提炼、深化和体现逻辑思维与理性结论。然后以两者之渗透结合来表现。

鲁迅的杂文，是以人们在细微处表现的心态和世事情态为着眼点，以剖析精神世界为重点来进行构思的。这首先是在构思时注目于某种社会现象，即所谓社会相（人生相），然后探究、追寻、挖掘、剖析它的源流、底蕴、奥秘以至发展的规律与趋向，侧重点则在历史、社会方面的根源和精神、灵魂上的症结。在这个艺术构思过程中，鲁迅所捕捉到的"这一个"社会现象，它的形象、情节、环境、人物、体态、状貌、性质、特征等，是素材、实体、对象，是活跃的"分子群"，它既"分泌"出逻辑的思维与结论，又受它的调整、梳理、加工、处理与"酶化"。于是而成为水乳交融的形象思维与逻辑思维的互相渗透、转化、推移与结合[①]。在《马上日记》《马上支日记》中，鲁迅从街头、从自己的日常生活中，捕取了大量的琐事细情，然而从中描绘、刻画、评析了种种社会相、社会心理，揭露出它的守旧、苟且、愚昧与落后。他的与章士钊、陈西滢论战的文章中，抓住了他们言行中的事实、细节、矛盾、可笑之处，加以形象的刻画和深入的剖析，形象地而又逻辑力极强地揭穿了他们的绅士的伪装、灵魂的凶残丑恶、心地的卑劣、手段的恶作。而在《坟》中的那些著名的杂文篇章中，他从汉代的葡萄海马镜、细腰蜂的捕捉小青虫、中国银行和交通银行的停止兑现、日本人的赞誉中国文明以及某人的文章与言论等这些具体的事情，即这些具象中，生发开去，引申开来，比譬借喻、引今征古、引经据典、言中说外，使形象与概括、具象与抽象、形象思维与逻辑思维不断结合、渗透、推移，使思想的论证、感情的飞扬、形象的跃动形成一体，浑然不分，而他的杂文也就达到一种思艺情理和谐一致的审美境界了。

---

① 闫庆生：《鲁迅杂文的艺术特征》，陕西人民出版社，1983。

鲁迅在这时期，也已经创造了多种多样的杂文形式。在体裁上，有自述、通信、日记、抒情式散文与驳论文章等。在风格和样式上，有"忽然想到""无花的蔷薇""不是闲话"等这样的统一题目、基本相同的格调，而谈着不同的问题的形式；有《论辩的魂灵》《牺牲谟》这样用对象自述来自我暴露、自我嘲讽的形式；有《战士和苍蝇》《导师》《长城》这样的散文诗式的文字；也有《记念刘和珍君》这样的抒情散文与批判议论结合的散文性杂文；还有《杂论管闲事·做学问·灰色等》《送灶日漫笔》这类议论文。总之，形式多种多样，体态各有千秋，表明了作者的文体家的创造精神与才能。

的确，鲁迅前期的杂文中，也确有他自己所说的顾忌"鬼气"和"毒气"①，给他这一时期的杂文留下含糊、隐痛与潜存的哀伤。这主要是由于前述的他的思想上的矛盾与苦闷。他在《坟·写在〈坟〉后面》中说，路，"连我自己还不明白应当怎么走"，"我只很确切地知道一个终点，就是：坟"。他还感到自己思想上，"也何尝不中些庄周韩非的毒，时而很随便，时而很峻急"。由于这些，他怕自己这些"未熟的果实"，"偏偏毒死了偏爱我的果实的人"，于是"说话常不免含胡，中止"，有时"迟疑不敢下笔"。这就使他前期杂文的战斗意志是坚定的、高昂的，然而涉及前途和依靠什么力量、达到这样的前途以及前途是否就肯定是好、如何好等，他就不能说得准确、恰当或不拟说得明确了。那"依靠青年"、那"创造第三样时代"的结论便是这种状况的反映。他因过去经历多次失败、挫折、变化而怀疑，怀疑人们的心与态度及可能的变化，怀疑进化的或有的例外，他因此而怀疑那理想的真实性、希望的可信性，疑其为虚幻与欺骗，他也怀疑理想之光是否会熄灭或被浇灭，他又怀疑理想的未来到来时，是否就如理想那么好那么美；然而，他自己又怀疑自己的这一切怀疑，怕是因为自己所见者还不多，且自己身上还有"鬼气"与"毒气"。于是在他心中，因而也在他笔下，流泻着怀疑、抑郁、哀痛、忧伤。然而，虽然有这一切，他却仍然要斗争、在斗争并鼓舞青年们斗争，且勇猛、坚定、执着，不克厥敌，决不休止。这样，这里不仅反映了时代的局限在他身上所造成的局限，而且表

---

① 鲁迅1924年9月24日给李秉中的信中说："我自己总觉得我的灵魂里有毒气和鬼气，我极憎恶他，想除去他，而不能。"（见《鲁迅全集·两地书、书信》第十一卷，人民文学出版社，2005，第453页）

现了他的精神与品格——一个伟大战士、文化革命主将的精神与品格。这一切也给他的杂文带来了特殊的美，特殊的审美价值，且为永久性的美的意蕴。这是失之东隅，收之桑榆。这是艺术的辩证法，也是美学的规律：因为真而善，必然美。

而且，到此时为止，他已经开始突破，酝酿着跃进性的突破，即从前期向后期过渡的突破。而他的杂文艺术也必然要向前发展。我们期待着吧，而且就将看到那艺术的思想的美之光！

七、心与梦的歌哭、释愤与抒情
——《野草》的创作心态与艺术世界

鲁迅在这期间，除了写作小说和大量杂文之外，还写了散文和散文诗。其中，散文诗23篇[①]，结集为《野草》。这薄薄的一本散文诗集，却是五四新文学运动中散文、诗与散文诗的丰硕的成果、最高的成就，它是一颗晶莹的艺术珍珠，是中国文艺园地里一朵凄艳的奇葩佳卉。

向来的评论认为，在这同时写的战斗性极强的杂文，表现的是这种心态的积极面，这是主流和核心；《野草》作于同一时期，写的则是这种心态的另一面——消极面。这是对的，但又很不够。因为它不是单纯的消极面，它是积极面同消极面的斗争，是积极面在克服消极面时的自我表现、自我剖析、自我反省、自我解脱与自我补偿。因此，它对于作家自身的思想的跃动与进展来说，是积极的；它对于阅读与欣赏者，对于审美者，也能促成积极的结果，取得积极的收获。因为这种心与梦的歌哭、释愤与抒情，又是欢乐的、战斗的歌，也有为不能欢乐、不得欢乐，不能战斗、战斗受滞的悲哭，也有对于阻碍前进、戕害生命、摧残幸福，对于周围的冷冽、世界的寂寥、青年人的丧生或麻木、积极或消沉、奋战或堕落的愤懑和释愤；更有对于战斗的、哀痛的、欢快的、忧伤的、爱的、恨的、生的与死的至情的抒发。它令人感到生命的跃动、

[①]　近年新发现以《自言自语》为总题的7篇散文诗，内容有的可算《野草》中的某些篇什的姊妹篇或预备篇。不仅作为佚文颇有价值，而且对于研究鲁迅的思想艺术的发展也很有意义。这几篇散文诗的题目为：《序》《火的冰》《古城》《螃蟹》《波儿》《我的父亲》《我的兄弟》，分别发表于1919年8月到9月的《国民公报》《新文艺》栏。这批佚文是孙玉石、方锡德发现的。原文揭载于《鲁迅研究》第一期。

战斗的期求、幸福的企望。

我们对于这些作品，作时间上的、内容上的、产生背景方面的几种分析，是有益的，对于理解它的思想与艺术很有好处。向来对《野草》常作一律的剖析，在总的视野中作总体的分析，然后得出总体的结论。这本是无可厚非的。然而，当这种分析失之笼统，而又以个别篇章来概括整体时，便又不免失当、失实——离开了作品的实际和作家创作时的思想的与心态的实际。首先，我们从写作时间即作品产生的时间上来具体分析一下。《野草》从第一篇《秋夜》到最后一篇《一觉》，写作时间为1924年9月15日到1926年4月10日，跨越1924、1925、1926三个年头。但是，作于1924年的（9月至12月）只有第一到第六篇计6篇文章，仅占全书23篇的将近1/4；而1926年则只有4月8日和10日写的两篇（《淡淡的血痕中》和《一觉》），占全书的1/10多。大多数文章则写于1925年，即第七到第二十一篇计15篇，占全书的60.9%，即占最多数。而在1925年所写的15篇中，又有12篇绝大多数写于这年的1月到7月；而这12篇中，又有7篇写于这年的3月到7月。这种写作时间的排列和分析，反映出一种不是偶然发生的现象。第一，我们从这个时间的排列中可以看出，《野草》的主要作品是写于1925年，而不是1924年和1926年。这就是说，不是写于他的前期思想最苦闷、矛盾、忧伤和斗争最激烈的时期（1924年），也不是写于思想苦闷、彷徨期已经基本度过，积极思想已向主导地位转化、面临跃进前夕的时期（1926年），而是主要写于消极与积极思想进行最后交锋，也可说是积极思想处于主动进击、消极思想处于被动退守，即以阶级论和社会革命论为特征的历史唯物主义的思想体系，向以进化论为特征的历史唯心主义思想体系发起进击，前者昂然冲刺，后者退守、消匿的时期，即1925年。这说明《野草》之作，不是一般的思想矛盾斗争的产物、一般地反映了鲁迅的思想矛盾，而是反映了他的思想上矛盾斗争的收获，是这种斗争的"过去进行时"，而不是"现在进行时"。这是一个趋向光明、大势已定、结局乐观的斗争结果即将出现时期的思想斗争的反映。但作为艺术作品，作为心态的动态反映，它却又以现实的、进行的、跃动的方式写出，而表现为"现在过去进行时"①。

第二，1925年的3月到7月所写7篇又占了这所作最多一年中的作品的几近一半。而这个时间正与《两地书》中鲁迅与许广平通信的起讫时间叠合。这自然不会是一个偶然的巧合，而是能够说明一些问题的。不过，这一点我们且留待后叙。

第三，1925年所写的15篇中的5篇（第七章二十一），除了《腊叶》"是为爱我者的想要保存我而作的"之外，其余2篇（《这样的战士》、《聪明人和傻子和奴才》）以及1926年新写的《淡淡的血痕中》和《一觉》），鲁迅自己均有对于产生背景、写作意旨的明确说明，或其自身已表现得很明白。总之，一是不关联他自己的主观世界的矛盾斗争；二是对于客观现实的揭露批判和对于战斗者的风神品性的描述与期望。这几篇作品，可以说不是索解不易之作，也不是体现"野草"精神的主要内涵之篇章。

因此，我们对于《野草》的难点之确定，或对于它的索解求释，应以1925年之作为主。这是主要的。

从23篇的题旨和内容分，可以分作三大类：第一类是对于客观现实的描绘、刻画、揭露、批判、讥讽、抨击，也反映了他在面对这一切和描写这一切时的主观世界、心象意蕴，不过是从客观见主观。第二类是直接抒写作者自己的主观世界，抒写他的情绪、意态、心象、矛盾、苦闷、斗争，同时，当然也反映了客观世界、社会矛盾，不过，是以主观见于客观的。关于这后一类，我们也许可以列举出这些篇：《影的告别》《求乞者》《希望》《过客》《死火》《墓碣文》《颓败线的颤动》《死后》。最能反映"野草"精神和其艺术特色，也是索解最难、争议较多的，正是这几篇作品。第三类则是对往事、生活、亲情的描述、记叙，"显示着作者在肃杀冷酷的现实中对美的强烈的憧憬和向往"②，是"追

---

① 李希凡指出："……在这一篇里，虽然概括着鲁迅曾有过的虚无悲观的思想，但应当说那已经是'过去式'，决不能把它们完全当作现实的鲁迅的思想。因为对于这种消极悲观的思想，出现在《墓碣文》中的'我'，——也可以说就是作者，分明是揭露者和批判者，而绝不是赞颂者，充其量也是借墓碣文以志埋葬。"（《一个伟大寻求者的心声》，第46页）此处单指《墓碣文》一文而说。本书取其有益见解并扩大而言之，指《野草》中多数自省式文章。

② 李希凡：《一个伟大寻求者的心声》，上海文艺出版社，1982，第60页。

求美好理想的温暖心声"①，这就是《雪》、《风筝》和《好的故事》。它们是抒情的精品，而不是战斗的篇章。

　　还有值得我们注意的是：1924年9月8日，鲁迅自集《离骚》句："望崦嵫而勿迫，恐鹈鴂之先鸣"，请教育部同事乔大壮书写，悬挂于写作室兼卧室的"老虎尾巴"壁上，以自励。这表明了他的积极的、奋发的、向前的精神，也透露了他对于自己身上与心头的"鬼气"与"毒气"不仅有所觉，也有所憎与恶，且要摆脱它们，故悬此联以明心。一周后，他作《秋夜》，并注明为"《野草一》"，说明这是有计划的创作，至少已经酝酿数篇了。故此，9天之后的同月24日，一天而立就两篇：《影的告别》和《求乞者》。值得注意和特别提出的是，正是这一天，他写了那封给学生李秉中的信，信中强烈地表示他憎恶自己灵魂中的"毒气"和"鬼气"，而且想要"除去它"，但又表示"而不能"。这里都表明消极的东西和积极的东西同时存在，但后者在上升、在进攻、在占领、在夺取，前者则在败退、萎缩、消逝。这正是《野草》产生的基本情绪与思想的基础，也是作家的创作心态的特征。

　　尤其重要的是，正是鲁迅写《野草》诸篇的同时，他写出了一篇接一篇的思想深刻、斗志昂扬、战斗性极强的杂文，显现出一个冲锋陷阵的主将的奋发昂扬地战斗的风貌。正是在1924年的九十两月，在写作从《秋夜》到《我的失恋》时，他写了杂文4篇，其中包括《论雷峰塔的倒掉》和《说胡须》这样的杂文上品。尤其是在产生《野草》的主要年份的1925年，他的杂文也写得很多，《华盖集》和《坟》中的杂文，包括许多千古名篇都写于这个时期。特别是《野草》中的作品产生最集中的1925年3—7月，也正是其杂文产生的集中期。《华盖集》中和《坟》中的杂文的名篇，也有许多在此时期写出。自然，这并非偶合。这正表明，鲁迅一方面在从事尖锐、激烈、频繁、英勇的战斗，另一方面写了《野草》诗篇。前者正是后者的背景、主流、反衬。这是一首交响乐的整体，一幅油画的全貌，一首战斗抒情诗的全体。

　　那么，鲁迅为什么要写《野草》呢？《野草》是怎样产生的呢？让我们从《野草》写作的间歇性谈起。从写《秋夜》起，《野草》诸篇章的写作总是和同时产生的杂文交错开来的。在《秋夜》之后，接着是

---

① 孙玉石：《〈野草〉研究》，中国社会科学出版社，1982，第56页。

《影的告别》和《求乞者》问世，此间，一篇杂文未写；此后，即有杂文两篇①。10月3日作《野草》中之《我的失恋》，直到12月20日才有《复仇》（一）、（二）之作。而处在这个《野草》之作的写作空隙期的10月28日到11月11日，则写作杂文四篇②。（此外还有翻译。）1925年1月1日作《希望》，直到18日才写《雪》。而这当间，则有1月15日的《忽然想到（一）》和17日的《忽然想到（二）》。作《雪》之后第3天写《咬文嚼字之余（一）》、1月24日作《风筝》、28日作《好的故事》，整个2月，则无《野草》出生，其间却接连写出杂文6篇，都是重要的且大多数是长篇作品③。更为突出的是3月到12月的间歇表现：3月2日，他写了著名的《野草》代表作《过客》，然后，直到4月22日，没有再写散文诗，但是，从3月5日到4月22日，却连续写了杂文9篇④。4月23日一天之内，写了两篇《野草》中的作品：《死火》与《狗的驳诘》。以后到6月15日，迄未写散文诗，而在此期间，杂文连篇，计有16篇之多⑤。7月12日作《死后》，到12月14日写《这样的战士》，中间停笔5个月之久，未写散文诗，然而从8月到12月，却写了杂文13篇，这正是他为女师大事件，与章士钊、陈西滢战斗激烈，他的杂文写得奋发昂扬、淋漓酣畅之时⑥。12月14日作《这样的战士》，同月18日到22日写杂文3篇，而停写散文诗；同月26日作《聪明人和傻子和奴才》和《腊叶》后，即未再写散文诗，而12月28日到31日又作杂文3篇。间歇性也是很为明显的。

　　1926年的情况亦复如是。1月至4月，战斗方酣，连写杂文多篇，而散文诗的写作则完全停止了。在这3个月中，他共计写了杂文14篇之

---

① 9月28日作《又是"古已有之"》；10月2日发表《文学救国法》。

② 这四篇杂文是：《论雷峰塔的倒掉》、《说胡须》、《论照相之类》和《烽火五则》。

③ 它们是：《再论雷峰塔的倒掉》、《咬嚼未始"乏味"》、《看镜有感》、《青年必读书》、《忽然想到》（三）和（四）。

④ 其中有《论辩的魂灵》、《通讯》（一）（二）、《夏之虫》、《忽然想到》（五）（六）和《春末闲谈》等重要杂文。

⑤ 其中包括《灯下漫笔》、《忽然想到》（七）（八）（九）、《导师》、《杂忆》以及《并非闲话》、《我的"籍"和"系"》等重要杂文。

⑥ 这时所写的杂文中有《流言和谎话》、《女校长的男女的梦》、《答KS君》、《并非闲话》（二）（三）、《从胡须说到牙齿》、《十四年的"读经"》、《坚壁清野主义》、《寡妇主义》、《这个与那个》（一）（二）（三）等重要杂文作品。

多，其中多数是同章士钊、陈西滢战斗，并且直接对封建军阀政权展开斗争之作①。然后，4月8日和10日，分别写了《淡淡的血痕中》与《一觉》两篇，结束了散文诗的写作，而《野草》成。

从这个时间表中，我们明显地看到散文诗《野草》写作的间歇性，它的写作同战斗杂文的写作是交错进行的。这种间歇性说明了什么？首先，我们可以具体地来分析鲁迅当时的思想状态。写散文诗与写战斗性极强的杂文的是同一个鲁迅。他又是在同一个时期写这两类作品的。这里绝不会是两个鲁迅，也不是同一个鲁迅的两个时期。因此，我们决不能夸大《野草》中的消极面，而只能作我们在前面所说的解释：这是积极思想、积极情绪对消极思想、消极情绪的主动出击，是前者撞击后者所迸出的火花，是作者在战斗中感觉到、认识了自己的不足、缺陷、"毒气"、"鬼气"而要"除去它"、摆脱它的一种表现，一个实际步骤。

但是，我们又不能不注意到，同一个作家在同一个时期写这两种不同体裁的作品时又不是同步行进的，而是分别地、交错地进行的，是彼此在对方的间歇期出现的，即此起彼伏、交替互补。这就有如一位战士，在奋战一段之后停下来，整理一下自己的思想，休整一下，轻装一下，喘息一下，然后，起而再战。

因此，我们可以说，《野草》之作，是鲁迅在战斗间歇的喘息、抚摸、倾诉、宣泄。他如此作之后，便觉得"毒气""鬼气"的消逸，创伤的平复，心理的补偿，情绪的平衡，内心的充实。鲁迅在《二心集·〈野草〉英文译本序》中说，《野草》中"二十多篇小品"，"大抵仅仅是随时的小感想"。《南腔北调集·〈自选集〉自序》中则说，"有了小感触，就写些短文，夸大点说，就是散文诗，以后印成一本，谓之《野草》"。鲁迅称之为随时而起的"小感触""小感想"，正表明这是在战斗之中、战斗间歇时之所想、所感、所作。一以其写个人的思绪、一时的情愫，而为"小"；一以其写自己观人情世态之一角，且以诗的抽象与简洁出之，而为"小"；一以其写自己的观点、情感、心绪的一面、一角，且为消极的、要"除去"的一面，故称为"小"。

然而，我们却不能以其诸种"小"而小觑了它。它是鲁迅思想的自

---

① 这时期的重要杂文很多，如《杂论管闲事·作学问·灰色等》《学界的三魂》《古书与白话》《不是信》《我还不能"带住"》《华盖集后记》《中山先生逝世后一周年》《无花的蔷薇之二》《"死地"》《可惨与可笑》《记念刘和珍君》等名篇均为此时期所作。

我肉搏，是他的情感、心态的自我激荡与平衡的求得，是一个战士思想上的轻装、一位思想家的自我锤炼与内省的外射。因此，鲁迅称这是"生命的泥委弃于地"而长出的野草。《野草·题辞》中说：

> 我以这一丛野草，在明与暗，生与死，过去与未来之际，献于友与仇，人与兽，爱者与不爱者之前作证。

这简短的话语道出了《野草》产生与问世的背景与意义。它是他的过往的生活、生命存活、奋斗、自省的证明。

> 野草，根本不深，花叶不美，然而吸取露，吸取水，吸取陈死人的血和肉，各各夺取它的生存。

野草，吸取历史的露、吸取时代的水、吸取陈死人——他自己的生命的过往和他的战友以及青年的血和肉，"夺取它的生存"。这是野草的生命之源，也是它的艺术之泉。

我们在这里决不可忽视他自己的思想与生活、他的私情、他的内心与自省在浇灌野草的艺术之花中的重要作用。如果只看到时代的、社会的、"外部的"的原因，而看不到个人的、私生活的、内心的东西，那就像只看到雨露和阳光，而没有看到根须所吸取的内在的血和肉。鲁迅在开始写《野草》的第一篇《秋夜》时，不仅经历了、经历着新文化战线的分裂和分裂后的寂寞与斗争，在时代与社会的大风浪中搏击，而且经历了、经历着家庭的破裂，兄弟失和的痛苦、愤怒与忧伤，以及破裂之后的颠沛与流离，在家庭的与内心的大波涛中跌宕。他于1923年7月19日收周作人决裂信，8月2日迁居砖塔胡同六十一号暂居，10月1日肺病复发，半个多月之内，连续跑医院，直至11月"始废粥进饭"，但还没有痊愈。此间，除坚持工作与写作之外，还要为购置修缮阜成门内西三条胡同的居屋操劳奔忙。次年3月又多病，经常看病，日记上记着"甚惫，似疲劳"，"身热不快"，甚至连他那离不开的烟卷，也断了，"欲作文，亦不就"。这中间，仍不能间断为西三条胡同的房屋的修缮操劳。真是有点儿身心俱疲啊。他的心是痛楚的。家庭、兄弟、不幸的婚姻，都在他的心中引起刺痛。生理的病引动心理的痛苦，心理的痛苦又加重生理的病①。5月25日总算搬进了修缮很久的新居，在西三条胡同安下了自己的家。6月11日回八道湾取书，竟被周作人夫妇无理抢白殴击。许广平在《鲁迅回忆录·所谓兄弟》中说，周作人甚至"拿起一尺高的狮形铜香炉向鲁迅头上打去"。这次事件对鲁迅的刺激极深。在9月21日，写《俟堂专文杂集》题记时，还愤愤然写道："迁徙以后，忽遭寇劫，孑身逭遁，止携大同十一年者一枚出，余悉委盗窟中。""聊集燹余，以为永念哉！"他称彼为"寇"、为"盗窟"，称此事为"燹"，愤然之情、哀痛之心溢于言表。

1925年3月起与许广平通信，迅速进入爱恋状态。这爱给他幸福，也给他痛苦，给他欢欣，也给他哀伤，心的激荡，如波涛汹涌，如暴风狂雨，如梦如醉。不敢不能爱其所爱，又不忍不舍拒绝飞来的爱，那是"天外飘来"的真挚无私并且是奉献的爱，能够并且已经温暖了他的心，然而他又觉得这是"非分非法"的情，他得到这雨露、汁液、温情、爱心而感到欣慰、鼓舞、幸福，但同时又感到哀痛、忧伤，矛盾惶遽、莫可名状。当战斗时，或能忘怀，必须抛却；但当间歇时，当喘息时，当夜深人静寂寞冷清，沉静下来时，这一切又似梦非梦地出现了。而当它们出现，又和不幸的婚姻、破裂的家庭、与自己一同作一世牺牲的"爱情的影子"（朱安）以至那爱我我爱的伊人，便都搅和在一起，翻滚而且跃动。同时，自身的处境，社会的攻讦，正在进行的工作、战斗，战斗中的困苦，自己的局限和"毒气"、"鬼气"的骚扰，由此而遭至的创伤，也都搅和在一起，翻滚而且跃动。这是难忍的心的重压、情的激浪，必欲一吐为快。于是那自省、自我斗争、扎挣和搏斗，光明与黑暗，方生与未死，友与仇，人与兽，爱与不爱，都搅和着，混沌、迷离、恍惚，梦也似的，出现了。他在这时，在其间感受到苦、甜、涩、美沁入心扉。于是他提起了笔，写《野草》中那些自省的、释愤抒情的篇章。这是他的内心矛盾、郁闷、哀愁、痛苦的宣泄与倾吐，这是一种感情上的补偿、一次心理上的平衡，也是审美活动的体验与体现。既是思想斗争的火花迸射，也是劳人的憩息、愁人的兴叹、恋人的情歌、痛苦者的呻吟、战斗者的歌哭、寂寞者的求友声。

---

① 直到1936年9月，在致函母亲，说及自己病体时，还追忆此段生活与病，说："被八道湾赶出后的一回……躺倒过的。"（见《鲁迅书信集》（下卷），人民文学出版社，1976，第1031页。）

《野草》中，有16篇是用"我"来直接叙述与抒情的，而有7篇是以"我梦见"开头的①。以写梦为构思形式，其意在把现实化为梦、比作梦，把奇异的联想、诡谲的幻想纳入梦境。写梦，足以更离奇，更曲折委婉，更一唱三叹，也更迷离、恍惚、朦胧，并由此而进入一种梦似的审美境界：夜朦胧，月朦胧，梦朦胧。写梦境，增离奇，发奇想，把现实化为荒谬、化为梦中的真实，可以把现实的丑恶，在梦中幻化、强化、夸张化、怪诞化，奇梦、怪梦、恶梦、荒唐梦，梦无稽，梦自由，梦无束无拘，这将强化本质地反映真实。死的火，狗与人论驳，地狱里鬼魂的欢呼，我与我的死尸对话，无词的语言、老妇人衰敝身躯的全面颤动……现实与梦境，真实与象征，交叉、错综、融汇、混合，真真假假，亦真亦梦，如醒如梦，沉浸于一种虚幻而实在、抽象而具象、怪诞而真实的梦境中，如醉，如痴，如迷，如狂，然而又是清醒的、真实的、深沉的。这是作者一种心态的外射、一种创作心理与创作心境的真实的反映。这里有一腔哀思、一片思绪、一缕诗情、一个提供审美机制的整体，它造成一种气氛、境界、韵致、特色、色彩，造成一种《野草》所特有的美境和审美价值。"他把虚幻的梦境和真实的生活是那样奇特而又和谐地编织在一起，使得这些作品的现实的情怀披上了一层梦境的面纱。"孙玉石在《〈野草〉研究·〈野草〉艺术构思的特色》中说，"同样是抒情散文诗，却表现了更加幽深曲折的色彩。""使作者的思想感情表现得深刻而又含蓄，取得了正面描写和直抒胸臆的方法所不可能达到的艺术效果。""他以摇曳多姿的梦境的描写，在我们面前展开了整个现实的幻想的世界，创造了一个五彩缤纷的艺术天地。"

正是在鲁迅于1925年7月末结束了同许广平在北京时期的通信，意味着那欲爱而不能爱又不忍舍弃这爱的矛盾状况结束，两心相印两情相通，已经确定了关系之后，鲁迅便停止了这种梦境的描写，结束了这种迷离惝恍、曲折摇曳的艺术倾诉。这表明，他的思想、情绪、心理，也已经迈出那恍兮惚兮的梦境，那真实与梦境的交错状况，出离于那种抑郁哀痛矛盾惶遽的境地了。在7月12日写《死后》之后，他暂停了散文

---

① 李希凡《一伟大寻求者的心声·"更多的是更无情面地解剖我自己"——论〈野草精神之二〉》："在《野草》的二十三篇作品中，有十六篇是用第一人称'我'的形式来叙写的，而《死火》《狗的驳诘》《失掉的好地狱》《墓碣文》《颓败线的颤动》《立论》《死后》七篇，都以'我梦见'作为开头……"

诗的写作，投入了投掷匕首投枪的战斗杂文写作，从8月到年底，连连射出子弹、掷出匕首，杀敌于战阵，而不再吟哦于书斋。12月14日到第二年（1926年）的4月10日又写散文诗5篇，其中《腊叶》1篇，以挚情表达了对于许广平的爱的感谢[①]，此外4篇都是对于现实的真实的、直接的、活生生的反映，有歌颂、批判、揭露、欣慰和欢快[②]。它的思想、感情、意念、构思，都已经脱出"梦境"，越过《野草》其他篇。正如李希凡所指出的："特别是后面的几篇作品，如《这样的战士》《聪明人和傻子和奴才》《淡淡的血痕中》等，充满了反抗、战斗、批判和歌颂，可以说，这时的'野草精神'，已开始显出新的发展趋势；愁绪已逝，斗志正浓，极少有消极的思想感情了！"[③]

《野草》是如鲁迅所说，将"生命的泥委弃于地"，这"地"便是现实生活和斗争。但《野草》不同于鲁迅其他作品的是：它更偏重主观世界的描绘和自我省察、内心情感奥秘的抒发。为此，他调动了擅长此道的浪漫主义和象征主义；或者也可以说，浪漫主义和象征主义的精神、手法、技巧、特色，以其艺术的魅力和诱惑打动了鲁迅，成为《野草》散文诗产生的渊源。那么，现实的"泥"，扎下了鲁迅委弃于地的生命"泥"，而又得到浪漫主义与象征主义的水和露、肥料和乳汁浇灌喂养，乃生长了《野草》这朵瑰丽多彩的奇花异葩。

陈涌在《陈涌文学论集·鲁迅与现实主义和浪漫主义问题》中说："浪漫主义精神是一种巨大的精神力量，它对旧世界，对过去的传统往往是一种叛逆。"鲁迅曾经在青年时为这种浪漫主义精神所倾倒，并尊奉它，提出过自己的浪漫主义的文艺纲领——《摩罗诗力说》。他一生都与浪漫主义保持着密切联系，热爱和重视中外浪漫主义的作家和作品。鲁迅又曾较深地受到象征主义的影响，深爱着他们的作品[④]。在《野草》中，鲁迅把这两种艺术流派的精神、品性、风格、手法、技巧

① "'许公很鼓励我，希望我努力工作，不要松懈，不要怠忽；但又很爱护我，希望我多加保养，不要过劳，不要发狠。……《腊叶》的感兴就从这儿得来，《雁门集》等都是无关宏旨的。这便是先生当时谈话的大意。"（孙伏园：《鲁迅先生二三事》，载《鲁迅回忆录》，北京出版社，1999，第86页）。

② 这四篇是：《这样的战士》、《聪明人和傻子和奴才》、《淡淡的血痕中》和《一觉》。

③ 《一个伟大寻求者的心声》第51页。

④ 参阅陈涌作《鲁迅与现实主义和浪漫主义问题》，见《陈涌文学论集》（下），上海文艺出版社，1984，第658、660、661、666、667页。

加以融汇、吸收、改造，创造了自己的充满浪漫主义、象征主义精神与色彩的艺术硕果。

浪漫主义重视并富于理想，重视自我省察、自我体现和自我抒发，激情和想象是它的两翼，它抒写心灵图画，而不是主要描绘生活的图画；它的构思和技法往往是写意的、象征的、暗示的①。它在不少方面与象征主义相通。

鲁迅的《野草》正是在现实主义的灵魂与躯体上，贯穿着浪漫主义理想、自我省察与自我抒写，披上了象征主义的凄艳的羽翼。他用象征的、写意的、暗示的、联想的、悬想的、想象的手法，以事物、故事、情节、形象来表述和抒写他的心和梦、矛盾和斗争、抑郁和痛苦；他着意地坦露、表现、抒写他的心象、意象。这里，有确定的，有不确定的；有明确的，有模糊的；有可捉摸的，有不可捉摸的。有的本为确定、明确、可捉摸的，而他却有意为之使得其难于确定、明确、捉摸；有的又相反，本不可捉摸、不明确、不确定，然而他却抒写得明确、确定、可捉摸。这正反映了作家自己主观上、心理上的不明确、不确定和模糊不可捉摸。情绪、想象、意象、心态，飘忽游弋，似此似彼、非此非彼、此时为此彼时为彼，忽此忽彼，忽忧忽乐，忽冷忽热，跳跃，变动，幻化。这些正是矛盾心境的一种表现、复杂心绪的一种外射、变幻情感的一种定式。它被作家有意地、欢欣地、夸张地、美丽地记录在作品中，便更增添了一层美。如果说得十分确定、准确、肯定、稳定、界线分明、形象清晰，倒反不准确、不符合实际了。而此种心境、意象和对它的艺术的反映，又给欣赏者以丰富的联想的素材与启发，广阔的驰骋想象的天地，似懂非懂的领会、捉摸与所得，从而得到更多的审美的愉悦。

显然，作者为此是感到欢欣的。他不仅因心态意绪得到外射而得到摆脱的轻松、抒发的愉快，而且因用浪漫主义和象征主义手法将它们写出，给人以更多的美感享受，而更愉悦。所以他在《野草·题辞》中说："但我坦然，欣然。我将大笑，我将歌唱。"

在形象的描摹、心象的抒写上，他采用了迷离恍惚、诡谲奇异、怪诞不经、凄冷艳丽的手法；在语言上，他反复、重叠、重复、对仗、对

---

① 参阅陈涌作《鲁迅与现实主义和浪漫主义问题》，见《陈涌文学论集》（下），上海文艺出版社，1984，第658、660、661、666、667页。

称、统一，然而又变格，故意拗口，单字独音、独字结尾以打破统一与顺畅、对仗与对称，以其音韵、节奏感，甚至格律，以"休止"与"停顿"，以短促和佶屈聱牙来展现吟诵朗读时的心理效应和力度感。

在所有这些方面，他受到尼采、屠格涅夫、波德莱尔的甚大的影响，吸取了他们的艺术营养，然而又抛弃了他们的思想，而以自己的生命的思想和思想的生命灌输于其中。

《野草》也同时蕴含着中国传统审美心理与美学思想。老子曰："道之为物，惟恍惟惚，惚兮恍兮，其中有象，恍兮惚兮，其中有物。"老庄所说"神鉴""象外之意""玄远之旨""得意忘言""寄言出意"；庄子的驰骋幻想，迷离朦胧，奇诡怪谲；屈原的抽写哀怨，郁为奇文，奇草异花，天马行空，这都是深入鲁迅审美心理中的深层积淀。在《野草》创作中，它们作为中国传统美学思维与性格的内蕴，在鲁迅的创作心理中发挥作用，与尼采、波德莱尔等的营养中外融汇、共为所用。

鲁迅在1934年10月9日致萧军的信中说："我的那一本《野草》，技术并不算坏，但心情太颓唐了，因为那是我碰了许多钉子之后写出来的。"他是颇欣赏这《野草》的技巧与艺术成就的。但他以为心情太颓唐。然而，这颓唐是战士的颓唐，是在战斗间歇时的间歇性的颓唐，是为了要除去颓唐的颓唐，是在斗争、自省与受创中知其颓唐，而抒写颓唐以摆脱颓唐的颓唐。因此是积极的、向上的、奋战的，是一位伟大战士臻于坚毅品性途中的自我搏斗的记录。这当然是他碰了钉子之后写出的。而他正是在战斗中碰钉子、受创伤，然后自省的，自省之后，宣泄、倾诉、喘息之后，便又去战斗了。

在《〈野草〉英文译本序》中，他说这"大半是废弛的地狱边沿的惨白色小花"。"但这地狱也必须失掉"。而以后，他走出地狱，地狱随后也"失掉"了。"日在变化的时代，已不许这样的文章，甚而至于这样的感想存在。"时代变了，而且他的生活与思想也变了，那时的感想和文章不仅不许有了，而且他自己也"不再作这样的东西了"。心态和情绪都已变化，战斗的形势与内容也已改变。《野草》已不复能生长了。

因此，《野草》是鲁迅全部作品中的异品，是一抹"越轨"的笔触，是一曲只此一次不复再奏的幽美动听的乐曲，是一个"意外的"、仅有的艺术硕果。

然而在《野草》之前，也有《野草》式的丽花，如《热风》中的

《为"俄国歌剧团"》；在《野草》之后，也有《野草》式的美卉，如《准风月谈》中的《夜颂》等。然而，它们又不完全同于《野草》中的篇章。时代与心态均不同。它们的偶现，反映了鲁迅的同一艺术思维与艺术世界。由于客观的和主观的条件不同，他采取了别的形式抒发与外射。然而，我们应该感受到它们之间相通的血脉和一致的精神。

八、悲剧的美与美的悲剧
——艺术思维与艺术世界（6）

鲁迅的作品具有悲剧的美。无论是小说、散文、散文诗，还是杂文，都具有这种动人心魄、感人情怀、令人赏玩不至的悲剧的美。这是他特有的艺术思维、创作心理所创造的一个艺术世界。

鲁迅很早就培育了悲剧意识。家庭的中落，家族的破败，亲人的不幸的死亡，都是生活中的悲剧，是他亲历并深深体味过的生活的悲剧。民间戏曲中的悲剧，特别是像女吊这样的悲剧人物，以及《二十四孝图》等作品中的残酷酿成的悲剧，都灌输他以悲剧意识，并使他苏醒地去更深入地体味自己生活中亲历亲见的悲剧，从而更加深了他的悲剧意识。他的人生觉醒和艺术觉醒，都是在悲剧气氛和悲剧意识中发生和引进的。

中国近现代和现代社会正处于悲剧时代。人民和民族在扮演着一出沉沦屈辱的悲剧。鲁迅在青年时代正感受了这个悲剧的洗礼。他的民族意识的萌生和发展，爱国主义思想的增长，更加深了他的痛苦感受，进而加深了他的悲剧意识。

正当风华正茂的青春时期，无可奈何地接受不幸的婚姻，又给他的悲剧心理，从个人切身体验中加浓加深加色加香。而个性解放、恋爱自由的思想和爱的意识觉醒，又深化了他的悲剧心理。"灵台无计逃神矢，风雨如磐黯故园"是他的第一首哀歌，第一曲民族与自身的悲剧融合为一的咏叹调。

他的文艺运动的失败和深深地跌入寂寞零落的苦境，尤其是尔后发生的他所寄予希望的辛亥革命的失败，以及这个失败所造成的民族、社会、人民的仍然沦落、腐朽、不幸和为这个失败而付出牺牲的志士英雄们的悲剧，也都在他的意识和心中撒播悲剧的种子。这种子在时代的风雨和他个人生活的凄风苦雨中生根、发芽、开花，促成了他的悲剧性的创作心理。这种心理，尔后又再次由于五四运动后的文化统一战线的分裂、战友们的风流云散、自己的孤军奋战，以及家庭破裂、兄弟失和、爱情波折等，而被加深加浓了。

鲁迅曾经是浪漫主义的热情的信奉者，曾经以高昂的志气、澎湃的热情、无限的希望和美丽的理想，提出了浪漫主义的文艺纲领。不过即使在此时，悲剧的色彩也已经深入他的内心。那"而先觉之声，乃不来破中国之萧条也。然则吾人，其亦沉思而已夫，其亦惟沉思而已夫！"的慨叹和发问，已经透露了此中消息。接着便是挫折、失败、失望、寂寞、无聊、痛苦和长期的沉默。这使他的悲剧意识深深地扎根了。而那尚不明确、尚未自我发现的创作心理，已经被悲剧意识所包围。

《集外集拾遗补编·自言自语（二）·火的冰》中说，鲁迅的悲剧心理自有其特殊性。他描写过那"火的冰"和"火的冰的人"。他原是一团火，是"火的人"，然而，"遇着说不出的冷，火便结了冰了"。于是便成了"火的冰"，成了"火的冰的人"！他是这样的："中间有些绿白，像珊瑚的心，浑身通红，像珊瑚的肉，外层带些黑，是珊瑚焦了。"当鲁迅在五四运动前处于沉默中时，他正是这种"火的冰"，这种"火的冰的人"。而当五四运动的来潮中，他投身运动，重新提笔来创作时，他便像"火的冰"和"火的冰的人"，在周围的冷变热了时，融化了，发热了。这便又成了火。然而，又因为曾是"火的冰"，曾是"火的冰的人"，这火便带着特殊的光和特殊的热、特殊的色彩和特殊的力量。更何况，周围仍然冷冽，荒原仍然寂寥，多数人仍然沉睡，于是这融化的"冰的火"和"冰的火的人"便发出特殊的光和热。这色彩和力量都是悲剧性的。绿白，通红，焦黑。这是它的艺术的色彩层次，它的美学构成、它的审美特质。焦黑，是曾经被"冷漠"烧灼，显得沉静、冷峻、肃然、木然；但浑身却又通红，热烈、激昂、奋勇。而那心，是绿白色的。绿色是生命的象征，白色是纯净而高洁。于是他的创作心理，他的艺术思维和艺术世界，便是热烈而沉静、而深刻；具有现实感而又具历史感；把今天同昨天、明日连接，具象而抽象，一而十，简练而丰厚，畅晓而深沉，悲而不伤，哀而不灰颓，激愤执着，然而冷静坚韧。

鲁迅对于果戈理艺术特征的概括，正适用于概括他自己的艺术思维与艺术世界，这就是：

以泪痕悲色，振其邦人。

泪痕悲色，是艺术的取材、手法、境界；振其邦人，是他的目的。唯其具有泪与悲，才更能动人、引人、震惊人、催醒人，才更具有振其邦人的力量。悲哀，标志着他的天才的特色。死亡——他在小说中一直不肯放弃的主题，一再写到的不正常的死亡，不幸的、痛苦的、挣扎的、模糊而明确、昏睡又清醒的死亡，以及被冷漠包围的寂寞的死亡，是那个应该死亡和死亡而又作垂死挣扎的时代的象征①。这都是为了体现那个泪痕与悲色。

每一个伟大的作家都有一个只属于他自己的世界。这是个艺术世界，但它融合了外部经验世界、在现实中某个地域中体划出来的世界，以及作家的自我警觉的自省世界、他的心理活动世界。这里融汇着外部经验世界的内化过程、成果与内部自省世界的外射过程与成果，以及作家运用联想、想象、象征、语言等手段，运用情节、人物、典型等中介来完成的心念与达到的目的。这是一个非常复杂的颇带神秘性然而却可寻求轨迹的过程。在鲁迅的艺术思维与艺术世界中，完美地体现了这一过程，或者说，在这一过程中，完美地实现了他的创作目的，创造了一个悲剧美的艺术世界。

鲁迅的创作目的极为明确，他是从政治到艺术，而不是从艺术到政治。他是遵革命之命，要写出他眼里的中国的人生，刻画被压在大石底下几千年的草在曲折地求生存、生长似的国民的灵魂，要写出这厚重的环境压力和社会氛围，以及被挤压成的国民的厚重的麻木、愚昧与冷漠的灵魂。但这不是他的创作概念，不是他从此出发的概念，而是他的得之于时代与历史的民族集体无意识的思想与文化积淀，它是饱和着、深蕴着他的经历、知识和感性的体验的，具有着感性的、形象的内涵与外形，这些形成了他创作的心念与意象。创作的外部条件——时代、历史、社会生活，个人的生活经历和创作的内部条件潜意识（个人的或集体的无意识）、想象、心念——在鲁迅不仅是齐备的，而且是交融的。恰如韦勒克·沃伦在《文学理论·文学和传记》中所说："即使文学艺

---

① "鲁迅作品中的希望与灵感时常与阴暗并存。看来鲁迅是一个善于描写死的丑恶的能手。不仅散文诗，小说也如此。丧仪、坟墓、死刑，特别是杀头，还有病痛，这些题目都吸引着他的创造性的想象，在他的作品中反复出现。各种形式的死亡的阴影爬满他的著作。"（[美]夏济安：《鲁迅作品的黑暗面》，载乐黛云编《国外鲁迅研究论集》，北京大学出版社，1981，第373页）

术作品可能具有某些因素确同传记资料一致，这些因素也都经过重新整理而化入作品之中，已失去原来特殊的个人意义，仅仅成为具体的人生素材，成为作品中不可分割的组成部分。"鲁迅的艺术思维与艺术世界的构成，恰好是内部的和外部的、经验的和内省的、集体的和民族的、时代的和个人的，都是悲剧性的，悲剧性的客观现实和悲剧的艺术意识相契合，创作心理处于和谐状态。他的传记资料表明他个人的经历和心态，经过整理，经过加工，经过"酶化"，化入了他的作品，然而都已失去它们原来的形态（部分的或全部的）、原来的意义，仅仅成为具体的人生素材，而成为作品中独具自身价值的组成部分。它们已经是"非鲁迅的"，而是社会的、时代的、历史的，是"鲁迅的艺术"的了。"狂人"（《狂人日记》）显然不是他自己，然而有他的表弟患迫害狂的事实的触动与依据；那母亲哭那被自己"吃了"的女儿的哭声之真挚而奇怪的描写，是对于他的母亲哭他那早夭的四弟的史实的回声，也许还是他的母亲爱他而用那包办的不幸的婚姻害（"吃"）他的痛苦感情的升华与外射。而且，那"狂人"的思想、见解、论辩，他的感觉——变态的真实的幻觉，不也都含着他自己对于历史、民族生活的体验与感受吗？单四嫂子（《明天》）的对于虚空、对于静、对于渺茫的希望的感受、心态，不也是他自己的体验与感受吗？阿Q（《阿Q正传》）、陈士成（《白光》）、祥林嫂（《祝福》）、闰土（《故乡》），都有生活原型，那是他的记忆的回声与记录。然而阿Q在赴刑场时，对于跟定了他要看杀头的麻木群众的眼睛，像追逐着要吃人的狼的眼睛一样，逼人、令人毛骨悚然，正是他自己对于中国迷漫着冷漠，人们彼此间隔着高墙的体验、感受的写照。……我们还可以分析出更多的这种契合：生活与心态的契合、灵感与目的的契合。

正是由于这种民族的与时代的集合无意识的积淀和生活本身的悲剧，同他的个人的创作心理（产生于个人的经历与见闻、感受）的悲剧性两相结合，所以鲁迅没有去写他并非完全不了解的农民起义、民变、起事，群众的跪香和志士的暗杀，那些积极的、火爆的、热烈的、震惊的、悲壮的人物与故事，而是写了落后的、愚昧的、麻木的、哀痛的、郁闷的人物与故事：不正常的死亡、丧葬、不幸的婚姻、无望的追求、无力的反抗……

《阿Q正传》和以后的小说创作，如《孤独者》《在酒楼上》《伤逝》，尤其具有悲剧的美。这是新文化运动统一战线分裂，他"荷戟独彷徨"的状况的真实反映；也是1923年家庭破裂、不幸的爱情更加令人苦痛、他的痛不欲生（不希望活得长久）以及后来与许广平的爱情的痛苦等种种事件所构成的心态和进入创作心理所造成的结果，所结出的艺术之花。

正是这种创作和创作这种悲剧的艺术，创造这种悲剧的美，才使得他不仅社会生活的"内化"与创作心态的"外化"契合无间，而且使他的痛苦、忧伤、哀怨的心理得以宣泄，得以摆脱，得以求得平衡。如是而又得到艺术创造上的和谐。

《野草》尤其是这种带着悲剧美的艺术和这样创造出来的悲剧艺术美。这一点我们已在前面论述过了。

他的杂文也具有同样性质的悲剧美。这有两方面的源泉：第一，在那悲剧的时代，革命的目的、人们改变不幸生活与命运的愿望、创造第三样时代的崇高而必不可少的必争前途，与实现这一切的条件相差遥远（群众依旧麻木……）。目的与条件之间的矛盾，含着历史的悲剧的内蕴。鲁迅的杂文中始终贯穿着这种悲剧色彩。不要说像《记念刘和珍君》《无花的蔷薇》等这一类杂文，就是《坟》中的那些写来雍容典雅的杂文，也蕴含着这样的历史的悲剧意识。连那些战斗性极强的杂文，也都含着那种宁可失望于希望而不失望于绝望、"时日曷丧，于与汝偕亡"的悲剧意蕴。

第二，在鲁迅个人的思想上，由于前期思想的局限，也同样产生目的的崇高和必须达到同主观条件的欠缺和未必可以达到的矛盾，甚至还有怀疑目的达到是否就美好的矛盾。而且，他当时的心境，内心的苦闷、矛盾也是复杂的。这又构成了内在的、个人的悲剧意识，而外射为他的杂文的悲剧色彩。

鲁迅的作品的悲剧美首先来自他的艺术创造（包括小说、诗歌、散文、散文诗和杂文）的立意和他从生活中升华出来的他的心念、意象。但同时，由于他这一切都有意识到的历史的内容，即意识到的民族的集体无意识的文化与审美积淀，这使他的作品都具有思辨的美。为"写忧而造艺"，是鲁迅悲剧艺术的美的主要源泉。悲中有美，美从悲中来，这是人们审美活动的重要规律。鲁迅的悲剧意识和悲剧艺术的美不仅与时代的悲剧性、与他自身的经历的悲剧性和谐一致，而且同千百年来人类的同自然斗争与社会斗争中蕴含的悲剧意识和悲剧的审美心理相契合①。这也是他的作品的艺术生命力的不竭源泉。《阿Q正传》《祝福》《孤独者》《在酒楼上》《伤逝》这些以泪痕悲色写出的泪痕悲色，谁读了不兴泪痕悲色之叹而又从中得到审美的流泪的愉悦？就是《记念刘和珍君》那样的杂文，《复仇》《颓败线的颤动》那样的散文诗，何不起同样的心理效应？

"蚌病成珠"，是鲁迅前期作品的悲剧美的重要因素。鲁迅慨叹过自己灵魂中的"毒气"和"鬼气"的存在，后来又总结了自己只信进化论的偏颇。这些他思想上的"病"，带来他情感上、心理上的"病"，而他的个人生活中的种种不幸也带来他同样的"病"，甚至他当时身体欠佳，生理上的病也带来情绪上、心理上的病态。这病，发而为文，则为怨、为愤、为哀、为痛，构成了悲剧的美。而且这些都是真情而非假意，是生活的难忍痛苦的自然的叹息，而不是无病的呻吟。真即美。更为重要的是，他一己的病，反映了时代的、社会的、历史的、民族的不幸，通向历史与大众，这悲又非一己之悲；而且即使如此"病"重，他仍然战斗，战斗仍然英勇，更增悲壮之美、慷慨悲歌之美。

这样，鲁迅创造了悲剧的美。他又以这悲剧的美去折射、反映了中国近代和现代社会的悲剧，写出了美的悲剧。

对于这不朽的悲剧的美和美的悲剧，我们可能看到它的形式的美、具象的美，比如，他的小说的结构、人物、典型、语言的美，他的散文诗的语言和意象的美，他的杂文的尖锐、泼辣、讽刺、幽默的美。但这只是浅层次的。作为当时的时代、民族生活、阶级和社会斗争在作品中的反映，它深含着历史内容。它是作品的社会价值、认识价值之所在。能够进入这个审美领域时，对于鲁迅的作品，就会更得其意，更知其美，更爱读它。

但鲁迅的作品，还具有更深的审美层次，或者说，在更深的审美层

---

① 钱钟书："痛苦比快乐更能产生诗歌，好诗主要是不愉快、苦恼或'穷愁'的表现和发泄。这个意见在中国古代不但是诗文理论里的常谈，而且成为写作里的套板。因此，我们惯见熟习，习而相忘，没有把它当作中国文评里的一个重要概念而提示出来。"（《旧文四篇·诗可以怨》）

"人们的审美过程中，美（感）中有悲，悲中有美（感），这是钱先生所揭示的一条重要规律。"（何开四：《碧海掣鲸录——钱钟书美学思想的历史演进》，载《〈管锥编〉研究论文集》）

次中，也具有丰厚的审美素质。这是他的作品的艺术生命的所在。深刻的意识到的历史内容，通过作家的心灵和创作心理的"酶化"、加工、改造、制作，不仅富有历史的内涵，而且富有作家从中体会、感受和提炼出来的人生哲理，带有长久性的、普泛性的人类心灵之光。这种艺术之光、审美意蕴，蕴含着时代的、阶级的汁液与内涵，又浸透了作家本人的心理特质、人生体验，并且具有某些象征的价值。这是审美的最深层次，我们称为"象征意蕴"。人们的领悟往往停留在这个层次，有的甚至停留在更前一个层次。这是一种曲高和寡的"悲剧"①。

有人正确地提出，我们向来对于《呐喊》《彷徨》在内容分析上的偏离角，带来了审美上的偏离角。美在何处？这主要是从内容与形式的统一、主观意图与客观效果的一致、审美信息储存与审美欣赏破译的叠合角度来考量。而对鲁迅的小说，侧重从社会政治革命的角度去分析、理解、欣赏，就使人们不能完全得到这个一致，而只是从客体向主体（作品）的投射，也是由主体（欣赏者、分析评论者）向客体（作品）的投射；所缺乏的却是从作品出发，深入作家的创作心理，客观地、如实地进行分析。

这种审美上的偏离角，不仅存在于对小说的评价中，而且存在于对鲁迅其他作品的评价中。

这种审美偏离角的产生，使得人们不能完全地、真正地进入鲁迅的艺术思维与艺术世界，从而造成了广大读者与鲁迅及其作品之间的隔膜。这隔膜对于鲁迅是一种损伤，对读者是一个损失②。

---

① 参阅林兴宅编著：《艺术魅力的探寻》，四川人民出版社，1985年版。

② 然而，这种审美偏离角的产生，并非历史的错误，也不是历史的误会，更不是对艺术的无知、对鲁迅的曲解。事实上，这带着某种必然性，这是审美发展的历史必由之路。时当中国新民主主义革命胜利进行的阶段，以后又是胜利后对于这一革命理论进行学习、对于革命历史经验进行总结的时期，鲁迅的作品以其深刻的历史内涵和对于历史规律的反映，自然地成为形象的政治——文学教材。而且，在那个时期，社会审美心理也偏重政治与革命（这有其历史必然，当然也有偏颇，后来更发展成为错误）。这样，偏离角的产生，就不仅是不可避免的，而且简直具有历史必然性和合理性。当然，这也的确有助于对鲁迅作品的理解，有助于鲁迅作品的评析解释，有助于鲁迅及其思想与作品的普及。其功在历史，并不可抹杀。我们今天，不仅历史前进了，时代变化了，而且审美水平提高了，社会审美理想变化了，审美研究也深化和提高了，当然不能再固守旧规范了。不过，我们是站在前人的肩膀上眺望将来和观察现在了。不是我们高明于前人，而是我们随着时代的前进而前进了。这是应该的。我们的后人，同样会来超过我们。这则是我们所盼望的。

九、艺苑与学林：翻译家与学者

  鲁迅是从读翻译小说、自己翻译小说和收集整理中国古典小说和小说史的研究进入小说创作世界的。他的小说的艺术世界里，深藏着一个外国的小说世界和一个传统的小说世界。他的小说艺术以及一切创作都得益于这两个方面。他在提到自己的小说创作时，指出了得益于外国小说的方面，却未曾提及他对于中国古典小说的研究和获益。

  然而，鲁迅并非只为了自己的学习而翻译和研究古典小说，他为了建设民族文学和民族文化而一手伸向外国，一手伸向传统，以敏锐而深沉的眼光，择取外国的艺术花朵和民族的古代艺术果实，更以他的辛勤的劳作、渊博的学识和深刻独到的史识，播芳馨于艺苑，建丰碑于学林。在这两方面，鲁迅的工作同样是超等的，对于中国现代文学和文化的贡献是巨大而不可磨灭的。

  在翻译方面，在1918年年初到1926年8月离京南下前，7年多的时间里，鲁迅一共翻译了8个国家的32名作家的74部（篇）作品。这是他在繁忙工作和社会活动以及大量的小说和杂文创作之外的劳绩。他在翻译上的辛勤劳作，也是很突出、很感人的。

  在这74篇作品中，有中篇小说一部、剧本一部、论文集一部、文艺随笔一部、童话剧一部，还有短篇小说21篇，论文17篇，童话13篇，杂文13篇，序言两篇，诗歌、自序、故事等各一篇。这里面有尼采的《察拉图斯忒拉的序言》，日本武者小路实笃的剧本《一个青年的梦》，俄国阿尔志跋绥夫的小说《工人绥惠略夫》，爱罗先珂的童话剧《桃色的云》及其他作品，有厨川白村的著名的文艺理论著作《苦闷的象征》和文艺随笔《出了象牙之塔》，有荷兰佛·望·蔼覃的长篇童话《小约翰》，在小说方面，还有日本森鸥外的《沉默之塔》、芥川龙之介的《鼻子》与《罗生门》、菊池宽的《三浦右卫门的最后》、夏目漱石的《挂幅》《克莱喀先生》，芬兰亚勒吉阿的《父亲在亚美利加》、明那·亢德的《疯姑娘》，保加利亚跋佐夫的《战争中的威尔珂》，俄国安特莱夫的《黯淡的烟霭里》《书籍》、契里珂夫的《连翘》、迦尔洵的《一篇很短的传奇》，等等。我们从中可以看到，鲁迅的注意力放在日本和俄国，其次是被压迫国家，而对于西欧、美洲的作品则译得极少。这仍然是他向来的主张的贯彻。在日本作家中，他共计翻译了17位作家的作品，而俄国也有6位作家的作品被翻译。在这两个国家中，尤其受到注意、翻译其作品最多的是爱罗先珂，计16部（篇）；其次是厨川白村，计8部（篇）。鲁迅在创作上受到了爱罗先珂的影响，在文艺思想上受到了厨川白村的甚深的影响。这是他翻译这两位外国作家的作品的原因和结果；当然，由于他的翻译的"媒"的作用，也还由于他曾以《苦闷的象征》为教材，在大学讲授文艺理论，这些日俄作家的影响也扩及当时的中国文坛，影响了中国现代文学的发展。

我们还可以看到，鲁迅在翻译的选材中是眼界开阔、兼容并蓄的。他对各种流派的作品都加以介绍，而并不单一地只注意现实主义作家。无论是对于创作还是理论，他都是如此。这不仅表现了他的态度决不偏狭，而且说明他希望中国当世的作家和文坛也不要偏狭。虽然安特莱夫和爱罗先珂都不是现实主义者，虽然厨川白村的文艺理论有着柏格森的哲学和弗洛伊德的性心理学的深重的影响，但他都翻译介绍到中国来，然而同时又作了细心的说明和梳理工作，以供我们的借鉴。

在鲁迅的译作中，差不多都写有较长的序跋或者简要的说明，这都是很好的评介，表现了鲁迅的深刻的见解，而且足供后人学习。他在爱罗先珂的《桃色的云》的序言中写道：

> 至于意义，大约是可以无须乎详说的。因为无论何人，在风雪的呼号中，花卉的议论中，虫鸟的歌舞中，谅必都能够更洪亮的听得自然母的言辞，更锋利的看见土拨鼠和春子的运命。世间本没有别的言说，能比诗人以语言文字画出自己的心和梦，更为明白畅晓的了。

这不仅阐明了这童话剧的意旨，而且最后更简要而深刻地指出了诗人用语言文字画出自己的心和梦的意义与作用，阐明了一个艺术的规律。

在《现代日本小说集》关于作者的说明中，他的极简略的说明，极敏锐而明晰地把特色和优点指出来了，既可以帮助读者理解作家和作品，而且有益于作家们掌握各种流派的风格，从中接受启发和教益。例如，在《译文序跋集·现代日本小说集·附录　关于作者的说明》中，他说：

［夏目漱石］夏目的著作以想象丰富，文词精美见称。早年所作，登在俳谐杂志《子规》（Hototogisu）上的《哥儿》（Bocchan），《我是猫》（Wagahaiwa neko de aru）诸篇，轻快洒脱，富于机智，是明治文坛上新江户艺术的主流，当世无与匹者。

［森鸥外］他的作品，批评家都说是透明的智的产物，他的态度里是没有"热"的。

［菊池宽］他的创作，是竭力的要掘出人间性的真实来。一得真实，他却又怃然的发了感叹，所以他的思想是近于厌世的，但又时时凝视着遥远的黎明，于是又不失为奋斗者。

［芥川龙之介］他的作品所用的主题，最多的是希望已达之后的不安，或者正不安时的心情。他又多用旧材料，有时近于故事的翻译。但他的复述古事并不专是好奇，还有他的更深的根据：他想从含在这些材料里的古人的生活当中，寻出与自己的心情能够贴切的触着的或物，因此那些古代的故事经他改作之后，都注进新的生命去，便与现代人生出干系来了。

这些晶莹的评语之珠，都是他从外国作家、作品中提炼出来的艺术珠玉，它本身就是富于启示意义的。

鲁迅所译的安特莱夫、阿尔志跋绥夫、爱罗先珂以及日本诸现代作家的作品，都曾经流行过，曾经以各种流派、各种风格、各种主题和思想的作品供我们欣赏和借鉴。这无疑是中国现代小说和现代文学史上非常有益的事情。

郑振铎和钱钟书先生都曾经高度评价过林琴南的翻译的"媒"的作用。郑振铎在《中国文学研究·林琴南先生》中指出："自他之后……才开始了翻译世界的文学作品的风气。中国近二十年译作小说之多，差不多可以说大都是受林先生的感化与影响的。……即创作小说者也十分的受林先生的影响的。"这种对于现代文学开始前的林琴南翻译的评价，也完全适用于现代文学建设初期的鲁迅的翻译。鲁迅在创作和理论方面的翻译，不仅在"媒"的作用方面是具有很大影响的，而且在理论的引进上，也对改变文学观念、丰富和发展现代文艺理论，以及这两者对于创作发生直接和间接关系的影响上也都是发挥了很大作用的。鲁迅在这方面的劳绩和贡献，也是卓尔不群的。翻译家鲁迅——这是鲁迅之为文化先驱与大师的重要方面。

思想家、革命家、文学家鲁迅，同时又以出色的翻译家的精神翻译文学创作和理论著作；此外，还以一个纯正而杰出的学者的风貌出现于大学讲坛上，出现于五四运动之后的新学术界。在五四运动及过后这一段时期之内，他的主要的学术工作是《嵇康集》考录、墓志考，特别是《中国小说史略》的讲授与著述，以及《中国小说的历史的变迁》的讲学。鲁迅早就从事《嵇康集》的集录考订工作，这一时期已经进入收尾阶段了。鲁迅曾为此倾注了大量的心血，这也表现了鲁迅治学的严谨、坚韧、细密作风。

鲁迅长期以来就从事中国古代小说资料的收集、整理和研究工作。为此，他广收博采，补遗罅缺，开辟着蹊径，寂寞地、踏实地工作，长久不辍。终于，讲授和写出了《中国小说史略》，打破了中国小说向来无史的缺失，在学术上为一大建树，在学林立下了一座丰碑。他在《中国小说史略》的"序言"中说：

> 中国之小说自来无史；有之，则先见于外国人所作之中国文学史中，而后中国人所作者中亦有之，然其量皆不及全书之什一，故于小说仍不详。

中国之小说自来无史，是因为中国向来轻视小说，以为小说不能登大雅之堂，不能挤入文林。自近代文学兴起之后，人们对于小说的观念发生了变化。五四运动之后，蔡元培、胡适、钱玄同、刘半农以及周作人，也都对中国文学史上的小说作了研究，尤其是胡适，他在这方面研究得很多，取得了成绩，做出了贡献。鲁迅在20年代讲授和撰写中国小说史时，也曾同他通信讨论，切磋琢磨，互相吸收了对方的研究成果。然而，鲁迅对于小说的重视和对于小说史的研究都早于他们，早在1909—1910年间，他就开始了古小说钩沉的收集工作了。但是，在"五四"时期他进一步地深入研究小说史，一方面是自己向来工作的继续，又为了教学工作的需要；另一方面，显然也受到这些当时属于同一战阵的战友的影响和推动，而且在具体的观点和材料上，也曾吸取他们的成果。在这一时期，日本汉学家也对中国古小说进行了研究，并发掘了不少有关的宝贵的、中国缺佚的资料。鲁迅注意日本学界的成果，同他们中的一些人，如盐谷节山（温）教授，鲁迅便得到过他的资料和吸收了他的成果。文学史家鲁迅和同时代的中外学者互相切磋，取得过他们的帮助，受到过他们的影响。但是，鲁迅的小说史研究，却是具有开辟性的、独创性的，在体系上，在史识上，在对史料的收集、整理、运用、分析上，在研究方法上，他都有自己独到的地方，都有自己闳阔深刻的见解。他承前启后，继往开来，取众家之说，汲各家之长，又进行自己的独立研究，贡献了超群的丰硕成果。蔡元培称赞鲁迅"本受清代学者的濡染"，但他又"不为清儒所囿，而又有他方面的发展"。他在《鲁迅先生全集序》中特别指出，鲁迅的"《中国小说史略》，《小说旧闻钞》，《唐宋传奇集》等，已打破清儒轻视小说之习惯"。在《鲁迅和王国维》中，郭沫若拿《中国小说史略》同王国维的《宋元戏曲史》相比，认为它们"毫无疑问，是中国文艺史研究上的双璧。不仅是拓荒的工作，前无古人，而且是权威的成就，一直领导着百万的后学"。著名文学史家、鲁迅的学生与朋友郑振铎则在《中国小说史家的鲁迅》中指出："《中国小说史略》是一部奠基的大著作。从这部大著作出版了后，研究中国古小说的人才能够有确切可据的基础。""近三十年来研究中国古典小说的人很多，但像鲁迅先生那样气吞全牛，一举而奠定了研究的总方向，有了那末伟大而正确的指示的，还不曾有过第二人。"这都是对于学者——文学史家、小说史家的鲁迅的恰当而求实的评价。近年来，更有研究者在"鲁迅与中国古典小说"的总题下，在这方面进行了系统详尽的研究，如许怀中在《鲁迅与中国古典小说》中正确地指出："鲁迅的《中国小说史略》不仅把晚清以来的小说研究推向空前未有的高度，也替以后用新的观点、方法的研究者，开拓了宽广的道路，发展了鲁迅的研究成果。""我们从中看到鲁迅在研究中国小说史、文学史上的不可磨灭的地位。"《中国小说史略》虽属名"史略"，然而作为开创性的、奠基性的中国小说史专著，是相当完备的，对于各个历史时期的小说发展的线索和特点，对于重点发展时期，对于重要的划时期的作品，都有言简意赅的、独到精辟的分析和见解。第一篇《史家对于小说之著录及论述》，第一次将中国从庄子至清代钱曾的史家对于小说的著录和论述作了系统的介绍，给人以一个概貌的了解。第二篇专门论述了中国古小说的渊源：神话和神话演变的传说，对于两者的发展关系，也是开研究的先声。以后，对于汉人小说、六朝之鬼神志怪、唐之传奇文、宋之志怪与传奇文，都作了系统的介绍和论述；特别对于宋之话本、宋元之拟话本，作了深入的研究和论述；还有关于神魔小说（《西游记》《封神传》等）、明之人情小说（《玉娇梨》《平山冷燕》等）、清之人情小说（《红楼梦》）、清之狭邪小说（《品花宝鉴》《花月痕》《海上花列传》等）的划分、定名和研究评议，都是独具识见、功力很深、承前启后的重要论述。特别是对讽刺小说与谴责小说的划分并评其高下得失更是见地高深，对于小说史研究和后学具有指导意义。对于中国古典小说中的几部不朽名著（如《水浒传》《金瓶梅》，特别是《儒林外史》和《红楼梦》）的研究，更有独到之功、独到之见，为后世之圭臬与启示。对于《水浒传》的成书历史，鲁迅作了概略而有见地的史的叙述，指出宋江等"啸聚梁山泺时，其势实盛"，"于是自有奇闻异说，生于民间，转辗繁变，以成故事，复经好事者掇拾粉饰，而文籍以出"。他推测这故事在口头流传甚广，有种种版本，繁简不一，或多舛迕，于是后来又有人"荟萃取舍之，缀为巨袠，使较有条理，可观览，是为后来之大部《水浒传》"。"其缀集者，或曰罗贯中（王圻田汝成郎瑛说），或曰施耐庵（胡应麟说），或曰施作罗编（李贽说），或曰施作罗续（金人瑞说）。"

对于《金瓶梅》，鲁迅从社会价值和文学价值上给予了肯定的评价，而破历史之"淫书"说。他指出："作者之于世情，盖诚极洞达，凡所形容，或条畅，或曲折，或刻露而尽相，或幽伏而含讥，或一时并写两面，使之相形，变幻之情，随在显见，同时说部，无以上之"。又指出："故就文辞与意象以观《金瓶梅》，则不外描写世情，尽其情伪，又缘衰世，万事不纲，爰发苦言，每极峻急，然亦时涉隐曲，猥黩者多。""然《金瓶梅》作者能文，故虽间杂猥词，而其他佳处自在"。这些对于《金瓶梅》的评议，妥恰公允，后启来人。

鲁迅对于《儒林外史》一书评价很高，这是独具见地的。他特辟《清之讽刺小说》一篇，以论《儒林外史》，并且侧重其讽刺的功力、意义与价值。鲁迅指出，"寓讥弹于稗史者"，晋唐两朝就有了，至明更盛，尤其是清代的小说中，更是如此。但是，这些作品往往不近情，或"打诨"、或"嫚骂"，"所谓'婉曲'，实非所知"。而《儒林外史》出，乃得大变：

《中国小说史略·第二十三篇 清之讽刺小说》中说：

迨吴敬梓《儒林外史》出，乃秉持公心，指摘时弊，机锋所向，尤在士林；其文又戚而能谐，婉而多讽：于是说部中乃始有足称讽刺之书。

这是首次对于《儒林外史》的讽刺特色和功力做出的恰当评价。与此相对比，鲁迅将清末的《官场现形记》《二十年目睹之怪现状》等定名为谴责小说，以与讽刺之作相区别，并在《中国小说史略·第二十八篇 清末之谴责小说》指出它们的缺点：

虽命意在于匡世，似与讽刺小说同伦，而辞气浮露，笔无藏锋，甚且过甚其辞，以合时人嗜好，则其度量技术之相去亦远矣，故别谓之谴责小说。

对于《红楼梦》，鲁迅十分肯定它的摆脱旧套的本色，指出："全书所写，虽不外悲喜之情，聚散之迹，而人物事故，则摆脱旧套，与在先之人情小说甚不同。"并且，在寓评于述中，描述和评议了《红楼梦》的意境，题旨：

……颓运方至，变故渐多；宝玉在繁华丰厚中，且亦屡与"无常"觌面，先有可卿自经；秦钟夭逝；自又中父妾厌胜之术，几死；继以金钏投井；尤二姐吞金，而所爱之侍儿晴雯又被遣，随殁。悲凉之雾，遍被华林，然呼吸而领会之者，独宝玉而已。

总之，《中国小说史略》论述了中国小说发展渊源、历程及其发展的政治、宗教与经济等背景；论述了受到外部影响和文学形式的内力作用，小说形式交替发展的规律；特别是对于社会风气、对于读者的审美趣味对作家（包括"说话人"）和小说发展的影响作了精辟的、言简意赅的论述[1]。这部著作既是前无古人的、打破了中国无小说史的局面的开辟奠基之作，但又"一面注意吸取、接受前人有益有用的认识成果，另方面也注意扬弃旧的错误的说法，揭示新的情况和观点。《中国小说

---

[1] 郭豫适《鲁迅的〈中国小说史略〉有何巨大贡献?》（载《鲁迅研究百题》）指出："鲁迅对于小说史上的问题，不是进行孤立的观察、研究，而是经常把它们跟一定历史条件下的社会政治背景、思想文化潮流或社会习俗等情况联系起来加以考察。"

史略》里面这种除旧布新的情况，也反映出鲁迅的卓越之处"①。

在《中国小说史略》之后，又有《中国小说的历史的变迁》之作。这是鲁迅于1924年在西安讲学的记录稿。这次讲演距鲁迅在北大讲小说史已有两三年，他对于小说史的见解又有了发展。这个讲演开始时，鲁迅即提出中国在进化的途程中"有两种很特别的现象"："一种是新的来了好久之后而旧的又回复过来，即是反复；一种是新的来了好久之后而旧的并不废去，即是羼杂"。所以进化之慢，令人生"一日三秋"之感。鲁迅指出，这个一般社会现象，在文艺和文艺之一的小说中，"自然也如此"。所以在今天的许多作品里，"唐宋的，甚而至于原始人民的思想手段的糟粕都还在"。鲁迅接着说，他之所讲，将不理会这些至今还受欢迎的糟粕，"而从倒行的杂乱的作品里寻出一条进行的线索来"。就是说，他将排除"反复"和"羼杂"这些糟粕，而抓住进化（虽然很慢）的主流和本质，去探寻中国小说发展的规律。在这个讲演中，鲁迅关于小说概念和起源，比在《中国小说史略》中所论有所发展；对于小说发展的因在分析上与《中国小说史略》也稍有不同；注意文艺发展的特殊规律，批判公式化、概念化倾向这条贯穿线索，讲演中也比在《中国小说史略》中加强了②。

在这个讲演中，鲁迅对于《儒林外史》和《红楼梦》的评价更高了，他对此又作了进一步的阐述。他在《中国小说的历史的变迁·第六讲 清小说之四派及其末流》中称，在清朝《儒林外史》是"有名而几乎是唯一的"讽刺小说，"其书虽是断片的叙述，没有线索，但其变化多而趣味浓，在中国历来作讽刺小说者，再没有比他更好的了。"甚至说："讽刺小说是贵在旨微而语婉的，假如过甚其辞，就失去了文艺上底价值，而它的末流都没有顾到这一点，所以讽刺小说从《儒林外史》而后，就可以谓之绝响。"

对于《红楼梦》，他进一步推崇说：

> 至于说到《红楼梦》的价值，可是在中国底小说中实在是不可多得的。其要点在敢于如实描写，并无讳饰，和从前的小说叙好人

① 郭豫适：《鲁迅的〈中国小说史略〉有何巨大贡献?》，丁锡根执笔，《鲁迅研究百题》，湖南人民出版社，1981，第255页。

② 许怀中：《鲁迅与中国古典小说》，陕西人民出版社，1982，第75-84页。

完全是好，坏人完全是坏的，大不相同，所以其中所叙的人物，都是真的人物。总之自有《红楼梦》出来以后，传统的思想和写法都打破了。——它那文章的旖旎和缠绵，倒是还在其次的事。

学者鲁迅，在"五四"时期，同那些先驱者、那些学界明星们，不仅在同一方向上——在文学史、小说史的重点研究上，进行了共同的开辟的和奠基的工作，而且做出了独创性的、超群出众的贡献，在学林立下了科学的丰碑，为后辈开辟了草莱和路径，立下了治学的楷模。"鲁迅又是一个博学而有独到见解的文学史家。"[1]他"在整理我国文化遗产上，是一面光辉的旗帜"[2]。

我们以后关于小说、小说史以至中国文学史的研究，都是在他创建的基础上进行的，都是在他开创的基础阵地上继续前进；他有关古典小说《西游记》《红楼梦》《儒林外史》等的研究，也成为后世研究的前进基地和重要思想学术资料。

十、发展教育与文化：育人与兴国

在北京时期，鲁迅除写作了大量的小说、散文、散文诗、杂文和学术论著之外，还从事多方面的社会文化工作。我们在这里也一并叙述一下。

1925年夏季的一个晚上，青年作家韦素园、台静农访问鲁迅。他们谈到了李霁野的译作《往星中》的出版问题，说起当时的书店不愿意印行青年的译作，尤其是戏剧和诗歌。青年作者只好叹气、摇头。鲁迅便鼓励他们成立一个文学社，自己来印行作品。这就是未名社。

鲁迅给他们各方面的帮助和扶持，从看稿、改稿、校订，直至印刷、出版、装帧以及代销寄售等事务，他都付出了大量的时间与精力。以后，未名社在军阀压制下，在内部纷争中，波折迭起，鲁迅或营救，或教育引导，付出了无数的心血。

在北京期间，受到鲁迅关怀的不止一个未名社，他扶持过新潮社，

---

① 冯雪峰：《鲁迅的文学道路·鲁迅生平及其思想发展的梗概》，湖南人民出版社，1980，第98页。

② 许怀中：《鲁迅与中国古典小说》，陕西人民出版社，1982，第33页。

以后又创办和领导了莽原社，沉钟社、春光社也都得到过他的关怀。鲁迅培育了这一代文学青年，也就是为中国的新文学扶植了新秀，开拓了新天地。他的工作精神是十分感人的，他在《两地书·六十二》中说："我这几年来，常想给别人出一点力，所以在北京时，拼命地做，忘记吃饭，减少睡眠，吃了药来编辑，校对，作文。"

鲁迅还先后创办了《语丝》《莽原》两个杂志，它们在当时有着广泛的影响。鲁迅创办《莽原》，是为了多培养新的战士，为了开展"社会批评""文明批评"。他时常感叹这个目的不能很好达到。他在给许广平的信中说："《莽原》实在有些穿棉花鞋，但没撒泼文章，真是无法。"

鲁迅还以投稿或帮助组稿等方式，帮助和支持了当时一些倾向进步的报刊，以扩大新文学的阵地，如《时事新报》的《学灯》、《晨报副刊》、《民国日报》的《觉悟》、《京报副刊》、《猛进》、《妇女周刊》，以及上海的《小说月报》、河南开封的《豫报副刊》，等等。

从1920年8月到1926年8月，鲁迅还担任了教学工作，成为青年学生热爱和欢迎的师长。他先后在北京的八所学校兼课，它们是：北京大学、北京师范大学、北京女子师范大学、世界语专门学校、集成国际语言学校、黎明中学、大公中学、中国大学。其中以在北大、北师大、女师大兼课时间最长，影响也最大。鲁迅"用无我的爱，牺牲于后起新人"的精神进行教学。他的课程，不仅本系的学生来听，外系、外校的学生也来旁听，教室里坐满了，门边、过道里也坐着听讲的人。

正当新旧势力斗争形势激烈复杂，青年们思想动荡、寻找出路的几年间，鲁迅活跃在北京几所重要大学的讲坛上，以他的渊博的学识启迪教育青年，教给他们知识，教给他们人生的道理，指引他们走上战斗的道路。他更以自己的战斗，为青年们开辟前进的道路，将青年们吸引和团结在自己的周围，为新文化运动、为反帝反封建的革命斗争冲锋陷阵。他从不以青年的导师自居，然而他是真正的青年的导师；他从不以战士自命，然而他是真正的伟大的战士，扛着战斗的旗帜，走在最前头。

十一、同时代人：战友与身外青春

这里，我们以"五四"时期和五四运动过后几年间的活动为主，记叙一下鲁迅和他的同时代人的交往，从中可以看出，鲁迅并非一个独来独往的天才，而是和他的同时代人一起成长的。他们在时代风云、历史波涛中一同翻飞搏击，互相影响，共同前进。他们之中，有鲁迅的战友，那些五四新文化运动的主将和战士，有鲁迅的学生、青年朋友，那些"五四"暴风雨中年轻的海燕。

"五四"时期，中国思想文化的上空群星灿烂，交相辉映，这一颗颗亮星冲破历史的乌云，放出思想的光芒。其中，第一颗明星，自然要算陈独秀了。是他首创了"五四"的号角《新青年》杂志，并且最早提出了"当以科学与人权并重"，提出中国需改弦更张。以后，中国的思想文化领空才陆续升起明星：李大钊、胡适、钱玄同、刘半农、吴虞、易白沙等。鲁迅是在他们的感召、推动、吸引、影响之下，走上疆场的。他是此时中国思想文化领空迟出的巨星。

第一个唤起鲁迅已经冷却的热情的，当数陈独秀。正是他主编的刊物和他自己的文章，给了鲁迅以新的感觉、新的印象和新的震动。他看见了自己一向重视而又一向被忽视的思想革命被重视了、被提出来了，而且被人在行动中实施着。虽然这时他还没有燃起十分的热情，但是究竟已经亮起眼光，注视着这场要来的新起的风暴了。这不能不说是陈独秀给予鲁迅的影响。他所说的"五四"时期的"先驱者"和他要听其令的"主将"，首先当是指陈独秀。而当鲁迅走上战阵，以小说来战斗，并为文学革命取得了实绩之后，称赞鲁迅的小说创作和鼓励与催促鲁迅创作的，又正是这位主将。这无疑是在实际上肯定了鲁迅的创作的价值，也推动了鲁迅的创作和鲁迅在新文化运动中的积极活动。

钱玄同是第一个招呼鲁迅走出书房的人。《狂人日记》出世是由于他的催生，已见前述。作为语言文字学家，他在"五四"时期激烈地主张不读中国书和根本废除汉字，这未免偏激。但他主张文字改革走拼音化的路，是有功劳的。鲁迅在这方面，多少也受到他的影响。在"五四"前后，鲁迅与钱玄同的通信，至今还留存几封。看那情形，他们是有时见过面又写信，而且鲁迅给钱玄同的信，都独具风格，不同于给别人的信，其特点是幽默、风趣，有时带有调笑的意味，这都说明他们之间的友谊非同一般。显然，作为鲁迅在"五四"时期的亲密战友，钱玄同在鼓动鲁迅投身战斗，以及学术上的相互切磋、政治上的相互鼓舞等方面，都是起了作用的。鲁迅在《且介亭杂文·忆刘半农君》中称刘半农是"《新青年》里的一个战士"，"他活泼、勇敢，很打了几次大仗"。

比如他和钱玄同写了那封影响很大的答王敬轩的双簧信，他创造了第三人称的"她"字和"它"字。这都是他的贡献。鲁迅还赞赏"半农的忠厚"。他说，"要商量袭击敌人的时候，他还是好伙伴，进行之际，心口并不相应，或者暗暗的给你一刀，他是决不会的"。因此鲁迅说："我爱十年前的半农"。

鲁迅与李大钊的结识，在他的一生中，有重大的意义。鲁迅对李大钊的道德学问很为敬重。虽然鲁迅后来在《南腔北调集·〈守常全集〉题记》中回忆说："因为所执的业，彼此不同，在《新青年》时代，我虽以他为站在同一战线上的伙伴，却并未留心他的文章"。但这应是指后来的李大钊的许多宣传马克思主义的理论文章，至于早期在《新青年》上所写的那些呼唤暴风雨的檄文，鲁迅是读过的。否则，他怎能如他自己所说，做到听前驱者的令，与他们步调一致呢？李大钊在《新青年》上发表的第一篇文章是《青春》。在文章中，李大钊提出"青春"的人生观，呼吁青年们"奋其青春再造之力"。他告诫"青年锐进之子"，立于此急剧发展、变化万端的洪流中，"宜有江流不转之精神，屹然独立之气魄，冲荡其潮流，抵拒其势力"！李大钊又提出了"青春中华之创造"的历史使命。为此，他强调"现在"。认为"现在者，吾人青春之青春也"。他号召以"今年今春之今刹那"为起点；为此，他也号召青年们"冲决过去历史之网罗，破陈腐学说之囹圄"，"涤荡历史之积秽"，不要让"历史之桎梏"和"僵尸枯骨"把自己束缚起来。

鲁迅这期间在杂文中所弹奏的曲调，同李大钊发出的革命之声，不仅精神和旋律是一致的，而且用语也有类似之处。"愿中国青年都摆脱冷气，只要向上走"，以及鲁迅关于"青年必胜于老年，现在必胜于将来"的言论，对于"现在的屠杀者"的批判，都是如此。

以后，李大钊领导了一次又一次群众斗争，三一八惨案那天，他主持了有十万多人的群众大会，他登上讲台，捋着血衣，慷慨激昂地号召大家："用'五四'的精神，'五卅'的热血，不分界限地联合起来反对帝国主义的联合进攻，反对军阀的卖国行为。"后来，他率领群众一道在段祺瑞政府门前，经历了一场流血的斗争。鲁迅当时听到了这一切，对李大钊十分钦佩。当陈源在《现代评论》上的《闲话》中，诬蔑"群众领袖""犯了故意引人去死地的嫌疑"时，鲁迅怒不可遏，立即写了《"死地"》给以回击。

鲁迅与胡适也曾经有过一段交往。他们是《新青年》这个战斗集体中的战友。那时，鲁迅对胡适对于《红楼梦》《水浒传》的研究、考证，还是给予了肯定的评价的，他们有书信往来，讨论学术问题。鲁迅给胡适抄寄《西游记》作者的材料，胡适把自己的作品寄给鲁迅看，鲁迅在1922年8月21日致胡适的信中称赞这文章"警辟之至，大快人心"。并说："我很希望早日印成，因为这种历史的提示，胜于许多空理论。"这种学术上的切磋对鲁迅有一定的影响。当然，鲁迅对于胡适的为人，并不赞许。在《且介亭杂文·忆刘半农君》中，他曾拿胡适与陈独秀作对比，说：

> 假如将韬略比作一间仓库罢，独秀先生的是外面竖一面大旗，大书道："内皆武器，来者小心！"但那门却开着的，里面有几枝枪，几把刀，一目了然，用不着提防。适之先生的是紧紧的关着门，门上粘一条小纸条道："内无武器，请勿疑虑。"这自然可以是真的，但有些人——至少是我这样的人——有时总不免要侧着头想一想。

这里，对胡适的城府甚深的形象写得活灵活现。这说的是"五四"时期一起办《新青年》时候的事。

此外，吴虞在《新青年》也很打了几仗，被称为"只手打倒孔家店的老英雄"。还有易白沙、高一涵等人，也都曾经煊赫一时，不过，他们都像彗星一样，迅速地从空中消逝、陨落。

鲁迅的这些同时代人，有的前进了，但也有不少人或落伍，或颓唐，或退隐，或高升，都成了历史的过客。他们曾经一同以各自的光映照过那时的历史，并且彼此交相辉映。鲁迅是在与这些同时代人的相互交往、共同作战或彼此斗争中丰富了自己，并日趋成熟起来的。他不是孤立地、偶然地出现于中华民族的历史上。

周作人是鲁迅的同时代人中最不可忽视的一个。这不仅因为他们是兄弟，而且因为他们从幼年到青年到壮年，从在绍兴共读到南京同学，后来同时留学日本，从一同跟章太炎学习到同办《新生》杂志和共译《域外小说集》，从五四运动中共同战斗到三一八事件中同站在一条阵线。

在五四运动中，周作人也算得上一颗亮星，"周氏兄弟"在"五四"以后的新文坛上并驾齐驱，中外驰名。在某些方面，甚至周作人更负文名，当鲁迅的《狂人日记》发表，揭露了"人吃人"的社会现象，批判了家族制度的弊害和礼教的吃人本质时，周作人也在他所发表的第一篇白话论文《人的文学》中，对"非人的生活"作了否定，并且要求"各尽人力所及，取人事所需"的"人的生活"。在五四新文学运动中，周作人提出了"平民文学"和思想革命的主张，他写作评论世事的杂文，前后有200多篇，数量不可谓不多，在内容上，反封建的火力也不弱。据周作人自己说，鲁迅以"唐俟"作笔名在《新青年》《随感录》专栏发表的杂感中，有几篇是他所写，也"混进"《热风》去了①。但现在已无法分辨。可见他与乃兄的文风当时是颇为一致的。

　　但是，在"五四"过后，在文化革命统一战线破裂之后，他们思想上的差异就显现出来了，裂痕产生了，并且在发展着。此时，鲁迅与周作人同陷于苦闷彷徨之中。但是，鲁迅是"荷戟独彷徨"，他不怕"路漫漫其修远"，还要"上下而求索"。而周作人呢？他在给友人的信中说："我近来的思想动摇与混乱，可谓已至其极矣，托尔斯泰的无我的爱与尼采的超人，共产主义与善种学，耶佛孔老的教训与科学的例证，我都一样的喜欢尊重，却不能调和统一起来，造成一条可行的道路。"他于是捧读佛经，想从中索求"净土及地狱的意义"，后来又喜爱蔼理斯的中庸哲学和循回观念，他也真的被称为"中国蔼理斯"式的"隐士"了。于是他的思想从漂浮趋向超脱。作为兄弟和战友，他们在道路上已经出现分歧，在表现上也就显出极大的不同了。据《谈虎集·古书可读否的问题》记载，对《京报副刊》关于"青年必读书"的征询，鲁迅的回答是：少看甚至不看中国书，他说，"我看中国书时，总觉得就沉静下去，与实人生离开"，"中国书虽有劝人入世的话，也多是僵尸的乐观"。而周作人的回答却是："我以为古书绝对的可读，只要读的人是'通'的。"当鲁迅勇猛地同复古派、"国粹"派战斗，提出"蔑弃古训，是刻不容缓的"的时候，周作人的调头却正相反，他在《生活之艺术》中说，"建造中国的新文明，也就是复兴几千年前的旧文明"。当鲁迅在《华盖集·题记》中坚定地表示自己不愿进"象牙之塔""艺术之

---

① 鲁迅在"五四"以前有些译著，用周作人的名字发表，他们当时是不分彼此的。周作人说的这种情形可能存在。

宫"，而要在风沙中搏斗时，周作人却在《十字街头的塔》中说，他要造一座"十字街头的塔"，自己躲进去，这样，纵然不在"十字街头久混"，却又可以不"挤在市民中间"，避免"不舒服"和"危险"，他且"坐在角楼上，喝两斤黄酒，望着马路吆喝两声，以出胸中闷气。不高兴时便关上楼窗，临写自己的《九成宫》，多么自由而且写意"。一个是热情的战士，一个是冷漠的隐士，他们就这样分手而决裂了。文如其人，在文风上，他们也大不相同：鲁迅的杂文，由《热风》中杂感的质直、平正、单纯，而转向越来越曲折、跌宕、深邃而冷峻；周作人的文字则转向冲淡、闲适与雍容了。

时代的镜子是这样明亮，历史的裁判是这样无情，他们兄弟的形象是这样泾渭分明。

在北京时期，还有一批青年学生同鲁迅先后建立或亲或疏的关系，他们有的长久地保持师生之谊，有的先密后疏，有的甚至是先亲后"仇"，但不管怎样的情形，他们都是鲁迅的晚一辈的同时代人。他们都曾是鲁迅的"身外的青春"，是推动他前进、给他以力量和希望的源泉，尤其对于坚信进化论，以为"现在必胜于过去，青年必胜于老年"的当时的鲁迅来说，他们对鲁迅所发生的影响，更是值得重视的。我们还应该说，就是那些变蜕的青年给了鲁迅以影响，从反面促使他的思想向前发展。

最早同鲁迅建立关系的要算新潮社的人们了。这个主要由北京大学学生中的文学青年组成的取名含有"文艺复兴"①之意的社团，在五四运动中是一支颇为活跃的力量，它几乎可以说是唯一与《新青年》配合作战的、最早的社团。它出版了《新潮》杂志，并出版发行《新潮文艺丛书》，两者在当时都颇有影响。鲁迅曾经称赞它在培养第一批新文学作家方面，其作用甚至超过《新青年》②，鲁迅的优秀小说作品《明天》就是在《新潮》第二卷第二号上发表的；他所译尼采的《察拉图斯忒拉的序言》及译后附记也发表在该刊第二卷第五号上。鲁迅的第一本小说

① 新潮的英语名为The Renaissance，亦可译为"文艺复兴"。
② 鲁迅在《〈中国新文学大系〉小说二集序》中说："从《新青年》上，此外也没有养成什么小说的作家。较多的倒是在《新潮》上。从一九一九年一月创刊，到次年主干者们出洋留学而消灭的两年中，小说作者就有汪敬熙，罗家伦，杨振声，俞平伯，欧阳予倩和叶绍钧。"

集《呐喊》是由新潮社出版发行的，他的第一部重要学术著作《中国小说史略》也是由该社出版发行的，所译童话剧《桃色的云》亦由该社出版发行。这当然不仅表明了鲁迅对于新潮社的信任与支持，表明了导师对学生与后辈的支持，而且，同时可以说，这也是学生对先生的拥护和支持，青年战士对导师的支持与推动。这应该看作一种在实际上给予的影响。鲁迅后来在《〈中国新文学大系〉小说二集序》中对新潮社在"五四"时期的文学上的贡献，作了较高的评价：

> 然而又有一种共同前进的趋向，是这时的作者们，没有一个以为小说是脱俗的文学，除了为艺术之外，一无所为的。他们每作一篇，都是"有所为"而发，是在用改革社会的器械，——虽然也没有设定终极的目标。

这后来的评价，自然也含着当年的感受。这感受，在当年无疑也会给鲁迅以积极的影响，至少是感受到年轻的同道者的存在、感受到青年的力量，而这便是他的进化论思想的实证，有利于破除不时向他袭来的怀疑与失望的侵扰。这也是新潮文学社团对鲁迅的积极影响。

不过，新潮之潮，很快就退了，《新潮》杂志"从一九一九年一月创刊，到次年主干者们出洋留学而消灭"。新潮社的成员也风流云散，各奔前程。有的固守着文学女神，如叶绍钧、俞平伯等；有的从事学术研究，如顾颉刚、郭绍虞等；有的则成为著名的革命者、共产党人，如高尚德（君宇）；而大多数人成为资产阶级知识分子，少数人如傅斯年、罗家伦则留学而发迹，走上政客歧路了。青年们的这种蜕变分化，对鲁迅的思想也产生了一定的影响。他所说的"同一阵营的人们还是如此变化"，大概也包含着对于新潮社诗人的变化吧。鲁迅后来说到"新潮"的退潮，他在《〈中国新文学大系〉小说二集序》中这样评论说：

> "五四"事件一起，这运动的大营的北京大学负了盛名，但同时也遭了艰险。终于，《新青年》的编辑中枢不得不复归上海，《新潮》群中的健将，则大抵远远的到欧美留学去了，《新潮》这杂志，也以虽有大吹大擂的豫告，却至今还未出版的"名著介绍"收场；留给国内的社员的，是一万部《子民先生言行录》和七千部

《点滴》。创作衰歇了，为人生的文学自然也衰歇了。

这事后的评述，也包含着当年的印象，不仅有对于"为人生的文学衰歇了"的感叹与惋惜，也有对于青年人的浮夸与轻率的不满。鲁迅在1925年5月所写杂文《导师》中，一开首便提出对青年不能一概而论，"有醒着的，有睡着的，有昏着的，有躺着的，有玩着的，此外还多。"这概括，当亦含有对于新潮之分化的感受吧？

鲁迅和浅草社、沉钟社的关系不算密切，然而，这青年文学团体却给了他较深的影响。先是浅草社成员后来又参加了沉钟社，如陈翔鹤、陈炜谟、冯至等，都曾与鲁迅有过一定的直接联系：或长期听鲁迅讲《中国小说史略》，或曾与鲁迅通信并访问鲁迅。《沉钟》发出鸣响，是在1925年8月，这正是鲁迅最后意欲摆脱苦闷、彷徨而尚未摆脱的时期，他在寻找、在谛听，要自己并率领青年同道一同出于"冰谷"，使"冰的火"复燃。正当其时，《沉钟》出世了，鲁迅后来在《〈中国新文学大系〉小说二集序》中这样描述和评论它的出世的风貌与意义：

> 《浅草》季刊改为篇叶较少的《沉钟》周刊了，但锐气并不稍衰，第一期的眉端就引着吉辛（G. Gissing）的坚决的句子——
> "而且我要你们一齐都证实……
> 我要工作啊，一直到我死之一日。"
> 但那时觉醒起来的智识青年的心情，是大抵热烈，然而悲凉的。即使寻到一点光明，"径一周三"，却更分明的看见了周围的无涯际的黑暗。摄取来的异域的营养又是"世纪末"的果汁：王尔德（Oscar Wilde），尼采（Fr. Nietzsche），波特莱尔（Ch. Baudelaire），安特莱夫（L. Andreev）们所安排的。"沉自己的船"还要在绝处求生，此外的许多作品，就往往"春非我春，秋非我秋"，玄发朱颜，却唱着饱经忧患的不欲明言的断肠之曲。

鲁迅最后做出这样的很高的评价：

> 但在事实上，沉钟社却确是中国的最坚韧，最诚实，挣扎得最久的团体。

这日后的描述和评价，也同样响着昔日的感受和歌吟。沉钟的锐气和坚韧、诚实，工作——直到死的一日的精神，都是鲁迅当年的感受和欣慰之处，他爱这些青年文学者，赞赏他们的工作与献身的精神。这难道不正是能够冰释他心中的"暮气"、化为他内心的青春的"身外的青春"气息吗？它的流注，便是最好的影响与推动，使鲁迅增长希望、力量与信心。而如鲁迅所说的"大抵热烈，然而悲凉的"沉钟诗人的心情，不也是于鲁迅有同感焉的吗？而他们的玄发朱颜，却吸取异域的世纪末的"果汁"，唱着饱经忧患的断肠曲，不又是对鲁迅"于我心有戚戚焉"的吗？这心与情的相通，也是对鲁迅的一种慰藉、一种倾诉、一种催动。

事实上鲁迅为他们写了《野草》中的《一觉》。文中记述了"一个并不熟识的青年"（即沉钟社的冯至），默默地送给他一本《浅草》。仅此一举，鲁迅的触动是很深的，他在《野草·一觉》中如此郑重而深情地写道：

> 就在这默默中，使我懂得了许多话。阿，这赠品是多么丰饶呵！可惜那《浅草》不再出版了，似乎只成了《沉钟》的前身。那《沉钟》就在这风沙洉洞中，深深地在人海的底里寂寞地鸣动。

鲁迅以干旱沙漠中的草木为比，说它们吸取深地中的水来造成碧绿的林莽，既为己之"生"，又使疲劳的旅人怡然觉得遇到了暂时息肩之所。他说："这是如何的可以感激，而且可以悲哀的事!?"这感激，这感叹，都为沉钟的努力和亲近而引起。接着，鲁迅引用了《沉钟》的《无题》（代启事）①，然后又深情地写道：

> 是的，青年的魂灵屹立在我眼前，他们已经粗暴了，或者将要粗暴了，然而我爱这些流血和隐痛的魂灵，因为他使我觉得是在人间，是在人间活着。

这是一种新的声音，他看到和感到青年的并不平静，而灵魂粗暴了，含着流血的隐痛了。这是人间，而鲁迅自己便活在这人间。——不

---

① 这"代启事"中说："有人说：我们的社会是一片沙漠。——如果当真是一片沙漠，这虽然荒漠一点也还静肃；虽然寂寞一点也还会使你感觉苍茫。何至于像这样的混沌，这样的阴沉，而且这样的离奇变幻！"

再是荒原、沙漠、寂寥、沉默、麻木、死灭。这"一觉"虽然带着忧伤与苦涩，然而更多的是慰藉与欢欣，是跃动着、活着的，因此，要前进。这是沉钟在风沙瀑洞中、人海寂寞中鸣动所给予鲁迅的。因此鲁迅在《一觉》中写道："我爱这样的魂灵；我愿意在无形无色的鲜血淋漓的粗暴上接吻"。他，这样深情地、感激地喊出："我的可爱的青年们！"

鲁迅与未名社的关系最为密切，未名社是在他一手扶植下成立、发展和成长的[①]。鲁迅在《曹靖华译〈苏联作家七人集〉序》中称赞未名社"也是一个实地劳作，不尚叫嚣的小团体"。未名社中的韦素园、李霁野、台静农、曹靖华等成员，都与鲁迅有较亲密的往来。如果按鲁迅的比喻，青年们是他的"身外的青春"，那么，给他以春天的气息与青春的热烈的，首先该是未名社诸君。鲁迅从他们身上感受到青年人的热情、活泼而又实地劳作的精神。这灌注鲁迅以希望与力量。未名社又"多在外国文学的译述"，尤其是俄国和苏联文学的译述，这工作本身也是鲁迅所提倡和支持的。未名社中人，给鲁迅以最深影响的要数韦素园了。他是"愿意切切实实，点点滴滴地做下去"的未名社的骨干。当然，他是最具有这种"未名精神"的了。而这是鲁迅最赞赏的一种人生态度、工作精神。他的认真，他的似乎沉静，然而激烈的品性，也是鲁迅所喜爱的。而他的默默地工作，支撑着未名社，他那充当一块石材和一撮泥土的精神品德，是甚受鲁迅赞赏的。

鲁迅在《且介亭杂文·忆韦素园君》中说：

> 是的，但素园却并非天才，也非豪杰，当然更不是高楼的尖顶，或名园的美花，然而他是楼下的一块石材，园中的一撮泥土，在中国第一要他多。他不入于观赏者的眼中，只有建筑者和栽植者，决不会将他置之度外。

韦素园的这种精神品德，既为鲁迅所赞赏，也为鲁迅所吸取，在韦素园不幸早逝后，鲁迅那样哀痛、悼念，写了那么深情的纪念文，这本身便体现了他这位学生是曾经怎样影响了先生：给他看见了一种于中国有益的青年的形象和实体，也使他由此而及其他，想到世上并非全都冷

---

① "据李霁野统计，鲁迅日记中关系未名社的记事约七百则，寄未名社成员的长信有三百几十封，互访的次数也不少。"（陈漱渝：《鲁迅北京时期与文艺社团的关系》）

漠、浮泛、轻佻；同时，也把那品德之泉，回注乃师之身。——大师本是不拒细流涓涓而成其伟大的。

当然，我们不应忘记刘和珍。她是文学青年，更是鲁迅的学生群中的佼佼者。鲁迅从他的青年学生群中是吸取了巨大的力量的。而刘和珍更以她的英勇而沉着的献身，给了乃师以多方面的启迪。在《华盖集续编·记念刘和珍君》中，鲁迅称刘和珍（以及杨德群）的死是"一个惊心动魄的伟大"。而且，他从中看出了几重意义：第一，死者的血痕，必然扩大，"至少，也当浸渍了亲族，师友，爱人的心，纵使时光流驶，洗成绯红，也会在微漠的悲哀中永存微笑的和蔼的旧影"。这意义，自然不止于亲人对于亡人的永久的纪念，而且会在这纪念中记着仇和恨、爱与憎，这便是继起者战斗的动因。第二，鲁迅从刘和珍等烈士身上，看见了中国女子能够具有"干练坚决，百折不回"的气概，而在弹雨中，又能互相救助，"虽殒身不恤"。这使他见到了青年身上的无限的力量。而中国的女子，鲁迅向来认为受压迫是最深的。但即使她们"虽遭阴谋秘计，压抑至数千年"，而其勇毅之意气精神仍然没有消亡。那么，这不是证明，我们这个虽遭压抑至千年的整个民族，其精神品德也仍未泯灭吗？"倘要寻求这一次死伤者对于将来的意义，意义就在此罢。"这就是后生而先死的刘和珍，用她的鲜血所浸渍的鲁迅的心。他"依稀看见微茫的希望"；他将以"真的猛士"的伟岸身影，"更奋然而前行"。事实上，他从此之后，发生大变，直面反动军阀统治，与其展开了直接的斗争。这是刘和珍之死给予他的影响，给予他的愤怒和力量！

"一个人的发展取决于和他直接或间接进行交往的其他一切人的发展；……发展不断地进行着，单个人的历史决不能脱离他以前的或同时代的个人的历史，而是由这种历史决定的"[①]。鲁迅的思想、性格和他的创作，在"五四"时期和以后的数年间有了很大的发展，正是这种发

---

① 马克思、恩格斯：《德意志意识形态（节选章）》，中共中央马克思恩格斯列宁斯大林著作编译局编译，人民出版社，2003，第99页。

展，使他足称五四新文化运动的旗手和主将①。而他这种发展又是同当时运动的领导者、先驱者们，是同以先锋英姿出现在运动最前列的觉醒的、进步的青年们的发展分不开的。甚至如马克思所说，是取决于这些直接或间接同他进行交往的人们的。不管这些人后来的发展变化如何，他们在这一时期给予鲁迅的影响是不能忽视的，更不可抹杀。

当然，我们在这里只是择其最重要者而又是概略述说之，远不能反映全部事实，而只是就说明问题的需要举例而言之罢了。在实际生活中，往往是一两个人的一两个言行，甚至是一句话，给某个人的影响至巨、至深、至久远。这中间含着偶然性。这种偶然性之于鲁迅，当然也是存在的。这就有待于进一步的发掘与研究了。

鲁迅之伟大并不在于，也不可能是由于他一出场就成其伟大，而在于他虽然迟出（而这迟出又正反映了他的慎重与求实，他的曾经失望过，如今还要观察），但却接受前驱者的影响和"将令"，同年轻的战友一起，引导他们而又从他们身上吸取精神的力量，从而不断前进、不断

---

① 美国哈雷特·密尔斯在他的《鲁迅：文学与革命——从摩罗到马克思》（载《五四时代的中国现代文学》，美国哈佛大学出版社，1977）中说："这一时期，鲁迅对这第一次文化革命的实际贡献是微小的。"他说："在《新青年》——五四运动的四年间，除了偶尔出席《新青年》编辑会议之外，鲁迅一直没有加入各种激烈的思想争论以及所有联合起来的政治斗争。他写作也很少。所谓的'遵命文学'也是应朋友之邀而作，只包括九个短篇小说、两篇论文、五首短诗、几篇译文，另外还有每周平均不到一页的杂感。那些小说都是一两个晚上就写出的急就篇，其他的作品写的也很快。……尽管他的小说和论文都流传了下来，而同时期影响较大的作品都已经被遗忘，但事实上他当时仍是一个比较不出名的作家。……在那些年里，他弟弟周作人比他更出名。"这种看法是不符合当时的和历史的事实的，自然也是很难令人同意的。这里用来证明鲁迅对五四文化革命贡献微小的，实际是"写得少"、"写得快"和"不出名"这三条理由。而从科学的态度来看，即使三条都是事实，也不成其为理由。这里涉及数量和质量、速度和质量以及知名度和贡献这样三个问题。数量不算多，也是比较而言，绝对数并不算少，但少的质量高，就是贡献大。在作者所定年限里，鲁迅《呐喊》中从《狂人日记》到《阿Q正传》的九篇小说都已经发表了，已经为中国现代文学奠定了坚实的基础，这还是微小的贡献吗？第一本杂文集《热风》也已经写出发表了，以其分量，能说是微小的贡献吗？作者自己也说鲁迅的作品流传下来了，而其他即使多，却被遗忘了。这种历史的筛选、人民的抉择，不是很能说明问题吗？当时影响较大者被遗忘了，当时未必影响大（事实上影响不小）的流传下来了，也是证明了贡献的大小。至于写得快，是不能作为标准来衡量贡献的大小的。知名度亦如此。虚名何能反映实质，鲁迅确乎并未充当实际运动的领袖，但以思想文化革命为特征的五四运动，应以投身于其中的人物在思想上、文化上、文学上的贡献来衡量其贡献，而不能是其他标准。一切都要放在历史的天平上来称量。

提高，而把同辈和晚辈，曾在他前面或同行的人们，一批批地抛在后面了。他无论何时都未停步。而后来，他又要告别北京，实际上也告别了昔日的战友和学生，更向前行了。他将接触一批新的同时代人和青年们，并与他们并肩前行，同样吸取他们的精神营养，再向前进。让我们也再跟随他前行吧。

十二、进到斗争新天地

在三一八惨案中，鲁迅无畏于军阀的镇压，先后写了多篇杂文①，对帝国主义、对军阀统治及其走狗文人进行了猛烈的抨击，无情地撕破了他们的假面，揭露出他们的狰狞面目。

军阀统治张开了捕杀的网。段祺瑞执政府先是密令严拿惩办李大钊等五人，接着又传出通缉名单，"所罗织之罪犯竟有五十人之多"，鲁迅也在其中。但鲁迅"敢于直面惨淡的人生"，他举起了投枪，写出一篇又一篇战斗篇章。他在《可惨与可笑》中，直点段祺瑞之名；揭露他用一根木棍、两支手枪、三瓶煤油作为伪证，诬陷群众"暴动"，并抗议他们对李大钊等人的通缉。接着又怀着极度的悲愤写出了《记念刘和珍君》，纪念为中国而死的青年；写了《大衍发微》，用确凿的材料揭露了章士钊之流通缉48人的黑幕：夺取这些人的饭碗，以饷其亲信。

这期间，他还写了散文诗《一觉》和《淡淡的血痕中》。

他像不久前同章士钊、陈西滢等人短兵相接一样，又同段祺瑞军阀统治进行肉搏。

他的战斗勇敢而坚定，一篇篇杂文是刺向敌阵的投枪和匕首。

他在战斗中是冷静而沉着的，他依旧站在课堂上讲课。他在《莽原》社，在山本医院，在法国医院堆积杂物的室内还写作了一篇又一篇文章：《无花的蔷薇之三》《新的蔷薇》《马上日记》《马上支日记》等杂文；回忆散文《〈二十四孝图〉》《五猖会》，以及《〈痴华鬘〉题记》《〈何典〉题记》《为半农题记〈何典〉后，作》《〈小说旧闻钞〉序言》，还翻译了日本武者小路实笃的论文《论诗》、荷兰望·蔼覃的长篇童话

---

① 这时期围绕三一八惨案写作的杂文计有：《"死地"》、《可惨与可笑》、《记念刘和珍君》、《空谈》、《新的蔷薇》和《淡淡的血痕中》等。

《小约翰》（与齐寿山合译）。

这都是在紧张尖锐的战斗中，在动荡不安的避难生活中所做的！何等高昂的战斗激情，何等高涨的工作热情，何等坚忍卓绝、劳作不息的工作精神！

他已经最后地抖落了彷徨的情绪。当时我国的南方，北伐的枪炮声已经打响了。

鲁迅经过五卅运动、女师大风潮的战斗的锻炼，三一八惨案的血的洗礼，思想起了很大变化。

这种波澜壮阔的反帝反封建的群众斗争，对于一向哀国民之昏睡冷漠的鲁迅，是巨大的鼓舞；对于正在寻找新的依靠力量的鲁迅，是一个强大的引力；对于正在探索革命道路的鲁迅，则是新的有力的推动。他在密切地观察，深入地思考，冷静地总结。

在五卅和三一八两次惨案中，人民的血喷洒街头，更使他认识到火与剑的斗争的必要了。在《华盖集续编·"死地"》中他认识到："世界的进步，当然大抵是从流血得来。"从血的斗争中，他看到了两个营垒的生死对立，统治者与被统治者、压迫者与被压迫者，他们之间水火不相容、冰炭不同炉。"国民"在这里已不成为一个统一体，它划分为两个对立的阶级；"国民性"也不是笼统的存在，它分裂成为两种品性。因此，国民性的改造，将要被两个营垒里的国民之间的血肉搏斗所代替了。思想革命的方案，由社会政治斗争和社会政治改革所充实。他在《华盖集续编·空谈》中说："这回死者的遗给后来的功德，是在撕去了许多东西的人相，露出那出于意料之外的阴毒的心，教给继续战斗者以别种方法的战斗。"

工人、学生、全体人民，起来了，走上了斗争的道路。民族的力量何在？改革依靠的主力是谁？鲁迅的心里，燃起了火，升起了希望，显出了光明。正是新的群众力量的出现与增长，正是中国革命的向前发展，使鲁迅的思想又大步向前迈进。而鲁迅作为伟大的激进民主主义者和思想家、文学家，他的思想的演变本身，他的以新的姿态投入新的战斗，也正是中国革命向前发展的反映和标志。他是一面历史的镜子，是一面伟大的旗帜。

他在《华盖集续编·记谈话》中说：

我们所可以自慰的，想来想去，也还是所谓对于将来的希望。希望是附丽于存在的，有存在，便有希望，有希望，便是光明。如果历史家的话不是诳话，则世界上的事物可还没有因为黑暗而长存的先例。黑暗只能附丽于渐就灭亡的事物，一灭亡，黑暗也就一同灭亡了，它不永久。然而将来是永远要有的，并且总要光明起来；只要不做黑暗的附着物，为光明而灭亡，则我们一定有悠久的将来，而且一定是光明的将来。

这是一首"光明颂"。歌颂了光明，宣布它一定到来；诅咒了黑暗，宣布它一定灭亡。一切迷惘、怀疑、彷徨，都消逝了，都在希望的光明的照射下消退了。他昂起头，走向前方，走向明天。

作为伟大的文学家，他在《华盖集续编·马上日记之二》中还唱出了这样的歌：

革命时代总要有许多文艺家萎黄，有许多文艺家向新的山崩地塌般的大波冲进去，乃仍被吞没，或者受伤。被吞没的消灭了；受伤的生活着，开拓着自己的生活，唱着苦痛和愉悦之歌。待到这些逝去了，于是现出一个较新的新时代，产出更新的文艺来。

鲁迅是带着辛亥革命以来的经验教训，迎着时代的风雨，冲进"新的山崩地塌般的大波"的。

这时，鲁迅同活跃在斗争前线、领导着运动前进的中国共产党人的接近程度增强了。李大钊一直领导着北方党组织，指导当时的政治斗争。他的言论、行动、道德、品格，是很为鲁迅所赞赏和敬佩的。鲁迅所称颂的"真的猛士""这样的战士"的英勇、坚贞的形象中，闪耀着李大钊的身影。在女师大风潮中，女师大学生领袖中，赵世兰、刘亚雄、蒲振声、郑德音等都是共产党员，她们常到鲁迅家中去交谈。

鲁迅这时对马克思主义著作的接触与学习，也不断地向前发展，由一般浏览、接触，进而到有意识地学习，直至注意搜求和结合实际进行学习了。最早，他曾说过，对于他认为是"同一战阵的伙伴"的李大钊的论文，也因为所执的业不同而注意不够。但是，后来由于马克思主义的广泛传播，由于它与中国工人运动的结合而产生了中国共产党，这不能不引起他对于马克思主义的注意。在这时期，他开始购读与马克思主义有关的书，特别是介绍苏联文艺界情况的书，他想要了解那里的情况，改变了以前对其"有些冷淡，甚至怀疑"的态度了。从他所写的《〈苏俄的文艺论战〉前记》中看到，他对苏联当时的政治和文艺状况是颇为熟悉并有自己的见解的。他指出，"用Marxism（马克思主义）于文艺的研究"，是可供读者参考的。这表明，他在探索革命道路和现实的斗争中，逐渐感到马克思主义的明晰透辟的理论的力量在现实斗争中的作用。1924年，在他的购书账中，出现了《近代思想十六讲》《近代文艺十二讲》《文学十二讲》等书，说明他注意研究近代思想与文艺问题。据许广平回忆，这年，他还购买了《马克思主义与法理学》、《托尔斯泰与马克思》、《无产阶级的文化》和《文学的战斗论》等书。他在了解、学习马克思主义对于文艺问题的看法。1925年，他与北大学生、共产党员任国桢①来往密切，鲁迅校阅了他编译的《苏俄的文艺论战》，并写了《前记》，对无产阶级的艺术表示了充分的肯定与积极的赞扬。特别值得注意的是，阶级的观念，不仅存在于他的思想中，而且出现于他的文字中了。这一年，他又购读了《革命与文学》《新俄文学之曙光期》《俄国现代思想及文学》《新俄美术大观》《俄国文学的理想和现实》《社会进化思想讲话》；在1926年离京南下前，又购读了《无产阶级文化论》《无产阶级艺术论》《新俄罗斯手册》《新俄手册》《无产阶级文学的实际》等书。这些著作的阅读，反映了鲁迅从一般地阅读马克思主义著作，进到具体了解、研究新兴无产阶级专政国家里的无产阶级文学艺术的理论及其现状。另外，在鲁迅珍藏的剪报中，还发现有《国民新报副刊》甲刊，上面登载了列宁的《国家与革命》译文的片段。

　　正是马克思主义的真理之光，照亮了他的眼、他的心，帮助他透过血腥的现实、黑暗的社会，看见光明，看见希望，看见前途。

　　1926年8月，他的第二部短篇小说集要由北新书局出版了，他把《呐喊》之后所写的从《祝福》到《离婚》的11篇作品收入集内，并根

---

① 任国桢（1898—1931），原名任鸿锡，辽宁省丹东（原名安东）市人，农民的儿子。1918年考入北京大学文科俄文系后，便成为学生爱国运动的积极分子。1924年，加入中国共产党。1925年受党委派到沈阳工作，任沈阳第一个党支部——奉天党支部的书记，后又受党委派往哈尔滨筹建党组织，开展斗争。曾先后任满洲省委委员、哈尔滨市委书记等职。后又任山东省委书记、北京市委书记。1931年以党中央特派员身份赴太原工作，被叛徒出卖，牺牲于太原市。

据创作这些作品时自己的心境，为其取名"彷徨"，并且说："愿以后不再这模样。"那么，这名字，是对以前一段心境的带有批判意味的总结了；同时，又是带着信心地展望，因此扉页上录了《离骚》中的名句：

> 朝发轫于苍梧兮，夕余至乎县圃；
> 欲少留此灵琐兮，日忽忽其将暮。
> 吾令羲和弭节兮，望崦嵫而勿迫；
> 路漫漫其修远兮，吾将上下而求索。

三闾大夫屈原行吟泽畔，满怀爱国的热情，一腔被逐的愤懑；日行急急，心恐迟暮，不畏路途修远，誓死永远求索。这种心绪情怀，使鲁迅颇有同感，但是，他们又有很大的不同。鲁迅当时虽然还没有完全摆脱旧的思想的羁绊，完全跳出唯心史观的藩篱，但是已经迈开健步，向新的革命迈进、向新的思想天地迈进了。南方的工人、农民的怒吼声，已经传到北方。北伐军已经由珠江而洞庭，直指长江重镇武汉了。《野草·过客》中说："那前面的声音叫我走！"

好像是对黑云沉沉的北京告别，他在临别前不久，在女师大复校周年的纪念会上，这样结束了自己的谈话：

> 将来是永远要有的，并且总要光明起来！

他终于决定离开北京，离开他工作和战斗了14个年头的古城，去到南国的海岛——厦门。

鲁迅离京南下，还因为对于自己的生活有新的考虑和安排。在1926年6月17日致李秉中的信中，他说他计划通过教书"弄几文钱，以助家用，因为靠版税究竟还不够"。同时，他与许广平之间已经超出师生的感情，使他们必须冲破强大的封建礼教和旧势力的包围，寻得爱的权利、生活的幸福。

1926年8月26日，在北京晴朗的秋天的下午，鲁迅登上火车，出发了。他再一次走到自己战斗生活的转折点。他结束了旧的战斗和工作，去迎接新的生活。许广平这时已经从女师大毕业，接受了故乡的广东女子师范学校的聘书，也决定南下。于是，她与鲁迅同行。前来送行的友人和学生有十多人，他们之中有老同学、挚友许寿裳，也有年轻的学生和朋友陶元庆、许钦文、陆晶清、董秋芳等人。

当鲁迅与许广平乘坐的火车隆隆疾驰奔向南方时，北伐军正日夜兼程向北挺进，叶挺独立团攻下了汀泗桥，夺取了北伐的一次有名的大胜利。铁军直逼武汉。

鲁迅迎着北伐的烽火，迎着革命的火炬，奔向祖国的南方。

鲁迅为什么离京南下？除了他已经说到的反动军阀和他们的帮闲们的压迫威胁之外，还有一个重要的原因，就是处理他同许广平的爱情关系问题。这有几重的意义。他们两人决心相爱，并抵御世俗的包围和社会的攻击去创造新的生活，这是早在将近一年前就已定下来了的。后来，许广平毕业了，何去何从？她不能留在北京。这有几个原因。第一，她这时已经是国民党员，而当时的国民党员是同样受到军阀的压迫和搜捕的；第二，由于这一点，她留在北京寻找职业恐非易事，有了职位，工作也不易做；第三，她与鲁迅的共同生活，不可能在北京建立。她的离京，势在必行。这就决定了鲁迅也要离京。而且，那第三个原因，对于他们两人来说是共同的。鲁迅难道能够就在北京，就在家庭、母亲和朱安的旁边，建立一个新家、创造一个安宁的新生活吗？这是绝不可能的。

而且，在他们的亲密关系已经半公开，至少是在一部分亲近的朋友与学生中是都知道了的，这也就必然传入鲁迅的对立面的人们耳中，而因此议论、攻击与谣诼也就不仅会来自后部分人之中，甚至也会来自前一部分人之中，事实也已经如此发生。这在后来的鲁迅与许广平的通信中已经说明了。

再有一个重大的目的就是，他们两人的结合，准备承受社会的沉重的打击，甚至是身败名裂的后果，为此，准备一定时期的生活费用也是重要的。即使无此后顾之忧，仅为了正常的生活，也需要一定的储备。

那么，到何处去呢？许广平是广东人，回故乡，有亲人，可为依托，找工作也更好办一些。而且，身为国民党员的许广平，奔赴当时国共合作的革命策源地广州，也是情理中事。事实上许广平到广州后，到广东省立第一女子师范学校任教，即参加了学校的和社会的政治活动与政治工作，担任训育主任兼舍监，并从事社会政治活动。而鲁迅恰好可以去厦门，因为他的好友林语堂正要去厦门大学任文科学长，且有一番雄心，自然要邀请鲁迅前去了。这也正合鲁迅的需要：他需要清静，"专门讲书"，亦从事著述，这才能实现积钱的目的；他与许广平相约两年为期，开始新的生活，在此期间，为避更多的谣诼攻讦，以及别的考虑，以不在一地为好。而厦门实为一理想之地：同在南方，与广州相距不远。这样，他们两人，就相伴而行，却又分道扬镳，到沪后便分途去厦门与广州了①。

这样，我们看到，鲁迅的南下，并非只是为了躲避迫在眉睫的军阀的迫害，也不是只为了奔赴南方革命的中心地，而是还有着别的多种因素，有着私情。然而这私情，却又是同他的公仇、同他的英勇地投身社会的斗争是分不开的。

---

① 朱正同志在他的《鲁迅传略》（重版本）中，明确提出鲁迅南下"也许还有若干其他的考虑"（第188页），并作了多方面的考证。这里，接受他的说法，并顺着他提供的线索和思路补充了一些材料和线索。

7

❦ 走向鲁迅世界（下）

彭定安文集

彭定安／著

东北大学出版社
·沈阳·

第七章　世界与心灵的震颤

1926年7月（46岁）—1927年9月（47岁）厦门—广州

　　总之：逝去，逝去，一切一切，和光阴一同早逝去，在逝去，要逝去了。

——《坟·写在〈坟〉后面》

　　过去的生命已经死亡。我对于这死亡有大欢喜，因为我借此知道它曾经存活。死亡的生命已经朽腐。我对于这朽腐有大欢喜，因为我借此知道它还非空虚。

——《野草·题辞》

　　地火在地下运行，奔突；熔岩一旦喷出，将烧尽一切野草，以及乔木，于是并且无可朽腐。

——《野草·题辞》

　　鲁迅从北京来到厦门，不久又去广州，后又去上海。这期间，仅仅是一年多一点的时间。但是，岁月也有如河川，有奔腾激荡、一泻千里的区段，也有平缓舒展、流淌无息的时候。当人生之舟漂荡在那奔腾激荡、一泻千里的区段时，是多么丰富多彩，多么跌宕多姿，多么变幻莫测啊。鲁迅在厦门和广州工作、战斗，正是处于这样的时期。这一年里，风云剧变，波涛汹涌，经历了矛盾、斗争、突变和跃进……

　　这里有政治与社会的斗争，有工作上的矛盾、苦恼与抉择的周折，也有生活上的苦闷、艰困与抉择的难处；有思想上的矛盾斗争，也有哀愁和欢欣。总之，这是复杂的一年多，变化急遽而巨大的一年多，也是重大转折的一个关键时期。①

一、平静生活中的跃动

《鲁迅日记》1926年7月28日写道：

> ……收厦门大学薪水四百，旅费百。

人未到，钱先来。这简单的记事，含着重大的意蕴。

从这天开始，鲁迅的南下，已成定局。但他还需要做一番结束工作，做一番事先的安排。这不是一个简单的结束，也不是一个轻松的结束。他的半生事业与战斗，他的创作生涯，他的家庭生活与整个的生活道路，至此都要发生一次大的变化②。他又面临一次重大的转折，像他的一生中已经发生过几次那样；但是这次不同，它的意义非同小可。这次是他"主动出击"的成分大，而且在他的私生活上，也会有一个巨大变化。为了这些，他都必须做一番结束：将旧有的"收拾"起来，把新的"展开"来。

鲁迅决定离开他生活、战斗和工作了十几个年头的北京，告别家人

---

① 有的国外的鲁迅研究者认为，"厦门的一段生活在鲁迅文学思想的发展中并不占据重要地位。尽管鲁迅受到学生们的热烈欢迎，他也很支持他们的文学活动，但他不喜欢那生疏的厦门话和志趣并不相投的同事们。"（哈雷特·密尔斯：《鲁迅：文学与革命——从摩罗到马克思》，载《国外鲁迅研究论集》）这个结论，并不符合实际。鲁迅在厦门期间，虽然只有短短四个多月，但是却经历了思想上重大的变化，他的文学观念和对文学的性质、功用的认识，他的新的战斗思想和生活态度的改变以及这种改变的思想基础，等等，都反映了他的思想起了一个重大的变化，虽不是最后的质变。他的重新开始写作历史小说，也反映了他在创作上的一个新的变化。这些都是与"并不占据重要地位"的结论正相反的，至少是不一致的。当然，鲁迅在厦门期间，矛盾重重，与同事们（那些守旧分子等）志趣确不相投，生活得不愉快，但这并不影响这段生活在他的整个经历中所占有的重要地位。

② 鲁迅何时决定南下？确定时间尚不可考。但这动议，早在1926年6月17日在给学生李秉中的信中就已经透露了。信中说："今年秋天，也许到别的地方去，地方还未定，大约在南边。目的是：一、专门讲书，少问别事……二、弄几文钱，以助家用……家眷不动，自己一人去，期间是少则一年，多则两年。"用语虽不确定，但去向、目的与计划，均言之凿凿，可见是已定之事，考虑较为周密。而此时已能写信告人，又可见做出决定的时间还要早些，那么，该在五六月间；而5月3日鲁迅等人曾为去厦门大学的林语堂饯行。可见去厦门的意向，这时已在考虑之列。

"独自"南下，这原因是很复杂的，可以说，有政治的、经济的、工作的、生活的原因，也有人事的缘故。偏执一端，只说其一，都不是实事求是的。现在，我们可以比较全面地来说明他这个行动了。以上所说诸因，也都并非单项起作用，而是综合发挥功能。所说政治原因，自然是指军阀政权对他的迫害加重，他有过几次"出走避难"，这自然促他考虑离京出走问题。这是我们过去在说及鲁迅之南下时，定为主因甚至是唯一原因的。其实，这是一个主因，但又非单项、唯一之因。鲁迅斯时未尝不可采取"暂避其锋"的对策，躲一阵风，以后仍可安然教书、生活依旧的。但是，这时他与许女士的恋情——所谓师生恋、所谓年龄悬殊、所谓家有发妻，又所谓为人师者，等等，其事其情其"非法""非理"性，以及人们的议论纷纷，都对鲁迅产生压力。这道德之"妨"，又何尝不会转为或被利用为政治之"罪"，或说被掺入政治罪而造成"两罪并罚"，进而被镇压者拿来充口实、做文章？这就是政治原因而混入了生活的原因。也可说，私人的生活事件被羼入了政治事件中。也因此，本可"暂避其锋"因有"生活事件"羼入，而加重，或者如鲁迅形容别的事情时所说，而"加浓加色"，于是必须"三十六计走为上计"了。关于生活的原因，自然还包括他们为了爱情的结合，为了逃离社会的谴责与仇人对手的利用口实，为了躲避爱情的影子（朱安）的遮蔽，而不得不"远走高飞"。至于经济的原因，就是他自己说得很明白的，是要过两年安静生活，积些钱，以安排今后的生活；而且，还包括积了生活费，以防身败名裂后，能够不致饿死的不安感造成的预谋措施的考虑。工作原因，也与此相联系，他想专门教书、研究，这样可以挣安静教书钱，保证工作可靠、生活安定、政治安全，因而可以保证积蓄。这样看来，"综合原因说"殆可成立；但由此也可见，政治原因是重要的，而生活原因则是关键的[①]。

　　这时，还有来自家庭的风波。周作人的日本妻子羽太信子常到母亲面前拨弄是非，造成家庭中更深的裂痕。而且，这家庭纷争，与他同广平的恋情也有关联。这更使鲁迅决心离"家"出走了。

　　本来，鲁迅早已决心饮下那一杯爱情的苦酒，"陪着做一世牺牲，

────────────

① 这种原因的推断分析，倒也不是"无事忙"，或别有用意，或要作翻案文章，而是从中看出，鲁迅当时生活于艰困之中，其心甚苦，其情甚深，其意多方。生活是艰苦的。这与他的心境及后来的生活选择有关。故在此作这一点剖析。

完结了四千年的旧账"，因而想爱而不敢爱。然而，年轻的许广平却发出了抗争之声。她跟那时求解放、争自由的先进青年一样，勇敢地冲破了旧礼教的囚笼，简直可以说是拉着他的先生冲杀出来了。

鲁迅与许广平师生之间，在课堂上的知识授受和通信中的思想感情交流的基础上，又经过女师大事件中的战斗洗礼，特别是在许广平被开除，又遭亲友歧视冷眼拒绝收留的困厄里，鲁迅慨然接受她在自己家里居留避难。于此时此景中，他们终于相恋定情。许广平对此事毫不掩饰，勇敢地写了两篇至情文章，在报刊上公开发表，一以公之于世，一以告白其师。这是对旧礼教的一次勇敢挑战，也是对爱情的一种坦诚的表白。

在《风子是我的爱……》中，许广平以激情之句，记下了他们的"两情绵绵"时：

> 淡漠寡情的风子，时时攀起脸孔呼呼的刮叫起来，是深山的虎声，还是狮吼呢？胆小而抖擞的，个个都躲避开了！穿插在躲避了的空洞洞呼号而无应的是我的爱的风子呀！风子是我的爱，于是，我起始握着风子的手。奇怪，风子同时也报我以轻柔而缓缓的紧握，并且我脉搏的跳荡，也正和风子呼呼的声音相对，于是，它首先向我说："你战胜了！"真的吗？诺大的风子，当我是小孩子的风子，竟至于被我战胜吗！……
>
> 它——风子——既然承认我战胜了！等于做我的俘虏了！即使风子有他自己的伟大，有它自己的地位，藐小的我既然蒙它殷殷握手，不自量也罢！不相当也罢！同类也罢！异类也罢！合法也罢！不合法也罢！这都于我们不相干，于你们无关系，总之，风子是我的爱……呀！风子。

几个"也罢！"写得何等坦率、何等真诚、何等勇敢，这一切自然都来自那内心深处的真挚的爱。

在《鲁迅研究动态》1985年第一期的《同行者》中，许广平又写道：

> 沐浴游泳于爱之波的人们，不知道什么是利害，是非，善恶，只一心一意地向着爱的方面奔驰。从浅的比方一句罢，有似灯蛾赴

火，就是归宿到"死"字上。这死，是甜蜜的，值得歌颂的，此外还有什么问题呢！

这又是何等勇敢与坚决。她已经不惜牺牲一切，直至为爱而牺牲。这种挚情真心，不仅温暖了鲁迅的心，而且灼热地燃起了他的生活的热情，增添了他的战斗的和工作的热忱。他改变了"不能活得多久"的灰冷心绪，冲出了寂寞、孤独的藩篱，决心去谋求、创造新的爱的生活和生活的爱。他简直有点又一次"走异路，逃异地，去寻找别样的人们"的气势，要去到新的地方，做新的工作和开辟新的生活了。

于是，鲁迅与许广平决定结伴南行。这是一个勇敢的决断，一个不妥协的挑战。这是鲁迅自身与封建礼教、与传统习俗、与世俗羁绊的一次短兵相接的战斗。在这次战斗中，鲁迅胜利了。从此，他增加了勇气，增加了力量。应该说，他的学生，这时已经是他的战友的许广平，给了他积极的影响，给了他勇气与力量。这次战斗之后，他的生活改变了。这种改变，也使他在心境上起了很大变化。

8月26日，鲁迅与许广平结伴登上了南去的列车。到车站送行者的行列中有：鲁迅的老友、许广平的老校长许寿裳，鲁迅的得意门生与青年朋友许钦文、陶元庆、董秋芳、荆有麟、高歌、向培良，鲁迅的学生、许广平的同学吕云章、陆晶清、许羡苏、石评梅等十多人。这是一个不小的送行队伍，几方面的代表人物都有。然而很明显地，老友仅有一位一向"无条件支持"鲁迅的许寿裳，鲁迅曾对他在自己的恋情上的理解甚为感动，那些教育界、学术界、文学界的学者、教授、名人中的朋友们呢？皆裹足不前了吧?! 家庭亲人呢？未见来送。所多的，是年轻的学生、弟子、朋友。其中不乏在文学与艺术创作上崭露头角者，如许钦文、董秋芳、陶元庆、陆晶清、石评梅等。这不是说，支持他、理解他、给他以勇气和力量的，更多的是年轻人吗？这也许正是他要离京南下的因素之一：那些名人、学者中的朋友与非朋友，理解和谅解者，不很多，所以压力颇大。

30日，他们到达上海。情况与北京不同。他受到上海文学界、文化界朋友们的热烈欢迎，或访、或"招饮"。他们之中有沈雁冰（茅盾）、胡愈之、郑振铎、朱自清、刘大白、夏丏尊、叶圣陶、陈望道、孙福熙、王伯祥、周予同、章雪村、刘薰宇等著名作家、艺术家和教育界、出版界的学者名流。这是一个颇为壮观的欢迎者队伍。他们较之北京的"五四"时期的健将、鲁迅的同辈人来，是较为年轻的一辈，但他们是新起的文学生力军中的佼佼者，是新一代的文坛新秀、中坚。他们的来迎，表现了鲁迅在文坛的地位和受崇仰的地位；同时，也表明，他与许广平的同行和这种同行所意味着的全部意义，是得到这些朋友和他们所代表的文学新生力量的认同和支持的。

鲁迅于此一定是颇有感受的。——这是否与他以后决定定居上海有直接的、间接的因缘？

9月1日深夜11时，鲁迅登上了"新宁号"轮船。第二天早晨7点，鲁迅便乘船迎着海上朝霞，向南进发了。

第二天，许广平也登上"广大号"驶向南国。但他们是分途前进了：一个去厦门，一个往广州。他们相约相会重逢结合在一年后。

生活将如何"安排"他们的明天呢？

海上的风浪，天上的明月，预示着什么呢?！

二、海岛上的苦闷

1926年9月4日，鲁迅踏上了祖国的南疆海岛——厦门。它当时尚未建市，被称为思明县。与它隔海相望的，是鼓浪屿，那时称为"万国公地"，是一块主权在外人手中的租借地。厦门大学的校舍就建在海边；对面是鼓浪屿，后面是佛教圣地南普陀。鲁迅从小生长在山清水秀的江南水乡，以后又在风沙飞舞的北京居住十几年，之后又来到海边，那浩瀚辽阔，非绍兴可比；那湿润清爽，乃北京所无。他有时到海边散步，在沙滩上走过，拣回许多贝壳；有时在楼上倚栏远眺，海天辽阔，气象万千。最使鲁迅留恋、感动的是郑成功的抗清遗址。离鲁迅所住的"生物馆"不远，有一段灰色城墙，那是郑成功建造的，还有几尊钢炮，是郑成功当年战斗的遗物，但已掩埋在乱草丛中。还有炮台、城关，在远处雄峙屹立。鲁迅游览之后说："好几天，忘却不掉郑成功的遗迹。"

这里的花果树木，比之江浙，更加郁郁葱葱。鲁迅尤其喜爱的是一种北方见不到的植物——龙舌兰。它高大，遒劲，青翠挺拔，在田野山岗上一丛丛偎集屹立，给人一种坚贞不屈的感觉。

学校的校舍主要有两排：一排五座洋楼，就建在郑成功的演武场边；另一排也是五座洋楼，建在南边海滨的小山岗上。鲁迅初到时就住在这一排的生物馆三楼的国学院陈列室。鲁迅称赞这里"眺望风景，极为合宜"。

鲁迅南来，想要安静地教书，做学问，休养生息，打算以两年为期，然后重新战斗。同时，也想积蓄一些钱，将生活安排一下。他在《两地书·一〇二》说："我来厦门，虽是为了暂避军阀官僚'正人君子'们的迫害。然而小半也在休息几时，及有些准备。"

看来，厦门是一个比较合适的地方了。

而且，当地的青年人和社会文化界的欢迎之情，像那南国的繁花一样热烈红火。在厦大除了过去认识的教授如陈定谟等人之外，外间来访的还有集美冢学校的校长、教师，《厦门日报》的记者编辑，以及其他社会知名人士。他们都颇为热情。特别热情的是那些青年学生。有一批因为鲁迅来了而转学到厦大的学生，他们来自北京大学、河南中原大学、山东青岛大学、南京金陵大学以及上海南洋大学，真是四方学子，慕名而至。这些青年人的热情与敬重，使鲁迅深深地感动。当地进步学生也热烈欢迎鲁迅的到来，并且怀着热切的希望。学生罗扬才、陈梦韶等都前来探望、访问，在《两地书·五〇》中，鲁迅欣喜地对在广州的许广平说，"此地之学生似尚佳"，"对我之感情似亦好"。他再次从青年身上获得力量："我自省自己之懒惰，殊为内愧。"

更使鲁迅兴奋的是：北伐军节节胜利，厦门也弥漫着欢欣的热烈气氛，不像北京那样沉闷。

辛亥革命纪念日这一天，学校里举行庆祝会，升国旗，呼口号，演说，放鞭炮，开运动会；街上也很热闹，《两地书·五三》中说，"商民都自动地挂旗结彩庆贺，不像北京那样，听警察吩咐之后，才挂出一张污秽的五色旗来"。鲁迅觉得"此地的人民的思想……并不怎样老旧"。他甚至觉得，原来厌听了的鞭炮声，也变得好听了。

这说明，他的心情好得多了。

然而，过了些时候，当他深入地看了一看之后，便发现了厦门的另一面。这个鸦片战争之后便被辟为"通商口岸"的地方，欧风美雨迅猛地刮了进来，洋房别墅、酒吧菜馆布满街市，时髦的东西不少。洋人把他们的物质文明带进来为他们的享乐服务。然而，在精神文明上，他们却乐于保留东方的旧传统。五四运动已经过去六七个年头了，然而这里的报纸、刊物，还是用文言文，近处买不到一种北京或上海的新的出版物。一出街市，甚至就在大生里、蜂巢处一带的居民区，以至厦门大学附近，野草丛生，荒冢累累，到处有野狗奔跑，荒凉混和着寂寞。

有一天，鲁迅漫步在校园中，凭吊郑成功当年筑下的城墙的遗址，心中悲喜交集。他想到，除了隔海的台湾，这厦门，就是最后被清朝灭亡的地方了。为了反抗清朝统治者的残暴行为，人民在这里进行了最后的抵抗，以后，当这块小岛陷落之后，便是几百年的清王朝的血腥统治。可是现在，这城墙寂寞地躺在草丛里，墙脚也已经被人破坏了。鲁迅听说，那是有人挖沙子运到鼓浪屿去出卖造成的。那海面上，不远处，有许多小船，吃水都很深，正向鼓浪屿驶去，那大概就是卖沙的同胞吧。

10月10日这天，当鲁迅高兴地见到人们欢欣庆祝辛亥革命胜利之后，又参加了厦大国学研究院的成立会。会上，他听见了校长林文庆的高论。林在演讲中大放厥词："常想中国数千年来固有的文字，竟衰替一至于此，真令人痛心切齿！其后陈嘉庚先生请本人来做本校校长，本人来校之后，对于国学，提倡不遗余力。这次特组织国学研究院，聘请国内名人，从事研究，目前在于保存国故，发扬文化，使它不致衰替丧堕。"以后，一桩接着一桩的事发生了：林文庆大讲尊孔读经，在校刊上发表"恭祝圣诞"的演说词，大讲孔孟之道是"千古不更的学说"，《厦门大学周刊》把鲁迅演说中关于"少读中国书"的反国粹主义的部分删去；学生指导长在"恳亲会"上发表谬论说，校长如"家长父亲"，教员、学生好比"年长的大哥"和"年幼的弟妹"，教授在古物展览会上，把自己拍的照片，什么"牡丹花""夜的北京""北京的刮风""苇子"……也拿来展出。太虚和尚①来讲经，佛化青年会竟打算让童子军捧花，跟在后面，边走边撒，以示"步步生莲花"之意……接着，"现代评论"派的人们纷纷来到厦大。沉闷的空气，像海上浓重的晨雾一样，一层一层地笼罩着厦门。

对于厦门大学，他得出了这么一个结论："硬将一排洋房，摆在荒

---

① 太虚和尚即太虚法师——当时任中国佛教总会会长，世界佛教联合会会长，厦门南普陀寺主持，闽南佛学院院长。1926年10月中旬，太虚法师自美国讲佛学取道南洋回国，顺便来游厦门。

岛的海边上。"

在《两地书·六○》中，他发出了这样的慨叹：

> 我以北京为污浊，乃至厦门，现在想来，可谓妄想，大沟不干净，小沟就干净么？

苦闷产生了，不满也产生了，矛盾和斗争也随之而来。这是一个久安之地吗？显然不是。然而暂留之所呢？一年、两年为期又如何？鲁迅的心头对此也发生动摇了。安心做点学问吗？看来也不可能。理想和计划，都有在现实的墙上碰碎的可能。他可以说是一到厦门，就苦恼随之了。

然而，他自然不能安于这种生活。不过，稍可慰藉的是学生和青年朋友的热情。

三、教授生涯：静与动

鲁迅真正作为一个"单纯"的教授而不兼任其他工作，实际上只有在厦门的这几个月；在北京时，他执教于数所大学，然而一直兼任（实际是主要职业）教育部的佥事，而到广州后，他又兼任中山大学的教务长。终其一生，他只在厦门这几个月中，"静静地"当他的教授。然而，他并没有如愿只躲在海岛上教书、编讲义、研究学问；生活仍然是静中有动，或者说静在其外动在其中，无论是生活还是心境，都是如此。听课的人很踊跃，不仅国学系的全部学生去听鲁迅讲中国文学史，而且英文系、教育系的学生，以后连商科、法科、理科的学生也有来听讲的了。教室里座无虚席，有的学生只能靠墙站着听讲。听中国小说史略课程的，更为踊跃，不但有校内的学生，而且助教和校外的记者也有常来听讲的。"鲁迅先生讲《中国小说史略》时，也如讲《中国文学史略》一样，态度很从容，如平常谈话"，"学生听了上一课，巴不得马上再听下一课"。"他所讲的，并不仅限于讲义上所写的。他每每拿文学史上某一时代的代表作品，或代表人物，来作为研究讨论的中心；然后围绕着这个中心题目，旁稽博引，详加分析、批判。他的从容的讲学态度，他的娓娓动听的言辞，常能够吸引听讲的人，使他们乐而不倦。"①
这平实的记述，反映了鲁迅那朴实的然而很有吸引力的课堂。

"声韵文字训诂研究"也是鲁迅研究有素且有独到见解的学科。可惜因为这项知识太专业，没有人选修，终于没有开课。

他一边讲课，一边编写《中国文学史略》的讲义。由于文学史的范围比小说史宽广得多，而厦大的藏书有限，因此鲁迅感到"颇费事""编起来不方便"，但他却不愿草率从事，想认真编成一本较好的文学史。他以丰富的资料、精湛的研究、独到的识见，用了大约3个月的时间，编写了10章《中国文学史略》，油印发给学生了。②

鲁迅除教两门课外，还兼国学院研究教授。他本来准备在这两年里，除教书外，还把原先已经集成的《汉画像考》和《古小说钩沉》两部著作，再加考核整理，付印出版。这两部学术著作，内容深厚丰富，但当时一般书店无力出版，鲁迅希望学校能够出资付印。林文庆校长口口声声重视国学，催逼教师拿出成果，并且说只要你们有稿子拿来，立刻可以印。但是，当鲁迅把《汉画像考》拿去时，只放了十分钟就拿回来了，而且从此再没有下文。《古小说钩沉》也就不能再拿去了。

虽然他当时是专职教课和从事学术研究，并且有静一静、休养生息的想法，但是，在这个平静的、沉闷的小岛上，仍然显出了他的革命战士和青年导师的风貌。

讲演，是鲁迅教育青年、引导青年和进行战斗的一个重要方面。

在到校后一个多月的一天，鲁迅在校内作了一次讲演。

学生们欢快地涌进礼堂听讲。他讲的题目是："少读中国书，做好事之徒"。他说：

> 我在北京，看到有些人主张读经，提倡复古，及到厦门，还是这样。这使我想到，与其多读中国书，不如少读中国书好。

> 世人对于好事之徒，每致不满，以为好事二字，一若有遇事生风之意。其实不然。我以为今日之中国，却欲好事之徒之多。盖凡社会一切事物，惟其有好事之人，而后可以推陈出新，日渐发

达。①

他鼓励青年们，即使不做"很大的好事者"，"只是小小的好事，则不妨试一下"，至少是要对好事之徒不"随俗加以笑骂"，"更不要加以讥笑轻蔑"。

他的讲演，得到全体学生的热烈欢迎。

11月，集美学校②请鲁迅去讲演。头天晚上，集美学校的秘书来邀请鲁迅，他说："校长的意思是以为学生应该专门埋头读书。"

鲁迅连忙说："那么我却以为也应该留心世事，和校长的尊意正相反，不如不去的好罢。"

秘书说："不妨，也可以说说。"

第二天，鲁迅同林语堂一起乘船渡海，来到集美。校长叶渊首先在科学馆设午宴招待。鲁迅"一面吃，一面愁。心里想，先给我演说就好了，听得讨厌，就可以不请我吃饭；现在饭已下肚，倘使说话有悖谬之处，适足以加重罪孽，如何是好呢"。

吃完，鲁迅还是讲演了，仍然传达了学生应该留心世事的思想，并且批判了"聪明人"。他说："聪明人不能做事，因为他想来想去，终于什么也做不成。"叶渊在台上坐着直摇头。以后，集美学校发生了学潮，他不满地说："集美学校的闹风潮，都是鲁迅的不好，对青年人说话，那里可以说是不必想来想去的呢。"

12月，鲁迅又到厦大学生会所创办的平民学校讲演。在这个讲演中，他面对学校工友的子女、贫苦的失学青年，发出了新的声音：

> 你们都是工人、农民的子女，你们因为贫穷，所以失学，所以须到这样的学校来读书。但是你们穷的是金钱，而不是聪明与智慧。你们贫民的子弟，一样是聪明的，你们贫民的子女一样是有智慧的。你们能够下决心，你们能够奋斗，一定会成功，一定有前途。没有什么人有这样的权力，能够叫你们永远被奴役；也没有什

---

① 载《厦大周刊》第160期，引自《鲁迅在厦门》。

② 集美原来是南安县的一个海滨渔村，与厦门岛遥遥相望，是著名爱国华侨陈嘉庚的家乡。1913年，陈嘉庚在这里创办了集美学校，设小学、师范、中学、水产、航海、农林、商业等学校。素有学校村之称。

么命运会这样注定，要你们一辈子做穷人。①

这次讲演表现了他进一步贴近劳动人民，并且对劳动人民的力量与前途充满信心。

厦大文科因为鲁迅的到来而有了生气。文学青年们也围绕着鲁迅，要在沉闷的厦门掀起一点波涛。这里本有几个文学社团和文学刊物：苢吟社办了一个《文学周刊》，美术研究会办了一个《美术周刊》，还有一个基督教青年会主办的《青年之桴》。但是，它们都守旧得很，发表一些文言文、旧体诗，充满灰色。当他们来邀请鲁迅写稿时，他幽默地回答说：

"耶稣基督是外国人，他看不懂我的文章。"

但是，对于进步的文学青年，他是热情支持和爱护的。虽然这期间，由于高长虹的恶劣表现和莽原社的内部纷争等事情发生，鲁迅感到愤懑，但是他并不因为遇见过几个坏人，就把"别人都作坏人看"。因此，当泱泱社和鼓浪社（都是鲁迅来后成立的）的青年们来请鲁迅指导时，他立即给予热情的关怀。泱泱社的俞念远、崔真吾、谢玉生、王方仁等，经常到鲁迅住处请教。他们创办了文学周刊《波艇》，鲁迅为他们审阅稿件。在《两地书·八三》中，他说有些稿件的内容不很健康，"或则受创造社影响，过于颓唐，或则像狂飙社嘴脸，大言无实"，但他给以耐心的指导。俞荻在《回忆鲁迅先生在厦门大学》中描述道，鲁迅对一个文学青年说："你的这一篇，倒像一首抒情诗，只可惜带点学生腔！但是，你现在也只能如此。不过，以后还得多多阅读各种名著，好扩大你的眼界；对社会生活也要多观察，这样你的题材也不会太狭窄了！"他把自己的新作《厦门通讯》在《波艇》创刊号上发表，以支持这个刊物的成长。同时，在鲁迅帮助下，鼓浪社编辑了《鼓浪周刊》，在当地的《民钟日报》上发刊，并另印二千份单册发行，受到了读者的欢迎。

厦门的文艺界和思想界，在这两个文学社团和他们办的刊物的影响下，鼓起了波浪，显出生气了。

文学青年、厦大学生陈梦韶把《红楼梦》改编为剧本《绛洞花主》，拿去给鲁迅审阅并作序言，鲁迅在百忙中为他看稿，并写了《〈绛

---

① 陈梦韶：《鲁迅在厦门》，作家出版社，1954，第12页。

洞花主〉小引》。

作为学者、战士和青年的导师，他毫不吝惜自己的时间与生命，把血汗洒在南国的文艺荒地上，把种子播在青年们的心田里。

四、饱含生活露珠的落英
——《朝花夕拾》①里的往昔

在厦门，不仅环境是安静的，鲁迅的生活也比较安静，虽然心灵是不甚安宁的。做杂文的刺激是减少了，做学问的心情在加浓，他正写着《中国文学史略》，还写了《〈嵇康集〉考》《关于〈三藏取经记〉等》等，就连收在杂文集中的《〈阿Q正传〉的成因》，总结自己的创作经验，诉说自己的创作心境以及分析自己创造的艺术典型，也带着学术意味。他在11月7日作的《厦门通信（二）》中说到北京已经结冰，而厦门却开着秋葵似的黄花，而且还有未开的蓓蕾，不知道什么时候能开完。于是而感到"现在可又有些怕上天堂了"。因为，"四时皆春，一年到头请你看桃花，你想够多么乏味？""然而荷叶却早枯了，小草也有点萎黄"了。他说："这些现象，我先前总以为是所谓'严霜'之故，于是有时候对于那'廪秋'不免口出怨言，加以攻击。然而这里却没有霜，也没有雪，凡萎黄的都是'寿终正寝'，怪不得别个。呜呼，牢骚材料既被减少，则又有何话之可说哉！"于是，他说：

现在是连无从发牢骚的牢骚，也都发完了。

其实，这段颇有点"闲情逸致"而又文笔优美的文字，正是一种"无从发牢骚的牢骚"。而这种牢骚之发出，正表明了他的心情和期望：稍觉平静，而又不甘于平静。因为他才走出严霜已下而且结了冰的军阀淫威统治下的北京，战斗的意绪犹存，而他的改变了的心境，也隐隐然要求一种新的战斗。正是在这种"无聊"的情况下，就像当年在北京躲在医院和木匠房里一样，心不得不沉静下来了，而记忆的"蚕"却抬头了，吐出了往事的丝缕。他就这样又开始了《旧事重提》的写作。9月

① 《朝花夕拾》写于1926年2—11月，初版于1928年9月列入未名社的《未名新集》并出版。

18日，即他抵达厦门才过两周，他便写了第一篇回忆散文《从百草园到三味书屋》，他牵引着自己的回忆之丝，也牵引着读者，进入他的记忆，进入他的童年和那童年的寂寞与欢欣、悲哀与痛苦，描绘了那封建教育制度的狰恶面目。紧接着，他又写了《父亲的病》和《琐记》（10月7、8两日，一天一篇），4天后又作《藤野先生》。这一幕幕生活的往事旧情，从少年到青年，从国内到国外，展现在我们面前。鲁迅站在今天的高度，回顾昨天，他的心是沉静的，又是热烈的。文章中，不时有激越的语言和着激荡的感情喷薄而出。

1926年11月18日，鲁迅写完了《范爱农》一文。至此，《旧事重提》10篇回忆文字全部写完，历时9个月。

10篇回忆散文，最初发表时以《旧事重提》为总题。旧事冲破记忆的闸门，流到笔尖，记在纸上，是在混乱而紧张或安静而芜杂的情况下进行的。因为那时不能够从事别的工作和斗争。

在这本书的《小引》中，鲁迅说得很清楚："这十篇就是从记忆中抄出来的，与实际容或有些不同，然而我现在只记得是这样。文体大概很杂乱，因为是或作或辍，经了九个月之多。环境也不一：前两篇写于北京寓所的东壁下；中三篇是流离中所作，地方是医院和木匠房；后五篇却在厦门大学的图书馆的楼上，已经是被学者们挤出集团之后了。""……陆续载在《莽原》上的《旧事重提》，我还替他改了一个名称：《朝花夕拾》。带露折花，色香自然要好得多，但是我不能够。"

虽然是几十年的往事，不是带露折花，但却仍然含着生活的露珠，作者又投以思想的光芒，使落英更显出生机。

10篇回忆散文（另有小引与后记），无论是在思想内容上还是在艺术上，都是"五四"以来散文作品中的上乘之作。它的最突出的特点是：虽然写的都是自身的经历，似却不是写身边琐事、个人哀愁，而是"从一颗露珠看一个世界"，从个人的经历中反映了社会的面貌。19世纪末到20世纪初中国社会的变革，在这10篇连贯性的散文中，从一个侧面得到反映。封建社会向半殖民地半封建社会的蜕变，封建地主家族的没落，封建思想文化的危害，维新运动的兴起和新学的蔓延以及这个运动的失败，封建社会里的人情世态，等等，都生动形象地从这些优美的散文中反映出来了。这正是《朝花夕拾》的思想品格高出当时以及后来的许多散文的地方：它反映了广阔的社会面貌，具有深刻的历史深度。

当然，作为鲁迅的回忆性散文，它反映了一个伟大的文学家、思想家和革命家从幼年到青年时代的家世、早年经历和思想性格的最初萌芽，这本身，在我国现代的思想史、文化史和文学史上，就具有宝贵而深刻的意义。

《朝花夕拾》中的 10 篇散文，都是在"寂静"中产生的。作者刚刚从战火纷飞的战场上下来，不久将再投入战斗去。因此，这 10 篇散文的另一个突出特点是时时闪着匕首的寒光，具有强烈的批判性和战斗性。更多的是结合着所回忆的内容，对封建思想、道德、文化，给予深刻的批判；有时是对于时事的抨击。

10 篇散文的语言，是优美的、流畅的，从第一篇到末一篇，以行云流水般的语言，叙述着往事，虽是客观的记叙，却又饱含着深情，使叙事更具有深意。它们是闪着晶莹光亮的艺术珍品。

在"五四"以来获得甚高成就的散文创作中，《朝花夕拾》是独树一帜的。它的回忆性和叙事性，它的夹叙夹议和思想的深刻，它的结构严谨，都是别的散文难以企及的。

这 10 篇散文也是我国古代丰富的散文遗产的继承与发展。

五、淡淡的哀愁

海滨的夜色分外地浓，四周也分外地静。在沉静中，人们的思想也得以理出一个头绪来了。好像那激荡的浓的溶液，经过搅波翻浪，转辗回旋，逐渐地聚敛、凝集、沉淀，最后形成结晶体。鲁迅在走出北京，来到厦门后，对自己的思想、对自己过去的战斗历程作了一番回顾与总结。事实上，这种思想的凝集工作在走出北京前已经开始了。当他在危急中避入医院时，在那僻静而简陋的杂物房里，他暂得片时的安静，于是，往事悄悄地走来，敲开了记忆的门扉，他开始写作《旧事重提》。这种不能忘却的旧事被重新提起，正预示着作者在酝酿对于过去的总结，在思考前进的途径。来到厦门之后，环境更为安静，可以更好地进行回忆与思考。9 月 18 日，在他刚刚安顿下来不久，除了给许广平写信之外，动笔作文，第一篇就是"旧事重提"之六《从百草园到三味书屋》。以后，回忆的思绪像山泉喷发，不可遏止，他甚至暂时放下正在写作的《中国文学史略》讲义，来写《旧事重提》。10 月 7 日、8 日两天，连续写出《父亲的病》和《琐记》，以后又写了《藤野先生》《范爱农》。除了写作《旧事重提》，他还编辑了论文、杂文集《坟》。这里面，有他在20年前辛亥革命前夕写下的文言论文，有他在"五四"时期写下的论文与杂文，时间跨越20年，思想跨越两个革命年代。他还编辑了杂文集《华盖集续编》，把《华盖集》之后的那些同封建军阀和陈源之流战斗的记录汇集成册，付印出版。他还把《汉画像考》与《古小说钩沉》整理完毕，只等付印了。可以说，各方面都是进行总结式的工作，都在理出一个头绪。

在一个深秋初冬之交的夜晚，四周已经十分寂静，鲁迅坐在灯下，细细地回想已编好的文集——《坟》，想就此把自己的过去作一个结束。他在稿子上写下这样的题目：《写在〈坟〉后面》。

他描写了"今夜周围是这么寂静"的情景，然后写道："但不知怎地忽有淡淡的哀愁来袭击我的心，我似乎有些后悔印行我的杂文了。"

为什么要后悔呢？

> 然而我至今终于不明白我一向是在做什么。比方做土工的罢，做着做着，而不明白是在筑台呢还在掘坑。所知道的是即使是筑台，也无非要将自己从那上面跌下来或者显示老死；倘是掘坑，那就当然不过是埋掉自己。总之：逝去，逝去，一切一切，和光阴一同早逝去，在逝去，要逝去了。——不过如此，但也为我所十分甘愿的。

以这深情的话语，道出了"后悔"的主要原因：他不满意自己过去的生活和工作，"不明白我一向是在做什么"。这个总是严峻的，深刻的，中肯的，当时，他对于民族的复兴、人民的解放，到底要走什么路、依靠什么人、前途是什么，这样一系列的重大问题，自己并不能做出明确的回答。

> 倘说为别人引路，那就更不容易了，因为连我自己还不明白应当怎么走。中国大概很有些青年的"前辈"和"导师"罢，但那不是我，我也不相信他们。我只很确切地知道一个终点，就是：坟。然而这是大家都知道的，无须谁指引。问题是在从此到那的道路。那当然不只一条，我可正不知那一条好，虽然至今有时也还在寻求。在寻求中，我就怕我未熟的果实偏偏毒死了偏爱我的果实的

人，而憎恨我的东西如所谓正人君子也者偏偏都矍铄，所以我说话常不免含胡，中止，心里想：对于偏爱我的读者的赠献，或者最好倒不如是一个"无所有"。

这一番自我剖析，同样是严峻、沉痛而深刻的。这里说明他对自己的怀疑，而这怀疑却预示着他的新跃进。这也说明鲁迅具有伟大的艺术良心和对人民的高度负责精神。因此，他要把"过去"埋葬在"坟"里，要去迎接未来。

六、通向飞跃的坦途

鲁迅在同广州的许广平的通信中，不断以欢欣鼓舞的心情，提到北伐军的进展。从1926年7月北伐战争开始以后，国民革命军在不到半年的时间里就收复了湘、鄂、赣、浙、皖、苏等省，封建军阀吴佩孚、孙传芳的部队纷纷溃退。尤其在鲁迅当时所在的福建省，孙传芳的部队内部分化，北伐军很快收复全国。从北伐战争中，鲁迅进一步看清了"改革最快的还是火与剑"。他看见，拿着枪杆的，是工人农民，他看见工人的罢工浪潮，青年学生的罢课斗争。早在1924年他在《未有天才之前》的演讲中就说过："有一回拿破仑过 Alps 山，说：'我比 Alps 山还要高！'这何等英伟，然而不要忘记他后面跟着许多兵"。鲁迅看出了将帅的力量在于他后面跟着许多士兵，表明了他对群众力量的认识。接着，他又说："在要求天才的产生之前，应该先要求可以使天才生长的民众。"一方面说明他正确地评价了"天才"与"群众"的关系，突破了人民不过是历史的看客或无用的群氓的历史唯心主义的藩篱；另一方面又还留着改造国民性的观点的遗痕：要先把大多数国民改造好了，才能从中产生出天才来。在经历了女师大风潮、三一八事件，特别是五卅运动之后，在北伐战争的胜利声中，他看清了两点：第一，群众与反动统治者是根本对立的；第二，群众是具有力量的。同这两点相关，他对于改革的、进化的前途，有了新的看法。在厦门大学学生会办的平民夜校成立大会的演讲中，他指出平民穷的是金钱，"而不是聪明与智慧"；又指出平民不会"永远被奴役"，"一辈子做穷人"。在《〈争自由的波浪〉小引》中，他更肯定了俄国十月革命的"大改革"，认为"平民总未必会舍命改革以后，倒给上等人安排鱼翅席，是显而易见的，因为上等人从来就没有给他们安排过杂合面"。

在这次讲演和这篇《小引》中，响着新的嘹亮的声音，迸发着新的思想火花。在这里，群众再不是看客、身上带着国民的劣根性，而是具有聪明智慧，能自己起来争取解放；再不是只靠文艺来除去昏庸迷惘，而是用血与火来实行"大改革"；再不是"创造从未有过的第三样时代"这种模糊的向往，而是为"平民的时代"而斗争。这里有着浓烈的阶级斗争和社会革命的火药味。

鲁迅的思想仍然是循着他自己的思想发展轨迹向前进的，他的理论思想的出发点与归宿仍然是"人"。人，在他的思想里，既不是混沌一体的"国民"，也不是必胜于老人的青年，更不是只能哀叹自己不幸的农民，而是为改变自己的不幸命运群起而奋斗的工人、农民了。他所注目的不再是抽象的"国民性"的改造，而是劳动人民怎样摆脱封建制度的束缚，推翻军阀的统治，创造平民的时代。他以前说，先从知识分子做起，群众以后再说，但在《写在〈坟〉后面》中，他却发出了这样的断言：

> 古人说，不读书便成愚人，那自然也不错的。然而世界却正由愚人造成，聪明人决不能支持世界，尤其是中国的聪明人。

他一方面从现实革命斗争中看到了工人、农民的力量；另一方面，又从高长虹的恶劣表现中，进一步加深了原来在北京就已经感觉到的"同是青年也并不都一样"的认识。

循着抓住人这个根本来探索前进道路的思路，循着通过血与火的阶级斗争的途径来实现目的的思路，他愈来愈抖去思想上的尘垢，向历史唯物主义迈进。

鲁迅思想的向前发展，在客观上，是中国革命的发展、工农力量的增长所促进的；在主观上，是他从1925年女师大风潮以来，思想逐步前进的必然趋势与结果。

当然，鲁迅这时的思想仍有不稳定的一面。他说自己收集旧文，"造成一座小小的新坟"，"一面是埋藏，一面也是留恋"。这都说明其思想上还牵着过去的丝缕，那新的因素还只是刚刚萌生。特别是他当时处在海岛的一隅，远离革命斗争的中心和北伐战争的前线，思想的变化和前进更受到一定的局限。

七、在生活的岔路口

在厦门大学的生活，并不使鲁迅感到愉快，在给许广平的信中，他述说了自己的心情：

> 我之愿合同早满者，就是愿意年月过得快，快到民国十七年，可惜到此未及一月，却如过了一年了。……总有些无聊，有些不满足，仿佛缺了什么似的，但我也以转瞬便是半年，一年……聊自排遣……

> 我在这里的心绪，还不能算不安，还可以毋须帮助，你可以给学校做点事再说。①

这封信反映了鲁迅与许广平在爱情与生活上有难言的苦衷。他们一同离开北京，却又在上海分手，一个去厦门，一个奔广州。有两个原因，使他竟要尝这离别的苦酒。一是经济上的考虑；二是社会上的谣言与流言的影响（前者如高长虹的公开辱骂与背后攻击，后者如孙伏园的宣传）。鲁迅在北京时一直举债，直到离京前才还清。为了做好经济上的准备，他们暂时不能结合。由于第二个原因，他们在行动上受到许多牵制，甚至准备遭到身败名裂的打击。在《鲁迅致许广平书简·四四》中，鲁迅谈到想要改变在北京时"不为自己打算，一切听人安排"的生活态度，但又"多所顾忌"。"这些顾忌，大部分自然是为生活，几分也为地位，所谓地位者，就是指我历来的一点小小工作而言，怕因我的行为的剧变而失去力量"。鲁迅处在生活的岔路口：屈服于旧的社会恶俗而牺牲了自己爱的权利呢，还是甘冒大不韪而勇敢地争取它？在这一点上，许广平的真挚的纯洁的爱情不仅给了他以温暖，而且给了他以力量与勇气。在《两地书·七八》中，许广平说："况且你敢说天下就没有一个人是你的永久的同道么？有一个人，你就可以自慰了，可以由一个人而推及二三以至无穷了，那你又何必悲哀呢？"

爱太真挚了，使鲁迅不由得常常产生一个想法："我不太将人当作

---

① 《两地书·四十八》，此处引文据《鲁迅致许广平书简》，词句与修改后的《两地书》中的文字，略有出入。

牺牲么?"

然而, 在《两地书·九二》许广平却回答说:"其实那一个人也并非一定专为别人牺牲, 而且是行其心之所安的, 你何必自己如此呢。"

就这样, 在生活的岔路口上, 许广平紧紧拉着自己敬爱的先生的手, 冲破黑暗, 走向宽阔光明的地方去。

毋庸讳言, 鲁迅在厦门生活得不愉快, 他之所以期望那约定的日期快到, 重要的原因之一是许广平同他分隔两地。爱情的丝缕萦绕着他, 使他欢悦, 然而相思的藤萝又牵惹着他, 使他难得安宁。然而, 那爱情的丝缕又像是捆绑着他, 他必须解脱。

11月15日, 鲁迅更以悲凉苍劲的心情写道: 自己一生不顾自身, 为人利用, 反遭打击, 而一旦失脚, 便有人投井下石。他感叹至深地说:"为我悲哀的大约只有两个, 我的母亲和一个朋友。"他说,"为生存起见", 他"便不问什么事都敢做","但不愿失了我的朋友"。他提出了三条解决问题的路, 然而, 歧路徘徊, 不知如何是好,"实在难于下一决心"。于是,"我也就想写信和我的朋友商量, 给我一条光"。"嘤其鸣矣, 求其友声"。而那位朋友的回信, 是真情的、诚挚的、周到的, 也是大胆的、勇敢的、进取的。确实是用快刀斩断那化为束身的藤萝的爱情细缕, 使它仍旧回归为爱的柔丝, 确实是给了"一条光"。许广平的回答是:

到这时候, 如果我替你想, 或者我是和你疏远的人, 发一套批评, 我将要说:"你的苦了一生, 就是一方为旧社会牺牲。换句话, 即为一个人牺牲了你自己。而这牺牲虽似自愿, 实不啻旧社会留给你的遗产。听说有志气的人是不要遗产的, 所以粤谚有云——好子不受爷田地——而你这份遗产在法 (宗法) 又有监视你必要之势, 而你自身是反对遗产制的, 不过觉得这份遗产如果抛弃了, 就没人打理, 所以甘心做一世农奴, 死守遗产。……更有一层, 你将遗产抛弃了, 也须设法妥善安置, 而失产后另谋生活, 也须苦苦做工, 又怕这项生活遭人排击, 所以更无办法, 而在我想——或者我是和你极生疏的——你第一法就是现在厦大已经觉行不通了。'积几文钱, 将来什么都不做, 苦苦过活', 这苦苦句, 即预防遭人排击。第二法, 是在北京以前做的傻事, 现在当然不提。第三法, 就是将来可否行的疑问。'为生存起见, 便不问什么事都敢做, 但不愿……，这层你也知道危险，于生活无把握。总之，第二是不问生活，专意戕害自身，不必说了。第一三俱想生活，但一是先谋后享，第三是一面谋，一面享。第一知其苦，第三知其险。我们是人，天没有叫我们专吃苦的权力，我们没有必受苦的义务，得一日尽人事求生活，即努力做去。我们是人，天没有硬派我们履险的权力，我们有坦途有正道为什么不走，我们何苦因了旧社会而为一人牺牲几个，或牵连至多数人，我们打破两面委曲忍苦的态度，如果对于那一个人的生活能维持，对于自己的生活比较站得稳不受别人借口攻击，对于另一方，新的局面，两方都不因此牵及生活，累及永久立足点，则等于面面都不因此难题而失了生活，对于遗产抛弃，在旧人或批评不对，但在新的，合理的一方或不能加任何无理批评，即批评也比较易立足。……

至于做新的生活的那一个人，照新的办法行了，在党一方不生问题——即不受党责——在生活一方即能继续，不必因此'将来什么都不做'，而且那么办立时什么都可以做，不必候至民国十七年。但这办法对于家庭——母亲——将有什么影响？应不应该硬做，或有什么更妙方法做去，这都待斟酌。"①

这是一篇真情灼热而又冷静深沉的至文，它解决了鲁迅无限的苦恼和难解的痛苦。解决的不仅是他提出的对于家庭、社会和"另一个人"的解决办法，而且更重要的是，她勇敢、大方、磊落、坦诚而又蔑弃旧规陈习、具有挚情地自己表明了何以自处和对方无须挂怀的解决"我"的问题。许广平以新的女性的新的理想之光，映照自己的先生和她自己，走出了那个荆棘载道、豺狼窥伺的黑胡同，走向幸福与光明。在爱情上，年轻的、勇敢的景宋给了鲁迅以力量。但她所给予的力量，虽自爱情始，又何限于爱呢？

不是由此，也使鲁迅感到冷漠中的温暖、寂寞中的知音、黑暗中的光吗？由此不生出更多方面的力量吗？

在事业上，鲁迅此时，也走在岔路口上。

是专门教书、潜心研究呢，还是专门从事创作？他反复思考，与许

---

① 此处引用的是信的原文。引自《鲁迅景宋通信集·〈两地书〉的原信》，湖南人民出版社，1984，第241-242页。

广平不断讨论这个问题。前一条路，平静、安全，生活优裕而且有保障，于学术上也能有成就，他自信能说出一些别人所见不到的东西；后一条路，充满斗争、艰险，生活不安全而无保障（靠有限的版税、稿费生活）。走哪一条路呢？《两地书·八六》中记载：

> 所以我此后的路还当选择：研究而教书呢，还是仍作游民而创作？倘须兼顾，即两皆没有好成绩。或者研究一两年，将文学史编好，此后教书无须豫备，则有余暇，再从事于创作之类也可以。①

《两地书·六六》中则说，鲁迅一方面这么考虑，同时又想：

> 看外国，兼做教授的文学家，是从来很少有的。我自己想，我如写点东西，也许于中国不无小好处，不写也可惜；但如果使我研究一种关于中国文学的事，大概也可以说出一点别人没有见到的话来，所以放下也似乎可惜。但我想，或者还不如做些有益的文章，至于研究，则于余暇时做……②

而在《两地书·九二》中，许广平则畅叙坦言，多方陈情。

他在事业的选择上，把战斗的需要、社会的需要始终放在前面，放在第一位。研究定能有独到的成果，创作会有益于中国，但他主要的考虑仍在继续做文艺运动，做于目前有益的文章。研究、教书、创作，都放在"余暇时做"。这是鲁迅一生的特点。

这时，厦大的腐朽沉闷空气，使鲁迅越来越难忍受。

校长是尊孔派，办事人员也以势利眼看人。最使鲁迅不满的是，学校并不真在办教育事业。他们视教员为"变戏法者"，逼他们一下子拿出多少研究成果；又像做买卖似的，给了多少钱，就要教员干多少活。但是，当鲁迅拿出了两本真正的研究成果，并且说辑录了十本古小说，要求付印，他们却又没有下文了。国学院要开古物展览，却无人办事，那些画像，鲁迅不得不自己一张一张地挂。只有一个孙伏园帮忙，半路还被人叫走了。

---

① 《鲁迅全集·〈两地书·八六〉》，载《鲁迅全集》第十一卷，人民文学出版社，2005，第233页。

② 《鲁迅全集·〈两地书·六六〉》，载《鲁迅全集》第十一卷，人民文学出版社，2005，第187—188页。

教员真是形形色色，丑态百出，鲁迅说，这里需要的是"学者皮而奴才骨的人"。《两地书·六〇》中说："这学校，就如一部《三国志演义》，你枪我剑，好看煞人。北京的学界在都市中挤轧，这里是在小岛上挤轧，地点虽异，挤轧则同。"在1927年1月12日致翟永坤的信中，鲁迅说："学校是一个秘密世界，外面谁也不明白内情。据我所觉得的，中枢是'钱'，绕着这东西的是争夺，骗取，斗宠，献媚，叩头。没有希望的。"

而且，胡适、陈源之流的门徒，"现代评论"派的人们，也纷纷来到。鲁迅说："从此现代评论色彩，将弥漫厦大。在北京是国文系对抗着的，而这里的国学院却弄了一大批胡适之陈源之流，我觉得毫无希望。"他们蝇营狗苟，攻击鲁迅是"名士派"。

而且，"此地研究系的势力，我看要膨胀起来，当局者的性质，也与此辈相合"。

鲁迅说："我是不与此辈共事的，否则，何必到厦门。"这时，正值广东中山大学改组，特聘鲁迅去当教授。

于是，鲁迅决定离开厦门大学，前往广州。

八、飘然来去狂飙痕

狂飙社，更确切地说是狂飙社的发动者与主干高长虹，曾经像狂飙似的闯入鲁迅的生活，而且，特别的是，还曾插入鲁迅与许广平的爱情生活之中，而高长虹又由此而干出了远超出于爱情之外的事情来。因此，这个飘然来去的狂飙，虽然短暂，却在鲁迅的思想与生活中留下了深刻的刻痕。这一时期，主要的正是在1926年的8月至12月，即鲁迅置身海边厦门之时。因此也就对鲁迅的思想变化产生了重大的影响。这里且让我们岔开笔插叙一段。

鲁迅与狂飙社中人，从1924年开始有了交往①，而且较为密切②。

---

① 总计从1924年到1928年，断断续续地、前后参与了这个运动或与之发生了关联的人有：高长虹、高歌、向培良、尚钺、黄鹏基、柯仲平、高沐鸿、郑效洵以及丁月秋、马彦祥、吴似鸿、沉樱、塞克、张申府、陈德荣等。（据陈漱渝在《鲁迅史实新探·鲁迅与狂飙社》中的统计）

② 据统计，仅在《鲁迅日记》中，关于狂飙社诸人的记载就有260多次，在鲁迅杂文中，涉及该社的也有15篇30多处。

而鲁迅与高长虹的关系更为突出。据《鲁迅日记》记载，自1924年12月10日至1926年8月的1年零8个月的时间里，高长虹就访问了鲁迅74次之多，其中1925年一年内就有63次，可算是来往最多的一年。当初次见面之后，高长虹曾说，第一次见面，鲁迅"精神特别奋发"，对他"态度特别诚恳，言谈特别坦率"①。鲁迅称赞高长虹"很能做文章"，这是他愿意接待和看重高的原因。然而，在《两地书·一七》中，鲁迅指出：他"似是安那其主义者"，"大约因为受了尼采的作品的影响之故罢，常有太晦涩难解之处"。但是，当鲁迅到了厦门之后，高长虹忽然对他发动了攻击。他在自己主编的《狂飙》周刊上，以《走到出版界》为题，发表攻击鲁迅的文章，其中充满恶狠狠的骂詈之言②。然而他一面骂，一面却又用鲁迅来做招牌，为自己做广告，冒称曾与鲁迅合办刊物和丛书，又拿"鲁迅选并画封面"的谎言，为自己的《心的探险》做广告。这是一个自我吹嘘式的尼采式英雄，又要借重名流以窃取声名。特别可恶的是，他竟在《狂飙》周刊上发表《给——》③，自比为太阳，比许广平为月亮，而骂鲁迅为暗夜，"他嫉妒那太阳"。

高长虹此种恶劣行为，深深地刺激了鲁迅，使他出于愤怒，思考了很多问题。据《两地书·七三》记载，鲁迅给许广平写信说：

> 但先前利用过我的人，现在见我偃旗息鼓，遁迹海滨，无从再来利用，就开始攻击了，长虹在《狂飙》第五期上尽力攻击，自称见过我不下百回，知道得很清楚，并捏造许多会话（如我骂郭沫若之类）……

在《两地书·七九》中，鲁迅又说：

① 高长虹：《1926，北京出版界形势指掌图》，转引自陈漱渝《鲁迅史实新探》第110-111页。
② 高长虹《走到出版界》（摘《狂飙》周刊）：
"……他想得到一个'思想界的权威者'的空名便够了！……"
"于是'思想界的权威者'的大广告便在《民报》上登出来了。我看了真觉'瘟臭'痛惋而且呕吐。"
"鲁迅去年不过四十五岁，……如自谓老人，是精神的堕落！""鲁迅遂戴其纸糊的权威者的假冠入于身心交病之状况矣！"
"不再吃人的老人或者还有！救救老人！！"
③《狂飙》第七期。诗中说："我在天涯行走，/太阳是我的朋友，/月儿我交给他了/带她向夜归去。"（转引自李允经：《鲁迅的婚姻与家庭》）

……我之所以愤慨，却并非因为他们使我失望，而在觉得了他先前日日吮血，一看见不能再吮了，便想一棒打杀，还将肉作罐头卖以获利。这回长虹……一面自己加我"假冠"以欺人，一面又因别人所加之"假冠"而骂我，真是轻薄卑劣，不成人样。

这样的青年和他之所为使鲁迅的"青年必胜于老年"的进化论思想又一次、进一步受到了轰击。在《两地书·七九》中，他说：

有青年攻击或讥笑我，我是向来不去还手的，他们还脆弱，还是我比较的禁得起践踏。然而他竟得步进步，骂个不完，好像即使避到棺材里去，也还要戮尸的样子。所以我昨天就决定，无论什么青年，我也不再留情面……我已决定不再彷徨，拳来拳对，刀来刀当……

鲁迅说，他因为"决定对长虹们给一击"而"很冷静了"，"心里也很舒服了"，可见这件事原来对他刺激之深。而这打击，就体现出他不再以年龄来区分人了。鲁迅写了一系列文章来揭露批判高长虹。而且，这时狂飙社中还有几个人的表现也不好，这更使鲁迅加深了对青年取分析态度的思想。此外，还有一些青年，颇有趋炎附势之举。鲁迅在《两地书·七三》中说，在北京时来客不绝，但是，章士钊、段祺瑞的压迫一来，请他选稿作序的取回了稿子，有的落井下石，请他们吃过饭、喝过茶，也成罪状了。所有这些，与高长虹的表现结合起来，引起了鲁迅的深沉的、带着痛苦的思索：这不是某一个人的行为失检，这是一群人的共同表现。同为青年，表现不同。未名社中人，如韦素园等，愿作石材、愿为泥土，是伟大的；与未名社关系密切的狂飙社中人，是自奉为"天才"的人们，奴役人、利用人，然后打杀、煮吃！于是，他决定改变过去的做法，对恶劣青年也要还击了。"拳来拳对，刀来刀当"。这个"战略转变"，反映了鲁迅思想的转变。在《两地书·七九》中，他说对于青年学生"不大敢有希望，我觉得特出者很少，或者竟没有"。但他说，"我做事是还要做的，希望全在未见面的人们"。旧的思想公式"青年必胜于老年"被轰击了，这预示着新的消息。

在爱情面前，鲁迅曾经犹豫、踌躇，甚至自卑，他在《两地书·一一二》中说："我先前偶一想到爱，总立刻自己惭愧，怕不配，因而也不敢爱某一个人"。但是现在，"看清了他们的言行思想的内幕，便使我自信我决不是必须自己贬抑到那么样的人了，我可以爱！"这是出离愤怒之后的新的心情与声音。在这"可以爱"的声音背后，还有"我可以战""我可以前进"的余音和潜词。这是一种反作用的表现。严重地被诬陷、污蔑和攻击，反而增加了自信力和反击的决心。正当此时，鲁迅正为因与许广平的爱情问题和其他有关问题而引起的"对今后如何安排"而踌躇，犹疑难决。但经这一推，他决心下定了："'爆发'，也好，发爆也好，我就这么干，横竖种种谨慎，也还是重重逼迫，好像是负罪无穷。""要推我下来，我即甘心跌下来，我何尝高兴站在台上？我对于名声，地位，什么都不要，只要枭蛇鬼怪够了，对于这样的，我就叫作'朋友'。"

这是生活的辩证法：高长虹的狂飙突袭，倒促进了鲁迅的思想变化，坚定了他的谋求新生活的决心。①鲁迅曾为此痛苦、怨恨、愤怒，然而这种社会病症却又使他从中吸取思想变化的催化剂，怀着希望去追求新的生活，这却又是他的"幸运"了。而这，也是他与他的同时代人的一面：相反者促其成。

九、在龙舌兰环绕的坟前

现在，我们再回到主线上来：鲁迅要离开厦大。"鲁迅先生要走了！"这消息很快传遍了厦大，它像一块巨石投入一池死水，很快引起了波涛。学校起了改革的风潮。先是挽留鲁迅。当后来知道鲁迅之走，是学校的腐败所致，于是改革学校的风潮立时掀起。在群贤楼的布告栏上和走廊的石壁上贴出了大标语：

---

① 彼时，有关方面编辑出版了高长虹的文集，这是必要的、应该的。盖棺论定，应该全面地评价高长虹并反映和肯定他的一生和一生中在中国现代文学史上的地位与工作。高长虹是一个整体，当时又是一个复杂的、活的、年轻的诗人气质的作家，此处所记述，只限于当时的状况，尤其限于他与鲁迅（还有许广平）之间的关系，不是对高的全面描述和评价。当时的这一面的情况确是如此，这是事实、是历史，鲁迅所受的伤害、所遭的打击，特别是他主观上的感受，确实如此。我们自应按历史本来的面貌记叙和评议。至于高以后的变化，对他的全面评价，则是另外的问题。我们不能因此而改变一时一地的具体的真实情况。因为近年多有此种事情发生，本书涉及不少人亦有此种问题，故申述如上。

"打倒刘树杞（时任厦门大学校长），重建新厦大！"

学生们想借鲁迅在校"四个月的魔力"来打破"积四五年之久"而弥漫全校的"惰气"。

同时，有的学生要离去，有二十多人准备转学，同鲁迅一起走。

林文庆恶毒地咒骂鲁迅是"放火者"，说他来厦门不是预备教书，而是为了"捣乱"。"现代评论"派则放谣言，说什么鲁迅要走，是因为"看到别人的家眷接来了，心里不舒服"，是因为"月亮"不在这里……

然而，这种风浪，又何能使鲁迅踟蹰呢？他决计走。他幽默地形容自己这厦门来去是："来时静悄悄，后来大热闹。"

得到鲁迅热情关怀和帮助的学生中的文学青年，对鲁迅的离去依依不舍。泱泱社的青年们来邀请鲁迅去合影留念。青年们簇拥着敬爱的先生，来到了南普陀寺。

一个学生说："在大悲殿前拍个照吧！"

鲁迅微笑着说："大慈大悲么？不，我并不大度。"

他们走向一片山岗。这里，荒冢垒垒，枯草萋萋，龙舌兰挺拔着阔大的尖叶，屹立在石旁墓间。鲁迅坐在中央，微斜着倚在一块墓碑上，其他六位青年分在两边，坐着的，趴着的，斜倚在地上的。他们留下了这样一张"留别"的合影。鲁迅自己，还斜倚在一座水泥坟堆上，让龙舌兰的阔叶环绕着在他的前面，这样照了一张单身像。

这好像是他的这段生活和心境的写照：他把自己的杂文、论文集取名为《坟》，他在《野草》的《过客》和《坟》的《题记》与《写在〈坟〉后面》中，都一再地提到：坟。终点是坟。他也很喜欢龙舌兰。大概是它那挺拔的阔的尖叶，好像剑。的确，在厦门的四个月中，他终于在思想上、在写作上以至在整个生活和道路上，都对自己的过去作了一个了结，让他埋进了"坟"里；他的心则一直没有忘怀战斗，他也没有停止战斗。他的龙舌兰似的文章，仍然一篇篇在报刊上发表。

十、在血泊中思索和奋起

奔向革命策源地

鲁迅决定去广州，许广平在那儿，两情相会是决定性因素之一；但广州是革命策源地，是鲁迅去那儿的重要的社会原因，对鲁迅具有巨大的吸引力。向北挺进扫除军阀势力的国民革命军就从这里出发；震惊世界的省港大罢工，烧红南国海天一角的海陆丰农民运动，也在吸引着他。而且，创造社的郭沫若、成仿吾、郁达夫等，此时也都在这里。《两地书·六九》中载，鲁迅决定和他们联合起来，"造一条战线，更向旧社会进攻"，这是一个重要的想法。

1927年1月15日下午，鲁迅登上了"苏州"轮，前往广州。送行者20多人，有3名学生跟随他转学中大。

他原来打算在厦门工作两年，后来缩短为一年，最后减至半年，而实际上，在这个孤寂的海岛上，他只停留了四个月。

海上的清风明月，海上的碧水绿波，送他走向新的天地，去迎接新的生活。

1927年1月18日，鲁迅到达广州。第二天，搬进了中山大学。他被任命为文学系主任兼教务主任。从此，在广州居住9个月，度过了一生中最重要的时期。

在复杂形势面前

1月25日，在中山大学的礼堂里，聚集了全校学生，举行欢迎鲁迅先生的大会。这是以学生会的名义举行的。鲁迅到校后，校务委员之一的朱家骅①便来邀请鲁迅参加学校的欢迎会，被鲁迅婉言谢绝了。后来，学生会干部、共产党员毕磊、徐文雅又来邀请，也被鲁迅婉谢。而对于学生会举办的这次活动，由于学生一再盛情相邀，鲁迅便同意了。

朱家骅听说学生会召开欢迎会，不请自来，到了会场。

鲁迅被请上台致辞。他的讲演向来是精练简短，这次也只讲了20分钟。他说：我并不是什么战士、先驱者，如果是战士，就应该留在北京和军阀斗。他还说因为听说广东很革命，所以决心到广州来看看，来到后果然满街都是红标语，但仔细一看，那些标语都是用白粉写在红布上的，"红中带白"，有点可怕！

朱家骅接着讲话。他说，鲁迅先生太谦虚，就先生过去的事实看，确实是一个战斗者、革命者。礼堂上响起热烈的掌声。学生们是真诚地

---

① 朱家骅（1892—1963），浙江吴兴人。曾任北京大学教授。1926年8月，中山大学改校长制为委员制，朱与戴季陶、顾孟余等人为委员。后又改为校长制，戴任校长，朱为副校长。四一二反革命政变后，成为国民党反动政客。

热爱鲁迅的。但鲁迅对于朱家骅的捧场却颇存戒心。

他警觉地看着眼前发生的事情。虽然他初到广州，但对它并非一无所知。许广平初回故乡，在广州女子师范学校任教，并担任训育主任的职务。她在北京时曾参加国民党左派，这时，就想交出党证，取得组织联系，但校长廖冰筠（廖仲恺的妹妹）却劝她暂时勿交。以后，她要去看望在天津的老同学邓颖超同志，廖也劝她暂时别去。许广平后来才知道国民党右派此时已经渐露本相，而且内部派系复杂，因此，廖劝许广平暂不去看邓大姐，以免初到广州，色彩太鲜明。广州学生中有"树的党"①右派学生组织，鲁迅也是知道的，他对这种组织很讨厌。

另外，孙伏园告诉鲁迅，中大电邀顾颉刚，而对许寿裳来中大表示冷淡。这些使鲁迅对中大当局产生了戒心。

虽然这时候他对国民党还没有完全认清，还将其看作进步的党派，但对广州形势的复杂以及存在的消极现象，他是有感受的。

他对欢迎、宴请都怀着警惕之心。对于学生的热情邀请，一般都接受；对当局的客气的宴请，一律拒绝。1月26日，他出席本校医科主办的欢迎会，讲演半小时，第二天，又应邀在本校社会科学研究会上讲演（讲稿已失）。但是，国民党的要人们戴季陶、孔祥熙、陈公博、甘乃光、丁维汾等人发来请柬时，他一律拒绝赴宴，他在收发处的信箱上，贴出了一张告白："概不赴宴。"

他是清醒的，他不被胜利冲昏头脑，也不被捧场弄得晕头转向。但更重要的是，他在政治立场上，已经对当时尚在革命队伍里的国民党怀着警觉了。

在旋涡中

革命的风暴席卷了全中国。大江南北的工人、农民发动起来了，在共产党的领导下开展了斗争：北伐军进军途中，他们带路、抬担架、送粮、参军；北伐军来到之后，工人、农民便组织起来，投入更为火热的反封建、反军阀的斗争。中华民族从来没有这样大规模地行动起来，进行革命斗争。这才是真正的民族大觉醒、人民大发动。这种规模与气

---

① 树的党，也叫"树的派"，又叫"士的派"，是广东学生界的反动团体，国民党右派学生属之，其成员手拿手杖，动辄打人，横行霸道。英语stick（手杖）音译为"士的克"，故称"士的派"。

势，是从未有过的。整个中国成了一个革命的大旋涡，在世界革命的潮流里，显出自己的特色和威力。

鲁迅投身于这个旋涡。当时，广州这个革命策源地已经成为后方了。革命政府移到武汉去了，但广州仍然充满革命气氛，活跃着各种力量。他觉得广州"民情，却比别处活跃得多"，它不像北京那样死气沉沉，也不像厦门那样沉闷守旧。

此时，鲁迅活跃在另一条战线，他赴研究马列主义的中山大学社会科学研究会讲演，赴香港讲演，日夜接待来访者；同共产党员毕磊、徐文雅、陈辅国等人来往密切；资助《做什么?》（中共广东区委学生运动委员会主办的杂志）；接见日本进步记者，与创造社成员发表联合声明声讨帝国主义；出席中山大学开学典礼，筹备开学工作和自己编写讲义，等等。他投入了从未有过的紧张繁忙的工作中。在他这时期写给友人的简短的信件中，不断出现这样的话：

"我现在真太忙了，连吃饭工夫也没有。"

"不但睡觉，连吃饭的工夫也没有了。"

"作文演说的债，欠了许多。"

"竟如活在漩涡①中，忙乱不堪，不但看书，连想想的工夫也没有。"

"从早十点到夜十点，都有人来找。"

从寂寞的孤岛生活，一下子进到了热闹的革命旋涡，他繁忙，但觉得充实而有意义。他热情饱满地置身于工作之中。许广平此时正式担任他的助教，陪伴在他的左右，成为他的真正的助手了。

正在这时候，有人跑出来对鲁迅表示不满了。广州国民党右派掌握的报纸《国民新闻》副刊《新时代》上登出署名尸一（梁式）的文章，用激将法挑动鲁迅，要他出来诟骂广州的现实。

接着又登出宋云彬的文章，题目就叫《鲁迅先生往哪里躲》，说什么"鲁迅先生竟跑出了现社会躲向牛角尖里去了"。

不久，在1927年2月《国民新闻》的《新时代》上登出了《鲁迅先生往那些地方躲》一文，历述了鲁迅到广州后的种种忙迫情况，然后，写道：

　　他真个能躲起来的吗？中大是就要开课了，自然有许多工作会

---

① 漩涡，同"旋涡"。——编者注

随着发生，至少总有些细微的"刺戟"，投射到鲁迅先生的影子吧。他是需要"辗转"的生活的，他是要寻找敌人的，他是要见着压迫的降临的，他是要抚摩创口的血痕的。等着有终竟到来的机会，这时候就能够使鲁迅先生在慢慢地吸着卷烟的当儿，涌出不少的情趣，他于是有文章可作了！这许是广州给予他的额外的特殊的礼物吧。

这篇简短有力的文字，批驳了对方，预告了鲁迅即将战斗，等着终竟到来的机会。这篇文章的署名是：景宋。她是根据鲁迅的意思写了这篇文章来反击的。

党的力量马列的火

"鲁迅已经动身来广州了"，这个消息传到中国共产党广东区委员会之后，引起了领导人陈延年的重视。当中山大学改组之后，他力主聘请鲁迅到中大来任教，为了促成这件事，他曾派恽代英、毕磊到学校多次提出建议。他可以说是正确评价和正确对待鲁迅的共产党人中最早的一个。当时，鲁迅已经来到了广州，他不仅重视，而且立即考虑了如何帮助鲁迅、团结鲁迅。他把毕磊和徐文雅找来了。他们都是中大的学生、共产党员，一个是中共广东区学委副书记，一个是中共中大总支书记兼文科支部书记。在听取了关于欢迎鲁迅的准备工作情况的汇报之后，陈延年说："鲁迅抵粤以后，你们应该迅速帮助他了解当时、当地情况。""当鲁迅对局势有所了解以后，他是自己能够决定何去何从的！"陈延年同志又指示毕磊，在鲁迅来到后，陪伴他在广州各处去走一走，看一看。陈延年望着毕磊说："鲁迅这个人喜欢年青人，你们去的时候要活泼一点。"

鲁迅到达广州，刚刚安顿好，徐文雅和毕磊便来拜访。他们邀请鲁迅出席学生会召开的欢迎会。鲁迅先是婉谢，最后答应了。

陈延年代表共产党，朱家骅代表国民党右派，同时向鲁迅伸出了手，拉着他，一个要他前进，一个拉他后退。这两股势力对鲁迅的争夺，有力地反映了鲁迅在当时中国革命文艺界、思想界的地位：他的地位是重要的，但又是可变的。他刚刚从封建军阀统治下的北京走出，他的彻底的、坚决的反帝反封建的立场和斗争精神，反映了五四运动的精神在他身上的继续和发扬，他可以成为无产阶级及其新兴政党的战友。然而另一方面，他的只限于反帝反封建的立场，他的并未明确地宣布信奉马克思主义，使国民党右派认为其是自己的争取对象，如果鲁迅"为我所用"，比之吴稚晖、陈西滢这样的人，自然是有号召力得多。

此时的中国，以封建军阀为一方，以国共两党合作的革命统一战线为另一方，展开了武装斗争。当时革命力量正以摧枯拉朽之势，沿扬子江而下，溯黄河而上，扫荡江南，挺进中原，直捣幽燕。旧的矛盾即将解决，新的矛盾又在酝酿，革命阵营内部又一次面临新的分化。中国各阶级面临着新的抉择，鲁迅也面临一个如何抉择的课题。这个课题是严峻的，也是急切的。这种抉择，不仅反映着他个人的思想发展的轨迹，而且反映出中国革命两种势力的消长。

鲁迅的立场和态度很快就表现出倾向性，而且越来越鲜明、坚定：他与共产党人的关系亲密。

毕磊，这个瘦小而精干的湖南青年，是负责跟鲁迅联系的党员之一，他陪着鲁迅逛书店、参观农民运动讲习所的原址，他向鲁迅介绍广州的政治形势。在他的引导和陪伴下，鲁迅观察了广州、了解了广州，他向毕磊谈到自己的印象。他说，"广州地方太沉寂了"，他希望革命的青年们发出喊声，"在现在，青年们有声音的，应该喊出来了。因为现在已再不是退让的时代。因为说话总比睡觉好。有新思想的喊出来，有旧思想的也喊出来，可以表示他们自己（旧思想）之快将灭亡。"他的话被毕磊引用在自己的文章《欢迎了鲁迅以后》中，该文载于1927年2月7日《做什么?》周刊第一期上。毕磊在这篇文章中，对鲁迅作出了公正的评价，提出了殷切的期望。这里没有肉麻的颂歌，没有虚伪的捧场，而是朴实无华的、真诚的、同志式的期待。这种新的态度、新的作风，为鲁迅所喜欢。

毕磊等共产党人还给鲁迅送来了党的刊物《做什么?》和《少年先锋》。鲁迅看过之后，就明白了"这是共产青年"所办。他喜欢这些刊物，他都记在他那记事简要的日记中。

他向毕磊提出，要同陈延年见一见。毕磊安排了这件事，不久，鲁迅就同陈延年在广东区委员会机关见面了。这是鲁迅与共产党人的第一次非私人关系的会见。可惜，如今我们已经不可能知道他们当时谈话的内容了。

徐彬如在《回忆鲁迅1927年在广州的情况》中说，会见以后，在陈延年去上海参加党的"五大"之前，他同徐文雅谈到鲁迅，认为鲁迅思想发展很好，已经是我们的人了。他的评价是根据鲁迅在广州的全部表现和他们会见时谈话的情况作出来的。

许广平在写到这段事情时，曾经介绍当时的背景："可惜局势的变化，郭（沫若）先生等离开广东，联合战线的目的已经不能达到。身边除了许寿裳先生一人之外，并没有可以与言的人，鲁迅深深感到孤独的悲哀。""幸而党的领导像明灯一样照耀着每一块土地，鲁迅在此期间，见到了一些党的负责人如陈延年等同志。"[①]

党给鲁迅以力量。这力量来自两个方面：一方面，党的关心，党的帮助，使鲁迅能够更多地了解广州的情况，明白各派政治力量的状况和趋向，使他在思想上、政治上有了方向。另一方面，从中国共产党人身上，鲁迅看到了新的社会力量，从而感到敬佩、欣喜，增加了自己的勇气和力量。

当时，正是国共合作时期，但共产党保持着自己的独立性。广州曾是著名共产党人云集的地方，毛泽东、周恩来、叶剑英、彭湃、林伯渠、恽代英、张太雷、萧楚女、李求实等都在这里工作。他们之中有的也曾到中山大学来讲演或从事活动。这些，鲁迅也是会有所见闻，受到感染的。

鲁迅来到广州以后，与共产党的关系进入到一个新的阶段。在此之前，在北京时期，最重要的自然是他与共产党的创始人之一李大钊的亲密关系和战斗情谊。在北京几个大学教书期间，在女师大风潮中，他的学生中都有年轻的共产党员，如任国桢、刘亚雄等，不过，他们也都还是限于师生关系与私人情谊。但是，到广州以后，情况不同了，共产党已经是中国当时的第二大政党，它活跃在中国革命的最前线，而且共产党与国民党的合作，使后者发生了积极的变化，使中国革命进入了新的阶段。而毕磊、徐文雅、陈辅国等与鲁迅的接近，已经不是个人的行动，而是以组织的名义出现的，他们向鲁迅不断赠送党的刊物，介绍党的情况；鲁迅与陈延年的会见，更是一种与共产党的组织建立关系的重要行动。

---

① 许广平：《鲁迅回忆录》，作家出版社，1961，第70页。

鲁迅于1927年1月18日到达广州，就在这一天的广州《民国日报》上登出了这样热情洋溢的海报：

> "时间——1927年1月19日、20日下午六时半。地址——中山大学风雨操场。演讲者——任卓宣、萧楚女。入场券请到财政厅前国光书店索取。青年朋友们！快来拿取反帝国主义的武器——列宁主义呵！"

鲁迅住进中大"大钟楼"后的第三天，1月21日，是伟大的列宁逝世三周年纪念日。这天的正午，就在大钟楼前面的宽阔的广场上，举行了纪念大会。两位著名的共产党人登上讲台，发表了讲演。他们是国民革命军总政治部后方留守主任孙炳文和中华全国总工会负责人邓中夏。当时广州的重要报刊，如《民国日报》《向导》《中国青年》《少年先锋》《工人之路》，都刊登了列宁的巨幅照片和纪念文章，或翻译了列宁的语录和斯大林等的悼念文章。《中大学生》出版了"列宁纪念号"，登出了《列宁的伟大》《列宁与孙中山》《革命中的圣人——列宁》等文章。

我们现在无法证明鲁迅确曾听过这些讲演，或看过这些文章。但是，我们可以推想，鲁迅对于这些活动、这些出版物是不会不知道、不会见不到的。至少，这给他提供了一个接触马克思主义的条件。而且，我们知道，鲁迅后来在揭露批判蒋介石、戴季陶等人时曾经写道，"又是演讲录，又是演讲录。但可惜都没有讲明他何以和先前大两样了"；而且，他在《官话而已》中，还揭露戴季陶带领学生向当时的苏联顾问三鞠躬，"拜得他莫名其妙"；又揭露戴"做过《孙中山与列宁》，说得他们俩真好像没有什么两样"。这些不是证明他听过这类讲演、看过这类文章吗？他在《庆祝沪宁克复的那一边》中，称赞列宁是"革命的老手"。这说明他对列宁的生平事业有一定的了解。

更重要的是，鲁迅从毕磊等赠给他的党的刊物《少年先锋》和《做什么?》上，能够学习马列主义著作，《少年先锋》的主编是共产党员李求实（即"左联"五烈士之一的李伟森），《做什么?》的主编是共产党员许杰。这些刊物都为鲁迅所喜爱。而且，《做什么?》是在鲁迅给以资助才得凑齐印刷费出版的。

《少年先锋》上常以重要的篇幅发表介绍马列主义的文章。据统计，它摘译或摘引的马列著作有十几段，其中，重要的有《巴黎公社失败后——摘译马克思著〈法国的内乱〉》，即马克思的重要著作《法兰西内战》的附录一；两则摘自列宁《青年团的任务》的《列宁格言》；摘译自列宁《伟大的创举》的《妇女底解放》；斯大林的重要论文《论列宁》。这些文章，鲁迅是阅读了的，并且在《庆祝沪宁克复的那一边》中引用了登载在《少年先锋》上的列宁的话，以此为自己立论的依据。

《向导》和《中国青年》也是党组织曾经赠送给鲁迅阅读的党的刊物。在这上面登载了不少马列主义文献，如列宁的《落后的欧洲和先进的亚洲》（摘译），以及介绍、论述列宁主义的文章，如斯大林的《论列宁主义基础》（部分）等。

鲁迅这一时期接触和学习马列主义有几个特点。第一，不再把马克思列宁主义看作各种外来主义的一种，限于涉猎和浏览，而是当作思想武器来学习与研讨了。这与他对苏联的认识的改变有关。在"五四"时期，由于受资产阶级歪曲宣传的影响，他对十月革命有所怀疑，后来这种怀疑已经由于苏联的发展和对实际情况的进一步了解而清除了。这在他的《〈争自由的波浪〉小引》中表现得很明显。既然苏联已经由于实行马克思列宁主义而取得了胜利，那么，这"主义"就是好的了。第二，鲁迅不是坐在书斋里钻研马列，而是在实际斗争中，结合实践来学习和运用的。在广州的复杂的斗争面前，在共产党与国民党右派关于中国革命的争论面前，鲁迅更深入一步来考虑中国革命的根本问题，他感到旧的武器不够用了，他需要新的武器。他正在此时更多地接触了马列主义。而且，这时我们党对于马列主义的宣传，也是结合着实际斗争的需要来进行的，《向导》《少年先锋》《做什么？》都是这样做的。这样，鲁迅此时的学习马列主义，就是把真理的火炬拿来照亮中国革命的道路了。第三，鲁迅向来探索的是中国革命的根本问题：依靠什么力量，建设一个什么样的国家与社会。在北京时期最后一两年内，在厦门时期，他在这两个根本问题上，已经有了根本的转变，这是由于事实的启发和教育，也就是中国革命的发展的事实，工人、农民力量的发展、壮大，显示了威力，这些事实启发了他、教育了他。后来，他学习用马列主义来观察革命，观察国家的命运和社会发展的前途了。而且，他也用马列主义作解剖刀，来"更无情面地解剖我自己"。

新的思想已经在他心里萌生、滋长、发展，新的革命已经在他身边爆发，新的历史人物已经出现在他面前，新的社会力量已经发出雄威，新的道路已经展开在他的面前了。

历史的新声音

这新的声音，是历史的新声，是鲁迅的新声。它发自鲁迅的内心深处，也发自中国革命和历史的深处。

在大革命的暴风雨中，中国发出了新的声音。这是北伐军的枪炮声，是城市里工人"打倒帝国主义""打倒军阀"的怒吼声，是乡间农民对地主乡绅恶霸的反抗声，它们汇成洪流，震撼着中国大地，震惊了整个世界。正在这时，鲁迅也发出了新的声音。这新声是中国人民的怒吼声的响应。

从1月到4月的3个多月中，鲁迅在香港和广州作了多次讲演。他在这些讲演里发出了他的新声。这声音，坚定、明朗、自信，一扫过去思想上的彷徨、哀愁的情绪。

1927年2月18日晚，香港下着倾盆大雨。男女青年冒雨来到青年会。他们走进礼堂，静静地坐下。讲演开始了。鲁迅登上了讲台，许广平陪同他并担任他的粤语翻译。

"以我这样没有什么可听的无聊的讲演，又在这样大雨的时候，竟还有这许多来听的诸君，我首先应当声明我的郑重的感谢。我现在所讲的题目是：《无声的中国》。"

鲁迅就这样开始了他的讲演。

中国无声为什么呢？他说，因为中国文字的深奥，民众难于掌握，不能传达自己的思想，"虽然能说话，而只有几个人听到，远处的人们便不知道，结果也等于无声。"文章呢，"用的是难懂的古文，讲的是陈旧的古意思，所有的声音，都是过去的，都就是只等于零的。"他进一步指出，中国并非自古以来就是无声的，是到了清代乾隆以后，由于屠杀政策的施行，"人民大家便更不敢用文章来说话了"，只响着"韩愈苏轼的声音"，"而不是我们现代的声音"。他说："我们要活过来，首先就须由青年们不再说孔子孟子和韩愈柳宗元们的话。时代不同，情形也两样。"最后，他这样结束自己的讲演：

"青年们先可以将中国变成一个有声的中国。大胆地说话，勇敢地进行，忘掉一切利害，推开了古人，将自己的真心的话发表出来。"

第二天，他再次讲演，题目是：《老调子已经唱完》。他一开头就宣布："凡老的、旧的，都已经完了！这也应该如此。"然而他指出："老调子将中国唱完，完了好几次。"他说："中国的文化，都是侍奉主子的文化，是用很多的中国人的痛苦换来的。无论中国人，外国人，凡是称赞中国文化的，都只是以主子自居的一部分。""这就是说：保存旧文化，是要中国人永远做侍奉主子的材料，苦下去，苦下去。"

他指出："唯一的方法，首先是抛弃了老调子。旧文章，旧思想，都已经和现社会毫无关系了，从前孔子周游列国的时代，所坐的是牛车。现在我们还坐牛车吗？"

这两次讲演，思想是一贯的，主题是相互呼应的。老调子不适应现在的社会了，坐牛车时代的思想怎么能适用于坐汽车的时代的需要？老调子要唱完、该唱完了，无声的中国，应该成为有声的中国。他的讲演事实上是一个号召，也是一个总结，反映了中国历来一直唱下来的封建老调子已经唱完了，无声的中国已经结束了。中国革命进入了在马克思主义指导下的、共产党领导的人民大众的反帝反封建的革命。革命的这个转变决定了老调子必须唱完，无声的中国有了声音。而鲁迅的这两个讲演本身，就正是这种变化的反映，就是一种新声。

《鲁迅年谱》记载，3月1日，他在中山大学开学典礼上发表演说，赞颂了孙中山的"一生致力革命"的精神，"宣传、运动，失败了又起来，失败了又起来，这就是他的讲义"。他号召青年们贯彻孙中山的一贯革命的精神，在大学里，"读书不忘革命，革命不忘读书"，向"'一切旧制度，宗法社会的旧习惯，封建社会的思想'开火"。

他说，广州现在"四近没有炮火，没有鞭笞，没有压制"，空气很平静。但他指出，"这平静的空气，必须为革命的精神所弥漫；这精神则如日光，永永放射，无远弗到。"他在《集外集拾遗补编·中山大学开学致语》中说，他希望"中山大学中人虽然坐着工作而永远记得前线"。

3月24日，他写了杂文《黄花节的杂感》，再次提到孙中山的临终遗嘱：革命尚未成功！他指出革命曾经取得好的结果，"中国经了许多战士的精神和血肉的培养，却的确长出了一点先前没有的幸福的花果来，也还有逐渐生长的希望"。但是他告诫说，过去，"继续培养的人们少，而赏玩，攀折这花，摘食这果实的人们倒是太多"。

这期间，鲁迅还同创造社的成仿吾等人联合发表了《中国文学家对于英国知识阶级及一般民众宣言》。宣言中呼吁："全世界的无产民众联合起来……为了打倒资本帝国主义而团结。"可以说，在这个时期内，鲁迅的讲演、作文的第一主题就是：革命。在他的新声中，革命代替了进化，他仍然讲旧的应该高高兴兴地死去，同"五四"时期的讲法类似，但这只是过去的余音，因为他不再讲这是"进化的路"，而是说：这是革命的路。他过去讲进化永不停，后来讲革命无止境，恰如他在《而已集·黄花节的杂感》中所说，"革命无止境，倘使世上真有什么'止于至善'，这人间世便同时变了凝固的东西了。"他过去讲进化的途程中是新陈代谢，是青年必胜于老年、现在必胜于过去。后来，他进行社会分析，从不同社会力量的斗争角度去分析革命的进程，指出革命的必要性与必然性。他原先以幼者为本位，"老的让开道"，"用那个死填平了"进化路上的深渊，"让他们（幼者）走去"。但后来，他却以平民（民众）为主体，对于社会状况、对于文化，他都问："和现在的民众有什么关系，什么益处呢？"之前他讲进化的前途是出现"新的人"，是建立"第三样时代"；后来，他期望出现的是平民时代，是平民过上幸福的生活。之前，他对青年人是一律看待，认为他们都是必然胜于老年，只要是青年，给他十刀，他不还一拳。但是，后来他不这样了，他不仅像在北京时期的后期那样，看出青年并不都一样，有醒着的，有睡着的，也有前进的，而且他更看到有高长虹这样的恶劣青年，有"树的党"这样的国民党右派青年，他要"拳来拳对，刀来刀挡"。之前，他夸大了文学的作用，以为用它来改造了国民性，国家就富强了，社会、人类就进化了。后来，他在《而已集·革命时代的文学》中说，"文学文学，是最不中用的，没有力量的人讲的"，"中国现在的社会情状，止有实地的革命战争，一首诗吓不走孙传芳，一炮就把孙传芳轰走了"。

变化发生了，而且是如此之大：进化论、国民性改造、第三样时代，为新的东西所代替了；矛盾、彷徨、对将来的不明确以至怀疑，也都消逝了，也为新的思想情绪所代替了。

"逝去，逝去，一切一切，和光阴一同早逝去，在逝去，要逝去了。"

如果说，在厦门时期，他仍处在矛盾中，有淡淡的哀愁来袭扰，而在离开厦门时，则是已经跨出了一步，那么，在广州的几个月中，他更跨进了一步，可以说是一大步，他基本上已经从矛盾中摆脱出来了，正处在临近越过思想飞跃的"关节点"的进程中。

什么力量使他能够达到这一步呢？摆脱了厦门的孤岛生活，是一个因素。摆脱了在与许广平的关系上的矛盾斗争，也使他感到了轻松和幸福。但是，更主要的是，当时中国革命的发展，促进了他的思想的演变，推动了他前进的步伐。

五卅运动掀开了大革命的序幕。鲁迅从女师大风潮这个斗争的侧翼，进入整个民族的革命大风暴之中。从以刘和珍为代表的女师大的青年学生的英勇斗争中，他看到了革命的青年女性在斗争中"干练坚决，百折不回的气概"，由此更感受到为什么"中国女子的勇毅，虽遭阴谋秘计，压抑至数千年，而终于没有消亡"。而与她们"同声相应，同气相求"的还有北京的千万名青年学生。以后，这场斗争卷入了五卅反帝爱国斗争的总旋涡，罢课、罢工、罢市，几万以至十几万工人、学生、市民参加了斗争，无论规模与气势，都是空前的。

正如列宁在《纪念赫尔岑》中所说："战士的圈子扩大了，他们同人民的联系密切起来了。"

就在这时，南国上空，响起千百万工人的怒吼、农民的咆哮，响起了枪声、炮声、进军的号声。它们显示出巨大的威力，震动着祖国的大地，动摇了封建军阀的统治。这是历史的革命暴风雨本身。鲁迅为它所吸引，毅然南下。在厦门度过一百多天之后，又决意奔赴革命策源地广州。

这时候的广州，工人运动蓬勃发展，广东的农民运动走在全国的前头。鲁迅直接地接触到和亲眼见到了这种运动的蓬勃景象。这时在中国共产党的领导下，全国工人阶级发动起来了，工会组织壮大起来了。湖南的农民运动更是开展得如火如荼。

鲁迅谛听着这种历史的巨大声响，观察着工农群众迅速、猛勇、气势磅礴的历史行动，感受着如此深刻的社会动荡，他有如一只饱经风雨的雄鹰，凌空盘旋、翱翔、俯瞰、低回，在历史的暴风雨中开阔了自己的视野。中国社会的大变动，中国革命的大发展，工人、农民力量的大增长，这些都是鲁迅在辛亥革命、"二次革命"，以至五四运动中所不曾见过的。这些触动了他、教育了他、推动了他。这是他到广州以后，产生思想上的变化与跃进的最深厚的源泉。

血雨腥风记仇雠

　　然而，历史的发展，走着曲折的路，革命的前进，需要巨大的斗争。正当工人农民奋起战斗，北伐进军捷报频传时，就在革命策源地的广州，响起了反对工农运动、反对革命的嘈杂声。明朗的天空上，渐渐起了乌云，一场激烈的阶级大搏斗，来临了。

　　这激烈尖锐的阶级斗争，也反映到中山大学的学生中来了。左派学生与右派学生之间展开了针锋相对的斗争。早在年初，国共合作的广东省党部的领导权，就被国民党右派篡夺了。中大学生中成立了一个所谓"中大学生中枢委员会"，掌握在右派"士的党"手里，他们盗用"学生会"的名义，通电拥护蒋介石，叫嚷要把国都改设在南昌。毕磊领导的学校共青团总支，率领左派学生同右派展开了斗争。他们在礼堂两边的过道上，在教室外墙和大操场四周，贴上了反击的标语："打倒右派！""打倒反动派的广东省党部！""打倒昏庸老朽的西山会议派！""拥护政府定都武汉！""反对南昌扣留政府委员！"他们甚至贴出了这样的标语："以赤色恐怖回答白色恐怖！"

　　中大宿舍的入口，成了斗争的阵地。共青团在这里贴出了揭露、斥责"士的党"操纵下的"中枢委员会"罪行的墙报。各种宣言、标语，在这里展示出来。

　　鲁迅通过这些现象，观察斗争形势的变化。

　　当4月12日上海罪恶的枪声还未停息，英勇的上海工人的鲜血正在迸射之时，仅仅相隔三天，4月15日，广州也响起了反革命的枪声，革命策源地的广州被一片白色恐怖笼罩着。

　　广州全城，阴云密布，下午，更渐渐沥沥下起雨来了，天地为英烈们洒泪！

　　凌晨，黄埔军校和省港罢工委员会就被包围了，被解除武装了。

　　中山大学也同时被包围了。广州市公安局局长邓彦华亲自率领全副武装的警察，冲进学生宿舍。"士的党"的徒儿们，早在校园里贴出了反共的标语，并且威吓鲁迅。"士的党"的头头，带着武装，手拿名单，冲进每间宿舍，点着名字抓人。从清晨四点钟到晚上七点钟，校园里陷入一片喧嚣动乱之中。

这一天，中大有三百名同学被捕，其中有共产党员、共青团员四十多人，毕磊、欧阳继续、欧阳业瀛、李应滋和附中校长熊锐等，都被捕了。全校学生、教职员四百八十多人被开除。全市共产党员、共青团员和革命群众两千多人被捕。

拷打，酷刑，残杀！那规模，那狠毒，那残忍，都超过了封建军阀之所为。

鲁迅义愤填膺，冒雨来到学校，以教务主任身份，召开各系科主任紧急会议。

鲁迅首先发言，提议营救被捕的学生。会上一片沉默。人们不敢说话。朱家骅凶相毕露，说什么"中山大学已经是'党校'，师生职工必须服从国民党的决定"。

鲁迅拍案而起，责问朱家骅，被捕学生犯了什么罪？为什么要逮捕他们？他们现在在哪里？他要求立即释放这些进步学生。

朱家骅无言以对。但他拒绝了鲁迅的正义要求。会议毫无结果。

夜里，鲁迅回到白云楼住所，与许寿裳、许广平默然相对。他悲愤已极，连晚饭也没有吃。第二天，鲁迅又不顾自己的安危，四出奔走，打听学生的下落。

为了使被捕的学生在狱中生活上得到一点改善，他捐款慰问。

营救学生无效了。这促使他更坚定了离开中山大学的决心①。4月21日，他正式辞去一切职务。校方多次挽留，他丝毫不为所动。

不断有学生以及共产党员被杀害的消息传来。血雨腥风，洒遍五羊城，人民的鲜血染红了珠江的碧波。"宁可错杀一千，不许放过一个"。

---

① 鲁迅在4月26日致孙伏园的信中说："我已于上星期四辞去一切职务，脱离中大了。"至于离开的原因，他在同月二十日给李霁野的信中说："我在厦门时，很受几个'现代'派人的排挤，我离开的原因，一半也在此。……不料其中之一（按指顾颉刚，后面的"红鼻"亦指他），终于在那里也站不住，已经钻到此地来做教授。此辈的阴险性质是不会改变的，自然不久还是排挤，营私。我在此的教务，功课，已经够多的了，那可以再加上防暗箭，淘闲气。所以我决计于二三日内辞去一切职务，离开中大。"由此可见人事纠葛，他对现代评论派的厌恶、与顾颉刚的对立关系，也是他辞职的重要原因。这可以说是人事关系的因素。完全不提这一因素是忽视事实，因此是不对的。但是，如果只据鲁迅的信中所说，以此为唯一原因而忽视政治原因，也不免偏颇。虽然鲁迅在信中未提这方面的原因，但他当时在熟朋友之间的通信谈及辞职因由时，想到即说。事实上，他当时因营救学生无效而与校方对立，又关怀学生，其他信中及言行中也都是有的；这确实也是他辞职的重要原因。这是政治原因。

这是当时屠杀者的政策。清政府、袁世凯、段祺瑞、张作霖，"三一八""五卅"，都不能比拟了。血是流得这么多！

这一切变得多么快！北伐正在胜利地进行，革命正在向前发展，忽然，4月12日，黄浦江边响起罪恶的枪声，蒋介石叛变了。大批大批的共产党员、革命群众倒在血泊中了。工人领袖汪寿华英勇牺牲，陈延年、赵世炎等著名共产党人被杀害。仅仅三天之后，广州的国民党反动派也挥起屠刀，镇压革命……

中国人民革命的第一次高潮过去了，大革命失败了，中国革命从此进入一个极端困难的时期。

但鲁迅却在这个时期，勇敢坚定地向前飞跃！

迎着血染的屠刀

4月26日，鲁迅坐在书桌前，把散文诗集《野草》的编辑工作完成了。他重读自己昔年的作品，感慨万千。在这本薄薄的诗集里，像海绵似的蕴含着丰富的感情、深刻的思想，他的思想中的矛盾、彷徨、斗争，他的自我解剖，他的灵魂的颤动，都浑然一体地呈现出来了。他回顾往事，对照眼前的现实，思潮汹涌，化而为诗，提笔作《题辞》。

过去的生命已经死亡。我对于这死亡有大欢喜，因为我借此知道它曾经存活。死亡的生命已经朽腐。我对于这朽腐有大欢喜，因为我借此知道它还非空虚。

他在这里浅吟低唱，歌唱过去的死亡，但肯定它曾经存活，并且还非空虚，又不是完全否定过去。

生命的泥委弃在地面上，不生乔木，只生野草，这是我的罪过。

野草，根本不深，花叶不美，然而吸取露，吸取水，吸取陈死人的血和肉，各各夺取它的生存。当生存时，还是将遭践踏，将遭删刈，直至于死亡而朽腐。

但我坦然，欣然。我将大笑，我将歌唱。

我自爱我的野草，但我憎恶这以野草作装饰的地面。

他大笑，而且歌唱，大笑着歌唱"野草"的死亡而朽腐。他肯定他的生命委弃于地面长出的野草，"我自爱我的野草"，但他又憎恶用野草来作装饰的地面。

这是写于大屠杀正在进行的时候的文字，这是他悲愤交集的时候，然而，不久前在厦门的那种"淡淡的哀愁"已经不见了，也不再是把过往的一切均葬入"坟"里的情绪，而是欣然、坦然，肯定应该肯定的，扬弃应该扬弃的。他的身上有了新的力量，他的思想上有了新的信仰。

> 地火在地下运行，奔突；熔岩一旦喷出，将烧尽一切野草，以及乔木，于是并且无可朽腐。

他感受到、看见了地下的熔岩，地火在地下运行、奔突。这给了他以力量。

辛亥革命失败后，他对资产阶级和它所领导的革命失望了，他看不到新的力量，也看不见前途有光明闪烁。他于是寂寞，沉默，蛰居而钻研达数年之久。五四运动时左右两翼知识分子的革命统一战线分裂后，他四顾左右，"新的战友在哪里呢？"于是而彷徨，矛盾求索，直至到厦门时才最后摆脱它们的纠缠。然而现在，在革命队伍的又一次更大、更激烈的分化之后，在反革命向革命挥舞的屠刀与皮鞭，和着鲜血正在空中呼啸的时候，他却没有失望，没有彷徨，没有怀疑，而是"坦然，欣然"，就因为，他看见了、感受到了工农的伟大力量，看见了、感受到了中国共产党的英勇不屈的抗争和它的领导力量。

他在《野草·题辞》中说："天地有如此静穆，我不能大笑而且歌唱。"

白色恐怖笼罩下的广州，以至全中国，如此静穆，不容许革命者的大笑与歌唱。

他在《野草·题辞》中描述这种时候，正是"明与暗，生与死，过去与未来"交替的时候，在此时，"我希望这野草的死亡与朽腐，火速到来"。

他希望地火快点冲出地面，新的革命快点来到。这是他在四一二反革命政变之后十几天，当带血的屠刀仍在飞舞时写的一篇作品。它以优美的诗的语言，形象地描述了他的战斗的激情和胜利的信心。

虽然天地静穆，反动派不容开口，但鲁迅迎着血染的屠刀，曲折地揭露了他们的罪恶，提出了自己的抗议与谴责。

5月1日,他作《〈朝花夕拾〉小引》,写道:

> 目前是这么离奇,心里是这么芜杂。一个人做到只剩了回忆的时候,生涯大概总要算是无聊了罢,但有时竟会连回忆也没有。中国的做文章有轨范,世事也仍然是螺旋。

世事离奇,心里芜杂,连回忆也没有——连回忆的文章也不能写,文章必须合于国民党反动派规定的咒骂共产党的"规范",广州又像军阀统治下的北京一样的了。

他为《小约翰》写引言,从荷兰海边的沙冈风景,说到白云楼外的情景,然后,笔锋一转,写道:

> 也仿佛觉得不知那里有青春的生命沦亡,或者正被杀戮,或者正在呻吟,或者正在"经营腐烂事业"和作这事业的材料。

又写道:

> 加以虽然沈默的都市,而时有侦察的眼光,或扮演的函件,或京式的留言,来扰耳目……

迎着带血的屠刀,他进行巧妙的战斗。"清党"在广泛进行,搜捕深入化、屠杀大规模地进行。

反动派对鲁迅的压迫加剧,白色恐怖步步逼近。过去,拿来请作序言的书,借故取过去了,请他题的刊物,悄悄地调换了,几个随他来的广州求学的学生,被指为"鲁迅派",不准进学校大门。而且,特务走狗以探访请教为名来进行监视侦察。广州、香港的反动报纸如《循环日报》《工商日报》,散布谣言,说什么鲁迅"逃走了","到汉口去了"(那时汉口还是革命的)。还说鲁迅原是"《晨报副刊》特约撰述员",用意是把他说成研究系的好友,现在"到了汉口",又是"共产党的同道"了。这当然是要严办、杀头的。还有一个青年,想以陈独秀办《新青年》时,鲁迅在那里做过文章,来证明他是共产党……

然而鲁迅并不走。

当跟他一起从厦大来到广州中山大学的学生廖立峨劝他赶快离开广州时,他说:

"他们不是说我已逃走了,逃到汉口去了吗?……现在到处都是乌鸦一般黑，我就不走，也不能走，倘一走，岂不正好给他们造谣？"

六月间，许寿裳辞职后，先期走了，鲁迅不能走，仍然住在白云楼。他每天在酷热的西窗下，埋首工作。

7月23日，国民党的广州市教育局邀请鲁迅到广州夏期学术演讲会讲演。他的讲演题为《魏晋风度及文章与药及酒之关系》。在论述文学史上的问题中，他巧妙地以历史影射蒋介石捏造罪名、屠杀共产党人的罪行。他举出曹操杀孔融、司马昭杀夏侯玄、何晏和司马懿杀嵇康等历史例证。

> 曹操见他（指孔融）屡屡反对自己，后来借故把他杀了。他杀孔融的罪状大概是不孝。
>
> ……倘若曹操在世，我们可以问他，当初求才时就说不忠不孝也不要紧，为何又以不孝之名杀人呢？然而事实上纵使曹操再生，也没人敢问他，我们倘若去问他，恐怕他把我们也杀了！
>
> …………
>
> 如曹操杀孔融，司马懿杀嵇康，都是因为他们和不孝有关，但实在曹操司马懿何尝是著名的孝子，不过将这个名义，加罪于反对自己的人罢了。

这里对于曹操和司马懿的斥责与抨击，就是对于蒋介石的斥责与抨击。

接着，《答有恒先生》《扣丝杂感》《可恶罪》《新时代的放债法》《小杂感》，一篇接着一篇，如投枪匕首，向敌人掷去。在《而已集·扣丝杂感》中，他说：

> 先前是刊物的封面上画一个工人，手捏铁铲或鹤嘴锹，文中有"革命！革命！""打倒！打倒！"者，一帆风顺，算是好的，现在是要画一个少年军人拿旗骑在马上，里面"严办！严办！"这才庶几免于罪戾。

揭露了国民党反动派的一副虚伪、凶残的反革命形象。而在《而已集·可恶罪》中，他说：

若在"清党"之后呢，要说他是CP或CY①，没有证据，则可以指为"亲共派"。那么，清党委员会自然会说他"反革命"，有罪。再不得已，则只好寻些别的事由，诉诸法律了。但这比较地麻烦。

我先前总以为人是有罪，所以枪毙或坐监的。现在才知道其中的许多，是先因为被人认为"可恶"，这才终于犯了罪。

这里，直接地揭露和抨击了国民党屠杀共产党人和革命群众的罪恶、卑劣手段和反革命嘴脸。他在《而已集·小杂感》中说：

要上战场，莫如做军医；要革命，莫如走后方；要杀人，莫如做刽子手。既英雄，又稳当。

…………

阔的聪明人种种譬如昨日死。

不阔的傻子种种实在昨日死。

…………

凡为当局所"诛"者皆有"罪"。

讽刺的利刃如锐利的匕首，一划而撕破伪装，国民党反动派的阴险、狡诈、凶狠的面目于此可见了。

当带血的屠刀幌动着，寻找它的猎获物时，鲁迅却迎着它的魔影，进行了战斗，将屠夫、刽子手的真相揭示给世人，将"革命成功"后的"盛世"的幕后惨状和它的制造者身上的血污指给人看。"真的猛士，敢于直面惨淡的人生"，他保持了当年三一八惨案发生后的那种大无畏的战斗精神，而且大大地发扬光大了：当前是怎样的白色恐怖，今非昔比，他的英勇无畏、坚强不屈的精神，在此时表现得更加突出，更加辉煌。

十一、越过飞跃的关节点

恩格斯在《反杜林论》中说："纯粹量的增多或减少，在一定的关

---

① C. P. 即 Conmunist Party（共产党）的缩写。

C. Y. 即 Conmunist Young（共青团）的缩写。

节点上就引起质的飞跃。"鲁迅在四一二政变之中和以后一段时间里，思想上以阶级论为特征的历史唯物主义因素的量的积累猛增，而以进化论为特征的历史唯心主义因素急剧地减少。他越过这个关节点，实现了飞跃，开始进入共产主义战士的阶段。

1927年5月6日上午，一个年轻的日本记者精神抖擞地走在广州东堤的街道上。街上的行人不很多，却有一队队工人纠察队从街上穿过，电线杆上有刚贴上不久的标语："打倒武汉政府""拥护南京政府""国贼中国共产党"。然而，就在旁边还有残留着的几天前张贴的标语："联共容共是总理之遗嘱""打倒新军阀蒋介石"等。这名年轻的日本记者径直走到白云楼二十号二楼，他敲开了鲁迅的房门。

"山上正义先生！"①

鲁迅把他让了进去。几个月前，鲁迅刚到广州不久，曾经同这名日本记者会见过一次，他们一同走到沙面，买了日本点心，坐在榕树荫里，一边吃着，一边谈话，鲁迅对他表示了对于广州成为革命的后方以后的沉默状况的不满。今天，他们在革命已经失败，白色恐怖笼罩下再次见面，默默地对坐无言。山上正义找不出什么恰当的语言来安慰鲁迅。这时，听见街上响着杂沓的脚步声和嘈杂的人声，鲁迅从窗户向外看了一看，只见一队工人纠察队从窗下走过。他转过脸，气愤地说：

"真是无耻！昨天还高喊共产主义万岁，今天就到处搜索共产主义系统的工人了。"山上正义也向窗外望去，看着那些纠察队，他明白了，那是国民党右派御用工会的队伍，他们充当公安局的走狗，又不知要到什么地方去搜捕左派工人了。

鲁迅在一个外国记者面前，毫不隐讳地表示了他的政治态度和立场：谴责国民党反动派，站在共产党这一边。这个立场，可以说，从四一五广州大屠杀开始的那一天起，他就鲜明地、坚定地表示出来了，他极力营救被捕的学生，并愤而辞去中大一切职务，又一而再，再而三地

---

① 山上正义（1896—1938），日本进步记者，共产党员。他是鲁迅较早认识的日本友人之一。1922年日共创立时曾任庶务部长。后来到上海，先在日文报纸《上海日报》工作，后在新闻联合社工作。1926年受联合社委派到国共合作时的广州，在这里认识了鲁迅。他曾经报道了我党领导的广州起义，以后又到上海，与鲁迅来往并帮助了"左联"的工作。他是日本最早介绍鲁迅的作家之一，曾写过四篇涉及鲁迅的文章，以林守仁笔名翻译了《阿Q正传》，鲁迅为之校阅，并作了八十五条校注。

退回中山大学的聘书，这都毫不含糊地表示了他的拥护共产党、站在共产党一边的立场和态度。在居留广州期间，他作讲演、写文章，都巧妙地抨击了国民党蒋介石的血腥大屠杀，把他的愤火射向敌阵。他的爱与恨、友与仇，是泾渭分明、斩钉截铁的。

鲁迅在大革命失败的情况下，而且是在敌人气焰嚣张、革命者正在受难的情况下，表明了自己拥护共产党的鲜明立场，这说明，他在实际行动上，通过"四一二"这个关节点，开始进入共产主义战士的时期了。我们还须看到，拥护共产党，站在共产党一边，对于鲁迅这样一位革命家、思想家、文学家来说，绝不是一件随意决定的事情，也不是随意改变的事情。这是他经过长期的观察、比较、思考，总结了几十年的战斗经验与教训，才最后做出抉择的。

有的研究者以鲁迅在当时的作品中没有说到阶级斗争，更没有论及无产阶级专政问题为据，而否认他在1927年四一二反革命政变后即已实现思想飞跃，而把时间推后到1929以至1930年。这不能不说是对鲁迅的误解。有的论著往往用一般的、固定的框框去量度一个活生生的、跃动着的并且是非常深厚丰富的思想家的思想，是否有些失当。①

鲁迅越过关节点的思想飞跃，并不是一蹴而就的，也不是突然发生的，而是经过了一个思想演变的过程，经历了一个渐变的过程。他的飞跃是水到渠成，是合理的、自然的。早在厦门时期，鲁迅整理了一次自

---

① 这里，我们可以指出两种情况。一种是，订出一种规范，比如说，列宁曾指出："只有承认阶级斗争，同时也承认无产阶级专政的人，才是马克思主义者。"以此为准则，用以衡量鲁迅，发现他在1927年时的讲话、文章中，都未表示承认无产阶级专政，因此，认定鲁迅尚非马克思主义者。这里，脱离了两方面的实际。一方面，任何思想家、革命家在革命斗争中，总是提出和解决运动中迫切需要解决的问题，而不是抽象地去解决某个理论问题，马克思主义经典作家也总是在实践面临着解决无产阶级专政问题时，才论述它的。如列宁在十月革命前夕写《国家与革命》，毛泽东同志在建立中华人民共和国前夕写《论人民民主专政》，就是这样。鲁迅在当时（1927年四一二反革命政变后）面临的是谁是革命、谁是反革命的问题，而尚未涉及建立无产阶级政权问题，自然不可能在言论中谈到此问题。另一方面，鲁迅总是循着自己的思路前进的。他在革命与反革命的生死搏斗中，思考的是自己过去存在的问题，如：人以阶级分、还是以年龄分？谁是革命的领导者、谁是革命依靠的力量？革命的前途是什么？等等。他的回答是循着这样的问题去做出的。我们也不可强求他，责他未说及什么问题。另一种情况，不妨叫"搞'章句之学'，写'语录体'文章"。论到鲁迅思想从前期到后期的转变，往往摘引鲁迅有关的几句话，加以排比，而不顾及整体和观察全貌，却得出某种结论。这就难免产生以偏概全，一见树木便是森林的偏差。

己的思想，对过去的战斗作了一次认真的总结。这是他对自己从辛亥革命到五四运动、从"五四"到"五卅"这样一段漫长的革命历程的战斗总结。他把过去都埋入"坟"里了。他在《而已集·答有恒先生》中说："我离开厦门的时候，思想已经有些改变"。这当然是谦虚的和带有某种保留态度的说法。事实上不是"有些改变"，而是有了巨大的变化。他接着说："这种变迁的径路，说起来太烦"。足见不是思想上枝枝节节的变化，而是思想体系上的变化，所以不是三言两语能说清的。

早在1927年4月10日，他就写了《庆祝沪宁克复的那一边》这篇名文。在这篇文章中，鲁迅写了这样一段文字：

> 最后的胜利，不在高兴的人们的多少，而在永远进击的人们的多少，记得一种期刊上，曾经引有列宁的话……。

接着他便引证了列宁关于不要胜利冲昏头脑、要巩固胜利，并消灭已经被征服的敌人的教导。

鲁迅在这里引用列宁成段的话，以它为立论的依据，并且赞颂"俄国究竟是革命的世家，列宁究竟是革命的老手"。这都表明了他对十月革命、对革命导师列宁、对马克思列宁主义所持的态度，这是赞美、拥护、钦敬的态度。这也表明了一种政治上、理论上的立场。但更重要的是，鲁迅在这篇作品中，表现了一种政治上非凡的敏锐和远见，应该说，这都是具有了一定的马列主义水平的表现。他在胜利声中、庆祝声中，告诫、提醒人们要接受历史的教训，不要被胜利冲昏头脑，不要宽恕敌人，不要"陶醉在凯歌中，肌肉松懈，忘却进击了"，他指出"黑暗的区域里，反革命者的工作也正在默默地进行"，如果忘了进击，"敌人便又乘隙而起"。他特别总结了现状，以研究系和"现代评论"派为例，说明"陶醉着革命的人们多"，"会使革命转成浮滑"。鲁迅在简短的篇幅中，以精练的语言阐发了深刻的革命道理，其中深含着革命辩证法；胜利中包含着失败的因素，如果丧失，就会向反面转化；拥护革命的人多了，说明革命队伍的扩大、革命事业的发展，但革命队伍的质量又有降低的可能性，并有可能由于投机者的潜入而使革命变得浮滑，浮滑会侵蚀革命肌体，使得革命精神从浮滑到稀薄，到消亡，以至于复旧。反革命被打败了，但没有彻底消灭，还在黑暗的区域里从事反革命活动，如果只顾庆祝、讴歌，一味大度、宽恕，也要走向反面，出现复辟。所有这些，都闪耀着马克思主义思想的理论光辉。这是鲁迅思想上的新质结出的硕果。

另一方面，文章的风格畅晓、明快，一扫鲁迅以前那种隐晦曲折的情况，这也是思想情绪的巨大变化的表现。

在鲁迅写这篇文章后两天，4月12日，就发生了四一二反革命政变，他的话不幸而言中。这种对于复杂的阶级斗争形势的洞察力，对于事物发展规律的预见性，表现了鲁迅思想上新质的力量。拿鲁迅同当时党的领导人陈独秀以及其他一些党内右倾投降主义者相比，鲁迅显得多么敏锐而坚定，他比这些自称为马克思主义者的共产党人，思想上的马克思主义还要多呢。

所有这些，难道不能说明鲁迅当时的世界观已经有相当多的部分符合马克思主义，鲁迅已经开始进入共产主义者的行列了吗？我以为是可以这么看的。[①]

当然，我们还需要研究分析鲁迅这个时期的其他作品。

前面已经说过，鲁迅到广州以后，"革命"成为他的讲演和文章的第一主题，它已经代替了他过去使用的"进化"这个词语。当然，这种用词的不同，绝不只是语言上的变化，而是思想上的重大跃进。鲁迅以前提出的一个基本命题，也可以说是他半生探索的主要问题，就是如何改造落后的国民性，使中国和中国人由落后变为先进，在进化的路上前进。现在呢，他的基本命题已经是革命了。

鲁迅这时所说的革命是指什么而言？早在离京之前，他就说过改革最快的是火与剑，而且说孙中山先前的失败就在于没有掌握党军。由此可见他说的革命是指用枪炮推翻旧势力。到广州以后，他在《而已集·

---

① 当然，这里说鲁迅的世界观中有相当多的部分符合马克思主义和已经进入共产主义者的行列，并不等于说他已经完成了他的世界观的飞跃和已经是一个成熟的马克思主义者、共产主义战士。一个人在政治上达到这种飞跃，并不要求世界观的完全转变和理论上的成熟。我们许多共产党员甚至是党的领导人，也是在基本上符合条件的情况下进入党内，走在共产主义者行列中，然后在革命斗争的实践中改造、提高、渐臻于成熟的。在此之前，思想上的非无产阶级因素，理论上的非马克思主义成分及不成熟，都是自然存在而不足为怪的。我们说鲁迅的转变和飞跃，亦复如此。此后的路仍长，他的思想理论上的马克思主义化，成为成熟的马克思主义者、坚实的共产主义者和文化先驱，自然还是后来的事，还是到了1929、1930年，经过斗争和学习才完成的。但这不应妨碍我们看到和承认他在1927年的质的飞跃和变化。思想发展的阶段性，正表现在这里。

革命时代的文学》中又多次拿文学和战争来做比较，说明"中国现在的社会情状，止有实地的革命战争"能够改变，因此，他号召青年们积极地去参加实地的革命战争，他说自己在这种参加战争的青年学生面前感到惭愧。这一时期，他对文学的作用有点估计过低。这是一种矫枉过正的表现。但它却反映了鲁迅一个根本观点的改变：以前他强调思想革命，把文艺运动当作改造国民性的根本途径；现在，他却首先和更主要地看到革命战争的作用，认为它是改造社会的杠杆。

共产党是无产阶级的政党，这一点鲁迅是完全了解的。他也说过"平民的世界，是革命的结果"，他的目标是"工人农民得到真正的解放"。说明他对将来的社会是工农国家的社会主义社会，也已有明确的了解，他是从苏联存在的事实了解到的。他这时对于工农的历史作用也已经做出了充分的估价，他把民众（即工农）当作社会的主体，以与他们是否有关和对他们是否有利来作为衡量一切事物价值的标准。特别是，四一二反革命政变之后，他不仅看出青年有"共产青年"与"树的党"的区别，而且工人组织也有共产系统和国民党反动派系统之分，这里已经是比较鲜明的阶级观点了。

在四一二反革命政变之后写作的《答有恒先生》则从另一方面，即从总结自己的过去方面，反映了他的世界观的飞跃发展。拿这个总结和在厦门时的总结（《写在〈坟〉后面》）相比，真是大不相同了。思想、观点、情绪都有变化，有发展。厦门的总结的特征是：淡淡的哀愁。而现在的总结是两个字："恐怖"。而且是"从来没有经验过"的恐怖。这"恐怖"的内容和原因是什么呢？

"一、我的一种妄想破火了。"他说，他一直有一种乐观，"以为压迫，杀戮青年的，大概是老人。这种老人渐渐死去，中国总可比较地有生气"。这是对他原来的以进化论为特征的唯心历史观的典型概括。可是现在呢？在四一五大屠杀中，他亲眼所见："杀戮青年的，似乎倒大概是青年，而且对于别个的不能再造的生命和青春，更无顾惜。"

青年之间的生死矛盾是阶级对立的尖锐表现。这种描述，是用阶级观点得出来的结论，至少其中已经蕴含着很浓的阶级论因素。

第二，他说，他发现自己是在帮着做"醉虾"。他说，"中国的筵席上有一种'醉虾'，虾越鲜活，吃的人便越高兴，越畅快。"而他自己在过去，恰恰是"弄清了老实而不幸的青年的脑子和弄敏了他的感觉，使他万一遭灾时来尝加倍的苦痛，同时给憎恶他的人们赏玩这较灵的苦痛，得到格外的享乐"。

为什么会这样？后面，他说到，如果再和陈西滢教授之流斗争，是"容易的"，"然而无聊"。他认为"他们不成什么问题"，也就是说革命发展了，敌人变化了。

他还说："现在倘再发那些四平八稳的'救救孩子'似的议论，连我自己听去，也觉得空空洞洞了。"

"空洞"在哪里呢？就在于这种从进化论出发的议论，丝毫不能改变旧的社会、旧的制度，反动统治者照样进行统治，整个中国不会有什么改变。鲁迅说这就是他的"真症候"。他感到了恐怖。这"恐怖"，其实是他的新觉醒——否定了进化论，认识了阶级论。这"恐怖"的实质具有积极的因素：迫切地、坚决地要求进入新的战斗行列，走上新的革命道路。

这个总结是最无情面的自我解剖，是深刻的自我批评。他批判了进化论，批判了革命民主主义的不足（只能做"醉虾"、空喊"救救孩子"），只是同封建军阀及其走狗作斗争而不去同新的阶级敌人作斗争，等等。这些认识，难道不是马克思主义思想因素吗？

鲁迅在这时期文艺观点的改变，也是很明显的。

1927年4月8日，鲁迅应邀到黄埔军校讲演，题目是"革命时代的文学"。

讲演一开始，他就说，由于自己在北京所得的经验，"对于一向所知道的前人所讲的文学的议论，都渐渐的怀疑起来。"他已经对过去的文学理论怀疑了。他特别指出的就是文学的功用问题。过去他拿文艺当作足以改造一切或者是可以从它入手来改造一切的东西。现在，他却说文学"是最不中用的，没有力量的人讲的"。这样说法自然有偏颇之处，但这正是他尚未成为一个成熟的马克思主义者的反映，可是立足点却确实是改变了：文学只是改革社会的一种力量，而且受到政治和社会制度的制约。

在他关于"大革命于文学有什么影响"的论述中，他一直把文学同"社会状态"联系起来，分别讲了大革命之前的文学、大革命时代的文学和大革命成功后的文学等几种情况。他的分析中虽然还夹杂着一些非马克思主义的提法，比如把文学只看作"余裕的产物"，认为文学于革命战争没有什么作用等。但他的基本观点是文学不能脱离社会状况这个根本，虽然也没有用"文学是社会生活的反映"这样科学的语句来表达，但这个观点是贯穿其中的。他最后指出："必待工人农民得到真正的解放，然后才有真正的平民文学。"这一论点是鲜明的马克思主义的观点。另外，在《魏晋风度及文章与药及酒之关系》中，通篇也都贯穿着从社会状况及其变化来探讨文学的状况和文学流派的变化。汉末、魏初文章的清峻、通脱，建安七子文章的慷慨、华丽，等等，都与当时的社会状况分不开。他最后论及陶渊明时说："据我的意思，即使是从前的人，那诗文完全超于政治的所谓'田园诗人'，'山林诗人'是没有的。完全超出于人间世的，也是没有的。"

应该说，在这篇讲演中，他通过对文学史的论述，表露了历史唯物主义的观点。

在《革命时代的文学》中，他还论证了革命文学与革命人的关系："革命人做出东西来，才是革命文学。"在《革命文学》中也指出："我以为根本问题是在作者可是一个'革命人'，倘是的，则无论写的是什么事件，用的是什么材料，即都是'革命文学'。从喷泉里出来的都是水，从血管里出来的都是血。"

他强调了作家的革命立场、革命世界观的决定性作用，认为它是创造革命文学的关键，这种唯物主义的文艺观，是非常鲜明的。

综合以上几个方面，我们可以看到，鲁迅在许多根本性的问题上，已经具有马克思主义观点或者有了这种因素；他已经在国家命运、社会变革这些问题上，达到了历史唯物主义的高度。

俄国的伟大革命民主主义者车尔尼雪夫斯基、赫尔岑曾经到达旧唯物主义的高峰，而停止在辩证唯物主义和历史唯物主义面前，这原因，最根本的是俄国社会生活的落后，无产阶级还没有登上俄国历史舞台，革命还停留在资产阶级民主革命阶段。

鲁迅却不同，他经历了辛亥革命、五四运动，又投身于共产党领导的新民主主义革命热潮之中，跨步迈向辩证唯物主义和历史唯物主义，用它来观察革命问题、文艺问题和社会改革问题了。

他能够跨越的原因，正如车氏、赫氏不能跨越的道理一样，一是受到社会条件的限制；另一个则是得到社会条件的促进。

他们生活在不同的世界中。

十二、迎接新的风暴

辞去中山大学的一切职务之后，鲁迅一直住在白云楼的楼上。他在《而已集·通信》中说：

> 我又仿佛感到有一个团体，是自以为正统，而喜欢监督思想的。我似乎也就在被监督之列，有时遇见盘问式的访问者，我往往疑心就是他们。

这个团体就是国民党反动派。鲁迅在白色恐怖的笼罩下生活。广州时常戒严，仍然不时在捕人。鲁迅在白云楼里工作，很少出来。

那时出了一本《鲁迅在广东》。在《而已集·通信》中，鲁迅说：

> 看了《鲁迅在广东》，是不足以很知道鲁迅之在广东的。我想，要后面再加上几十页白纸，才可以称为"鲁迅在广东"。

但是，从4月到9月这将近半年的时间里，并不是"几十页白纸"，他做了许多工作，编书、写序、翻译等，还处理了几件大事，而且思考、决定了今后的去处和战斗方式。在这期间，他编定了散文诗集《野草》并写了《题辞》，编定回忆散文集《朝花夕拾》，又写了《小引》和长篇《后记》，整理好译稿《小约翰》，并写了《引言》，编就学术著作《唐宋传奇集》，并写了《唐宋传奇集考证》和序例。他写了后来收集在《而已集》和《三闲集》（部分）中的杂文，还翻译了后来收集在《思想·山水·人物》中的译文。

在这期间，曾经发生了刘半农拟议举荐鲁迅获诺贝尔文学奖金的事，但他拒绝了。他在1927年9月25日致台静农的信中说："请你转致半农先生，我感谢他的好意，为我为中国。诺贝尔赏金，梁启超自然不配，我也不配，要拿这钱还欠努力。"

关于何去何从，他在慎重考虑，他要寻找一个战斗的落脚点，开始新的征途。

南京有人要他去编期刊，他谢绝了。燕京大学要他去教书，他也回答说："我大约还须漂流几天。"有友人力争他去蔡元培主持的中央研究院从事研究，他在1927年6月12日致章廷谦的信中说："其实，我和此公（指蔡元培）气味不投者也，民元以后，他所赏识者，袁希涛蒋维乔辈，则十六年之顷，其所赏识者，也就可以类推了。"

6月23日，他写信给章廷谦说："此后何往，毫无主意，或者七月间先到上海再看。"不久，他就决定去上海了。

关于今后的打算，他在1927年9月19日致翟永坤的信中说："政、教两界，我想不涉足……也许翻译一点东西卖卖罢。"

他终于决定选择上海作为他今后战斗的落脚点。这个决定，他是经过慎重考虑才做出的。北京，他不去，因为那时虽然军阀势力已经不再成问题，但是北京也已经冷落了，斗争的中心和革命的浪头已经南移；而且北京还有一个家，他与许广平同归，却有不好处的问题。南京，是国民党反动派的首府，他当然不能去。而上海，这时已经是文人荟萃之处，斗争旋涡所在，而且是创造社、文学研究会活动的中心。从工作的选择来看，他决心不教书，不担任社会职务，更不去政府任职，他所看重的仍然是写作，战斗。他在给友人的信中几次谈到，在外国没有作家而又担任教授的，他自己也感受到教书与写作是不两立的。

这样，他决定与许广平一起，离广州，去上海。

9月24日，他去到广州昌新街四十二号创造社广州分部。

这里，是他离开中山大学以后，唯一能够常去走走的地方。今天，他来告别了。创造社的成员们热情地接待鲁迅，他们拿出《创造周刊》《洪水月刊》等赠给鲁迅。

第二天，他写了那封拒绝友人为自己申请诺贝尔奖金的信。他是谦虚，而且表现了他的骨气。他既不要占"我是中国人"的便宜，也不要外国人"因为黄色脸皮人，格外优待从宽"，他认为这样"反足以长中国人的虚荣心"。

1927年9月27日，他离开了广州，对于离开的日子，鲁迅一直秘而不宣，因为怕国民党反动派干扰。这天中午，他和许广平一起，登上了太古公司的轮船"山东"号，送行者仅厦门跟来的学生廖立峨一人。

他在《而已集·通信》中说，"在厦门，是到时静悄悄，后来大热闹；在广东，是到时大热闹，后来静悄悄。"确实，静悄悄。

但是，天空上阴云沉沉，秋雨就要来临。海上的风浪或许会很大吧。在静悄悄中，他走上新的征途，去迎接那新的生活，新的战斗风暴！他又走向一个新的世界。

第八章 新的世界与新的生活

1927年（47岁）—1929年（49岁）
上海

……中国现在是一个进向大时代的时代。但这所谓大，并不一定指可以由此得生，而也可以由此得死。

——《而已集·〈尘影〉题辞》

我一向是相信进化论的，总以为将来必胜于过去，青年必胜于老人……然而后来我明白我倒是错了。

——《三闲集·序言》

我有一件事要感谢创造社的，是他们"挤"我看了几种科学底文艺论，明白了先前的文学史家们说了一大堆，还是纠缠不清的疑问。并且因此译了一本蒲力汗诺夫的《艺术论》，以救正我——还因我而及于别人——的只信进化论的偏颇。

——《三闲集·序言》

1927年中国大革命的失败，带来了大的流血、大的变化、大的动荡，也把中国引进一个新的伟大的时代。在伟大的时代里，进行着伟大的、艰苦的搏斗，进行着广泛的、深刻的革命。时代的振荡器，历史的筛选机，造成新的斗争、分化、组合，有人由此得生，有人由此得死，有人由此跌入灵魂的地狱，而有人却升上思想的峻岭、人生的崇高境界。

许多原先革命的，现在退出革命或进入反革命；许多原先投机的，现在扯下了假面具，飞黄腾达；也有许多原先革命然而尚未看清形势、分清队列、摸索前进的真诚的志士，却在这艰苦卓绝、血雨腥风的大搏斗时代，跨进流血牺牲的行列，走进自己生命最辉煌的时期。这种志士仁人，在当时，在中国的革命队伍中，在一代知识分子中，为数甚多，许多人后来成为中国革命的英雄、人民永远纪念的人物。鲁迅也是其中的一个，而且是一个伟大的代表。他和时代、和同时代人一同前进。只是他的步伐更坚定、更扎实、更义无反顾，也更坚持不懈。

1927年10月3日，鲁迅和许广平来到上海。他们的初意，是先在上海暂住，看看情况，再决定行止。但是，后来，经过多方衡量，终于决定在上海定居了。从此，鲁迅在上海战斗了10个年头。10年之中，他以一个伟大共产主义战士的英姿，率领左翼文化新军和全国文化界进步人士，冲破国民党反动派的反革命文化"围剿"，批判帝国主义的、资产阶级的以至封建主义的思想文化，高举共产主义思想大旗，为无产阶级文学艺术事业、为革命文化事业立下了永不磨灭的奇勋。在这10年中，他用马克思主义武装了自己，使自己的战斗更英勇、更坚决、更正确，使自己的作品——主要是杂文，更加深刻、有力、精粹、成熟。

这是鲁迅一生的最后10年，也是成就最辉煌的10年。

一、新生活的开始

鲁迅与许广平来到上海后，先落脚于共和旅馆。三弟建人以及许多沪上的朋友们，都来看望照料。5天后，他们便在东横滨路景云里第二弄深处（最后一家）二十三号住下。鲁迅与许广平同居了。他们冲破了封建礼教的束缚，鄙视那些恶意的攻击，排除种种世俗的干扰，把彼此的命运最后地联结在一起了。

从此，许广平便以学生、伴侣、战友、助手的身份，同鲁迅的事业和战斗结合在一起了。鲁迅在1929年3月22日致韦素园的信中说："其实呢，异性，我是爱的，但我一向不敢，因为我自己明白各种缺点，深恐辱没了对手。然而一到爱起来，气起来，是什么都不管的。"他已经摆脱了那些诬陷、攻击、流言的侵袭和由此造成的不安，也摆脱了自己思想感情中的矛盾、犹疑，"什么都不管"了。

他们没有到什么地方去欢度蜜月，也没有置办更多的家具用品，这是战士的结合。他们只求一个适宜的处所，便于译作，便于战斗。

景云里居住了不少周建人所在的商务印书馆里的同事，茅盾、叶圣陶等作家也住在附近。鲁迅和许广平初到上海，就在许多熟人、朋友的环绕中安身了。

以后，由于种种原因，他们又迁居至景云里十八号和十七号。

上海究竟是通商大邑、人文荟萃之地。鲁迅在上海刚刚住定，各方面的文化人士很快就趋向他。首先来会见的是李小峰、孙伏园、孙福熙、林语堂这些老朋友。接着来的是许钦文、郁达夫夫妇和潘梓年等。以后，频频交往的还有陈望道、章锡琛、夏丏尊、章衣萍、叶圣陶、丰子恺、胡愈之、樊仲云、钱杏邨、楼适夷、蒋光慈、郑伯奇、段可情、潘汉年、王平望等人。这里有文学界的老将与新秀，有新闻出版界、教育界的知名人士，也有共产党员作家和党的实际工作者。在这样相当广泛的接触中，鲁迅从中了解到沪上文化教育界的情况以至整个文学界的形势，对政治形势与阶级斗争状况也有所了解，而且在友情的温馨气氛中，他感到欣喜与鼓舞。

大概正因为如此，所以他们暂在上海停留、看看再说的打算，很快就改变了。鲁迅是想在这个更具有新文化气氛、更开放和活跃的中国第一大城市居留，专门从事译述。在抵达上海后的第11天，他在1927年10月14日致台静农、李霁野的信中说："到此已将十日，不料熟人很多，应酬忙得很。邀我做事的地方也很有，但我想关起门来，专事译著。"而在写这封信之后的第3天，他就发表了读书札记式的文字《书苑折枝（三）》和《〈唐宋传奇集〉序例》。同时，他还着手进行《唐宋传奇集》的编校工作，准备在当年就出版上册。

有的学校慕名而来，请他去任教，但他谢绝了。他在1927年10月21日致廖立峨的信中说："周围清静一些之后，再看情形，倘可以用功，我仍想读书和作文章。"

他喜欢上海的热闹。在给廖立峨的信中，他说："这里的情形，我觉得比广州有趣一点，因为各式的人物较多，刊物也有各种，不像广州那么单调。"因此，他决定留下来。然而他却又想静下来，做学问、搞译述。学者鲁迅的心情和志向，此时在发挥作用；而且，为生活计，他也必须译述。

虽然时间尚短，但是新的生活，对于鲁迅的身心健康和心情，都是有益的。那种孤寂的家庭生活，已经结束了。他开始有了一个温馨的家。他为此付出了苦痛的代价，但他的收获也是丰硕的。我们可以说，没有这个新的家庭，可能就不会有鲁迅的最后10年，至少最后的10年不会是这样。

二、走向广阔的领域

20世纪20年代末期，大革命失败后，大批革命人物来到这里，从事公开的和秘密的活动，特别是大批的革命文化人和从革命的实际斗争中退出而进入文化界的进步文化人的涌进；也还由于蒋介石新军阀政权的南移，上海已成为中国南方的文化中心，以新文化著称，而与北京南北对峙。作为国际性城市，上海又有海运的便利，它在接受外来文化方面，又更为全国之首。于是，它这个帝国主义势力张狂、被称为冒险家的乐园的城市，却同时又成为中国新文化的活跃的中心。

鲁迅以他在"五四"以来新文化运动和新文坛中的声誉和地位，以他的战斗的业绩和学术上的成就，以及他日渐增大的影响力，不仅他自己被这里的文化气氛所带动，而且这里的文化运动也迫切地需要他的支持和努力。

当蒋介石还没有来得及巩固他在屠杀与血泊中建立起来的政权，忙着镇压那未曾镇住也不可能镇住的共产党人逐渐走向新方式的斗争之时，新的革命文化在"空隙"中得到一个发展的时机。正当起义在南昌和广州爆发，处于星星之火阶段的工农红军在艰困中发展，中国农村革命深入的时期，以上海为中心的城市的文化革命的深入发展也开始了。

鲁迅在此时，想闭门译述也不可能了。除非他是一个"纯正的学者"，能够"两耳不闻窗外事"。而鲁迅在广州经历了血的洗礼之后，在他的思想已经发生了质的变化的时候，他的"静下来"的想法，也只能是一时的。

在时代的召唤下，在他自己内心的要求下，他终于还是走出了"书斋"，走向了广阔的生活。

投身实际斗争

1927年10月19日，即鲁迅来到上海后的第16天，鲁迅参加了中国济难会工作人员王平望（弼）举行的便宴。宴会上研究筹办一个刊物的事，鲁迅给予了鼓励。从此，鲁迅同这个革命组织建了联系，后来参加了济难会。他曾捐赠该会几次数目不小的款子，还直接参加了这个革命组织的工作。

后来，由于国民党反动派的压迫，公开的组织中国济难会不能开展工作了，在党的领导下，又成立了革命互济会。这个组织，以它的秘密的群众性的组织工作，开展了对于受难的革命者和他们的家属的救助活动。鲁迅也参加了这个革命组织，同样多次捐钱资助。冯雪峰在《回忆鲁迅·党给鲁迅以力量》中说过，他1928年12月同鲁迅交往以前"我们党已经有别的同志在和他往来，主要的是经过革命互济会这一环"。他还说，有一次他去见鲁迅，有一位客人刚走，鲁迅爽朗地笑着，告诉他这位客人是革命互济会的，每次来都要大谈一通革命高潮。"革命高潮"，这是当时的时髦话题，也是带着"左"倾意味的。鲁迅的如此谈起和他的情绪，表现了他对于这位同志和这个革命组织的亲切的感情。

自从参加光复会以后，鲁迅在长期战斗中，没有再参加过任何革命组织。而在辛亥革命之后，这种政党式的革命的或不革命、反革命组织，爱国的、进步的各类社团，以及政治色彩不同的学术团体，是很不少的。但是，鲁迅虽然始终站在斗争的前列，除了支持主要办刊物出丛书、从事文学活动的社团之外，他没有参加别的从事实际斗争的革命团体和组织。这是他的特殊的斗争方式，也是他的性格所决定的。他不轻信人，也不轻信什么组织，常常取观察的态度。但是，这次在上海，虽然初来不久，便以信任的态度支持济难会并参加了这个革命组织。这是鲁迅在政治态度和活动方式上的一个值得注目的改变。这也反映了他对于中国共产党的信任和亲切的感情。从此之后，他还陆续参加了中国共产党所领导的其他革命组织，从事实际的、有组织的革命活动。

讲坛上的新声

鲁迅并非一个好讲演的人。然而曾经有过许多著名的出色的讲演。他的讲演的特色是深刻而有风趣，而且简短，常常只是半小时。在北京时期，在厦门和广州时期，他都做过这样的讲演，然而为数不算太多。但到上海之后，特别是初到阶段，来请的和他去讲的，次数却颇不少。这些讲演，从题目到内容，都反映了鲁迅的思想的变化，反映他已经走向更广阔的生活面。

10月25日，鲁迅到上海后20多天，就应劳动大学邀请前去讲演，讲题是《关于知识阶级》。在这个讲演中，他对知识分子进行了深刻的分析，指出他们脱离实际、脱离斗争，做事怕危险、费踌躇，他说，这种"衰弱的知识阶级是必定要灭亡的"。"真的知识阶级是不顾利害的"。而"如想到种种利害，就是假的，冒充的知识阶级"。他鼓励劳动大学的学生们，称他们为"20世纪初叶青年"，"与旧的不同"，"一方读书，一方做工"，在这种"新的境遇"中，"或许可以造成新的局面"。不过他警告说：必须改造环境；"倘不与这老社会奋斗，还是要回到老路上去的"。如何奋斗呢？他指出："诸君中恐有钱人不多罢。那末，我们穷人唯一的资本就是生命。以生命来投资，为社会做一点事。"他告诫这些新的青年，不要做无谓的牺牲，"但也不要再爬进象牙塔和知识阶级里去了"。

这里响着新的声音。两年前，他还说现在仍是思想革命，仍然寄希望于知识分子，而民众待以后再说。但是，到了上海，他对知识分子进行了剖析，指出他们的弱点，区分革命的真的知识分子和假的软弱的知识分子。他的眼界开阔了，站得更高，也看得更准了。

3天之后，他又应立达学园的邀请，前去讲演。讲题颇有风趣和思想：《伟人的化石》。可惜讲稿已佚，难睹全豹！但据王任叔在1936年时的回忆："大意是说，一个伟人在生前总多挫折，处处受人反对；但一到死后，就无不圆通广大，受人欢迎。佛说一声'喳'，弟子皆有所悟，而所悟无不异。"这里，可能隐含着对于国民党反动政权的抨击，他们把孙中山的事业和思想神化、佛化，然而"所悟无不异"，他们是借佛的金光来售自己的私货。

11月2日和6日，他又分别应邀到复旦大学、暨南大学讲演，一次讲革命文学问题，一次讲文学创作和读书方法等问题。11月7日和14日，去劳动大学"文学讲座"讲课，再次谈文学与革命的问题。11月16日，往大夏大学讲演，主题仍是文学与社会联系问题。12月21日，到暨南大学，又讲《文学与政治的歧途》。从这些讲演的题目和仍然留存的讲稿的内容来看，他此时已开始从广阔的视野来观察、分析、研究文学和文学革命的问题，包括文学同时代、革命、政治、社会的关系，文学发展的道路和前途问题。

1928年5月15日，他应陈望道之邀，到江湾实验中学讲演。据《〈溃灭〉第二部一至三章译者附记》中记载，在这个题为《老而不死论》的讲演中，他传达了这样的思想：蛮族的杀害婴孩和老人，并非"因为残忍蛮野，没有人心之故"，而是在强敌逼迫面前，与其委给虎狼、委之敌手，倒不如自己杀了。"所以这杀害里，仍有'爱'存。"而中国人的"溺女""溺婴"，也不是由于残忍，而是"因为万不得已：穷"。在"杀亲"中见爱的存在，见到穷的苦痛与哀伤。这是他的见识的透辟，而这里也透露着他对于生活在水深火热中的中国人民的穷困生活的揭露和同情，对于剥削者、压迫者的指控；宁可自戕，而不委给虎狼、委之敌手，则反映了他对敌人的恨以及一种宁死不屈的精神。

的确，这个时期鲁迅写杂感不多。然而讲演却多，在讲坛上发出了他的新声音。他的思想，接触到实际、贴近着社会、回顾历史、瞻望前程、射向国外，是宽广的、开放的、流畅的、活跃的，一个思想与眼界都更展开了的思想家和文化先驱的面貌展现在我们面前。

进向现代艺术

鲁迅是中国现代革命艺术的导师。这是他作为中国文化革命先驱的一个重要的方面。在北京期间，他一方面搜寻和研究汉唐石刻画像，探寻中国新艺术的道路；另一方面也支持和扶持新兴艺术，并和新画家陶元庆、孙福熙、司徒乔合作或交往，支持他们的艺术上的探索和插图、书籍封面方面的改革尝试。来到上海后，他在这方面的工作也前进了一步，走进广阔的现代新兴艺术的领域了。他和画家陶元庆、司徒乔、孙福熙、丰子恺、钱君匋来往，支持和指导他们的创作、展览；热情关怀和支持立达学园筹办的画展；在所主编的杂志上发表艺术作品；翻译介绍国外艺术的文章；支持和指导朝花社出版《艺苑朝花》版画丛刊。他自己为此还大量购买美术图书，一以欣赏研究，一以推荐介绍给艺术青年借鉴。他先后购买了《世界美术全集》、《苏俄美术大观》、《蕗谷虹儿画谱》、《弥尔敦失乐园画集》、《但丁神曲画集》、《世界文艺名作画谱》、《日本原始绘画》、《手艺图案集》、《当代漫画》、《浮士德》绘画以及《伊索寓言》画本等。这为他的提倡新兴艺术增加了借鉴的资料，也为我国新兴艺术事业的发展提供了有利的条件。不少进步的艺术家追随着他前进。

在这期间，他所写的《当陶元庆君的绘画展览时》和《看司徒乔君的画》两篇文章，以其深刻、精辟、独到的见解，不仅分析和评价了这两位年轻画家的作品的意义、价值和创作道路，而且指出了我国新兴艺术发展的道路。他借评价陶元庆的作品，指出了中国的文学艺术，要"以新的形，尤其是新的色来写出他自己的世界，而其中仍有中国向来的魂灵"，就是说，既不落后于世界的潮流，有新的气魄和新的气象，又不失民族性，而且还要有艺术家"自己的世界"。他在《而已集·当陶元庆君的绘画展览时》中说：

就因为内外两面，都和世界的时代思潮合流，而又并未梏亡中国的民族性。

....

……他并非"之乎者也"，因为用的是新的形和新的色；而又不是"Yes""No"，因为他究竟是中国人。

这评价也是指导，指示和勾画了中国文学和艺术事业发展的途径，描出了这种新文学、新艺术应有的面貌。

在《看司徒乔君的画》中，他盛赞画家通过自己的作品"表示了中国人的这样的对于天然的倔强的魂灵"；又看见画家"对于北方的景物——人们和天然苦斗而成的景物——又加以争斗，他有时将他自己所固有的明丽，照破黄埃"。在这里，鲁迅鼓励艺术家深入自己的民族和人民的生活，扑捉其魂灵——倔强的、和自然与社会苦斗的魂灵；而且，要以自己的明丽，去照破黄埃。——这是艺术家的正确的道路。他还期望"青年的背着历史而竭力拂去黄埃的中国色彩"的出现，这是新兴艺术的前途和远景。

鲁迅就这样走向广阔的生活。这里，只不过概述了几个主要的方面，他的生活和活动的面比这要广阔得多，可见他的活动领域已经远远超出在北京时期了。这是一个发展，一个向着伟大文化先驱与大师的境界前进的发展。但是，就他自己来说，他只是自觉地、愉快地充当园中的石材、地上的泥土，培植别人；只是"打杂"，为他人尽力。然而，正是在这种平凡中，显出了他的伟大。

他走向新的生活，也走向新的世界。

三、思想突变期的跃进与深化

在《而已集·当陶元庆君的绘画展览时》中，鲁迅说："中国现今的一部分人，确是很有些苦闷。我想，这是古国的青年的迟暮之感。世界的时代思潮早已六面袭来，而自己还拘禁在三千年陈的桎梏里。于是觉醒，挣扎，反叛，要出而参与世界的事业——我要范围说得小一点：文艺之业。倘使中国之在世界上不算在错，则这样的情形我以为也是对的。"这里，非常概括而准确地描述了当时中国的文化"景观"与文学"景观"。古国已有迟暮之感，六面袭来的世界的新潮流，击碎了三千年陈的桎梏。而且，世界的大的风暴就要来临了：席卷西方文明世界的经济危机，即将制造一个大萧条、大崩溃、大混乱的局面，而那曾经震撼一时的世界文学中的"红色的三十年代"也将降临。这一切，都把它的信息和影响播撒到东方古国来了。

而这个古国，也已经几乎整个儿地震动着，跃动起来了。大革命是失败了，千百万革命者和群众倒在血泊中，一个新的地主资产阶级的、新的法西斯蒂式的军阀统治，也在血泊中建立起来了。但是，在血泊和血的蒸气中，更多的农民拿起了梭镖长矛，更多的工人举起了铁锤锄头，而且有一批又一批工人农民穿上军装、披上红带，走上武器的批判的疆场了。这些也给文学和整个艺术文化事业带来了新的气氛、新的精神、新的品格。

从世界吹来的时代思潮的风，从西方和东方，尤其是日本、苏联吹来的革命的和革命文学的风，遒劲地掀起浪潮去冲击那三千年陈的桎梏，而这三千年陈的桎梏闭锁下的古国的躯体与灵魂，也已经颤抖着、抽搐着，活过来了。本体自身也要求着新的生命、新的思想、新的精神了。

鲁迅正是在这样的时候，来到了这样的地方——上海。这儿是欧风美雨——无论是世纪末、世纪初的思潮，还是经济危机的信息和浪潮——最先吹拂的地方；这儿也是才刚经历了三次工人武装起义的地方，却又是四一二大屠杀发生的所在；然而，同时又是展开秘密的、英勇的斗争的神经中枢。觉醒，挣扎，反叛，要出而参与世界的事业，至少是文艺的事业。这正是当时中国文化与文学发展的主要倾向，同时，也是鲁迅的思想跃动、前进的主要倾向。两者不可分割，互相渗透和影响：整个民族与文化的倾向，影响和决定了鲁迅思想发展的倾向和路径；鲁迅的思想发展倾向和影响，也推动着整个民族与文化发展的方向与途径。鲁迅，正是民族精神与文化发展的代表人。人、时代、民族是结成一体的。

鲁迅在广州的实践和实际生活中，已经改变着、改变了自己的思想的许多方面。但是，由于事变发展的迅疾急遽，由于他自己的生活的不安定和事变还需要一定的时间消化，思想需要时间和心情来整理，直到在上海定居下来，并在一定程度上静下来之后，他才能继续自己的思考、实现系统的总结，并使自己的思想从实践到理论实现跃进和深化。

整个世界处在从物质到文明的转换期，整个中国也处在从物质到文明的转换期；而鲁迅也处在几乎是同步发展的转换期。

当然，时代、历史、民族在一个代表人物身上留下印痕，而代表人物也用他特有的角度来反映时代、历史和民族的状况。鲁迅是按照自己的思想路径来反映时代的，是循着自己的思想路径来实现、完成飞跃的。

透过"淡淡的血痕"

1926年10月14日夜里，鲁迅写下了这样的几句诗：

> 这半年我又看见了许多血和许多泪，
> 然而我只有杂感而已。
>
> 泪揩了，血消了；
> 屠伯们逍遥复逍遥，
> 用钢刀的，用软刀的。
> 然而我只有"杂感"而已。
>
> 连"杂感"也被"放进了应该去的地方"时，
> 我于是只有"而已"而已！

这还是在三一八惨案之后写下的话，里面充满了激愤与痛苦。然而，仅仅又过了半年，在广州这个曾被称为革命策源地的地方，拿钢刀与拿软刀的屠伯，却又更残酷、更疯狂、更大规模地屠杀人民了。人民的血，人民的泪，流得更多、更多了。泪揩了，血消了，屠伯们不仅逍遥，而且狞笑，并且歌舞升平地庆祝他们的"革命成功"！

两种不同而又相同的流血，两种不同而又相同的屠伯，给了鲁迅以深刻巨大的刺激，使他从刀光血痕中，看见了阶级与阶级的殊死搏斗，看见了进化论不能解释的现象和马克思主义阶级论的带着血流的实证。因此，他所得的，就不是"杂感"而已，更不是"而已"而已，却是更多更可宝贵的东西。他在《答有恒先生》中说道："恐怖一去，来的是什么呢，我还不得而知，恐怕不见得是好东西罢。……一面挣扎着，还想从以后淡下去的'淡淡的血痕中'看见一点东西，誊在纸片上。"

中国革命的长期性与艰巨性，表现在大规模的流血和这种大规模流血的时间长、地面广。鲁迅作为一个文化战士，一个革命作家，多次面对这种流血，而每一次历史性的血的迸射，都使他受到一次严酷的洗礼，每一次令人灵魂震颤的血腥味的熏炙，都使他进一步清醒地看到历史的进程和革命的本身。在辛亥革命时期，他看到了徐锡麟、秋瑾等先烈的血，他把那历史的沉痛教训写进了小说《药》中：革命者为解救群众抛洒自己的鲜血，而不觉醒的群众却拿他的鲜血去作治病的灵药。一面是毫不顾惜地流自己的血，一面竟是毫无知觉地喝那为自己流血的人的血。在三一八惨案中，他看到了刘和珍等青年烈士的血。这一次，一面是残酷地虐杀，另一面是勇敢无私地奉献。同时又有帮闲者的流言。但血迹却浸渍了亲朋的心。这是进步。他把两次流血的历史的经验写进了他的名文《论"费厄泼赖"应该缓行》中。现在，他看见了第三次的大规模流血。这是前两次完全不能相比的。但这次的特点是，流血的不是少数革命先行者，也不是少量的青年英俊，而是大量的人，他们是共产党员、共青团员，他们更多的是工农群众。工农不再是历史的看客和用哀怜的眼光乞求解救的群氓。他们已经抛洒自己的鲜血了，他们觉醒了，用仇恨与愤怒的眼光，投身于斗争的洪流。他们本身就是革命的洪流。

鲁迅就在这个空前的洪流中经受了一次考验、一次战斗的洗礼，并又前进了一步。他从血痕中看见了历史的足迹、革命的前进规律。在广州时期，他还来不及，也沉静不下来，对这些进行深入的思考和总结。到上海之后，风暴过去了，生活相对地安定下来了，带着血痕的往事便浮上心头，他比较、分辨、剖析、总结，发出了新的声音。

他从流血的斗争中，更正确、更深刻地认识革命、认识阶级了。

他在《革命文学》中称赞俄国十月革命是"实在在革命"。这是认识上的一个飞跃。他不再怀疑这个世界上的第一次成功的无产阶级革命了。他在为《尘影》写《题辞》时，赞颂"许多为爱的献身者"，他指出"意中而且意外的血的游戏"，虽然"赠给身在局内而旁观的人们"以"好看和热闹"，但"同时也给若干人以重压"，他认为"这重压除去的时候"，"这才是大时代"。因为当流血的重压除去时，就是实在的革命进行和胜利之时了。他在阶级论方面的观点，已经鲜明地表现在文字中了。他在《卢梭和胃口》中指出了"聪明绝顶的人""弱不禁风的人"同"蠢笨如牛的人"的"胃口"是不同的:"胃口的差别,也正如'人'字一样的。"在《文学和出汗》中,他的阶级论的观点准确、清晰、尖锐、鲜明,已经达到很深刻、很自觉的程度。该文中的这段论述,今天已经成为人们常常引用的阶级论的经典论述了。

> 而且,人性是永久不变的么?
>
> 类人猿,类猿人,原人,古人,今人,未来的人,……如果生物真会进化,人性就不能永久不变。不说类猿人,就是原人的脾气,我们大约就很难猜得着的,则我们的脾气,恐怕未来的人也未必会明白。要写永久不变的人性,实在难哪。
>
> 譬如出汗罢,我想,似乎于古有之,于今也有,将来一定暂时也还有,该可以算得较为"永久不变的人性"了。然而,"弱不禁风"的小姐出的是香汗,"蠢笨如牛"的工人出的是臭汗。不知道倘要做长留世上的文字,要充长留世上的文学家,是描写香汗好呢,还是描写臭汗好?这问题倘不先行解决,则在将来文学史上的位置,委实是"岌岌乎殆哉"。①

这都是他离开广州到上海后不久写下的文字。其实是四一二、四一五大屠杀轰毁了他的旧的思想之后,沉静下来初步思考的结果。这说明他已经对实际进行了理论的总结,把自己的实际感受提高到理性认识的阶段了。

这正是他跃进中,向前迈进的坚实的脚步。

他在《三闲集·序言》中说:

> 我一向是相信进化论的,总以为将来必胜于过去,青年必胜于老人……然而后来我明白我倒是错了。这并非唯物史观的理论或革命文艺的作品蛊惑我的,我在广东,就目睹了同是青年,而分成两大阵营,或则投书告密,或则助官捕人的事实!我的思路因此轰毁,……②

这里毫无贬低革命理论作用的意思,而是如实地写出了阶级斗争的实际对他的思想飞跃所起的促进作用与教育作用。

---

① 鲁迅:《而已集·文学和出汗》,载《鲁迅全集》第三卷,人民文学出版社,2005,第581页。

② 鲁迅:《三闲集·序言》,载《鲁迅全集》第四卷,人民文学出版社,2005,第5页。

对一直纠缠着他，也一直限制着他的三个根本性的、关键性的紧相联系的问题，即社会的前进、发展是进化还是革命，前进发展依靠的动力是什么，前途是什么样的社会、它是否真的就好，他都有了明确的、肯定的、正确的回答，不再怀疑、犹豫、彷徨，知道和能够给他的文字的读者以毫不含糊的回答了。在他这个时期的文字中，包括在各类文章和信件中，"进化"一词不再出现了（除了批评，比如说"只信进化论的偏颇"时），取而代之的是"革命"一词了。他在《而已集·〈尘影〉题辞》中说"在我自己，觉得中国现在是进向大时代的时代"，在《三闲集·"醉眼"中的朦胧》中说"不远总有一个大时代要到来"。这里所说的"大时代"，就是"革命的时代"，而且不是一般的革命时代，而是一个大革命的、像俄国十月革命那样的革命时代。这是他在文章中一再谈到的，他这时写的、看的、翻译的往往都有十月革命的内容。而且，他对于这种革命的必须从事斗争，这斗争是极为尖锐、激烈、残酷的，也有明确的认识。早在1926年11月在厦门写《〈争自由的波浪〉小引》时，他就不仅肯定了俄国的大改革，而且批判了外国游览者的攻击和诬蔑，他肯定了在大改革中的斗争、镇压和杀戮。他说改革者是本想"普给一切人们以一律的光明"的，"但他们被拷问，被幽禁，被流放，被杀戮了。要给，也不能"。他说，"俄皇的皮鞭和绞架，拷问和西伯利亚，是不能造出对于怨敌也极仁爱的人民的。"因此他也推断，中国的平民时代到来时，"平民总未必会舍命改革以后，倒给上等人安排鱼翅席，是显而易见的，因为上等人从来就没有给他们安排过杂合面。"在《三闲集·文艺与革命》中，他又指出："斗争呢，我倒以为是对的。人被压迫了，为什么不斗争？正人君子者流深怕这一着，于是大骂'偏激'之可恶，以为人人应该相爱，现在被一班坏东西教坏了。他们饱人大约是爱饿人的，但饿人却不爱饱人"。

这里，虽然没运用"阶级""阶级斗争"的字样，但是"平民""下等人""饿人"都是具有实质性社会内容的集合词，是鲁迅的杂文中采用的文学语言，它与阶级是具有同义词意义的。而这些人所从事的反抗压迫的斗争，自然是阶级对阶级的斗争了。

事实上，这里对于将来是一个什么样的时代、什么样的社会，也同样已经做出了明确的回答。当然，依然是用鲁迅的文学语言回答的。

依靠的力量是什么，自然，也是同样明确了的。

还要指明的是，鲁迅这时对于俄国十月革命和其以后的文学作品、文艺政策与文艺论争的介绍、评议也还表明，他把眼光投向了国际无产阶级革命和无产阶级文学。这更是他的思想的跃进和深化的重要方面。

鲁迅的这种跃进和深化，正是沿着马克思主义道路，向着以阶级论和阶级斗争学说为中心的唯物史观的跃进与深化。

文艺与革命

他谈得更多的是文艺与革命。

作为一个伟大的文学家，在对革命的认识前进了、深化了的同时，对文艺与革命的关系的认识也前进与深化了。文艺与革命，成为鲁迅到上海初期的一个思考与发言的重大主题。

这时候，中国的第一次大革命已经失败了。其根本原因是敌人的强大和革命力量的弱小。其中当然也包括中国共产党还处在幼年时期和它的领导者所犯的右倾投降主义的错误。但是，历史的辩证法就是如此。一方面，革命被打入血泊之中了；另一方面，革命者又从血泊中站起来了，显得更坚强。一方面，革命者犯了错误；另一方面，又从错误中取得了教训，变得正确起来。一方面，革命的力量表现弱小，不足以战胜敌人；另一方面，人民又在失败中显出了力量，并在失败后发展了自己的力量。起先是，南昌城头的第一声枪响，秋收起义的农民的怒吼，广州暴动的工人的战叫，然后，建立起第一批工农红军，深入发展农村革命，建立起第一批红色政权。

正是在这个形势下，在另一个战线——文化战线上，以共产党员为核心的革命文学家、艺术家，积聚了力量，先后来到了上海，酝酿着结合，携手，团结对敌，深入开展文化革命。这是革命发展的必然趋势。

鲁迅很快感觉到这种革命趋势，很自然地首先来探讨文艺与革命的关系了。

"五四"以来的新文化运动，随着政治革命的发展也进到了一个新的时期，进到了建设与发展无产阶级领导的、人民大众的、民族的与科学的新文化了。一群从血与火的阶级斗争前线退下来的文艺战士和新投身于这条战线的战士，以及一些从事革命实际工作而又爱好文艺的战士，逐渐聚集上海，形成了一支文艺新军。

鲁迅则是以老战士的身份进入到这个行列中来的。通过革命的实践与自己的体验，他看到了工人、农民的伟大力量，相信了他们的历史使命和作用，并且以鲜明的态度表明自己和无产阶级站在一边。他的思想上的飞跃，正代表了在中国社会中占人口大多数的中间阶级的重大变化：转向无产阶级。这正反映了中国无产阶级力量的发展壮大和革命的深入。

鲁迅作为伟大的文学家，他的转变又同时反映了中国"五四"以来文化革命运动的发展和提高。更可贵的是他带着五四运动和第一次革命的光荣的革命传统，带着他的辉煌的战斗成果，带着他的声望、造诣、经验和广泛的社会影响，进到新的革命文化队伍中来。这样，就使鲁迅有条件在后来成为左翼文坛的盟主、无产阶级文化新军的主将。

现在，他还是初到上海，因此，他首先需要对文艺与革命的问题进行一番新的探讨。

在到上海不久的10月21日，他就发表了杂文《革命文学》。他对国民党反动派在四一二反革命政变后搞的所谓革命文学给予了揭露和批判。他指出，在南方听得很多的"革命"，已经侵入文艺界了。当时广州的反动报纸上，捧出了法西斯作家意大利的邓南遮和德国的霍普德曼，捧出了国民党的谋士吴稚晖，加上西班牙的伊本纳兹，认为是应该师法的"四位革命文学家！"鲁迅尖锐地揭露这些人"从指挥刀下骂出去，从裁判席上骂下去，从官营的报上骂开去"，这种"文学""妙在被骂者不敢开口"而已。

鲁迅这种对当时新掌权的国民党新军阀所叫嚷的"革命文学"的揭露和批判，正是为发展真正的革命文学运动扫清道路。

11月7日，他到劳动大学讲《关于文学与革命问题》。几天后，到光华大学讲《文学与社会》。12月，到暨南大学讲《文艺与政治的歧途》。在这些讲演中，他论述了文艺的性质。首先他批评了当时文艺界的三种错误倾向：第一是逃避现实斗争，"为艺术而艺术，换言之就是造象牙之塔"；第二是"把杀人的事当作歌颂"，这是国民党的帮凶文艺；第三是"止于叫苦和鸣不平"的消极文学。在分析批判这几种倾向之后，他指出，"各种文学，都是应环境而产生的，推崇文艺的人，虽喜欢说文艺足以煽起风波来，但在事实上，都是政治先行，文艺后变。"①在这里，他用唯物史观正确地解释了文艺与社会、文艺与政治的

---

① 朱金顺：《鲁迅演讲资料钩沉》，湖南人民出版社，1980，第86页。

关系。他在《三闲集·文艺与革命》中指出:"社会停滞着,文艺决不能独自飞跃,若在这停滞的社会里居然滋长了,那倒是为这社会所容,已经离开革命……"

这就明确地指出了社会对文艺的制约关系。这是符合马克思主义观点的。同他原来的只期望文艺战士(超人与天才)出现来改造社会和国民性的看法相比,是从根本上改变了。

他还正确地论述了文艺与政治的关系,指明了它的宣传的作用、斗争工具的性质。这是资产阶级文艺家最害怕承认而竭力反对的。他在《三闲集·文艺与革命》中说:

> 我是不相信文艺的旋乾转坤的力量的,但倘有人要在别方面应用他,我以为也可以。譬如"宣传"就是。
>
> ……一切文艺,是宣传,只要你一给人看。即使个人主义的作品,一写出,就有宣传的可能,除非你不作文,不开口。那么,用于革命,作为工具的一种,自然也可以的。

这也是马克思主义观点的体现。同时,又纠正了他过去把文艺看作唯一能从根本上改变人的精神,夸大了文艺作用的旧观点。

但他又没有忽视文艺的特征,取消文艺之所以为文艺的特质。他说:

> 但我以为一切文艺固是宣传,而一切宣传却并非全是文艺,这正如一切花皆有色(我将白也算作色),而凡颜色未必都是花一样。革命之所以于口号,标语,布告,电报,教科书……之外,要用文艺者,就因为它是文艺。

在论述革命文学时,他正确地指出:"真正革命家也是革命文学家,但现在顾不着做文艺,而现在的文艺家呢,只能喊喊、叫叫,还不能作出革命文学来。革命文学只能在革命以后出现,有了苏俄十月革命,才有无产者革命文学。"他认为,"革命以前的好文学,也只是揭露社会黑暗,诉说民众苦楚,鸣鸣不平。"他很好地说明了革命文学在当时的任务。他还进一步论述了创作方法问题,回答了"写什么,怎样写"的问题。《鲁迅回忆录》中说:

> 我看还是首先写人生、为改造这人生。……你有苦闷,就发牢

骚；有希望，就去幻想；你痛苦了，就叫唤；看见可哭的，就写可哭的；可笑的，就写可笑的；可恨的，就写可恨的！

在《而已集·革命文学》中，他说：

> 我以为根本问题是在作者可是一个"革命人"，倘是的，则无论写的是什么事件，用的是什么材料，即都是"革命文学"。从喷泉里出来的都是水，从血管里出来的都是血。"赋得革命，五言八韵"，是只能骗骗盲试官的。

他在这里批评了那种以为只要"赋得革命"，就可以是革命文学的错误观念，提出了作家自己首先成为革命人的重大问题。因此他在《三闲集·文学与革命》中批评了那种"所谓超时代"的"革命作家"。

鲁迅的这些论述，涉及了革命文学的基本问题，这是迎接文化革命新时期的号角和宣言。他的论述虽然仍然带着旧观点的遗痕，但基本上是符合马克思主义观点的。这就为即将到来的无产阶级革命文学在理论上奠定了一个初步的基础。

这些初到上海时期的言论，表明鲁迅已经较多地掌握了马克思主义，他的思想方向、基本观点和世界观的主导的方面，已经是马克思主义的了。①

---

① 有的论者列举了鲁迅这时的一些模糊以至错误的观点，列举一些旧观点的遗痕，说明它的非马克思主义的性质。这都是应该的。但是，由此得出结论，说鲁迅这时还没有实现思想上的飞跃，还不是马克思主义者，只有到1928年末、1929年初以至1930年，才算成为马克思主义者了。这种看法值得研究。看一个人是否转变成为马克思主义者，主要应看他在基本立场、主要问题上的观点是否符合马克思主义，而不能要求在一切问题上都做到这一点。我们承认一个人从非马克思主义者转变到马克思主义立场上来了，不能要求他立即成为纯粹的、成熟的马克思主义者。这是不可能的。历史上，不少这种转变立场观点的人，在成为马克思主义者之后，是并不立即成为纯粹的、成熟的马克思主义者的。这里有一个发展提高的过程，不能一蹴而就。不少著名的马克思主义者，即有这种情形。如李大钊，当他以最早的马克思主义宣传家的英姿写出一篇篇宣传马克思主义观点的文章时，其中就有一些非马克思主义的观点。而且，我们看到，马克思主义创始人在从革命民主主义者转变成共产主义者时，在他们创立马克思主义学说之初，在一些著作中，也还有一些观点上的"杂质"和旧时观点的遗痕。鲁迅在转变成马克思主义者之后，也有这样一个过程。这正表现了他对自己的思想观点进行马克思主义改造的情况。我们不能因为这个改造和发展过程的存在而否认他在基本上已经转变。鲁迅的伟大不在他一经转变，立即完全、彻底、纯净、成熟，而在他不断前进，从不停滞。

从国民性到人的阶级性

国民性问题，是鲁迅远在东京时期就在研究的同救国救民的根本道路相联系的课题。这个课题，在他从五四运动到1924年创作的小说和杂文中，也都郑重地提出过、严重地注视过、深入地研讨过，在这些形象的揭示和具象的抽象描绘与理性解剖中，也确有许多真实现象、真知灼见，有许多切中要害、一针见血的针砭。这些都是同他的以进化论为标志的唯心史观相联系的。因此，他也就不能彻底解决这个国民性的改造问题——能不能改变、如何改变、改变成什么样？这种改变与社会革命关系又如何？人都先改造好了，再来改变社会，还是相反？这本是唯心史观不可能解决的"怪圈"，首尾相连，难得切断，因此也找不到解决的头绪。但是，自从1925年以后，经过1926年，特别是1927年的血的洗礼，直到在上海时期的最初两三年（1927年10月到1929年）中，他的这个国民性改造问题发生变化了，也就是说跃进了、深化了。具体的表现就是向人的阶级性，也就是向阶级论的跃进和深化。

首先，"国民"在鲁迅那里已经不是一个笼统的集合体，而是分成绅士、君子、阔人、上等人、统治者、压迫者和小人、穷人、下等人、奴隶两种人的。这一点，早在1925、1926年，他便已经明确地这样使用过，而有明白的表现了。不过，这个时期，他虽然这样地加以区分，但在思想上还只是认识到他们的对立，而没有看出阶级的分野，尤其是还没有拿这种分野来做分析社会现象的基本线索。但是，大革命时期的如火如荼的工人运动、农民运动，资产阶级、小资产阶级各色人等的不同表现，共产党、国民党、左派、右派的明显分野和尖锐激烈的阶级斗争，以及后来的大流血，特别是在大流血中，血的火红的光焰所照出的阶级的明显、尖锐、你死我活的对立与斗争，把阶级的分野表现得再清楚不过了。热烈展开的阶级斗争这个事实，显示了阶级区分。国民性也一分为二了，你的爱我的恨、你的欢乐我的痛苦、你的幸福我的灾难，人性在这里表现出强烈的阶级性。鲁迅说他自己被1927年的血吓得目瞪口呆，然而这血也照亮了他的眼睛，拨开了眼中的云翳、心中的乌云。进到1927年，他就运用明确的阶级论的语言了，这时，穷人、平民、下等人等，也都具有了阶级的内容了。在《三闲集·文学的阶级性》中，他说得多么爽利明白：

在我自己，是以为若据性格感情等，都受"支配于经济"（也可以说根据于经济组织或依存于经济组织）之说，则这些就一定都带着阶级性。但是"都有"，而非"只有"。

在此段之前，鲁迅即表明了唯物史观并不否认个性和共同的人性，因此再次申明人性的带有阶级性，并非"只有"阶级性。

他已经从止步于历史唯物主义面前，改变为跨进历史唯物主义了。

他在这个时期着重谈到知识分子问题，也非偶然，而有深意。鲁迅向来重视思想革命，由此也重视知识分子在历史上的作用。他早期所说的"才士"、"精神界之战士"以至接受尼采的"超人"的用语，实际上都是指的知识分子。在五四运动期间，更是如此。《华盖集·通讯》中说，当运动退潮、文化阵线分裂后，他仍然寄希望于少数知识分子的发动思想革命，培养思想革命的人才，这更明显地表示了对知识分子的信任与希望。在他的"青年必胜于老年"的公式中的"青年"，实质上也是指的知识青年即青年知识分子。在他的思想上，知识分子是国民中的先觉者、精神战士，他们的国民劣根性是改变了的，是要改变众人的国民性的。但是，同样是1927年大革命的流血事件，使他最后改变了旧思路，因为同为青年、同为青年知识分子或一般知识分子，也是具有不同的态度的、存在阶级分野的。因此，在到上海后，他循着自己的思想路径，特别就国民中这个特别阶层，然而是他自己一向寄望的阶层，进行剖析，将他们划分为真的和假的、衰弱的和不顾利害的两种，而一种将灭亡，一种将前进。而且，他以为知识分子应该到实际斗争中去，接受革命洪流的冲洗，要去同工人农民一同斗争，而不能坐在屋子里获得无产阶级的意识。这些都使他的思想越过了一般国民性的探讨，而进入历史唯物主义范畴了。

不过，此时，他主要还是从实际体验考察到的现象中，经过初步的对于马克思主义的学习进行整理，得出了比较系统的认识。他还要前进，还在前进。不过，那个长期以来束缚和限制了他的以进化论为代表的唯心史观已经最后被冲破、被改造，而进到以阶级论为标志的唯物史观了。他跨过去了，跨进了俄国激进民主主义者的思想家、文学家、哲学家赫尔岑、车尔尼雪夫斯基所未曾跨进的境界。他跃上了思想的峻岭。这是时代对他的赐予，也是他自己思想上的成就。

"两个鲁迅"和两种鲁迅观

鲁迅已经变化了。在我们面前可以说出现了一个新的鲁迅。前后鲁迅是两个鲁迅。这是中国革命发展在思想上的一个"物质"成果。这是中国血与火的震撼大地的伟大斗争造就的伟大思想战士，是整个国家的广大人民的革命化的表现。我们本来应该总结这个成果，总结鲁迅思想，动员革命者和青年们学习他。

然而，在带着辛亥革命、五四运动的革命传统，带着总结了血的经验、思想进入了新的境界的鲁迅以新的面貌出现时，对前后两个鲁迅本应识其不同，知其区别，明其真实革命精神；但是，在"两个"鲁迅面前，却出现了两种鲁迅观，一种是完全彻底地否定，一种是基本的肯定。前者以太阳社、创造社为代表，后者主要以茅盾和冯雪峰为代表。

正当鲁迅带着在广州想与创造社合作而未成，到上海后即将实现这种合作时，形势出现了急遽的变化。1927年11月9日，鲁迅到上海落脚不久的一天，就会见了创造社的郑伯奇、蒋光慈、段可情，谈得颇为投契，商定了组织联合战线、恢复《创造周报》等事宜。郭沫若也非常欢迎鲁迅的合作。不久（12月3日）上海《时事新报》登出了《创造周报》复刊的广告，成仿吾列名于编辑委员的名单之首；鲁迅与麦克昂（郭沫若）列名于特约撰述员名单的第一、第二名。翌年元旦，《创造月刊》第一卷第八期上，赫然登出了《创造周报复活了》的预告。

但是，忽然地，这个联合战线还没有作战，就破裂了，太阳社和创造社联合起来，突然发起了对语丝社的批评，尤其是对鲁迅的批判。[①]他们正确地提出了建设革命文学的口号，但是却错误地以鲁迅来为他们的进军祭旗。他们的基本观点和理论逻辑是：中国革命正处于"极为高涨的时代"，而作家要"超越时代""创造时代"，"将给予革命的全战线以朗朗的火光"；他们提倡"革命文学"，认为我们今后的文学运动应该前进一步，"从文学革命到革命文学"；他们认为"中国的社会从根本上翻覆了旧形态"，现在要"从事资本主义社会的合理的批判"，在文学艺

----

① 据郭沫若回忆："后期创造社的几位朋友回国了，他们以新进气锐的姿态加入阵线，首先便不同意我那'退撄'的办法，认为《创造周报》的使命已经过去了，没有恢复的必要，要重新另起炉灶。结果我退让了。……和鲁迅的合作就这样不仅半途而废，而且不幸的是更引起了猛烈的论战，几乎弄得不可收拾。"（《沫若文集·鲁迅与王国维》）

术界，则要对"中国的混沌的艺术界的现象作全面的批判"。批判的锋芒，指向谁呢？他们一致的回答是：鲁迅和他的语丝社。他们对鲁迅进行了政治的、阶级的、文学的宣判，并进行了人身的攻击。他们假无产阶级之名，判定鲁迅是"代表有闲的资产阶级"或者睡在鼓里的小资产阶级①，"资本主义余孽以前的一个封建余孽"，"是二重的反革命人物"，"是一位不得志的Fascist（法西斯蒂）"②；丑化鲁迅是"常从幽暗的酒家的楼头醉眼陶然地眺望窗外的人生"，"常追怀过去的昔日，悲悼没落的封建情绪"，因此，他的作品"反映的只是社会变革期中落伍者的悲哀"③，"矜持的是闲暇、闲暇、第三个闲暇"，是"以趣味为中心的生活基调"④。在同时诞生于1928年元月的《太阳月刊》和《文化批判》中，以及在《创造月刊》中，他们排炮式地向鲁迅发起了猛烈的轰击，其势汹汹，帽子满天飞，批判不断升级。一时成为一种喧闹的思潮。

但是，当时也有另一种声音，另一种对于鲁迅的评价和认识。这时候还不认识鲁迅的茅盾便写了一篇《鲁迅论》，他列举了从张定璜到成仿吾对鲁迅的评论，加以评议，提出了自己的见解⑤。他指出：

> 他的胸中燃烧着少年之火，精神上，他是一个"老孩子"！他没有主义要宣传，也不想发起一种什么运动，然而在他的著作里，也没有"人生无常"的叹息，也没有暮年的暂得宁静的歆美与自慰（象许多作家常有的），相反的，他的著作里却充满了反抗的呼声和无情的剥露。反抗一切的压迫，剥露一切的虚伪！

茅盾指出，现时，"攻击老中国的国疮的声音，几乎只剩下鲁迅一

---

① 成仿吾：《完成我们的文学革命》，载1927年年初《洪水》第三卷第二十五期。
② 杜荃：《文艺战线上的封建余孽》，载1928年8月《创造月刊》第二卷第一期。
③ 冯乃超：《艺术与社会生活》，载1928年《文化批判》创刊号。
④ 成仿吾：《完成我们的文学革命》，载1927年年初《洪水》第三卷第二十五期。
⑤ 这里，我又忍不住要为鲁迅辩解几句。从这里仅仅止于极简略的摘记中，也可以看到，当时"两社"对鲁迅的批判，真可谓气势汹汹，排山倒海，而且，他们是一帮一伙，包围一个人；而且，后来盛行的打棍子、扣帽子、无限上纲，这时也已经出现了。鲁迅身受之，能不伤怀愤慨？回几句嘴，还不是理所应当、情有可原。这怎么就是得理不让人、过激、心浮气粗呢？后人因为已经见不到或没见到比鲁迅的回骂要多得多、重得不知几许、恶言詈语不一而足的"原骂"，所以就好像只是鲁迅自己碰一下就"跳到半空中去了"。

个人的了"。他还指出："鲁迅决不肯提出来呼号于青年之前，或板起了脸教训他们，然而他的著作里有许多是指引青年应当如何生活如何行动的。在他的创作小说里有反面的解释，在他的杂感和杂文里就有正面的说明。"他最后总括地指出："鲁迅只是一个凡人，安能预言；但是他能够抓住一时代的全部，所以他的著作在将来便成了预言。"①能够抓住时代的精神，这就是茅盾对鲁迅的认识和评价。

另一个是冯雪峰，他在 1928 年 5 月发表了《革命与知识阶级》一文，其中，对于鲁迅和对于当时甚嚣尘上的"鲁迅批判"表示了自己的肯定的和否定的态度。对于鲁迅，他指出，"实际上，鲁迅看见革命是比一般的智识阶级早一二年"，"无论如何，我们找不出空隙，可以断言鲁迅是诋谤过革命的"，"我们在鲁迅的言行里完全找不出诋毁整个革命的痕迹来"，"在文化批评方面，鲁迅不遗余力地攻击传统的思想——在'五四''五卅'期间，智识阶级中，以个人论，做工做得最好的是鲁迅"，"到了现在，鲁迅做的工作是继续与封建势力斗争，他仍立在向来的立场上，同时也常常反顾人道主义"。他指出，鲁迅"至多嘲笑了革命文学的运动（他也并没有嘲笑革命文学的本身），嘲笑了追随者中的个人的言动"。

因此，他不同意对于鲁迅的批判，而且批判了这种批判。在《冯雪峰论文集》上卷中，他指出："对于鲁迅的攻击，在革命的现阶段的态度上既是可不必，而创造社诸人及其他等的攻击方法，还含有别的危险性"。他质问道："一定要说他（指鲁迅——引者）这就是诋毁革命，'中伤'革命，这对于革命是有利的吗？"他指出创造社的错误是："他们没有改变向来的狭小的团体主义精神，这却是十分要不得的。"

茅盾和冯雪峰的观点是一致的。但同那些否定鲁迅的观点是对立的，然而占多数的却是否定派。他们刊物众多、声势浩大，以绝对正确的面孔出现。

瞿秋白在《鲁迅杂感选集·序言》中说："新兴阶级的文艺思想，往往经过革命的小资产阶级作家的转变，而开始形成起来。"

当时的情形正是如此。正处在这样一个转变和形成的过程中。而鲁迅正是这个转变和形成的代表人物。

---

① 以上引文均见《鲁迅论》，载《小说月报》第 18 卷第 11 期。

但是，却出现了这里见到的一个有趣的历史现象：这支经过转变而形成起来的队伍，却把自己队伍的主将、先驱，当作敌对力量的代表来看待，向他发起了批判。这正表现了当时文学界的幼稚。就像历史上的农民运动和各国无产阶级革命运动，总是要在运动成熟期才产生自己的领袖，而领袖的产生也标志着运动的成熟一样，当时无产阶级革命文学运动的不成熟，也表现在对鲁迅的错误的批判上。

四、冲破"围剿"：误会与合作

形势真有点儿"黑云压城城欲摧"了。对于鲁迅来说，这不仅是意外的、突然的，而且是痛苦的。他曾经在北京时期遭到反动军阀的迫害，也遭到陈西滢等帮凶、帮闲文人们的围剿；他也曾在广州遭到国民党反动派的压迫、指挥刀下的文人们的诬蔑和攻击；然而，今天发生的，与此均不同。这是同一阵线的战友们的围剿。

鲁迅在《三闲集·序言》中说："但我到了上海，却遇见文豪们的笔尖的围剿了，创造社，太阳社，'正人君子'们的新月社中人，都说我不好，连并不标榜文派的现在多升为作家或教授的先生们，那时的文字里，也得时常暗暗地奚落我几句，以表示他们的高明。我当初还不过是'有闲即是有钱'，'封建余孽'或'没落者'，后来竟被判为主张杀青年的棒喝主义者了。"

这就是鲁迅当时的处境和心情。他受到来自敌对阵营和新文学阵营两方面的围剿。对于前者，他在1928年3月6日致章廷谦的信中说，觉得"并不足奇"；但是，对于后者，他不免怨愤而哀婉。在同一封信中，他说："有几种刊物（如创造社出版的东西），近来亦大肆攻击了。我倒觉得有趣起来，想试试我究竟能够挨得多少刀箭。"

但鲁迅绝不只是这样被动地挨打，遭受迫害和围剿时，他要起而迎击、战斗。只是，他必须进行两条战线的斗争。一方面，同新文学阵营的围剿斗；一方面，同敌人的迫害和新军阀统治斗。这两条战线的斗争是紧密相连的。而鲁迅也正是在这种斗争中被识别，在这种斗争的实践中提高和发展自己的思想和艺术。

鲁迅在"笔尖的围剿"汹涌而起时，首先写了《"醉眼"中的朦胧》。他思想敏锐、眼光锐利，没有为自己辩驳，也未曾对创造社的长篇宏论逐一驳斥,他只抓住他们的要害:朦胧,一刺而剖之。他准确地抓住了阶级力量的悬殊、政治形势的险恶这个要点和根本,指出:各种刊物,无不朦胧,这发祥地不是别的,"也还在那有人爱,也有人憎的官僚和军阀。"因为:

> 和他们已有瓜葛,或想有瓜葛的,笔下便往往笑迷迷,向大家表示和气,然而有远见,梦中又害怕铁锤和镰刀,因此也不敢分明恭维现在的主子,于是在这里留着一点朦胧。和他们瓜葛已断,或则并无瓜葛,走向大众去的,本可以毫无顾忌地说话了,但笔下即使雄纠纠,对大家显英雄,会忘却了他们的指挥刀的傻子是究竟不多的,这里也就留着一点朦胧。于是想要朦胧而终于透漏色彩的,想显色彩而终于不免朦胧的,便都在同地同时出现了。①

这里所说的后一种,自然指的是创造社(也还包括太阳社在内)。鲁迅接着剖析了这朦胧的本质还在于创造社等要"为革命而文学",要创造革命文学,但他们对于中国"目前的情状"没有清醒的认识和估计,脱离实际,脱离斗争,而又不敢承认自己的悬在半空中高喊的地位,却反而总是吹擂自己如何要去"获得大众",且给革命文学家"保障最后的胜利"。但是,大话和空话终究是虚空。"因为那边正有'武器的艺术',所以这边只能'艺术的武器'。"而因为情形如此,所以,"这艺术的武器,实在不过是不得已,是从无抵抗的幻影脱出,坠入纸战斗的新梦里去了"。

"纸战斗的新梦",这是鲁迅对于创造社、太阳社不切实际的无产阶级文学运动的深刻批判。要克服这个致命的弱点,只有深入实际和工农群众。正如《"醉眼"中的朦胧》所说:"农工大众日日显得着重,倘要将自己从没落救出,当然应该向他们去了。"

接着,鲁迅又写了《我的态度气量和年纪》,以简拢犀利之笔,批判了创造社等人的无原则的人身攻击和恶劣的小集团主义习气。指出他们把文学的论战变成了"态度战""量气战""年龄战"了。鲁迅在《我的态度气量和年纪》中还指出,论战难免涉及个人,但有一个原则:

---

① 《鲁迅全集·三闲集·"醉眼"中的朦胧》,载《鲁迅全集》第四卷,人民文学出版社,2005,第62页。

"即使所讲的只是个人的事，有些人固然只看见个人，有些人却也看见背景和环境。"鲁迅对于创造社的剖析之所以正确和深刻，正在于他看清了他们以及他们的言行产生的背景和环境。

鲁迅的批判虽然简扼，但是正中要害。他在《三闲集·文艺与革命》中批判创造社、太阳社的人们所提出的"超时代"的口号时说："超时代其实就是逃避，倘自己没有正视现实的勇气，又要挂革命的招牌，便自觉地或不自觉地必然地要走入那一条路的。身在现世，怎么离去？这是和说自己用手提着耳朵，就可以离开地球者一样地欺人。"鲁迅还说："社会停滞着，文艺决不能独自飞跃。"因此，要了解社会、深入社会，与时代结合。鲁迅在《路》中以讥讽之笔写道：

> 上海的文界今年是恭迎无产阶级文学使者，沸沸扬扬，说是要来了。问问黄包车夫，车夫说并未派遣。这车夫的本阶级意识不行，早被别阶级歪曲了罢。另外有人把握着，但不一定是工人。于是只好在大屋子里寻，在客店里寻，在洋人家里寻，在书铺子里寻，在咖啡馆里寻……。

他们就这样地超了时代：脱离了社会和群众。

鲁迅指出他们不敢正视现实、正视黑暗。在《太平歌诀》中，他说："近来的革命文学家往往特别畏惧黑暗，掩藏黑暗。"他指出市民们自己表现出"厚重的麻木"，而革命文学家却不敢正视，"只检一点吉祥之兆来陶醉自己，于是就算超出了时代"[1]！

鲁迅还深刻地批判了他的对手的只是高喊口号和革命文学，只是挂招牌的不切实际的虚夸、浮泛行为；也批评了他们的门户之见、小集团主义。

鲁迅的这些批判都是及时的、正中要害的。他的批判的主旨，不仅表现他是真正的革命家的诤友，而且表明，他在实际上，从文艺的这个领域里，抵制和批判了当时正风行的"左"倾盲动主义。对于革命形势的估计，对革命策略的确定，对于踏踏实实地深入实际和群众、踏踏实实地进行工作的告诫，这些，都表现了鲁迅的清醒的现实主义、正确的

---

[1] 1928年5月30日致章廷谦的信中说："革命文学家的一些言论行动，我近年来觉得不足道了。一切伎俩，都已用出，不过是政客和商人的杂种法术，将'口号''标语'之类，贴上了杂志而已。"

战斗意识及对于马克思主义掌握和运用的准确。

鲁迅之所以能够如此，当然并非由于他是天才，主要的是由于他经历过辛亥革命、五四运动的兴起和失败、退潮，对于这两次革命都进行了认真的历史经验的反思；他对于不久前的大革命的失败，不仅亲历了，而且深受刺激，思路被轰毁，又同历史的教训结合起来，进行了思考与总结，同时，对于当时社会的现状、群众的思想状况又进行了深入的观察和分析。还有重要的一点是，他有丰富的历史知识和各项知识。所有这些，使他对于马克思主义理论的掌握不同一般，是从实际出发、与实际结合的，而且是混合着自己的血和泪的，用自己的经验和知识去丰富和深化了对于概念和理论的理解的。

在冲破"笔尖的围剿"中，鲁迅表现"轻敌"。他在《"醉眼"中的朦胧》中用嘲讽的口吻反击创造派："倘使那时不说'不革命便是反革命'，革命的迟滞是'语丝派'之所为，给人家扫地也还可以得到半块面包吃，我便将于八时间工作之暇，坐在黑房里，续钞我的《小说旧闻钞》，有几国的文艺也还是要谈的，因为我喜欢。"他嘲弄地说，怕就怕成仿吾们"居然'获得大众'"，把他升到"贵族或皇帝阶级里"，因而"充军到北极圈内去了"。最后他又反问道："这一种最高的艺术——'武器的艺术'现在究竟落在谁的手里了呢？"他相信"不远总有一个大时代要到来"，但他不相信创造社把握住了这个大时代的脉络，如他们自己所吹嘘的。他这种"轻敌"表明两点：第一，看透了创造社的幼稚病；第二，具有自信心。

接着，鲁迅还写了《文艺与革命》（并冬芬来信）、《路》和《文坛的掌故》（并徐匀来信）三文。对于连篇累牍、集之足可成厚册的对于自己的攻击，鲁迅只作了这么几篇不长的文章予以还击。此外，在《太平歌诀》、《铲共大观》、《通信》（并Y来信）等文中，也"顺便"对创造社等进行了批判。因为他感到他的敌手并未能深刻了解"背景和环境"，也没有抓住自己的病症。

他在1928年5月4日致章廷谦的信中说："第四阶级文学家对于我，大家拚命攻击。但我一点不痛，以其打不着致命伤也。以中国之大，而没有一个好手段者，可悲也夫。"

在《二心集·"硬译"与"文学的阶级性"》中，鲁迅说："对于我个人的攻击是多极了……而作者的口吻，则粗粗一看，大抵好像革命文学家。但我看了几篇，竟逐渐觉得废话太多了。解剖刀既不中膝理，子弹所击之处，也不是致命伤。例如我所属的阶级罢，就至今还未判定，忽说小资产阶级，忽说'布尔乔亚'，有时还升为'封建余孽'，而且又等于猩猩（见《创造月刊》上的"东京通信"）；有一回则骂到牙齿的颜色。"

而在《二心集·对于左翼作家联盟的意见》中，他则说："骂来骂去都是同样的几句话。我那时就等待有一个能操马克斯主义批评的枪法的人来狙击我的，然而他终于没有出现。"

这是他的心声，他的愿望，也可以说，是他的痛苦。他希望人们批判他，解剖他，他希望人们用马克思主义批评的枪法来战败他，但是，没有实现。他不仅为自己的致命病症未被抓住，对方的刀枪不能正中膝理而难过，而且，他更为以中国之大，且又正当大喊革命文学、批判旧意识的喧嚣声中，却没有一个（一个！）真正具有马克思主义批评枪法的好手段者而感到悲哀！

然而，这正表现了中国当时提倡革命文学的人们——创造社和太阳社的人们——的"左"倾幼稚病。

不过，鲁迅对于他的敌手的批评却是正中膝理的，表现了他的马克思主义批评的枪法，也表现了他的"好手段"。——这也是历史有趣的现象：真正的马克思主义的、革命文学的主将和导师，不仅没有被他的战友和战士们所认识，反倒被他们当作马克思主义的最主要的敌人来加以围剿！而这围剿本身不仅出发点而且整个的批判也是违背马克思主义的，倒是那被批评者指为反马克思主义的主将，在反击中，在冲破围剿中，真正运用了马克思主义。然而，这也正是历史发展往往要有的经历：领袖和导师在斗争中被识别，理论也在这中间逐渐成熟了。

鲁迅这个时期对于左翼文人的批评，最可贵的是他站在正确的、实事求是的立场上，对中国社会情状和群众的觉悟程度有清醒的、深刻的认识，对当时的革命形势有清醒的估计，因而对当时盛行的"左"倾情绪和"左"倾做法做出了中肯而深刻的批判。他在1927年10月与茅盾的谈话中正确地指出，革命正处于低潮，而当时却流行着"革命仍在不断高涨的论调"①。这正是鲁迅的深刻之处，也是鲁迅的可贵之处。他

---

① "他说革命看来是处于低潮了，并且对于当时流行的革命仍在不断高涨的论调表示不理解。"（茅盾：《创作生涯的开始——回忆录 [十]》，载1981年《新文学史料》第1期）

不愧为文化大师和革命的诤友。

五、窃得火来煮自己的肉

在同创造社、太阳社的论争中，鲁迅阅读并翻译了马克思主义的许多书和用马克思主义观点来论述文艺问题的著作。他把这种翻译比作普罗米修斯的窃火给人间，而他是要用这火来煮自己的肉，即解剖自己的。因为创造社的批判不能正中膝理，他只好自己来动手了。这是他表示要感谢创造社的一点。

他的学习是非常认真的，阅读的范围也很广泛。为了广泛搜寻马克思主义的书，他托楚图南带信给曾经翻译过苏联文艺政策的任国桢，为他找些马克思主义文艺论著；楚图南同任国桢商量后，提供了一个书目，鲁迅从中选择了几种书翻译出版了[①]。

从附在每年日记之后的《书帐》看，1928年，他就购买了许多马克思主义经典著作及运用马克思主义来研究美学、文艺、作家、文艺批评和文学史的著作。其中有：马克思恩格斯的《共产党宣言》、恩格斯的《婚姻及家庭的发展过程》，列宁的《论中国革命问题》等；还有《史的唯物论》《中国革命的诸问题》《唯物论与辩证法的基本概念》《辩证法与其方法》《辩证法杂书》《唯物史观解说》《文学与革命》《阶级斗争理论》《唯物的历史理论》《社会思想史大要》《史的唯物论略解》《阶级斗争小史》《苏俄美术大观》《社会意识学概论》《苏联文艺丛书》《阶级社会的诸问题》《艺术与唯物史观》《阶级社会的艺术》《艺术论》《艺术的唯物史观的解释》《艺术的社会的基础》《世界文学与无产阶级》《唯物史观入门》《中国革命的现阶段》。在1929年，他又购买了《唯物史观研究》《史的唯物论及例证》《唯物史观》《革命的艺术》《社会科学的预备概念》《文学与经济学》《辩证法》《艺术与无产阶级》《近代唯物论史》。

从这个未必完全的书目中，我们可以看到，鲁迅很注意研究的是这样一些问题：唯物史观问题，这方面的书他买得较多，不怕重复；辩证法；唯物论；艺术、文学与阶级、社会、革命的关系，尤其是文学艺术

---

① 据楚图南回忆，见《鲁迅研究资料（第五辑）·访问楚图南同志》。

与无产阶级的关系；以及中国革命问题。这些，正是针对着他自己的问题，也是创造社等的"鲁迅观"问题而选择的课题；同时，通过这些问题的解决，也一般地掌握马克思主义的基本理论问题。

在这同时，他还择译了许多他认为于当时的文艺论争，也于他自己的思想有益的论著。这窃来的"天火"，正如他在《二心集·"硬译"与"文学的阶级性"》中所说，在他自己，是用来煮自己的肉的；而在别人看来，"结果仍是火和光"，可以煮自己、煮别人，也可以用来照亮前进的路。1928年，他翻译了《关于对文艺的党的政策》、《艺术与阶级》（卢那卡尔斯基）、《观念形态战线和文学》（1925年1月第一回无产阶级作家全联邦大会的决议）、《托尔斯泰与马克思》（卢那卡尔斯基）、《关于文艺领域上的党的政策》、《苏维埃国家与艺术》等。他还翻译了卢那卡尔斯基的《艺术论》与普列汉诺夫的《艺术论》，翻译了《壁下译丛》一书，其中有日本片上伸的论文《阶级艺术的问题》、青野季吉的《艺术的革命与革命的艺术》等论文。在翻译方面，他更为注意的是苏联的文艺政策，这是现实的、社会主义国家的、马克思主义文学观的具体体现，这方面的论文后来结集为《文艺政策》一书。另外，他还关注了马克思主义艺术观的系统著作。这些都是当时的迫切需要。

这是中国马克思主义文艺理论的第一批启蒙著作。

他在所译片上伸所著论文《现代新兴文学的诸问题》（原题为《无产阶级文学的理论与实况》）"小引"中说："至于翻译这篇的意思，是极简单的。新潮之进中国，往往只有几个名词，主张者以为可以咒死敌人，敌对者也以为将被咒死，喧嚷一年半载，终于火灭烟消。……现在借这一篇，看看理论和事实，知道势所必至，平平常常，空嚷力禁，两皆无用，必先使外国的新兴文学在中国脱离'符咒'气味，而跟着的中国文学才有新兴的希望"。在《文艺与批评》的"译者附记"中，他把自己的这些零星采择的论著翻译，比作"杂摘的花果和枝柯"，虽然零杂，但除了它们本身的用处之外，"或许也能够由此推见若干花果枝柯之所由发生的根柢"。他由此更提出，如果再进一步，"要豁然贯通"，那就"仍须致力于社会科学这大源泉的"。这是很有见地的。而他自己的学习和研究，根据我们上面所见的书目，可知正是致力于社会科学这大源泉。

六、《语丝》、《奔流》与《朝花》

由于《语丝》"在北京虽然逃过了段祺瑞及其叭儿狗们的撕裂，但终究被'张大元帅'所禁止了"，便移至上海出版，由鲁迅主编。从此，《语丝》由京到沪，在鲁迅的支持和指导下，同旧社会的黑暗势力、同新军阀统治作坚决的斗争，成为当时反对国民党发动的反革命围剿的重要阵地之一。鲁迅的重要杂文《在钟楼上（夜记之二）》、《文学和出汗》、《文艺和革命》、《拟豫言——一九二九年出现的琐事》、《"醉眼"中的朦胧》、《看司徒乔君的画》、《通信（季廉来信按语）》、《文艺与革命》、《扁》、《头》、《太平歌诀》、《铲共大观》、《我的态度气量和年纪》、《革命咖啡店》、《文学的阶级性》和《通信（复章达生）》等，均在《语丝》发表，成为从这个刊物上投出的一支支匕首和投枪。

1928年6月，鲁迅又与郁达夫合编了新的文学刊物《奔流》。这本刊物的出版，与鲁迅当时想借翻译以为文学界输入有益的文艺理论和创作有密切的关系。因此这本刊物与《语丝》不同，它以发表翻译作品为主，同时发表一些创作。鲁迅为这本刊物付出了艰辛的劳动和不少心血。他竭力使这本刊物在思想内容和形式装帧上，包括封面设计、插图，都具有新颖的面貌和可取的内涵。他还为刊物写《编校后记》，这不仅是一般的编务的交代，而且有介绍、有评议、有论述，是一种形式活泼、内容广泛的随感录式的短文，也成为鲁迅的杂文的一种形式了。鲁迅的许多重要的译作都曾在《奔流》上发表，他的《苏俄的文艺政策》即在《奔流》上连载过。《奔流》还出版了专题增刊，如《H. 伊孛生诞生一百周年纪念增刊》（第一卷第三期）、《莱夫·N.托尔斯泰诞生百年纪念增刊》（第一卷第七期）。《奔流》成为当时踏实、认真介绍当代文艺思潮和苏联文艺的重要刊物，成为促进无产阶级文学的洪流发展的奔流；而为《奔流》而奔忙，也成为鲁迅当时的主要工作、主要乐趣。

1928年11月，鲁迅又与青年朋友柔石、崔真吾、王方仁等创办朝花社。在《南腔北调集·为了忘却的纪念》中，鲁迅说其"目的是在介绍东欧和北欧的文学，输入外国的版画，因为我们都以为应该来扶植一点刚健质朴的文艺"。朝花社曾先后出版了《朝花》周刊、《朝花》旬刊、《艺苑朝花》版画丛刊，还翻译出版了《近代世界短篇小说集》两册。鲁迅对朝花社和它先后出版的刊物，不仅一开始出钱资助，而且倾注了自己的许多心血，为之译稿、选稿、编稿。

朝花社在介绍外国文学与艺术作品方面，在输入先进的版画艺术方面，在当时产生了很大影响，对于我国的新兴文学与艺术事业做出了贡献。

由于创办朝花社，鲁迅与柔石结下了深厚的革命情谊；并且，通过柔石，鲁迅又结识了冯雪峰，他们以后也成为亲密的战友。这两位青年共产党员，忠诚的无产阶级文学的战士，不仅协助自己的先生和导师做了许多有益的工作，而且给予他以不可忽视的影响。他们是鲁迅在上海时期最亲密的两位战友，也是这最后10年中，在鲁迅身边的同时代人中最值得注意的两位年轻人。

鲁迅为创办和编辑这几种刊物而费尽心血，同样以"以血饲人"的精神，竭诚服务。这三种刊物以它们在当时的作用和影响，赢得了当代读者的喜爱，对于中国的革命文学事业、对于以文学为武器同反动政权的斗争、对于冲破反革命文化围剿，都发挥了它们的作用；因此，它们也就以其在文学史上的地位而赢得了后世的珍爱。这是鲁迅对于民族文化事业、对于革命文学的伟大贡献的一部分。

他一方面以文学革命的主将和导师、共产主义文化先驱的身份，率领革命文学家们，运用这些刊物，为发展、建设无产阶级的文学艺术与整个文化事业而工作和战斗；另一方面，他又以一个普通战士和文学编辑的工作与战斗精神，勤恳、奋发、认真、细致地工作，不仅选稿、看稿、改稿、发稿这些工作要做，筹款、跑印刷厂、联系出版、校对、代人收转稿费等琐碎细微的事情，他也都亲自去做。这正表现了一位伟大战士的平凡的一面，而正在这种平凡中，表现了他的伟大。

他在1930年3月20日致章廷谦的信中说："梯子之论，是极确的，对于此一节，我也曾熟虑，倘使后起诸公，真能由此爬得较高，则我之被踏，又何足惜。中国之可以作梯子者，其实除我之外，也无几了。所以我十年以来，帮未名社、帮狂飙社、帮朝花社，而无不或失败，或受欺，但愿有英俊出于中国之心，终于未死……"

他就是这样以充当梯子的精神，为后人服务，愿中国之英俊踏着自己的肩膀上进！

七、异域芳馨：学术艺文与投枪

在艰困而恼人的冲破围剿的战斗中，一方面要忙于反对围剿；另一方面，他又要集中力量研读马克思主义的书，并且一边自己学习，一边翻译有关的论著，以帮助大家（包括那些同他论战、批判他而又不能正中膝理的人）提高认识、提高马克思主义的理论水平，同时建设中国的马克思主义文艺理论，因此，在这个阶段（1927年10月到1929年年底），他的主要精力花在翻译上，他在翻译上的成果和贡献是突出的。这正表现了翻译家的鲁迅的特点：他总是为了战斗的需要、革命文学发展的需要，去选材，及时适译，而不是凑热闹、起浪头，也不希图以翻译名著来显身扬名，以图不朽。鲁迅初到上海时，曾一再说到，打算关门译著，想要在翻译之外从事学术论著的写作。这本是他原定的计划，也是他为了生计而不得不为的。而他的多年的积累——知识与学识的积累、资料图书的积累，也到了整理著述的收获期了。他手头正等着进行的就有唐宋传奇集、中国小说史和文学史的研究工作。因此，在这个时期，他的学术论著工作，也有一定的进展和可观的成果。但是，由于翻译和战斗的繁忙，这方面的工作便受到干扰、受到影响，逐渐减少以至退居工作日程之外了。不过，由于他对于发展革命的新兴艺术事业的热心和责任感，他在艺术领域又开辟了新的工作场地和内涵，这又在他的学术工作计划之外增加了一层计划，而使他在学术艺文方面得到了意外的收获，做出了额外的贡献。

因此，他在这个时期，杂文的写作倒是减少了。不过，却酝酿着新的发展。

鲁迅在这个时期的翻译是突出的，他继续而且更开拓前进地播异域芳馨于华土。从1927年10月至1929年12月末，他总共译了俄、苏、日、法、匈、西班牙等国家的34位作家、学者的作品和论著55篇（部），其中有论文集4本、杂文集1本、中篇小说1部、短篇小说13篇。

他在《〈奔流〉编校后记（二）》中说得好：

> 一切事物，虽说以独创为贵，但中国既然是世界上的一国，则受点别国的影响，即自然难免，似乎倒也无须如此娇嫩，因而脸

红。单就文艺而言，我们实在知道得太少，吸收得太少。然而一向迁延，现在单是绍介也来不及了。于是我们只好这样：旧的呢，等他五十岁，六十岁……大寿，生后百年阴寿，死后N年忌辰时候来讲；新的呢，待他得到诺贝尔奖金。但是还是来不及，倘是月刊，专做庆吊的机关也不够。那就只好挑几个于中国较熟悉，或较有意义的来说说了。

这是作为翻译家的鲁迅，对于翻译在一国文学发展中的作用和做法的全面意见。首先虽然他肯定了独创为贵，但又指出必然和必须接受别国的影响；而中国至今对外国了解太少，吸收太少；迁延至今，追之莫及，这无疑是一个损失，也是一个亟待解决的问题。为此，他提出了那个聊解燃眉的办法。以后，在《奔流》、在《朝花周刊》（以及后来的《译文》）中，他正是这样逐步地、坚持地实行着这样的计划。他自己选译外国名作，也是在身体力行这个计划。

他不仅注意文学与理论的翻译，而且在这个时期，还特别注重介绍外国的艺术作品，以为中国艺术学子所借鉴。他在《集外集拾遗补编·致〈近代美术史潮论〉的读者诸君》中说："倘只能在中国而偏要留心国外艺术的人，我以为必须看看外国印刷的图画，那么，所领会者，必较拘泥于'国货'的时候为更多。"为了翻译介绍国外的新文学艺术，他不惜节衣缩食，花钱购买大量这方面的书籍和资料。

除了自己翻译，鲁迅还扶植同辈和青年翻译家的工作，除了继续支持未名社诸人的译作出版外，在上海，他扶植曹靖华、柔石、白莽等人翻译介绍外国文艺作品，支持冯雪峰翻译国外文艺理论作品。他帮助当时还是杭州邮局的一个职员的孙用翻译出版裴多菲的长诗《勇敢的约翰》的事，已经是翻译界、文学史上脍炙人口的佳话了。

他在《三闲集·〈近代世界短篇小说集〉小引》中说："只要能培一朵花，就不妨做做会朽的腐草"。这就是他的拳拳之心、眷眷之意，就是他的精神和品德。这精神已经进入崇高的境地，它是伟大的，而这伟大又同样是普通的、平凡的。他就是这样一位伟大的凡人。

20年代末，世界文学格局在激荡变化，新的事物很多，变幻不居，鱼龙混杂；而中国新兴文学，尤其是革命文学，又方兴未艾，在迷茫中摸索，在开辟草莱中前进；它是很需要借鉴外国文学，以丰富和发展自己的。鲁迅以远大而敏锐的眼光，看到了这个任务，并以普通一兵的精神，踏实地从事这件工作。

作为杰出的学者，鲁迅对于学术研究始终未能忘怀，并有许多次想要专门从事译著。但他终未能如愿。然而这又是他自己的意愿。这正表现了他的共产主义战士的风格：他更重现实的战斗，宁肯速朽，宁肯战斗而吃苦遭险，但却不愿闭门著书，以得名利于当世，留芳名于后代。不过，那研究学术之心，总在跃动，而他也确有真知灼见，可以说出人们说不出来的见解。只可惜此事难两全，他不能不损学术以事战斗。而这不能不说是我国学术上的一个损失。

不过，从广州到上海，原先的计划还在他心里跃动，已经进行的手头的工作也难一下舍弃。因此，刚在上海安下家来，他就铺开纸、拿起笔，开始了学术论著的工作了。他先在《北新》周刊第51、52期合刊上发表了《〈唐宋传奇集〉序例》，接着便着手《唐宋传奇集》的编校工作，他打算当年出版上册，次年出版下册。12月21日校定了《唐宋传奇集》的上册。接着，又为章廷谦校印《游仙窟》而操心。他曾在上海找到该书的另一日本刻本，亲笔正楷抄录了一本寄给章廷谦，以供他校对。后来，他甚至代章廷谦校订该书。同时，他还应老友江绍原之请，专为解答关于我国传说中的"拖鞍寻亡亲骸骨"的问题，他根据《百卅孝图》绘了一幅明代高氏孝女拖鞍寻亡父骸骨的故事图。此图之绘制与考订，表现了鲁迅的卓越学识。

1928年2月，《唐宋传奇集》上下集先后出版了。这部书是鲁迅继《古小说钩沉》之后，续集的唐宋传奇工作。（计有唐宋传奇小说45篇。）集录之后，本想汇为一编，但因为生活颠沛流离，战斗紧张频繁，一直未能实现。后来，在辞去中山大学职务幽居广州时，见到郑振铎的《中国短篇小说集》，虽然"埽荡烟埃，斥伪返本，积年埋郁，一旦霍然"，但是，"《夜怪录》尚题王洙，《灵幽传》未删于逖"。以后又看到徐松的《登科考记》，虽然"积微成昭，钩稽渊密"，但是，"于李徵及第，乃引李景亮《人虎传》作证。此明人妄署，非景亮文"。于是，他感到："虽短书俚说，一遭篡乱，固贻害于谈文，亦飞灾于考史也。"于是他便决定校印自己的旧稿《唐宋传奇集》。从这个动机中，我们即可看到，他的这部集录古籍的书，在考订方面，是有功力、甚可信的，他自己也颇有信心，认为可供学界参考。实际上，也就是贡献于学界了。但更可贵的是，他在这本书的后面所附的《稗边小缀》。它实际可以成为一个单独的著述。它对于书中的一些传奇进行了多方面的、详细、周密的考订，其内容可供学界之用，而他的治学精神，也是很值得学习的。

这年的3月1日，他收到日本汉学家辛岛骁的来信，问及有关中国古典小说的问题，鲁迅在回信中就这个问题与辛岛骁进行了探讨。以后，他们不断书信往还，并两次在上海见面。辛岛骁曾说，鲁迅是他终生难忘的良师。由此可见鲁迅在学术上对他的帮助。

不过，鲁迅的著述计划，终因翻译、文学论争和编辑工作的排挤，而未能实现。他以后的带学术性的工作，就主要是翻译文艺理论著作和艺术方面的作品集的编印了。除了两本《艺术论》的翻译之外，他着意介绍了许多国外的艺术作品。在《奔流》第一卷第六期，他为了介绍名画而译诗以充配角（计介绍英国画家可瑟·克拉哈姆为《生命的春潮》所作的插画、法国画家杜飞为《禽虫吟》一书所作的木刻插画和日本画家蕗谷虹儿的《坦波林之歌》（自著）所画的白描插画）。他和朝花社的人们一起，编印了《蕗谷虹儿画选》《近代木刻选集》《比亚兹莱画选》等，介绍了英、美、俄、法、意、日、瑞典等国艺术家的美术作品。

在《集外集拾遗·〈艺苑朝华〉广告》中，鲁迅这样写道：

> 虽然材力很小，但要绍介些国外的艺术作品到中国来，也选印中国先前被人忘却的还能复生的图案之类。有时是重提旧时而今日可以利用的遗产，有时是发掘现在中国时行艺术家的在国外的祖坟，有时是引入世界上的灿烂的新作。

这等于是一个宣言，一个工作计划书，它表现了鲁迅为扶植、培育中国新兴艺术的"朝花"而要作和已作的努力。这个时期，鲁迅的杂文是相对地写得少了，除了《而已集》后面的几篇之外，主要的就是收入《三闲集》的杂文了。他在《三闲集》的序言中说："我先编集一九二八至二九年的文字，篇数少得很，但除了五六回在北平上海的讲演，原就没有记录外，别的也仿佛并无散失。我记得起来了，这两年正是我极少写稿，没处投稿的时期。"接着，他便述说了遭到"文豪们的笔尖的围剿"的情形。这正是他杂文写得少的一个重要原因。

杂文虽然写得少，但是，在这不算厚的杂文集中，却也有不少名篇佳作，它们如投枪，刺向国民党新政权的反动面目，刺向社会上的黑暗面，刺向反对革命文学的新月派的"正人君子"们，也刺向提倡革命文学而有错误的创造社、太阳社。它们都发挥了很强的战斗作用。还有几本书的序引，是他自己"觉得还有几句话可供参考之作"，也确实是重要的名篇。比如，他在《三闲集·〈近代世界短篇小说集〉小引》中，发挥了对于短篇小说的灼见：

> 但至今，在巍峨灿烂的巨大的纪念碑底的文学之旁，短篇小说也依然有着存在的充足的权利。不但巨细高低，相依为命，也譬如身入大伽蓝中，但见全体非常宏丽，眩人眼睛，令观者心神飞越，而细看一雕阑一画础，虽然细小，所得却更为分明，再以此推及全体，感受遂愈加切实，因此那些终于为人所重视了。
>
> 在现在的环境中，人们忙于生活，无暇来看长篇，自然也是短篇小说的繁生的很大原因之一。只顷刻间，而仍可借一斑略知全豹，以一目尽传精神，用数顷刻，遂知种种作风，种种作者，种种所写的人和物和事状，所得也颇不少的。而便捷，易成，取巧……这些原因还在外。[①]

这两段精彩的论述，对于短篇小说的性质特征、受欢迎而发展的原因的分析，都达到了令人信服、启人思路的程度；而且，这也告诉人们，一篇有深厚内容的短篇小说，应该是怎样的。

此外，《叶永蓁作〈小小十年〉小引》和《柔石作〈二月〉小引》，也都是鲁迅序跋文中的名作，既启人以如何分析作品与典型，又对作品的思想内容和人物典型在反映现实的深度上、在创作的态度上、有何得失成败作了深刻的分析，于作家与读者均有教益。

八、从"而已"到"三闲"

《而已集》的名字带着血泪的愤怒控诉与谴责，《三闲集》则以含着微笑的幽默进行讥刺与嘲讽。

[①] 鲁迅：《三闲集·〈近代世界短篇小说集〉小引》，载《鲁迅全集》第四卷，人民文学出版社，2005，第134页。

《而已集》的作品作于1927年（只有《题辞》和附录《大衍发微》作于1926年），《三闲集》的文章则跨越三个年度：1927年、1928年、1929年。前者是鲁迅的思想从前期向后期转变、飞跃的记录和实证；后者则带着前期思想的余绪，而更多地体现着后期的特点。但两者较之《热风》已完全不同；同《坟》中的作品比也已经变化很大，而拿《华盖集》正续编来比照，也会发现差别不仅表现在思想上、情绪上，而且表现在艺术上、风格上：总之，都变化了，也都发展了，提高了。

《而已集》共收杂文30篇，它的主题是多方面的，风格也有变化与发展。大别之，内容有三个方面：揭露、抨击封建军阀统治，以及它的帮闲文人；揭露、抨击国民党背叛革命，施行反革命大屠杀的罪行；反击梁实秋等对于革命文学的攻击。在比重上，前两者几乎差不多，第三项则较少。这正反映了当时中国的政治斗争状况，即反对北洋军阀的任务已近结束，反对国民党新军阀的斗争已经开始。1927年，正是中国革命从大革命时期向十年内战时期转变的年代。同时，文学战线上，两个阶级的斗争也已经露出端倪。鲁迅的杂文，正反映和记录了这个时期斗争的内容与特点。他的作品是中国革命斗争的忠实记录。

这也是他的思想从"旧"向"新"的转变期，表现出思想的活跃、跳跃、发展、前进、提高，丰富而又不免有一点旧时的"杂质"，向前而又不免有些过去的拖累。但却都是活生生的，鲜明、尖锐、泼辣。它是作者忠实的自我剖白。由于它是时代的和自我的忠实记录，因此，也就成为中国现代思想史和文学史的宝贵材料。这里有对十月社会主义革命的讴歌；有对工农革命力量的赞赏；有对国共合作时期广州的"红中夹白"的复杂政治状况的剖析；有对国民党反动派叛变革命的旁敲侧击，也有尖锐的直接指斥；更有对于国共合作时期的右派的反动嘴脸的揭露。在政治立场上、政治态度上，他是鲜明、坚定、毫不含糊、决不动摇的。同时，作为一个文化战士，他在文化领域的许多重大问题上也发表了许多深刻的见解。不过，其中有时留有旧时的遗痕，显出过渡的色彩。在文章中，有时有对文学与社会生活的关系的独到深刻的分析与论述，闪耀着辩证唯物主义与历史唯物主义思想之光，但同时也遗留着进化论的表述，对革命与文学关系的不确切论述和对于文艺的作用的不适当贬低。这里有对于文学史的精辟、深刻、独创的分析和见解，体现了作者运用历史唯物主义分析历史和文学现象的意图与成绩；但也还不是马克思主义的文学史论，因为他所作的社会分析还没有达到鲜明的阶级分析的程度。他既对文学现象（历史的和现实的）作了很好的社会分析，但又说"创作总根于爱"，然而又说"创作是有社会性的"。不过他这里说的"社会性"却是"总愿意有人看"。他在《三闲集·序言》中自谦地说：

> 我是在二七年被血吓得目瞪口呆，离开广东的，那些吞吞吐吐，没有胆子直说的话，都载在《而已集》里。

但数量不多和吞吞吐吐，并不是他不敢写，而是不让写，但他仍然写下了不少并不吞吞吐吐、颇为尖锐泼辣的战斗文字，如《扣丝杂感》《小杂感》等。

《三闲集》中，1927年的作品，算作《而已集》的补遗，其中多数文章写于广州。最重要的是《怎么写》（夜记之一）和《在钟楼上》（夜记之二），它们记录了作者在广州，在四一二反革命政变前后的生活和思想状况，特别是揭露了国民党反动派施行大屠杀的情况。1928年的作品除了揭露、抨击国民党的反革命大屠杀之外，主要的就是和创造社的文字论争了。1929年之所作，序和小引占了主要地位，而重要的是对新月社的批评，它揭开了鲁迅批判资产阶级文学流派的序幕。这个内容的简况，说明了这第五本杂文集具有过渡性的特点。

这部杂文集里，令人百读不厌的篇章有《流氓的变迁》和两本小说的序言。它们是杂文的精品，表现了鲁迅在杂文写作艺术上达到了令人惊叹的地步。《流氓的变迁》对中国半殖民地半封建社会产生的秽物——流氓，作了历史唯物主义的分析。先是"取巧的侠"；"和公侯权贵相馈赠，以备危急时来作护符之用"，已经有了奴气。再发展而为强盗——受皇家招安的"替天行道"的"强盗"。再变而为"保镖"，他们"虽在钦差之下，究居平民之上，对一方面固然必须听命，对别方面还是大可逞雄，完全之度增多了，奴性也跟着加足"。最后，当强盗吧，"要被官兵所打"，当"保镖"捕盗吧，又"要被强盗所打"；"于是有流氓"。这段简要而深刻的分析，贯穿着阶级观点，揭露了本质，入木三分。接下去对于流氓的依权势而横行，欺压平民百姓的恶行，揭露批判，深入腠理，对社会现实真是了如指掌。鲁迅这篇作品的产生，不是偶然的。当时，在国民党新军阀的统治营垒里，那些党棍、军官、政客，从蒋介石开始，都是流氓出身；而以陈西滢之流的"现代评论"派，以胡适为代表的"新月"派，也都带着流氓的本性，投到青天白日旗下来了。对流氓变迁史的总结和揭露，就撕破了这些文武奴才的假面，现出了丑恶的本相。

《叶永蓁作〈小小十年〉小引》和《柔石作〈二月〉小引》，表现了鲁迅运用马克思主义观点分析文艺作品的高度技巧。对《小小十年》，他肯定了这本书的"生命"在于"描出了背着传统，又为世界思潮所激荡的一部分的青年的心"，"将为现在作一面明镜，为将来留一种记录"；又肯定了它是"直说自己所本有的内容的著作"；肯定了作品的反映现实生活的现实主义精神。但又深刻地指出，这是"一部感伤的书，个人的书"，而且，"在这里，是屹然站着一个个人主义者，遥望着集团主义的大纛"，而且，"在'重上征途'之前，我没有发见其间的桥梁"。委婉地指出了作者只站在个人主义的水平上而没有能够以集体主义精神来反映"十年中的行动和思想"，也批评了作者未能写出从个人主义到集体主义的发展的桥梁。这批评十分中肯，这见解非常深刻。

《柔石作〈二月〉小引》，也同样指出了萧涧秋这种小资产阶级知识分子"并不能成为一小齿轮，跟着大齿轮转动，他仅是外来的一粒石子，所以轧了几下，发几声响，便被挤到女佛山——上海去了"。深刻地分析了未能投身工农的小资产阶级知识分子的空虚的实质和没落的命运。

这两篇杂文都是序跋的上乘之作，是文艺批评的佳品。它们对读者认识社会，了解小资产阶级的前途、命运，都是有益的。它们也都是鲁迅已经熟练地掌握了马克思主义的证明。

《而已集》、《三闲集》同《华盖集》正续编明显的不同之处，便是消除了那种由于对前途没有明确的认识而信心不足的情绪。这种思想情绪反映在以前的杂文中，就是鲁迅自己所说的"顾忌还不少"，"说话往往含糊"；同时，还有一种激愤情绪：愿同黑暗一同消灭，"时日曷丧，予及汝偕亡"。然而，在《而已集》《三闲集》中，不再存在这种思想情绪了，信心足了，虽然并不是每篇文章都这样声明，但通篇表现了信心与希望，对光明终必战胜黑暗坚信不疑，由工农来创造平民的时代和社会毕竟比原先那建立在进化论基础上的、由青年来创造模糊的"第三样时代"要可靠、实在、具体，它是从社会实际和革命斗争的实践中产生出来的。这也给其艺术风格带来变化:明朗。但是,由于环境的变化,白色恐怖的严重,其作品在表现手法上,有时是曲折委婉的;因此更加发挥了幽默、讽刺的特长。整个作品在艺术上更风格多样化了,批评的社会面更广了,内容也更丰富深厚了。

在五四运动中产生的杂文这个新文体,在"五四"以后,只有鲁迅越来越发展了它,使它在思想上、艺术上都日渐提高。这不是个人的爱好使然,而是鲁迅的战斗生涯所决定的。《三闲集·序言》中说,在这两本集子产生的时期,"短短的批评,纵意而谈,就是所谓'杂感'者,却确乎很少见"。这原因,"恐怕这'杂感'两个字,就使志趣高超的作者厌恶,避之唯恐不远了"。人们甚至奚落鲁迅,称之为"杂感家"。但鲁迅无视这些,仍然拿着他的笔,当作投枪匕首,向敌人掷去,并不考虑进"艺术之宫""学术殿堂"的声誉和地位。

这正是鲁迅之所以能成为伟大的文学家、思想家、革命家的根源。

九、生活的浪花

在这两年多中,鲁迅的生活可说是跌宕起伏、丰富多彩的。在他的一生中,这可算是较为"有色彩"的一段了。在这一段中,生活中有欢乐、幸福,也有痛苦、哀伤;有私情的欢悦,也有"公务"的伤痛和"事务"的忙迫;有原计划的实现与改变,也有新愿望的意外满足和失败;有思想的旧质的清除,更有思想上新质的跃进。他的生活正是在这两年改观,他的思想正是在这两年根本转变,他的事业也正是在这两年拓展。哀乐中年,这正是他的中年的后期,也将转向老年的初期。生活是深沉、丰富、变化和发展着的。我们在这里只能记下一些生活中的浪花,从浪花溅起的水珠中,照见他的身影和心境。

自从与许广平在上海同居后,鲁迅有了一个新的家、新的伴侣。这个家是他以前的老家、旧家所完全不能比的。老家,是一个没落的封建大家族中的一支,那里在没落的途中,充满了哀伤、幽怨与痛苦;旧的家,曾经有过两个,一个是兄弟姊妹老人幼儿相处的大家庭,那个曾经有过天伦的欢乐和事业的合作的家庭,破裂了;以后的旧家,则是孤寂的、沉闷的、哀怨与苦涩笼罩着它。如今他也冲出了它的罗网,摆脱了它的羁绊了。鲁迅说过,在家庭改革上,他是失败了。一个伟大的思想与社会的改革者，在自己的小家庭的改革上，却是个失败者！这是令人心痛的，然而这是事实。不奇怪的是，正如鲁迅自己所一再说过的，因为我是人。

但是，后来他有了一个新的家，这是按照新的道德观、伦理观，新的规范组织起来的家庭。他的伴侣，是学生，是助手，也是合作者与战友。她不仅能够和尽心尽力地在生活上照顾自己的丈夫，而且能够在工作上、战斗上协助自己的先生。

在这方面，鲁迅的生活和学习、工作的环境是根本改观了，心情和心理状态也大大改观了。他的战友和学生，在这方面都有记述。章廷谦这样写道：

> 我半年没有见到鲁迅先生了，乍一见面，先生所给我的印象不但是精神愉快、旺盛，而且使我对他有一种新鲜的感觉：脸上气色很好，不像以前那么沉郁而带着苍白色了；人也似乎胖了一些；身上的衣着也比以前整洁的多。我当时虽然没有说什么，心里却很高兴，感到鲁迅先生在日常的生活起居方面已得到照顾，有了些改变。这该归功于景宋。

这种生活上的改善和心境上的改变，即使是对于一个伟大的人，也是重要的、不可少的。因为他也是人。据《鲁迅回忆录·我又一次当学生》记载，当他们初在上海共同生活时，年轻的、活跃的、刚毕业的大学生许广平，仍然想着自己的工作、自己的事业，也不愿完全"依赖"男性，想要出去工作，鲁迅的老友也是许广平的老师许寿裳，受许广平之托，已经快要给她谋到一个职业了。鲁迅知道这件事后，为难了。他说："这样，我的生活又要改变了，又要恢复到以前一个人干的生活中去了。"这话打动了广平，她决定不出去工作了，而且要"间接地对他尽一臂之力，忘了自己"。从此，她就忘了自己，为了鲁迅而尽心竭力地工作了。

然而，鲁迅并没沉浸在安闲自在的生活中，也没有在安闲自在中闭门著述，做一个纯粹的、不问世事的学者。他在1929年3月20日给韦素园的信中说，"我的'新生活'，却实在并非忙于和爱人接吻，游公园，而苦于终日伏案写字"，"总是忙着看来稿，翻译，校对，见客"。在这个时期致友人的信中，他不断地谈到自己工作的繁忙，因为他除了自己的译著写作之外，还承担了那么多的属于"为他人作嫁衣裳"的工作，包括看稿、改稿到跑印刷厂、领稿费等在内。他充分发挥他立志要作的"石材"与"泥土"以至"腐草"的精神。

1928 年 7 月 12 日，在学生兼朋友的章廷谦、许钦文的敦促、安排和陪同下，鲁迅和许广平到杭州去游玩。章廷谦在《回忆伟大的鲁迅·回忆鲁迅先生 1928 年杭州之游》中记述，在 4 天之内，鲁迅不吊古，不访旧，只是游览，寻购图书。他在许广平的陪伴和章廷谦、许钦文的导引下，访西泠印社，游虎跑泉，到旗下、清河坊、城站等热闹处购物买书。在虎跑泉，"我们……喝茶、聊天、舀泉水洗头濯足，这时节看不出鲁迅先生的年龄比我们大来，说笑，嬉闹，到院中泉眼和一个小方池前去丢铜元，他都来参加，尽情地玩。累了，渴了，大家再坐下来。"这天，当他们游兴已尽，沿苏堤而归时，在车上远眺晚霞映照下的葛岭、宝俶山的景色。车过涌金门，章廷谦望见宝俶塔只露出一个尖顶，说道："古人诗中的'夏云多奇峰'原是写实。"鲁迅说道："今人的名叫夏奇峰，却近乎象征了。"他们就这样真正地玩了 4 天。这是鲁迅的一生中，仅有的一次游玩，也就算是他的蜜月了，虽然距离他们同居沪上已经八九个月了。

1929 年的 5 月 13 日到 6 月 3 日，鲁迅曾北归省亲，在北平住了 19 天。这次北归，探亲访友，回归故居，颇多慰藉，而在北平所见种种，感触也很多。在《两地书·一一六》中，他说："久说必须回家一趟，现在是回来了，了却一件事，总是好的。"看到母亲健朗，而且对他和许广平的感情是好的。知道广平已有孕，老人很高兴。《两地书·一一七》中，老人"说，我想也应该有了，因为这屋子里早应该有小孩子走来走去……总之她非常高兴"。老母如此，儿子安心了。一件心上的"隐患"除去了。由于对母亲的感情，而曾经决心"牺牲了自己，做一世奴隶"的儿子，"违背母命"，将"母亲的礼物"放在了一边，他该怕母亲由此而不满和伤心吧？现在可是不必了，"总之她非常高兴"。

对于旧家故居，他的感情是复杂的。夜半，独自静静地坐在靠壁的桌前，想起就在几年前，就在这旁边，伊人曾经常常坐在这里，倾吐心曲，帮助工作，这美好的回忆是令人缅怀的。但是，他曾经在那里写作过的"老虎尾巴"，他们曾在那里倾诉过的地方，物故星移，人去屋空，不仅萧条，而且令他追忆在这里度过的孤寂岁月而伤怀。他不愿再回到这里来，不愿过去的伤痕再受触动。

对于北平，他的感情也是复杂的。《两地书·一三一》中说："北平并不萧条，倒好，因为我也视它如故乡的，有时感情比真的故乡还要好，还要留恋，因为那里有许多使我纪念的经历存留着。"北平，也有许多老友、学者和青年学生欢迎他回来，北大、燕京等校，都有意请他回来执教，但他都拒绝了。一方面，固然是因为有的人对他持敌对态度，有的人怕他回来抢饭碗。但更主要的是，他是一位伟大的战士，北平的条件和空气，不宜于他的战斗，他的思想和心性，也不宜在此久住。他在《两地书·一二二》中说："为安闲计，住北平是不坏的，但因为和南方太不同了，所以几乎有'世外桃源'之感。我来此虽已十天，却毫不感到什么刺戟，略不小心，确有'落伍'之惧的。"他在《两地书·一二一》中深情而又信任地给许广平写道：

> D.H.，我想，这些好地方，还是请他们绅士们去占有罢，咱们还是飘流几时的好。①

他总结自己的感触，并且想到自己的处境，自己意欲献身人民，从事战斗的决心，不免伤怀，不免有牢骚在心中升起。他在《两地书·一三五》中同他的爱人如此倾诉：

> 我自从到此以后，总计各种感受，知道弥漫于这里的，依然是"敬而远之"和倾陷，甚至于比"正人君子"时代还要分明——但有些学生和朋友自然除外。再想上去，则我的创作和编著一发表，总有一群攻击或嘲笑的人们，那当然是应该的，如果我的作品真如所说的庸陋。然而一看他们的作品，却比我的还要坏；例如小说史罢，好几种出在我的那一本之后，而陵乱错误，更不行了。这种情形，即使我大胆阔步，小觑此辈，然而也使我不复专于一业，一事无成。而且又使你常常担心，"眼泪往肚子里流"。所以我也对于自己的坏脾气，时时痛心，想竭力的改正一下。我想，应该一声不响，来编《中国字体变迁史》或《中国文学史》了。然而那里去呢？在上海，创造社中人一面宣传我怎样有钱，喝酒，一面又用

---

① 鲁迅：《两地书·一二一》，载《鲁迅全集》第十一卷，人民文学出版社，2005，第299页。

《东京通信》诬栽我有杀戮青年的主张，这简直是要谋害我的生命，住不得了。北京本来还可住，图书馆里的旧书也还多，但因历史关系，有些人必有奉送饭碗之举，而在别一些人即怀来抢饭碗之疑，在瓜田中，可以不纳履，而要使人信为永不纳履是难的，除非你赶紧走远。D.H.，你看，我们到哪里去呢？我们还是隐姓埋名，到什么小村里去，一声也不响，大家玩玩罢。[1]

这段牢骚话，反映了他在北京静下来之后，想到自己的处境和自己的抱负之间的尖锐的矛盾，不禁悲从中来，信笔写了下来。这是他的心境。这心境又反映了他的生活中的不幸和不悦。但是，这当然是一时的牢骚。他在后面紧接着就写道："你不要以为我在这里时时如此呆想，我是并不如此的。"——这不过是他一时的心境。它正说明鲁迅是在坚毅顽强地同客观环境、同自己内心的"异己声音"作斗争的。在这里，虽有牢骚，但已无绝望与悲观的影子。这是与他前期的思想不同的地方，也是他的思想已经跃上峻岭的表现。

在北平期间，鲁迅曾先后到燕京大学国文学会、北京大学国文学会、第二师范学院、第一师范学院等校讲演。这些讲演表现了鲁迅的正常的、主要的思想风貌：战斗的、积极的、向上的。他的讲演受到青年学生们的热烈欢迎。

鲁迅曾与未名社的学生们有几次会面，那是亲切而欢快的，双方都感到高兴而有收获。最使鲁迅感到欣慰的是，他曾去西山看望已经肯定要被肺病夺去年青生命的韦素园，并同他欢谈甚久。他望着因日光浴而晒得很黑，但很瘦的韦素园，很高兴、很有精神地同远道来看他的老师和朋友谈天，一边看着壁上挂的专门以他的作品叫读者受精神上的苦刑的俄国作家陀思妥耶夫斯基的像，同时便想到，韦素园原先有一个爱人，因为他没有痊愈的希望，她便与别人结婚了；又想到他不久就要死去，而他的死，对于中国是一个损失。想着这些，鲁迅觉得心脏一缩，说不出话来。这次的会见，给了他以慰藉、欢快，但也给了他苦痛和哀伤。这种刺激的伤痕，也留在他的记忆和心灵之中了。

短短19天的北平之行，给他的感触是很多、很深刻的。这些，也

---

[1]　鲁迅：《两地书·一三五》，载《鲁迅全集》第十一卷，人民文学出版社，2005，第322–323页。

都在触动着他的思想，引起他的心境的变化。

就在从北平回沪不久之后的9月27日，迎着早晨八点钟的太阳，一个婴儿诞生了。鲁迅在孩子出生的第2天，买了一盆文竹，送给年轻的母亲。许广平在《欣慰的纪念·鲁迅先生与海婴》中说，那文竹"翠绿，苍劲，孤傲，沉郁，有似他的个性，轻轻地放在我床边的小桌子上"。他每天早晨九时来到产院，看望许广平。悠闲地谈着话。"你给他取了名字吗？"他问。

"没有。"许广平回答。

他说："我倒想起两个字，你看怎样？因为是在上海生的，是个婴儿，就叫他海婴。"

这是一个很好的名字。

这是鲁迅生活中一个值得欢欣和纪念的浪花。他感到幸福，而且倾注了自己深沉而真挚的爱。

海婴出世之后，雇了一个保姆，名叫王阿花。她来自浙江上虞，算是鲁迅的同乡了。然而这是一个不幸的青年女子。她受到丈夫的虐待，而且要被卖掉，所以逃出来做工。她很能干，做事又快又好。但是，夫家寻踪而至，要把她抓回去。鲁迅挺身而出，保护了她。曾有几天，阿花夫家和纠集的流氓前来要人，被鲁迅斥退，不敢进屋，而阿花也不敢外出。后来，上海的上虞同乡会又来索人，也被鲁迅斥退。鲁迅准备为这个女工去吃官司。后来，经人斡旋，鲁迅为阿花付出150元赎身钱，救出了这个不幸的女子。她自然是感谢鲁迅的，以后，她跟着她爱的人走了。这有点像生活中的、活的祥林嫂。然而，她生活在20世纪20年代末的洋场上海，他遇到的不是鲁四老爷，而是伟大的文化先驱鲁迅。她得救了，而不是惨死。鲁迅在拯救这个不幸的弱女子时，是否也会想起祥林嫂？茫茫人世，王阿花在何处？她还活在世上，她知道救她的是谁吗？

鲁迅在上海居住，不算安定。曾经数度搬家。他还曾生过病，是肺病复发。这同他的过分的劳累是分不开的。在1928年6月6日致章廷谦的信中，他说："我酒是早不喝了，烟仍旧，每天三十至四十支。不过我知道我的病并不在此，只要什么事都不管，玩他一年半载，就会好得多。但这如何做得到呢。现在琐事仍旧非常之多。"

不可能休息而什么都不干。而这病，在几年之后，就吞噬了他的生命！

十、思想突变与艺术更新
——艺术思维与艺术世界（7）

思想上的变迁带来了艺术思维与艺术世界的变迁。由于掌握了马克思主义并且用来观察文艺问题，他的文学观念发生了变化：前进了，提高了。他不再把文学的作用估计得那么高了，不认为它有扭转乾坤的作用。他有时甚至采取了有些偏颇的说法，如在《三闲集·文艺与革命》中说"我是不相信文艺的旋乾转坤的力量的"；在《三闲集·通信》中说，"假使文学足以移人，则他们看了我的文章，应该不想做革命文学了，现在他们已经看了我的文章，断定是'非革命'，而仍不灰心，要做革命文学者，可见文字于人，实在没有什么影响，——只可惜是同时打破了革命文学的牌坊"。又在《三闲集·现今的新文学的概观》中说：

> 各种文学，都是应环境而产生的，推崇文艺的人，虽喜欢说文艺足以煽起风波来，但在事实上，却是政治先行，文艺后变。倘以为文艺可以改变环境，那是"唯心"之谈，事实的出现，并不如文学家所豫想。

这些未免偏颇的说法，带有思想变迁期的过渡性质，表述更偏重批判方面。这是隐然针对着自己原先的把文艺看作改革社会、改造国民性的根本之途和根本手段的观点，它稍一"位移"，就是正确的表述。事实上，他这时已经按照马克思主义的辩证唯物主义和历史唯物主义的观点与理论体系，把文学作为意识形态的一种，放在它的确定的、发挥其应有作用的地位了。这就是把文学作为一种武器与工具来发挥它的改造社会的作用了。因此，这个时期，鲁迅着重研究和强调文学与社会、与环境的关系，强调它们的第二性的、反映客观的作用。但同时，他又重视强调创作主体——作家自身的作用。以为要做革命文学，首先就要做革命的人。他也还注意文学的民族性和吸取外来营养的问题，特别是后者，他以为在世界艺术格局发生激荡变化之时，中国的革命文学作为一种新兴的事物，其要参与世界的文艺事业就更为重要了。

这样，文学、艺术，在他的艺术思维中，较之过去有了变化，它不再是居于整个艺术思维的中枢地位，而是在整个思维中枢的指挥下负责专职任务的一种思维方式了。这当然不是缩小了他的艺术思维的范围，而是拓展了他的艺术思维的视野。

由于他的世界观的根本性变化，由于他已经抛弃了，甚至可以说是清算了他过去的以进化论为标志的唯心史观，而掌握了唯物史观，正确地解决了我们在前面指出的三个相关联的基本问题，因此，他知道并坚信，要依靠工人农民，采用革命手段去实现无阶级社会，实现共产主义理想，"惟新兴的无产阶级才有将来"，因此，怀疑、失望、彷徨、犹豫、某种程度的阴冷的思想和情绪都改变了，他的创作心理也就起了重大的质的变化。在艺术思维中，已经清除了这些被他自己称为"鬼气"和"毒气"的东西，而且有坚定、顽强、昂奋、具有信心、确信光明的重要因素。其创作心理也因此变得豁达、明朗、欢畅。他这个时期的杂文，虽然是处在被围剿之中，处在作者有时心情恶劣（如前节信中所流露的）之中，但文章的气氛和气势，仍然大不同于以前了。这是另一种艺术世界。它的悲剧的美的因素减弱了，而被另一种美，即坚定的、乐观的美的因素所渗入了。

他这个时期没有写小说。而且，正是从这时期起，除了后来继续了历史小说的创作之外，已经不再有反映现实生活的小说创作了。这是为什么？值得研究和解释。

忙，当然是一个重要的原因。在这个时期的通信中，他经常说到琐事缠身，不能他骛。但更重要的还在于他的思想——他的艺术思维在变化。在到沪定居后不久，在劳动大学的讲演中，他谈到自己的写杂感和别人的规劝他搞创作，"做了创作在世界史上有名字"，都是以不以为然的口气说及的，已经透露了他的对于做杂感与创作二者的去取之间，他是更重杂感的消息。这本是他的基本的思想和文学态度所决定的。由于这两样：客观上的忙，使作家不能从容地把他的思想熔铸到艺术形象中去，也由于作家主观意志和艺术思维，使他不愿意从容地把现实生活矛盾熔铸到艺术形象中去，而愿意用投枪和匕首来解决；因此，没有继续创作小说。而这又正是作家自身的意愿，因为他最看重的是为现实及时地服务，抓住现在，为现在而抗争、奋斗。

但这也仍然不能完满地回答他为什么不再创作小说了。因为在北京时期，在写作《呐喊》与《彷徨》时期，他也是忙，也是重视以杂文这个投枪与匕首来战斗的；然而，他同时写了小说，还有那么优美刚劲的千古绝唱的散文诗《野草》。问题正在于此。那时，他的艺术思维的出发点，是要形象地反映出中国国民灵魂的落后，形象地揭露造成这种落后的客观环境的罪恶，以引起疗救的注意，以改变这个"落后的灵魂"，来改变这个中国的人生和食人宴席的中国社会。他的艺术形象的酝酿、他的小说故事的安排、他的审美角度的选择和审美理想的寄托，都围绕着这个核心来进行。他从记忆的宝库中，调动起那些不能忘怀的人和事，加以想象，加以改造，用那一片心灵去熔化它，重新编织它，而成为以泪痕悲色振我邦人的悲剧艺术。人生有价值的东西，一再地被撕碎给人看。然而，后来呢？那压在大石底下几千年的小草，不是默默地受镇压，曲折地求生存了，而是挺起身来，要整个儿地掀掉那石块、石山的统治，要自己用血和肉、头颅和生命去换取生存，夺取生存了。工人、农民（包括阿Q们在内），几万、几十万、几百万以至几千万地起来斗争，争生存、求解放了。在这种时期，还从那样的角度去构思、去创造典型、去描绘出一个艺术世界，来唤醒人们，显然是不行了，是不适合时代的要求了。后来要解决如何斗争，如何在斗争中改变自身的灵魂，如何用斗争去取得光明和明天。这一切，在他的创作准备中，是缺乏储备的；他的创作心理的活动中，缺乏这种具体生动的记忆，难作这种想象。他已经注意及此。他评柔石的《二月》，评叶永蓁的《小小十年》，都探讨了这样的问题，指出了他们的成功之外，也指出了他们的不足和产生不足的原因。先天的不足和后天的不能弥补，造成了他们艺术上的欠缺。这个问题，在他自己身上也是存在的。因此，他没有动笔创作。他翻译法捷耶夫的小说《毁灭》，是要提供这样一个榜样；同时，也指出，没有亲身经历过的人，是写不出这样的作品来的。

艺术思维和审美选择角度随着时代的改变而变化了，前进了；而自身的创作心理上的储备又付缺如，并且后来的条件，又不允许他到生活中去补充。——这，就是鲁迅为什么没有再创作小说的根本原因。但他始终有着创作的欲望和冲动，就像作为学者，他始终存在从事学术论著的写作的欲望一样。

但他需要寻找新的途径、新的形式。

然而这又要看他的生活和环境、客观斗争的需要如何而定了。

第九章　左翼文学：新的艺术世界

1930年（50岁）——1932年（52岁）

世界上时时有革命，自然会有革命文学。世界上的民众很有些觉醒了，虽然有许多在受难，但也有多少占权，那自然也会有民众文学——说得彻底一点，则第四阶级文学。

——《三闲集·文艺与革命》

只是原先是憎恶这熟识的本阶级，毫不可惜它的溃灭，后来又由于事实的教训，以为惟新兴的无产者才有将来，却是的确的。

——《二心集·序言》

中国的无产阶级革命文学在今天和明天之交发生，在诬蔑和压迫之中滋长，终于在最黑暗里，用我们的同志的鲜血写了第一篇文章。

——《二心集·中国无产阶级革命文学和前驱的血》

革命文学队伍终于在围剿和论争中逐渐趋向一致，走向联合，也开始认清了鲁迅的价值，认识了自己的导师和领袖。在世界文学的"红色的三十年代"来到时，中国的无产阶级革命文学作为这个国际性革命文学运动兴起的反响和响应，也作为这一国际革命文学队伍中的一支生力军，终于也在自己的国土上生根、发芽、开花了。这是经过内部的激烈论争、外部的浴血奋战才取得的成果。左翼文学的旗帜，终于在围剿、迫害、禁压和嘲骂中举起来了。旗手就是鲁迅。革命文学队伍终于聚集在他的周围，在他的麾下，披荆斩棘，开辟前进的道路了。鲁迅也奋身投入了这个运动，献出了自己的力量与智慧、热情与战果。

这是他一生中最愉快的时期。

一、举起左翼文学的旗帜

由于党组织的直接干预，创造社、太阳社终于认识到自己的错误，停止了对于鲁迅的攻击。周恩来在参加中共"六大"从苏联回来后，听取了关于上海"革命文学论争"的汇报，便以党中央负责人的身份，指出了对于鲁迅的批评是错误的，论争应该停止，应当团结鲁迅[①]。接着1929年的9月，中共江苏省委宣传部部长李富春又找上海文化支部负责人阳翰笙[②]谈话，再次指出围攻鲁迅的错误和团结鲁迅的必要，要求党员赶紧解决这一问题。与此同时，文化支部的另一负责人潘汉年也接到了同样的通知。于是，召开了支部各方面负责人的会议，决定停止对鲁迅的攻击，派人同鲁迅联系。冯雪峰、夏衍、冯乃超去同鲁迅见面，传达了党对他们的批评和论争应当停止的意见。

党的干预和指示，很快促使创造社和太阳社决定同鲁迅联合建立一个统一的文学团体。首先由冯雪峰去征求鲁迅的意见。

冯雪峰来到鲁迅家，转达了潘汉年（当时任中共中央宣传部干事）同他谈的两点意见：一是共产党中央希望创造社、太阳社和鲁迅（以及在他影响下的人们，包括当时的所谓"语丝"派的一些人）联合起来，成立一个革命文学团体；二是这个团体的名称拟定为"中国左翼作家联盟"。冯雪峰征询鲁迅的意见，是否同意联合起来，建立一个统一的文学团体？是否同意加上"左翼"二字？如果不同意，那就不用。

鲁迅完全同意。他说，"左翼"二字还是用好，旗帜可以鲜明一点。

党指定创造社的冯乃超和同太阳社关系较好的沈端先（夏衍）以及冯雪峰负责"左联"的筹备工作。鲁迅同他们有了多次接触。创造社、太阳社的同志向鲁迅承认了过去态度上的错误。革命文艺队伍内部经过斗争达到了统一。

1930年2月16日，在条件成熟的情况下，在上海北四川路公菲咖

[①]　《鲁迅研究资料》第五辑：《访问楚图南》。

[②]　阳翰笙（1902—1993），四川高县人，剧作家。1925年加入中国共产党，曾先后任"左联"、"文总"党团书记。新中国成立后历任全国文联领导。

啡馆里，鲁迅和其他11名同志①在一起聚会。会上，创造社、太阳社检查了原先的小集团主义、对待鲁迅的错误态度和忽视了正面之敌等错误，讨论了今后的战斗和理论建设问题。这就是中国左翼作家联盟的筹备会。

1930年3月2日，在上海北四川路窦乐安路中华艺术大学的一间教室里，聚集了40多位青年作家，举行了"左联"的成立大会。会上通过了理论纲领和行动纲领。

我国第一个由党领导的统一的革命文艺团体，诞生了。它标志着革命文学运动跨进了新的阶段。

大会通过的理论纲领明确地宣布：

"我们的艺术不能不呈献给'胜利不然就死'的血腥的斗争。"

"我们的艺术是反封建阶级的，反资产阶级的，又反对'失掉社会地位'的小资产阶级的倾向。我们不能不援助而且从事无产阶级艺术的产生。"

会上，鲁迅发表了重要讲话，他没有拿稿子，侃侃而谈，这就是著名的《对于左翼作家联盟的意见》②。

鲁迅首先提出了左翼很容易变成右翼的问题。这个问题很尖锐，也很实际，切中当时左翼文学队伍的弊病。他强调，第一，要"和实际的社会斗争接触"，不能"单关在玻璃窗内做文章，研究问题"。第二，要"明白革命的实际情形"，"革命是痛苦，其中也必然混有污秽的血，决不是如诗人所想象的那般有趣，那般完美；革命尤其是现实的事，需要各种卑贱的、麻烦的工作，决不如诗人所想象的那般浪漫；革命当然有破坏，然而更需要建设，破坏是痛快的，但建设却是麻烦的事"。对于今后的工作的意见，他首先强调了"对于旧社会和旧势力的斗争，必须坚决，持久不断，而且注意实力"。"在文学战线上的人还要'韧'"，"要在文化上有成绩，则非韧不可"。其次，他提出，"战线应该扩大"。

① 这就是被称为"左联"的基本成员的12人，他们是：鲁迅、冯雪峰、夏衍、阳翰笙、冯乃超、郑伯奇、柔石、蒋光慈、彭康、阿英、沈起予、洪灵菲。另一说无沈起予，而为吴黎平。

② 据冯雪峰回忆：这个讲话，当时并没有记录，冯雪峰根据记忆记出，并把鲁迅平日同他谈话时说到的一些意见补充进去了。整理成文后，经鲁迅看过，在《萌芽》月刊上发表。记录人署名"王黎民"。（《冯雪峰谈"左联"》，《新文学史料》1980年第一期）

他说："在前年和去年，文学上的战争是有的，但那范围实在太小，一切旧文学旧思想都不为新派的人所注意，反而弄成了在一角里新文学者和新文学者的斗争，旧派的人倒能够闲舒地在旁边观战。"

这真是一针见血的中肯意见。而成立了革命文学的统一团体，就可以把战线扩大，向敌人进攻了。

第三，他强调了"应当造出大群的新的战士"。这样，"对敌人应战，也军势雄厚，容易克服"。

最后，他提出联合战线要以"有共同目的为必要条件"。"我们战线不能统一，就证明我们的目的不能一致，或者只为了小团体，或者还其实只为了个人，如果目的都在工农大众，那当然战线也就统一了。"

他的讲话，对于当时参加了"左联"的和没有参加"左联"的进步文艺工作者来说，都是十分有益的。后来的事实证明，有的人没有做到这些，而沦为右翼了；而后来在左翼文学界发生的一些不愉快的纷争，也与违背这些意见有关。

二、率领文化新军进击

"左联"成立以后，鲁迅成为它的实际上的领导人。而他自己也从"左联"、从年轻的战友们那里得到力量。在五四运动的革命统一战线分化后，他曾经有过"成了游勇，布不成阵"的"荷戟独彷徨"的苦恼。以后，赴厦门、到广州，虽然有几个学生跟着，有一些文学青年围随着他，但不断分化，不断改变，甚至使他产生过失望和认为"希望全在没有见过面的人们"的思想。到广州与创造社结成一条战线的"幻想"破灭，到上海竟又遭到他们的"笔尖的围剿"。现在，这一切都过去了，大家团结在一起，建立了新的战线，向敌人展开了进攻。

在"左联"成立前夕，马克思主义文艺理论由于鲁迅和创造社的努力，已经有了较为广泛的传播，革命作家也日趋团结，这时，"新月派"绅士集团的理论家梁实秋就跳了出来，连续抛出十几篇文章，集中攻击阶级论，宣扬资产阶级人性论。他在《文学是有阶级性的吗?》《论鲁迅先生的硬译》等文中说，无产阶级革命文学的"错误在把阶级的束缚加在文学上面"，"把文学当作阶级斗争的工具而否认其本身的价值"。他坚决反对"共产党人把这理论的公式硬加在文艺的领域上"。在他看来，人是不存在什么阶级性的。

斗争是不可避免的。其实，这斗争是一年前的斗争的继续和发展。

早在1928年初，无产阶级革命文学还在被刚刚倡导之时，"新月派"便敏感到这是一股新思潮，而发起了袭击，在《新月》创刊号上，由诗人徐志摩发出了攻击的炮弹。他咒骂文坛上全是一些"功利派""攻击派""狂热派""稗贩派""标语派""主义派"，他要的是"健康"与"尊严"两大区别。接着梁实秋教授登场，他在《文学与革命》中，根本否认"无产阶级文学"的存在和阶级的存在。文学也不是大多数人的。他说，"文学家的心目当中并不含有固定的阶级观念，更不含有为某一阶级谋利益的成见"。他认为"伟大的文学乃是基于固定的普遍的人性"，"大多数就没有文学"。他的资产阶级贵族老爷式的高傲、横蛮的态度，显而易见。

在这种进攻面前，革命文学阵营虽然内部仍在论争中，但是立即给予了回击。《战线》这个党所领导的刊物明确地指出，这是"屈服在统治者权威之下的堕落的资产阶级"的叫嚣，而创造社也在《创造月刊》上接上了火，给予了更多的反击和批判①。

现在，对方已经不止于叫嚣、恶骂、诅咒，而是提出了一大篇理论了，必须也在理论上反击。鲁迅先后写作了《新月社批评家的任务》、《"硬译"与"文学的阶级性"》和《"丧家的""资本家的乏走狗"》三篇批判文章。在第一篇文章中，他以短短的篇幅，揭示了"新月派"的阶级实质是"刽子手和皂隶"出来为反动派执行"维持治安的任务"。对于梁实秋的否认人的阶级性和文学的阶级性的论点，鲁迅在《二心集·"硬译"与"文学的阶级性"》中驳斥道：

> 文学不借人，也无以表示"性"，一用人，而且还在阶级社会里，即断不能免掉所属的阶级性，无需加以"束缚"，实乃出于必然。自然，"喜怒哀乐，人之情也"，然而穷人决无开交易所折本的懊恼，煤油大王那会知道北京检煤渣老婆子身受的酸辛，饥区的灾民，大约总不去种兰花，像阔人的老太爷一样，贾府上的焦大，也不爱林妹妹的。

---

① 彭康发表了《什么是"健康"与"尊严"?》、冯乃超发表了《冷静的头脑》等文，批判了徐志摩、梁实秋。

鲁迅还有力地揭出了梁实秋的文章本身就表明了人和文学的阶级性：

> 例如梁先生的这篇文章，原意是在取消文学上的阶级性，张扬真理的。但以资产为文明的祖宗，指穷人为劣败的渣滓，只要一瞥，就知道是资产家的斗争的"武器"，——不，"文章"了。无产文学理论家以主张"全人类""超阶级"的文学理论为帮助有产阶级的东西，这里就给了一个极分明的例证。

当冯乃超在《拓荒者》发表了《阶级社会的艺术》，指出梁实秋是"资本家的走狗"时，梁实秋便装出冤苦的脸说："《拓荒者》说我是资本家的走狗，……我还不知道我的主子是谁"。但同时，却又恶毒地含沙射影地说革命作家都是共产党（按：共产党在当时是要杀头的）。鲁迅看了梁的文章后，写了《"丧家的""资本家的乏走狗"》一文。

这短短的一篇文章，真是犀利泼辣，致敌于死命。不知道主子是谁吗？

> 凡走狗，虽或为一个资本家所豢养，其实是属于所有的资本家的，所以它遇见所有的阔人都驯良，遇见所有的穷人都狂吠。不知道谁是它的主子，正是它遇见所有阔人都驯良的原因，也就是属于所有的资本家的证据。

但它倒确是不知道"主子是谁"，所以是"丧家的""资本家的走狗"，而由于梁实秋在文艺批评中却塞进什么主张"文学有阶级性"的人都是"拥护苏联""去领卢布"，用告密手段，"以济其'文艺批评'之穷"，是一条很没有本领的走狗，"所以从'文艺批评'方面看来，就还得在'走狗'之上，加上一个形容字：'乏'"。

继"新月派"而起的，是所谓民族主义文艺运动。这么一个"文艺运动"的目的，是要以"三民主义文艺"来抵制"共产党的文艺运动"。一批政客、军官、特务、流氓纠合起来，办刊物、发宣言、搞创作，颇为热闹。这样的一次文化发动，是同蒋介石正在积极准备的对红军的军事"围剿"相配合的，这是文化"围剿"的一次进军。

鲁迅的《"民族主义文学"的任务和运命》是一篇洋洋大观的战斗的篇章，给了"民族主义文学"一个彻底的清算。他首先指明了这个

"文艺运动"发动者的阶级本质：他们是殖民政策保护、养育的流氓，是"殖民地上的洋大人的宠犬"，是"飘飘荡荡的流尸"。因此，所谓民族主义文学，恰恰是出卖民族的、洋大人的"宠犬派文学"。鲁迅接着具体地剖析了"民族主义文学"的代表作，揭出了他们的卑劣的、反动的丑恶面目。鲁迅以描写蒋（介石）冯（玉祥）阎（锡山）军阀战争的小说《陇海线上》中的一段描写为例①揭出了"民族主义文学"的本质：

> 原来中国军阀的混战，从"青年军人"，从"民族主义文学者"看来，是并非驱同国人民互相残杀，却是外国人在打别一外国人，两个国度，两个民族，在战地上一到夜里，自己就飘飘然觉得皮色变白，鼻梁加高，成为腊丁民族的战士，站在野蛮的菲洲了。

鲁迅指出，这"就说明中国的'民族主义文学家根本上只同外国主子休戚相关'"了。

鲁迅又举出黄震遐的剧诗《黄人之血》来，其中有这样的"诗句"："死神捉着白姑娘拚命地搂；美人蟒首变成狞猛的髑髅；……黄祸来了！黄祸来了！亚细亚勇士们张大吃人的血口。"

原来，"我们的诗人却是对着'斡罗斯'，就是现在无产者专政的第一个国度，以消灭无产阶级的模范——这是'民族主义文学的'目标"。

针对着"民族主义文学"中一些调门很高的"诗歌"，鲁迅指出："落葬的行列里有悲哀的哭声，有壮大的军乐，那任务是在送死人埋入土中，用热闹来掩过了这'死'，给大家接着就得到'忘却'。现在'民族主义文学'的发扬踔厉，或慷慨悲歌的文章，便是正在尽着同一的任务的。"

充当殖民主义者的宠犬，梦想着去攻打苏联，为日本帝国主义灭亡中国送丧的职责。——这就是"民族主义文学"的任务！

在这场批判反动的"民族主义文学"运动的战斗中，瞿秋白、茅盾等也都参加了斗争，瞿秋白深刻地分析了这个反动文艺运动的阶级实质："文艺上的所谓民族主义"，"只是绅商阶级的国家主义"，"只是法

---

① 这段描写是："每天晚上站在那闪烁的群星之下，手里执着马枪，耳中听着虫鸣。四周飞动着无数蚊子，那样都使人想到法国'客军'在非洲沙漠与阿拉伯人争斗流血的生活。"（黄震遐：《陇海线上》）。

西斯主义的表现"①。茅盾则逐个分析了《民族主义文艺运动宣言》中所列举的中外艺术史上的各个例子，指出它们都不是民族意识的表现，而只能证实艺术都是有阶级性的②。他们在战斗中与鲁迅紧密配合，做出了自己的贡献。

鲁迅从中感受到有组织的、集体战斗的力量和胜利的喜悦。

当无产阶级文学向前迅速发展时，新的分化又开始产生，斗争又开了新生面：自称"自由人"和"第三种人"的胡秋原、苏汶（杜衡）发动了新的攻击。他们和前面两种人不同，一不是资产阶级绅士政客、学者教授，二不是上海滩上飘荡的流尸，而是同"左联"有过交往，甚至参加过"左联"的人，他们曾译过苏联的文艺创作和论著，并自称是拥护马克思主义文艺理论、不反对文艺有阶级性的人。但是，他们向"左联"要"自由"，高喊"勿侵略文艺"，叫嚷"文学与艺术，至死也是自由的，民主的"，"将艺术堕落到一种政治的留声机，那是艺术的叛徒"。对于这场新的进攻，鲁迅和瞿秋白、冯雪峰、周起应、陈望道等革命作家，都起来应战，揭露他们的资产阶级实质和反对无产阶级文艺的目的，批驳他们对无产阶级文艺运动和左翼作家的种种诬蔑、攻击。在战斗中，鲁迅写了《论"第三种人"》和《又论"第三种人"》两篇文章。他说，"第三种人"是做不成的，"一定超不出阶级的"。

在《论"第三种人"》中，他说：

> 生在有阶级的社会里而要做超阶级的作家，生在战斗的时代而要离开战斗而独立，生在现在而要做给与将来的作品，这样的人，实在也是一个心造的幻影，在现实世界上是没有的。要做这样的人，恰如用自己的手拔着头发，要离开地球一样，他离不开，焦躁着，然而并非因为有人摇了摇头，使他不敢拔了的缘故。

而在《又论"第三种人"》中，他又说：

> 人体有胖和瘦，在理论上，是该能有不胖不瘦的第三种人的，然而事实上却并没有，一加比较，非近于胖，就近于瘦。文艺上的"第三种人"也一样，即使好像不偏不倚罢，其实是总有些偏向

---

① 《青年的九月》，载1931年9月13日《文学导报》第一卷第四期。
② 载1931年9月13日《文学导报》第一卷第四期，署名石萌。

的，平时有意的或无意的遮掩起来，而一遇切要的事故，它便会分明的显现。……所以在这混杂的一群中，有的能和革命前进，共鸣；有的也能乘机将革命中伤，软化，曲解。左翼理论家是有着加以分析的任务的。

如果这就等于"军阀"的内战，那么，左翼理论家就必须更加继续这内战，而将营垒分清，拔去了从背后射来的毒箭！

"左联"成立之后，所进行的这三次大的论战，是在鲁迅参与下并在实际上起了领导作用的情况下进行的。鲁迅，还有瞿秋白、茅盾以及周起应、冯雪峰等"左联"的年轻的理论战士，共同战斗，所向披靡，取得了辉煌的战果。

文艺战线上这三次论战的发生，是中国革命和中国新文化运动发展的生动表现和必然结果。五四运动以后发生了文化统一战线的第一次分裂，资产阶级右翼知识分子没落了。大革命失败以后，革命深入发展，阶级营垒越加分明，斗争异常残酷。革命战线又产生了第二次分化，民族资产阶级和上层小资产阶级的知识分子退出去了，他们或者拥护国民党反动政府搞黑色文学，或者打起"自由的""超阶级的"资产阶级文艺旗帜。但是，无产阶级革命文学运动，却随着共产党所领导的农村革命的深入及红色根据地的巩固和发展而日益发展。虽然这两条战线当时各自为战，但仍然起了配合的作用。在这个新的分化面前，鲁迅又一次经受了严峻的考验，有过痛苦、思考、探索、学习、斗争，但却丝毫没有动摇，他带着"五四"以来光荣的革命传统，走进了新的革命行列。这一次，他的自觉性更高，而且经受了被自己营垒中的同志所误解甚至围攻的考验，毫不气馁地走进文艺新军中，而且高擎着左翼文学的旗帜，走在队列的最前面。他已经很明确：新的战友是无产阶级的、左翼文学队伍，力量的源泉是工农大众，前途是无产阶级革命的胜利和社会主义社会以至无阶级社会。

鲁迅这种前后不同的思想状况，反映了中国社会的变化和中国革命的发展。自从五四运动后，中国革命进入新民主主义革命的阶段以来，无产阶级担负起领导革命的重任，工人运动、农民运动风起云涌，势如暴风骤雨，武装起义的枪声打响之后，阶级斗争的生死大搏斗进一步开展，敌我阵线十分明显。形势迫使中间阶级在革命与反革命之间作出抉择。鲁迅就是在这样的大时代的风暴中，看清了本阶级的没落和最终溃灭的前途，看清了无产阶级鲜红的旗帜和共产主义的曙光，而投奔过来了。他不是以一个孤独的战士的身份来到共产主义营垒的，他是代表小资产阶级以至一部分资产阶级的革命群众过来的。他的到来理应受到无产阶级的信任和欢迎，因为，这是中间阶级革命化的体现。作为伟大的文化战士，他的进到共产主义营垒，也反映了中国文化发展的趋势，反映了中国文化向革命化迈进的步伐。

鲁迅的可敬和伟大，就在于他义无反顾地承担了这个伟人的历史责任，毫无愧色地完成了这个历史的伟大任务，也毫无愧色地充任了这样一个伟大的代表。他的心永远与人民相通，他的爱永远在大众。这是鲁迅最可尊敬的、最崇高的思想品德。

三、五十寿辰百年心

1930年9月17日，在上海法租界吕班路（现在的重庆路）一家小型的荷兰餐室里，聚集着30多人，他们有穿长袍的、有穿西装的，有穿戴整齐并比较华贵的，但多数人衣着朴素。

这是一个庄严而又热烈、简单朴素而又很有意义的集会：庆祝鲁迅五十寿辰。

"左联"成立以后，在党的领导下，又先后成立了"社联"、"美联"和"剧联"。所有这些组织都很自然地以鲁迅为他们的精神领袖和艺术上的导师。当他们想到鲁迅的五十寿辰就要到来时，便决定要庆贺一番。事情由柔石、冯雪峰和冯乃超发起，由柔石[①]去请美国进步记者和作家史沫特莱出面租了这间荷兰餐室。人们都单个地，秘密而机警地来到了。据正式记载，出席者有"左联"、"社联"、"美联"和"剧联"的代表及文艺界进步人士：叶绍钧（叶圣陶）、傅东华、茅盾、田汉等人，此外还有柔石、李伟森（李求实）、阳翰笙、冯铿等人。

---

① 这次庆寿活动，正式的记载有史沫特莱的《记鲁迅》（载《北方杂志》第五期，1946年10月19日出版）和《纪念鲁迅五十寿辰纪念会》（载《出版月刊》1930年8、9、10月号）。这里据史沫特莱文推测，去找她的可能是柔石。详见上海鲁迅纪念馆周国伟同志作《鲁迅五十寿辰纪念会》一文的考证，此文载淮阴师专《活页文史丛刊》（现代文学专题）第二十期。

鲁迅带着他的妻子和幼小的儿子，很早就到了，于是我便第一次见到了他——一位在以后所有年月中成为我在中国生活中最有力的人物。

史沫特莱在她的《记鲁迅》一文中，这样记述了这历史的场面。她接着写道：

他是矮小而纤弱的，穿着一件乳白色的长衫，软底的中国式的鞋子。

他没有戴帽，剪得短短的头发，象一把刷子似的直立着，在结构上，他的脸和普通中国人的脸并不两样，可是他在我的记忆中，却是我以前从未见过的动人心弦的脸。一种富有生命的智慧和先知正从这上面流露出来。……我们使用德文交谈，他的举止，他的语言，以及他的每一姿态，都放射出那种为最完整的人格所独有的一种无法解释的和谐的魔力。

这就是五十寿辰时的鲁迅的风貌。感谢史沫特莱这位真诚的美国朋友，她为我们记下了这历史的珍贵一页。而且，她还摄下了鲁迅的身影：在荷兰餐室的花园里，坐在一张藤椅上，侧身靠在右边，两手交叉，潇洒、沉稳、安祥，凝视着前方，闪着智慧的目光。这是鲁迅留下来的最好的照片之一。

史沫特莱称参加集会的是"一个知识分子革命的先锋队"。当暮色降临时，有20多人留下来，与鲁迅一同聚餐。

餐后，庆寿的活动开始了。柔石首先致辞。阳翰笙接着代表"左联"向鲁迅致祝贺词。他首先称呼一声："鲁迅同志！"

这是第一次，而且只能在这种秘密的集会上才能这样称呼。平常，人们都习惯地尊称他"鲁迅先生"或"大先生"。这次，"左联"党组织讨论了这个问题，一致认为，在这样一个严肃而欢乐的会上，应该称"同志"。

鲁迅听了，面带笑容，微微颔首。他内心里是很高兴的。是的，同志，他是我们的真正的同志。贺词赞扬了鲁迅一贯反对帝国主义、反对国民党反动派的战斗精神，以及他在"左联"和青年中所起的积极的领导作用；并且衷心祝他健康，为无产阶级和党的事业做出更大更好的贡献。

史沫特莱在《记鲁迅》中还记述道：一个"西服已很旧，头发蓬乱，刚从监狱释放出来"的同志报告了狱中的情况。接着《上海报》的编辑，"一个瘦长的青年"①，介绍了红军如何成长，以及农民的"秋收暴动"，"这些农民们先和地主们展开战斗，然后小溪汇入巨川似的大批大批的参加红军。"以后，"一位身材矮短而粗壮、头发剪的很短的女子站起来②，向大家指出发展普罗文学的需要"。"她向鲁迅呼吁，希望他作左翼作家联盟及左翼艺术家联盟的保护者和盟主。"

鲁迅始终注意地听着。这些，都是他非常关心、非常愿意了解的。最后，鲁迅站起来讲话，当天是他的五十岁的生日，他很自然地讲起了自己从出生到后来的生活经历和战斗历程。他最后说：他是植根于农村中、农民中，以及书斋生活中的一个人。因此，"他若装做一个普罗作家的话，那将是非常可笑的事"。他还表示不相信青年知识分子没有经验过工农的生活、希望和痛苦，就能产生普罗文学。他说："创作只能从经验中跃出来，并不是从理论中产生出来的。"

这是一次非常有意义的聚会，表达了同志的诚挚的祝贺。鲁迅一生只参加过一次这样的会。它好像是一次总结，而结论是：他终于彻底地背叛了本阶级，走进了无产阶级的战斗的行列，成为伟大的共产主义战士，伟大的共产主义思想文化先驱。他率领着一支文化新军，冲杀在激烈、尖锐、复杂的思想文化战线上。

四、文化革命：压迫与深入

20世纪30年代是一个革命的年代，也是充满艰险、困难、斗争的时代。战斗的30年代，艰危的30年代。不仅在中国，而且就世界范围来说，也是如此。严重的经济危机，席卷了资本主义世界，通货膨胀，工厂倒闭，失业增多，社会动乱，资本主义制度又一次发生了严重的痉挛。同这相对照的，社会主义的苏联却显出了生机勃勃、蒸蒸日上的景象。共产主义不再是"幽灵"，而是已经有了一个繁荣、强大的实体。

---

① 据考证，很可能是李伟森（求实）同志。

② 据考证，可能是冯铿同志。

在资本主义大国里，工人运动高涨，共产党在发展，有些著名的科学家和作家、艺术家走向进步，明显"左"倾。中国左翼文艺运动，在中国共产党的领导下，在鲁迅和他的战友瞿秋白、茅盾以及一大批进步作家的共同奋斗下，也得到蓬勃发展。

这个时期是鲁迅一生中心情最愉快的时期。这不仅因为他已经摆脱了前期思想上的种种负累，对工农创造历史的伟力和革命的前途具有了充足的信心，而且，因为他已经不再是仅仅有一些志同道合的伙伴，甚至有时是面对强敌，孤军奋战，而是有中国共产党作依靠，身在一个革命的、战斗的文学团体"左联"之中，并且率领着这支文艺新军冲锋陷阵。国际、国内环境都给了他以信心与力量，鼓舞他更加斗志昂扬地战斗。对于这种情况，冯雪峰在《回忆鲁迅》一书中有一段叙述："在左联成立初期，鲁迅先生的精神的最显著的表现之一，就是他对于自己斩断了和旧的阶级与旧的思想的葛藤这件事情，是感到无上快乐的；而就在这种快乐上面，反映着他对于中国人民和工农阶级的胜利前途的最大信心和快慰。同时这种快乐也表现在他对于资产阶级、小资产阶级的思想的批判与打击，是那么愉快如意的精神上面。""这快乐，……主要的是反映了鲁迅先生自己在思想上解放了的快乐。""他继续猛烈地反对着封建主义和帝国主义，并且开始明确地反对着资产阶级小资产阶级的个人主义，而他的态度都是非常利落，愉快，充满着胜利信心的。"

他率领左翼文艺新军，迎着国民党反动统治的高压，冲破他们的反革命文化"围剿"，在艰危条件下，开展了多方面的活动，培育着中国革命文艺的新花，培育着中国革命文艺的年青战士。——他曾说："愿有英俊出于中国"，他确实培育了一代人。

当然，鲁迅并未担任"左联"的具体领导工作，这些都由先后担任"左联"党团书记的冯乃超、冯雪峰、周起应（周扬）、夏衍、丁玲等同志负责去做了。但"左联"确实依靠着鲁迅在国际国内的崇高声誉，依靠他的经验与智慧来开展工作。当然，"左联"各项工作的实际效果，也给了鲁迅以鼓舞和影响。

当时，"左联"不仅在国内开展各项工作，而且建立了国际联系，开展了国际活动。首先，它是无产阶级革命作家联盟的一个支部，萧三是"左联"派驻国际的代表，并在国际局的秘书处远东部工作。"左联"按期向国际报告工作和介绍中国文坛动态。"左联"同苏联、日本、美国、法国、德国、匈牙利的有关团体都有联系。当国民党反动派屠杀革命作家时，"左联"发表了抗议宣言及致国际革命作家和文化团体书；高尔基创作生活四十周年纪念时，以及悼念日本共产党员作家小林多喜二被害，"左联"都有积极的反应。对于这些工作，鲁迅是重视并积极参与的。他与萧三有经常的联系，萧三在国际的会议上也专门介绍了鲁迅的思想与作品。鲁迅还通过当时常住上海的美国进步记者兼作家史沫特莱把抗议国民党屠杀革命作家的文章发到国外去，对小林的被害，他专门拍发了唁电。他十分关怀把革命文艺"打出中国去"的事业。

这个时期中国革命文学以至整个进步文化事业的发展，是五四新文化运动的继续和发展，也是世界进步文化和革命文学的发展在中国这个古老国度的表现。这是中国几千年古老文化与文学事业的复兴与新生，它具有伟大的、划时代的历史意义和世界意义。它的发展，走在亚洲以至整个东方的前列，引起了世界的注意，发生了国际的影响。这是沉睡的古老国度的新声。无声的中国发出自己的声音了，中国出而参与世界的事业了。毫无疑问，文学与文化事业的这种革命性发展，是中国人民革命运动深入发展的表现形式，是在革命运动的推动下发展起来的，又为推动革命运动而服务。正是在这个时期，南昌起义、广州暴动、上海工人阶级的三次武装起义，连续爆发，震动中国，震惊世界。紧接着，工农红军举起了红旗，在古老沉睡的中国大地上，第一次建立了工农掌权的红色区域，并且开始了崭新的由共产党领导的农民运动，用最新的方案来解决几千年没有解决的农民的土地问题。革命在城市遭到了失败，但革命在农村深入发展。与此同时，留在城市的革命力量和转到文学与文化战线的革命知识分子，开始了在城市里的文化革命的深入发展。由于有着如此深厚的历史背景和时代精神，新的文学革命的发展气势是相当可观的。

当然，文学革命和文化革命的如此发展，同它产生和拥有了自己的精神领袖和导师鲁迅，也是分不开的。正是在他的旗帜下，也是在他的率领和努力下，文化革命新军向着敌人、向着敌对的反对的势力，作殊死的、英勇的斗争，并取得胜利。

左翼文学成为最受欢迎的文学，出版社、书店都竞相出版左翼文学作品和刊物，即使不是从发展革命文化事业出发，而是为了经济的收入，他们也纷纷向"左"转或者显出"左"倾的色彩了；一些怀着各种目的和动机的文人，也纷纷"左"倾或作出"左"倾的姿态。不管怎样，这都表现了革命文化力量的增长和发展，反映了它具有影响力和号召力。

当日之鲁迅，远远不是布不成阵了，也不再是孤军奋战或同几个、几十个同一战阵的先驱者与青年战友一同奋战了，而是拥有了一个广大战士的进攻的阵线，并且有了组织程度高得多、战斗力也强得多、目的也更远大与崇高的革命文学组织，他与这个战阵、组织和战友们患难与共，战斗在一起。而且，在这个阵营后面，还有着更为广大、深沉、雄厚的工人、农民、红军和党的伟大力量。可以说是整个民族的力量在作后盾。这些，给鲁迅的思想上、精神上，注进了多少力量！他感到从未有过的强劲有力，从未有过的斗志昂扬、信心百倍。过去的那种被他自己称为"鬼气"和"毒气"的东西，却寻找不到可以依靠的社会力量、不能明确知道前途是什么和前途是否光明，甚至疑心和担心进化论在中国的发展上可能出现例外等，这些怀疑、彷徨、苦闷的观点和情绪，都一扫而光了。加上现在的家庭生活不仅安静、幸福，一扫过去的寂寞凄苦，而且身边有了一个最忠实的伴侣、助手和战友。这也使他减少了苦闷、哀痛，增加了欣幸与欢乐，从而增强了战斗力和信心。

他展开了多方面的工作：参加实际的政治斗争和革命工作（参加革命济难会与自由运动大同盟），领导"左联"的战斗和工作，创办、编辑和支持《语丝》、《莽原》（《未名》）、《奔流》、《朝花》等刊物，同"左联"的同志一起创办和编辑"左联"先后出版的战斗文学期刊，到大学等处讲演，开展有计划的翻译马克思主义文艺理论与进步的、革命的文学作品的工作，除了自己翻译，还帮助年轻的翻译家们搜寻合适的材料，帮他们校订、联系出版。他还在艺术领域广泛地开展了创业的工作，他与相当多的艺术家和革命艺术学徒建立了联系，指导他们创作，帮助他们举办展览会、出版作品集，提倡新兴木刻，为了青年艺术家有所借鉴，他从国内外收集好的作品，并组织整理，刊登在期刊上、出版书籍，举行展览会或出版专集。当然，他自己还不断地写作，杂文已经成为他的主要的战斗武器，成为他的文学创作的主要领域。

鲁迅的这一切工作，都是当时在共产主义思想引导下深入发展的文化革命深入的具体工作、具体表现。鲁迅的这些工作，不仅本身具有战斗的、教育的、发展民族文化的意义，而且，同时又都是带着拓荒性的、开辟性的、创业性的、倡导性的工作，不仅具有现实的意义，而且具有长久的价值和历史的作用。

这是一代文化先驱的披荆斩棘、开辟草莱的创业的光辉史，它惠泽了后代后世，开创了一个新的文化世纪：表现了文化革命在压迫下的深入。

五、与无产者一同受难

由于革命力量和革命文化事业的迅猛的发展和广阔深入的影响，由于国民党新军阀政权在内部争斗中逐渐站住了脚跟，在镇压和血泊中逐渐使自己的政权巩固了，他们便越来越加紧压迫了。一方面是一次又一次地组织反动军队，对红区进行疯狂的围剿；另一方面，是一次又一次地、逐步升级地加紧了对于革命文化的禁压和摧残，进行文化围剿。他们企图用武力来同时阻碍革命武装和革命文化的发展。

起初，1930年顷，反动派还表示了一点点自信，掀起所谓"民族主义文学"运动。但是，正如鲁迅所说，他们只有"运动"而无"文学"，喇叭锣鼓，喧闹一阵之后，便都烟消云散、销声匿迹了。情况如鲁迅在1930年9月20日致曹靖华的信中所形容：

> 而别一方面，则乌烟瘴气的团体乘势而起，有的是意大利式，有的是法兰西派，但仍然毫无创作，他们的唯一的长处，是在暗示有力者，说某某的作品是收受卢布所致。我先前总以为文学者是用手和脑的，现在才知道有一些人，是用鼻子的了。

反动派张开了文化"围剿"的罗网、挥动起沾满血污的屠刀。据记载，自从蒋介石在汉口召开三省"剿共会议"之后，在8月到10月间，就屠杀了共产党员和进步人士14万人之多！1930年"左联"成立以后，左翼戏剧演员宗晖被杀害于南京。

1930年12月16日，国民党政府制定了所谓《出版法》44条，加强对于进步文化的统治和摧残。这个出版法，对于进步的书籍、报纸、杂志和它们的作者、编者、发行人，定出了种种禁压的条例，包括限制、处分和惩罚。这无疑是一套绳索、一副罗网，把进步文化都捆绑和笼罩住了。翌年一月，反动派又采用了武化手段来进一步打击、摧残进步文化事业。先是国民党淞沪警备司令部会同上海闸北公安局的打手们搜查环球图书公司，劫走多种进步书籍；接着，淞沪警备司令部又勾结租界里的帝国主义势力——公共租界老闸捕房——搜查了北新、乐群、华通三家出版发行进步书刊的书店，多种进步书籍遭劫，华通经理被拘捕。同月，国民党反动政府又公布了《危害民国紧急治罪法》，张起了更广阔和凶恶的捕杀的网，对他们认为是"危害民国"实即从事爱国进步活动的团体或人员，他们可以随便加以"危害民国"和"扰乱治安"的罪名，加以惩处，甚至处以无期徒刑，直至死刑。仅仅在一个月之内，他们便三举其鞭，镇压进步文学与进步文化，企图用打击、摧残、禁压和捕杀来禁绝革命文学和进步文化。

紧接着，敌人更施出恶辣的手段：由国民党上海市党部把各书店经理召去，勒令他们立即烧毁他们已经出版和正在销售的一切进步书刊，尚未出版的，则要先送审查，得到批准才得出版。这样，他们就是一网打尽、釜底抽薪和防患未然三管齐下了。他们企图以此彻底消灭进步文化，连火种也不让存留。与此同时，他们又在上海、北平、天津等大城市大肆搜查共产主义宣传品、进步书刊，大肆搜捕共产党员、进步文人和革命群众。企图用这进一步的捕杀，来彻底摧毁产生进步文化的根苗。

摧残与禁压的重点地区，是在新的文化革命的策源地和最发达地区的上海；而首当其冲的，便是这支文化新军的旗手、导师也是最英勇、顽强的战士鲁迅。他与无产者和革命文学一同受难。这是他唯一愿意选择的道路，他以此为己任，以此为光荣。当然，他也有苦痛与哀伤。1930年3月21日他在给友人章廷谦的信中说："谣诼谤骂，又复纷纭起来。半生以来，所负的全是挨骂的命运"。同年11月又在给崔真吾的信中说："今年是'民族主义文学'家大活动，凡不和他们一致的，几乎都称为'反动'，有不给活在中国之概，所以我的译作是无处发表，书报当然更不出了。"翌年2月4日，在致当时在日本的学生李秉中的信中又说："我自旅沪以来，谨慎备至，几于谢绝人世，结舌无言。然以昔曾弄笔，志在革新。故根源未竭，仍为左翼作家联盟之一员。而上海文坛小丑，遂欲乘机陷之以自快慰。造作蜚语，力施中伤，由来久矣。……千夫所指，无疾而死。生丁今世，正不知来日如何耳。"后又在1931年2月5日致荆有麟的信中慨叹道：

> 我自寓沪以来，久为一班无聊文人造谣之资料，忽而开书店，忽而月收版税万余元，忽而得中央党部文学奖金，忽而收苏俄卢布，忽而往墨斯科，忽而被捕，而我自己，却全不知道有这么一回事。其实这只是有些人希望我如此的幻想，据他们的小说作法，去年收了一年卢布，则今年当然应该被捕了，接着是枪毙。于是他们的文学便无敌了。
>
> 其实是不见得的。
>
> 我还不知道福州路在那里。
>
> 但世界如此，做人真难，谣言足以杀人，将来真会被捕也说不定。

敌人就是这样用诽谤、中伤，用谣言来诅咒、迫害和戕杀鲁迅的。在这样的谎言与谣诼，而且是含着出卖、告密、唆使的恶意和血腥味的谎言与谣诼的包围与攻击中，那不仅是危险的，而且是痛苦的，令人哀怨而且愤慨。

鲁迅在1931年2月18日致李秉中的信中还这样写道：

> 生丁此时此地，真如处荆棘中，国人竟有贩人命以自肥者，尤可愤叹。时亦有意，去此危邦，而眷念旧乡，仍不能绝裾径去，野人怀土，小草恋山，亦可哀也。日本为旧游之地，水木明瑟，诚足怡心，然知之已稔，遂不甚向往，去年颇欲赴德国，亦仅藏于心。今则金价大增，且将三倍，我又有眷属在沪，并一婴儿，相依为命，离则两伤，故且深自韬晦，冀延余年，倘举朝文武，仍不相容，会当相偕以泛海，或相率而授命耳。

这是一个战士在夜深人静时，想起自己的艰困处境时的一种倾诉、一种愤慨的谴责、一种怨怒的宣泄，他的内心是充满痛苦与哀伤的，又混合着对于压迫者的无比的愤怒与憎恨；同时，他心里又燃烧深沉的对于祖国与人民的爱，他自比为"野人"、为"小草"，他永远热爱这块土地，留恋这座山，虽然她河山破碎、原野荒凉，遭外敌蹂躏，受内敌摧残，而他自己则在谣诼、诽谤、构陷、告密、威胁中讨生活，举朝文武，都不能容他。但是，他仍然要在这里生活、工作和战斗，"眷念旧乡"，"不能绝裾径去"。这是他的一颗心，一颗中国心。

当时，国民党浙江省党部向其的上司献媚，以鲁迅故乡的统治者的身份，呈请南京的中央政权，下令通缉鲁迅。以后，国民党中央宣传部又密令取缔"中国社会科学家联盟""左翼作家联盟""中国革命互济会"等革命组织，并要国民政府密令淞沪警备司令部、上海市政府会同上海市党部宣传部等组织，严密侦察上述各革命组织和已经取缔的"自由运动大同盟"等的机关，"予以查封，并缉拿其主持分子，归案究办，以惩反动，而杜乱源"①。这是黑暗里的密令，却又是要在光天化日下干的公开的禁压和捕杀。鲁迅所说的"危邦"，是非常恰当的描述。他在信中的愤懑、悲怆、沉痛，是非常真实的。这就是他在心所挚爱的中国所得到的"待遇"。"可以说他爱中国是一种悲剧性的爱"，"一种受难受到极致时如佛家所说的'大欢喜'的爱（compassion）。"②这种爱是深沉的，然而是痛苦的，这种爱是无私的、奉献的、牺牲性的。"我以我血荐轩辕"，这个青年时代的誓言，在这时又在更深刻的意义上和更高的程度上，复现了。1931 年 5 月 31 日，日本女作家柳原烨子（白莲女士）宴请鲁迅等人，鲁迅在席上，猛烈抨击国民党反动统治，揭露中国的黑暗。柳原烨子问道："那么，你是抱怨自己出生在中国了？"

鲁迅回答说："不，我以为比起其他任何国家来，还是出生在中国好。"说着，他的眼睛湿润了，泪水在他的眼中闪熠着动人的光芒。③这就是他的深沉真挚的爱。这爱是单纯的、朴素的、深沉的。这是他心中的一颗火苗，他没有更多的论述，也不像他在作品中所阐述的那么广博、深厚、丰富，但这像一颗原子核一样，伟大的力量就从这里产生出来。许多伟大的爱国者，都有着这样一颗非常朴素、单纯然而深刻真挚顽强坚定的爱国之心。

---

① 转引自倪墨炎《鲁迅革命活动考述》中的引文。

② 《李欧梵杂谈鲁迅研究》，转引自《鲁迅研究动态》1985 年第 2 期。

③ 增田涉：《鲁迅的印象记》，钟敬文译，载《鲁迅回忆录》，北京出版社，1999，第 1357 页。

六、忍看朋辈成新鬼

文学的花朵要用血来浇灌，这是30年代中国的阶级斗争特别尖锐的表现，同时，也反映了中国革命文学之花在它的萌芽期就颇有健壮之姿，而反动派的封建的、法西斯的文艺却极为虚弱，它本身毫无生长的和竞争的能力，所以不得不靠屠杀革命作家以图扼杀革命文学之花，并求得屠杀者的文学的生存。

中国无产阶级文艺是靠了它的前驱者的鲜血的浇灌而得以生长的。

在国民党的10万反动军队对中央苏区的第一次大规模围剿被红军粉碎之后一个多月，在国民党政府的反动《出版法》颁布之后一个月，在上海反动势力对出版、出售进步书刊的图书公司、书店进行野蛮的搜检和摧残之后一周，反动派在上海张开了捕杀的罗网。

1930年1月17日，有一批共产党员，为了反对当时在党内占统治地位的王明"左"倾机会主义路线，在上海东方旅社召集会议。共产党员、左翼作家柔石、殷夫（白莽）、胡也频、冯铿等，出席了这次会议。不幸，他们的行动被叛徒得知并被出卖了。与会的革命者被反动派逮捕。同时，在中山旅社、沪东华德路等处，也有共产党员被捕，其中有左翼作家、共产党员李伟森。

柔石和殷夫，都是鲁迅的学生和战友。就在他们被捕的前两天，鲁迅把斯特朗的《中国纪行》的德文版带到一个会议上，准备交给殷夫，以为他练习德文之用。会上他虽然没有见到殷夫，但将书交给了柔石，委他转交。就在他们被捕的前一天，鲁迅把抄录的他与北新书局订的合同交给柔石，由他参考此件去与明日书店商谈出版鲁迅的译著版税如何处理的事情。谁能想到，转瞬之间，他们被捕了，见不到他们了。

风声立刻紧了。由于从柔石的衣兜里搜出了鲁迅手抄的合同，敌人便追问鲁迅的住址。虽然柔石坚不透露先生的住址，但已经传出要搜捕鲁迅的消息。在日本友人内山完造的帮助下，鲁迅和许广平、海婴以及女工，一起避居花园庄旅馆。他们挤住在副楼楼底下靠里边的一间小屋里，这里原来是工人的住处。鲁迅把较好的大床让给女工和海婴睡，他自己和许广平就睡在靠门口的一张小床上。生活的艰苦可以想见，然而主要是内心的苦痛的磨折。他不断打听柔石等人的消息，十分关心他们的安危。他从王育和那里见到过柔石从狱中带出的信件。信上说，他们已经被扣了脚镣，这是过去对政治犯从未用过的（按：事实并非如此）。这说明案情是严重的，一时恐怕出不了狱。然而他正在跟殷夫学习德文。另一封信说，狱中"困苦不堪，饥饿交迫，冯妹（指冯铿）脸带青肿"。他请鲁迅去转托蔡元培营救。这些狱中带出的信息，报告了战友的暂时的"平安"，但也预示着前途的危殆。应该赶紧营救他们。同时也反映了狱中同志的苦况和他们不屈不挠的意志。

鲁迅虽然避居客舍，但是心时时维系在狱中的同志身上，也眷念着祖国和人民的命运。无边的黑暗笼罩着祖国大地，人民之子正在受难！他除了还去内山书店走走，家不能回去，别处不可能走动，就只有困坐愁城，拘守在僻静冷漠的客栈中了。

春寒料峭。为了孩子和女工在屋里活动，他常常一个人独自坐在过道的火盆旁，默默不语，让思路随着焰烟飘曳。他可能想起祖国的多难、人民的灾祸、自身的不幸、同志的安危，也可能思索斗争的道路、战略、策略和今后的工作。他听说了，他们是在开会中间被敌人一起逮捕的，他的心痛楚难当；为什么竟会这么不小心呢!? 他想。一个年轻的日本人走了过来，坐在他的旁边，这是长尾景和君。他是日本关西大学的学生，为了研究中国民俗而到上海来的，寄住在花园庄。他们就这样邂逅而相识了。这异国的友人，倒还可一谈，他不至于告密与出卖。他对长尾说：

> 我反对了国民党的政策，特别反对它的阴谋诡计和恐怖的政治，所以到处在追捕我，我的学生已经有很多人被捕了。

于是，鲁迅向长尾谈起中国监狱的黑暗和野蛮，如何克扣囚徒的可怜的口粮，审判是可以受到金钱的左右的，等等。"对当时中国政治的腐败，先生非常愤慨。"他说：中国一定要走向共产主义，要通过社会主义来拯救中国，此外没有别的道路可走。将来的中国，一定会是这样的。他对于黑暗无比的愤恨，对于将来的光明是具有信心的。

他们就这样"常常烤着火彻夜长谈"①。

这是鲁迅在当时唯一可以吐露心曲的地方，借此地方可以舒松一下

---

① 长尾景和：《在上海"花园庄"我认识了鲁迅》，《文艺报》1956年第19号。

自己的心情和神经。

一次，长尾景和向鲁迅索字。鲁迅写下了唐代钱起的诗《归雁》：

> 潇湘何事等闲回，水碧沙明两岸苔。
> 二十五弦弹夜月，不胜清怨却飞来。

他署了"周豫才"这个名字，也许是沉痛中记忆失误，他注明此为"义山诗"。在这首唐人的诗句中，寄托着他的无限的悲怨吧。

痛苦和焦灼烤炙着他的心。这天，在吃饭时，他和许广平谈话出现了小小的龃龉。在苦痛中，这小小的不愉快给他加倍的苦恼。他一个人悄悄地走了，走出旅舍，走上街路。到哪儿去呢？他只想独自个儿咀嚼苦痛，有如他自己所形容的，像受伤野兽躲起独自舐伤一样，这样来平复心的波澜。"破帽遮颜过闹市"，他走到日升楼，一个人默默地、沉闷地喝茶，坐着、思索、很久很久。①

一个春夜的晚上，夜已经深了，黑暗笼罩着整个世界，像是要吞没它，清冷的月光也不能抵挡住它的重压。广平、海婴和女工，都已经睡了，鲁迅走出房间，走到客栈的院子中，周围堆着破烂的杂物，仿佛挤压着人们，不得喘气。他独自站在那里，想着传来的那个可怕的消息：柔石和他的23位同志，已经在2月7日夜或8日早晨，被秘密枪杀了，在他们因在那里的上海龙华警备司令部里。柔石的身上中了十弹！这个惨痛的消息，使他无限悲伤、无限哀惋、无限愤怒。又是一次血的流淌，他经历了多次，刘和珍、李大钊、毕磊，一个接一个，同辈的和晚辈的，都倒在血泊中了，而这一次最切近，他们的关系也最亲密。他想起了柔石，《南腔北调集·为了忘却的记念》中记述，"……他相信人们是好的。我有时谈到人会怎样的骗人，怎样的卖友，怎样的吮血，他就前额亮晶晶的，惊疑地圆睁了近视的眼睛，抗议道：'会这样的么？——不至于此罢？……'"。这是一个有着多么善良心地的人！想起同他一起办朝花社的事，多么认真、多么纯朴、多么无私的人！当他同女人一起走时，总是距离三四尺远，改变了一点"迂"，但仍不脱"迂"气，在十里洋场的上海尤其如此。"但他和我一同走路的时候，可

---

① 据许广平回忆。见《一份珍贵的资料——许广平谈鲁迅》。载《新美术》1984年第1期。这是一份座谈记录稿，原件注明未经许广平审阅。

就走得近了，简直是扶住我，因为怕我被汽车或电车撞死；我这面也为他近视而又要照顾别人担心，大家都苍皇失措的愁一路"。……然而，现在他已永逝！

"无论从旧道德，从新道德，只要是损己利人的，他就挑选上，自己背起来。"然而，他已经永逝！

他沉重地感到自己失掉了很好的朋友，中国失掉了很好的青年！无限的悲愤充满胸怀，他吟诵着，倾诉积蓄的怨愤与哀痛：

> 惯于长夜过春时，挈妇将雏鬓有丝。
> 梦里依稀慈母泪，城头变幻大王旗。
> 忍看朋辈成新鬼，怒向刀丛觅小诗。
> 吟罢低眉无写处，月光如水照缁衣。

他觉得血的淤积，沉重地压迫着他，使他艰于呼吸。他痛苦，但他仍要战斗。正因为这血的流淌和年青生命的抛洒，使他痛苦难言，他更要战斗，要消灭这个消灭美好青春和民族精英的黑暗，要掀掉这个依旧在吃人的筵宴，推翻这个制造吃人筵宴的厨房！这是在旧的厨房的基础上新建的厨房，这是在旧的人肉筵宴上增设的筵宴，具有故有的和新添的手段、罪恶和残酷。难道中国又要再次沉入做奴隶而不可得的时代!? 不，时代已经不同，历史已经变化，他自己也不再靠进化论来判别民族命运和展视前景，而且他看见奴隶们已经起来，拿起了武器，进行广大的、具有远大理想指导的斗争。正是这种残酷的镇压，这种极端的痛苦，以及那远大的理想，激起了他的斗争决心，鼓舞了他的顽强的斗志。

鲁迅正是在这种血与火的斗争，特别是在这种反动派残酷屠杀和革命者血的飞溅中，一方面使自己的斗志更加顽强，运用文学的武器，为人民争生存、为奴隶求解放而斗争；另一方面，使自己的思想向更深沉而激昂发展。由于这次中国历史上以空前规模、空前深刻、空前正确的方式的伟大斗争，是在中国共产党领导下进行的，是为共产主义理想所鼓舞和指引而掀起的，也是在马克思主义的指导下开展的，因此，鲁迅的这种斗争精神和思想上的发展，便很自然地以向中国共产党靠近、向马克思主义发展为方向。①

七、在压迫与围剿中生长

鲁迅没有在压迫与围剿中萎缩，而是相反，在压迫与围剿中生长。他战斗、前进，表现了英勇、顽强、无畏和无私的伟大品格，进行了最坚定、最正确的斗争。这使他的思想和精神都进向更高的阶段。

在柔石等二十四位烈士壮烈牺牲后不久，鲁迅在"禁锢得比罐头还严密"的国民党反动政权统治下，写了《黑暗中国的文艺界的现状》，揭露国民党反动统治的罪恶，控诉他们的残酷杀戮，也揭示了反动统治者及其文艺的虚弱的本质，宣告了无产阶级革命文艺在高压中曲折滋长的生机。他在《二心集·黑暗中国的文艺界的现状——为美国〈新群众〉作》中写道：

---

① 近年来，一些外国鲁迅研究者在论述中，往往对鲁迅在后期的活动持否定态度，或者由于程度不同的偏见，认为鲁迅后期"受共产党蛊惑"，"卷入政治斗争"，文章观点偏狭、夹有人身攻击；或者出于好心，以为鲁迅后期如不参与政治斗争，定能写出更多作品，而不至于荒废了自己的才能。在国内，现亦有的研究者，以为鲁迅后期政治多于艺术，并有"左"的表现。在过去，从政治上责备鲁迅者更多。如钱玄同看了《三闲集》《二心集》，竟至破口大骂："躺在床上阅之，实在感到他（指鲁迅）的无聊、无赖、无耻。"（《钱玄同日记》，1932年11月7日，转引自陈漱渝：《钱玄同日记中的鲁迅》，载《鲁迅研究动态》1985年第2期）。所有这些，其他且不说，至少有一个共同点，就是都忽视了当时的喷洒着鲜血的你死我活的斗争，真是动不动就举刀杀人；也忽视了在这种斗争面前，一种献身者的激情。如今，岁月冲淡了血的记忆，时光抹去了血腥味，而历史的发展和演变，斗争内容的转换，又使人们忘记了过去的恩恩仇仇，不能用历史的眼光去看历史的斗争。因此，用淡化了的眼光、淡漠了的心，去看当年血与火的斗争，难免发忽视历史的浩叹：咳，当年何必如此！这是对历史的不忠实和违背历史主义的。至于像钱玄同那样，当时远离斗争的疆场，不仅看不到先烈们的抛头颅、洒热血，就是看到了、听到了，也是感情在另一边，不会激起波澜，甚至同情也不产生的。他又怎能理解鲁迅呢？私下里在日记中偷偷骂一声"无耻"，照见的却是自己的什么形象呢!？因此，这里存在着历史主义态度、求实精神的问题，存在着理解当时斗争的意义与价值的问题、感情问题、政治观点与文学观念的问题。在当时，中国人民的主要的愿望，民族的主要课题，不就是争生存、求解放，不当牛马、不做亡国奴吗？为了这个事业而斗争的人们是光荣的，为之牺牲生命的先烈是不朽的。而鲁迅作为用文学武器，在文化的与政治的战线上，与敌人展开英勇斗争的伟大旗手，其价值与意义不是也在其中显示出来了吗？至于文学上的成就的评价，我们可以再作研究，但是首先要解决这样一个公正评价的前提问题，如果没有在这个前提下的历史主义的态度以及由此而来的民族感情、是非观念，那是怎么也难在文学评价上做出公正的、科学的结论的。

现在，在中国，无产阶级的革命的文艺运动，其实就是惟一的文艺运动。因为这乃是荒野中的萌芽，除此以外，中国已经毫无其他文艺。属于统治阶级的所谓"文艺家"，早已腐烂到连所谓"为艺术的艺术"以至"颓废"的作品也不能生产，现在来抵制左翼文艺的，只有诬蔑，压迫，囚禁和杀戮；来和左翼作家对立的，也只有流氓，侦探，走狗，刽子手了。

他还指出，反动统治禁期刊，禁书籍，已经虚弱到连书面是红色的，作者是俄国的，都禁止了，连童话也禁止了。他在文章中，首次揭露柔石等五位左翼作家被屠杀了；又揭露国民党的上海市政府，用侦缉队长来主持他们的反动文艺，他们最宝贵的文艺家是曾经自称左翼"而现在爬到他们的刀下，转头来害左翼作家的几个人"。因此，他们的文艺不过是"催吐的毒剂"。而"左翼文艺有革命的读者大众支持，'将来'正属于这一面"。

"这样子，左翼文艺仍在滋长。但自然是好像压于大石之下的萌芽一样，在曲折地滋长"。他预言："惟有左翼文艺现在在和无产者一同受难（Passion），将来当然也将和无产者一同起来。"

鲁迅是带着激情写作这篇文章的，它语言铿锵、感情炽烈，愤怒盖过哀痛，信心胜过悲伤。他把这看作一次划破长空黑暗的闪电，一次戳破密封壁障的战斗。他请茅盾、史沫特莱等把文章译成英文，寄到外国去发表。当史沫特莱看到其中猛烈地抨击国民党统治的段落时，不禁为鲁迅的安全担忧。她说："如若刊出来，你的生命一定便会有危险。"但是，鲁迅毅然决然地说："这几句话，是必须说的。中国总得有人出来说话！"

面对死亡的威胁，他站出来说话！

这是代表中国的声音。这是代表革命的声音。这个人民和革命之音，是永远不会消失在历史的空间里的。因为这空间和他为之呼喊的时代斗争与献身的烈士是永不消逝的；因为时间虽然已经流逝，但是这历史的空间却发展流变为今天的现实。没有当年鲁迅的抗争与奋斗，没有当年在他率领下的革命文艺队伍在禁压与围剿下的浴血奋战，也就没有今天的文学。

鲁迅在禁压与围剿中燃起了更炽烈的战斗热情和更坚定的斗志，锤炼了更顽强的、崇高的品格和更深的民族的与阶级的爱与憎。这些，在当时，都是符合历史的需要、时代的要求与人民的愿望的，其中蕴含着深沉的历史内容。

在写了这篇文章之后，4月20日，鲁迅又去上海同文书院讲演，题目是"流氓与文学"，虽然讲演的记录稿已经遗失不可寻，但从这题目，我们也可以想见，它是抨击国民党反动统治的流氓行径的。接着，他便同年轻的战友冯雪峰一起编辑"左联"的机关杂志《前哨》的创刊号，也是"纪念战死者专号"。在这个专号上，他发表了前已引述过的抗争的名文：《中国无产阶级革命文学和前驱的血》。文章一开头，他就以激情与史笔，写下了这样的话：

> 中国的无产阶级革命文学在今天和明天之交发生，在诬蔑和压迫之中滋长，终于在最黑暗里，用我们的同志的鲜血写了第一篇文章。

今天和明天、诬蔑和压迫，黑暗与鲜血，中国的无产阶级革命文学就是在这样的恶劣已极的环境下，这样地用鲜血来写出了第一篇章。这既反映了中国的历史脚步的缓慢、现实的残酷与落后，也表现了中国无产阶级和属于他们、忠于他们的知识分子、作家的献身精神与英雄气概。这不能不感动鲁迅，让鲜血浸染了心，激起更奋发的战斗精神和更坚定的献身精神。鲁迅就是这样地——在这样的环境和现实中，在这样的战友的奋战与这样的残酷杀戮中，一步步走向革命，走向中国共产党，走向马克思主义；并且，以他的最英勇、最坚决与最正确的战斗，成为旗帜与代表、统帅与导师。这是历史的步伐与历史的实现。历史只能也只应如此发展，不会有别的选择。

在文章中，鲁迅紧接着论述了无产阶级革命文学同无产阶级的命运和革命的血肉关系：知识青年为受到"最剧烈的压迫和榨取""默默地身受着宰割和灭亡"，但却不能自己倾诉苦难的无产阶级，"首先发出战叫"。因此这战叫便和"劳苦大众自己的反叛的叫声"汇合在一起，浑然一体，它们"一样地使统治者恐怖"，于是敌人便用了最卑劣恶作的手段来摧毁无产阶级革命文学。这证明了他们是"在灭亡中的黑暗的动物"，而我们则是具有力量的。鲜血所映照出的真理是：无产阶级革命文学已经同革命的劳苦大众，"在受一样的压迫，一样的残杀，作一样的战斗，有一样的命运"，因此，真正是"革命的劳苦大众的文学"。

最后，他指出：这同志的鲜血所记录的无产阶级革命文学的历史第一页，"永远在显示敌人的卑劣的凶暴和启示我们的不断的斗争"。

鲁迅这篇不长的文章，成为这段历史的最忠实、最深刻的记录，历史的最珍贵的文献。

从此之后，鲁迅不是消歇了斗志，而是更向前行。就像1926年他迎着三一八惨案的血雨腥风，直面惨淡的人生一样；这次，他再次前行，不过迎着更酷烈残暴的屠杀，迎着更惨淡的人生，迎着更直接的、更加倍的危险与威胁。然而，他的斗志更坚定而炽烈，因为，他更具有信心，他已经掌握人民命运与历史发展的规律。《前哨》的出版，以它的抗争的宣言（《中国左翼作家联盟为国民党屠杀大批革命作家宣言》和《为国民党屠杀同志致各国革命文学和文化团体及一切为人类进步而工作的著作家思想家书》），以鲁迅的发出战叫的文章，以被纪念的五位烈士的传记、遗著、照片，构成了一颗投向黑暗的炸弹和明灯。虽然第二期便由于环境的压迫，而改名为《文学导报》，但它以其内容的不变而依然是左翼作家战斗的前哨阵地。鲁迅一直支持与扶植这个刊物。

在《前哨》之后，他又指导和帮助丁玲创办"左联"刊物《北斗》。他从一向喜爱的德国杰出女版画家珂勒惠支的作品中，特别选出了《牺牲》，发表在《北斗》创刊号上，用这画着"一个母亲悲哀的闭了眼睛，交出他的孩子去"的力作，来纪念牺牲了的柔石。以后，他又亲自主编了"左联"出版的时事、文艺综合性小报《十字街头》，并在创刊号上发表了讽刺诗《好东西歌》和《公民科歌》，揭露了国民党反动派的卖国殃民的黑暗统治、实行法西斯奴化教育的新的毒化政策。他继续不断以作品支持《十字街头》，他的杂文名作《"友邦惊诧"论》《非所计也》便都见于该刊。

在这期间，鲁迅还竭尽全力、筚路蓝缕地为翻译介绍苏联的革命文学作品而奋斗。他自己翻译、组织人力翻译、为出版这些红色文学作品而一方面与反动统治斗争，一面为校订、印刷、发行等琐事而奔忙。这是他为发展中国革命文学而运进的高质营养品，这也是他为中国革命者和群众奉送的革命精神食粮，这是中国文化荒原上的鲜花，也是黑暗牢狱中的明灯。鲁迅的深沉的热爱之泉和热烈的热情之火，浇灌了这支鲜花、点亮了这盏明灯。这是鲁迅对于中国革命文化的巨大贡献之一。

他约请了在苏联学习和工作的青年作家曹靖华翻译了苏联的文学名著《铁流》，亲自为之校订，为它的出版劳碌奔波，为商量翻译出版事宜，与曹靖华信函往还，当出版时，又特别邀请瞿秋白翻译了涅拉陀夫所写的序文。《铁流》的出版，不仅使苏联红军的铁流精神输进了中国革命者的心田，为此后的许多革命者、红军指挥员所热爱，培养他们成长，而且使苏联的革命文学的铁流流进了中国文艺界，成为革命作家和革命文学作品的诞生的暖流和泉露。

鲁迅还亲自从日文转译了法捷耶夫的《毁灭》，为它的出版进行了不息的劳作和斗争。在《〈铁流〉编校后记》中，他把《铁流》比作在"岩石似的重压下"，"曲折委婉"地"在读者眼前开出了鲜艳而铁一般的鲜花"；而在《关于翻译的通信》中，他对《毁灭》，"像亲生的儿子一般爱他，并且由他想到儿子的儿子"。他对这两本书和这一类作品所倾注的热情，正是园丁似的和父母式的热情。

这里，自然不仅是一位作家对于文学的热情，而且有着一位革命家、爱国者对于苏联这个世界上第一个社会主义国家的热情。《南腔北调集》记载，当为一位工人林克多的《苏联见闻录》写序言时，他写道："……一个簇新的，真正空前的社会制度从地狱底里涌现而出，几万万的群众自己做了支配自己命运的人。"这些话所说出的，不仅是他对于苏联的认识和评价，而且流露了他的愿望和理想。同时，他又指出，这本平常的著作写的是十月革命之后十年的苏联，"所以只将他们之'能坚苦，耐劳，勇敢与牺牲'告诉我们，而怎样苦斗，才能够得到现在的结果，那些故事，却讲得很少。"鲁迅并不因此责怪作者，但是他却提醒："读者是万不可忽略这一点的"。这正表现了鲁迅的特点：他所注重的，更在于"怎样苦斗"，才得到好的结果。

因为他自己正在苦斗。因为中国人民和中华民族正在苦斗！

八、北平"五讲"

1932年11月13日到28日，鲁迅为探望病中的母亲，在北平小住半个月。这是他从北京走出，6年之后第二次回到北平。他的到来，搅动了北平的学界与文学界，如石投水，激起了波澜。左翼文化界热烈地欢迎他。右翼营垒里的人们，却反对他。连老朋友钱玄同，听说他要到北平师范大学来讲演，竟也火冒三丈，声言："我不认识一个什么姓鲁的，要是鲁迅来讲演，我这个系主任就不当了"。而学校当局，更将休息室和办公室都上了锁，拒不接纳。

然而青年学生们却非常欢迎。几乎每一次讲演都是人满为患，使得狭小的演讲场地容纳不下，而不得不移到礼堂、操场去进行。爱国青年的这种欢迎的热情，绝不是偶然的。他们的热情，是鲁迅的文章、思想与品格所激起和养育的；在这个热情的内里，蕴含着中华民族争生存求解放的愿望的大波。他们的热情之浪和其中蕴含的民族精神的大波，又回灌于鲁迅的身心之中，使他的热情和心性，更加深沉、浑厚、雄伟。

鲁迅在这半个多月中，应邀讲演了五次，这便是著名的"北平五讲"：在北大二院讲《帮忙文学与帮闲文学》，听众七八百人；在辅仁大学讲《今春的两种感想》，听者多达1200多人；在北平女子文理学院讲《革命文学与遵命文学》，听众约300人；在北平师范大学讲《再论"第三种人"》；在中国大学时代读书会讲《文艺与武力》。

这五次讲演可以说是五次战斗；这讲演的举行本身便是战斗，他的讲演，也是战斗。这五次讲演的主题集中起来就是革命和文学。鲁迅从文学史人手，分中国历来的文学为两种：廊庙文学与山林文学，前者是帮忙文学和帮闲文学。在《帮忙文学与帮闲文学》中，他说，"开国的时候，这些人便做诏令，做敕，做宣言，做电报，——做所谓皇皇大文。主人一到第二代就不忙了，于是臣子就帮闲。所以帮闲文学实在就是帮忙文学"。而山林文学就是"暂时无忙可帮，无闲可帮"的文学，但是，虽然身在山林，却是心存魏阙的，"心里就甚是悲哀"。不过，到了现在这个时代，"泥腿的工农踏进了文坛"，产生了新兴的普洛文学了，于是皮鞋先生"想用皮鞋脚把泥脚踢出去"，发生了斗争。这是两个阶级的斗争。然而有一类自称"第三种人"的人，否认文学的阶级性，说文学这面镜子是"超阶级"的。鲁迅说，阶级社会里的人绝不是一面镜子；即使是镜子，"它所照的也由于实物的不同而各异"，"因为阶级的背景不同，每个人的这面镜子早就涂上了不同的色彩，他怎能超阶级呢？"①所以鲁迅指出，现在的为艺术而艺术派，"对社会不敢批

① 此处所述及引文，据王志之《忆"北方左联"》（载《新文学史料》1979年第4期）和《鲁迅在北京师范大学讲演前后》（载《理论学习》1977年第10期）。

评，也不能反抗，若反抗，便说对不起艺术"，其实质，也还是"帮忙柏勒思（plus）帮闲"（帮忙加帮闲）。

鲁迅抨击社会现实，他在《今春的两种感想》中指出：中国人的眼光只能"收得极近，只在自身"，"或者放得极远，到北极或到天外"，而两者之间的这一圈"可是绝不注意的"。"在中国做人，真非这样不成，不然就活不下去。"因为"一讲社会问题，可就要出毛病了"。在文学上的反映，就是"写所谓身边小说，说苦痛呵，穷呵，我爱女人而女人不爱我呵，那是很妥当的，不会出什么乱子"，但一讲中国社会，揭露压迫与被压迫的对立，就不被允许了。

鲁迅在讲演中指出，那些讲得十分高超的、为艺术而艺术的文学和作家们，其实质仍不过是"廊庙文学"，是替统治阶级服务的"遵命文学"。鲁迅强调：作家必须具有无产阶级的立场和意识，才能成为无产阶级的忠实代言人①。我们要接近工农大众，不怕衣服沾污，不怕皮鞋染土。知识者的事业只有同群众相结合，他的存在，才不是单为了自己②。他指出，旧的文学是注定要灭亡的，但灭亡者却又一定要企图消灭新文学。他们会用武力来征伐，用风花雪月来麻醉。麻醉无效，就又用武力，残酷杀害革命作家。但杀戮并不能将新文学消灭，先驱者的鲜血必将在新文艺的园地浇灌出更多的烂漫的鲜花来③。

这五篇讲演，便这样成为鲁迅在北平进行的一场战斗，也是一次文学的总体的宣言。这些讲演，同他六年前离京时发表的文字与讲演相比，已经发生了根本的变化。他已经完全站在马克思主义立场上，坚定地站在无产阶级和人民大众的立场上来观察问题、分析问题了，他更坚定、更乐观、更有信心了。他以一位无产阶级和马克思主义战士的风貌与英姿，站在北平文化古都的讲坛上，宣告了他自己的思想飞跃与成长，也宣告了中国新文学与新文化的发展与成长。这是中国革命新文学与革命新文化在集中地反映着中国旧文学与旧文化的文化古都北平的一次明白而坚定的宣告：无产阶级的、人民大众的革命文学与文化已经成长起来了，已经在中国古老的大地上与文化背景上卓然屹立了，在政

---

① 讲演《革命文学与遵命文学》，其大意见于1932年11月25日北平《世界日报》。

② 据王志之：《忆"北方左联"》和《鲁迅在北京师范大学讲演前后》。

③ 据1932年11月28日《北平晚报》及有关回忆录。（此处转引鲁迅博物馆编《鲁迅年谱》）。

治、军事革命深入发展的同时，作为它的反映、它的一翼和它的推动者，新的文化革命已经深入发展了。这个胜利的宣告，在北平发生，决非偶然，也具有特别的意义。

留平期间，鲁迅不仅会见了他的年轻的学生和老朋友未名社诸人，如台静农、李霁野、韦素园等；也与沈兼士、马幼渔这些当年共事的老友晤面；而且，还同北平左翼文化团体的战友们欢聚，特别是，还参见了中共北平地下党所组织的欢迎会，再次同左翼文化团体的代表，同反帝同盟、互济会的代表晤面，听了他们的工作汇报，畅谈了自己的思想和意见。这些会见，都是非常愉快的。

战士的圈子大大地扩大了，起了质的变化了。在北平期间，围绕着鲁迅的学术、文化、教育界的人们，可以分为三类四种人，第一类人是"五四"时期的文化战士或是进步文化营垒中的人，他们已分化为两种人，其中一种是已经退出战阵、转向右翼的人们，他们已经同鲁迅站在对立面了，如胡适、钱玄同等。第二类人，以未名社诸青年作家为代表，这是五四运动唤醒的一代新人，现在是进步文学阵营中的活跃分子。第三类，则是左翼作家和文化人，他们之中有范文澜、陈沂等。

他们的出现和围绕在鲁迅的周围，反映了鲁迅的战斗的历史和今天的新文化旗手的身份与地位。

在平期间，对于周作人、对于那个老的家，他是怀着一颗苦楚的心的。然而对于旧友的真情挚谊，他十分感动。他在1932年11月20日致许广平的信中说："我到此之后，紫佩、静农、寄野、建功，兼士，幼渔，皆待我甚好，这种老朋友的态度，在上海势利之邦是看不见的。"在1932年11月26日致许广平的信中，他又说："旧友对我，亦甚好，殊不似上海之专以利害为目的，故倘我们移居这里，比上海是可以较为有趣的。"

旧友的情谊，温暖着他的心。古风热肠，感人之心。然而，他更向往的，他感到更需要的是参加以上海为中心的血与火的战斗。

11月28日晚7时17分，他带着隐约的离情别绪和内心的恋意，离北平南归。

新的战斗在等待他、迎接他！

九、黑暗中国的一盏明灯

1931年9月18日，日本侵略者在沈阳的一声炮响，把中国进一步推向殖民地化，日本帝国主义的血口大张，想要一口吞下拥有五千年文化和四万万民众的中华古老大国，吞下拥有长江、黄河，拥有泰山之巍、喜马拉雅山之高、长城之伟的伟大中华。日本帝国主义妄图排挤其他各帝国主义，独自霸占这块广大的土地、这个古老的国家。形势陡然改变。乌云像是吞没了中华大地，铁骑之声从东北到华北到华东，震响整个中国。古老的民族，好像沉沉昏睡的老人，竟任人宰割。国民党反动政权有如这昏死中的冷尸的腐朽质地的代表，败退、溃逃、谄媚、奉献，汉奸弹冠相庆，志士锒铛入狱，他们的旗帜上用人民的鲜血和眼泪写着三个字：不抵抗。他们挥舞着屠刀向人民宣告：攘外必先安内。民族垂危，人民遭难，黑沉沉、死寂寂、凄惨惨的暗夜啊，何时是个尽头……！？

然而，敌人的炮声和民族败类的喊杀声，却也惊醒了、激怒了人民，震撼了、鼓荡了民族正气。人民的旗帜上也用鲜血和眼泪写着自己的口号：抗日救亡！

五千年的历史和四万万同胞，长江黄河、长城泰山，整个民族都集中在这个主题上，都踊集于这个斗争的焦点上。

正是在这个时候，鲁迅挺身而出、毅然前行，代表全民族发出了自己的声音。这声音，同中国共产党的声音融会在一起，是涌入这个抗争的洪流中的一支强劲的主流。

1931年9月22日，中国共产党中央作出了《关于日本帝国主义强占满洲事变的决议》，发出了抗日反蒋的号召。人民也愤然而起，南京和上海的学生冒雨请愿，愤而与阻拦他们的爱国行动的军警奋战，捣毁了外交部。东北人民的愤火正在酝酿反抗、战斗的烈焰。

在形势日益恶化的情况下，在湘赣边界屹立着的红色政权中央工农民主政府发表了《为国民党反动政府出卖中华民族利益告全国民众书》，提出了反抗日本帝国主义、反抗国民党统治投降卖国的口号。宋庆龄等爱国进步人士也发表反蒋抗日的宣言、谈话，上海文化界人士成立了反帝抗日联盟。爱国的青年学生活跃在最前线，他们走向街头，诉诸群众，控诉侵略、揭露卖国、号召抗日。北平、天津、上海、武汉、广州等大城市的爱国学生们从四面八方汇聚到南京，他们举行联合大示威，喊出了人民之声、民族之音：反对卖国！出兵抗日！但是，爱国有罪，他们竟血洒长街，尸漂江河。一面是可耻地卖国投降，一面是抗日救国；一面是残杀民族精英，一面是奋起拯救民族。人民和他的反动统治者、侵略者展开了殊死的、血与火的斗争，民族同它的败类展开了争生存的拼搏。

正是在这种时候，鲁迅愤然而起，走上了民族抗争的前线，代表全民族发出最强音。

《二心集》记载，9月21日，鲁迅写了《答文艺新闻社问——日本占领东三省的意义》，他明确而深刻地指出：

> 这在一面，是日本帝国主义在"膺惩"他的仆役——中国军阀，也就是"膺惩"中国民众，因为中国民众又是军阀的奴隶；在另一方面，是进攻苏联的开头，是要使世界的劳苦群众，永受奴隶的苦楚的方针的第一步。

他把日本帝国主义的侵略中国，同中国民众的命运，同世界劳苦群众的命运联系起来了。他的深刻的远见，为后来发生的第二次世界大战的事实所证实。

从此之后，抗日便逐渐成了鲁迅的抗争文字的第一主题。这正是全民族的主题。为了宣传、激励抗日，他把怒焰射向日本帝国主义者，把愤火喷向投降卖国的国民党政府，把批判的利刃刺向帮闲帮忙帮凶的文人学士们，用讽刺的火去烤炙民族心理中的怯懦、颓丧、奴性的杂质。他在《二心集·"民族主义文学"的任务和运命》中揭露"民族主义文学"出卖民族的实质：他们"发扬踔厉"，他们"慷慨悲歌"，高唱"呜呼阿呀死死活活的调子"，原来是尽那号丧的贱职：

> 落葬的行列里有悲哀的哭声，有壮大的军乐，那任务是在送死人埋入土中，用热闹来掩过了这"死"，给大家接着就得到"忘却"。

他还指出，没有"民族主义文学"的号丧，"不抵抗主义，城下之盟，断送土地这些勾当，在沉静中就显得更加露骨"了。他在《沉滓的泛起》中揭露在"国难声中"，一批沉滓的泛起：胡汉民的青年"要养力，勿使'气'"说，以美国滑稽片来作"养力强身"、"大笑一次"的灵药，"爱国歌舞表演"的"兴奋剂"，御用的"上海文艺界救国会"，以及"德国警犬最称职"的警犬救国论、"益金草，功能治肺痨咳血"，可使"体气渐复"，得以"身列戎行"的药物广告，等等，不一而足，"明星也有，文艺家也有，警犬也有"，都趁势泛了起来。这都不是真的抗日，只不过是沉滓的短命的"一泛"而已。

他写了《"友邦惊诧"论》，猛烈地抨击了日本侵略者和国民党卖国政府。他针对国民党政府的一则通电，指斥道：

好个"友邦人士"！日本帝国主义的兵队强占了辽吉，炮轰机关，他们不惊诧；阻断铁路，追炸客车，捕禁官吏，枪毙人民，他们不惊诧。中国国民党治下的连年内战，空前水灾，卖儿救穷，砍头示众，秘密杀戮，电刑逼供，他们也不惊诧。在学生的请愿中有一点纷扰，他们就惊诧了！

好个国民党政府的"友邦人士"！是些什么东西！

…………

可是"友邦人士"一惊诧，我们的国府就怕了，"长此以往，国将不国"了，好像失了东三省，党国倒愈像一个国，失了东三省谁也不响，党国倒愈像一个国，失了东三省只有几个学生上几篇"呈文"，党国倒愈像一个国，可以博得"友邦人士"的夸奖，永远"国"下去一样。

这篇短短的文字，揭露抨击，指斥剖析，痛快淋漓，杀敌人之气焰，张民众之正气，是当时抗日声中不可多见的力作名文。

1932年的元月元日，新年号的《中学生》上发表了鲁迅的《答中学生杂志社问》，简要有力，具体生动地提出了抗日的言论自由的要求。《二心集》记载，杂志社的提问是"处此内忧外患交迫的非常时代"，你将对中学生讲什么话，以"作努力的方针"？鲁迅回答说，请问，我们有言论自由么？没有，——那怎能怪我不作声呢？假如一定要我说，"那么，我说：第一步要努力争取言论的自由。"

这言论的自由，就是言抗日的自由，就是宣传抗日、鼓励人民起来反抗的自由。鲁迅以事实上的人民的代言人的身份，抓住了问题的要害，提出了反动统治者最害怕、人民群众最需要的要求。

十、贰臣与二心
——《二心集》

集1930和1931年两年所作的杂文37篇、末附一篇译文，名为《二心集》。这名目，是颇有意趣，亦含深意的。时当1930年的5月，在《民国日报》上出现了一篇攻击鲁迅的文章《文坛上的贰臣传》，第一个被列为"贰臣"的便是鲁迅。这意思倒也清楚，鲁迅是原属他们那个阶级的，而现在则归属与他们那个阶级抗争的阶级了，所以称为"贰臣"。那用意确是反映了实际，反映了敌对阶级对于鲁迅彻底的转变的认识。然而说是贰臣，却不符合实际：鲁迅虽然出身于他们的那个阶级，但从来不是他们的臣；而现在，也不是仅仅对自己原属的阶级止于有携二之心。

鲁迅在《二心集·序言》中说："去年偶然看见了几篇梅林格（Franz Mehring）的论文，大意说，在坏了下去的旧社会里，倘有人怀一点不同的意见，有一点携贰的心思，是一定要大吃其苦的。而攻击陷害得最凶的，则是这人的同阶级的人物。他们以为这是最可恶的叛逆，比异阶级的奴隶造反还可恶，所以一定要除掉他。……仿《三闲集》之例而变其意，拾来做了这一本书的名目。"但他谦虚地说："然而这并非在证明我是无产者。"他严格地解剖自己说："而且我时时说些自己的事情，怎样地在'碰壁'，怎样地在做蜗牛，好像全世界的苦恼，萃于一身，在替大众受罪似的：也正是中产的智识阶级分子的坏脾气。"然而，正是在总结了自己的这个缺点之后，他紧接着郑重而坚定地宣布："只是原先是憎恶这熟识的本阶级，毫不可惜它的溃灭，后来又由于事实的教训，以为惟新兴的无产者才有将来，却是的确的。"

这是一个认真的、严肃的总结了半生战斗经历的结论，也是一个庄严的宣言。

"惟新兴的无产者才有将来"！这里包含着理想、信仰、信心和行动的旨归、思想的归宿。对于是否有将来、将来属于谁、将来是否一定就好以至如何去获得将来等问题，过去曾经怀疑过，现在都有了明确而坚定的回答。过去的思想上的疑云，曾经散漫于心头与笔下，而使文章带着疑窦与犹豫；现在，疑云已经散去，阴影已经消逝，信仰之光与信心之力，笼罩着、贯穿着。这样，《二心集》便成为鲁迅杂文作品前后期的一个分水岭，也成为他的思想的前后期的彻底的、明显的分界线。如果说，《而已集》的思想文字还带着过渡期的明显的特色，既有旧的思想的遗痕与杂质、心头的"毒气"与"鬼气"的泄露，又有新的思想与情感的迸发与流泻，《三闲集》则仍然留着旧思想的余绪，那么，在《二心集》里，这一切便已经扫荡殆尽了，过去思想上的负累已经完全消除了，"鬼气"与"毒气"、阴影与犹豫，已经全都消逝了。在整个杂文集里，充满着战斗的、乐观的、满怀信心的情绪，贯穿着马克思主义的阶级分析的方法，放射着辩证唯物主义、历史唯物主义的思想光芒。

在为《野草》英文译本写序言的时候，他以这样的话语作结：

> 后来，我不再作这样的东西了。日在变化的时代，已不许这样的文章，甚而至于这样的感想存在。

时代的变化已经不允许这样的文章和这样的感想存在，而他自己也随着时代的变化而变化，适应时代的要求，不再有这样的感想和这样的文章了。"这样的"，当然不只是指《野草》式的，而且包括那时所写的杂文以及其他文字在内。因为它们都是"同根生"，产生于同一个时期的同一个人的笔下。

因此，《二心集》所反映的，也就不只是鲁迅的思想文字的变化与跃进，而且透过他和他的作品，反映了时代的和人民的变化与跃进。这正表现了鲁迅作为时代之子和人民代言人的特征。

在《二心集》中，实际上包含有几种类型的、不同文体的文章，其中为数不少的是基本上属于文学论文的作品，如《"硬译"与"文学的阶级性"》《对于左翼作家联盟的意见》《"丧家的""资本家的乏走狗"》《〈艺术论〉译本序》《中国无产阶级革命文学和前驱的血》《黑暗中国的文艺界的现状》《上海文艺之一瞥》《"民族主义文学"的任务和运命》《关于小说题材的通信》《关于翻译的通信》等。此外，还有译作的小引、人物小传以至学术文章①。这反映了鲁迅"以杂文名编"的特点，

---

① 这些作品有《〈进化和退化〉小引》、《〈夏娃日记〉小引》、《〈野草〉英文译本序》和《关于〈唐三藏取经诗话〉的版本》等。

即把写于同一时期各类文章都编在一起而为一集，是为"杂文集"，就是说，这里面有些文章是不一定具有鲁迅其他杂文所具有的那种特色的。他在《二心集》的序言中说："又，此后也不想再编《坟》那样的论文集，和《壁下译丛》那样的译文集，这回就连较长的东西也收在这里面，译文则选了一篇《现代电影与有产阶级》附在末尾……"这里明确地说明了他编集时是把一些理应归为论文的作品，也编进去了。（至于译文，那当然是不能称作作品，而是因为编的是杂的文集，所以才编入的。）这不能不说是鲁迅的杂文集的一个明显的变化，也是他的杂文的概念范围和界定的一个明显的变化。

然而，这些文体不同的文章的编入，又正反映了鲁迅的杂文集在思想上和美学上的特色。过去的杂文集在思想上的、艺术上的美学特质，已经发生了变化，旧的质有了改变，新的质产生了。

鲁迅很少谈自己作品的优点，然而关于《二心集》，他却在1935年4月23日致萧军、萧红的信中明确地申明：

> 我的文章，也许是《二心集》中比较锋利，……

的确，"锋利"是《二心集》的一个突出的思想上与艺术上的特色。这个特色正反映了他在思想上和艺术上的跃进。应该说，"锋利"是鲁迅所有杂文的共同的优点和特色，且为人所不及。但就他自己来说，《二心集》的锋利，较之以前的作品则更突出、更鲜明，而且具有新的质。以前的杂文，在对于敌对的、守旧的、腐朽的思想、势力、风俗、习惯，总之，对旧文化的批判，是尖锐、深刻、激越、毫不留情面的，因此是锋利的；然而，由于思想上受到以进化论为核心与特征的历史唯心主义的局限，表现出对于前途的是否肯定光明、依靠什么力量、通过什么途径、如何来达到这个前途的目标，都不明确、存有怀疑，同时，又怀疑自己的怀疑，因此，有他自己称为"鬼气"与"毒气"的杂质存在。所以在他的杂文中，就不免留有余笔，存有犹豫，表现出一方面是"时日曷丧，予与汝偕亡""愿与黑暗与腐朽一同灭亡"的勇敢的、战斗的、献身的精神，一方面又表现出怕自己的未成熟的"果子"毒害了青年、痛心自己的生命可能是无谓抛掷和宁知希望与绝望同样虚妄，但决定取希望而不顾绝望的一种精神。这就使他前期的杂文，表露出一种既坚定、执着、勇敢、顽强，又凄厉、哀婉、幽怨、激愤的矛盾统一的思想力量与特质和黍离之悲的忧郁哀婉的美学特色，而具有动人、引人的力量。现在，这种情况改变了，连《而已集》和《三闲集》中那种过渡期的痛苦地咀嚼自己、无情地批判自己、深刻地总结过去的既有痛快凌厉之势，又有淡淡的哀愁的风格，也一扫无余，而根本改变了。现在，他用马克思主义的阶级论，用历史唯物主义武装了自己，改变了只信进化论的偏颇，并且总结、整理了自己过去的思想，有继承、有批判、有改造、有发展，对于共产主义的、无阶级社会的前途，对于依靠工人、农民的斗争去取得胜利，都有了明确的认识和理论上的系统性的解决。因此，怀疑、犹豫、保留、哀愁、凄厉、委婉、曲折，这些一方面表现为思想旧质、一方面又体现为美学特色的东西，都改变了。他是一往无前地战斗，充满信心地前进，游刃有余地批判，有一种理论上的明确性和自信心，有一种战斗上的欢快感和高屋建瓴之势，有一种对于对手的蔑视与必胜的把握。这样，在思想上、在创作心态上、在审美心理上，都发生了变化，其变化的特点就是：锋利，一种新的锋利。这种锋利，表现在对于反动的、资产阶级的文学流派如"民族主义文学"、"第三种人"和新月派的批判上，也表现在对于国民党反动政府的卖国投降和镇压革命的反动罪行以及日本帝国主义者的侵略的批判上，还表现在对于社会思潮和世俗心理的批判上。其深刻的程度表现了马克思主义的理论色彩和理论的系统性，其战斗性表现出凌厉磅礴、冲决进击之势，在风格上，精湛、深刻、博大、纵横捭阖，在艺术上，有一种痛快淋漓、快刀斩乱麻、利刃除敌顽之美。

鲁迅后期杂文的特点，在《二心集》里第一次突出而鲜明地表现出来了。

在《二心集》里，体现着鲁迅鲜明的立场和明确的观点：运用马克思主义来分析一切问题。他在《我们要批评家》中，指出青年人"去求医于根本的，切实的社会科学"（即马克思主义，这是当时的"隐语"），"是一个正当的前进"，他一再提出希望出现的批评家，就是："坚实的，明白的，真懂得社会科学及其文艺理论的批评家"。在为《进化和退化》这本谈进化论的译著所写的小引中，他笔锋一转，最后就落到"接着这自然科学所论的事实之后，更进一步地来加以解决的，则有社会科学在。"他充分认识了马克思主义理论的作用与力量。

对于以工农为主体的人民群众创造历史的作用，也很鲜明地表现出来了，完全脱去了以前对群众的怀疑态度。他在《习惯与改革》中说："多数的力量是伟大的，要紧的。"

当然他也看到并承认群众的落后面——但他指出这是统治阶级不让他们掌握文化，对他们压迫剥削、愚弄的结果——不过，他强调革命者要"深知民众的心，设法利导，改进"，这是一种革命启蒙主义的思想。

特别值得注意的是，这本杂文集的写作年代，正是党内发生两次"左"倾错误的时刻。这两次"左"倾错误的发生，是由于对中国革命的长期性、艰巨性认识不够，对中国社会的实际缺乏了解，因而不顾客观条件，急躁冒进，企图很快取得革命胜利。很可宝贵的是，鲁迅在这时期的杂文里，虽然非常猛烈地揭露、抨击国民党反动派，但是，他却没有低估敌人的力量，特别是看透了国民党反动派的背后有着源远流长的旧传统支持着它，因此，在自己的文章中，反复地论述了要深入了解中国社会的实际情形，勇于面对黑暗的现实，坚持作长久的、反复的斗争，也反对总是装出唯自己是无产者、革命者的面孔，拒绝联合、团结多数人，要求队伍纯而又纯的论调和做法。在那篇著名的《非革命的急进革命论者》中，他把这个道理讲得十分清楚。

在《对于左翼作家联盟的意见》等文章中，他都强调了了解社会实际的重要；否则左翼就很容易变成右翼。他说，攻击旧社会的作品，如果"知不清缺点，看不透病根，也就于革命有害"。他针对当时的情况说，可惜现在的革命作家和批评家"也往往不能，或不敢正视社会，知道它的底细"。他特别强调认清敌人底细的重要。他举《列宁青年》有篇评论中国文学界的文章为例，指出它对于他们认为是无产阶级文学派的创造社讲得很多，对被认为是小资产阶级文学派的语丝社就讲得少了，而对作为资产阶级文学派的新月社就说得更短了。他在《上海文艺之一瞥》中深刻地指出：

> 惟有明白旧的，看到新的，了解过去，推断将来，我们的文学的发展才有希望。

鲁迅这种反对"左"倾病的思想，来自他对于中国历史和现实的深刻了解，来自他的一贯的、突出的求实精神。

十一、《二心集》的美

有一种论者，认为鲁迅的杂文不在美文学之内，至少后期的杂文不如前期杂文美，即政治价值多于审美价值。既然《二心集》是鲁迅后期杂文的第一本，如果从审美价值上来认定鲁迅后期杂文，那么，这是第一块园地。我们就从这第一块园地开始来探讨其美之所在与价值吧。

所谓政治价值、政治意义的审美价值何在？难道政治价值与审美价值是绝对地对立的吗？难道政治价值与审美价值是彼此脱离、各自独立存在的吗？这样"隔绝论"或"孤立论"之不能成立，是很明显的。在同一个事物或审美对象（作品）身上的两种性质与因素是彼此结合着、联系着，成为一个系统的，这是肯定的。在这里无须多说。主要的是，需要指出，在政治价值、政治意义中蕴含的审美意义与价值。

当30年代初，中华民族处于垂危时期，而当政的国民党反动派在豺狼面前又畏葸、萎缩、卖国投降，并且对于中国共产党率先领导人民起来抗争，施行血腥镇压，当此民族危难之际、人民黔首受难之时，一位作家，以他的笔，喊出了民族之声、人民之音，发出了抗争的呼号；又以他的笔，揭露了敌人，予以猛烈的抨击，剖析了帮凶、帮忙、帮闲者的反动的、腐朽的、落后的本质，予以深刻的批判；当此之时，人民读到他的作品，怎不产生一种快感、一种美感？一种说出了自己心里的话，申诉了自己的痛苦之情，抒发了自己内心的愤怒和倾诉了哀怨、悲痛、仇恨情绪的淋漓痛快之感，这虽然不是一种欢快愉悦，但却是从心理和情感上得到满足与舒展之后的一种欢悦。当然，同时还有这种欢悦之后所引起的觉醒、奋起、抗争，对于这种预期的获得满足，也是一种审美的愉悦。这些，都是鲁迅的具有新质的杂文的审美价值。这种价值具有政治意义和政治内涵，而这时的人民的生活、民族的命运本身就是集中地表现出了这种政治性。这种政治与审美的融汇和审美中的政治内涵突出鲜明，正是当时的时代特点。

我们今天来衡量和欣赏这种美文学，是不应该忽略，更不应该忘记这种时代特点的。这就是我们的历史感。这历史感也还包括，我们在今天仍然理解到并且感受到当时的民族与人民的血与泪、苦难与耻辱、哀痛与悲伤、奋斗与抗争的历史内涵和现实含义。有了这种感受，才能进入对鲁迅后期杂文的审美感受与审美领域。

当无产阶级革命文艺为工农大众的利益与命运而哀吟、呼号、抗争，从而得到人民的欢迎，使沉睡的民族苏醒之时，反动的"民族主义文学"、资产阶级的新月派、第三种人起而镇压、攻击、反对之时，当他们一个祭起"民族"的灵幡，一个打起"超阶级"的旗帜的时候，读到鲁迅的杂文《"民族主义文学"的任务和运命》《"硬译"与"文学的阶级性"》《"丧家的""资本家的乏走狗"》等之时，怎能不感到不仅打断了对手的脊梁骨，而且深刻地阐述了道理的欢悦，而拍手称快、叫好，引起审美感受？同样，当敌人残酷地杀害了"左联"五位作家以及其他众多革命者时，在血花迸溅中，在屠刀霍霍声中，出现了鲁迅在《中国无产阶级革命文学和前驱的血》《黑暗中国的文艺界的现状》中的战叫时，怎能不引起同样的感情的波澜和心理感受？同样，当日本帝国主义的铁蹄踏遍白山黑水，又越过山海关，进入华北，更在南国登陆之时，当民族垂危学生率先起而呼号抗战却被杀害之时，我们读到鲁迅的《"友邦惊诧"论》《沉滓的泛起》这样直插敌心、猛烈准确的刺杀，怎能不引起美感？

每一个具有历史知识和历史感的人，只要回首往事，没有忘记那时的民族的苦难与耻辱、人民的不幸与苦斗，就会在今天仍然感受到鲁迅杂文的说出了真理、撕破了黑暗、发出了战叫，启人去斗争的坚实丰厚的美学力量。

当然，我们强调了这一点，并非承认只有这一点。鲁迅此时的杂文的艺术魅力，也还在于作家的创作心态在作品中的储存与反映。这心态包含着这样的内容：抓住了民族的命运的主题、喊出了人民的主要的愿望和心声，面对强敌、面对屠刀和死亡而无私无畏地战斗，赤诚的献身精神、坚定的战斗意志、克敌制胜的敏锐与睿智，等等，也都给人以美的享受。

《二心集》中的那些锋利的名文，作家的自觉到的历史内涵和他对于它们的深刻理解与准确把握，以及又同样深刻、准确并且生动、机智、隽永、美丽地表达出来，从作家创作心理的对于客观世界、社会生活的内化（同化）到把内化后的世界再外化为杂文作品，这个创作经历与创作成就，也是颇具动人之力，而引发欣赏者的美感的。在这种艺术魅力中，不仅具有具体的意义，而且带有一般的审美规律和创作规律的意义。这又是它的深层的审美价值。

当然，在《二心集》的杂文中，鲁迅杂文中原来具有的讽刺、幽默的品性，尖锐泼辣的风格，以及语言的力量，形象思维与逻辑思维的结合等这些特点，也都仍然保留着，并且因为思想的发展，有了马克思主义的理论武装而更加发展，更加增强了。这同样是《二心集》的审美价值之所在。

十二、建设中国现代文化

中国现代文化，从五四运动时期开始，以蓬勃兴旺之势发展，到30年代初，经过十几年的冲击、搏斗、吸收、批判、分化，已经进到一个新的阶段。这时，建设初期的纷纭繁杂景象，已经有所变化，经过几度分裂组合，已经营垒分明，阵线清晰。好比一幅伟大的画卷，各种事物、各种形状、各种颜色都争奇斗艳，或迷漫全幅，或居统治地位，或隐寓一角，或在暗色中隐然而现，灿然透射。当此之时，作为中国现代文化伟大先驱的鲁迅，不但在文学战线上冲锋陷阵，建设中国无产阶级革命文学，而且高举鲜明的旗帜，努力建设中国现代文化。他继承了，同时又发扬了"五四"文化革命的优良传统，他批判了，同时又继承了中华民族的悠久而优秀的文化传统；他还同反动的帝国主义、殖民主义文化以及黑暗的文化统治作斗争，来发展现代化的、革命的文化。他在文学——创作和理论方面，在文学的基本原理和理论体系方面；在哲学——美学基础理论方面；在艺术——绘画、木刻等方面；在社会文化——社会心理、风俗、习惯方面；在道德、伦理方面；在学术文化的建设方面，都倾注了心血，付出了辛劳，奉献了智慧和知识，做出了伟大的贡献。他以一个开路者的姿态，联络同志，扶持新生力量，提携后辈，披荆斩棘，排难解忧，筚路蓝缕，惨淡经营。他既要自己身体力行，事无巨细，又要扶持帮助后辈；既要寻根问源，批判地继承民族文化，又要广收博采，大胆地借鉴外来文化；既要肩住黑暗的闸门，又要建设光明的渠道。在中国30年代的弥漫黑雾、道路崎岖的文化路途上，他扛着鲜红的旗帜，擎着光明的火炬，率领开山辟岭的文化劳动大军与战斗部队，艰难地前进。

鲁迅以广阔的视野和世界意识所构成的敏锐眼光，一方面审视本民族的文化，选取、剔除、批判、整理，从书籍、碑刻、艺术创作、民间艺术等实体文化、物化文化到心理文化，他都进行了严肃认真、热情积极的工作；另一方面，又把眼光转向西方，射向世界，摘采、选择、借取、输送，不遗余力，不啬金钱，不惜时间，留下了深深的足迹和丰碑。这两方面的工作的结晶，从宏观上和整体上，是他把中国现代文化建立在中西文化结合的发展轨道上；在微观和个体上，他自己以中西文化结合的典范之身，显示了中国现代文化所涵盖的中西文化结合的风姿，并且产生了他的精深博大的由中西文化结合而产生的他的思想体系。

他的学术研究工作，包括收集、整理、考订、研究；他在论著、讲演、谈话中对于中国民族文化—心理的论述；他的杂文中蕴含着的对于中国民族文化—心理的分析、批判和论述；等等，都是他在整理和总结民族文化的结晶与硕果。他的取材广泛的翻译和移植工作，包括文化、文学、艺术、美学、社会科学等，则是他选取、吸收、借鉴外国文化的足迹与丰碑。

前者，在1930到1932年间，我们可以列举的，有这样一些重要的方面与工作。他继续整理中国传统文化的工作，修订《中国小说史略》、准备写作中国文学史，以及收集、关心优良民族传统文化的有关资料，包括小说、绘画等内容。不过，这项工作受到繁忙的日常写作和紧张的战斗的影响，未能得到如愿的开展，但是，他的成绩仍然是可观的；他的足迹深印在中国现代文化发展史上。在这3年内，他不惜巨资预购了《百衲本二十四史》一部，购买《中国文字之原始及其构造》《两周金文辞大系》《殷周铜器铭文研究》等书，以及安阳发掘报告、古代作家诗文集等，显然都是为研究中国文字的发展和文学发展史作准备工作。这两件学术宏愿虽然他终身未能实现，但是，他的博学、见解，有许多都散见或蕴藏在他的杂文作品之中，成为我国现代文化建设的重要指导思想和"砖石瓦块"。

在这期间，他对于美术事业的关怀与扶持是很突出的，他成为中国现代文化的重要组成部分——现代美术事业的园丁、导师和开路者。在这3年中，他大量购买古今中外的艺术作品、美术全集、美术思想论集等，特别注意了版画作品的收集。1930年，他所搜购这方面的书籍，超过他的总购书量的1/3。其他两年，也是大量购置。这当然不完全是因为他喜爱美术，更重要的是他为了要了解、研究美术，提倡和建设中国新兴美术事业，武装自己以指导青年美术工作者和新兴艺术运动。他研究中国古代的版画、民间版画和艺术作品，研究欧美日本的绘画和版画，研究日本的浮世绘，并结合我国当时艺术事业发展的状况，一方面指导发展的方向与路径，一方面组织、指导新兴美术作品、刊物、书籍的出版，不遗余力，不辞辛劳，不拒琐细，眷眷拳拳，其精神十分感人，其劳绩永不磨灭。他与年轻的画家们、年轻的木刻家们，建立了广泛的联系和深厚的友情，像园丁培植幼苗、像保姆扶育幼儿，他一片赤诚地、辛勤地培养新的艺术战士，真正体现了"俯首甘为孺子牛"的精神品德。1931年，他特请内山嘉吉为木刻青年们举办木刻讲习班，亲自担任翻译，从8月17日到22日，6天之中，他每天冒着酷暑，为艺术学子们翻译，13名来自"一八艺社"、白鹅绘画会和上海美专、上海艺专的学生们接受了最初的正规的基本训练，他们之中不少人后来成为我国著名的第一代木刻艺术家。在他们的成长中，蕴含着鲁迅的心血。中国的新兴木刻艺术，也在鲁迅的关怀与扶持下发展起来。

1930年2月21日，他曾应邀到上海艺术大学讲演，他针对当时美术界的不良倾向，提出批评，指示正路。他说，绘画、木刻，都应该是"为社会而艺术"，应该和群众结合。他反对那种以怪、以使人不懂为荣，借以炫人、"和大众绝缘"的形式主义艺术和对现代派艺术的肤浅模仿与搬弄。他说：

> 依我看来，青年美术家应当注意以下三点：一、不以怪炫人，二、注意基本功，三、扩大眼界和思想。

他还指出：

> 谁都承认绘画是世界通用的语言。我们要善于利用这种语言，传播我们的思想。……
>
> 我们应将旧艺术加以整理改革，然后从事于新的创造，宁愿用旧瓶盛新酒，勿以旧酒盛新瓶。这样做美术界才有希望。[①]

他的平实朴素的意见，切中当时艺术界的要害，指出了中国现代美

---

① 刘汝醴记录稿，转引自王观泉编《鲁迅美术系年》，人民美术出版社，1979，第45-47页。

术事业发展的方向和途径，在平实中显深刻，于朴素中见睿智。

最后，他说："我今天带来一幅中国五千年文化的结晶，让大家欣赏欣赏。"说时，他一手伸进长袍，从衣襟里拿出一张纸，打开一看，原来是一幅病态的美女月份牌——这是当时上海流行、风靡全国的美术品，大家见了哈哈大笑。讲演便在笑声和掌声中结束。

他的幽默的行动，对于错误的艺术潮流给予了批判，对于青年艺术学徒给予了生动的启示。

这是鲁迅多次美术讲演中的一次。他的每次讲演，都给听讲的人们以这样明确的指示、深刻的启发和难忘的印象。

在吸收外国文化营养、借鉴外国文化方面，鲁迅除了以普罗米修斯的英姿，窃得马克思主义之"火"，来发展中国的现代文化之外，同时，还把注意力转向欧美日本，吸取有用的东西。

在创作理论方面，他发表了《答北斗杂志社问——创作要怎样才会好?》和《关于小说题材的通信》两篇著名的文章，提出了八条创作经验的总结，从创作意识、创作态度到创作技巧方面给予了明确而简洁的指示。这成为后来众多的文艺创作者信奉的指针，也是所有文字写作的规律性的圭臬。《二心集》记载，他在关于小说题材的通信中，提出了"选材要严，开掘要深"的创作原则，更重要的是提出了作家艺术家的世界观问题："如果是战斗的无产者，只要所写的是可以成为艺术品的东西，那就无论他所描写的是什么事情，所使用的是什么材料，对于现代以及将来一定是有贡献的意义的。"在几篇关于翻译的文章中①，他提出了系统的关于翻译的理论观点，这是对于中国汉唐译经的历史总结，也是对于当代翻译工作的总结，同时也总结了他自己的实践体会。这方面的理论成果，丰富了我国在不自觉中萌发的比较文学的建设基础。

对于中国人文化—心理结构的窳劣方面的批判，是他的杂文的"社会批评"与"文明批评"的重要内涵。这种批判是中国新的文化—心理建设的重要一环。这个时期，鲁迅也仍在继续这方面的工作，虽然较之以前和以后，都较逊色：数量不是很多。一篇《习惯与改革》，从市上出现《一百二十年阴阳合历》一事，透视出"体质和精神都已硬化了的

---

① 见于《二心集》的有:《"硬译"与"文学的阶级性"》、《几条"顺"的翻译》、《再来一条"顺"的翻译》和《关于翻译的通信》。

人民，对于极小的一点改革，也无不加以阻挠"的历史现象与规律，剖析其源盖在于：自私；然而口实却又"极其公正而且堂皇"。在这样的民族中，纵然略有改革，不多久就又被"他们拉回旧道上去了"。他吸收列宁关于文化的广义概念，把"风俗"和"习惯"都涵盖在内，指出，如果不把深入民众文化—心理结构的风俗和习惯也改革了，"则这革命即等于无成，如沙上建塔，顷刻倒坏"。这些深刻的见地，对于中国文化—心理结构的除旧布新，具有深远的指导意义。

总之，鲁迅在这期间，殚精竭虑，为建设中国现代文化而展开多方面的工作，并且取得了丰硕的成果，做出了很为可观的贡献。

十三、生活：欢乐与悲苦

自从结束了敌人的屠刀和同志的笔尖的两面围剿之后，特别是"左联"成立之后，鲁迅的处境发生了很大的变化，"左联"青年文学战士们，以及左翼文化阵线，团结在他的周围，对敌人的围剿，对各派反动的和资产阶级的文艺思潮，展开了胜利的斗争，革命文学和文化事业都得到了发展，在群众中产生了巨大的影响。鲁迅自己的生活，也相对地安定了，新的家庭生活是洋溢着爱情的欢乐与温馨的。

这是他的生命的河流中最欢畅顺遂的区段之一。生命之流在这儿曾经激起朵朵浪花。生命的与生活的浪花，奏着欢快愉悦的歌。这歌属于胜利的斗争，属于事业的拓展，属于创作的收获，也属于新的爱情与家庭生活。然而，也有悲苦蕴含其中，它同样属于斗争、事业、创作，以至爱情与家庭。

他这两三年的生活是比较欢快的，心情也比较好。新的家庭，因为增添了爱子海婴，而增添了无限的欢愉与欣慰。由于孩子的出生，也还增添了保姆和女佣，家庭里的人增加了不少。这同那地处北平偏僻之处的阜内西三条胡同的旧家，是大不相同了。现在是在十里洋场的上海，是在洋楼林立的住宅区，不再是城墙脚下人迹少有的僻静胡同，这里有婴儿的啼哭和嬉笑，有爱侣兼战友的协助、照拂与慰藉，有年轻的战友和学生们的来访、讨论工作和共同工作；不再是冷静的只住着几个老妇的寂寞庭院，也不再是独处斗室、寂寞中夜的苦吟与伤怀。那个家庭的沉重的包袱，在心理上已经解除，那杯爱情的苦酒已经饮尽，已经化为爱的甜果。当鲁迅于1932年的岁末为《两地书》写序言时，他不无感叹地写道：

> 回想六七年来，环绕我们的风波也可谓不少了，在不断的挣扎中，相助的也有，下石的也有，笑骂诬蔑的也有，但我们紧咬了牙关，却也已经挣扎着生活了六七年。

能够这样虽然感慨良深然而却是冷静沉着地复述这个曾经震撼他的生活与灵魂的事件，便说明风雨已经度过，苦酒已经饮尽，恩恩仇仇，都已成过去了。这是对世人的公开自白，反映了自信与自慰。就是在这种一切已成过去，旧的已经结束、新的早已开始并在发展的景况中，在这种自信与自慰中，他在紧张的战斗与繁忙的写作之余，享受着天伦之乐，沉浸在亲情之中。他参与育婴的劳务，他抱着爱子哼着那"诗句"：

> 小红，小象，小红象，
>
> 小象，红红，小象红；
>
> 小象，小红，小红象，
>
> 小红，小象，小红红。

"一遍又一遍，十遍二十遍地，孩子在他两手造成的小摇篮里安静地睡熟了。有时听见他也很吃力，但是总不肯换他的定规，好像那雄鸽，为了哺喂小雏，就是嘴角被啄破也不肯放开它的责任似的，他是尽了很大的力量，尽在努力分担那在可能范围里尽些为父之责的了。"[1]这不仅是尽为父之责，而且是在享受当父亲的幸福，那摇晃爱子的动作，荡漾着爱情的欢波，也飘逸着生活的情趣。当他十遍二十遍地这样走着时，他是幸福的，欢乐的，得到甜美的休息。这是他的美好心境的体现。可以说是从未有的，从未有过！

在这个时期，他也是在友情温馨中工作和战斗。他结识了冯雪峰和柔石这两位年轻的战友，他们一同主持科学的文艺论丛的编译出版工作，一同创办朝花社，编辑出版《艺苑朝花》，他们是战友又是师生，有着共同的理想相通的心，他们在一起工作和时相往还，在交往中用友情温暖对方的心。他还结识了神交已久的著名共产党人、作家、理论家

---

[1] 许广平：《欣慰的纪念·鲁迅先生与海婴》，人民文学出版社，1951，第161-162页。

瞿秋白，同瞿秋白的情同手足的情谊，是他这个时期的最欢慰和最有价值的获益，给他的生活增添了明快的色彩和厚重的意义。同日本朋友的广泛的交往，尤其是同内山书店老板内山完造的深挚情谊，工作上的支持、生活上的帮助、患难时的照顾，还有内山书店这个书信的收发站、朋友的接待处、愉快的休息所，都给鲁迅的生活增添了内容和欢欣的情趣。

　　的确，生活属于他的，或者说，他从生活中得到的，确实是很少的。劳作，不停歇的、超负荷的劳作，这就是他的生活。简朴的生活，维持着他的超常的运转。这也许是他那一代知识分子中的精英，为民族献身的志士，"理应如此"的命运。他们不得不奉献多于获取；不得不先天下之忧而忧，后天下之乐而乐。

第十章　政治与艺术的世界：沉沦民族华夏魂

1931年（51岁）—1934年（54岁）

上海

　　但我们也听到别国的失业者，排着长串向饥寒进行；中国的人民，在内战，在外侮，在水灾，在榨取的大罗网之下，排着长串而进向死亡去。

　　　　　　　　　　　　　——《南腔北调集·我们不再受骗了》

　　只有真的声音，才能感动中国的人和世界的人；必须有了真的声音，才能和世界的人同在世界上生活。

　　　　　　　　　　　　　　　　——《三闲集·无声的中国》

　　高墙后面，大厦中间，深闺里，黑狱里，客室里，秘密机关里，却依然弥漫着惊人的真的大黑暗。

　　　　　　　　　　　　　　　　　　——《准风月谈·夜颂》

　　血沃中原肥劲草，寒凝大地发春华。

　　　　　　　　　　　　　　　　　——《集外集拾遗·无题》

　　"中国的大众的灵魂"，现在是反映在我的杂文里了。

　　　　　　　　　　　　　　　　　——《准风月谈·后记》

　　自从九一八事变发生后，日本帝国主义者就放肆地施行其侵华政策，由东北而华北，由华北而南进，铁蹄深入，步步进逼。在日寇的进攻面前，蒋政权和他的军队坚持实行不抵抗政策，步步退让，任国土沦丧，陷人民于水火。日进蒋退，侵略者长驱直入；蒋军围剿红军，逼使红军撤出根据地，长征西北。中国人的力量消耗在内战中，中国人民深陷在苦难中。

　　多么深沉的民族苦难，多么严重的民族危机。战乱频仍，灾患连连。中华大地，哀鸿遍野，饿殍塞途，田园荒芜，人民离乡背井，到处流浪，城乡一片凋敝景象，百业荒废。鲁迅在他的古体诗中，多次概括而具象地描写了这种惨状，抒发了内心的悲怆痛苦：

"故乡黯黯锁玄云，遥夜迢迢隔上春"；"云封高岫护将军，霆击寒村灭下民"；"风生白下千林暗，雾塞苍天百卉殚"；"万家墨面没蒿莱，敢有歌吟动地哀"。在这样的祖国与人民的苦难中，他的痛苦与感叹，都是十分深沉的："尘海苍茫沉百感，金风萧瑟走千官。老归大泽菰蒲尽，梦坠空云齿发寒。"

正是在这样的形势中，在这样的现实面前，在这样的心境中，他度过了他战斗的、苦痛的、孤独悲凉一生的最后三年多时间，也是在这样的现实与心境中，他在这三年多时间中，从事他的文学写作和文化创业。这不能不决定了他的战斗的方式、创作的意识和生活的内涵。充满血与火、刀与剑、生与死的苦难生活，决定了他的思想与行动；然而，他的心性与意志，也决定了他是如何来对这种现实做出反应，并对之产生影响的。

一、走上民族斗争的疆场

拿起刀枪和笔杆，走上民族斗争的疆场。这是从九一八事变之后，逐步地在中国大地上响亮起来的口号，也是在全民中逐渐扩展起来的行动。这是中华民族对于日本的侵略、对于国民党的投降所作出的响亮而坚决的回答。越来越多的人，投身斗争。工农兵学商，一起来救亡。这是民族的主题歌。

鲁迅正是在这个抗日救亡的民族大浪潮中，高擎起民族的、爱国的鲜红旗帜，走在斗争的前列，呼号、抗争、抨击、揭露，代表本民族，代表人民，向外寇内敌，冲锋陷阵的。他使用的主要仍然是文学的与文化的武器；但同时，也参加了他所能参加的实际斗争。民族的、阶级的、政治的斗争，成为他的活动的主体，创作的主题。

自从1932年一·二八抗战时，炮火燃烧到他的家门口，子弹洞穿了他的书房之后，民族的危亡是日深一日了。1933年1月，日军入关，很快占领热河、察哈尔，又大举进攻长城各口，包围平、津。一纸"塘沽协定"，国民党屈膝投降，既承认了日寇占领东北与热河，又默许他们入侵华北腹地。平津危急。古物南运。1934年4月17日，日本外务省发表对华声明的基本方针，宣称日本是亚洲的主人，中国是它独占的殖民地，任何他国不得插足中国，中国不能与任何他国发生关系。中国已成日本的附庸，日本已是中国的主子。"何梅协定"签字，国民党的党政官员、军警宪特同古物一同逃遁撤退，"冀东防共自治政府""内蒙自治政府"相继成立，俨然两个候补"满洲国"。眼看北国整个变色，几千万人民沦为亡国奴，眼看日寇铁蹄踏踏踏，长驱南下，南国风云滚动，也将沦入敌手。中国濒临灭亡了。

然而，正在这时候，国民党政府北向而降，拱手让出国土与人民；同时南向而攻，对红军进行了屡战屡败的五次"围剿"，直至红军撤出江西苏区，实行战略大转移。为了南降北攻的目的，他们禁止言抗日，实行法西斯文化专制主义，用杀戮与禁压的手段来摧灭进步文化。

同样在这个时期，虽然有冯玉祥、吉鸿昌抗日同盟军的冀察抗战，蔡廷锴、李济深福建人民革命政府的成立，但在"左"倾路线统治下的党中央，没能抓住时机，联合他们反蒋抗日。

战火和灾疫、抢掠和烧杀、疾病与死亡，弥漫了全中国，家破人亡、妻离子散、国土沦丧，全中国成了屠场、监牢、人间地狱。文字以至图画、照片、影片，都不能描述反映这种苦况惨状于万一，只有生于斯时、处于斯境的人，才会有切身感受、切肤之痛。

人民便在此时奋起抗争。

作为人民的代表和代言人的作家鲁迅，也就在此时走上疆场，投身斗争。他，只有这一个选择。他的所思所想所感所言，都是这个抉择所决定和体现这个抉择的。他参加民权保障大同盟，发宣言，提抗议，营救革命者和进步人士；率领左翼作家，批判反动思潮和文学流派，抗议国民党法西斯暴政；冒险悼念被杀害的杨杏佛，秘密会见红军将领陈赓；甚至为失去组织关系的共产党员同党取得联系，为党探听重要情报，等等，许多实际的革命活动和工作，他都参加了。当然，更重要的是他同战友们一同编辑出版革命刊物和翻译介绍革命文学作品、文艺理论，以及他自己几乎每天劳作不息地写作杂文，揭露、抨击、抗议，面对着敌人的屠刀和同样可以杀人的谣言，面对着死亡和牢狱，他奋战不息。

他的抉择对不对？这在当时，整个文化界的评价，是肯定的；人民的舆论是肯定的。他逝世时的自动悼念浪潮出现和"民族魂"旗帜的披身，便是现实的赞颂和历史的定论①。

二、文学抗争与社会批判

在这三年多的时间中，他的主要的精力用之于文学抗争与社会批判。这是他在斗争疆场上的主要斗争，是他在文化发展上的主要建设，也是他在革命文学的发展和建设上的主要贡献。

他的一支笔，便用来从事这种战斗与抗争。他的文笔，跟踪着日寇的铁骑和国民党反动派的屠刀，针锋相对，不求文学上的不朽，只为替人民抗争，为民族求生存。对于日寇的侵略和国民党的投降，他不断地运用杂文，加以揭露与抨击。日寇的占东北、攻热察、围平津，他都有抗争的文字；国民党政府的搬古物、撤军警、签卖国条约，他都作了揭露；对法西斯统治的禁图书、捕作家、屠杀进步人士，他毫不畏惧毫不留情地予以批判；对腐朽政权的凶残无能，对他们统治下的种种黑暗，他也毫不留情毫无畏惧地给以抨击。他的讽刺的怒火，喷向法西斯统治，他的仇恨的子弹，射向敌人的胸膛。这样面对面的战斗，这样逼近的火力喷射，这样肉搏式的白刃战，这样冒着生命危险的冲锋陷阵，对于一个作家来说，确实是一种极宝贵的民族品格和个人风格的突出表现。他的心总是同人民的心一同跳动，他的胸膛紧贴着祖国的大地，他的笔便一直跟着人民和祖国的需要而转动。在他最后7本杂文集中，大量存在着的是这些记录了他的抗争、他的揭露与批判的文字，喷洒的是他的愤怒、痛苦、哀伤与呼号。这是民众之声、民族之音，也是时代之

---

① 本书作者并未赶上那个不幸的然而是战斗的年代，但是，却经历了尔后不久的抗日战争年代，深深感受过被敌寇侵占、遭敌机轰炸的苦况和由此引起的民族仇恨。这里的一点描述，也是有感而发的。近年来，有些论者，往往舍弃这个时期中国人民的苦难、日寇的罪恶入侵等历史情况与现实惨状，抽去了血泪的事实，而来论文学、谈文化、评是非。因此而贬鲁迅、捧周作人，讥鲁迅之过激，褒奖周作人之宽容，甚至贬鲁迅之文学、文化成就，而捧周作人之文学、文化成就。中国人之出此论者，其不知把历史、把人民放置于何处！？在此种时期，到底是鲁迅的选择正确，代表了民族的正气、骨气，代表了中华民族的方向，还是当了汉奸的周作人是正确的代表！？我们怎能抽去这一切而去谈文化，周作人之所著，完全抹杀，自然不对，今天仍保留甚至更显出其文化价值，都是可以和应该承认的；但何能把鲁迅之著作的更深厚更有价值的文化含量又加抹杀！？

声、历史之音。它们的价值是永垂史册、长萦人心的。

另一方面的大量杂文作品，是社会批判与文化批判。这方面的内容是极其广泛的，对于社会上的种种现象，对于现实的和传统的文化现象，由小及大、由近及远、由此及彼、由浅及深，由具体、个别及于抽象、一般，他给予了简要的、精到的、深刻的批判，其中蕴藏着深刻丰厚的思想含量与文化含量。这是他在为现实的战斗中留下的思想、文化与文学的财富。据我粗略的统计，在他的最后7本杂文集中，这类杂文占了大多数。如果不算《南腔北调集》中1932年之所作，不计题记、后记，那么，在7本杂文集总计329篇杂文中，有60%多一点是属于社会批判与文化批判的文字。它们所涉及的面，有政治、经济、文化、文学、艺术、美学、思想、道德、科学、教育、妇女、儿童、风俗、习惯等，方面极为广泛，问题非常具体，但又都是以小见大，广而集中的。这正是鲁迅杂文的特点和价值所在。不过，在这种广泛爻杂的内容之中，又有其一以贯之的核心内容与基本宗旨，这就是中国国民性、中国国民文化—心理结构的剖析与批判，中国社会腐朽、黑暗面的批判。同时，在这些文字中，也总是或时时直接涉及时事：日寇的侵略和国民党的投降、国民党军队的"围剿"和红军的抗击；或是以此为背景，潜存着与此关涉的内容。这就使他的社会批判与文化批判，不是学理式的、逻辑论证式的，而是渗透着现实的惨状、生活的血肉，响着时代的音响，燃着参与的热情，虽然其中蕴含着科学的、理论的内涵，具有强大的逻辑力量，但是，却都是含而不露、潜藏深蕴的。这便又增加了他的文学耐人咀嚼的价值。

三、不可征服的民族的心

侵略者和反动统治者，都想征服人民的心。他们害怕奴隶造反的心、民族抗战的心。他们一者想用大炮和屠杀来摧毁抗敌的民心，一者想用禁止和镇压来泯灭人民反抗的心。心的征服和心的不容征服不可征服，成为一种实际的和理论的、行动的和思想的斗争的一个焦点。鲁迅正是在这个焦点上，燃烧着他的不灭的火炬，把火焰喷向敌寇仇雠，把光亮投向人民。

他在谈火、火神之中，以讥讽之笔，"称赞"放火可以成为名人，他在《关于中国的两三件事》中接着指出：

> 现在是爆裂弹呀，烧夷弹呀之类的东西已经做出，加以飞机也很进步，如果要做名人，就更加容易了。而且如果放火比先前放得大，那么，那人就也更加受尊敬，从远处看去，恰如救世主一样，而那火光，便令人以为是光明。[①]

揭出日寇侵略和欺骗的实质，他们宣传的"光明"，是烧杀掠夺的火，给中华民族带来的灾害，超过中国历史上所有因放火而出名的人，因为他们更"进步"了，"放火比先前放得大"，名气也更大！

他针对中里介山的责支那[②]人民不识好歹不喜欢日本侵略者王道的邪说，指出王道同霸道看似对立，"其实却是兄弟"，"这之前和之后，一定要有霸道跑来的"。

这是一篇用日文写作在日本《改造》杂志上发表的杂文。它直接在日本本土对侵略者发起了攻击。此外还有许多杂文，尤以《伪自由书》中为多，他还不时地在杂文中给日本帝国主义者以抨击。

他代表了中华民族的不可征服的心。

当然，鲁迅此时揭露批判的重点是投降卖国的国民党反动派，但不是把它看作孤立的东西，而是把它同帝国主义联系在一起，进行剖析、抨击。

鲁迅最为着力与之斗争的是国民党反动派实行的不抵抗主义，从多方面揭露了它的种种表现和反动本质。1932年，蒋介石自任总司令，出动50万兵卒，对苏区进行第四次反革命"围剿"。他一面向红色根据地进攻，一面则向日寇投降。山海关弃守了，七天之内又把整个热河省丢光。一个偌大的承德市，日本侵略军仅仅出动了一百人，不费一枪一弹，唾手而得。蒋介石说，"要以专心一志剿匪，侈言抗日，那就是投机取巧"。他还发出命令："侈言抗日者杀无赦。"在这种情况下，日军长驱直入，平津华北都处在危急之中了。

鲁迅以他的杂文作为投枪和匕首，给予了揭露和抨击。但由于是不自由环境下的"自由谈"，所以特别发挥了讽刺的效能，使文章具有特

[①] 《鲁迅全集·且介亭杂文·关于中国的两三件事》，载《鲁迅全集》第六卷，人民文学出版社，2005，第9页。

[②] 支那，近代日本对中国的蔑称。——编者注

有的力量和味道。他在《逃的辩护》中，以替学生辩护的形式，反语相讥地揭露国民党反动派如何屠杀爱国学生。他在《航空救国三愿》中，揭露国民党空军打敌人就"迷失"了，却去杀人民。在《赌咒》中，他尖锐地讥讽了蒋介石一面赌咒发誓说不抗日就杀他的头"以谢天下"，一面却只"剿共"不抗日。他讥刺地写道：赌咒"总之是信不得。他明知道天不来诛他，地也不见得来灭他"。在《战略关系》《曲的解放》《迎头经》《推背图》等杂文中，有力地抨击了国民党政府的不抵抗主义、逃跑主义，刻画了他们的投降卖国的丑相。在《中国人的生命圈》《天上地下》中则揭露了国民党军队和日寇"一个炸进来""一个炸进去"（指红色根据地）的罪行。

对于国民党反动派的退和"打"，鲁迅都作了深刻的揭露。

当要退时，他们叫嚷"战略关系""缩短防线""诱敌深入"，但鲁迅在《伪自由书·战略关系》中讽刺道：

> 现在一切准备停当，行都陪都色色俱全，文化古物，和大学生，也已经各自乔迁，无论是黄面孔，白面孔，新大陆，旧大陆的敌人，无论这些敌人要深入到什么地方，都请深入罢。

而当他们需要装模作样，欺骗世人时，也不免要"打"一下子，但这"打"，是输赢早就定下的。鲁迅在《伪自由书·对于战争的祈祷》中揭露道：

> 打是一定要打的，然而切不可打胜，而打死也不好，不多不少刚刚适宜的办法是失败。……战争，禁得起主持的人预定着打败仗的计画么？好象戏台上的花脸和白脸打仗，谁输谁赢是早就在后台约定了的。

投降派为了掩饰自己不抵抗的面目，搞了许多假象来欺骗人民，而鲁迅便以讽刺之剑来戳破它。他在《沉滓的泛起》一文中，揭露那些沉滓，借国难之机，提倡什么"强身祛悲观"，搞什么"爱国歌舞表演"，组织御用"文艺救国会"，甚至胡说警犬可以救国，推销灵药能够使人"身列戎行"，等等。鲁迅指出，这不是什么救国，这不过是沉滓趁"国难"而"在表面来泛一下，明星也有，文艺家也有，警犬也有，药也有……"。但鲁迅说："但因为泛起来的是沉滓，沉滓又究竟不过是沉滓，因此一泛，他们的本相倒越加分明，而最后的运命，也还是仍旧沉下去。"

以后，随着形势的变化和斗争的发展，鲁迅在这方面的批判，还有更广泛深入的发展。

在批判日寇与国民党反动派的同时，鲁迅还热情地鼓励人民的抗日热情、斗争意志，指出斗争的目标与策略。他在《二心集·答中学生杂志问》中，突出地提出了言论自由问题："我们现在有言论的自由么？假如先生说'不'，……那么，我说：第一步要努力争取言论的自由。"

他提出的正是动员全民族投入抗日运动的主要问题。

但是，正如鲁迅在1932年1月5日致增田涉的信中所说，"政府似有允许言论自由之类的话，但这是新的圈套，不可不更加小心"。因此而不得不用"钻网法"，运用"曲曲弯弯的讽刺"。他鼓舞人民的斗志，一面沉痛地告诉人民，"我们也无须再看什么亡国史"，因为这最多不过告诉你，"一做亡国奴，就比现在的苦还要苦"；同时又鼓励人民："我们应该看现代的兴国史，现代的新国的历史"，因为，"这里面所指示的是战叫，是活路，不是亡国奴的悲叹和号啕！"

自从九一八事变之后，鲁迅把自己的注意力集中在抗击日寇侵略和批判国民党的投降政策上，写下了许多战斗的杂文，揭露和抨击了民族的、阶级的敌人，鼓舞了全国人民的斗志。他的杂文，成为当时抗日的最强音，而他自己，则表现了一个伟大的民族英雄的坚强和勇敢。

当然，心的征服，还得用"心"来征服，要攻心。在这一点上，日本侵略者和国民党反动派是一致的，而且他们有了共同的发现：孔老夫子。他是中国的圣人。他的学说之中有许多可资利用之处。于是他们双方都祭起了孔子这个幽灵。他们像发现了一个宝贝似的，按照各自不同的需要，把孔子装扮起来，让他登上舞台，串演一番。国民党反动派掀起了"新生活运动"，而以尊孔读经为它的内核。"新"的外壳，装着一个旧的内囊。在《在现代中国的孔夫子》中，鲁迅剥开那外壳，指出："孔夫子曾经计划过出色的治国的方法，但那都是为了治民众者，即权势者们设想的方法，为民众本身的，却一点也没有。"反动统治者想拿孔夫子这块"敲门砖"来愚弄人民，敲开他们的幸福之门，结果没有一个不气死在幸福之门外面。内山完造在《上海漫语·儒家和革命》中说，鲁迅曾深刻地指出："其实中国的革命，不论什么时候都是对儒家的革命。"因为"儒家思想的东西，经常是政治家，有时也是政府，加以利用的东西"，他们用"儒家思想强制庶民"，所以，这个儒家思想的强制一旦搞得很厉害的时候，就会发生有名的东西——"革命"。鲁迅的这个思想极为深刻，这里再一次突出地体现了他的历史唯物主义的思想光芒：反动统治者想用儒家思想来麻痹人民、愚弄人民，使其驯服，结果总是恰好相反。他把中国历史看透了。他的这个基本观点，贯穿在他这个时期所写的批判尊孔读经的杂文之中。

值得深思的历史现象是：五四运动时期就响亮地提出了"打倒孔家店"的口号，并且取得了胜利。然而，不过几年，袁世凯登场，却又祭起了孔子的灵牌。以后历届军阀政府都举过孔子灵牌，并且也失败了，最后，蒋介石又拣起了这个灵牌。因此，鲁迅这时的战斗，就成为五四运动的继续和深入。不同的是，昔日同一战阵的伙伴，今天有的站到敌对阵营去了，有的则早已退出了战斗。鲁迅作为中国文化革命的主将与旗手的作用，在这里也明显地表现出来了。

另一个值得深思的现象是，这时候，一心想要独吞中国的日本帝国主义者，在已经炮制了伪满洲国，并步步深入中国腹地之时，也打起了孔夫子的旗号，"仁政"与"王道"是他们兜售的货色。恰恰在这个时候，胡适博士向日本帝国主义者献策了，建议他们要征服民族的心，只有这样，才能征服中国。

这样，中国人民不仅要浴血奋战以反对敌军的武装进攻，还要防止敌人的精神毒害。鲁迅在九一八事变以后的斗争，其意义就在抵制、反抗"征服民族的心"。当国内外都响着"尊孔"的叫嚣声时，鲁迅在1933年10月7日致增田涉的信中风趣地说："在中国，也有人说要以孔子之道治国，从此就要变成周朝了罢，而我也忝列皇室了……"他又说："日本人带着孔夫子进攻来了。"这些幽默的话语，深刻揭露了中外反动派的险恶用心。鲁迅这个时期写了火热的杂文，唤起人的警觉，反对敌人征服我们民族的心。

但是，不管中外反动派怎样拿孔子来征服中华民族的心，而且造成不幸的恶果，但最后还是要失败的。鲁迅为此特意应日本《改造》月刊之约，写了《在现代中国的孔夫子》一文，针对日本提倡尊孔崇儒的情况指出：孔子在他的故国，是从古到今也未成功地征服过人民的心的，中国人民最懂得孔夫子，何况异族来用它作征服的良药？其失败、破产是必然的。

中华民族的心，不可征服。鲁迅就是代表，就是象征。这里，正表现了他的伟人民族英雄的风貌。

当日本帝国主义的侵略一益深入，民族危机日益深重，中国处于生死存亡的关头时，国民党反动派一味妥协退让。中国往何处去？这是全国人民焦虑的问题。鲁迅在这个时期，表现了一种坚定的、顽强的民族自信心与爱国主义激情，表现出对于人民力量的坚定信念。为了瞒过敌人的耳目，鲁迅在杂文中不得不时常引用历史上的人物与史实，借此发挥抨击现实的作用。他用新的眼光，即历史唯物主义的眼光来研究历史，发掘了中国历史的光明面。他回顾历史来观察现实，更看出中国历代都有反抗外来侵略者和反对本族统治者的光荣传统，而且在这样长期的斗争中，培养了中华民族的刚强、坚毅、深沉和韧性的斗争性格。今日的中华儿女应该继承这种民族的优良品德与性格。

"中国人好像一盘散沙"，当时很流行这样一句话，外国人这样说，中国有些人也跟着这样说。外国人说的目的是想要借此说明中国人不能治理中国，而要由他们来统治；中国有人说，意思是自己救不了自己，只好求助外国人。前者是帝国主义者的侵略口实，后者是失败主义者的卖国"道理"。但是，鲁迅说，中国人的像沙，"是被统治者'治'成功的，用文言来说，就是'治绩'"。"小民虽然不学，见事也许不明，但知道关于本身利害时，何尝不会团结。先前有跪香，民变，造反；现在也还有请愿之类"。他在《南腔北调集·沙》中说："那么，中国就没有沙么？有是有的，但并非小民，而是大小统治者。"鲁迅批驳了那种说"中国人失去了自信力"的谬论，他以铿锵之言，歌颂历史上的英雄豪杰：

> 我们从古以来，就有埋头苦干的人，有拼命硬干的人，有为民请命的人，有舍身求法的人，……虽是等于为帝王将相作家谱的所谓"正史"，也往往掩不住他们的光耀，这就是中国的脊梁。
>
> 这一类的人们，就是现在也何尝少呢？他们有确信，不自欺；他们在前仆后继的战斗，不过一面总在被摧残，被抹杀，消灭于黑暗中，不能为大家所知道罢了。

他指的自然是李大钊、陈延年、柔石、毕磊这些共产党人以及杨杏佛这些爱国的志士，还有那千千万万没有留下姓名的革命群众。他们是今天中国的脊梁。

他在《且介亭杂文·中国人失掉自信力了吗》中有力地斥责说："说中国人失掉了自信力，用以指一部分人则可，倘若加于全体，那简直是诬蔑。"最后，他要人们看到中国社会和中国民族的深处："要论中国人，必须不被搽在表面的自欺欺人的脂粉所诓骗，却看看他的筋骨和脊梁。自信力的有无，状元宰相的文章是不足为据的，要自己去看地底下。"

在这里，鲁迅也从历史、从正面、从民间揭示了中国的不可征服的民族的心。

在这个时期，由于日寇步步进逼，国民党卖国投降，国难深重，民族垂危，鲁迅的爱国主义思想表现得特别强烈。当有的日本反动记者提出由列强共管中国时，他驳斥了这种谬见。当时有位日本友人问鲁迅，是否生在中国是他的不幸，他给了完全否定的回答。他的日本友人和学生增田涉，曾经在《鲁迅的印象》中非常生动真实地描写了鲁迅的爱国挚情。他写道："我天天和鲁迅接触，从言论、行动所感受到的，他首先是个爱国者"，"非常强烈地热爱着中国与中国人"，"他的眼睛什么时候都贯注于中国和中国人的未来，考虑着要怎样做才能使现实的中国和中国人走向更加合理、幸福的将来。"增田涉很正确地指出：鲁迅的许多杂文中那种对现实的中国和中国人的辛辣、冷彻的笔锋，是"一个旁观的人……使用不来的"，它是"热烈的爱情的一种变形"。增田涉非常生动地描写了鲁迅那双眼睛："他那和蔼可亲的、常被泪水湿润的莹亮的眼珠的光辉，绝不是显示他为人的冷酷，（却是）经常……燃烧着爱国的热情。"

鲁迅的亲密的日本友人内山完造，也有不少这方面的记述。他在《回忆鲁迅先生》中写道，鲁迅曾对他说："中国的将来，如同阿拉伯的沙漠，所以我要斗争。"当内山完造等日本友人劝他到日本小憩，既可避一避白色恐怖的锋焰，又可养息一下病体时，他是这样说的："老板，休养是怎么一回事？"

内山说："那就是一无牵挂地闲逛吧！"

鲁迅说："不去了，去不成了！现在沙漠不断进逼在我们面前，一无牵挂地去闲逛是办不到了！"他终于一直坚持留在上海，在自己的岗位上，任何地方也没去。

很明显，这一时期鲁迅的主要锋芒是反抗日本帝国主义的侵略和揭露国民党反动派的反共投降卖国政策，而他这种爱国主义，即民族感情是同他的深厚的阶级感情紧紧相连，融为一体的。他的因为国土沦丧、民族垂危而引起的深沉的痛苦，是同人民因受难、将要或已经沦为异国的奴隶的痛苦相结合，并以其为主要内容的。他为东北作家萧军的《八月的乡村》和萧红的《生死场》作序，称赞前者是"作者的心血和失去的天空，土地，受难的人民，以至失去的茂草，高粱，蝈蝈，蚊子，搅成一团，鲜红的在读者眼前展开，显示着中国的一份和全部，现在和未来，死路与活路"。这是把亡国之恨和人民的受难联结在一起。后者则写出了沦陷了的"北方人民的对于生的坚强，对于死的挣扎"。他在抨击国民党的反动统治时，总是联系到它的卖国罪行。在控诉反动派屠杀革命者的血腥罪行时，他总是从民族生存的角度更深入一层地体味到愤恨与痛苦。冯雪峰在《回忆鲁迅》中记载，鲁迅说："为民族，在现在还是首先的事情。反动者只想保留政权甚至可以出卖民族，我们却要革命又要民族，革命就是为了民族。"同时，他对于中国历史上的正义斗争、抗争史实的引用，也正是着眼于发扬民族的优秀传统。

鲁迅的这种思想的深度和高度，反映了他的思想前期与后期的明显的差别。这差别可以也确实是表现在很多方面，但最根本的是：着眼于人民，相信人民。他现在要写的国人的灵魂，就是人民的觉醒，抗争。他在《准风月谈·后记》中说："'中国的大众的灵魂'现在是反映在我的杂文里了"。

是的，他的不朽的杂文，反映了中国人民的灵魂，也反映了他自己的灵魂。这就是不可被外敌征服的中华民族的心！

鲁迅是"中国空前的民族英雄"，就表现在他以自己的文学反映了民族魂；表现在他代表人民，代表全民族；表现在他的民族感情同阶级感情相融会，他的爱国主义同国际主义相结合。

当然，鲁迅之所以能够达到这个高度和深度，绝不是由于个人的天才。他的思想反映了时代的精神、人民的意志、国际和国内的革命实际。这个时期，在国内，在中国共产党领导下，建立了红军和红区，拥有几十万人的武装和大片红色区域。这些对于鲁迅来说，自然成了决定他的思想方向的基础。在国际上，苏联的存在和发展，也给了他信心与希望。他不仅密切地注视着苏联的成就，而且通过萧三、曹靖华等同志保持着同苏联作家、艺术家的联系。他同当时苏联驻我国的外交机构也有联系。当然，还有其他联系渠道。他在这个时期写过《祝中俄文字之交》《答国际文学社问》《林克多〈苏联闻见录〉序》《〈引玉集〉后记》《我们不再受骗了》以及不少苏联文艺作品的序跋小引等有关苏联的文章。他与瞿秋白交往，也会得到不少关于苏联的第一手情况，特别是社会、历史、文学艺术的情况。他自己还校阅、翻译了《铁流》、《毁灭》、《十月》、《一周间》和《士敏土》等苏联著名小说。"左联"的国际交往与活动，作家国际联盟对中国革命作家的支援，温暖着鲁迅在黑暗中奋战的冷峻的心。给了他力量，给了他鼓舞，给了他信心，使他向国际主义的高度飞翔。

自从九一八事变以后，抗日救亡运动掀起来了，在共产党领导下，那运动的气势与规模是空前的。鲁迅所在的上海，是运动发展的中心地区，鲁迅不仅亲见了成千上万的学生、市民投入了抗日救亡运动，而且亲见了一·二八抗战，感受到民心民气的空前团结高涨。以后数年中，抗日救亡的歌声传遍了中国的穷乡僻壤，抗日救亡的运动不断发展，直至产生了察绥抗日同盟军，在共产党员吉鸿昌和抗日将领冯玉祥、方振武领导下，英勇抗日，连克名城，威震塞外。这种全民族的奋起与斗争，给了鲁迅以巨大的鼓舞，使他看到了人民的力量、民族的希望，人民是中华民族的脊梁。在这个时期，鲁迅的爱国主义与国际主义相结合的思想发展到这样辉煌的程度，正是我们全民族的民族民主革命运动蓬勃发展的反映。

当然，这里不能否认鲁迅个人的思想品质的作用。最根本的，是他始终如一地热爱人民，没有任何的私念，而且他始终如一地了解实际，根据实际来思考问题，形成自己的思想观点。因此他的心才能永远与人民相通。

这就是鲁迅之为民族魂。

这就是鲁迅之所以能够成为民族魂。

四、建设中国现代艺术文化

鲁迅一到上海，就购买了《革命艺术大系》和《今日木刻艺术》

（*The woodcut of today*），表现出对于革命美术运动和木刻艺术的关心。这是他少年时代对于美术的爱好、教育部期间对美育的提倡和"五四"时期对美术创作的关心的继续。而不久，他就同美术界建立了越来越广泛的联系和亲密的交往。他把提倡和发展美术创作和整个美术事业，当作左翼文艺运动的一个重要组成部分。在上海的十年期间，鲁迅在指导美术创作、美术书刊的编辑出版、美术人才的培养以及外国进步艺术的输入等方面，都付出了辛劳，作出了可观的成绩。可以说，鲁迅是我国新兴美术事业的拓荒者和奠基人。

1927 年鲁迅一到上海，就和他在北京时期认识的青年画家司徒乔、陶元庆、孙福熙、林风眠、李金发建立了联系，并和上海的画家丰子恺、陈抱一等结识。他同时连续购买了《世界美术全集》等美术作品集，并翻译了《美术史潮论》。可以说，鲁迅到沪后的文艺活动，不是从文学而是从美术开始的。在以后的十年中，这一工作也成了他多方面活动中的重要一翼。

他来到上海不久，就看了司徒乔和陶元庆的创作，写文章称赞了他们的现实主义的作品。司徒乔在《忆鲁迅先生》一文中记述说：

> 他也到过我那巴掌大的乔小画室看画，为我的展览写文章。当我画那天使吻着耶稣的荆冠时，心里无非是对那些为人民献出自己生命的殉难者表示景仰和悼念；但鲁迅先生却说："那是胜利"……这篇文章给我的启示极大。我在当时，由于看不见人民的力量，胜利的观念是薄弱的，先生却一语点醒。文章中还有许多婉转诱导的深意，使我终生不忘。

《三闲集·看司徒乔君的画》记载，在对司徒乔的作品的评价中，他赞赏作者"抱着明丽之心"，表现"人和天然的苦斗"，"自己也参加了战斗"。他期望"拂去黄埃的中国色彩"——新的现实和新的美术作品出现。

在《而已集·当陶元庆君的绘画展览时》中，他评论陶元庆的作品时，称赞他"以新的形，尤其是新的色来写出他自己的世界，而其中仍有中国向来的魂灵——要字面免得流于玄虚，则就是：民族性"。这里他指出了新兴美术的方向：吸收中外艺术的营养，创造具有新的形和新的色而又具有民族性的新的绘画。

这些活动和这两篇文章，表明了鲁迅提倡新美术的理论方向。

1928年12月，鲁迅同柔石、王方仁、崔真吾合办朝花社，出版《朝花周刊》，同时附出《艺苑朝花》画刊。为了筹集经费，每人一股，鲁迅替柔石垫了一股；又以许广平名义添了一股，五股中他出了三股的钱。《艺苑朝花》出来后，鲁迅亲自起草了广告。他写道：

> 虽然材力很小，但要绍介些国外的艺术作品到中国来，也选印中国先前被人忘却的还能复生的图案之类。有时是重提旧时而今日可以利用的遗产，有时是发掘现在中国时行艺术家的在外国的祖坟，有时是引入世界上的灿烂的新作。每期十二辑，每辑十二图，陆续出版。[①]

在《南腔北调集·为了忘却的记念》中，鲁迅还曾说过，办朝华社，"目的是在绍介东欧和北欧的文学，输入外国的版画，因为我们都以为应该来扶植一点刚健质朴的文艺"。

《艺苑朝花》共出了五辑。其中第一、三两辑《近代木刻选集》，是我国最早出版的创作木刻画册，也是我国介绍外国创作木刻的始创。

鲁迅是中国新兴木刻运动的倡导者和创业者，也是年轻的木刻艺术家们的导师。为了在中国艺苑播下木刻艺术的良种，育出鲜花，鲁迅既像辛勤的园丁，又是循循善诱的引路者，更是严格的导师。从1931年开始，在他的扶持下，青年艺术学徒们沿着现实主义的道路前进，使新兴木刻艺术具有了战斗性、群众性和刚健清新的艺术风格。

为了扶植这新生的木刻艺术，鲁迅举办了外国木刻展览会，出版外国版画集，如《引玉集》《凯绥·珂勒惠支版画选集》《一个人的受难》等；又举办了暑期木刻讲习会，聘请来上海度假的内山完造之弟、美工教师内山嘉吉担任讲授，鲁迅亲自作翻译。在鲁迅的倡导下，新兴木刻团体如木铃社、野穗社、无名木刻社、MK木刻研究社等，一个个出现，鲁迅实际上担任了他们的艺术指导。我国第一代新兴木刻家，在鲁迅关怀和培育下成长起来，万思湜、罗清桢、郑野夫、李桦、张望、黄新波、陈烟桥、刘岘等木刻家都亲聆过鲁迅的教诲，或者与他多次通信。那些书信，从思想到艺术，无所不谈。简直可以视为艺术教科书。

---

① 《鲁迅全集·集外集拾遗》第七卷，人民文学出版社，2005，第481页。

其中许多宝贵的意见，至今还是我们从事美术及文艺工作必须遵循的原则。

在提倡美术的过程中，鲁迅一面介绍外国进步的有借鉴意义的艺术作品，一面收集出版我国古代的优秀艺术遗产。一面鼓励年轻艺术家大胆地、努力地创作，一面对腐朽的、没落的资产阶级艺术给以揭露和抨击。为了这个目的，他出版了《比亚兹莱画选》《蕗谷虹儿画选》《北平笺谱》《十竹斋笺谱》，还出版了青年木刻家创作选集《木刻纪程》等。

正因为木刻艺术具有战斗性和群众性，它遭到了国民党反动派的摧残，木刻家遭到逮捕，木刻艺术团体被解散。但是，就像左翼文学一样，木刻艺术也在高压下弯弯曲曲地但却是健壮地成长。正如鲁迅在《且介亭杂文·〈木刻纪程〉小引》中所说："现在不但已得中国读者的同情，并且也渐渐的到了跨出世界上的第一步"。在《〈全国木刻联合展览会专辑〉序》中，他认为："实在还有更光明，更伟大的事业在它的前面"。

鲁迅还提倡连环画，认为这是为大众所易于接受的艺术形式，不应该轻视。他说，在连环画的创作中，一样会产生米开朗琪罗这样伟大的画家。他特别重视书籍插图艺术和书籍封面设计。在"五四"时期，他便十分注意这一工作。在上海时期，更加重视，凡新书出版，他尽量选用好的插图。为了推动我国插图艺术和版画的发展，他选编了《死魂灵百图》、《无名木刻集》、《苏联版画集》、《士敏土之图》和《〈母亲〉木刻画集》，供艺术家借鉴。

鲁迅还写作了多篇美术论文，为不少美术书籍写了序跋，并曾多次给美术青年讲演。通过这些活动，他指导艺术青年沿着革命的思想道路和现实主义的艺术道路前进。这些论著、讲演，都已成为我国艺术理论的宝贵财富。

鲁迅为我国革命美术事业的创业、发展、成长做出了不朽的贡献。他在那时所从事的工作和取得的成绩，正是我国革命艺苑在创业期所开放的一朵朝花。

在这最后的三年多时间里，除了提倡新兴木刻和美术事业之外，他在文学方面，把重点从移译马克思文艺理论，转到翻译俄国文学和苏联的革命文学创作上。他与正在苏联的年轻翻译家曹靖华书信来往，支持帮助他的翻译工作，先后校阅、组织、联系出版了曹译的《不走正路的安得伦》《一月九日》《苏联作家七人集》等译著，为它们作序，以至写广告。他自己还动手翻译和编辑了《苏联作家二十人集》的《竖琴》（上）与《一天的工作》（下），两书中大部作品是他所译，他先后翻译或编译了卢那察尔斯基的《解放了的堂·吉诃德》、果戈理的《鼻子》与《死魂灵》、萨尔蒂诃夫-谢德林的《饥馑》、高尔基的《俄罗斯童话》一、二集、契诃夫的《假病人》《簿记课副手日记抄》《那是她》等《奇闻三则》，又译同一作者的《奇闻二则》：《坏孩子》和《暴躁人》，以及《难解的性格》、《波斯勋章》和《阴谋》。对于这些自己或别人的译作，他都写了附记，加以说明、推荐。

此外，他还收集编辑了苏联的木刻集《引玉集》。这些木刻的收集、邮寄、选编、出版，都历经艰危苦辛，体现了鲁迅对艺术学子的眷眷之心与拳拳之情，体现了他对于革命木刻艺术的欣赏挚爱。这些优秀感人的艺术作品至今为人喜爱，记录着那个时代、那个时代的中苏文化之交。

在此同时，鲁迅还翻译了不少其他国家和文学流派的作品和论文。如译德国O. 毗哈的论文《海纳与革命》，介绍了"被人认作恋爱诗人"的海纳（即海涅），译德国画家格罗斯的论文《艺术都会的巴黎》、法国A. 纪德的杂文《描写自己》、石川涌的杂文《说述自己的纪德》，译西班牙P. 巴罗哈的小说《会友》（他说译此文甚至"不是为了文学乐趣"，而仅仅是"作者的技艺"）和《促狭鬼莱哥羌台奇》，罗马尼亚索陀威奴的小说《恋歌》、保加利亚伐佐夫的《村妇》等。他还为梵澄（徐诗荃）校阅了译作《尼采自传》。

1935 年，他创办了《译文》杂志，并且抱病编辑了它的创刊号，以后，一直在黄源的协助下，编辑这本在中国翻译史和现代文学史上留下了深刻影响的专门刊登译作的刊物。他还参与了文学期刊《海燕》的编辑。

他的活动广泛地涉及文学界、新闻界、出版界、美术界、教育界、科学界；他的影响也广播于这些方面。他在从事实际的反帝抗日的、革命的活动和左翼文艺的领导工作之外，还从事了写作翻译之外的这些广泛的文化活动。他这时的文化活动业绩，一方面配合了当时抗日救亡运动和革命工作，另一方面，又与之相结合地从事了中国现代文学艺术与现代文化的建设工作，留下了至今仍然具有影响、在历史上留下了深刻遗痕的文化遗产。

他不愧是中华民族的民族魂、中国现代文化的导师和旗手。

五、艺术心性战士身

中国共产党诞生以后，无疑地，产生了一批新的人，他们继承了中华民族的优良传统，又发扬了马克思列宁主义培养的新的思想作风，他们来自工农或者和工农同命运，一起出生入死。他们是民族的精华，在反军事"围剿"的前线，在秘密战线上，以及在文化战线上，英勇奋斗。这些战士的产生，和他们所进行的斗争，以及他们在斗争中的英勇表现，鲁迅直接地、间接地都看见了。间接的，比如从"五卅"开始，到大革命时期，尤其是四一二反革命政变时期和以后一系列轰轰烈烈的、迸射着血花的残酷斗争，他所见所闻都很多。直接的，比如对李大钊、陈延年、毕磊这些他所熟悉的战友、学生的牺牲，以及后来的柔石和"左联"其他烈士的被害。他把无限的悲痛凝聚在"忍看朋辈成新鬼"的名句之中。鲁迅是深谙中国历史的，他熟悉历史上那些英雄豪杰的事迹，他也见过辛亥革命时期那些"铁打的"英雄、舍身的志士，包括他所敬重、推崇的孙中山和同乡、旧友秋瑾女烈士在内。但他们同共产党人相比，都不免逊色。这不是个人品质问题，而是他们思想和世界观上有差别。因此，可以看到，中国共产党的成长壮大和它参与领导北伐战争，特别是领导了土地革命战争的战斗业绩，给了鲁迅以信心。他以前对革命的前途究竟如何，对由谁来完成这历史任务，有过怀疑。现在，他看见了工人阶级的先锋队以及它所领导的工人运动、农民运动以及军事斗争，他的希望有所寄托了。红军和红色根据地的存在，更使鲁迅获得了极大的力量。

党——中国共产党，红军——中国工农红军，苏联，这在30年代的中国，都是新的事物，是巨大的历史存在，也是中国历史发展的举足轻重的，影响民族和国家、历史和社会的发展方向、发展进程的巨大现实存在。人们为在它们面前所表现的态度，为同它们处在怎样的关系中，而分成了两大阵营；在救亡图存的民族大关面前，或者是抗日，或者是投降，了了分明，也壁垒森严。很多人都卷入了这场不可避免的斗争和选择之中。由此，他们自己也因自己的选择而被社会、人民和历史所选择，谁也难于回避。这是历史使然，现实使然。

鲁迅正是在抗日这个唯一选择面前，表现了坚定不移的态度，因而也就不能不选择了坚决抗日，选择代表全民族大多数的中国共产党和中国工农红军，他与党和红军的关系越来越密切，思想、感情一致，立场一致，心心相印。也由此，他同世界上第一个社会主义国家，当时中国共产党的国际靠山——苏联，也是心相通，情相通，行动和方向一致。

这样，鲁迅同中国共产党人，在总体上是一致的，同在文学战线上的共产党人，当然也是一致并且在具体战斗和工作上紧密结合，共同战斗。而与这个时期进入他的生活、工作和战斗中的瞿秋白、冯雪峰两人，更是息息相通、情同手足、生死与共，写下了感人至深的友谊篇章。

在鲁迅生命的最后三年多里，正是这些革命组织、革命的政治与军事集团和革命的同志与亲人，深深地影响了鲁迅，改变了鲁迅，推动了鲁迅；而鲁迅，也以自己的广泛深刻的社会影响、世界声誉，以自己不息的英勇战斗和战斗不息的精神品格，以自己的忘我的工作和创作，以及以自己精深博大的学问，给予巨大影响于这些革命组织和革命同志。

这是鲁迅一生中的重要时期，也是中国革命发展的重要时期。鲁迅从此进入一个新时期。

自从中国工农红军产生之后，鲁迅就一直关怀着它，注意它的战斗、它的胜败、它的命运。他了解苏联红军。他把中国红军和苏联红军看作"同胞兄弟"，它们的理想、信仰、战斗的目的、组成的宗旨是完全一样的。他深知深信"惟新兴无产者才有将来"，中华民族的希望，就寄托在红军的身上。他写过一些优美动人的诗句来讴歌红军，对之倾诉自己的关怀与情感："一枝清采妥湘灵，九畹贞风慰独醒"，"血沃中原肥劲草，寒凝大地发春华"，"洞庭木落楚天高，眉黛猩红流战袍"，更有一曲《湘灵歌》，哀婉动人：

> 昔闻湘水碧如染，今闻湘水胭脂痕。
> 湘灵妆成照湘水，皎如皓月窥彤云。
> 高丘寂寞竦中夜，芳荃零落无余春。
> 鼓完瑶瑟人不闻，太平成象盈秋门。

红军将领陈赓到上海治疗战伤，他邀请到家里来，听他讲述红军的战斗，了解苏维埃区域的多种状况，特别是他所熟悉和同情、热爱的农民的变化与生活状况。他甚至想根据陈赓所讲述的材料，写一部类似《铁流》的作品，只是因为感到自己缺乏直接的观察了解，终未写成。他曾经送两位自己亲密的战友到苏区，瞿秋白和冯雪峰的离沪入赣，带去了他的思念、牵挂和希望。他内心充满对他们的祝福，也是对于红军的祝福。红军第十军团的领导人方志敏被俘，被关押在南昌狱中，方志敏想起了党与红军的最可信任的朋友鲁迅，便托人转辗把他给党中央的信，自己的狱中作品《清贫》《可爱的中国》等，带交鲁迅，请他设法转交党中央。鲁迅接受重托，完成了方志敏烈士的遗愿。1935 年 10 月，红军长征胜利到达陕北，他转辗送去了贺信，表达了他的热切的祝贺、深沉的信仰和无限的希望①：

> 英勇的红军将领和士兵们，你们的勇敢的斗争，你们的伟大胜利，是中华民族解放史上最光荣的一页，全国民众期待你们更大的胜利。全国民众正在努力奋斗，为你们的后盾，为你们的声援，你们每一步前进，将遇到极热烈的欢迎与拥护！
>
> 对于你们，我们那最英勇的伟大的民族解放的先锋队，我们是抱着那样深刻的敬仰，那样热烈的爱护，那样深挚的期望，在你们身上寄托着人类的光荣和幸福的未来。只要想到你们在中国那样无比的白色恐怖进攻下，英勇的，顽强的，浴血苦斗的百折不回的精神，就是半身不遂的人也会站起来笑！

这里，表现了鲁迅寄希望于中国共产党与红军的一颗热烈的心。这已经成为他的理想的归宿、思想的归宿、生命的归宿！与此同时，鲁迅也一步一步更贴近党，与党更密切地配合斗争，自觉地遵奉党的方针、党的决定去从事自己的工作和斗争，就像在"五四"时期遵前驱者的之令一样。不过现在是更自觉、更紧密、更贴切、更具体了，而他所遵从

---

① 关于鲁迅祝贺红军长征胜利，有多人回忆提及，均说与茅盾联名发电，由史沫特莱设法发出，然均无原稿；现在能看到的只有 1936 年 10 月 28 日出版的《红色中华》悼念鲁迅专版上，注明"摘鲁迅来信"发表了以下第一段引文。1986 年，阎愈新发现杨尚昆同志撰写、刊载于 1936 年 9 月 15 日出版的第六十一期《火线》（中共河北省委编）上的文章：《前进！向着抗日战争的胜利前进！——纪念一九三六年的'八一'》，文中引用了两段文字，其一即上述引文，其二即以下所引第二段文字。可能鲁迅另有电报，但也许就只有贺信。

的，也不再是一批优秀人物和松散的思想联盟，而是一个拥有广大群众、掌握几万军队的有高度组织性的现代政党、马克思主义政党。他之所以这样做，完全是为了祖国、为了人民，是他的爱国主义思想发展的必然结果，是他的"我以我血荐轩辕"的至诚，也是30年代祖国濒于灭亡、人民起来抗争的时代的必然升华。因为，在这个时期，唯一代表人民起来救亡抗争的，只有中国共产党；唯一反抗投降卖国的反动政府的，只有这个党和它领导下的红军。他不是一位政治型人物，他是一个真正的文学家。他的从事政治斗争、政治活动，也是以一个文学家的身份、文学家的方式和特性来进行的。因此，他更多地是在客观上、在总体斗争上，以他的社会影响、国际声誉来发挥作用，而不是在某个具体斗争上、某项具体的政治任务上，参与其事。就像他的参与辛亥革命，便是以一个启蒙思想家、文学家的睿智卓识发生作用，以《摩罗诗力说》《文化偏至论》等论说流传后世，而他在光复会中，并没有从事什么具体活动，曾经有过一次要派他去扔炸弹之类，他一问及母亲问题如何解决，就被取消了执行任务的资格了。现在，在30年代，情形也类似。这正是鲁迅自我评价所说：他不是登高一呼、从者云集的英雄。1930年曾经发生过当时的中共中央宣传部部长李立三约见，要他发表宣言拥护"立三路线"的事，即遭到他的拒绝。这有两方面的原因：一是他认为"中国革命是长期的、艰巨的，不同意赤膊上阵，要采取散兵战、壕堑战、持久战等战术"；二是他不同意这种做法。他说："要我发表宣言很容易，可对中国革命有什么好处？那样我在中国就住不下去，只好到外国去当寓公。在中国我还能打一枪两枪。"①前者，可以说是战略思想，鲁迅以他对于中国文化、中国国民性的深刻了解、求实精神和他的睿智深识，简直可以说是"天然地"，但正是本质地，抵御、反对中国长期存在、危害极大的"左"倾路线错误；后者则是策略性的考虑。鲁迅对于自己的特性、作用和斗争方式，认识得很清楚，理解得很深刻。他没有也不会去蛮干，去冒不必要的危险，赤膊上阵。这两点，也在根本上规定了他以后同中国共产党的关系，决定了他的斗争方式与策略。

在这种总体考虑下，鲁迅主要是以人民代言人的身份，以文学家、

---

① 引文均见冯雪峰《谈有关鲁迅的一些事情（四）》，载《鲁迅研究资料》第一辑。

思想家的方式，用笔用文字从事反蒋抗日的斗争，他的种种文化方面的活动和事业，他的翻译，特别是他的杂文，都是从这种总体考虑出发，为了这个总目的，围绕着这个总主题服务的。

当然，他也参与了一些具体事件和工作，而且有的是相当具体的事情，但都是为了临时的实际需要或别人的请求而为之。重要的事件除了前述为方志敏传送书信文稿外，还有：成仿吾失去与党组织的联系，通过鲁迅的努力而恢复了组织关系；有的党的重要干部，通过鲁迅而完成某项重要任务或与党组织取得联系；还有一次共产国际在上海的情报组被破坏，领导人被捕，党组织通过鲁迅了解了事情的真相，得到妥当处理，这就是轰动一时的"神秘西人案"。一二·九运动之后，他关怀、照顾、帮助东北大学学生、北平学联代表陈锐（邹鲁风）到沪联络和参加全国学生联合会的筹备工作。此外，可能还有一些不为世人所知的事情。当然最最重要和作用巨大的是1935年他接待了中央派来的代表冯雪峰，帮助他恢复了党中央同上海地下党的联系。正是从这件事中我们可以看到，鲁迅总是利用他的特殊的地位与身份，来完成党的特殊任务。这是别的任何人难于起到的作用。

人们对此有过种种议论。从50年代到60年代后期，人们正确地评价了鲁迅在这方面的表现和贡献，肯定了他对人民与祖国、对革命的功绩，赞颂他是党的一名坚强战士，是党外布尔什维克。虽然其中不无偏颇，例如把鲁迅描述得过于政治化了，但基本精神是可取的。不过，正是由此，引起了一个人们总是提起追问怀疑而又不易作答但却必须回答的问题：鲁迅那么热爱党、那么自觉地为党工作，他为什么不参加共产党？按当时的人们的思想感情、政治认识和接受意识，对此不仅大惑不解，而且感到不可思议甚至不无遗憾直到猜测这其中有什么问题。这给那些必须和最有资格回答这个问题的人出了个大难题。怎么回答也难于把问题说透。冯雪峰便是最突出的一位。他在《回忆鲁迅》中，不得不在注解中来解答这个难题。他的回答是：由于"两个实际原因"，"我们和鲁迅先生自己，都不曾考虑过他入党的问题"。这就是：

一、加入党，就要过党的组织生活；这在当时的白色恐怖之下，对于鲁迅先生是太不方便的。二、当时国民党反动派逮捕或屠杀非共产党员的革命分子或进步分子，比逮捕或屠杀共产党员，要多一层顾虑；这样，像鲁迅先生这样的人，国民党是恨之入骨的，几次要杀害他的，他当时不入党，也就可以少给国民党一个借口。

最后冯雪峰还申明："只能从当时的客观原因来解释，而并没有思想上的原因。"

应该说，这些解释都是可信的、有道理的，但是，却都没有说出事情的真谛。就第一点原因来说，事情固然如此，但并非没有别的办法可想；就第二点来说，事实上，如郭沫若以及许多著名民主人士都曾经是秘密党员，许多人都没有暴露，情况不为世人所知。事情实际如此：这都是原因，又都不是根本的原因。事情的症结也许正在冯雪峰的好像不经意的申明中，固然有上述的"当时的客观原因"，但更有雪峰所说的"并没有"实际却存在的"思想上的原因"。这原因在过去，是冯雪峰不便说、不能说，说了就会有很多人、很多方面不同意、不高兴的。

这"思想上的原因"大致有这样几个方面：第一，鲁迅并不认为自己是一个政治活动家、一个职业革命家，因此不一定要参加一个革命组织，尤其是革命政党，他认为这样做同样可为共同的目的奋斗；第二，他与当时上海地下党，主要是"左联"内部的党员领导之间的争论与不睦，他对他们的宗派主义的反感，使他犹豫不欲进前，因为他如入党，必然是在这些同志的领导下工作；第三，瞿秋白在党内斗争中的不幸遭遇，也会使他裹足不前，使他感到情况复杂、斗争尖锐，又不是他自己所能掌握和对付的；第四，很重要的是，他同李立三的谈话表达了根本态度：不入党，他也许还能站得住，为党工作，一入党，就在中国都站不住了。由于以上几方面的原因，他便没有提出他的入党的申请，因此也就不可能参加中国共产党了。这确是他的"思想上的原因"，但却不是他的思想问题。

总之，根本的原因在于他的艺术家的心性。生在一个民族苦难深重的时代、苦斗的时代，他在实践中培养了自身的战士品格和身份，但他在根底上又始终保持着艺术家的心性。两者统一于他一身。但不是绝无矛盾：它影响到鲁迅的具体行动方式。

本来，这个问题已经没有多大的实际意义了，因为鲁迅确非共产党员。但是，现在却由于一种突出的情况而使这个问题突出起来，具有原则的意义了。近几年已经发展出这样一种逻辑：鲁迅后期，太靠近共产党了，被共产党利用，所以，创作力衰退，连杂文也不如前期的作品，没有当时的价值，更没有现时的价值；鲁迅过激了，鲁迅错了，失败了。应该肯定的是周作人、以周作人为代表的宽容温和派。瞧作人先生留下多么丰厚的文学遗产呀。这里有没有一点道理、一点真实？有的。事情的复杂性也就在这里，如果没有一点儿可取可说之处，也就很好辩驳，很难惑人了。但问题的实质却在于，无论在民族大义、个人气节、品德上，还是在政治上，以及文学上，大是大非是否被颠倒了？大节是否被小节所掩盖了，大功大得是否被小功小得所遮掩了？

人们是多么善忘，又是多么偏颇。不少是亲身经历了那个时期的生活的人。都忘了吗？逮捕、牢狱、电刑、灌辣椒水、屠杀，妻离子散、家破人亡；中国国土沦丧，中国土地任敌机轰炸，中国人的妻女任禽兽蹂躏，中国的主权任帝国主义践踏，几千万中国人当了亡国奴，几万万中国人在饥饿与死亡线上挣扎，连仅仅写了革命宣传文字和革命文学作品的人都横遭杀戮，如此等等，不一而足，处斯时、生斯地、遭此灾、罹此祸，而能不议不反不抗，冷静地在什么"屋"、什么"斋"里喝酒品茶读书，写宽容的、温和的、不食人间烟火、不置敌寇仇雠一言半语、不碰反动统治半根毫毛的文章，倒是英雄大伟人了吗!？甚至当了什么日伪政权的督办之类，倒是英雄大伟人了吗!？真汉奸也罢，假汉奸也罢，那些文字本身不就说明了做的是什么人、干的是什么事吗!？何以对国家民族，仅以对妻子儿女!？

谁也不应该否定30年代的那些重大的政治活动和政治斗争给鲁迅的文学创作以至杂文写作的消极的或者说令人遗憾的影响这一面；谁也不应该否定周作人以及他所代表的那个文学派别在30年代那个血与火、亡国和生存的时代所写下的文学作品和各类著作中的那些好的、较好的作品之中，具有文学价值、文化价值、社会价值、历史价值，今天仍有它的地位、作用与好处，应该整理、应该出版。但是，重要的是，不能拿鲁迅来批判，拿周作人来吹捧，甚至否定前者的方向、道德文章，而完全肯定周作人的方向、道德文章！

鲁迅当时的一切行动和行动的一切方面，有他的贡献，有他的成就，但在文学上、文化上也不免有所失，我们应该把这些放到一定的历史背景下来认识、研究，作出科学的历史评估；而不应该抹杀事实、割断历史、忘掉是非，只就"文化"说文化，鲁迅的尽量贬之，周作人的则尽意捧之。这对于鲁迅、对于历史、对于民族，都是不忠实、不老实的。

六、知己与同怀：秋白与雪峰

这里，请允许我再次打断时间的顺序，插叙一段，即鲁迅与瞿秋白、冯雪峰的友谊。这不仅是鲁迅这时生活中的大事，而且是他思想上的大事。

瞿秋白的出现于文坛和来到鲁迅身边，和鲁迅的进入到秋白生活中并与他结成友谊，这对于瞿秋白和鲁迅两人来说，都是一种幸运、一种收获、一种人生中影响至深不能忘怀的友谊的挚情之歌。这也是中国文学发展史和文化发展史上难得的佳话、不可多得的重大收获。他们当时便已经以"亲密的同志"得一个而足矣的"知己与同怀"相许与相称了，他们当时和以后，还留下了文学与文化的丰碑。这是历史的偶然，又是许多历史的必然的交叉和表现。瞿秋白在中国共产党早期历史上的领袖地位、理论家作用、文化影响和他的短时期的政治错误，这都带有时代的必然性和他个人思想文化特点的必然性。而他以后又自己主动地投身于文化战线并做出杰出贡献，就更是他个人的秉赋与特点使然了。这一切，决定了他必然会同当时文化战线上的旗手、文坛的泰斗和左翼文学的导师鲁迅相遇并走到他的身边，这是一种必然。而鲁迅，以他当时的思想状况、战斗情状、同中国共产党的亲密关系、同中国国民党的敌对状态，以及对瞿秋白的了解、倾慕与器重，同瞿秋白的结谊，也同样是必然的。这些必然的交叉，便产生了1932年年初他们相逢并结交的偶然。

我们这段看似题外的话，主要是要说明，两位文坛战士的相见结交，并非仅仅个人的情谊，其中蕴含着深沉的时代的、民族的、文化的内涵，他们的亲密和友爱，他们的欢乐和悲苦，都具有时代风情和民族文化含量。

他们两人，是在都遇到了共同的和各自的困难与痛苦的时候，是在彼此都需要对方的时候，相遇而订交的。他们早已神交、早就心心相印，后来更加有心的交流、情的沟通、思想的互助和艺术的互帮。这是两个战线上的领头人的会合，是两辈人的忘年交；然而又是早就心意相通和同为文化—文学战士与主将的会师与共同战斗。

鲁迅一生中，在几个时期，同共产党人发生直接的联系，进行了共同的战斗、从事文学事业上的合作，结下了深厚的友谊。这种既是政治的又是文学的，既是公众的又是私人的情谊，对鲁迅的思想、文学活动和生活都产生了深刻的影响。"五四"和随后一段时期（北京时期）同李大钊、任国桢的友谊，在大革命时期（广州时期）同毕磊、徐文雅的友谊，我们在前面都已经记述过了。在上海时期，则是同瞿秋白、柔石和冯雪峰的友谊。关于同柔石的友谊，我们也已在前面记述了。现在，我们要特别记述一下鲁迅同瞿秋白、冯雪峰之间的情谊。

值得在此特别提一下的是，鲁迅对李大钊、毕磊，都有专文记叙，既写了他对这两位共产党人的印象、认识和赞美，也抒发了对他们的美好的感情、彼此之间的深情挚谊。同样，对于柔石有一篇铭文式的记述和悼念，已成为至情名文，对瞿秋白则有几封书信和编印《海上述林》后的记叙，虽都简短，然而却寄托良深，哀惋沉痛，刻骨铭心。只有冯雪峰，因为后逝，鲁迅没有留下什么直接的记叙，而是他为先生治丧，特别是以后留下了纪念、回忆、研究鲁迅的宝贵文献和论著，并且为鲁迅研究事业、为鲁迅著作的出版，做出了非凡的贡献。

这几位进入鲁迅世界的战士与文人、共产党人与知识分子，在鲁迅世界中留下了自己的足迹与身影和自己的影响，因而也就把鲁迅引进了自己的世界。这种人际交往与"世界"交叉，不仅是他们私人间事，而且由于他们的地位和身份、成就和影响，同时也构成中国现代文化史和现代文学史的内容。

这里，我们集中而简略地叙述秋白和雪峰走进鲁迅世界和在这里的活动状况。

这两位重要的共产党人在这个时期的来到，同鲁迅进行共同的战斗和亲密的合作，对鲁迅的思想与创作都起了重要的作用；有如一阵清新的春风，吹开鲁迅心头几朵鲜花，吹醒鲁迅心上一片绿洲。尤其秋白，既是重要的共产党领袖，又是著名的马克思主义理论家，还是才气纵横的文人，又素为鲁迅所倾慕和器重。他的出现于文坛和来到鲁迅身边，更为鲁迅增添思想的和生活的、战斗的和文学的生机与力量。雪峰作为无论年龄和地位上都处于晚辈和弟子的年轻共产党领导人，以他的诚挚的拳拳服膺的精神、率直而实干的品格，密切地、有效地帮助了鲁迅，也给了鲁迅以生活的欢欣和心境的慰藉。

紫霞东照秋白情

　　1932年春末夏初的一个早晨，瞿秋白和杨之华夫妇，在冯雪峰的引领和陪同下，来到四川北路底拉摩斯公寓（今北川公寓）鲁迅的家里，秘密造访，两人第一次见面。他们两人的心的交流，是"盖有年矣"的，瞿秋白早就在给鲁迅谈论翻译的信中言明他们是"没有见面就这样亲密的人"；现在，见面了，自然更有了情的交融。他们谈得很投机、很畅快，主题也很广泛。恰如许广平在《鲁迅回忆录·瞿秋白与鲁迅》中所说："从日常生活，战争带来的不安定（经过一·二八抗战之后不久），彼此的遭遇，到文学战线上的情况，都一个接一个地滔滔不绝无话不谈"。这对于他们两人都是很有益处的。鲁迅多次引用庄子的"涸泽之鱼，相濡以沫"的故事，来形容艰危之境中的友爱情谊。他与秋白的这次会见和畅谈，显然也是此般情景，而且，从往后的发展来逆推此时，它在政治上、思想上、文化上，都是高层次的，又是深邃的。因为他们可以说是彼此"找"到了才智相当的对话者和在高层面上的知己。

　　鲁迅在柔石等惨遭杀害之后，为民族沉入黑暗、志士倒进血泊而痛苦。他既更憎恨敌人，又更敬重共产党人。他的痛苦深沉，他的愤怨激越，因此斗争也更直接而英勇，而压迫也因此更甚。自由失去也就更多。有一种新的、"具体"的、"日常"的寂寞缠绕。正是此时，一位著名的共产党人又是文士瞿秋白出现在他的生活中，迅速走进了他的世界。他是用心来欢迎他的。

　　他们相知既不是偶然的，也不是作为文坛名人彼此知晓的一般意义上的相知。瞿秋白作为共产党的重要领袖，又由于他对于文学的出自本性的爱好和特殊关心，他对于鲁迅世界的了解是深刻的，具有一种不仅有政治上的亲切而且有文化上的深沉的了解；对于鲁迅在中国现代文学、中国左翼文学以至整个中国文化领域上的地位与作用，对于鲁迅与共产党的关系和能为它做出的贡献，也是了解很深的。而鲁迅对于瞿秋白的共产党的领袖身份、马克思主义理论家的修养以及文学上的造诣，以他的文坛领袖、左翼作家旗手的身份和心性，也是甚为稔熟、十分重视和寄望甚殷的。更何况，在此前不久的一年多时间里，他们通过彼此的联络中介和情谊媒介冯雪峰，已经进入彼此的世界和工作、战斗领域，并且已经开始事实上的共同作战和合作共事了。

1931年1月，瞿秋白在党的六届四中全会上受到不公正的批判，不久就不仅离开了党的领导岗位，而且被迫不断地写违心的检查，不能正常地从事党的工作了。他的心情是极为痛苦的。这不仅是一己的冤情与哀愁，更重要的是为党的事业担心。因为在党的六届四中全会之后，就开始了比立三路线更"左"的王明"左"倾冒险主义路线的统治，瞿秋白曾痛苦地说："我个人的问题算不得什么，这些都是枝节问题。我倒是担心革命的前途啊！"①

在这种情况下，出于对革命事业的热忱和对文学事业特别是左翼文学运动的关怀，自然也还由于自己的志趣和才能以及工作条件，他在冯雪峰的安排和协助下，参加了"左联"的实际上的领导工作，更重要的是在思想上、理论上和战略策略上，指导和亲身参与了同反动派、同资产阶级文学流派的斗争。1931年的夏季，他在雪峰的安排下，隐居在党的同情者谢澹如先生家。谢家在上海南市紫霞路68号。从1931年6月到1933年3月，在将近两年的时间里，瞿秋白在谢家隐身，却用思想和文字投身于火热的、激烈的阶级斗争疆场、文学的血与火的战线，做出了自己光辉的不可磨灭的贡献。

在他此次来会见鲁迅之前，即从1931年的夏天到次年的春末夏初的将近一年时间里，他除了仍然有时撰写政治方面的文字和翻译政治理论著作②之外，主要的精力和注意力都转到文学运动方面来了。他最早参加到这时期的文学斗争中来，是在1931年的4月，同茅盾、冯雪峰的交往。先是茅盾往访，彼此交谈了茅盾正在开始创作的长篇小说《子夜》③。不久，在柔石等烈士牺牲之后，瞿秋白同冯雪峰两人第一次在茅盾家见面，瞿秋白见到了刚刚出版的"左联"机关杂志《前哨》的创刊号。这是纪念战死者专号。鲁迅在上面发表了情文并茂的名文《中国

---

① 见《上海学术界关于瞿秋白评价问题座谈会纪要》，转引自《瞿秋白年谱》（周永祥编写，广东人民出版社，1983年出版）。

② 在此近一年时间里，他先后翻译了列宁的《卡尔·马克思》中的《马克思底学说》和《哲学的唯物论》两部分，写的论文《中国人权派的真面目》和《托洛茨基派和国民党》在党刊《布尔塞维克》第四卷第六期上发表。

③ 瞿秋白对《子夜》创作提纲提出了不少中肯意见，并为茅盾所接受。见茅盾：《〈子夜〉写作的前前后后》。

无产阶级革命文学和前驱的血》。瞿秋白读过此文，连声称赞："写得好，究竟是鲁迅！"①接着，又写了文学评论《画狗罢》发表于"左联"机关杂志《北斗》创刊号，又先后写文学论文《大众文艺和反对帝国主义的斗争》和《普洛大众文艺的现实问题》，分别发表在《文学导报》第五期和《文学》第一卷第一册上。而且，为了研究文艺大众化问题，他还从事调查和写作的实际工作②。这样，他就实际地参加了当时左翼文学的战斗与建设了。

正在此时期，国民党反动派重金悬赏通缉瞿秋白等重要共产党人。其中，对瞿秋白与周恩来的悬赏金额都高达两万元。然而，这两位共产党的重要人物却都坚强地在上海继续他们为理想的实现而从事的伟大斗争。可以想见，就是这一点，也会引起鲁迅的尊敬和亲近。

10月，鲁迅约请瞿秋白赶译在苏联的曹靖华译的小说《铁流》的一篇序言。同月，鲁迅又请秋白把自己据日文转译的卢那卡尔斯基的剧本《解放了的堂·吉诃德》从俄文原本从头译出，在《北斗》上发表。12月，鲁迅由日文转译的法捷耶夫的著名小说《毁灭》出版，赠秋白一本。接着，秋白写了《〈铁流〉在巴黎》和《满洲的〈毁灭〉》两篇文艺评论发表在《十字街头》。鲁迅对于瞿秋白的俄译十分重视和信任，当冯雪峰把秋白对鲁迅从日文转译的俄文著作在翻译上的意见转告鲁迅时，鲁迅并不解释和说明对这些意见的看法，而是赶紧说："我们抓住他！要他从原文多翻译这类作品！以他的俄文和中文，确是最适宜的了。"因此他总是注意把俄文论著送给秋白，有时更约请秋白动手翻译。而瞿秋白对于鲁迅的译事，也十分重视、评价很高。虽然他们对翻译的理论见解有差异，但是，秋白见到《毁灭》译本后，便写信给鲁迅"庆祝这个胜利"，并且说："你的《毁灭》的出版，当然是中国文艺生活里面的极可纪念的事迹。……看着这本《毁灭》，简直非常的激动；我爱它，像爱自己的儿女一样。"这是何等深沉热烈的感情。

正是在这样的思想相通和合作共事、共同战斗的基础上，瞿秋白夫妇造访鲁迅。这不是一般的友朋走动。这是彼此都处在秘密状态、难得

---

① 我们据此可以推知，瞿秋白此时的主动投身文学斗争，一是由于国民党反动派屠杀革命者的暴行刺激，二是鲁迅英勇斗争的鼓舞。这是两个重要因素。

② 这年9月，九一八事变之后不久，他冒着生命危险去上海南市城隍庙里听民间艺人的说书和演唱，作了实地调查，并写了大众化作品《东洋人出兵（乱来腔）》。

与人会面的不自由空气高压下的同志式的会见，绝对信得过的挚友之间的往还。这是一种心的沟通的表现。几个月后的金秋九月，鲁迅夫妇携带海婴一起来到紫霞路访问秋白夫妇，并且在这里午餐。两周后，秋白夫妇又到北川公寓回访鲁迅，并一同进餐。这种今天看来颇为普通的友朋往还，当年发生在一个被悬赏二万大洋要其头颅，一个被黑暗高压欲置其死命的两位革命战士和左翼文坛泰斗之间，是极不平常的；如果不是这种会见，能给予他们巨大的慰藉和力量，他们是不会去冒偌大风险而走动一下的。这里，也许可以说，主要不是战斗上和工作上的直接需要使然，而是感情上、心理上的需要促成的。他们在那种不自由的生活中，尤其在那种不为人所理解而深受委屈的情况下，需要这种互相深知的交谈和感情的交流。这有如鲁迅所形容的，在被土所深淤的窒息状况下，需要钻出一孔之穴来透透气。

以后，秋白夫妇先后四次到鲁迅家避难。一次在 1932 年 11 月下旬，住到 12 月中旬，两人共处近一月；第二次在 1933 年的 2 月上旬，住到 3 月初，也是共处近一月；第三次在 1933 年 7 月间，瞿秋白在险情突来组织告知要在半小时内搬出住地时，说了一声"周先生家里去罢！"便在冯雪峰的引领下住到了鲁迅家。此次只住了几天就离去。但不几天又因所住党的秘密机关遭破坏而于深夜出走，第四次到鲁迅家避难①。这四次避难的"难"之来到，当然都源于敌人的迫害与追索；同时，也有来自当时在王明控制下的党中央对于他的打击这一因素的。后两次出走，一次是临时中央局要他去与雪峰同住，帮助通讯社审改稿件，因机关遭破坏而出走；再一次是所住的属于中央局组织部的住处又遭破坏，不得不再次出走。这样，一面是敌人的迫害，一面是自己同志的打击，瞿秋白不得安生，多次遇险，幸得鲁迅救助而得安全。难怪有的研究者写道："人们不禁要问一问：'假如没有鲁迅，瞿秋白能在上海从 1931 年 1 月逐出党中央之后，安全地生活到 1934 年 1 月离开上海去江西吗？'"②的确，鲁迅的保护和救助是瞿秋白能够安渡险关的重要原因。但更有意义的是，不仅在于凭借鲁迅之力而脱险；更重要的是，他

---

① 一般记载均为三次避难，此处据王观泉著《一个人和一个时代——瞿秋白传》（天津人民出版社），定为四次。王著不是一般地说有四次，而是对第四次避难有较细描述，应有所本，故从王说。

② 王观泉：《一个人和一个时代——瞿秋白传》，天津人民出版社，1989，第 598 页。

能在避难生活中与鲁迅深谈。在乌云密布、鹰犬肆虐的黑暗地狱边，这里是一处隐蔽的自由小天地。我们虽然已难知两个战士在这种情况下的交谈内容，但是有两件事情，可以照见他们彼时的胸怀，从而也可推想他们当时倾心而谈的深层交流之情愫。一次是在1932年12月7日，秋白避难于鲁迅家不久，曾给鲁迅书写了一首自己青年时代的旧作。诗曰：

> 雪意凄其心惘然，江南旧梦已如烟。
> 天寒沽酒长安市，犹折梅花伴醉眼。

诗后的题跋写道："此种颓唐气息，今日思之，情如隔世。然作此诗时正是青年时代，殆所谓'忏悔的贵族'心情也。"此诗之书赠，也许可以从心理学角度推断，秋白在此避难的"安居"中，得到生活的相对安定，情的交流，心的平衡，积郁的舒泄，心绪比较轻松徐缓，交谈得意处，向年长于自己而又是学问文章的楷模的鲁迅面前倾吐了自己的衷曲，包括党的斗争与隐情，自然地也会言及自己的身世经历。于是在书赠条幅时，作为一种心理活动的泄露，自然地记起并书写了这首旧作；其跋语率真坦荡，并且明显流露出此已为过往烟云、像江南旧梦一样不在心头留痕迹，故有隔世之感，同时，也表现出一种坚强的自信。

第二件事发生在1933年3月初，秋白结束在鲁迅家的避难生活，由鲁迅托内山夫人代他在北四川路底施高塔路（今山阴路）东照里十二号租了一个亭子间住下，秋白在这个"俨然家庭模样"的去处，挂上了鲁迅书赠给他的一幅对联：

> 人生得一知己足矣
> 斯世当以同怀视之

此情此语此行此举，也是内涵非常丰富、情感令人感动的。无论是写者还是受者，都是以联中之语为出自内心的话语：这也同样回返映照了他们在前段的朝夕相处中，作了情同手足、知己同怀般的交谈。

在几次朝夕相处的日月中，尤其在第一、二两次近月的相处，和鲁迅与秋白相邻而居的近两个月的时间里[①]，他们的交谈与合作达到心心

---

① 鲁迅于1933年4月11日迁居东照里对弄的大陆新村九号（今鲁迅故居），至同年6月初，瞿秋白搬入东照里，他们往来方便，交往甚密。

相印"水乳交融"的境界。他们共同进行了批判"民族主义文学"、"自由人"和"第三种人"的斗争，批判了反对左翼文艺运动的错误文学流派。瞿秋白写了《"自由人"的文化运动——答复胡秋原和〈文化评论〉》《文艺的自由和文学家的不自由》，以他的深刻娴熟的马克思主义理论、鲜明尖锐的见解、流畅犀利的文笔和熠熠生辉的才华，使文章独步文坛。鲁迅看了既欣慰又叹服，多次赞许不已："真是皇皇大论！在国内文艺界，能够写这样论文的，现在还没有第二个人！"①

特别传为文坛佳话、实为文学史上罕见的是，他们"共同写作"了十几篇杂文，实际是瞿秋白执笔为文，鲁迅让许广平抄录、他又略作润色用自己的笔名发表；但有些文章，或者此前他们曾经交谈、沟通过思想看法，或者秋白写作时运用、"借用"、"体察"了鲁迅的杂文中表述过的思想观点，又采用"鲁迅笔法"写出，这样，就成为一种"内在的合作"，一种深层的交融，以至现在人们还接受"这是鲁迅杂文"这一事实，仍然收入新版《鲁迅全集》②。

在这期间，瞿秋白还编选了《鲁迅杂感选集》，特别是写了一篇长长的序言，对鲁迅的思想作品尤其是杂文作了全面、系统、深刻的评论。序言首先在总体上肯定了鲁迅的杂文，概括了这种文体产生的社会历史原因、文化背景和作家的个人因素，肯定了杂文的功能和社会作用，指出鲁迅的杂文"反映着'五四'以来中国的思想斗争的历史"，"这里有着中国思想斗争史上的宝贵成绩"，他分析了几个基本因素："急遽的剧烈的社会斗争"、"残酷的强暴的压力"、"作家的幽默才能"、"他的深刻的对于社会的观察"和"他的热烈的对于民众斗争的同情"，这就是鲁迅杂文产生的基源。这是文坛学界对鲁迅杂文第一次作出的全面完整的概括和肯定。在尔后展开的论述中，作者一开始就提出并分析、论述和回答了"鲁迅是谁？"这个问题。在用"文学笔调理论内核"的方式叙述了一个罗马神话故事之后，他以优美之笔如此描述和肯定了鲁迅：

---

① 冯雪峰：《回忆鲁迅》，人民文学出版社，1957，第59页。

② 这些杂文是：《王道诗话》、《申冤》、《曲的解放》、《迎头经》、《出卖灵魂的秘诀》、《最艺术的国家》、《内外》、《透底》、《大观园的人才》、《关于女人》、《真假堂吉诃德》和《儿时》，计12篇。

是的，鲁迅是莱谟斯，是野兽乳汁所喂养大的，是封建宗法社会的逆子，是绅士阶级的贰臣，而同时也是一些浪漫谛克的革命家的诤友！他从他自己的道路回到了狼的怀抱。

接着便拿鲁迅同俄国贵族地主阶级中分化出的十二月党人和中国辛亥革命前后的"勇将们"作了比照。这是在一个广阔的视野和深邃的阶级分析基础上所作的全面系统的分析。

他在全面而细致地分析了社会、历史、文化背景和鲁迅的具体状况、发展过程之后，得出了具体的结论，指出："鲁迅在'五四'前的思想，进化论和个性主义还是他的基本"，而以后，随着社会的变化和鲁迅的思想发展，"鲁迅从进化论进到阶级论"，从绅士阶级的逆子贰臣进到无产阶级和劳动群众的真正的友人，以至于战士，他是经历了辛亥革命以前直到现在的四分之一世纪的战斗，从痛苦的经验和深刻的观察之中，带着宝贵的革命传统到新的阵营里来的。"他概括了鲁迅的，当然也是鲁迅杂文的三个特点和优点："第一，是清醒的现实主义"；"第二，是'韧'的战斗"；"第三，是反自由主义"。最后，他深情地写道：

我们应当向他学习，我们应当同着他前进。

可贵的是，在这个结论之前，他也实事求是地指出，鲁迅由于"时常不是立刻就能够脱离个性主义——怀疑群众的倾向"，注意了农民小私有者群众的自私、盲目、迷信、自欺，甚至于驯服的奴隶性，但却往往看不见群众的"革命可能性"，"看不见他们的笨拙的守旧的口号背后隐藏着革命的价值"，因此，在鲁迅的一些杂感里面，存在一种缺点。这就是："对于革命失败的一时的失望和悲观。"这分析深刻而中肯。对于缺点表现和原因的追究，那不断使用的限制词，充分表现了分析的细密、用语的准确和分寸感。对于这种知己与同怀式的热忱而深刻的批评，鲁迅是接受的，并且很高兴①。

这是对于鲁迅的第一次全面系统而又正确的评价。他把鲁迅的产生和"鲁迅世界"，放到了中国近现代历史、社会、文化背景下，放到这

---

① 冯雪峰："……秋白同志也分析和批评到了他前期思想上的缺点。他谈到过这种分析和批评，说道：'分析是对的。以前就没有人这样地批评过'。"（冯雪峰：《回忆鲁迅》，人民文学出版社，1957，第60页。）

一历史时期尖锐复杂的社会斗争、阶级斗争和思想文化斗争的背景下，来分析探究，追溯其根源，剖析其基本内涵和建构描述其文化素质和特征，同时，也指出了他的不足和缺陷及其产生根源；他作了辩证的、历史的、动态的，因此是全面而深刻的分析。这既是20世纪初特别是20年代鲁迅世界被人们发现、接受和研究以来的第一次，是从那时以来到30年代的认识鲁迅、接受鲁迅、研究鲁迅的历史总结，又开辟了今后对鲁迅的认识、接受和研究的途径与前景。半个多世纪以来，这篇论文，一直指导着鲁迅研究。

　　1933年末，命令传来，中央调瞿秋白去江西中央苏区工作。他请求能与战友和自己一向依傍的妻子杨之华同行，未准。转年的1月初，他将赴苏区，特向茅盾、鲁迅告别。他同鲁迅共同度过了一个离别之夕。夜深沉，鲁迅让出自己的床给秋白睡；秋白把自己的文集《乱弹》的原稿交鲁迅保存，依依惜别，殷殷嘱托。他们意识到这是最后的诀别吗？——处于乌云笼罩、鹰犬追索中的革命者，潜意识里，对于每一次的分别都存在从此永难重见的预感和心理准备，这使他们在匆匆分手、叮咛珍重中，都带着悲壮色彩①。

　　秋白的在当时中共内部和整个中国都居于最高层次和精熟程度的马克思主义理论，和他对这种理论的具体引申与运用——用于分析现实、历史、社会、文化现象，特别是关于文化与文学现象、作家思想的总体观念体系和具体运用；用于具体分析中国的现实，特别是近代和现代社会与文化现象，以及他这些分析的"运行过程"和各种结论，都是甚为鲁迅欣赏和赞佩，并且欣然接受的。秋白在这个时期所做的在这方面的大量工作，包括他在《现实——马克思主义文艺论文集》总题下所含的四部分13篇译作、在《列宁论托尔斯泰》总题下的3篇译作、《译论辑存》中的3篇译作，他的《论大众文艺》6篇文章、《文艺论辑》中的8篇文章，以及他这个时期写的一批文艺评论以至某些杂文篇章，他对于中国文学革命与语言文字问题的研究与见解，在当时都是居于最高理论与文化层次的，是最先进的文论，是中国马克思主义文学理论的开山创业奠基之作，是当时中国文学界尖端作品。而且，都正是鲁迅所期望的

第十章　政治与艺术的世界：沉沦民族华夏魂

---

① 瞿秋白在离沪赴瑞金的前夜，与杨之华话别，即提及烈士周文雍、陈铁军在刑场宣布结婚、慷慨就义的事迹，对杨之华说："你记得广东某某同志夫妇一同上刑场的照片吗？"杨之华说："真到那一天也是幸福的！"（《瞿秋白年谱》，第112页）

"操的是马克思主义枪法"，鲁迅的赞佩、接受、信服以至深受影响，是可想而知的。它们在总体观念上和具体论析上，都化为"血肉"进入鲁迅世界，而成为他的思想与艺术世界的新的优势因素、新的"构件"和新的肌体与血脉。

瞿秋白对杂文的论析，包括它产生的历史、社会、文化背景，它的特质与社会功能，它的美学构成，特别是对于中国杂文艺术做出杰出贡献及居于遥遥领先地位和最高层次的鲁迅杂文所作的，包含上述各项的深刻精到的分析，以及在这种论析基础上对于鲁迅杂文和鲁迅世界的总体的肯定与论析——不是一般的捧场、肤浅的赞扬，而是有理论、有依据、有深度的实事求是的肯定与分析。这些，对于几面受敌、处于围剿声中，特别对常为自己营垒中的人们所误解，有时是无理咒骂中的鲁迅来说，是一种最深沉和亲切意义上的理解，是真正的、高层和深邃意义上的知己。

瞿秋白关于杂文的论述，对鲁迅杂文的肯定、理解与论析，以及他自己的杂文，都给杂文大师鲁迅以深刻的影响，使他更重视杂文的价值，更努力去发挥杂文的"战斗的阜利通"（feuilleton）的作用；鲁迅从秋白的《乱弹》的杂文中，也看到了另一种类型和艺术风格的，同样处在当时的高水平的杂文：瞿氏杂文。这种杂文"尖锐，明白，'真有才华'"，不过，"深刻性不够、少含蓄"，然而这又具有"明白畅晓"的优点[1]。

此外，瞿秋白对于文艺大众化的论述、关于中国文字改革的看法，特别是瞿秋白在总体上的那种战斗精神，那种献身理想、忠于主义的革命品德，也都对鲁迅产生了影响。

可以肯定，瞿秋白的影响，成为鲁迅后期思想发展演变的重要动力和因素之一。

鲁迅世界本是一个开放的世界。即使在后期、在晚年，他也还在吸取"身外世界"一切可用的东西来丰富和发展自己。

金笔夜灯雪峰心

冯雪峰由柔石引荐，和瞿秋白一同走进鲁迅的生活。但他不同于柔

---

[1] 冯雪峰：《回忆鲁迅》，人民文学出版社，1957，第58-59页。

石，也不同于瞿秋白。他不仅填补了柔石牺牲的空白而活动在鲁迅周围，而且他作为当时党在文化、文学方面的负责干部，成为党与鲁迅、"左联"与鲁迅之间的一个重要的中介，后来又成为瞿秋白和鲁迅之间的重要中介。这是他的一个重要作用。但他同时又是"左联"和鲁迅、瞿秋白之间的中介，直接发挥了领导的作用。而且，他也是一位文艺理论家、作家和翻译家。他不仅曾经是西子湖畔的几位年轻的湖畔诗人之一，而且在鲁迅遭到笔尖的围剿时，正是他写了一篇对鲁迅能够作出比较正确评价的论文（即《革命与知识阶级》）。

起初，鲁迅对此文和作者仍然不信任，怀疑此人"也是创造社一派"；但后来经过与冯雪峰同住的柔石的解释，终于消除了误解，为他们的接近创造了条件。以后，通过柔石，冯雪峰又多次与鲁迅联系，在翻译上向鲁迅求教。这样，他们就逐渐靠拢、进行合作了。

现在，他正同鲁迅一起翻译马克思主义文艺理论著作。

这时，他们住地相隔不远，冯雪峰在自家楼上就能看见鲁迅的情形。因此，他们过从甚密。冯雪峰成为处在半秘密状态中的鲁迅家的常客。作为青年革命战士，他带来了热情和欢快，消除了鲁迅家的寂寞。

他经常到鲁迅这里，商讨"左联"的工作，商讨刊物的编印，研究理论译著的翻译与出版等问题。他成为鲁迅当时很少几个常在身边一同工作和谈心的同志、学生又兼朋友中的一个。

许广平在早年所写的回忆文章《欣慰的纪念·鲁迅和青年们》中，曾经生动、详细、真实地记述了那时候冯雪峰与鲁迅交往合作的情况，将他们二人各自的风貌和二人之间的关系表现得栩栩如生。文章中写到雪峰常常于晚上11时，敲门而入，"一来就忙得很，《萌芽》、《十字街头》、《前哨》等刊物的封面、内容固然要和先生商讨，要先生帮忙，甚至题目也常是出好指定，非做不可的"。这样，往往要忙到次日清晨两三点钟。

两人有时还发生这样的"争执"：

> F说："先生，你可以这样这样的做。"先生说："不行，这样我办不到。"F又说："先生，你可以那样做。"先生说："似乎也不大好。"F说："先生，你就试试看吧。"先生说："姑且试试也可以。"

于此可见师生之间关系之融洽，学生对先生要求之甚、之"放肆"，先生对学生爱护之真、之"放纵"。对此，鲁迅说："他对我的态度，站在政治立场上，他是对的。"话语之间含着赞许与宽厚。许广平则从中感受到他们之间像是"意气相投的挚友一般"。他们就以这种师生兼挚友、同志兼知己的两辈人的关系，共同战斗、开展工作，并且在生活上互相关怀、帮助。

冯雪峰从1931年起到1933年到苏区去为止，在上海先后担任"左联"党团书记、中共上海局文化工作委员会书记、中共江苏省委宣传部部长等重要职务，同时，又以作家和文化人的身份活跃在上海文化界。这样，他很自然地便成为党与"左联"同鲁迅联系的交通员、联络员，也是鲁迅同上海文学界、文化界联系的中介。除了在实际工作上，他协助鲁迅指导"左联"的工作之外，他还帮助鲁迅开展在文学和文化界的工作。是他协助鲁迅先后主编、指导了"左联"的几个机关刊物，是他帮助鲁迅同包括瞿秋白、茅盾在内的许多著名作家、文化人联系，是他主动将鲁迅在"左联"成立大会上的讲话加上鲁迅在其他地方讲到的意见，综合整理而成一篇重要的文章——《对于左翼作家联盟的意见》。更有意义的是，他同鲁迅一起译印了《科学的艺术论丛书》，为中国马克思主义文艺理论的建设奠定了基础。鲁迅有三部译作收入本丛书：普列汉诺夫的《艺术论》、卢那卡尔斯基的《文艺与批评》和俄共（布）中央的《文艺政策》。在这三本书的译印过程中，雪峰都协助鲁迅做了不少工作。鲁迅在《文艺与批评》的《附记》中说："这首先要感谢雪峰君，他于校勘时，先就给我改正了不少的脱误。"在《文艺政策》的后记中又写道："第一，雪峰当编定时，曾给我对比原译，订正了几个错误"；第二，则是译了一篇有关的文章附在卷末，使对《文艺政策》的来龙去脉，"更得分明"。

雪峰还为鲁迅的文章提意见，经鲁迅同意修改，使文章更增色①。

这些，都表现了雪峰对鲁迅的拳拳服膺之心；当然，也表现了鲁迅对弟子的信任器重之情。

---

① 这种情况，如《二心集·上海文艺之一瞥》（1931年8月）发表时有一段肯定创造社的话，即雪峰所加，后鲁迅又作了补充修改；《南腔北调集·论"第三种人"》（1932年10月），结尾一句话，表示对对手的争取、团结之意，便是雪峰所加。著名的《辱骂和恐吓决不是战斗》，则是雪峰先提意见并建议鲁迅写的。

他们两人之间那种既是革命同志又是师生之谊的互相关怀、照顾、帮助的表现，在这艰困的两年中，真是很突出而感人的。雪峰对于鲁迅充满了由衷的尊敬和爱护的热情。他为了保护鲁迅，建议组织上不让鲁迅参加"左联"的会议，而由他作中介，来回传递，而不避自己因此增加的风险。当鲁迅遇到风险时，他同内山书店的老板内山完造先生一起，保护鲁迅的安全、为他安排避难之处。在这两年中，鲁迅的确险情迭出，多次外出避难。柔石等烈士被害后的白色恐怖迫临、因参加自由运动大同盟、杨杏佛被杀而险情横生、因一·二八抗战日本兵闯入家中、日军炮火射入室内，而危及性命，在这些危难中，都得到年轻的战友、忠诚的弟子冯雪峰的关心照拂。当鲁迅因自由运动大同盟事而匿居内山书店的二十多天中，雪峰平均每两天去看望一次。这不仅是具体的照顾，而且有消息的沟通、战友与学生的心意和情谊，这给了鲁迅以温暖。

鲁迅对于这位弟子的关怀照应也是同志加师长式的。当避难时期，他每想起在文章中常提到的中国常有的"瓜蔓抄"，由书信、日记而引祸遭灾，因此他在日记中，提及雪峰时，都以文英、洛扬等代号。雪峰因革命工作繁忙，无更多时间译书作文，经济拮据，鲁迅每常接济，预付稿酬。据雪峰回忆，1933年夏秋间，雪峰为筹备远东反战会议，劳碌奔波，鲁迅知道了，便交他以一百元钱，嘱他雇出租车，以免过劳。

鲁迅与雪峰两家紧邻而居，经常来往，每逢年节，鲁迅就邀他们来共餐同庆。

1933年1月25日，是旧历除夕，在这天的日记中，鲁迅记道：

> 旧历除夕也，治少许肴，邀雪峰夜饭，又买花爆十余，与海婴同登屋顶燃放之，盖如此度岁，不能得者已二年矣。

看来这一除夕之夜，师生共度，颇有欢庆气氛，鲁迅心绪不坏，还登楼燃爆，一声除旧，心绪欢然。他不禁感叹，像这样地过年已经两年不可得。这感叹反衬了他此夜之心情欢畅。

1933年9月22日，为旧历八月三日。鲁迅在日记中说："为我五十三岁生日"；为了庆祝和纪念，他让许广平做了几样菜，又约了雪峰夫妇一同来共度生日；雪峰买了一支自来水笔送给敬爱的先生，祝他长寿，愿他写出更多更好的文字①。

许广平在《鲁迅先生纪念集·我怕》中说，雪峰为了避免灯光不佳伤害鲁迅的眼睛，自己节衣缩食，买了一个桌灯送给鲁迅，并祝愿他在亮光之下写出更好的文章。

金笔夜灯，拳拳服膺，这是冯雪峰的一片心；鲁迅从中得到帮助、支持和温暖。

雪峰于1933年11月奉命去江西苏区，从此离开鲁迅。在苏区，他常常是毛泽东谈论鲁迅、了解鲁迅的对话者。以后，他跟随红军，走过二万五千里长征的艰危道路，去到延安。直到1936年，他才又奉命重到上海，并且又再次战斗在鲁迅身边。这已是后话，我们留待后面详述。

在40多年后，雪峰在回忆录中记述当年鲁迅同柔石的关系时曾写道：

> 我那时感觉到，现在也同样感觉到：在柔石的心目中，鲁迅先生简直就是他的一个慈爱的塾师，或甚至是一个慈爱的父亲，却并非一个伟大的人物，而鲁迅先生也是像一个父亲似地对待他的。②

事实上，雪峰此时与鲁迅的关系，也处于柔石与鲁迅的关系的同样状态。他们彼此的感情亦复如斯。

至今还留下一桢珍贵的照片，是鲁迅全家三人和雪峰全家三人的集体合影。鲁迅抱着海婴，和雪峰并排席地而坐，而许广平和雪峰的爱人何爱玉双双并肩坐在他们后面。两家之亲密，鲁迅与他们之间的平等状况，均于此可见。

---

① 《鲁迅日记》："二十二日（1933年9月）昙。晨寄曹聚仁信。是日旧历八月三日，为我五十三岁生日，广平治肴数种，约雪峰夫妇及其孩子午餐，雪峰见赠万年笔（按：为日语自来水笔）一枝。"（载《鲁迅全集》第十六卷，人民文学出版社，2005，第398页。）
② 冯雪峰：《回忆鲁迅》，人民文学出版社，1957，第7页。

第十一章 世界转换：艺术世界的演化与新构造

1932年（52岁）—1934年（54岁）—1936年（56岁）

上海

《南腔北调集》—《花边文学》—《且介亭杂文》

这样子，左翼文艺仍在滋长。但自然是好像压于大石之下的萌芽一样，在曲折地滋长。

——《二心集·黑暗中国的文艺界的现状》

生存的小品文，必须是匕首，是投枪，能和读者一同杀出一条生存的血路的东西；但自然，它也能给人愉快和休息，然而这并不是"小摆设"，更不是抚慰和麻痹，它给人的愉快和休息是休养，是劳作和战斗之前的准备。

——《南腔北调集·小品文的危机》

但必须止于嘲笑，止于热骂，而且要"喜笑怒骂，皆成文章"，使敌人因此受伤或致死，而自己并无卑劣的行为，观者也不以为污秽，这才是战斗的作者的本领。

——《南腔北调集·辱骂和恐吓决不是战斗》

论时事不留面子，砭锢弊常取类型。

——《伪自由书·前记》

可惜，我们仍然不得不打断叙述的时间顺序，并且前后倒错难避重复地就作品立论。

很明显也很突出，鲁迅在中华民族一面灾难深重陷入苦痛深渊，一面又民心震动社会变异正在进向奋起的大时代里，经历着巨大的思想与心理变化；由于实际斗争的需要和他自己为这全民族斗争需要服务的心态，也由于他自己思想与心理的变化，鲁迅的艺术世界又经历一次巨大深刻的演变，而且形成新的结构：新的结构素质和新的构成方式。它的一个特点，就是杂文文学成为他的创作的主体，杂文的艺术素质也发生了变化。我们在这一章里，将以"事迹"为"经"，而以艺术世界的演变和构造为主体内涵来予以记述和评议。并且，想要探讨一下鲁迅这一时期的杂文不仅具有"现时"意义，而且具有文化价值和历史意义，同样进入民族文化积淀之中。

中国作家，从古至今总是在艺术与政治之间处于一种两难选择之中，而且总是以其选择的不同而有不同的归宿和不同的艺术成就。尤其是那些大师们，更为明显和突出。这由客观和主观两方面的原因造成。在客观上，中国自古以来就形成了一个文以载道的社会机制、社会舆论，形成了一个立德立言、文章为经国之大业的文化背景、历史规定；在主观上，如此民族历史文化社会，也就养成了文人作家以文章入世，匡扶江山社稷的主观心态、创作意识。他们的第一选择总是"兼济天下"，其次才是文章盛事。"文章憎命达"，结果却总是命达而官运通者，似曾济世经国，而文章却稍逊风骚；而命途多舛，济世无路者，却在政治上失意，诗文上声誉卓著，文采斐然，清词丽句，哀伤抑郁寂寞悲痛，令人读之泣然，千古传颂，百代颂习。这表现出政治与艺术的歧路矛盾。其中可议者甚多，或更有隐蔽规避，尚不为人知者。然而，悲为美，悲伤更能入诗为诗感人动人，确实是一条不移之律。

鲁迅有幸而又不幸，生于一个伟大的斗争的民族与人民生死交关血泪迸射苦难无边的时代，一切关乎人民与祖国生存的大关大节，都那么尖锐地摆在他的面前，必须做出选择、表明态度、采取行动；而他自己又是那样几乎是在少年时代尤其是青年时代就以身许国以心献民的思想家、作家和革命家，他是艺术家的心性，他的思维是一种艺术性思维浓重的性质，他形成了一个完整广博深厚的艺术创作心理，但他同时又是一个旷代爱国者、人民的代言人、时代的产儿和救国救民真理的探索者，他更是在中国传统文化的养育下成长的，先辈的那种爱国爱民的心态是他的心态的基因。因此，他既不得不在两难选择中，侧重选择、优先选择其中的一极，又不得不把重心向广义的一种国家民族生死攸关的政治倾斜。他不可能做出同兄弟作人等人的那种选择，这样，艺术心性战士身，就不能不造成他的矛盾与苦痛、斗争与献身的欢乐和创作上的得与失。在这里既不可只作一面之论，也不能只作两极价值判断。

让我们在前章基本评介了他在生平最后三年多的时光里的斗争、劳作与生活之后，专门来探讨一下他在这两难选择之中的表现和艺术与政治的歧路上的得与失吧。

一、政治与艺术的歧路

在我们前面多次说及的大势之下，鲁迅在政治与艺术的选择中，重心与重力都放在前者之上。他的选择是符合民族大义、文人大节的。这种选择，不仅给他带来了政治上的、名节上的、道德上的崇高声誉，也使他对祖国与人民做出了更大的贡献，同时，还为他的文学生涯增添了更大的光彩，使他的文学创作，主要是杂文取得了新的成就。这一点，我们在后面将详细论述。但是，无疑问地，这种选择，也给他造成了一定损失。也就是说，他做出了一定的牺牲，付出了一定的代价。这同时也就是民族的牺牲与代价。这种损失，主要的是：他不得不面对当面之敌，进行日常的、具体的、直接的斗争，这占去了他的主要的精力和时间，同时，他因此也就不得不过着一种不安全、不稳定的、艰危困厄的日子，由此也造成他工作与写作的困难条件；处此境遇中，痛苦与悲伤、仇恨与激愤、苦闷与悲哀，不免时时使他遭受非凡的刺激。这些综合起来，自然影响了、妨碍了他的创作。

由于这种情况，他的创作计划，如关于杨贵妃的剧本，关于中国近代、现代四代知识分子的长篇小说，以及关于母爱、关于穷这样一种"抽象化"、宏观和文化含量很大的杂文（它们的性质类似《坟》中那些杂文名篇），都无力无心来完成。我们可以想见，由于他对这些创作的旨意、构思、谋篇已经有了长时期的酝酿，并且收集了有关的材料，一旦写成，是会很有特点、很有独到之处的。但是，由于上述的主客观情况，他不能安静地、沉着地来熔铸他的艺术谋划，也难于静下心来从容写作，所以终于付诸东流，只是一种心向往之的愿望而已。

因为同样的原因，他除创作了《故事新编》中的历史小说之外，再未能从事小说创作。他自己曾经慨叹过，也想从事创作，但是由于不能出去走走，多接触生活，投身于生活的旋涡中心，所以不再继续写小说。此外，他还有不少创作方面和学术方面的计划和想法；有些积累多年，有些设想具体。但是，他为了祖国的存亡、人民的解放而放弃了这些个人的创作、研究计划，而去写作那些申斥敌仇的时事杂文，这是"感应的神经，攻守的手足"，他明知细小、速朽，会使自己的灵魂粗糙，但他仍然这样做。这主要不是他的政治性格，更不是如周作人所攻击的是"趋时"，而是他的献身精神的表现。作为文学家，这是可贵的品德。他在个人成就与民族利益的天平的两头，倾注自己安稳的生活、学者教授作家的优厚待遇以至付出生命于后者，历史和后人对他的评价本应顾及全般，而不能在日后无视当年的现实情况，"求全责备"，甚至心怀偏颇，惋惜他的"不智"，责备他的"偏激"，以至讥笑他、嘲骂他。

鲁迅在与周作人失和之后，也从未骂过周作人，不像周作人那样对长兄出以詈骂。但鲁迅深知其病，给了个一字评："昏。"可以说是昏聩糊涂，可以说是昏庸无德。究其原因，鲁迅说到过周作人每日过庭园，而不知园中花开。只知自己读书。1936年，他又借周建人的信说到周作人："又说到关于救国宣言这一类的事情，谓连钱玄同、顾颉刚一班人都具名，而找不到你的名字，他的意见，以为遇到此等大题目时，亦不可过于退后云云。"唐弢同志在谈及此事时，还写道："信中的追述和我了解的情形是一致的。我每次想到鲁迅在救国宣言上寻找周作人的名字，我的心便阵阵作痛，禁不住泪下潸然。爱护人，爱护一个人的清白乃至开明的历史，难道这只是单纯的、仅仅由于手足之情吗？"①

这是非常感人的情节。周作人几乎可以说是"五四"时期的战士中绝无仅有的一个连救国宣言上也不签字的作家、学者。他同鲁迅是何等鲜明、尖锐、突出的对比！在这种政治与艺术的歧路中，差别是何等巨大！这样巨大的差距几乎是天平的两极。正是这种两极对比，才显出两者的殊途异归：在当世的两极，也就是历史评价上的两极。鲁迅纵然在文学的创作上，在文化奉献与成就上有所失，然而在大节上，代表了一个时代，代表了全民族，永垂史册；周作人及其类同的人，虽然由于种种的不洁的以至卑下的行为，而得苟全于乱世，以至屈膝事敌，所以能写些脱离世事不问苍生的文字，于文化上有所益，但在大节亏损上，总是愧对历史、愧对民族的。如果我们连这一点也置于不闻不问间，甚至颠倒过来，岂不是过于失去是非的科学的标准吗！？

①　以上均见唐弢：《关于周作人》，载《鲁迅研究动态》1987年第5期。

二、南腔北调伪自由，苦谈风月花边文
——从《南腔北调集》到《花边文学》

1933、1934年，是鲁迅杂文写得最多的两年，总计出了3本半杂文集（《南腔北调集》中1932年所作不计在内），计1933年107篇、1934年61篇，总计168篇；尤其是1933年，总共出了《南腔北调集》半部，《伪自由书》和《准风月谈》两本。鲁迅真正使杂文成为"感应的神经，攻守的手足"，成为投枪与匕首。在这几本杂文集中，有相当多的篇章是揭露、抨击日寇侵略、国民党投降卖国的。其中，《论"赴难"和"逃难"》、《学生和玉佛》、《九一八》（《南腔北调集》），《观斗》、《逃的辩护》、《崇实》、《电的利弊》、《航空救国三愿》、《赌咒》、《战略关系》、《对于战争的祈祷》、《中国人的生命圈》、《新药》（《伪自由书》），《华德保粹优劣论》、《华德焚书异同论》、《新秋杂识（二）》、《双十怀古》（《准风月谈》）等，都是"应时事需要"之作，在当时，是颇有揭露敌人、唤醒民众的作用的，也代表了民族的正气，舒泄了民众的愤恨，其现实的与历史的作用，是明显的，值得重视。事过境迁，特别是几十年后，敌已成友，干戈已化玉帛，这些当时之作，已经失去彼时彼地的社会效应。历史的陈迹已经消退到遥远的过去，许多人甚至不知道这些背景，当然也难知其价值。任何文学作品，都不能离开它产生时的具体环境与历史背景来论其优劣，来作价值判断，当然更不能用今天的现实来评断已成历史的作品。今天有人以此为标准来否定鲁迅此时期作品的价值，甚至相对照地高高捧起周作人的作品，自然是偏颇的、怀着偏见的。

当然，言而无文，行之不远。如果仅有当时的功用，却言而无文，也会随着时事变化而迅即消逝。鲁迅此时期的上述"应时之作"，却并非仅因其有"当时"的"功利价值"，所以我们肯定它，而是因为它们也言而有文，就是说具有艺术性，我们才肯定它并非速朽之作，而是具有一般意义上的艺术价值与文化价值。首先，这些杂文都有着较高的技巧，简练、明快、尖锐、深刻，短小精悍，恰如匕首。鲁迅在这方面的技巧，往往是非一般人所能企及的。幽默与讽刺的运用，也是巧妙妥恰，趣味横生，于嬉笑怒骂中，给敌人以锥刺，给人民以痛快、愉快

的。同时，更重要的是，从具体到抽象、从个别到一般，其中还蕴含着一般意义上的历史规律、社会真理与人生哲理，是供读者——包括以后历代的接受者——汲取，启志益神，并于欣赏中得到审美的愉悦。在上述杂文中，如《九一八》《双十怀古》用意之巧和文体之新，《新药》比喻之巧与深、文章内容之深刻，《中国人的生命圈》揭露透彻、比喻妥切巧妙、揭露深刻，以及这些杂文中蕴含着的一般政治、思想意义，也是足供人们体味的。

当然，我们也不能否认，这些杂文，以至这时期的杂文中的其他部分，也存在着题材细小、具体、偏狭，主旨较浅，就事论事的缺陷。这是为了当时的需要，又来不及酝酿熔铸，使主旨与思想都深化的缘故。但我们却不能因此而否认它们的当世的和今天的、历史的和现实的、政治的和社会的、思想的和文化的意义。就像我们不能否认它们存在的缺陷一样。

如果拿这一部分的后期杂文，同前期杂文中的那些美文比，同那些精粹之篇比，自然不免逊色。但我们不可由此得出全般性结论：鲁迅的杂文，后期不如前期。

因为，在鲁迅这时期的杂文中，还有其他方面的杂文篇章，其中不乏在鲁迅全部杂文中都堪称优秀之作的作品，其思想、社会、文化意义，远不逊于前期杂文，且有胜于前期杂文及其优秀篇章之处。

《南腔北调集》中《为了忘却的记念》这篇真情血性之文，历来多所论述评介，其中照见的国民党统治之黑暗、反映的中国革命文学和现代文化发展之艰困，以及透露出的鲁迅的心性与人格，都是感人至深、启人情愫的，它在品格上、思想与艺术的水准上，都是鲁迅的杂文佳作，而且，其思想之开阔、意志之坚定、情感之深邃而无他向来所说之"鬼气""毒气"，又都是前期杂文所没有的。

三篇关于萧伯纳在上海的文章，加上《"论语一年"——借此又谈萧伯纳》，可视为一组，而各有特点。《谁的矛盾》简练，排比，一步一步深入，描述了萧伯纳，更从他刻画了上海的也是中国的社会和心态（由新闻记者代表和反映的）。《看萧和"看萧的人们"记》则以非杂文体态的优雅散文风格，以幽默和轻微的、隐隐的讽刺，记叙了萧伯纳初到上海的一天纪事，令人读来兴趣益然，而又于其中看到上海滩上的世态人心。它简直有点像短篇小说，叙事写人，栩栩如生，情境毕现。至于《〈萧伯纳在上海〉序》，则是一篇标准杂文。它精练而完整地揭示了萧在人们面前的表现和人们在萧面前的表现，照见了各自的心态。"这真是一面大镜子，真是令人们觉得好像一面大镜子的大镜子，从去照或不愿去照里，都装模作样的显出了藏着的原形。"而鲁迅杂文则像是一面小而深刻的镜子，显出了种种藏着的原形。这确是解剖刀，确是针刺，但不是匕首。《"论语一年"——借此又谈萧伯纳》，确是借萧伯纳，既谈萧，又由萧说开去，一层一层，由萧而说到感叹号、蛆虫有大有小有好有坏，"猴子的亲戚"（人）也有大有小有好有坏，狗也有大有小有好有坏；由此而指出萧伯纳像是一只"伟大的蛆虫"一样，从众蛆虫中跳了出来，"大喝一声道：'这些其实都是蛆虫！'"确实揭示了萧伯纳的特色与价值。但更有意义的是他借萧伯纳而说明了中国没有萧伯纳式的幽默，中国固然有唐伯虎、徐文长，但那只是逗趣、滑稽、开玩笑以至恶作剧，而不是真正的幽默。幽默也需要民主气氛和自由环境：由此才有那种社会心境。所以中国和印度都没有这种"爱开圆桌会议的国民才闹得出来的玩意儿"。

在这三本半杂文集中，也有很多"论世之作""世情杂文"，即社会、文化批判杂文。它们一直是鲁迅杂文的正宗。它们对中国当时的社会人心和在这种社会人心中显露出来或隐藏着的传统文化和中国人的文化心态，进行了深刻精到的剖析。这类杂文，就是在《南腔北调集》的1933年所作文字中，也不为少。从《由中国女人的脚，推定中国人之非中庸，又由此推定孔夫子有胃病（"学匪"派考古学之一）》起，到《家庭为中国之基本》，中间有《谈金圣叹》《经验》《谚语》《上海的少女》《上海的儿童》《偶成》《漫与》《世故三昧》《谣言世家》《捣鬼心传》等，都是对于中国社会、文化的批判。其范围广泛、其议论新颖、其见解深刻，对于人们了解中国文化与社会，对于提高人们的知人论世的眼力与见识，都是有价值的。这也就是它们的文化含量。

在1933年的另两本杂文集《伪自由书》和《准风月谈》中，此类文字似乎少一些，尤以前者为明显。但是，即使在《伪自由书》中，也还有《最艺术的国家》《现代史》《从讽刺到幽默》《从幽默到正经》这样的妙文；在《准风月谈》中则更多，《二丑艺术》《查旧帐》《帮闲法发隐》《登龙术拾遗》，以及可以称为系列杂文的《推》《"推"的余谈》《踢》《爬和撞》《冲》等杂文，批判的锋芒犀利深入，令人难忘。《花边文学》中，这类文字更多，如《过年》《运命》《朋友》《论秦理斋夫人事》《玩具》《零食》《骂杀与捧杀》等都是其中的佳作。

总之，在这两年中的三本半杂文集中，有众多社会文化批判类的杂文，其思想的与艺术的价值，都值得我们重视。它们既不是同前述"应时"作品完全游离的，又不是那么执着于实事，而是从"侧面"、从"根底"上，从社会环境与文化背景上，既关涉具体时症，又深挖了病根。它不会随"事"而去、随"变"而朽。我们只要拿今天还所在多见的一些社会现象，来与鲁迅的这些杂文对照着读，就会感到"好像是针对着今日之事"，感受到他的杂文的"现时效应"与文化价值。

三、在世界大变中转换

在30年代的中末期，不仅中国处在战火中、战线下并且更一步一步地深陷于被日本帝国主义燃起的侵略战火的烧掠之中，而且，在东方、在东欧、在世界许多地方，也都燃烧着狼烟、酝酿着战火。全球在走向战争，人类在走向浩劫。世界性灾难把中国卷入了，中国的灾难又是世界灾难的主要的一部分。这就把中国的苦难和中国的斗争都纳入世界格局之中了。而中国共产党所领导的工农红军的斗争和国民党统治区的地下斗争、阶级的与民族的斗争，也都被纳入世界反法西斯主义斗争和世界反战、反资本帝国主义的总体斗争之中了。这就既加深了中国人民斗争的意义、提高了它的地位，又加强了它同国际阵营的联系，加强了它的世界性的责任感。这是一个战斗的时代，这是一个苦难的岁月，这也是一个转换中的世界。

鲁迅正处在这个转换的世界之中，并为它的存在和发展做出自己的贡献！

他面临一个严峻的选择关口。这是当时每一个中国作家都面临的关口。他们做出了各自不同的选择；但在世界的转换中、在中国苦难的日益深沉的进程中，他们的选择日渐趋同；唯有极为少数的文人，作了背叛民族、愧对祖国的选择。而一批先进的作家、文人，则同人民一起，有的同当时唯一领导人民抗日反蒋的中国共产党人一起，走在斗争的前列；鲁迅则更是走在这个民族斗争和阶级斗争的前列的伟大旗手和集体的灵魂。他是一位民族英雄和伟大代表。

十分有趣、具有尖锐性而又富有深沉意义的是，作为鲁迅的对立面的文界的代表，恰恰是乃弟周作人；作为与左翼的、革命的、爱国的文学思潮以至文化思潮相对立、相斗争、相抗衡的右翼的、反对革命的、反爱国主义的文学——文化思潮的代表者，正是鲁迅的弟弟周作人。

周氏兄弟，成了两相对抗的思潮、流派和集团的各自的代表。这为我们提供了值得深思和颇可研究的丰富材料。

在这里，我们却只能描述追叙鲁迅的作为、奉献、思想和作品。

民族魂：笔剑奋起战凶顽

1935年12月5日，鲁迅一日三书，写条幅赠人。他写给老友许寿裳的是他的有名的诗作《亥年残秋偶作》：

"曾惊秋肃临天下，敢遣春温上笔端。尘海苍茫沉百感，金风萧瑟走千官。老归大泽菰蒲尽，梦坠空云齿发寒。竦听荒鸡偏阒寂，起看星斗正阑干。"许在《我所认识的鲁迅·〈鲁迅旧体诗集〉跋》中称此诗："哀民生之憔悴，状心事之浩茫，感慨百端，俯视一切，栖身无地，苦斗益坚，于悲凉孤寂之中，寓熹微之希望焉。"这评论是准确的。第二幅他书赠冯宾符（仲足）[1]，诗云：

> 善鼓云和瑟，尝闻帝子灵。
> 冯夷空自舞，楚客不堪听。
> 苦调凄金石，清香入杳冥。
> 苍梧来怨慕，白芷动芳馨。
> 流水传湘浦，悲风过洞庭。
> 曲终人不见，江上数峰青。

这首钱起的《湘灵鼓瑟》凄怨哀婉，感人肺腑，也足以表达鲁迅心头同样的感情。

最后，则是为杨霁云所写的一首题画诗：

> 风号大树中天立，日薄沧溟四海孤。
> 杖策且随时旦暮，不堪回首望菰蒲。[2]

---

[1] 冯宾符（1914—1966），浙江慈溪人，国际问题研究者，当时正任职于东方杂志社。

[2] 这是明朝人项圣漠题其自绘大树诗。此处此书，略有误："杖策"原作为"短策"、"沧溟"原作为"西山"。

这首诗也可以看作鲁迅当时的状况的写照。

实际上，这三首诗共同从整体上描述和表达了鲁迅当时的处境、心境和形象。他正处于秋肃临天下的时势之中，尘海苍茫，苦闷凄怆，梦坠空云，苍梧悲风：在苦难的时代正活在苦难的地方。但他有如"风号大树中天立"，"敢遣春温上笔端"。

一两年来，日寇的侵略步步深入，咄咄逼人，东北变色，成立了伪满洲国；华北危殆，组织了什么"自治政府"；南国海上，也是敌寇猖獗，生民涂炭。眼看着中国就要亡了。而当政的国民党，却是确立了并且高举着"不抵抗"政策和"攘外必先安内"的旗帜。内外勾结，狼狈为奸。为了实现这个目的，他们一方面镇压爱国运动，消灭抗日言论；一方面是宣传孔教、叫嚷"新生活运动"，以此来帮助敌人，"征服民族的心"。

在日本人的侵略铁蹄不断深入中国腹地的时候，国民党一面出动反动军队，向苏维埃区域发起三次失败的"围剿"之后的第四次、第五次"围剿"；一面则是禁压进步书刊，1934年2月20日国民党上海特别市党部禁书刊30种，其中有鲁迅《二心集》《伪自由书》；1935年，蒋介石和南京政府先后发表禁压抗日并宣传亲日的言论。2月，蒋介石发表媚日演说，下令"取缔排日"。他对记者说："中日有提携之必要"。又说："中国人民不但无排日之行为与思想，且无排日之必要"。6月，臭名昭著的"何梅协定"①签订；紧接着便是《新生》杂志上《闲话皇帝》一文所引起的影响巨大的事件。于是，蒋的南京政府则颁布敦睦"友邦"令，声言："凡我国民对于友邦务敦睦谊，不得有排斥及挑拨恶感之言论行为，尤不得以此目的组织团体，以妨邦交"；如果违背了这个卖国求友之令呢？——"定予严惩"。

8月份，便有社会科学书刊676种被禁。

在禁压、迫害、屠杀声中，在日寇铁蹄和飞机的践踏与轰鸣声中，中国北方在日寇导演、国民党反动派执行下，傀儡政权步伪满洲国之后尘，相继建立"冀东防共自治政府""内蒙自治政府""冀察政务委员会"。特务便衣到处肆虐，汉奸走狗弹冠相庆，爱国志士抛头洒血。在

---

① 指华北日军司令梅津与国民党将领何应钦签订的秘密协定，依照该协定，中央军撤出河北，东北军调陕"剿共"。

这背后，便是哀鸿遍野、饿殍横陈，城市萎缩，乡村凋敝。

鲁迅目睹和感受到这一切，他的心痛楚而震颤，他的笔为民族存亡而不停挥动。

在为日本《改造》月刊所写的《关于中国的两三件事》中，他深刻地揭露了日本帝国主义的侵略罪行，揭露了日本帝国主义宣扬的王道的法西斯实质，揭露了监狱的地狱般生活，特别是揭露了国民党反动政府大建反省院的罪行。

在1935年2月9日给萧军、萧红的信中，他说："前几天大家过年，报纸停刊，从袁世凯那时起，卖国就在这时候，这方法流传至今，我看是关内也在爆竹声中葬送了。"他以历史的经验，验证了当前日、蒋共同把中国推向黑暗的亡国深渊的罪恶。他还说："今年就要将'一二八'、'九一八'的纪念取消……'友'之敌，就是自己之敌，要代'友'讨伐的，所以我看此后的中国报，将不准对日本说一句什么话。"他的预计当然不错，以后的国民党统治下的报纸，决不允许对日本侵略者"说一句什么"。但是，鲁迅却用日文写文章在日本刊物上发表，揭露了日本侵略者的罪行和欺骗手段。

在同一封信中，鲁迅还写道：

> 中国向来的历史上，凡一朝要完的时候，总是自己动手，先前本国的较好的人，物，都打扫干净，给新主子可以不费力量的进来。现在也毫不两样，本国的狗，比洋狗更清楚中国的情形，手段更加巧妙。

他在这里又对本国的走狗、奴才进行了揭露与抨击。而现实也正是如此。

在为日本《改造》杂志写的那篇文章之后，他又发表了《答国际文学社问》，在三条简明扼要深刻有力的回答的第三条中，他说道：

> 我在中国，看不见资本主义各国之所谓"文化"；我单知道他们和他们的奴才们，在中国正在用力学和化学的方法，还有电气机械，以拷问革命者，并且用飞机和炸弹以屠杀革命群众。

在1935年的年终岁末，他编完了在《申报·自由谈》上的并不自由的言谈以及别的刊物上的不自由的言谈，而成《花边文学》，并写

《序言》，最后说道：

> 一直到了今年下半年，这才看见了新闻记者的"保护正当舆论"的请愿和智识阶级的言论自由的要求。要过年了，我不知道结果怎么样。然而，即使从此文章都成了民众的喉舌，那代价也可谓大极了：是北五省（按：指河北、山东、山西、察哈尔、绥远）的自治。这恰如先前的不敢恳请"保护正当舆论"和要求言论自由的代价之大一样：东三省的沦亡。

他就这样，用自己的心和笔，为反抗日本侵略者、反对卖国政府、反对言论禁压，而抗争、而奋战，紧紧地抓住言论的不自由和争取言论的自由这个重要的关节。因为，他要唤醒民众，鼓舞民气，团结大众，共同斗争。

鲁迅除了用笔来面对手枪、屠刀、烧夷弹、爆裂弹以外，还参加了重要的反战、反日、反蒋的实际斗争。特别是帮助中国共产党进行抗日反蒋的民族斗争与阶级斗争。因为他认识得很清楚：只有中国共产党在与蒋介石的卖国投降作斗争，在真正反抗日本的侵略。

他积极参与了在中共领导下召开的世界反战大会，他为大会捐款、出席欢迎国际代表的大会，会见国际代表马莱和瓦扬·古久里[1]，并且关心、支持大会的党内实际负责人冯雪峰的工作。特别是，他还领衔和104位文艺界人士发表了《中国著作家欢迎巴比塞代表团启事》。启事严正地指出：

> 世界反战会议此次特在上海召集，其意义即在于号召世界民众——尤其中国民众反对帝国主义大战及瓜分中国的战争；并同时派遣巴比塞代表团调查日本帝国主义暴行。

接着，他又与茅盾、田汉联名发表《欢迎反战大会国际代表的宣言》。宣言中说：

> 中国所谓"民族"代表，倒很热心抵抗你们的帮助，很认真的证明着中国没有力量抵抗日本——只有力量抵抗中国的抵抗者。中国的抵抗帝国主义的人们，有好些戴上了脚镣手铐，坐在黑暗熏臭

---

[1] 瓦扬·古久里（1892—1937），法国共产党员，社会活动家，作家，记者。

的屋子里，有好些已经上了断头台，有好些正在炸弹飞机之下……

这里，直接揭露和抨击了国民党反动政府的不抵抗政策和行径、屠杀禁压爱国者的罪行。

大会召开时，鲁迅同毛泽东、朱德以及高尔基、片上潜、巴比塞（法）、台尔曼（德）一起，被推举为大会的名誉主席。宋庆龄是大会的执行主席。

这是一步实际行动，但也许更具有象征意义：鲁迅已经不仅是一个作家，而是以一位爱国主义战士、反战反法西斯战士，以中华民族精神之代表，走上斗争的前线，走上世界的斗争前列。

风号大树中天立。

他的躯体上矮小而精神上伟大的形象，以民族魂的英姿，出现于民众、中国与世界面前。

世界—生活—艺术的转换

在此时期，全世界的力量正在向两个方向相逆相抗地聚集，并形成国际性集团。以德、意、日为一方，形成法西斯战争集团，以中、苏、美、英为另一方，组成反法西斯反战的集团。人类面临空前的大灾难，但人类也在进向新的大时代。世界正在进行大的演化变迁。这是空前的、历史上从未有过的广泛而深刻的世界性变化。不过，在目前时代，即30年代的后半期，这个变迁还在动荡、组合、发展、酝酿中进行；而最炽烈的和重要的部分之一，处在演变的中心之一的地区则在中国。它主要以中日对抗的形式出现。

在国际上，德、意、日退出了国际联盟，以实现其侵略、战争之自由，而苏联则加入国际联盟，参加了英美法反法西斯联合战线。正是这时，共产国际"七大"之后，发起建立反法西斯人民战线。在这个总政策指导下，中共中央在1935年8月1日发表了著名的《八一宣言》，即《为抗日救国告全体同胞书》，号召全国各方面的力量，团结一致，共同抗日。在此之前，早在1934年4月，面对日军深入华北的险恶形势，中共中央就发表了"为日本帝国主义占领华北并吞中国告全国民众书"，提出了抗日救国七大纲领；接着，宋庆龄等爱国人士公布了"中华人民对日作战基本纲领"。至此，经过一年多的发展，民族危机日深，抗日救亡运动也走向高涨了。

沉睡的中华民族，正疾速地走向整体性醒悟，苦难深重濒临危殆的中华民族，正要从苦难中冲出开创生之路；"沙聚之邦"的中华民族，也正在走向民族大团结。

作为社会集团、政治力量，在这一切的前面领行的，是中国共产党；而在社会上、国际上公开地展开群众性活动的头行人，则是那些爱国的、与共产党友好的社会名流、政治领袖，当时最著名的是宋庆龄、何香凝、沈均儒等人。而鲁迅，则以文学艺术界、文化界，以至民族精神领域的主要代表，屹立于中国和世界面前。

由此，他的生活也发生了大的变化。重要的一点表现在，他日渐参加了许多实际的革命工作和政治活动。当然，这又都是以他的特殊身份，采取特殊的方式，发生着特殊的作用的。但这对他来说，正表现了他的与时代要求相适应、与民族存亡相契合、与革命和政治需要相配合的革命的、政治的态度，其中炽烈地燃烧着他的革命热情，蕴藏着他的民族精神；中华性格、民族精神人格化地表现为"鲁迅精神"。

他在为萧军的小说《八月的乡村》作序时曾经说这本书于敌人和民族败类想要做到的"心的征服"有碍；在为萧红的《生死场》作序时，他又写道，他在灯下看完了这本小说，"周围象死一般寂静"，他却想起英法租界、想起哈尔滨，感到"彼此都怀着不同的心情，住在不同的世界"。接着，他说：

> 然而我的心现在却好像古井中水，不生微波，麻木的写了以上那些字。这正是奴隶的心！——但是，如果还搅乱了读者的心呢？那么，我们还决不是奴才。

这里则从另一角度提出了"于心的征服有碍"的"搅乱奴隶的心"的工作及其意义。

我们可以说，鲁迅这时期的生活和工作的主要内涵和意义、贡献和价值，正是这种于民族的心的征服有碍、于奴隶的心的搅动有功的工作。他以民族正义刚强的精神代表之身，又从事启动、鼓舞这种民族精神的工作。他除了领导和参加"左联"的工作、培育战斗的艺术——木刻以及创作杂文之外，还参与了宋庆龄、蔡元培等人发起的抗日救亡的工作，参与了支持共产党反蒋抗日斗争的工作。这已经不同于他对于辛亥革命的参与了，也不同于他对于五四运动以及后来的多次政治的、阶级的斗争的参与，现时，他介入更深、参与更实际，影响、作用也更大，力量也更强劲了。

早在1930年，鲁迅在和苏区代表会见的一次集会上，就曾发表这样的谈话：

> 我们要在实践中学习，我自己就是一个实践很不够的人，亟愿意提出这点来和大家共勉。"①

以后，在1930年为他五十寿辰祝寿的会上，他在致答辞时，又再次说到"实践"这个主题：

> 后由鲁迅致答辞，首先批评他自己过去没有在革命中抱着牺牲精神，走上实际行动，表示对革命的惭愧。次说明他过去生活史的发展。最后表示将完成朋友们的希望云。②

他在这里两次向战友、学生和文艺同行们表示了对于"实践"——"行动"的认识、重视和决心。这在他的思想中不是一个普通概念，而是一个关键，一步跃进，一个提高。鲁迅正是迈出了这一步，他才得以成为人民的代表、民族精神的集中表现，因为他以实际行动参加了全民族的生死存亡的斗争，并且为了这个伟大的斗争而走进了先进阶级的行列和先进的政治领导集团的行列。

这是鲁迅远远走在他的同时代的文人学士前面的突出表现。

火焰中的文化之光

在此时期，民族斗争的火焰燃烧，阶级斗争的火焰燃烧：在国民党统治区是抗日救亡运动与不抵抗主义的斗争；在苏维埃区是"围剿"与反"围剿"的军事斗争。两种斗争的火焰交织在一起。鲁迅站在这两个斗争交汇的最前线，并以实践精神投入，但是，作为文化大师，不愧为文化大师，他在火焰迷漫中，仍然高举着文化的火炬。这火炬，既有现

---

① 1939年10月出版《中行》第一卷第二期：《忆鲁迅先生》[满红作]。据倪墨炎著《鲁迅革命活动考述》。

② 1930年9月21日《红旗日报》载《左翼文艺作家鲁迅五十生寿纪念》，据倪墨炎《鲁迅革命活动考述》。

时的价值和意义，是照亮斗争的火光，是增色添焰的火源，也是服务于斗争的文化武器，同时，又具有历史的、文化的价值，成为民族文化积淀的一部分。

在这时期，他为东北流亡作家萧军、萧红的小说作序，为革命作家叶紫的《丰收》作序，为"左联"负责人、杂文家徐懋庸的杂文集《打杂集》作序，为白莽的未能出版的诗集《孩儿塔》作序，为曹靖华译《苏联作家七人集》作序，等等。作序，既引荐青年革命作家，又推荐作品，肯定他们的革命的爱国的文学精神和创作意识，宣传他们作品的反抗斗争的主旨和内容，同时，又提炼、绍介他们的一种文化精神，肯定其文化价值：而他的序言也就于现时和历史、政治和文化双重意义上均有价值。

1934年，鲁迅应美国人伊罗生之约，和茅盾一起编选了中国现代短篇小说集《草鞋脚》，并写了《小引》。他说这是"文学革命"以后的短篇小说选集，从中"可以看见它恰如压在大石下面的植物一般，虽然并不繁荣，它却在曲曲折折地生长"。但更有意义的是，此乃"中国人民讲自己"，具有"十分真实的地方"。这属于他所希望的中国的文学"打出去"的方面。

同时，还有"拿来"的方面，这就是他所说的"拿来主义"。他在《且介亭杂文·拿来主义》中说，我们过去"被'送来'的东西吓怕了"，"所以我们要运用脑髓，放出眼光，自己来拿！""没有拿来的，人不能自成为新人，没有拿来的，文艺不能自成为新文艺。"

在这期间，他就拿来了不少：木刻编印了《引玉集》（苏联木刻集）、《〈死魂灵〉百图》，举办了苏联木刻展览会；编印了德国版画家凯绥·珂勒惠支的版画选集。文学方面编辑出版了《译文》杂志，有计划地介绍外国文学，支持出版曹靖华译的《苏联作家七人集》；他自己还翻译了《死魂灵》和《金表》等其他多篇（部）小说。

他还编选了《〈中国新文学大系〉小说二集》，并且写了长篇的《序言》，写文讨论了民族形式的利用问题、连环画问题和新文字问题；特别是，还写作了许多篇文化杂文，如《"题未定"草》九节、《文人相轻》七篇；等等。

这时，他还写了《门外文谈》。这是一篇长篇通俗专论，它论及文字之起源与发展、文学之起源与发展，以及文学大众化问题。

总之，在这期间，他除了战斗，还做了大量的文化工作，使在苦难中和火焰中的国家和民族，仍然闪烁着文化的火光。

在《且介亭杂文·答国际文学社问》中，他说：

> 现在苏联的存在和成功，使我确切的相信无阶级社会一定要出现，不但完全扫除了怀疑，而且增加许多勇气了。但在创作上，则因为我不在革命的旋涡中心，而且久不能到各处去考察，所以我大约仍然只能暴露旧社会的坏处。

这一面表明了他的思想和理想中，已经存在和树立了"无阶级社会"的目标，因而怀疑去、勇气增，表现了世界大变中他的主观世界的转换；另一面又表明，他的创作意旨、创作心理，也跟着这个客观、主观世界的转换而转换了，亦即艺术世界与艺术思维也转换了，只是由于条件的限制——不在革命旋涡的中心和久不能到各处走走——他的创作活动的领域，仍旧在揭露黑暗、抨击落后方面，即暴露旧社会的坏处方面，而不能有大的转换。

这就是他在大时代、大转换中，自己的主观世界和艺术世界的转换。

四、民族奋飞前的振翅

1935年12月9日，在富有爱国学生运动传统的北平市，一万多大中学校的学生，又走上街头，举行了爱国大游行。他们高呼口号："停止内战，一致对外！""打倒日本帝国主义！"他们的爱国行动，受到市民们热烈的拥护。但是，却遭到国民党反动派军警的殴打、水龙头冲击和逮捕。无论是学生高呼爱国口号声，还是他们反抗镇压的怒吼声，都是发自民族肌体的肺腑之音。中华民族怒吼了、奋起了。

运动迅速扩展，津、沪、杭、汉、穗，学生们都行动起来。北平学生组织起来，深入农村宣传，南下南京请愿。整个中国行动起来了。

鲁迅对于这个运动自然是赞同、支持的。由此他看见了民族精神的奋发、民族力量的迸发。他在9天之后所写的《"题未定"草（八至九）》中写道：

> 诚然，老百姓虽然不读诗书，不明史法，不解在瑜中求瑕，屎

里觅道，但能从大概上看，明黑白，辨是非，往往有决非清高通达的士大夫所可几及之处的。刚刚接到本日的《大美晚报》，有"北平特约通讯"，记学生游行，被警察水龙喷射，棍击刀砍，一部分则被闭于城外，使受冻馁，"此时燕冀中学师大附中及附近居民纷纷组织慰劳队，送水烧饼馒头等食物，学生略解饥肠……"谁说中国的老百姓是愚庸的呢，被愚庸诬骗压迫到现在，还明白如此。张岱又说："忠臣义士多见于国破家亡之际，如敲石出火，一闪即灭，人主不急起收之，则火种绝矣。"（《越绝诗小序》）他所指的"人主"是明太祖，和现在情景不相符。

石在，火种是不会绝的。但我要重申九年前的主张：不要再请愿！

在文中鲁迅指出了三点：第一，老百姓虽然不读诗书不明史，但是能大体论黑白，明辨是与非；第二，中国的老百姓已非庸众，虽遭禁压，仍能明辨民族是非，识得民族大义；第三，石在，火种不会灭绝。这里，充满了对人民的信赖感，充满了民族的自信心，充满了希望。

他看见了民族即将奋起，翅膀已经振颤欲飞了。

只是，对于斗争的策略，他仍然担心：因为当时的中国毫无民主可言，学生徒手游行示威，恐遭杀戮。他希望保存石种。

但是，在行动上，他却支持学生运动，支持中国共产党领导的抗日救亡运动。1936年初，北平学联代表、中共党员陈锐（即邹素寒，当时东北大学学生）①到上海参加全国学联筹备工作，由曹靖华介绍，到沪后与鲁迅联系。鲁迅对他关怀备至，见面晤谈两个多小时，他详细询问了北平一二·九和一二·一六学生运动的情况及他们遭受迫害禁压的状况，对抗日救亡运动表现了深切的关怀。以后，他又要许广平去看望陈锐，并恐他旅费不够，赠送50元。以后，陈锐再次来沪，鲁迅受托为他向党中央转交了华北局向中央的报告。

一二·九运动之后，紧接着又爆发了12月16日的声势更大的爱国运动，北京学生和市民好几万人走上街头游行示威，冲破了国民党军警的包围与袭击，阻止了卖国的"冀察政务委员会"伪政权的成立。爱国

---

① 邹素寒后易名邹鲁风，即有纪念此次与鲁迅交往之意。邹素寒（1909—1959），辽宁人。解放后曾任东北人民政府教育部副部长、中国人民大学和北京大学副校长。

运动扩展至全国，抗日烽火即将燃起。在运动中，在中国共产党领导下，建立了中华民族解放先锋队，广大爱国的革命的学生、青年，积极参加这个青年进步组织，投身爱国运动。一代精英，尽入其中；千万志士豪杰，在以后的抗日战争中、革命斗争中，成长起来，做出了伟大贡献。有不少英士献出了青春生命。

1935年一二·九运动之后不久，12月12日，沈钧儒等便发起成立了上海文化界抗日救国会，发表了救国运动宣言；27日又发表了第二次宣言。1936年5月，上海成立了全国各界救国联合会。

文学艺术界人士，也纷纷起来，号召抗日，宣传救亡，走上爱国前线。

1936年6月15日，鲁迅与巴金、茅盾、黎烈文等78人联名发表《中国文艺工作者宣言》。《宣言》说：

> 我们，文艺上的工作者，目光从来没有离开过现实，工作从来没有放松过争取民族自由的奋斗。我们并不是今天才发现救亡图存的运动的重要。

> 所以，在现在当民族危机达到最后关头，一只残酷的魔手扼住我们的咽喉，一个窒闷的暗夜压在我们的头上，……一种伟大悲壮的抗战摆在我们的面前的现在，我们绝不屈服，绝不畏惧，更绝不彷徨，犹豫。……我们以后将更加沉着而又勇敢地在这动乱的大时代中担负起我们的艰巨的任务。我们愿意和站在同一战线的一切争取民族自由的斗士热烈的握手！

这份宣言，在鲁迅家定稿并由他第一个签名而后拿去给其他作家签名。这里指出了当时民族危机已经到了最后关头，而日帝魔手扼住了我们的咽喉，但是，"我们绝不屈服，绝不畏惧，更绝不彷徨，犹豫"，而是紧紧把握现实，勇敢地去斗争。

中华民族确已奋起！

9月20日，鲁迅又与巴金、林语堂、周瘦鹃、郭沫若、茅盾、傅东华等联名发表了《文艺界同人为团结御武与言论自由宣言》。《宣言》明确指出：文学各派"无论新旧左右"，"其不愿为亡国奴则一"，"同为抗日则一"，因此，在抗日救国上，"我们应团结一致"，主张"抗日的力量即刻统一起来！"

全民族抗日民族统一战线正在形成，鲁迅、林语堂、周瘦鹃，左翼作家、《论语》派、鸳鸯蝴蝶派都团结起来，一致对外，抗日救亡。这是民族大义，是文人职责，是中国人的大节。文学，能离开这一切去评断其价值吗？

与此同时，武装斗争也如火如荼地掀起，枪弹射向日本侵略者，愤怒的火焰向日本帝国主义喷去。

在东北沦陷区，在东北义勇军之后，又在中国共产党领导下，建立了东北抗日联军，对日本侵略者进行了英勇的、艰苦卓绝的斗争；长征到达陕北的中国工农红军，抖落征尘，便又举起了抗日救亡的旗帜。

抗日高潮正在全国掀起。

鲁迅早在留学日本的青年时期就急盼来到的人民振奋、民族抗争、寻求新生、复兴发展的时代，终于来到了。他是高兴的、兴奋的，满怀着希望的。这在他这时期的文章和书信中，都已经明显地表达出来了。

五、内部纷争：是非与心绪

然而不幸的是，这时，在左翼文学队伍内部，在"左联"内部，却发生了论争。论争有原则的，也有非原则的，还有人事上的纠葛。它们都纠缠在一起了。而鲁迅，这时却处在纷争的中心地位。这很影响了他的情绪。由于当时的地下工作的困难条件，由于互相见面、沟通、开会的机会很少，又由于"左联"年轻的领导者们之间的意见不够统一和他们之中一些人的宗派主义、小团体习气以及对鲁迅的不尊重，还由于其中也夹杂着一些人的表现。可悲者正在于此。也许，正是因此，鲁迅为此所产生的感应和感触是深沉而悲痛的。这使他的病体和生命都受到影响。

在鲁迅这时期的书信中，有不少这类牢骚，对内部纷争表现烦躁、烦恼，愤慨以至心寒。这当然未必都是事实的准确的反映，但事出有因、大多反映实际，则是无疑问的吧。这里仅举一例。比如前已述及的，他正确地批评了芸生的"左"倾幼稚病，即《辱骂和恐吓决不是战斗》所作的批评，以后，《现代文化》第一卷第二期便发表了首甲（祝秀侠）、方萌、郭冰若、丘东平的反批评文：《对鲁迅先生的〈辱骂和恐吓决不是战斗〉有言》，不但为芸生的错误言论辩护，而且指责鲁迅的文章犯了"戴白手套革命的谬误","是极危险的右倾的文化运动中和平主义的说法"。这种指责是多么幼稚。鲁迅为此感触良深。他在1935年4月28日致萧军、萧红的一封信中提及此事时说道：

> 我先前也曾从公意做过文章，但同道中人，却用假名夹杂着真名，印出公开信来骂我，他们还造一个郭冰若的名，令人疑是郭沫若的排错者。我提出质问，但结果是模模胡胡，不得要领，我真好像见鬼，怕了。后来又遇到相像的事两回，我的心至今还没有热。

这后来的两件事，也是来自同一阵营的战友的攻击。这自然很伤鲁迅的心。1936年1月7日，在给徐懋庸的信中说起此二事时，他还感触很深地写道："年底编旧杂文，重读野容，田汉的两篇化名文章，真有些'百感交集'。"因此，鲁迅发出了深深的感叹。他观察到中国的两种知识分子——文人的恶习与品性，实即中国文化的表现。一是：

> 我的经验，是人来要我帮忙的，他用"互助论"，一到不用，或要攻击我了，就用"进化论的生存竞争说"；取去我的衣服，倘向他索还，他就说我是"个人主义"，自私自利，吝啬得很。前后一对照，真令人要笑起来，但他却一本正经，说得一点也不自愧。
>
> 我看中国有许多智识分子，嘴里用各种学说和道理，来粉饰自己的行为，其实却只顾自己一个的便利和舒服，凡有被他遇见的，都用作生活的材料，一路吃过去，像白蚁一样，而遗留下来的，却只是一条排泄的粪。社会上这样的东西一多，社会是要糟的。

这里对于"一路吃"的知识分子作了深刻的分析和揭露。接着又写道：

> 敌人不足惧，最令人寒心而且灰心的，是友军中的从背后来的暗箭；受伤之后，同一营垒中的快意的笑脸。

还有另一类型：躲在一个营垒里，却暗算同一营垒的伙伴或为他们的不幸欣欣而嘲笑；其实是为敌对阵营效劳。

两者都是为了自己的利益。

鲁迅在这里的解剖，既是揭了中国当时的（以及以后的）知识分子的灵魂疮疤，揭了中国国民的劣根性，同时，又是揭示了这种内部纷争的思想、文化、心理根源。也许，正是因为看透了这一点，鲁迅的痛苦也就更深沉、更难耐，对其更痛恨。因此也就反应更强烈，抨击更猛烈。知之弥深、察之愈透、恨之越切，骂之也更重。——这里其实潜藏着深沉真挚的爱。

鲁迅在1936年5月致曹白的一封信中谈道："说起我自己来，公事、私事、闲气、层出不穷。"这心境是凄苦的和酸痛的。在此信此段之后，他接着写道：

> 刊物来要稿，一面要顾及被禁，一面又要不十分无谓，真变成一种苦恼，我称之为"上了镣铐的跳舞"。

这话也是很沉痛的。这是外部（敌对方面）的压力与迫害；而与此同时产生的内部（自己营垒）的纷争与暗算，就使他更沉重地受害，以至比之遭敌禁压更为痛苦了。

这一切其实也都反映着中国的社会与传统文化。鲁迅也常作如是观。他分析过中国的"翻筋斗的小资产阶级"，中国的脚踏两只船（革命与文学）的"革命作家"，也还分析过"破落户子弟"的狭小气量与种种恶劣行径：这些，也都不免反映于这种内部纷争中，为其制造事端、添油加醋以至无事生非。

这确实影响了鲁迅的情绪。因为他不仅将其看作个人事情，而是连及甚广、看得更深，把它同社会的改革、国民性的改造联系起来了。他自己所身受者，不过是这种社会状况、文化传统的一次具体"实施"与"体现"而已。有人总以鲁迅的反应过强为不妥，似乎太过敏、太过重了。其实，鲁迅的强化的反应，有深因焉，有深痛焉。

六、主观世界映照中的客观世界
—— "两个口号"之争与"左联"解散

进入1936年以后，抗日的形势日益发展，世界性的反法西斯统一战线和中国抗日民族统一战线都在形成中。在这个革命的、抗日的、联合起来一致对外的形势之下，文学界和左翼文学界以至"左联"组织都在发生变化。在这种形势下，文艺界提出了种种口号，如"民族自卫文学""国防文学""救国文学""民族的革命文学运动""非常时期的文学"等，最后被多人接受并得到广泛宣传和产生广泛影响的是"国防文学"这个口号。以后，鲁迅和茅盾、冯雪峰共同商量后，又提出"民族革命战争的大众文学"这个口号。

这个口号的产生，与冯雪峰从陕北来到上海有关。冯雪峰随红军到达陕北之后，于1936年4月奉中央之命以中央特派员之名到上海来开展工作，重新建立已经中断的党中央同上海党组织的联系。他之所以临危受命，就因为他与鲁迅的亲密关系，可资利用来找党建立联系。所以，他到沪第二天就来见鲁迅。他向鲁迅传达了党中央瓦窑堡会议精神，使鲁迅对于当时的政治形势和中国共产党关于建立广泛的抗日民族统一战线的方针政策，有了进一步的总体把握与具体了解。因此，他们便在同茅盾商量后，提出了"民族革命战争的大众文学"这一新口号。口号首先由胡风在《文学丛报》上发表出去了，他的解释没有更好地说明新口号产生的经过和内容，字里行间又流露了新旧口号对立的意思。于是，误解产生了、纠纷随之而来，争论也就发生并在原则的和文学的内涵之外，夹杂了人事的纠葛与个人意气之争。

《且介亭杂文末编·答徐懋庸并关于抗日统一战线问题》记载，事实上，鲁迅是为了下述两个目的而提出新口号以补"国防文学"口号之不足：一是"为了推动一向囿于普洛革命文学的左翼作家们跑到抗日的民族革命战争的前线上去"；二是"为了补救'国防文学'这名词本身的在文学思想的意义上的不明了性，以及纠正一些注进'国防文学'这名词里去的不正确的意见"。但鲁迅认为两个口号是可以"并存"的。他"是并没有把它们看成两家的"。"国防文学"的某些倡导者，在解释这个口号时，的确暴露了"左"的和右的观点。有的说："从今以后，文艺界的各种复杂派别都要消灭了，剩下的至多只有两派：一派国防文艺，一派是汉奸文艺"①。徐懋庸在致鲁迅的信中则从右的方面解释说，普洛文艺不应"以特殊的资格去要求领导权"，甚至说："领导权，并不是谁所专有的，各派的斗士，应该在共同的目标下，共同负起领导的责任来"②。鲁迅对这两种错误倾向给予了正确的、深刻的批评。他在这次论争中，先后发表了《答托洛斯基派的信》、《论现在我们的文学

---

① 《文艺界的统一国防战线》，1936年3月《生活知识》第一卷第十一期。
② 新认识社同人：《文艺界的统一战线问题》1936年9月《新认识》。

运动》和《答徐懋庸并关于抗日统一战线问题》等文章。鲁迅在《论现在我们的文学运动》中指出：有些战友放弃革命文学的领导责任，是"极胡涂的昏虫"，"决非革命文学要放弃它的阶级的领导的责任，而是将它的责任更加重，更放大，重到和大到要使全民族，不分阶级和党派，一致去对外。这个民族的立场，才真是阶级的立场。"鲁迅正确地坚持了统一战线中的独立自主和保证无产阶级领导权的原则。鲁迅同时又批评了"国防文学"某些拥护者的"左"的宗派主义思想。他在《答徐懋庸并关于抗日统一战线问题》中说："文艺家在抗日问题上的联合是无条件的，只要他不是汉奸，愿意或赞成抗日，则不论叫哥哥妹妹，之乎者也，或鸳鸯蝴蝶都无妨。但在文学问题上我们仍可以互相批判。……'国防文学'不能包括一切文学，因为在'国防文学'与'汉奸文学'之外，确有既非前者也非后者的文学，除非他们有本领也证明了《红楼梦》，《子夜》，《阿Q正传》是'国防文学'或'汉奸文学'"。

两个口号的争论，不仅是文学问题，而且涉及政治斗争和思想理论斗争，实际上，也是当时的政治斗争在文学领域的反映。鲁迅在论争中，既批评了"左"倾错误的残余，又批评了右倾的苗头。表现了他的坚定的无产阶级战士的原则立场和马克思主义的理论修养。

但在这场理论论争中，由于夹杂着"历史的旧账"，即鲁迅同"左联"领导人之间的不愉快的往事，包括前面提及的"两件事"等类事情在内，夹杂着关于"左联"解散问题（下面详述）的意见不合，夹杂着"左联"一部分领导人同冯雪峰的关系和对胡风的看法等这些人事纠葛在内，使论争复杂化，并且渗入个人的情感因素。因此，它在鲁迅的思想情绪上所产生的影响就不限于革命原则、文学理论、斗争策略等问题，而浸润着情绪与心理因素了。这在他的答徐懋庸的长篇通信中，表露得较明显。

与此同时，还产生了另一个属于"组织问题"方面的事件，这就是"左联"解散问题。1935年共产国际"七大"之后，在王明的逼迫和康生的"理论"说服下，当时"左联"驻国际作家联盟的代表萧三，给"左联"写了一封信，告诉将"左联"解散[①]。这封信由鲁迅转交"左

---

① 见萧三《我为左联在国外做了些什么?》，1980年《新文学史料》第一期。

联"。以后，"左联"派徐懋庸与鲁迅商量，先后达四次之多，鲁迅先是不同意，认为"左联"解散后，因左翼作家幼稚得很，有不但不能把人家统过来，而且有被人统过去的危险，因此主张仍让"左联"秘密存在；但后来因"文总"以为秘密存在易生宗派主义，且使"左联"具有"第二党性质"，故仍坚持解散。鲁迅以多数同意，自己也就同意，但提出要发表宣言；起先"文总"同意，后又以其他诸"联"也一律解散，都发宣言太多，故拟由"文总"发一个总宣言，鲁迅也以"那也好"一语勉强同意了；但后来又以文化界救国会即将成立，"文总"宣言一发，会使国民党误以为救国会是"文总"的替身，决定不发宣言。这样，鲁迅就不高兴了。"鲁迅听了，就脸色一沉，一言不发。我觉得很窘，别的话也无从谈起，就告辞而回。这是我同鲁迅的最后一次见面，时间是1936年2月28日。"当事人徐懋庸如此追忆。①

这里，又是正常的工作讨论、策略探讨，由于工作条件的艰困，当事人不能当面商议、充分沟通，也由于过去的隔阂，终于又在彼此间种下了误会与不悦，从而也增加了鲁迅的烦恼与苦痛。

鲁迅因此在1936年5月2日致徐懋庸的信中严厉地批评解散"左联"的做法，他说：

> 集团要解散，我是听到了的，此后即无下文，亦无通知，似乎守着秘密。这也有必要。但这是同人所决定，还是别人参加了意见呢，倘是前者，是解散，若是后者，那是溃散。这并不很小的关系，我确是一无所闻。

由于两个口号论争中的不正常情况和论争中形成的对垒形势，鲁迅没有参加"左联"解散后新成立的中国文艺家协会。他因此而遭到"破坏统一战线"的指责。当时"左联"的领导成员都很年轻，他们一方面的确受到过党内"左"倾教条主义错误的影响；另一方面，对鲁迅也还仍然存在认识不足的问题。虽然比1928年时有很大的进步，但对他的

---

① 见徐懋庸《回忆录（三）》，载1980年《新文学史料》第四期。关于同一事件，茅盾的回忆与徐之所记有叠合类同处，只是出面与沈公谈者是另一位沈公——沈端先即夏衍。见茅盾《我和鲁迅的接触》，载《鲁迅研究资料》第一辑。

伟大仍缺乏足够的估价。①因此，产生了一些幼稚的错误的做法。这种情况，给鲁迅的刺激是不小的。他在当时给曹靖华的信中，曾经多次对这种事情表示愤慨。

1936年5月3日夜致曹靖华：

　　此间莲姊家（按：即"左联"）已散，……旧人颇有往者，对我大肆攻击，以为意在破坏。

1936年5月15日致曹靖华：

　　我因不加入文艺家协会……，正在受一批人的攻击，说是破坏联合战线……。

1935年1月15日夜致曹靖华：

　　最奇的是竟有同人而匿名加以攻击者。子弹从背后来，真足令人悲愤。

这些信里所说到的情况，反映了鲁迅的心境。他难过的是，这不利于战斗，影响了他更好地打击敌人。但他是顾全大局的。他对外人不说这种情况。对外国人更避而不谈甚至"说谎"。当处境非常艰难的时刻，鲁迅屹立着，不稍停止他的斗争。茅盾在《纪念鲁迅先生》中说，当朋友们为他的健康担忧，力劝他出国休养时，他的回答是："许多敢说敢行的人，都先后消沉，消灭，或者不能公开做他们应该做的工作，自己这时还有一支笔可用，不能洁身远去。"

世界的嬗变，就这样映照在鲁迅的主观世界中，产生嬗变本身带来的主观世界的应有的变化和不应有的、多余的、产生反效应的"杂质"。这是不幸的。但这也同样带有历史的与社会的必然因素，因为历

---

①　周扬在同赵浩生的谈话中说："他（指鲁迅）在中国文化史上是位空前的伟大人物，伟大的思想家、伟大的文学家，……而且是伟大的共产主义者。但我们当时对于这些不能体会。"（赵浩生：《周扬笑谈历史功过》，《新文学史料》第二辑）夏衍在《左联杂忆（文艺回忆录）》中说："是不是左联成立后，左翼作家，或者说共产党员作家和鲁迅之间就完全没有隔阂了呢？那也不是。因为当时除了鲁迅、郑伯奇年事较高之外，都是二十岁出头，三十岁不到的青年，对中国的历史和现状，都缺乏认真的研究和了解，也不懂得文化斗争的策略。对鲁迅的伟大，他的思想深度和对社会的了解，我们都没有很好的认识。因此即使在左联成立之后，我们中间的宗派主义和教条主义以及那些鲁莽、冒险，所谓'赤膊上阵'的作风，依然还是存在的。"（《人民日报》1980年3月1日）

史、社会、文化的深刻背景，成为潜在的深因。

七、痛苦的心灵：进向新时期的思想跃动

鲁迅在他的最后的岁月中，由于世界性的客观世界的变化，由于中国这个世界的嬗变，中国人、中国社会、中国文化、文学和整个民族心态都发生了变化，因此，他作为民族思考人、民族的精神代表以至民族魂，他的思想也正经历着符合新时期发展的思想跃动，跃跃欲试地将要进入新时期。

1936年4月25日冯雪峰到达上海，26日造访鲁迅。久别重逢，特别是经过了冯雪峰的江西苏区之行、长征、陕北立足，经过了瞿秋白的牺牲，他们的会见应是欢乐、郑重、兴奋的。然而，冯雪峰后来在《回忆鲁迅》中说：

> 那时已经黄昏，他在楼下已经从那个老女工那里知道我在楼上了；我听见他上来，心里快乐得很激动，同时以为他一定很高兴，并且会问我如何到达上海之类的事情的。但他走进房来，悄然地握了握我兴奋地伸过去的手，丝毫也不以我的到来为意外，却先说了这样一句话："这两年来的事情，慢慢告诉你罢。"①虽然他也高兴的，微笑着看住我。但他的声音里含有忧郁的情绪。

感谢冯雪峰在1952年写的《回忆鲁迅》中，记录了鲁迅在生命最后的岁月中的思想情绪；证以鲁迅当时的文章特别是书信，可推想这些记录是可信的。他在《一九三六年　一、在病中和在新的政治形势下的他的情绪》中，开始不久就写道：

> 我觉得他当时的心情是很不平衡的。其实我从这时候一直到他逝世之间都觉得，现在也觉得，1936年我和他非常接近的那五六个月中间他所流露的心情，都是很不平衡的。

---

① 这句话，冯雪峰在写于1966年8月10日的材料中，作了更正，他说应为"这两年我给他们摆布得可以！"他并说鲁迅说此话时的神情和原话"我永远都记得"。证以冯雪峰所写关于鲁迅及三十年代文坛事皆较可靠，证以鲁迅当时的书信中对"他们"之"摆布"自己亦时有怨愤之言。此"更正"，殆可信。

这种"不平衡"是一种思想跃动的心理态势。冯雪峰分析地指出了三条原因：（一）上海文艺界的纠纷尤其是革命文学工作者之间的不团结现象，刺激了他；（二）对统一战线政策，感情上还没有扭过来；（三）病体日坏。冯并认为病是忧郁的主要原因。这三个原因大体上是对的。但可细说一点，比如，还有敌人的继续禁压特别是造谣（如骂鲁迅是"汉奸""已转向"等），朋友和同道的攻击与暗箭等；对统战政策、抗日联合的政治形势，自然有个情绪转换问题，因为一方面敌人仍在屠杀与压迫，一方面我们和他们又要彼此讲统一与联合；因为病，自然还会引起要做的很多、想干的更多而病体却影响行程的焦灼心情。如此等等。但应该说，还有一个更重要的原因就是形势发展，他的思想发展，思想世界与艺术世界都在转换，新旧交替，争斗而渗透、弃旧而迎新，心理上也是不平衡的、跃动的。这是思想又有所发展的征兆。雪峰已谈到几点，如对于马克思主义、对中国共产党的进一步的了解与靠近，对集体主义的更加深层的接受，对革命胜利和前途光明的越来越有信心和抱乐观态度，新的工作计划的产生，等等。

在艺术世界上的变迁，也明显地表露出来了。比如对于自己在文字上习用的"曲笔"，他想到要"尽可能避免"。

这时候，他接连写了几篇散文：《"这也是生活"……》《死》《女吊》《我的第一个师父》等。这里都发出了新的声音。冯雪峰在《回忆鲁迅》中说，有三种支持他写作此类文字的力量：（一）"一种是回忆，但和《朝花夕拾》中的比较有系统的回忆不同，现在是借片断的回忆来发表他一些片断的思想与经验，并进行对社会的批判"；（二）"一种是他对于当时思想界和社会风气的某些情况的批判"；（三）"一种是在回忆与批判之中发表他某些片断的成熟的思想与经验"。这三个方面、三种力量，既是他创作的动机，又是他创作的内涵，而总括起来可以说，仍然是"思想批评"与"文明批评"，也就是文化批判。

回忆的痕迹又来到他的创作心理中。在北京的避难生活中，在厦门大学的岛上的安静生活中，他写了《旧事重提》（即《朝花夕拾》）回忆散文；现在"形势转缓和"，统一战线在发展、抗日救亡一致对外的形势在发展，内战和"内压"在减轻，他再次勾起往事的追忆，但这不是纯粹"忆往"，而是从今天看昨天、又从昨天看今天，反刍生活，提炼文化，得出人生体验与社会经验的思想结晶。"他计划写十来篇，成一本小书"。这将可视为《朝花夕拾》的续篇，视为中国社会—文化批判与建设的作品，如果写出来的话。他计划之中要写的还有关于"母爱"的、关于"穷"的。——这里都凝聚着他的深刻的人生体验和丰富的社会经验，其中蕴含着中华民族文化的丰厚积淀。

也许我们可以说，在他的艺术思维与创作心理中，潜存着他内心的理想之光，深藏着他对于中国文化的深厚的积淀，他面对现实，思及历史、文化、社会，要为今天的建设、明天的发展，勾勒轨迹与蓝图。

也是在这个时期，想到《坟》中的第一篇文章发表于1907年，他计划出一套30年文集。在1936年2月10日致曹靖华的信中，他说，这30年来，除翻译外，"写作共有二百万字"，故"颇想集成一部（约十本），印它几百部，以作记念"。他计划中十部书分三组，并且各取了很好的题名：（一）《人海杂言》；（二）《荆天丛草》；（三）《说林偶得》。其分辑如下：

（一）《人海杂言》：

1. 《坟》《野草》《呐喊》

2. 《彷徨》《故事新编》《朝花夕拾》《热风》

3. 《华盖集》《华盖集续编》《而已集》

（二）《荆天丛草》

4. 《三闲集》《二心集》《南腔北调集》

5. 《伪自由书》《准风月谈》《集外集》

6. 《花边文学》《且介亭杂文》二集

（三）《说林偶得》

7. 《中国小说史略》《古小说钩沉》（上）

8. 《古小说钩沉》（下）

9. 《唐宋传奇集》《小说旧闻钞》

10. 《两地书》①

这种计划，也表现了一种想要"结束以往"、开辟将来的心情。

总之，他的心灵存着痛苦；痛苦而跃动，跃动而痛苦。但这种痛苦中又蕴含一种幸福感，因为他要结束以往，正在开辟未来。

---

① 另有书目手稿，分十册，无分部书名，目录稍有出入，如第十册为：《起信三书》《唐宋传奇集》。

这以往不仅是他个人的以往，这未来也不是他个人的未来。

其中，有着时代的眉目。

其中，含着民族的精神。

八、洞观世界：十字街头亭子间
——《且介亭杂文》三集

他以一个旷代爱国者、真正具有现代意识的伟大作家的深邃目光，注视着历史、社会、文化以及世界，以他的睿智卓识、深沉思维能力和现代意识，思考着这一切，并且用文字精美而深刻地表现出来了。虽然他置身于一个当时还是大上海比较偏僻的半租界地区，虽然他过着半隐居的生活，但是，他从多方面获取信息，丰富自己的思想，始终走在时代的前列。

形势正在向深层发展，日本侵略者独吞中国的野心已然彰显，蒋政权的投降卖国政策决不改弦更张，形势就沿着这个内外一线的"轨道"向前、向深层发展，表面上不那么暴烈，像是平稳，但是民族危亡日深一日，反革命围剿日益加剧，人民生活更加艰困。不过，人民的反抗斗争也越来越兴起了，正在走向全民奋起抗战的新时期。鲁迅的思想和创作，作为这种形势的反映，作为他自己思想的逻辑发展，也在改变，大踏步前进，走向新的时期、新的跃进。这一切都反映在他的最后三本杂文集即《且介亭杂文》、《且介亭杂文二集》和《且介亭杂文末编》中。

在这三本杂文集中，有表现了他的"拿来主义"思想的杂文《拿来主义》（《且介亭杂文》）和具体实行拿来的有关文字：《内山完造作〈活中国的姿态〉序》、《陀思妥耶夫斯基的事》、《〈死魂灵百图〉小引》（《且介亭杂文二集》）、《〈凯绥·珂勒惠支版画选集〉序目》、《记苏联版画展览会》、《〈译文〉复刊词》、《曹靖华译〈苏联作家七人集〉序》和《〈苏联版画集〉序》等。虽然一看便知"拿来"的范围，但是仍在文学与艺术园地里采摘美花鲜草；然而也明显地表现出，由"花草"而及于养育它们的土地和及于我们这块移植"花草"的大地，且由文学艺术及于它们所反映的世界和在这个世界中生存与创造的艺术家们。这里，事实上也就反映着鲁迅自己内心的一个世界，以及他所向往和意欲创造的世界。

"拿来"也包含"送去"——"打出中国去"。突出的有《〈草鞋脚〉小引》和《〈呐喊〉捷克译本序言》。《草鞋脚》是他同茅盾一起应美国人伊罗生之请编选的中国短篇小说集。他为这本书的英译出版而感到十分欣喜，因为向来是"西洋人讲中国的著作"，"比中国人民讲自己的还要多"，现在《草鞋脚》出版，送到外国人面前，可是"肺腑自语"了，这就能使外国人听到见到出乎意外的、十分真实的地方。这也就是中国人打出世界去了。他怎能不深感欣喜呢？

自己的作品《呐喊》有了捷译本，当然也是欣喜的。但不只是个人的。他说，"人类最好是彼此不隔膜，相关心"，"最平正的道路"就是"用文艺来沟通"。他既得了这种彼此用文艺来进行的沟通的首批光荣，又高兴中捷以至中国人同东欧人有了互相了解接近的中介了。《且介亭杂文末编·〈呐喊〉捷克译本序言》中说，"我们都曾经走过苦难的道路，现在还在走——一面寻求着光明。"

他的眼界和世界是广阔的。

他的眼界和世界也是深邃的，而且相通。

在这三本杂文集中，有这样几篇杂文：《儒术》《隔膜》《说"面子"》《运命》《隐士》《"靠天吃饭"》等，触及中国传统文化与心态，触及士大夫——知识分子的文化，也涉及普泛于全社会的大众文化、世俗文化，不过不是全面、系统的剖析，而只是一照、一探、一刺，然而都是一针见血，直捣底里的。对于上层的"儒术"、"隐士"和"文臣"同"明君"之间的隔膜，对于下层的讲究"面子"、"靠天吃饭"（实际上是普照全社会的），都给予了深刻的揭示而于揭露中蕴含着社会、文化批判。

可贵的是，在这三本杂文集中，还有一批洋洋洒洒、深刻透辟的长篇大论的杂文，其规模和风格，颇似《坟》中的那些"大"杂文，如《关于中国的两三件事》《买〈小学大全〉记》《病后杂谈》《病后杂谈之余》《在现代中国的孔夫子》《"题未定"草（一至三）》《"题未定"草（四）》《"题未定"草（五）》《"题未定"草（六至九）》等。这些杂文，气势恢宏，立论宽广而深邃，富于历史知识、现实状况，知人论世，恰当精到，行文逶迤回环，跌宕起伏，而又风趣横生，引人忍俊不禁，或掩卷而思，味道隽永。这些杂文，对于中国的历史、社会、世道人心，作了鞭辟入里、入木三分的透析，于中国人认识中国与中国人帮助很大。而它们熔知识性、趣味性、思想性、艺术性于一炉，成为精品、美文，挚情，深意，把杂文提到一个新高度、新境界。

另有一批有关文学艺术的论文式杂文，于中国文学的发展与建设，于中国现代文化的发展与建设，都有当世的价值，历史的功绩。它们有：《答国际文学社问》《论"旧形式的采用"》《连环图画琐谈》《门外文谈》《〈中国新文学大系〉小说二集序》《答徐懋庸并关于抗日统一战线问题》《论现在我们的文学运动》等。

这里还有一批优美的散文或杂文，都是长期脍炙人口的，如《忆韦素园君》《忆刘半农君》《写于深夜里》，以及最后的两篇杂文：《关于太炎先生二三事》和《因太炎先生而想起的二三事》。这类杂文，引人爱读，感人至深。或悼友朋，或哭战士，或念师长，既见故人，又显作者，前者形影活泼，如见其人，后者心性跳动，如感其心，如炙其情，而且由人及于环境及于社会及于时代，滴水映世界，所以恢宏深厚，情、意、文融汇而成一个艺术精品，审美价值，不一而足。

更需一提的是，这里还有《阿金》《我的第一个师父》这样的散文——杂文，有散文的悠游之态，记叙之美，又有杂文的议论风生，见人见世，读之难忘。

7篇论文人相轻的杂文，再加《"京派"和"海派"》，还可再加上《论俗人应避雅人》，写尽文坛风景，透入文人精髓，也是社会人心之一面，同样于知人论世有所裨益。

总之，鲁迅生活在中国的苦难岁月中，生活在上海，在上海这个洋人的天堂、冒险家的乐园、日寇侵华的南方总据点，在上海的租界与华埠交界的边缘地带，观察世界与中国，观察社会、历史、时代与人心，在战斗中观察，在观察中和以观察所得进行战斗，并用杂文记录了这时代的眉目、历史的风貌，也记录了他自己的思想历程、情感与心态，在这些杂文中，不仅照见了客观世界，而且照见了他自己的心的世界。

这里也反映了他的政治与艺术的歧路。如果不是这样一个政治的时代，不是一个政治时代中的鲁迅，不会产生他那些战斗的阜利通和其他那些政治性杂文；当然，也不会产生他那些社会、文化批判杂文：时代与现实社会，触动、推动他产生写这些杂文的动机、立意和心态，也产生他这样来写这些杂文的动机等。其中有失有得。得的是产生了那些为民族发出战叫、为人民发出呼号的文章，也产生了以此为背景和带着时代特征的"历史—文化—社会"杂文，是时代和他自己对时代的感应产生了写作这些杂文和这样来写这类杂文的诗情、意趣和思绪，产生了他的这类杂文的审美内涵与审美价值。失之处则在于他一方面不得不倾注主要精力从事紧迫的战斗，而不能从事创作；另一方面则是他写作杂文时，也不能从容地把他的思想与诗情熔铸于艺术形象与艺术典型之中。这，不仅是他的损失，也是中国的损失。

九、剖析民族文化心态

鲁迅研究中国国民性，终身不渝。他为了民族的生存而研究国民性，由国民性而想到民族的生存和由改造国民性来达到祖国兴盛、民族复兴。因此，他时时解剖中国国民劣根性，剖析中国人民的文化—心理结构，亦即中华民族的文化心态。

同早期不一样，他这个时期对于国民性的解剖，是站在在根本上相信人民、对民族发展具有信心的基地上来进行的。他自己、他对民族，都具有信心：虽然中国当时的当局，以及他们的帮凶帮闲们在发展着"自欺力"，"但我们有并不失掉自信力的中国人在。"他指出：

> 要论中国人，必须不被搽在表面的自欺欺人的脂粉所诓骗，却看看他的筋骨和脊梁。自信力的有无，状元宰相的文章是不足为据的，要自己去看地底下。①

这"地底下"就是"历史的底下"、"社会的底下"：

> 我们自古以来，就有埋头苦干的人，有拼命硬干的人，有为民请命的人，有舍身求法的人，……虽是等于为帝王将相作家谱的所谓"正史"，也往往掩不住他们的光耀，这就是中国的脊梁。
>
> 这一类的人们，就是现在也何尝少呢？他们有确信，不自欺；他们在前仆后继的战斗，不过一面总在被摧残，被抹杀，消灭于黑暗中，不能为大家所知道罢了。中国人失掉了自信力，用以指一部分则可，倘若加于全体，那简直是诬蔑。②

---

① 鲁迅：《鲁迅全集·且介亭杂文》，人民文学出版社，2005，第122页。
② 同上。

这番话语，自信，坚定，有力，有理，有据，这是他对中国人的总体看法。这里已经完全没有昔日那种淡淡的哀愁，也扫除了他自己所憎恨的"鬼气"和"毒气"。如果说前期那些杂文美文具有一种悲剧的美（这种美是由于虽有"鬼气""毒气"，然而对民族、对人民爱之弥深，即使无信心，犹自战斗不息，"我以我血荐轩辕"，矛盾执着，情真意切所以产生的），那么，现在则由于自信和由自信而来的希望、理想而产生。

正是由于看到了人民的力量，因此他对中国国民性的分析，更明确也更准确地分为两类人了。他把统治者、士大夫和平民百姓分开来，他们的品性心态是各不相同甚至截然相反的。但鲁迅又把两者联系起来：统治者的品性心态，是会灌输和传染给平头百姓的；而百姓们的心里身上的缺点、弱点，又往往是统治者的治绩，是由上面造成的。这里蕴含着一个革命的结论：要改造国民性——彻底地改，是一种重建，那么，就要推翻反动统治，改变环境。他在《且介亭杂文·难行和不信》中说，中国百姓的一条重要经验，就是"不相信"：对统治者不相信，由此而至于对别人都不大相信。"'不相信'就是'愚民'的远害的堑壕，也是使他们成为散沙的毒素。"这"不相信"的脾性，也就带来了"无特操"的缺点："例如既尊孔子，又拜活佛者，也就是恰如将他的钱试买多种股票，分存许多银行一样，其实是那一面都不相信的。"——这种性格缺陷，不但"说教的士大夫"有，而且百姓们也如此。不同的是前者为了"捞实惠"，后者为了"避祸害"。

《儒术》一文，揭露卖身苟安的心态，是奴才哲学，固然是统治者与士大夫们的把戏，但他们也把这把戏演给百姓看，也向他们灌输，也强迫他们侍奉其主子，因此也就成为中国国民劣根性的一种表现了。《说"面子"》抓住中国普遍存在的一种荣辱心态和价值观念，以至行为准则，但这种十分确定的心态，却又是如此的不确定，"不想还好，一想可就觉得糊涂"。它既有好几种界线，却又不十分确定，要面子有时候是好，有时候又是坏。"中国人要'面子'，是好的，可惜的是这'面子'是'圆机活法'，善于变化，于是就和'不要脸'混起来了"。

中国人对于运命也是如此。中国人信命，但这"命"却又总是能"禳解"。"中国人的确相信运命，但这运命是有方法转移的。"这样，就反映了中国人性格中的一个弱点：连对他们坚信的"运命"也并不真的相信，所以是没有或很少"坚信"的。《且介亭杂文·运命》中说，"人而没有坚信，狐狐疑疑，也许并不是好事情，因为这也就是所谓'无特操'。"

不过，鲁迅还说，以后如果能够"用正当的道理和实行——科学来替换了这迷信，那么，定命论的思想，也就和中国人离开了。"科学家占领了僧、道、巫、星相家和风水先生的宝座，"我们也不必整年的见神见鬼了。"治中国国民劣根性的重要一剂药是：科学，五四运动时就提倡它。

"'靠天吃饭说'是我们中国的国宝。"这是中国人在长期小农经济的养育下形成的一种心态。但是，一味靠天，"'天'下去就要做不了人"，甘肃的敦煌原本是繁盛之区，"靠天的结果，却被天风吹了沙埋没了"。现在虽然出古董，但人迹却稀少了，为活人计，靠天"是不大值得的"。

在《隐士》中，鲁迅揭示和勾画了一种人的灵魂：

> 泰山崩，黄河溢，隐士们目无见，耳无闻，但苟有议及自己们或他的一伙的，则虽千里之外，半句之微，他便耳聪目明，奋袂而起，好像事件之大，远胜于宇宙之灭亡者，……

这真形容得贴切，描画得生动。的确，鲁迅的这些对于中国人心态的解剖，深刻细致，不仅具有批判力，而且具有建设力：这是对于传统的文化—心理结构的批判，同时也就是对于现代文化—心理结构的重建。

十、笔端春温生死情

1931年8月10日出版的《文艺新闻》上，发表了鲁迅的几首旧体诗作，其题为：《鲁迅氏的悲愤——以旧诗寄怀》。这个题目，相当确切，它指出了鲁迅写诗的目的和创作动因，也指出了它的主要的内涵素质。在此题目下发表的诗作有《送O.E.君携兰归国》、《无题》和《湘灵歌》。在第一首诗里，起首"椒焚桂折佳人老，独托幽岩展素心"两句，抒悲愤于平静的记叙，寓坚贞于素淡的表述，写出椒焚、桂折、佳人老的黑暗、凄怆、悲凉的景况，却又以兰花的形象，抒发独托幽岩，舒展心志的坚贞不屈的情怀。把芳馨赠给远行者，痛心故国只留下荆榛。《无题》中，再次勾勒黑暗中国的情状："大野多钩棘，长天列战云"，袅袅春氛，几家能得？中华大地，万籁俱寂，哑静愔愔无声息，故国之音、民人之声均已断辍，风波浩渺，花树都已萧索。这是一幅冷峻荒漠的图画，象征地画出了中国的黑暗情状。至于《湘灵歌》，更以湘水如染胭脂痕，湘灵皎洁窥彤云的状貌，暗寓了湘赣红区遭到残酷围剿，血流如注、湖水变色的景况，而子夜漆黑，高丘寂寞，春宵已逝，芳荃零落，则是全国黑沉沉的写照，湘子鼓琴摇瑟，哀歌如泣，反衬着虚假太平的景象。这歌声如泣如诉，哀怨凄楚。

此外，作于 1932 年的还有《自嘲》和《无题》（"洞庭木落楚天高"）两首。《自嘲》一首，概述了自己的不幸遭遇，又表达了内心的斗志和献身之情，"横眉冷对千夫指，俯首甘为孺子牛"的名句，情深意挚，志坚心诚。《无题》再次寄怀湘水洞庭，木落天高、眉黛猩红，更不幸的是，泽畔行吟，效屈子而不得，秋波浩渺，写《离骚》而失语。这是谁家的天下、怎样的岁月呵!？

鲁迅的诗作不多。他曾说，他不是诗人，也不愿写诗，无论新旧。然而这几首愤时评世之作，情厚意深、思远志坚，清词丽句，衷情申诉，是真正的诗，是真正的诗人之作。人们常有评鲁迅后期"无创作"者，然而忘记了他的这些旧体诗。仅此几首，已足称鲁迅为诗人，也足证他这时除杂文之外，还有创作。

在这些诗中，我们不仅看到了鲁迅笔下的祖国的形象，而且窥见了他自己笔下的他自己的形象。旷野钩棘，长天战云，木落天高。花树萧森，湘水如染，眉黛猩红，风波浩荡，故乡如醉；椒焚桂折，荆榛塞途，万籁情情，高丘寂寞，芳荃零落，中流辍吟。这便是国民党统治下、日本侵略者铁蹄下的中国的景象。运交华盖，破帽遮颜，威胁、恫吓、禁压、杀戮，漏船载酒；泛中流而辍越吟，泽畔行吟，吟不得而《离骚》难成；但是，横眉冷对敌人的屠刀，仍要为人民、为民族而战抗争，独托幽岩，展现了像芝兰一样的俯首甘为孺子牛的心。这是他的决心，他的素志，他的情怀，也是他的高洁的形象。"风生白下千林暗，雾塞苍天百卉殚"，"椒焚桂折佳人老"，"芳荃零落无余春"，"无奈终输萧艾密，却成迁客播芳馨"。这从《离骚》中化出的佳句，愤怒地控诉了像隆冬、恶风、毒雾、荆棘一样的反动统治和文化"围剿"，造成了艺苑的凋零。"华灯照宴敞豪门，娇女严装侍玉樽。忽忆情亲焦土下，佯看罗袜掩啼痕"。"皓齿吴娃唱柳枝，酒阑人静暮春时。无端旧梦驱残醉，独对灯阴忆子规"。以对典型的生活景象的特写手法，勾画了在反动统治下战争频仍、人民生活凄惨的情景。此外，还有揭露、讽刺国民党反动派的诗作（《题赠冯蕙熹》《赠邬其山》），有揭露国民党反动派投降卖国政策的"金风萧瑟走千官"的名句。

在这里，无论是写景抒情，还是刺时讽世、明心言志，他都采用了娴熟的浪漫主义手法，在整体上，这些诗也充满了浪漫主义精神。这是鲁迅的30年代的《野草》。

鲁迅在这些诗中，表现了他的高度的艺术技巧；在短短的八句或四句诗中，最可宝贵的是那些抒写自己情怀的作品。他写了"浩茫连广宇"的"心事"，描绘了辛亥革命后的"故里寒云恶，炎天凛夜长"的景象，又批判了这次革命的失败："狐狸方去穴，桃偶已登场"。描绘了反革命军事"围剿"血染湘江的情景（《湘灵歌》等），抨击了国民党反动派的罪恶，他还描绘了"万家墨面没蒿莱"的中国这座大黑牢的惨状。但是，他的佳词丽句又表现了他的坚强信心："起看星斗正阑干""于无声处听惊雷"。正是在这些诗句中，表现了鲁迅伟大的共产主义战士的胸襟和情怀。"忍看朋辈成新鬼，怒向刀丛觅小诗"，表现了他的宁死不屈、坚持战斗的崇高品性；而"横眉冷对千夫指，俯首甘为孺子牛"，更很好地概括了他的无产阶级的世界观。这种用诗的语言，满含着深情的对于共产主义世界观的表述，具有深刻感人的教育作用。

《坟·摩罗诗力说》中说，在中国古代诗人中，鲁迅只将屈原归入他所说的"立意在反抗，指归在动作"的"摩罗诗人"中，称赞屈原"抽写哀怨，郁为奇文"，"放言无惮，为前人所不敢言"。鲁迅的旧体诗，许多诗句以至意境皆从《离骚》化出。由于时势和诗人的处境有某些他对于屈原的赞语，也可适用于自己的诗作。只不过他虽然写了"泽畔有人吟不得，秋波渺渺失离骚"的诗句，以屈原自比，但是他的哀怨比屈原更深广，理想更崇高，斗争精神则远非屈原所及。这也正是鲁迅为伟大的古人所不能比拟的地方。

鲁迅在1934年12月20日致杨霁云的信中说："玉谿生清词丽句，何敢比肩，而用典太多，则为我所不满"。他确实运用了李商隐（还有他所喜爱的温庭筠）式的清词丽句，但用典太多的毛病则丢弃了。——

他的诗里不可避免地也用些典故，但第一，不故意用生僻之典；第二，力避太多；第三，多是习见或易懂之典。如《阻郁达夫移家杭州》一诗，是他唯一用典多的诗，这些典故却都是比较为人所知或易于理解的。可见，他对文化遗产是批判地继承的，有所继承又有所发展。

鲁迅确实无意做诗人，他甚至说过"不喜欢做古诗"。但是，他的旧体诗却达到了革命的政治内容和完美的艺术形式的高度统一。这种"信笔写来""偶一为之"的即兴之作，却实在是精美深湛之至。

鲁迅的清词丽句所写的都是国家、民族、人民和他自己的生死之情。国家民族一面在外寇入侵进逼中，处于垂危之境，一面又在内敌之镇压下，挣扎于死亡线上；而他自己，系怀国家之存亡、民族之殆危、人民之生死，且悼亡伤逝于战友之遭屠戮之中：这一切都是他自己的身心投入的生死之情。而且，他自己也为了这一切而把自己置身于屠刀手枪的击杀之威胁下：也是一种生死情。

他在1935年末曾有句云：

> 曾惊秋肃临天下，敢遣春温上笔端。

他确实以自己的清词丽句，惊写笼盖全民族的"秋肃"；而同时又在他的笔端流泻出暖心的春温。无论是对人民的关怀寄情、对民族的深心挚意，还是对敌寇的揭露、对反动统治的抨击，都是一种春温。这是隆冬暗昏中的春天的气息和温暖的春风的吹拂。

这又是鲁迅的创作心理和整个文化心态的又一面，他的诗人气质的按捺不住的体现。

十一、窃火者的足迹与丰碑

"窃火者"曾经从"天上"窃得火来煮自己的肉，而且同时帮助了别人，留下了英勇而深刻的足迹，留下了第一批移入华土的马克思主义文艺理论丰碑，为左翼作家联盟的建立和左翼文学的发展，奠定了理论基础。现在，他的工作进到新的领域和境界了，刻印下新的足迹，建立下新的丰碑了。从1930年到1932年，鲁迅一方面继续马克思主义文艺理论的翻译工作，一方面开始了外国革命文学作品的翻译介绍工作。前者如果说是理论基石的奠定，那么，后者便是创作榜样的树立了。而且，也是另一类火种的传播：从外国革命的进步的文学作品——主要是苏联的革命文学作品中，看到新的国家、新的社会的新生活、新面貌和新的人物，使在黑暗中生活和搏斗的中国人民见到新世纪的光芒。在这个时期，鲁迅继续翻译了一些马克思主义文艺理论作品。年初，译了《现代电影与有产阶级》（日本岩崎昶论文），接着译了《艺术与哲学、伦理》（日本本庄可崇论文），以后又译了普列汉诺夫的论文《车勒芮绥夫斯基的文学观》（即《车尔尼雪夫斯基的文学观》）。特别是4月间，译完了《文艺政策》一书。这是《科学的艺术论丛书》的一种，译文是从日译本转译的，原译者是日本的外村史郎和藏原惟人。这本书中包括1924年至1925年俄共（布）中央关于文艺政策的几个文件，即《关于对文艺的党的政策》、《关于文艺领域上党的政策》和《观念形态战线和文学》（全俄无产阶级作家协会第一次大会的决议）。此外，还有藏原惟人给该书日译本写的《序言》和日本冈泽秀虎作的《以理论为中心的俄国无产阶级文学发达史》①。鲁迅在《文艺政策》的《后记》中说："从这记录中，可以看见在劳动阶级文学的大本营的俄国的文学的理论和实际"。他认为，这"于现在的中国，恐怕是不为无益的"。而这正是他翻译此书的目的。在文中，鲁迅还指出了苏联文坛的两派："即对于阶级文艺，一派偏重文艺，如瓦浪斯基等，一派偏重阶级，是《那巴斯图》的人们，布哈林们自然也主张支持无产阶级作家的，但又以为最要紧的是要有创作。"指出两派的存在和各派的倾向，对于当时中国的无产阶级革命文学的发展是很有意义的。鲁迅在行为中的倾向，也是比较明确的：无产阶级文学要偏重阶级，但最要紧的是有创作，要有真正体现了阶级倾向而又真正是文学创作的好的作品。

此后，他又翻译了《无产阶级革命文学论》（匈牙利 Andor Gábor 论文，1931年译）和《苏联文学理论及文学批评的现状》（日本上田进作论文，1932年译）。

在这期间，鲁迅更多的是翻译文学作品和为文学译作的出版奔忙：或觅找序言、作者传略，自译或约请人代译，或者为纸张、印费、找印刷所以及校订等事宜奔跑。这种实际上的窃火者的足迹，一步步，细微

---

① 冯雪峰译，作为附录收入。

琐末，然而却也流泻着当事人的心血，体现了他的崇高的、感人的献身精神。在这期间，他翻译了《毁灭》第三部，最后完成了这部反映苏联十月社会主义革命胜利初期一支游击队的战斗经历的小说名著；接着他又校完韩侍桁译的《铁甲列车 Nr. 14—69》，这是苏联作家伊凡诺夫的中篇小说，所反映的也是苏联国内战争期间一支游击队战斗的故事。1931年，他为《铁流》的翻译，与译者曹靖华不断通信，收到译稿后，又为它的插图、序言的收集与翻译，以及出版工作而付出种种辛劳。这年11月23日，他又亲自写了《〈毁灭〉和〈铁流〉的出版预告》。以后，又陆续翻译了苏联小说A.雅各武莱夫的《十月》、绥夫林娜的《肥料》、E.左祝黎的《亚克与人性》、唆罗珂夫的《父亲》、孚尔玛诺夫的《革命的英雄》、A.雅各武莱夫的《穷苦的人们》、V.英培尔的《拉拉的利益》、F.班菲洛夫和V.伊连珂夫的《枯煤，人们和耐火砖》、A.聂维洛夫的《我要活》、N.略悉珂的《铁的静寂》、S.玛拉式庚的《工人》等。后来他把这些译作，分别编入《竖琴》和《一天的工作》两本译文集中。此外，鲁迅还为不少翻译作品的出版，进行了校订、写前言后记，以及校排付印、筹措资金、联系出版所等工作。

鲁迅确实是以普罗米修斯窃火给人间那种虔诚的、崇高的热忱来从事这项工作的；他也是抱着自我牺牲和奉献的精神来为中国的无产阶级文学事业的发展，中国的年轻的革命作家的成长服务的。这个历史的足迹，永远留在中国现代文学史的发展的艰难途程中，它也是这个历史途程中的理论建树的丰碑。

鲁迅在翻译出版或发表这些论著时，都写有序跋、引言、后记等，不仅交代翻译介绍的经过和用意，而且提纲挈领地、撮要地记叙或论述了这些论著的理论要点、基本观念。这往往既是一种阐述，又是一种评介和发挥，因而它们也就成为中国马克思主义文艺理论发展建设的最初时期的砖瓦、石块，有的甚至是基石。它对于当时的无产阶级文学运动和创作，以及马克思主义文艺理论的建设，对于以后的理论与创作的发展，都发生了巨大的作用。

在《现代新兴文学的诸问题》的"小引"中，他对于当时中国文艺理论界的现状深表不满："新潮之进中国，往往只有几个名词，主张者以为可以咒死敌人，敌对者也以为将被咒死，喧嚷一年半载，终于火灭烟消。"他说，"必先使外国的新兴文学在中国脱离'符咒'气味，而跟着的中国文学才有新兴的希望"。正是为了这个目的，他翻译了这篇日本文艺批评家片上伸的论文，使我们的理论界、创作界，看看所谓罗曼主义、自然主义、表现主义、未来主义的"理论和事实"，"知道势所必至，平平常常，空嚷力禁，两皆无用"①。鲁迅的这种中肯的揭露和批评，正中要害。对于当时的理论建设和创作实践都是很有益处的；而他的注重实际，摆脱符咒气的意见，更具有方法论和一般的指导意义。

他还称赞卢那卡尔斯基收在《艺术与革命》中的几篇讲演稿，指出："其中于艺术在社会主义社会里之必得完全自由，在阶级社会里之不能不暂有禁约，尤其是于俄国那时艺术的衰微的情形，指导者的保存，启发，鼓吹的劳作，说得十分简明切要。那思虑之深远，甚至于还因为经济，而顾及保全农民所特有的作风"等，这些范围内的论述，对于我们的理论建设都是很有用处的。他说："这对于今年忽然高唱自由主义的'正人君子'，和去年一时大叫'打发他们去'的'革命文学家'实在是一帖喝得会出汗的苦口的良药。"②

在《〈艺术论〉（蒲氏）·论文集〈二十年间〉第三版序译者附记》中，他指出了书中一些"简明切要"的论述，"尤合于介绍给现在的中国的"。它们是："开首述对于唯物论底文艺批评的见解及其任务；次述这方法虽然或被恶用，但不能作为反对的理由；中间据西欧文艺历史，说明憎恶小资产阶级的人们，最大多数仍是彻骨的小资产阶级，决不能僭用'无产阶级的观念者'这名称；临末说要宣传主义，必须豫先懂得这主义，而文艺家，适合于宣传家的任务之处却很少"③等，这些问题的剔抉点睛，其本身也就是一种理论上的建设：指出了作品的要旨，指明了自身的问题，提出了应该解决的问题。

在那些为翻译作品所写的小引、序跋中，他除了介绍作家的生平和创作之外，还论述作品的主旨和意义、作家的风格和所属的流派，对于人物的思想性格的剖析、作家手法的特色和优点、对于我们创作的借鉴意义，也都有简明扼要而又很中肯的阐释。对于同路人雅各武莱夫的《十月》，他肯定其"电影式的结构和描写法的清新"，但又指出那难以掩盖的"通篇的阴郁的绝望底的氛围气"。并且告诉我们，同样写十月

---

① 鲁迅：《鲁迅全集·现代新兴文学的诸问题》，人民文学出版社，2005，第321-322页。

② 鲁迅：《鲁迅全集·译文序跋集》，人民文学出版社，2005，第331页。

③ 同上书，第347页。

革命，却有法捷耶夫的《毁灭》那样的用"在别样的环境里的别样的思想感情"来写的作品。[①]在《〈毁灭〉后记》中，他精辟地逐个分析了莱奋生、美谛克、苦勃拉克和美迭里扎等人物的思想性格的特征及其渊源优劣，也分析了作家的创作手法，肯定他的出色的现实主义。他说："文艺上和实践上的宝玉，其中随在皆是，不但泰茄的景色，夜袭的情形，非身历者不能描写，即开枪和调马之术，书中但以烘托美谛克的受窘者，也都是得于实际的经验，决非幻想的文人所能著笔的"[②]。

这里还必须指出的是：鲁迅这时的翻译外国的理论和创作，再次表现了他的介绍、输入外国文学—文化的勇气、胆识和热情，他在使翻译发挥文化的媒介作用方面起了巨大的作用。一方面是他自己亲手翻译、介绍，另一方面是他为组织、引导、扶植翻译作品的问世和翻译家的成长，付出了十分惊人的辛劳，表现了对翻译家、对作家和读者的眷眷之意、拳拳之心。这精神是非常感人的。在这方面，鲁迅又以翻译家的身份，成为中国比较文学建设与发展的先驱和导师。而他的那些译文作品的前言后记，也还从影响研究和平行研究方面进行了很有深度与特色的比较研究，这更是中国早期比较文学研究发展的宝贵产品，是中国比较文学发展史上早期的丰碑。

十二、在历史镜子中照见的现实
——《故事新编》

鲁迅的历史小说独具风采。他把他的历史小说集命名为《故事新编》是很有道理的。他在《南腔北调集·〈自选集〉自序》中说这本书是"神话、传说及史实的演义"；在1936年2月3日致增田涉的信中称其"是根据传说改写的东西"；而在《故事新编·序言》中则说，"叙事有时也有一点旧书上的根据，有时却不过信口开河"。这是说，他的历史小说，不是那种"博考文献，言必有据"的，被人称为"教授小说"式的作品。鲁迅这样来处理历史题材，是他创作历史小说的立意所决定的。在全部8篇历史小说中，最早的一篇《补天》（原题《不周山》）是

---

① 鲁迅：《鲁迅全集·译文序跋集》，人民文学出版社，2005，第352–353页。

② 同上书，第367页。

1922年冬天写成的，"那时的意见，是想从古代和现代都采取题材，来做短篇小说"，他的目的是要扩大小说创作的题材范围。以后，1926年在厦门，住在石屋里，"对着大海，翻着古书，四近无生人气，心里空空洞洞"，而这时又"不愿意想到目前"，便"仍旧拾取古代的传说之类"来创作小说，在这种情况下便写了《奔月》，以后在广州又写了《铸剑》。1935年，在1月4日致萧军、萧红的信中，他说，一方面因为"多年和社会隔绝，自己不在旋涡的中心"，难于创作小说，另一方面又为了"把那些坏种的祖坟刨一下"，又开始创作历史小说。这说明他创作这些历史小说，并不是发思古之幽情，而是要为现实服务。因此，鲁迅的历史小说，并不拘泥于古人古事，而是从历史的镜子里照见现实，甚至直接插入现实的场面：让现代人穿上古人的服装来扮演现实的悲喜剧。在他所歌颂的古人中，我们看见作者对现实的批判和美好的理想；而在对古人的历史审判中，我们也可感到对活人的批判。《补天》写于1922年冬季，正是五四运动后尊孔读经的复古思潮嚣嘈杂的时候。作者便选择了女娲炼石补天的神话，"取了茀罗特说[①]，来解释创造——人和文学的——缘起"，"原意是在描写性的发动和创造，以至衰亡的"[②]。这立意是很有现实意义的。它批判了复古派压抑天理人欲的假道学，而肯定了、歌颂了人的天性要求的合理性和人的创造精神。虽然小说依弗洛伊德的精神分析法来描写性的发动和创造，但在实际描写中，除了女娲的几次慨叹："唉唉，我从来没有这样的无聊过！"透露了情意缠绵的懒慵情态外，在这方面几乎没有怎么着笔，却是较为细致地描写了女娲对劳动创造的喜悦和她沉静、宽厚、朴实的性格，从而突破了那主观立意的局限。尤其后面写到，女娲用软泥揉捏出来的"小东西"（即创造了人），后来"怪模怪样的已经都用什么东西包了身子"，后来又有"遍身多用铁片包起来的"，更后又有"腰间却也围着一块破布片"。这种对于人类发展史上的一个细节的描写，表现了人性的发展过程中的异化现象：知羞耻了，也就失去了最初的纯真，而能干出更不

---

① 茀罗特，今译弗洛伊德，奥地利精神病学家，茀罗特说，即弗洛伊德的精神分析学说。鲁迅对这种学说虽曾注意过，受过他的若干影响，但后来是采取怀疑和批判的态度的。

② 《南腔北调集·我怎么做起小说来》。

识羞耻的事。①最后则更出现了"先前所做的小东西","累累坠坠的用什么布似的东西挂了一身，腰间又格外挂上十几条布，头上也罩着些不知什么，顶上是一块乌黑的小小的长方板"，这"小东西"更在女娲两腿之间，叨叨咕咕什么"裸裎淫佚，失德蔑礼败度，禽兽行。国有常刑，惟禁！"他是一个假道学家。关于这样一个"古衣冠的小丈夫，在女娲的两腿之间出现"，鲁迅曾说，是因为写作途中，"不幸正看见了谁——现在忘记了名字——的对于汪静之君的《蕙的风》的批评"（指胡梦华对《蕙的风》的批评），因为《蕙的风》中有"一步一回头瞟我意中人"的诗句，这位批评家就说自己"不可思议的眼泪""盈眶了"。当时鲁迅写了杂文《反对"含泪"的批评家》，批判了这种封建卫道士的思想，同时又写了《补天》中"古衣冠的小丈夫"出现的这一情节。鲁迅在《故事新编·序言》中说，"这就是从认真陷入油滑的开端"。这"油滑"是指脱离了"博考文献，言必有据"的历史小说创作的常规，而从此进入抨击现实的轨道。这不是对于现实的含沙射影，而是一种由古入今的直接批判。这种形象的描写，比之投枪匕首的刺杀，又具有另一种力量。

这成为鲁迅历史小说的鲜明特色。

《奔月》的创作意图，鲁迅在《两地书》中，说得很清楚②，是批判高长虹的。这里虽然批判的是一个具体的对象，但正如鲁迅与陈西滢战斗一样，是为了公仇而不是私怨：高长虹也与陈西滢一样，是一种类型的代表。高长虹是鲁迅的学生，曾得鲁迅扶掖培养，但后来又攻击鲁迅，并且一边利用，一边攻击。反映了当时这类恶劣文学青年的特性。鲁迅对此是颇为愤激的。《两地书·七九》中说，以前，他从进化论出

---

① 《夜颂》里写道："夜是造化所织的幽玄的天衣，普覆一切人，使他们温暖，安心，不知不觉的自己渐渐脱去人造的面具和衣裳，赤条条地裹在这无边际的黑絮似的大块里。"（《准风月谈》）

② 《两地书·一一二》："那流言，是直到去年十一月，从韦漱园的信里才知道的。他说，由沉钟社听来，长虹的拼命攻击我是为了一个女性，《狂飙》上有一首诗，太阳是自比，我是夜，月是她。……我这才明白长虹原来在害'单相思病'，以及川流不息的到我这里来的原因，他并不是为《莽原》，却在等月亮。但对我竟毫不表示一些敌对的态度，直待我到了厦门，才从背后骂得我一个莫名其妙，真是卑怯得可以。我是夜，则当然要有月亮的，还要做什么诗，也低能得很。那时就作了一篇小说，和他开了一些小玩笑，寄到未名社去了。"

发，"即使爵年来杀我，我总不愿还手"，现在，改变了，"无论什么青年，我也不再留情面"，"不再彷徨，拳来拳对，刀来刀当"。于是，写《奔月》。因此，《奔月》的写作，意义远不止反击高长虹，而是反映了鲁迅的思想的巨大变化：此时已经酝酿着对进化论思想的根本否定了。《铸剑》（亦名《眉间尺》），写于1927年4月初的广州，当时，阶级斗争的大风暴即将来临，鲁迅在文章与讲演中，突出地发出"革命无止境""革命尚未成功""不要忘了前线"等声音，特别提出了"要彻底地消灭敌人"的思想①。在《铸剑》中，正是刻画了眉间尺与反动统治者势不两立、不怕流血牺牲、定要斗争到底的英雄形象。这篇古代故事的现实意义是很突出的。在1936年3月28日致增川涉的信中，鲁迅认为此篇"确是写的较为认真"的。

此后的五篇，均作于1934—1935年，多数作于1935年。这5篇历史题材的作品，也都是攻击时弊之作。在这里，有对于国民党反动统治下天灾人祸、民不聊生等惨象的揭露，对于救灾大员和资产阶级学者的嘲弄与讽刺（《理水》）；有对于不顾国家危亡，逃避现实斗争的知识分子的批判（《采薇》）。在1936年2月21日致徐懋庸的信中，鲁迅说，《出关》，"是我对于老子思想的批评，结末的关尹喜的几句话，是作者的本意，这种'大而无当'的思想家，是不中用的，我对于他并无同情，描写上也加以漫画化，将他送出去"。这种"大而无当的思想家"，在30年代是常见的。鲁迅通过对古代老子孤独形象与落寞心情的刻画，给了现实中类似"老子"的人以猛击。《起死》则对于当时流行于文艺批评界的"此亦一是非，彼亦一是非"的观点，以调侃的笔调予以嘲弄，也使庄子式的虚无主义落得个虚无的下场。

鲁迅的历史小说中，刻画了几个鲜明、突出的历史人物的正面形象。这就是他在《中国人失掉自信力了吗》这篇杂文中所说的，那些"中国的脊梁'式的人物。

在《理水》中，鲁迅成功地刻画了为中国人民称颂的大禹形象："面貌黑瘦"，"又不穿袜子，满脚底都是栗子一般的老茧"，他进皇宫时是这样的：

---

① 《读书与革命》（未收集，重载于《中山大学学报》1977年第二期）、《黄花节的杂感》、《庆祝沪宁克复的那一边》等。这些讲演、文章均发表于1927年3—4月间，即创作《铸剑》的前后。

"前面并没有仪仗，不过一大批乞丐似的随员。临末是一个粗手粗脚的大汉，黑脸黄须，腿弯微曲，双手捧着一片乌黑的尖顶的大石头——舜爷所赐'玄圭'连声说道'借光，借光，让一让，让一让'，从人丛中挤进皇宫里去了。"

禹的随从，是"一排黑瘦的乞丐似的东西，不动，不言，不笑，像铁铸的一样"。

他们都是一心为民、不辞辛劳的实干家。

《铸剑》中的眉间尺，写得深厚、沉勇、坚毅，当母亲对他说："你从此要改变你的优柔的性情，用这剑报仇去！"之后，他便答道："我已经改变了我的优柔的性情，要用这剑报仇去！"当黑色人答应为他报父仇而要他的剑和头时，他便毫不踌躇："暗中的声音刚刚停止，眉间尺便举手向肩头抽取青色的剑，顺手从后项窝向前一削，头颅坠在地面的青苔上，一面将剑交给黑色人。"这刚到十六岁的少年，何等坚决与勇敢，这形象十分感人，也给人以力量。

此外，对羿、墨子，以及黑色人、禽滑厘、管黔敖等形象的描写，也都十分简明、生动、感人。

禹与随从、眉间尺与黑色人以及墨子与禽滑厘这些历史人物的出现，在鲁迅的创作生活中，不是偶然的。这些过去的亡灵被召来登上现实的舞台，体现了作者的积极精神和理想光辉。他们间接地反映了作者内心里的英雄形象的诞生，他难于从现实中去提取素材，便从历史中选取了合适的材料来加以表现。

《故事新编》的风格，就多数作品来说，正如鲁迅在《序言》中所说，一是只取一点历史的因由，"随意点染，铺成一篇"，因而，虽然并不"言必有据"，却"并没有将古人写得更死"。二是"速写居多"，描写上也加以"漫画化"。因为注进了现代精神，又加作者的高度的艺术技巧，这些古人都十分活跃。而后5篇则豪放、粗犷，似油画笔触，似写意勾勒，那气势颇为宏大。漫画化表现在描写场面和刻画人物方面，古人今语，甚至"O.K""古貌林"（Good morning）都采用了。古事中掺进时事，明显地有意为之，并不给人以违反了史实的感觉，却增加了幽默感和讽刺力量。

由于上述的创作意图和艺术特点，也许把《故事新编》称为"以历史故事为题材的小说"，比称为"历史小说"更为合适些。我们当然不应该以什么"历史小说"的模式来硬套每个作家的这类作品，但是，任何一个艺术样式总有其特殊的规定性，无视这种基本特征，也就失去了它与其他样式的界限。鲁迅所说的"油滑"，不能说是纯粹的谦辞，而可说是恰当的自我批评。将现实直接楔入历史，在历史描写中出现现实的场景与人物，作为优点，是没有违背历史、把"过去"现代化；但从"历史小说"的角度来要求，不免是个缺陷，有点出格。鲁迅把这称为"油滑"。

《故事新编》的意义，主要在于：第一，鲁迅密切结合现实的、战斗的创作态度；第二，这些"历史小说"中反映了鲁迅思想上的新的面貌，在艺术上有新的特色；第三，它是一个转机——鲁迅再次进入创作小说的阶段，这是他酝酿、准备写作鸿篇巨制的尝试。可惜的是，因为过早的逝世，这个志愿没有实现。

十三、思想的峻岭：构成与特质

作为一位伟大的思想家，鲁迅有他耀眼的特色，他的思想随着革命的发展而发展，非常明显地带着每个革命阶段的特有色彩。鲁迅又是一位伟大的文学家，他的深刻的思想，绝大部分都在他的文学著作（小说和杂文）中体现出来。鲁迅的思想观点，都带着鲜明的现实性，它是具体的、生动的，带着浓厚的生活气息，因此，他的思想是活泼、尖锐、泼辣的，带着"人间烟火"气。他在《华盖集》的"题记"中曾批评了那种远离人间，深入山林，坐古树下，静观默想，要洞见三世，观照一切的所谓"天人师"。他所主张的，也是他一生所实践的，是"执着现在"，用他自谦的话来说，就是"救小创伤"，"如沾水小蜂，只在泥土上爬来爬去"，"根柢就在我活在人间，又是一个常人"。这当然都是一种比譬的说法，主要的在于这种精神：切实。他始终植根于中国社会、中国人民的生活里。这些都是和现实的、具体的、日常的、人们关心的问题结合着的。他在1935年6月29日致唐英伟的信中谈论木刻问题时说道，"木刻的最后的目的与价值""这问题之不能答复，和不能答复'人的最后目的和价值'一样"。又说，'至于木刻，人生，宇宙的最后究竟怎样呢，现在还没有人够答复。"鲁迅反对空洞的许诺，也不试图去回答这种抽象的、一般性的哲学问题。

鲁迅之所以能如此，是因为他不仅是一位思想家，而且是革命家和文学家，这是三位一体的、有机地结合着的。因为是革命家，所以他总是优先并且集中注意力去思考如何进行革命的问题，革命遇到了什么问题，他都及时地敏感到并努力用实际行动去解决；而作为文学家，他更能敏锐地感受到现实生活中的种种问题和现象，这些又都是和进行革命相联系的，而且，他也具有"热烈地是其所是和热烈地非其所非"的文学家的那种气质。这样，他的思想就总是密切地联系着人民的、社会的生活实际，因而总是丰富的、生动的和具体的。

　　鲁迅的思想主要体现在后期的杂文中，那真是一部百科全书，它涉及了政治、经济、思想、文化、教育、历史、文学、艺术（包括美术、戏剧、电影）、科学等各个学科和部门，还涉及妇女、儿童、青年、学生、历史人物等各色人等的问题。这里，我们不能够按这些方面全面地来介绍鲁迅的思想，而只是就他的主要的思想特点方面，作些简要的介绍。

　　鲁迅一开始探讨中国革命的问题，是受到当时从国外输入的思想的影响，从"国民性"即"民族性"问题入手的，而以进化论为根本指导思想。他在辛亥革命时期和"五四"时期，都是这样。他深深苦恼着的是：中国人的"国民性"或"民族性"为什么这么落后、愚昧、麻木，长期停滞，顽固不化。他甚至激愤地说出"中国人"从世界上消灭了，也好，这从反面证明了进化论的权威：不进化就会灭亡。他在《阿Q正传》中写了"我们国人的魂灵"的一个重要方面：精神胜利法。明明是失败了，却说是"儿子打老子""老子从前比你阔得多"，一贯地自轻自贱，由失败者主观上化为"胜利者"，却不肯改正自己的缺点、弱点，不愿改革、进化、革命。因此长期冥顽不化。这也许可以说是他找到的一个原因。他提出来了（还提出了其他一些问题），希望"引起疗救的注意"。但是，怎么疗救呢？他的答案是：思想革命。由"精神界之战士"（辛亥革命时期的提法）出来"援救吾人"或从"知识阶级"（"五四"时期的提法）来"先行设法"，"民众俟以后再说"。我们在前面说到过，鲁迅的这种思想，在当时不仅有其进步意义，而且深刻、有特点，即他抓住了人这个根本；他最后还是希望要去唤醒和改造群众。然而，现实证明他的思想有缺陷，他没有认识到：革命实践对改造人的决定作用。而且，他也没有认识到：无论"知识阶级"也好，还是他所认为的"必胜于老人"的青年人也好，都不是一个整体，更不是静止的铁板一块，他们是分成不同的阶级的。五卅运动以后，由于工农、市民群众的崛起，他的认识开始转变。以后，又由于在广州的"事实的教训"，他的思想发生了质变。再以后，到上海，通过革命的实践、马列主义的学习和与共产党的密切联系，他的思想更加向前发展，达到成熟的伟大的马克思列宁主义的高度，达到我们民族的思想文化的高峰。

从在厦门开始，在他的语言中出现了"平民"，而且他们在他的思想上所占的地位已经很不一般。以后，他更加认识到，"惟新兴的无产者才有将来"①。这话对于鲁迅来说，含有多方面的深刻意义。首先，他是同其他阶级，尤其是他的本阶级对比来说的，即那些剥削阶级是要"溃灭"的（他毫不惋惜它的这种命运），这是历史的必然，而无产阶级是新兴的阶级，是要发展壮大、有光明前途的阶级。其次，它说明创造无产阶级社会的力量就是无产阶级。因为剥削阶级是要溃灭的，其他阶级也要改变，惟无产阶级才有将来，将来是属于它的。这样一个基本认识，属于马克思主义的基本知识范畴。但对鲁迅来说，却有着非常重要的、带根本性质的意义。因为，这是轰毁了他原来的思路、改变了原来的世界观的结果。这是一种世界观战胜另一种世界观、一个阶级战胜另一个阶级的胜利。更值得我们重视的是：鲁迅接受这种马克思主义思想，与一般知识分子很不相同，他不是单纯理论上接受，而是通过自己漫长的思想经历和战斗历程，通过种种比较，从而改造了原先的思想。黑格尔说，同一个谚语由年轻人和有丰富经历的人来说，其含义是大不一样的。还有一点不同，就是鲁迅接受了马克思主义以后，立即运用于实践，把它拿来作为武器，剖析社会，剖析人，剖析文艺现象，也剖析自己。

中国近代史和现代革命史，是一部中国人民由受压迫剥削侵略而起

---

① 鲁迅从五卅运动后开始转变，反映了时代的和历史的现象，即小资产阶级的革命化和资产阶级的进步，革命的知识分子普遍以"五卅"为转变的起点。鲁迅作为一个阶级的代表人物，反映了历史的前进脚步和革命的普遍现象。郭沫若也是这时开始转变的，他的一段表述具有代表性，反映了当时进步知识界、文学界的共性，因此也可作为了解鲁迅思想的参考，另一方面也可看出鲁迅的转变并非一个孤立的、个人的现象，他是时代的、革命的产物，他的思想反映了时代，反映了革命。郭沫若的自述如下："天大的巨浪冲荡了来，在五卅工潮的前后，他们之中的一个：郭沫若把方向转变了。同样的社会条件作用于他们。于是创造社的行动自行划了一个时期，便是《洪水》时期——《洪水》半月刊的出现。"（《创造社的回顾》）

来反抗斗争的历史。人民群众的发动面由小到大，由少到多，人民群众的力量由弱到强地发展。直到20年代末期，工人、农民奋起斗争，而且穿起了军装，建立了自己的军队和政权，好比在一幅历史的画幅上，一棵"工农之树"的幼苗，从破土而出到长成一棵大树，在历史的大风暴中挺立不拔，刚健多姿。它的巨大的身影，反映在作为伟大思想家鲁迅的思想中，这结果便是鲁迅思想的根本变化和辉煌的发展。

鲁迅在后期的杂文中，也常常以冷峻犀利的笔锋，批判"中国人"的缺点。他的这种批判，达到了非常深刻的程度，可以说曾教育了我国几代人，至今仍在教育着我们。但是，他当时的这种批判，同前期有了很大的不同：出发点和归宿不同，某些提法也不同。那时，已经不是不加区别、不分阶级地笼统地提国民性的改造问题了，也不仅是一般地区分治者与被治者了，而是具有鲜明的阶级观点。对人民群众，他有了信心。

在30年代，在全世界范围内，无产阶级革命和工人运动蓬勃兴起。但是，在这个年代里，"左"倾错误也普遍存在，希特勒利用了德国党的"左"的错误而上台，日本共产党人由于福本主义的影响，付出了血的代价，中国共产党犯了三次"左"倾错误，其中王明的"左"倾错误，几乎葬送了革命。然而，值得我们深思的是：一个在大革命失败以后，走进无产阶级革命行列、进入到马克思主义者队伍的文学家鲁迅，却相当突出地、一贯地反对了"左"的错误倾向。当然，他不是在政治战线上，而是在文学战线、思想文化战线上这样做的，而且是以他特有的方式来表达的。

1927年大革命失败后，党需要组织正确的退却，局部的武装斗争只是一种特殊形式的防御。然而，当时犯"左"倾错误的领导人却把这种形式估计为革命仍在继续高涨，来了一个盲动主义的继续进攻。接着是第二次"左"倾错误，在艰难的条件下，却要"大干"，否认中国革命的长期性、艰巨性，幻想着在反革命统治相对趋于稳定的情况下，一举取得一省或数省乃至全国的胜利，强令红军攻打大城市，"饮马长江，会师武汉"，表现了小资产阶级的急躁情绪和速胜的幻想。几乎是接连着的，又来了第三次"左"倾错误，以王明为首的教条主义者，披着马列主义的外衣，大骂别人"一贯右倾"，他们要来一个"决死斗争"，无视九一八事变以后国内形势的重大变化，继续在根据地和白区实行脱离多数群众的冒险政策。他们的错误给中国革命造成了极大的损失。中国无产阶级革命文学就是在这样的时代背景影响下发生、发展起来的。虽然有时并不是犯"左"倾错误的领导者掌管文艺，直接干预文学运动，但是，这种"左"的倾向的影响，仍然是严重地存在的。而且，当时的作家主要是小资产阶级知识分子，虽然他们有革命的热情，但他们之中有接受"左"的影响的思想基础，他们自身也会滋生"左"倾情绪。

1928年，当创造社和鲁迅的合作才发出一个宣言，行将开始战斗时，创造社后期诸人从日本回来，立即改弦易辙，要拿鲁迅来"祭旗"，倡导发展无产阶级革命文学。把一个从五四运动以来一直英勇战斗着的，当时又正向无产阶级队伍跃进的老将，一下子打成了"封建余孽"、"资产阶级"以至"二重的反革命"，这真够"左"的了。鲁迅当时虽然还不是一个成熟的马克思主义者，但是，他以他的实际行动，批判了创造社、太阳社的"左"倾思想。批判他们的不敢正视现实，不敢面对黑暗，而是"畏惧黑暗，掩藏黑暗"。鲁迅对他们的批判，确实抓住了他们的一个病根。后来，鲁迅总结这一段论争，在《二心集·上海文艺之一瞥》中指出："他们对于中国社会，未曾加以细密的分析，便将在苏维埃政权之下才能运用的方法，来机械地运用了。"不了解中国的国情，脱离中国实际，混淆了两个革命阶段的不同性质，这就是"左"倾教条主义的特征和根源。

鲁迅深刻地批判了那种唯我独"左"、唯我独革的，把革命装成可怕面孔的"左"倾分子的可怕相。他在《二心集·上海文艺之一瞥》中说，他们"将革命使一般人理解为非常可怕的事，摆出一种极左倾的凶恶的面貌，好似革命一到，一切非革命者就都得死，令人对革命只抱着恐怖"。他指出："这种令人'知道点革命的厉害'，只图自己说得畅快的态度，也还是中了才子+流氓的毒。"

鲁迅后来对于"左联"在实际工作上的搞飞行集会等活动，把"左联"搞成第三党的斗争策略也是不赞同的。他还批评了"左联"的关门主义与宗派主义的错误。

1930年5月7日，李立三约见鲁迅要他发表宣言而遭他拒绝一事，说明在如何从事战斗上，鲁迅能从实际出发，考虑斗争策略，抵制了"左"倾错误。他说，"俄国……正是劳农专政"，"在日本……究竟还有一点点微微的出版自由，居然也还说可以组织劳动政党"。但中国是没有这个条件的，斗争策略上必须考虑到这种环境，而进行"合法的"斗争。

特别值得注意的是，鲁迅深刻地揭露批判了那种以"彻底"的面貌出现的假"左"和别有用心的"左"。他在《二心集·非革命的急进革命论者》中称这种以极"左"面目出现的理论为"毒害革命的甜药"。对张春桥（狄克）在《我们要执行自我批判》中所使用的手法，鲁迅给予了深刻的批判，他在《三月的租界》中指出，这种以极"左"面貌出现的东西，"那其实是在向'他们'献媚或替'他们'缴械。"鲁迅还批判了那种取消论的"彻底"论者。这种人说："现在的一切文艺，全都无用，非彻底改革不可！"他用"彻底"，否定一切，而且使你动弹不得，"闷死，都闷死了。"鲁迅说："如果遇见这样的大人物而不能撕掉他的鬼脸，那么，文艺不但不会前进，而且只会萎缩，终于被他消灭的"。他在《花边文学·"彻底"的底子》中指出："切实的文艺家必须认清这一种'彻底'论者的真面目！"在整个革命问题上，这种"彻底"论者，也是一种消灭革命的妄论。

鲁迅能够做到这一点，最根本的，就是他总是不脱离现实，他对中国社会有十分深切透彻的了解。他认为中国数千年绵延至今的社会，被过去的东西沉重地压着，一种顽固的、保守的、守旧的思想严重地阻碍着改革的进行。他说，在中国即使要开一个窗户也要流血，而且流了血也未必能行得通。因此他一向主张"韧"性的战斗，反对赤膊上阵，反对孤注一掷，反对只图一时痛快，急躁冒进。

同时，鲁迅对于中国的历史有着极为深切的了解。他说，中国几千年的封建社会的上层建筑，经过多次的修补、发展，已经弄得非常的精密细致，要想动它是很不容易的，而且，有的人，甚至是外族（如元、清），想要钻研和改变它，却被它所吞没、同化了。这种历史的传统的惰力是非常顽强、不易攻破的。

鲁迅称这为"割头不觉死"的"软刀子"①：

> 然而古老东西的可怕就正在这里。倘使我们觉得有害，我们便能警戒了，正因为并不觉得怎样有害，我们这才总是觉不出这致死

① 《老调子已经唱完》中说："元朝人起初虽然看不起中国人，后来却觉得我们的老调子，倒也新奇，渐渐生了羡慕，因此元人也跟着唱起我们的调子来了，一直到灭亡。""清朝又是外国人。中国的老调子，在新来的外国主人的眼里又见得新鲜了，于是又唱下去。还是八股，考试，做古文，看古书。但是清朝完结，已经有十六年了，这是大家都知道的。"（《集外集拾遗》）

的毛病来。因为这是"软刀子"。……"几年家软刀子割头不觉死，……"我们的老调子，也就是一把软刀子。

鲁迅还指出，帝国主义侵略中国以后，又利用这种旧的封建的意识形态来奴役人民。《集外集拾遗·老调子已经唱完》中说，帝国主义要中国"保存旧文化"，"是要中国人永远做侍奉主子的材料，苦下去，苦下去"。"凡是称赞中国文化的，都只是以主子自居的一部分。"

鲁迅还深刻地论述了旧的文化、封建的意识形态，往往不仅自己不改变，而且要新的事物来适合它。恰如《华盖集·补白》中说，它"并非将自己变得合于新事物，乃是将新事物变得合于自己"。

鲁迅这种对于历史的深刻的了解，又是同他对现实的了解相结合的。他从历史看到今天，因此对现实的认识也更深刻。

鲁迅的一生，都是彻底地、无私地为人民的。尤其是最后十年中，他衡量任何事物，都如他自己所说："以民众为主体"，他在许多文章中，分析历史的、现实的问题，都是这样做的。《且介亭杂文末编·关于太炎先生二三事》中说，在称赞高尔基的时候，他曾说："他的一身，就是大众的一体，喜怒哀乐，无不相通"。这赞语，也是完全适用于他自己的。他在1936年致曹白的信中说："凡是为中国大众工作的，倘我力所及，我总希望（并非为了个人）能够略有帮助。"这朴实的语言，表达了他的为人民的赤诚的心。

鲁迅的这种一贯不脱离实际，深刻地了解中国的历史和无私地为人民，就是他的思想的最大特点。这些特点，不仅构成了他的伟大的思想品德、崇高的人格，而且很自然地成为他抵制"左"倾和右倾错误思想的"抗毒素"。正是循着这个思想途径，他攀登上思想的高峰峻岭。

这是鲁迅为我们做出的榜样。

这是鲁迅留给我们的最珍贵的思想遗产。

十四、新的杂文艺术世界
——艺术思维与艺术世界（8）

鲁迅是杂文大师。他把这种中国古已有之、外国也有类似体裁的文学样式，改造发展成为一种完美崭新的文体。他创造了一个新的文学品种。从"五四"时期《新青年》的《随感录》到《且介亭杂文》，他把"杂文"这一文体发展到了一个艺术的高峰，成为他得心应手的投枪和匕首。在短短的篇幅中，凝聚着深刻的思想。在幽默与讽刺之中闪耀着智慧与理论的光辉，具有发人深省的魅力。鲁迅说，他的攻击时弊的杂文，没有同时弊一同灭亡，这是他的悲哀。他热望中国进步因而希望自己的杂文"速朽"。这反映了他的革命家的胸怀。作为思想和艺术遗产，他的杂文成为中国现代思想史、文化史和文学史上的瑰宝而留存下来，并将永远流传下去。这是他的光荣。

鲁迅杂文的价值，首先就在于它是为现实斗争服务的，是"感应的神经，攻守的手足"，它是投枪、匕首，"能和读者一同杀出一条血路来"。这一点，在他后期的杂文中表现得特别明显、突出，成就也更高。批判新月派，"民族主义文学"、"第三种人"和"自由人"，批判国民党反动派对内反共反人民、对外实行不抵抗主义的反动政策，批判帝国主义的侵略，特别是日本帝国主义的武装侵略，批判革命队伍内部的"左"倾和右倾错误及小资产阶级的动摇性，批判社会上种种腐朽、落后现象，等等，真是包罗万象，所向披靡。

鲁迅后期的杂文充满了革命的乐观主义、集体主义，充满了对于人民力量的无比信心。这些，在他前期的杂文中，是缺少的。如果说前期杂文的特点，更多地表现了他的"因为从旧垒中来，情形看得较为分明，反戈一击，易制强敌的死命"（《写在〈坟〉后面》），那么，后期的杂文，这方面的优点仍然保留着并发展了。而另一方面，又突出地表现了共产主义战士向前突击的特点，他的杂文不仅揭露了封建的、资产阶级的脓疮，起了反戈一击的强大作用，而且发掘了历史上的光明面，如揭示和肯定民族的正义传统、人民的反抗精神和创造历史的主动性；阐发工人农民是国家、社会的脊梁的作用和意义；阐发社会发展的规律，以及阐述文化、科学、文学艺术的辩证唯物主义观点等，都放射出夺目的光彩。并且，这些都以他独特的方式，以诗人与战士的精神，以政论与诗相结合的风格来表现，达到了同时代的作家不可企及的高度。

有的论者指出，鲁迅的后期杂文，有两点不同于前期的杂文，这就是：（一）讽刺多于嘲笑，文章多直指，气较粗，有时简直是呵斥，前期杂文的诙谐，委婉，曲折，清隽，深长之意度减少了。后期杂文特色是两个字："峻洁"。（二）前期杂文多写"通相"，后期则多写"别相①。

这些论述，包含着真知灼见。的确，鲁迅后期的杂文中，有不少是气较粗的，激愤的，"峻洁"二字，足以标示其艺术特征与思想锋芒。前期杂文委婉、曲折、清隽、深长，后期有些杂文这种意度减少了。但应指出的是，用这些论鲁迅后期的有些杂文（主要的和较集中的是在《伪自由书》和《准风月谈》中）则可，而用以概括后期杂文的全般就欠妥、不符合实际了。前节所论鲁迅许多篇幅较长的社会、文化批判性杂文即本书拟名为"社会—历史—文化"杂文（简称"文化杂文"），也是不乏诙谐之态，不乏委婉曲折清隽深长之意度的。

至于指出鲁迅的前期杂文多写"通相"，后期杂文多写"别相"，这是很有见地也很对的。形成这种特点的原因是，斗争越来越尖锐了，斗争目标更集中了，更具体化了。这是斗争深入了、发展了的表现。鲁迅杂文的变化，反映了客观的这种变化。

还有的论者指出，鲁迅后期的写作，"狂乱而暴躁"，"其思路更趋零碎，艺术性也不高"，"它们只是很狭窄地瞄准焦点，比早期杂文更加注意那些具体的对象，视镜的广度与思想的深度都大不如前"。这里也

---

① 徐梵澄在《略说"杂文"和〈野草〉》（载《鲁迅研究动态》1986年第10期）中指出："虽然，若从整个看，则前期和后期的作品，在表现上亦微有特性之不同。前期多写'通相'后期多写'别相'。""但到后来暴力压迫愈加重加强了，投枪放箭者，多人已成为'王之爪牙'，遭到了他们的袭击便不免还击，于是写别相，多于'通相'非是如前期讽刺有代表性的人物，而指斥许多无谓的小丑了。……到末期的奋斗，不可谓不惨淡。""晚期的作品，与前期的在这一点上不同，即讽刺多于嘲笑。这与在上海的遭遇大有关系。文章多直指，气较粗，篇幅较短，出义当然一贯是鲜明，而嘲笑有时自嘲亦所以嘲笑对象的笔名也多起来了。（如'且介亭'表租界亭之类）有时简直是'嘘'，或呵斥几声了事。较之前期诙谐之文，委婉，曲折，清隽，'深长之意度减少了。只余了两字，曰：'峻洁'。"这里对于鲁迅前后期杂文特征之差异，所论甚详，且指出后期杂文特点之形成，在于暴力压迫的加重加强，不免还击，而至指斥小丑，多写"别相"。

是真知灼见与偏颇之处同在①。一方面，应该承认，鲁迅后期的杂文，确是比前期杂文更激越、更锋利、更直面斗争的对象了，有时简直是面对着手枪的。但说"狂乱"与"暴躁"，不免过苛，就像说只有"嘘声"与"呵斥"一样。这样的作品确实有，但不是多数而是少数，不能代表全般，其为"病"也，是"临时性"的、个别性的，而不是通病，不是老病。"思路的零碎"和"艺术性不高"的情况也是存在的，但同样不是通病，而是个别与少量的。指出鲁迅后期杂文的这些缺点，是有益的、实事求是的，这不仅有利于正确认识鲁迅，而且有利于总结创作的规律和艺术审美的经验。但是，分寸感也是重要的。

在讨论了鲁迅的后期杂文的特征、优缺点、得与失之后，我们有必要从整体上、从发展的历程上来讨论一下鲁迅的杂文，把鲁迅杂文作为一个文学总体来分析研讨。

作为丰富的艺术宝库，鲁迅的杂文真是琳琅满目。首先，他的杂文在向敌人冲锋陷阵的战斗中，充分地、高度地发挥了嬉笑怒骂、皆成文章的战斗风格，它是思想性与艺术性高度统一的艺术品，具有很高的美学价值。在他的杂文中，有不少是直接论述美学、艺术规律、创作方法以及文学史的篇章；也有不少对反动的、资产阶级的文学流派以及革命文学内部的错误思想的批判文章；还有不少对中外作家及作品的评论文章，以及为当代作品所作的序、跋、小引、题记等。所有这些，都有很高的理论意义和学术价值，是启发我们的思路、提高我们的认识水平和

① 李欧梵在《在传统与现代之上——鲁迅杂文创造性之探索（上）》（载《鲁迅研究动态》1987年第9期）中说："他越是感到黑暗势力包围着，就越是一个战斗者，他的写作也就越是狂乱而暴躁。这样，鲁迅大量的杂文，至少是他全部杂文的50%，就都是在他生命的最后三年半中写成的。从非党派的观点看，鲁迅后期杂文的成就强调得有点过分，因为其思路才趋零碎，艺术性也不高。这些战斗的阜利通（用瞿秋白的话），仅仅只是鲁迅公开的那一面。它们只是很狭窄地瞄准焦点，比早期杂文更加注意那些具体对象，视觉的广度与耳想的深度都大不如前。""最少趣味的文章，我个人认为，是1933年的两本集子（《伪自由书》、《准风月谈》，另外是1934年的《花边文学》和《且介亭杂文》前两本（1934—1935），其中大部或者是用化名写的文章（为了对付审查），或者是给别人的书作序。"

这里指出鲁迅后期杂文的"失"在于黑暗势力包围，和个人的品性，过去对其评价过分，更加注意具体对象，以及《伪自由书》、《准风月谈》二集及《且介亭杂文》与其二集是"最少趣味的文章"，都是颇有见地的。只是有的用语令人有过苛之感，在总体性评语中，未免对包容其中的局部的好处照顾不到。

创作水平的宝贵教材。同时，他的杂文本身就是艺术的精品，给我们以艺术感染。

要懂得鲁迅的杂文，首先要了解这些杂文产生的时代背景和社会环境，同时也要了解鲁迅的革命精神：他怎样英勇、顽强、及时地进行战斗。瞿秋白最早给鲁迅和他的杂文作出了正确的评价，他在《〈鲁迅杂感选集〉序言》中曾经指出：

> 鲁迅的杂感其实是一种"社会论文"——战斗的"阜利通"（Feuilleton）。谁要是想一想这将近二十年的情形，他就可以懂得这种文体发生的原因。急遽的剧烈的社会斗争使作家不能够从容的把他的思想和情感熔铸到创作里去，表现在具体的形象和典型里；同时，残酷的强暴的压力，又不容许作家的言论采取通常的形式。作家的幽默才能，就帮助他用艺术的形式来表现他的政治立场，他的深刻的对于社会的观察，他的热烈的对于民众斗争的同情。不但这样，这里反映着五四以来中国的思想斗争的历史。杂感这种文体，将要因为鲁迅而变成文艺性的论文（阜利通——Feuilleton）的代名词。自然，这不能够代替创作，然而它的特点是更直接的更迅速的反应社会上的日常事变。①

这段论述比较全面地说明了鲁迅杂文产生的社会原因、鲁迅本人的贡献，以及杂文的特性与作用。

从"五四"到"一二·九"，这是中华民族在苦难中挣扎的黑暗岁月，是中国人民在中国共产党领导下，进行艰苦卓绝的斗争的时代。广大人民同帝国主义和国内反动派进行着殊死的搏斗。这种搏斗，尖锐、激烈、复杂、持久。这伟大的斗争和伟大的时代，造就了为它服务的伟大人物。鲁迅就是这样的人物，并且是这一时代的思想界的杰出的代表。从"五四"到"一二·九"，阶级矛盾与民族矛盾交织，同敌人的斗争与同内部错误思想的斗争交织。鲁迅适应了这种形式的要求，配合了这种斗争，从"五四"时期开始写"随感录"起，随着斗争的发展，他写杂文的自觉性越来越高，数量越来越多，目标越来越明确。

鲁迅之伟大，正表现在这里：他不仅比别人更敏锐地感受到时代的

---

① 《瞿秋白选集》，人民文学出版社，1959，第317页。

这种需要，而且自觉地去承担起这种战斗的任务。从《新青年》杂志上出现"随感录"开始，写作杂文的人确实不少，但只有鲁迅一人坚持写下去。在以后的各个时期，也还有写的人，或者因为怕危险，或者因为弄杂文没有学术的尊位高名，因而停笔不写；或者是用杂文以泄私愤，拿来作攻击个人的手段，目的既达，弃之不顾。还有的人为反动派张目，仅以杂文为诬陷、告密的手段。另有一些人，如周作人、林语堂，则走入歧途，捧晚明小品，鼓吹"费厄泼赖"和"性灵"幽默，违背时代精神，脱离人民的迫切需要。

但是，鲁迅却完全不同。他以很高的自觉性来写作杂文，数十年如一日，把主要精力放在写作杂文上面。他并不把杂文当作"爬进高尚的文学楼台去的梯子"。《且介亭杂文二集·徐懋庸作〈打杂集〉序》中说："他的作文，却没有一个想到'文学概论'的规定，或者希图文学史上的位置的，他以为非这样写不可，他就这样写，因为他只知道这样写起来，于大家有益。农夫耕田，泥匠打墙，他只为了米麦可吃，房屋可住，自己也因此有益之事，得一点不亏心的糊口之资，历史上有没有'乡下人列传'或'泥水匠列传'，他向来就并没有想到。"鲁迅就是在这样高的思想境界上来写作杂文的。鲁迅是清醒地知道自己之所长的。他在《华盖集·题记》中说过，如果搞创作，"也许于中国不无小好处"，搞学术，"大概也可以说出一点别人没有见到的话来"。他"也并非不知道创作之可贵"，但正如《准风月谈·后记》中所说，他却不想去"仰视莎士比亚，托尔斯泰的尊脸"而甘心当"大厦中的一木一石"，做一个速朽的"杂文家"。

这就是鲁迅努力写作杂文的主观原因。没有这一个因素，只有时代的需要，也仍然不能产生鲁迅的杂文。被耽误了的历史任务和课题，在人类史上何尝没有呢？

在《且介亭杂文·序言》中，鲁迅认为写作杂文，是"为现在抗争"，是"为现在和未来的战斗"，因为，"现在是多么切迫的时候，作者的任务，是在对于有害的事物，立刻给以反响或抗争，是感应的神经，是攻守的手足"。他在这里把杂文的性质和作用讲得透彻、明了、深刻。

他要求写杂文要"言之有物","其中有着时代的眉目"①，同时，"也能给人愉快和休息"，但却不是"抚慰和麻痹"，"它给人的愉快和休息是休养，是劳作和战斗之前的准备。"②又说："'杂文'有时确很像一种小小的显微镜的工作，也照秽水，也看脓汁，有时研究淋菌，有时解剖苍蝇"③。所有这些对杂文的要求，他自己都身体力行了，而且最好地、最完满地做到了。

鲁迅杂文的体裁、样式很丰富。鲁迅说："凡有文章，倘若分类，都有类可归，如果编年，那就只按作成的年月，不管文体，各种都夹在一处，于是成了'杂'。"鲁迅的杂文集正是这样按作成的年月，不管文体而编成的。这才是真正的杂文集。这有一个好处，即如《且介亭杂文·序言》中所说："编年有利于明白时势，倘要知人论世，是非看编年的文集不可的"。鲁迅的杂文集，正是中国从"五四"到"一二·九"期间的社会、思想、文学艺术的斗争和发展的编年史。鲁迅在《准风月谈·后记》中说，"我写的杂文，所写的常是一鼻，一嘴，一毛，但合起来，也几乎是成一形象的全体"，再加上一个《后记》，便"见得更完全"，"更成为完全的一个具象"。鲁迅的杂文勾画了、创造了一个个形象，这是一种特殊的典型。它不同于文学创作中的性格典型。它是形象性的类型，它是用形象性的语言、典型特征的勾画和对本质的深刻揭示来完成的。就像鲁迅的杂文是一种独特的文学样式一样，他的杂文所创造的典型也是一种特殊的典型，不能用一般的文学典型的标准去衡量它。

鲁迅的杂文有几种不同的类型，每种类型在共同的统一风格中，从题材、内容、主题到表现形式、艺术风格又都不相同，有的很不相同。大体来说，有六种类型。④

一、理论型。实际是文艺理论文章，但又不是学究式地议论学理，而是紧扣时事，带有尖锐泼辣的风韵。这种类型的杂文在鲁迅的杂文集

---

① 《且介亭杂文·序言》，载《鲁迅全集》第六卷，人民文学出版社，2005，第4页。

② 《南腔北调集·小品文的危机》，载《鲁迅全集》第四卷，人民文学出版社，2005，第593页。

③ 《集外集拾遗·做"杂文"也不易》，载《鲁迅全集》第八卷，人民文学出版社，2005，第418页。

④ 本书作者在《鲁迅杂文学概论》中，对"鲁迅杂文"作了正名和"定性分析"，剔除了"非杂文类"，它们不在此列，可供参阅。

中，尤其是后期杂文中占有一定的比例。这类杂文不仅其思想内容在当时是宣传建设马克思主义文艺理论的重要文献，而且今天仍然是我们学习文艺理论的重要教材。同时，这些文章的艺术风格的尖锐、生动、泼辣，以理服人，也仍然是我们今天写作这类文章应该学习的。如《文艺与革命》《文学的阶级性》《现今的新文学的概观》《上海文艺之一瞥》《关于翻译的通信》《对于左翼作家联盟的意见》《论"旧形式的采用"》《论讽刺》《杂谈小品文》《中国文坛上的鬼魅》《论现在我们的文学运动》等都是。

二、论战型。这在鲁迅的杂文中占有突出的地位。他在这类杂文中，既深刻地剖析和批判了种种错误的文艺思潮，又在"批判旧世界中发现新世界"；正面阐发了马克思主义的文艺思想、观点。这类作品中最突出的，当然首推那八篇批判新月社、"民族主义文学"、"第三种人"、"自由人"的论著。

三、批判型。这是鲁迅杂文的主体部分，居于最主要、最突出的地位。它是"投枪"与"匕首"，鲁迅以此为武器，向旧社会、旧思想、旧文化、旧风俗冲杀；也以此为"解剖刀"，剖析种种社会相，剖析反动阶级凶残丑恶的本质；剖析各阶层，特别是小资产阶级知识分子的灵魂。他的批判总是切中要害，深入腠理，而又一针见血、言简意赅。鲁迅这类杂文中的名文真是不少，常为编选鲁迅杂感选集者所选入。

四、象征型。这类杂文，在鲁迅杂文作品中不算多，但别具色彩，它以象征的手法，以散文的笔调，揭露和批判了敌人和有害的事物，如《夜颂》《秋夜记游》等。

五、散文型。这是散文的体态、风格，但又具有杂文的特色。这类文章，多为回忆往事，悼念、追怀友人之作。最著者如《记念刘和珍君》《为了忘却的记念》《我和〈语丝〉的始终》《忆韦素园君》《忆刘半农君》等。

六、学术型。在这种文章中，有的基本上是学术论文，它在鲁迅杂文中较少，但弥足珍贵。像《魏晋风度及文章与药及酒之关系》，处理中国文学史上有特点、放异彩的一段，讲来见解独到，深刻透彻而又生动活泼，真正是学术文章的楷模。有些，则就某一具体学术问题，辩驳论述，也是好文章。如《关于〈三藏取经记〉等》《关于〈唐三藏取经诗话〉的版本》《门外文谈》《关于小说目录两件》《〈中国新文学大系〉

小说二集序》等。

鲁迅的杂文，在艺术技巧上，也有很多的创造、很高的成就，为我们留下了宝贵的遗产。任何艺术品的形成，都是处理矛盾的过程。在矛盾着的双方，只顾及了一方，而丢弃、忽视或者无力顾及另一方，或者是虽想顾及而解决不好，都会成为失败之作或不够成功之作。鲁迅的杂文，非常成功地解决了种种矛盾，妥恰、贴切、融汇，因此而成为精品。我们可以从几个方面来看。杂文的根本特征是强烈的战斗性。取消或者减弱了战斗性，就失去了杂文的特性，而成为鲁迅所说的闲适小品、"小摆设"了。但战斗性的作品，如那时提倡的普洛文学或后来的革命文艺，有时注意到战斗性，然而流于标语口号化、概念化，或如鲁迅批评有些青年木刻家似的，只有一个吓人的外表而无实际内容或只会画工人的大得不适当的拳头。然而，鲁迅的杂文既不是"大拳头"，也不是"小摆设"，却是强烈的战斗性与高度的艺术性的结合，是理论性与形象性的结合，诗与政论的结合。瞿秋白称之为战斗的文艺性论文，是很确切的。鲁迅杂文的丰富、深刻，产生强烈的战斗性，是同艺术性分不开的，他的高强的幽默、讽刺的才能，巧妙的比喻运用，以及富有表现力的语言，还有古今中外的各种知识、材料的运用，等等，都给杂文的思想性、战斗性增强了力量，发挥了极大的作用。鲁迅的杂文之所以百读不厌，一方面当然是由于它的高度的思想性，能给人以思想、理论方面的启发；另一方面，也因为具有高度的艺术性，给人以艺术享受。

鲁迅的杂文，也是丰富深厚的内容与短小精悍的形式的高度统一。鲁迅在《花边文学·商贾的批评》中说："'杂文'很短……不过也要有一点常识，用一点苦工，要不然，就是'杂文'，也不免更进一步的'粗制滥造'，只剩下笑柄"。这苦工，就是下在使短短的篇幅中，能够包含蕴藏着阔大深厚的内容。鲁迅在《两地书·一二》中说："我……好做短文"，"意在简练"，他虽称赞钱玄同的文章"颇汪洋"，但有"少含蓄"之弊。杂文，却正需要简练、含蓄。这正是鲁迅杂文的特色与长处。鲁迅的杂文是高度的"浓缩体"，使人们在短短的篇幅里，得到很多的东西，而且回味无穷。

在战斗上，鲁迅杂文最独到的风格是抓住要害，一击而致"命"。他在《两地书·一○》中论及"'女性'的文章"的缺点时说："历举对手之语，从头至尾，逐一驳去，虽然犀利，而不沉重，且罕有正对‘论敌’之要害，仅以一击给与致命的重伤者。总之是只有小毒而无剧毒，好作长文而不善于短文。"鲁迅的"匕首""投枪"，一击而致命者，如揭露新月社装作公允平正反对嘲骂（即反对对统治者的抨击），但又嘲骂"做嘲骂文章者"，这就自己撕下了画皮，露出替反动统治者"挥泪以维持治安"的本相。揭露"民族主义文学"标榜民族主义，却把本国人民当作殖民地的"下民"，梦想着自己的鼻梁高起来了，毫无民族气息。这都是一击而中要害，致敌于死命的好例子。要做到这一点，是不容易的。需要知己知彼，对论敌的本质有深切的认识，否则是不能抓住要害的。鲁迅的高强正是在这里表现出来。

在艺术风格上，幽默与讽刺是鲁迅杂文的基本特色。

讽刺是一种批判的力量。作家以敏锐的观察，揭示一种现象、事实。《且介亭杂文二集·什么是"讽刺"?》中说，它"是公然的，也是常见的，平时是谁都不以为奇的，而且自然是谁都毫不注意的"，但它却是"不合理，可笑，可鄙，甚而至于可恶"的，他如实写出，便成讽刺。这里，既要有锐利的眼光，能够见人之所不能见，又要有笔力，能于平实冷静的白描与直叙中，迸射出讽刺的光芒。

讽刺的产生也还由于客观上高压的存在，有话不能直说，不能不"带着镣铐的跳舞"，因此而有反话隐语。《且介亭杂文二集·什么是"讽刺"?》中说，讽刺者有强烈的爱憎，有话而不能平缓地道出，而且好用夸张，"加以精炼，甚至于夸张，却确是‘讽刺’的本领"。因此，讽刺是热情的产物，讽刺的生命是真实。

鲁迅有不少批判"幽默"的言论。然而他的作品中却充满了幽默。这是为什么? 原来他所批的是林语堂提倡的欧洲式的幽默。《南腔北调集·"论语一年"》中说，这种幽默，是"只有爱开圆桌会议的国民才闹得出来的玩意儿"。它"不免常常掉到‘开玩笑’的阴沟里去的"（《花边文学·玩笑只当它玩笑（上）》）。"幽默"（humor）这英语名词输入中国后，逐渐"变质"了、中国化了。中国化的幽默另有其严肃的含义。它不是穷逗与调笑，它接近讽刺，但比讽刺轻松，它不是含泪的微笑，而是含笑的讽刺。鲁迅杂文中的幽默，正是这种品性。它使文章增加了表现力与趣味，它给人益处，也给人愉快，易为人接受。讽刺与幽默，是鲁迅杂文艺术性的重要因素。

鲁迅说："其实'杂文'也不是现在的新货色，是'古已有之'的。"鲁迅正是继承了我国古代类似杂文的作品的优秀传统，而又加以大大的发扬。他在《南腔北调集·小品文的危机》中指出："但罗隐①的《谗书》，几乎全部是抗争和激愤之谈；皮日休②和陆龟蒙③自以为隐士，别人也称之为隐士，而看他们在《皮子文薮》和《笠泽丛书》中的小品文，并没有忘记天下，正是一榻胡涂的泥塘里的光彩和锋铓。明末的小品虽然比较的颓放，却并非全是吟风弄月，其中有不平，有讽刺，有攻击，有破坏。"鲁迅首先继承了我们民族的优秀文化遗产和战斗传统，吸取那抗争精神，继承那"没有忘记天下"的品德，使自己的杂文有不平，有讽刺，有攻击，有破坏。他的杂文既包含了文化遗产中的精华，又加以发扬光大④。鲁迅的杂文，气势宏伟，剖析事物深刻严密，行文流畅，跌宕多姿，风格上有时冷峻、激越，遣词用句有时讲求俳偶、对仗，这是受了魏晋文章的明显的影响；同时，也吸收了外国文学中的营

---

① 罗隐（833—910），唐代文学家。字昭谏，余杭（今属浙江）人，一作新登（今浙江桐庐）人。本名横，以十举进士不第，乃改名。光启中，入镇海军节度使钱镠幕，后迁节度判官、给事中等职。其散文小品，笔锋犀利。诗亦颇有讽刺现实之作，多用口语，故少数作品能流传于民间。有诗集《甲乙集》，清人辑有《罗昭谏集》。

② 皮日休（约838—约883），唐代文学家。字逸少，后改袭美，襄阳（今属湖北）人。早年住鹿门山，自号鹿门子、间气布衣等。咸通进士，曾任太常博士。后参加黄巢起义军，任翰林学士。旧史说他因故为巢所杀。一说巢兵败后为唐室所害。或谓巢败后流落江南病死。诗文与陆龟蒙齐名，世称"皮陆"。他的部分诗篇，暴露统治阶级的腐朽，反映人民所受的压迫和剥削，继承了白居易新乐府的传统。其散文和辞赋，大都借古讽今，抒写愤慨，亦颇有阐扬封建伦理道德者。有《皮子文薮》。

③ 陆龟蒙（？—约881），唐代文学家。字鲁望，别号天随子。姑苏（今江苏苏州）人。曾任苏、湖二州从事，后隐居甫里，自号江湖散人、甫里先生。所作散文《野庙碑》等，对当时社会的黑暗和统治者的腐朽，作了讽刺和揭露。诗以写景咏物为多。有《甫里集》。

④ 徐梵澄论及鲁迅杂文时曾指出："集中全部杂文，范围颇为广大，所涉及的问题繁多。文章简短，专论一事，意思不蔓不枝，用字精当，而多之以诙谐，讽刺，读之从来不会使人生厌。——这渊源，说者多以为出自唐、宋八大家和桐城等派，因为先生是深于古文的。这，很有可能。但更可能的，仍是出于治古学或汉学的传统。治古学：如编目录，作校刊，加案语，为注解等，皆须简单明白，有其体例之范限，用不着多言。在此用文言与白话皆同，文章技巧，已操持到异常熟练了，有感触便如弹丸脱手，下笔即成。即可谓此体出于治学。"

这段论述，颇有见地，也符合鲁迅的情况。他的治学锻炼帮助他把文章写得精练恰当而又活脱。

养，如欧洲的随笔（essay）和"阜利通"（Feuilleton），也有法国尼采和俄国果戈理的文风的影响。通过对《苦闷的象征》《思想·山水·人物》等著作的翻译，日本文学中的随笔和论文的某些行文方式，也影响了鲁迅，被他加以利用和吸收。但是不论古今中外，哪种优秀文化遗产，在被鲁迅拿来了以后，都要加以消化，变为自己的血肉，凝结成他自己的独特的艺术风格，决不生硬地模仿。

第十二章　未完成的鲁迅世界

1936年（56岁）

上海

黑暗之极，无理可说，我自有生以来，第一次遇见。但我是还要反抗的。从明年起，我想用点功，索性来做整本的书……

——1934年12月31日，致刘炜明

人生现在实在苦痛，但我们总要战取光明，即使自己遇不到，也可以留给后来的。我们这样的活下去罢。

——1936年3月26日，致曹白

我们已经无可奈何地走到他的岁月的尽头，走到他的世界的完结的时候。在这最后的岁月中，世界的动荡更为严重了；中国的动荡也更为严重了，人民已经开始奋起了，民族已经苏醒了，正在进向一个新时代。然而正当他自己也在进向一个新时期的当口，他的身体日益衰弱，不时地生病，日趋严重，而且恢复维艰。内外夹击，身心交疲。但他在战取光明。不断地有事情发生，大而至于国家民族的，文学、文学事业的，小而至于他自己的。这些都压向他的病体和他的颤动的心灵。

一、艰危岁月中心灵的震颤

伟大的心灵是复杂的。他的思想丰厚、深邃、邈远，然而又切近现实、实在朴素。在思想跃动着发展时，心灵震颤。我们单独来叙述一下他的最后的岁月，描述一下他的心情、他的惆怅、他的思想和他的痛苦的心灵。这里有着厚实的历史内涵与时代眉目。因此也就既是一个伟大心灵的震颤，也是历史与时代的震颤的反映。

我们看到一个伟大作家的痛苦的心灵，也了解到这份痛苦、这一心灵的意义和价值。

在一个黑夜里，大病初愈的鲁迅，喊醒了身旁的许广平，说："给我一点水。并且去开开电灯，给我看来看去的看一下。"

"为什么？……"许广平惊慌了。

鲁迅说："因为我要过活。你懂得么？这也是生活呀。我要看来看去的看一下。"

"哦……"许广平起来，给了他水喝，徘徊了一下，便又轻轻躺下，并没有去开电灯。

这是鲁迅在逝世前一个多月写的一篇文章《"这也是生活"……》里的一段记叙。鲁迅接着写道：

> 我知道她没有懂得我的话。
>
> 街灯的光穿窗而入，屋子里显出微明，我大略一看，熟识的墙壁，壁端的棱线，熟识的书堆，堆边的未订的画集，外面的进行着的夜，无穷的远方，无数的人们，都和我有关。我存在着，我在生活，我将生活下去，我开始觉得自己更切实了，我有动作的欲望——但不久我又坠入了睡眠。

这是一位病得几乎离去而又初愈的病人的感觉——他的对于世界、对于生活的感觉，一种执着的、在生活、将生活下去的欲望和对欲望的感觉。同时，也是一位伟大作家的对于日常的、平凡的生活的感觉。他在《"这也是生活"……》中说，"我们一向轻视这等事"，"我们所注意的是特别的精华，毫不在枝叶。"他写道："删夷枝叶的人，决定得不到花果。"

他对于身旁平凡的事物，对于日常的平凡生活琐事和琐细的生活，即生活的枝叶，看重了，体味其中的意味了。他爱生活，他要活下去。

正如《"这也是生活"……》中所说，"其实，战士的日常生活，是并不全部可歌可泣的，然而又无不和可歌可泣之部相关联，这才是实际上的战士。"

我们从这些记述里，感受到一种消息，一种令人不安的和令人慰藉的消息。在他和关心他的人们都不曾预料到，而事实上却已经存在的，死亡的逼近面前，他想要执着地生活下去，战斗下去，既要战斗，又要在战斗之外生活；他重视战斗和生活的关联。这应该是令人欣慰的。但另一方面，也表现了他隐然感到死的逼近而产生了这种想法。他曾说，在这次病中，他疲乏得进到"无欲望状态"，即"死亡的第一步"了。

这流露了他的生活和内心的凄苦与伤痛。

在这以后，他又写了《死》和《女吊》。他在《死》中说至死不宽恕那些怨敌，说到死后的报复："让他们怨恨去，我也一个都不宽恕。"而在《女吊》中，他则说："被压迫者即使没有报复的毒心，也决无被报复的恐惧，只有明明暗暗，吸血吃肉的凶手或其帮闲们，这才赠人以'犯而勿校'或'勿念旧恶'的格言，——我到今年，也愈加看透了这些人面东西的秘密。"

在这之前，他还写了《写于深夜里》。写无边的黑暗，写暗暗的死，写母亲的无私而悲哀的奉献，写哀痛的悼念。他在该文中说：

> 野地上有一堆烧过的纸灰，旧墙上有几个划出的图画，经过的人是大抵未必注意的，然而这些里面，各各藏着一些意义，是爱，是悲哀，是愤怒，……而且往往比叫了出来的更猛烈。

他的生活中，交织着这些，这种爱、悲哀、愤怒，还有辛劳、郁闷、痛苦、挣扎……"这也是生活"，这就是生活。

这些并不可歌可泣。但又都无不同可歌可泣相联系。他的家庭生活，基本上过的是"家庭思想文化作坊"式的岁月。

许广平在《从女性的立场说"新女性"》中说："我们的住处很似机器房，简单的用具之外就是机器材料——书籍——而我们两人就是两部小机器。他在写作，我在抄写或校对之类，仅有的机会才到外面散步一下。他是值日而更偏重于夜班的。我值日班。这两部机器就这样地工作着……"

而在《我怕》中，许广平说，夜里，这个勤劳的作坊，这样地工作着：

"周遭被黑暗所吞噬，不过偶然一两声犬吠或叫卖的声音，孩子都睡熟了。这时候，一灯在前，他，据案写作；我则旁坐阅读书报或做手工。倦了，大家放下工作，饮些茶，谈点天，或者吃些零食。彼此欣然，觉得是一天中的黄金时代，不胜满足了。有时他正忙于工作或翻译，那么，一桌子都被他铺满了书，就连我放一些东西的地位都没有了。嗜好的茶也不大记得吃了，即使倒出在杯子里，放在旁边也给冷掉了；也不晓得倦，更不引起闲吃的心情了。‘左’手拿着烟，右手执了笔，聚精会神的工作，其紧张程度是可怕的，不等到相当机会是不肯歇手的。所以，我以为消耗他的生命最厉害的就在这种辰光。"

他们也有休息。那是在晚饭后，夜幕刚要降临的时光，他们不开电灯，静坐休息。春日，夏日，秋日，冬日的黄昏就这么度过。尤其是夏天，总是如此。若是月夜，那月亮的莹光与室外微弱的灯光交映，鲁迅看着皎洁的月色，会情不自禁地欣喜欢悦地说道："今天月亮真好呀。"

"他的称赞月亮，似乎在厦门写文章自比于黑夜之后。"

增田涉在《鲁迅的印象·鲁迅跟月亮与小孩》中说，他的欣喜欢悦，来自地上身旁还有一个"月亮"。但他确实也很爱天上的月亮，他曾对日本友人说过："我最讨厌的是假话和煤烟，最喜欢的是正直的人和月夜。"

孩子是最纯洁正直的。因此他爱孩子与月夜。有的日本友人以"月光与少年"为题来谈鲁迅。增田涉写道："月亮和少年——在月亮一样明朗，但带着悲凉的光辉里，他注视着民族的将来。……在这两种事物里，不是分散而是联系在一起，象征着鲁迅的艺术和为人的纯洁姿态。"

的确，鲁迅在生活中喜爱月亮和少年。在他的作品里，也常常写到这两样他所爱的。

"爸爸可以吃么？"

"吃也可以，不过还是不吃罢。"

这是鲁迅与海婴的对话，孩子的天真可爱之态可掬。当海婴出生后的第二天，鲁迅手里捧着一件礼物，高高兴兴走进产妇的房间：这是一盆小巧玲珑的文竹。它翠绿、苍劲、沉郁。鲁迅把这象征着生命和高洁的文竹，放在许广平床边的小桌子上。这是他的祝愿，他的心意，他的性格。

许广平理解鲁迅对于人民、对于革命的价值。她完全牺牲了自己，尽量照顾好鲁迅。她穿着朴素简单，并且自己缝制。衣裳穿久了，破了，纽扣都掉了。冬天，她穿着自己做的棉鞋。鲁迅的稿子以至鲁迅的朋友、学生的稿子，为了躲避敌人的注意，需要重抄，许广平便认真地抄写。鲁迅要寄一封信，她立即去投邮，雨天，打起伞来，便出去了。朋友们来了，她张罗招待。她整日这样忙着。但她是愉快的、幸福的。

鲁迅时常笑笑地说："看你这样落拓，去买一些新的来吧！"

许广平说："要讲究，你这点钱不够我花呢。"两人都笑了。

当他们一起上街时，许广平要照顾扶持鲁迅，鲁迅却总是要她到对面的马路上去：他怕遭到暗害，避免她的一同牺牲。他们深知生活在一个虎狼当道的世界里。在他们那紧张而充实、温情而严肃的家庭的四周，是弥天的大黑暗。当白色恐怖严重时，鲁迅曾有被捕的思想准备。他多次谈到对付魔鬼的恶毒手段的办法。他说：要紧的是忍住最痛苦的一刹那，过了这刹那，人就昏迷，失掉知觉了。——哪曾想到，若干年后，许广平在上海日本宪兵队，受到电刑的折磨。那时，鲁迅的话，帮助她战胜了敌人。

生活的溪流，曲折地向前流驶，难免遇到暗礁。许广平在《欣慰的纪念·鲁迅先生的日记》中说，他们也偶有小小的冲突。遇到这种时候，"大家就缄默一时。缄默之后，他也常常抱歉似地说：'做文学家的女人真不容易呢，讲书时老早通知过了，你不相信。'世间会有百听百从的好人的吗？我得反抗一下，实地研究研究看。"这有时是我的答复，时常就这样地和气起来了，我们从没有吵闹过。

许广平在《十周年祭》一文中写下了这样一段哀词：

> 惟一抔土，长埋爱人，每届凭临，无不感恸：十载恩情，毕生知遇，提携贴体，抚育督注。有如慈母，或肖严父，师长丈夫，融而为一。呜呼先生，谁谓荼苦，或甘如饴，惟我寸心，先生庶知。

这就是鲁迅与许广平之间的生活。

鲁迅的生活的主要内容是工作。他说：

"那里有天才，我是把别人喝咖啡的工夫都用在工作上的"。

"什么是休息，我是不懂得的，怎样娱乐，我也不会的。""我不玩，我把我的时间都用在工作上。"

他视时间如生命，他的生命都付给工作和战斗。转换工作的项目，比如由写作转到看书，便是他的休息。如果他正在工作，有朋友来了，并无正事，聊天而已，就是老朋友吧，他也会毫不客气地说："唉，你又来了，没有别的事好做吗？"

翻阅图画书，是他的一种休息方式。"聊借画图怡倦眼"，有时他和许广平一同欣赏。在他的书桌旁的镜台上，放着一些绘画集、木刻集。这便是他的精神的"休养所"。

他总是自己动手做那些生活上的琐事：要喝茶了，他从不呼叫女工，而是自己捧着茶壶、走下楼来。他经常赠送自己或别人的著作给各方面的朋友，也总是自己捆包，他做得认真、仔细，而且做得很好。因此他也总是把包书纸、细绳等妥善地保存起来。书破了他自己修补。他有一套修补书籍的锥、针、剪、刀等工具。许广平在《琐谈》中说，"他不象什么学者名流之类的高不可攀，他彻头彻尾是一个日常见到的普通的平凡人"。

他从不保留自己的原稿，而用来擦桌子，做手纸。许广平常常偷着保存起来。他奇怪地问："为什么手纸用得这么快？"女作家萧红在街上小摊上买油条，竟发现包纸是鲁迅的手稿，很惊诧也很感慨。但鲁迅说，还能包东西，这说明它有用场。

他从不把自己看得特殊，更不自视伟大。

他就是这样普普通通地生活着。

但是，生活中，还有另一面。

许广平的《魔祟》记录了一点。她用独幕剧形式写出了那生活中隐在的苦痛、愧疚和飘过的阴云。"睡魔"君临，插入他们的生活。"书房中，她的爱者G，在书桌前收拾他照例做完的工作……"，"爱"听不清魔说的什么，"只放轻脚步走到床前，扒开帐口，把手抱住B的脖子，小声的喊着B"，"附下头向B亲吻"。"寝室暗黑，这时有些少光从正面的窗外射进来，B是静静的，G老是叹气，B没敢问，陪了经过好久时间，有点鼾声从G那里发出，B放心睡下，偶然动了动，B赶快曲着身子来抱他，但说（疑为'却'——引者）觉得他是被睡魔缠绕般不能自主地回抱。""魔"，"在那帐顶上狰狞发笑，G是去叹，B不知用什么法打进（疑为'退'）那魔。"

这"魔"是"睡魔"，也是其他的魔的化身、托生，即使是睡魔，也因为生活的担子太重，生活的负累和纷扰，使人太疲乏，而至让睡魔得逞。爱情和爱的生活、生活的爱，都受到侵蚀。这里含着几许哀痛、几许惆怅、几许无可名状的愧疚——彼此之间。

这些平凡的生活，也和战士的可歌可泣关联：敌人的直接压迫与禁锢、整个国家的无边的黑暗、同志的牺牲和内部的纷争，敌人的刀枪和友朋的暗箭，自己内心的芜杂与纷乱，这一切，都纠缠着、交织着、纷扰着。……而且，他自己的思想，也在整个世界和中国国内整个情况的变化中，而发生进一步的变化——正酝酿着新的突破和飞跃。

这是一颗伟人的心灵的震颤，其中不仅反响着他的个人生活的回声，而且混合于和体现在这种个人生活中的，还有深厚丰富的时代、历史、社会、文化、民族的精神文化内涵。

这种心灵震颤正是时代—社会中的新与旧、民族文化—民族心态中的新与旧，和他自己内心新与旧的斗争、发展的表现。

二、中国现代作家第一人

鲁迅的这种痛苦和心灵的不安，成为他的一种人生感受、一种世界感受。这是一种既深沉具体，又抽象而富有哲理的感受，它既饱和着鲁迅现实的战斗和生活（包括前面所说到的那种平凡的、平庸琐细的日常生活）中的纷繁复杂五花八门具体生动的内涵，又渗透着他的对古今中外文学哲学的博大精深的知识学问，其中特别具有他的个人特色的，从而使他具有魅力的，是他对于中国的庄子与屈子哲理与审美世界的把握与挚爱，他对德国的尼采、日本的厨川白村，对俄国的安特莱夫和陀思妥耶夫斯基的哲理与审美世界的把握和吸取。在他的人生与世界感受中，还饱和着他对中国历史苦难的深切了解和独特把握，从他的"吃人"的历史结论到"做稳了奴隶"和"做奴隶而不可得"的两个时代交替的历史描述，到晚年关于中国流血的历史、历史的流血的概括，都融汇于他的理性感受中；同时，更饱和着他对于他生活于其中的时代、国家的现实的深沉痛切的感受，包括民族的空前的灭种亡国的灾难，整个国家弥漫着的黑暗，人民大众诉不尽的苦难，革命者、先驱们的抛头颅洒热血，也还包含友朋的叛卖、宵小的争斗、同志的冷箭。这种和着血泪的现实的感受，是这样浓重，他自己形容为"艰于呼吸"。这两方面感受的结合、融汇，互相补充与促进，使他的感受既具有丰富具体的历史感，又具有深沉广博的哲理性。在他的这种感受中，浸透着生活的液汁与血泪，里面有李大钊的牺牲于绞架、韦素园的英年早逝、柔石的惨遭杀害，以至瞿秋白的被杀于长汀罗汉岭前。在这种流血中，混合着历史的镣铐、现实的黑暗、反动统治的残暴、民族的巨大牺牲与深沉哀痛、革命者的血泪教训、人民的苦难与艰难斗争。在他的感受中的这种巨大而又具体的历史——时代内涵，使他既时时同现实生活与斗争紧紧地血肉相连地结合着，又能超越具体，从具体之中走出，观照、思索、剖析，做形上思维与概括。

鲁迅的这种人生感受，在经过他的思想家的睿智的思维加工，经过他的爱国者、人道主义者的深沉情感酶化，又经过他的杰出艺术家的心理的酿造，便形成一种"复杂的综合意识"（李欧梵）。它既是世界观、人生观，又是他的政治态度、政治立场，还是他的人生态度、处世哲学，而且，是他的创作心理的综合体。这也就是他的总体性的创作意识，其中包含他的创作动机、创作宗旨、一般性创作立意，以至创作取材、创作方法和对于方式、形式、体裁的选择。总之，是他现实的生活的世界，又是他的艺术思维与艺术世界。

这是中国真正的现代作家的现代意识。鲁迅以自己的这种现代意识的丰富深沉、融接古今、汇熔中外，超出他的同时代人，而堪称中国现代作家的第一人。

李欧梵在他的《鲁迅的遗产》一书中，概括鲁迅的这种现代意识、现代作家特性时指出：

> 鲁迅的确称得上是真正的"现代作家"，因为他面临着中国传统的各个方面，而能获得一种无所畏惧的创造力，这种创造力在他所探索的艺术结构的所有领域都得到了印证。他借此步入了一种复杂的综合意识，以承载他那个时代的中国文化与中国社会的重压，并作出批判。鲁迅的有些作品已经使他走进了现代西方文学先锋派的地平线，虽然他从外国的直接受惠是有限的。①

这里提示了鲁迅的"复杂的综合意识"中，承载了他所处的那个时

---

① 《鲁迅的遗产·在传统与现代之上》，谢长安译，载《鲁迅研究动态》，1987年第9期。

代的中国文化与中国社会的重压，颇有见地地指出了鲁迅的现代意识中，蕴含首中国文化与社会的巨大内涵，他用的"重压"二字，非常好，不仅揭示了内涵的厚重，而且表现了鲁迅的主体感受和感情体验。正是这种重压，使鲁迅的心灵颤动而痛苦；也是这种重压，使他奋进而超越，他从中外文化中吸取、审视、剖析，而后酿制了他自己的现代意识和创作心理。这是他的同时代人，包括那些作家和学者中的精英，所不可比的。他们或者具有一种顽固的片面症，在现实性上，只有一己的是非利害，而无情无意于大众的生死存亡，更无论国家民族；而在理性上，则又只沉浸于书香墨迹之中，而于世事不予闻问。典型的代表就是周作人。其他作家，也都在文化、哲理、艺思方面，各各带着自己的局限，而在鲁迅面前显出逊色之处。在这方面，李泽厚指出："鲁迅与陈（独秀）、胡（适）迥然不同。鲁迅是深沉敏锐的文学家和思想家。他的思想充满了爱憎强烈的感情色彩和生活的现实气息，他的情感充满了思想的力量和哲理的深意。"①这种差异与差距，只能追溯到早期的教育基础、文化素养，尤其是创作心理形成的过程和特质。在这个心理定势面前，在这个滤过器和吸取机面前，不断受到相似性的作用，在"心理相似块"的基础上，不断分化，不断相异发展。鲁迅与周作人正是两极发展的代表。

鲁迅作为中国现代作家的第一人，其心理与思想内涵中，重要的因素和突出的标志是他的孤独与寂寞、凄怆与悲凉、荒谬感与阴冷感，在这种传统的意识中、在他个人的这种原有的心理素质中，鲁迅灌注了现实生活的源头活水和现代病、文明病、城市病、工业化病的"杂质"，灌注了中外浪漫主义、现代主义的哲学—文学的思想、情感、心理的活水，吸取了种种现代主义和浪漫主义审美特征的汁液，形成了他的混合的、复杂的、丰富的、多元的，然而又是经过化学作用浑然一体的总体意识、艺术思维与创作心理，从而具有一种现代性，构成一种丰富的现代综合意识。

中外许多论者都指出了鲁迅意识中的孤独、悲凉与荒谬感的存在与作用。冯雪峰在他的《回忆鲁迅》中很具体地写到了鲁迅的这种心理状况，那种"象屈原一样，渴望与社会绝缘而退入自己的世界"的心境。

---

① 李泽厚：《中国现代思想史论》，安徽文艺出版社，1994，第124页。

"静默了分把钟，他又平平静静地半牢骚，半认真地说下去：'近来我确实觉得有些乏味，真想到什么地方去玩一玩，什么事情也不做。……'……终于说出了他很想到什么富翁家里去做门房的话来，认为那是最省力和最不会惹是生非的职业，同时自己笑了起来。"①这种想头说明了他的孤独感和期望孤独的心愿。但这同时又表明了他的不甘寂寞、企求摆脱孤独；正像他以"孤独母题"创作了小说或将这一母题蕴藏于作品之中，既是对于孤独的一种"欣赏"热爱，又是一种转移、升华和摆脱。

　　鲁迅从在东京从事中国现代文学与现代资产阶级的民主主义思想启蒙运动的最初发动而失败之后，就陷入难耐的寂寞与孤独中，以后又有辛亥革命失败、五四运动之前的一段孤独的生活，会馆青灯、典籍碑帖、佛经古史，孤独与寂寞噬咬着他的心，五四运动后、离京南下前，又有一段"荷戟独彷徨"的经历与心历，一首《过客》散文诗，一篇《孤独者》，再加《在酒楼上》，充分表达了他这种孤独心态、作品的"孤独母题"。如果说，这些、这时，基本上还是一种传统的、"古典"的孤独感，那么，在以后的发展中，在《野草》中已露端倪且在发展、质变中的这种孤独感，便不断发展与质变，而演变成现代孤独感了。它是现代生活的反映。现代城市生活以至整个生活中，人际关系愈来愈密切，联系愈来愈方便、频率高、渠道多，因而紧密了，但是从家庭到社会各种人际关系，却同时又疏远了、淡薄了、冷漠了，有太多的现代文明"因子"破坏人之间的感情纽带。它带来人们心理中的孤独感。而智者哲人，更深沉细密地，作为一个"社会人"的代表，深刻地体验和表达出这种孤独感。由于他们的思想常常高出于常人和同时代人，由于他们所思者深、所念者远，常常难为人理解，以至由于他们的内在生活的丰富和外在生活的不免与人疏离，所有这些，更加深了他们的孤独感。鲁迅正是这种哲人的孤独、大师的孤独。

　　　　何来酪果供千佛，难得莲花似六郎。
　　　　中夜鸡鸣风雨集，起然烟卷觉新凉。

---

① 冯雪峰：《回忆鲁迅》，人民文学出版社，1957，第123页。

老归大泽菰蒲尽，梦坠空云齿发寒。

竦听荒鸡偏阒寂，起看星斗正阑干。

这两首诗就是这种孤独感的"古典"形式的表达。在大上海的繁华世界中，在中国大黑暗的笼罩中，在友辈成新鬼中，在同志的纷争中，他都为这种孤独感所侵蚀，然而又为它所飞升，升华出一种现代意识，一种现代的创作心理。①

鲁迅的悲凉凄切心理，也是早已有之的。从最早的《别诸弟三首》中的"梦魂常向故乡驰，始信人间苦别离"、《莲蓬人》中的"鹭影不来秋瑟瑟，苇花伴宿露漾漾"到《自题小像》中的"寄意寒星荃不察，我以我血荐轩辕"，便表露了这种心情与心理。以后又随着岁月的飞逝、随着生活的种种变幻，这种悲凉凄切同孤独感一同酿造着鲁迅的现代意识。尤其在他的诸悼友念旧的作品中，如《忆韦素园君》、《为了忘却的记念》和《写于深夜里》，这种意识表露鲜明；就是在许多杂文中，也都在总体上渗透着悲凉意绪。它关系一人一事，但也连及国家民族，还渗入世界人类。这种"现代悲凉"，反映着人类创造了适合自己的最佳生活方式的客观物质条件，然而同时就又创造了自己的对立面——创造了在精神上也部分地在物质上破坏最佳生活方式的社会与心理的能量。

---

① 李欧梵对鲁迅的两首诗作了精辟的分析。本书此处的分析得益和受启发于李欧梵的这种分析。李文指出：

花草在他诗中被强调和突出表现的是粗线条的、现代感觉的轮廓。两首名诗可作例证：

椒焚桂折佳人老，独托幽岩展素心。
岂惜芳馨遗远者，故乡如醉有荆榛。

昔闻湘水碧如染，今闻湘水胭脂痕。
湘灵妆成照湘水，皎如皓月窥彤云。
高丘寂寞竦中夜，芳荃零落无馀春。
鼓完瑶瑟人不闻，太平成象盈秋门。

每首诗都给人这样一种印象：一个美的典型被玷污了，一个古代乐园消失在当代现实的污池中。诗人为这种消逝而哀叹，他自己也被抛掷在这种死寂之境：倒数第二行诗句将与屈原相关的特定内容转化为一种真正具有现代意味的"恐怖和焦虑"。屈原的美好向往——"哀高丘之无女"——现在变成了"高丘寂寞"，而一种哲学意味的孤独被译成"竦中夜"。（《在传统与现代之上》，载《鲁迅研究动态》1987年第10期。）

人们感到失意、精神空虚、人情淡薄、世道炎凉，到处感受到不适，悲凉之意常在灯红酒绿中袭人，常在华灯照宴中来到，常在繁华似锦、汽车如游龙中出现。

鲁迅也常在杂文中表现那种荒谬感。世界与世事中充满荒谬，人类不是相亲而是相杀，人世拥有条件欢乐处之，然而世间却多悲苦凄凉，穷人食不果腹，穷愁潦倒，富人家资无数却又你争我夺无事生非，社会、人世、人的内心，充满了矛盾，充满了不满和不适意，到处充塞着荒谬。鲁迅在敌寇的入侵和政府的投降卖国中，在上海小市民的生活与习性中，在泛化于人们心理行为中的意识中，在人们的各种活动中，都揭示了这种荒谬：矛盾中产生的荒谬。这是他的意识、创作心理中存在的基本因素。

这一切，构成了他作为作家的一种现代创作心理。可惜的是，他终未能在他的小说创作中来运用它，并由此创造出中国最早的成熟的现代主义作品。

鲁迅的超人之处在于，他并未被这些现代意识的鬼魂所压倒，或者失去心理平衡以至精神崩溃，陷入苦痛不可拔的深渊，或者寻找不到出路而消沉悲郁，不能自拔，而是超越它，掌握它，特别是在作品中（包括杂文）表露它。也许这里有两大"抗毒素"：一是他一直投身于火热的斗争之中，这使他与民族同运命，与人民心相印，从而获得一种生命力、自信心与希望的闪光。另一个是他在作品中的流泻，使他得以宣泄，得以升华、转移，而至凝结为艺术晶石。夏济安说，鲁迅的一些短篇小说、散文诗《野草》和某些杂文，都证实了鲁迅的孤独感的存在。而他认为，"这些作品也许正是在中国社会改革的种种论争过去之后，仍然可读的东西。"[①]鲁迅作品的超越（时代、历史）作用，其思想与艺术根基正在于此："他体现着新与旧的冲突，同时也体现着另一些超越历史的更深刻的冲突。他从不曾得到他的同时代人胡适周作人所曾享有的那种宁静的心境，但他却是比他们中间任何一个都更其伟大的天才。"鲁迅的心从不曾安宁，但却又从未紊乱，他在深厚的文化素养的基地上，在深切的参与现实生活的活动中，实现了他的超越。他从不曾躲入宁静超脱的生活与艺术的象牙塔中，但他也从未过于"政治化"

---

① 乐黛云：《国外鲁迅研究论集》，北京大学出版社，1981，第378页。

（像郭沫若那样）。他始终保持着他的艺术家的心性，他在政治上的"童贞"，他的文化上的博大与深邃，这是他的人格和他的作品，都足以不朽的原因和内涵。

三、未完成的世界

他的病体，显然影响了他的工作而增烦躁忧伤与焦急；而工作的负压和计划，与完成它们的急切心情，又加重了病体的负担，而加重了病。这是一个恶性的循环。他几次向雪峰说道，"快点写出来，结束·下……以后做什么，要好好计划一下了。"他在《死》这篇文章中，也写到自己的一种才出现也才发现的心情：当想好要做什么，先后如何安排之后，马上便想到：不过，要快点做！他说，这个想法的产生，也就是潜在于心底，有一个"死"的阴影了。

这是一个尚未完成、尚待完成，而且仍在发展的世界；但是，外在世界和内在世界却又在紧随着压迫他，使他难于从容发展，悉心建设……

他除了写了《我的第一个师父》，而且想继续写下去之外，还想写一种我称之为"文化杂文"的大型杂文《母爱》（拟题）、《穷》（拟题）。这一点我们前已记叙。这里要补充：他对写这些，不仅具有兴趣（这一点很重要，因为，这就是说他已有了创作冲动，有了创作力激活，创作心理的运行已经启动了），而且具有信心。冯雪峰说，"这几篇文章（按：指已写的《"这也是生活"……》《死》《女吊》）他自己也很满意"。又说："写这类散文，我觉得他的兴趣是很高的，看他写好一篇时总表示高兴，并且几次谈到已经写出和尚未写出的主题思想，……"[1]他在1935年1月4日给萧军、萧红的信中说："近来文字的压迫更严，短文也几乎无处发表了。……近几时我想看看古书，再来做点什么书，把那些坏种的祖坟刨一下。"他的写这种长篇杂文，就是意欲从历史——文化深度和层次上来批判社会、批判文化传统中的落后面，批判中国人的劣根性，找出当今社会病症的文化根源。看来，他甚至有写作长篇专著的念头。可惜，这一切都被死亡吞噬了。我们至今很

---

① 冯雪峰：《回忆鲁迅》，人民文学出版社，1957，第86页。

惋惜，他未能写出这些大型文化杂文，便弃世而去；否则，在他的杂文世界与艺术世界中，又将添上几许美卉佳花。

除了这种杂文，那种短小的、匕首式、时评式杂文，他仍要继续坚持写，他始终要把握现在、为现在服务。他对冯雪峰说："但是，短评之类总还是要写的，不能不写！"①

他还有从事长篇小说创作的计划。

他说：

> 关于知识分子，我是能够写的。而且关于前两代，我不写，将来也没有人能写了。②

这是谈他打算写的一部关于知识分子的长篇小说。那时，他几次谈到要写中国近代四辈知识分子的长篇小说，这就是章太炎一代——他自己一代——瞿秋白一代——瞿秋白后一代。

他还说：

> 我想从一个读书人的大家庭的衰落写起，一直写到现在为止，分量可不小！……
>
> 可以打破过去的成例的，即可以一边叙述，一边议论，自由说话。③

这已经进入构思阶段了，而且连结构、人物安排、叙述方式等都已有所考虑了。这已是一颗将熟的艺术之果；只待最后的整理、思索、定型，形诸笔墨，就可问世了。

他还有学术研究与论著方面的计划：《中国文学史》《中国文字变迁史》《汉画像考》。这都是他酝酿多年的。他购买了大量的书籍、资料。他的计划很庞大，构思宏伟，他甚至说，终他一生也不能写出全部，而只能写到宋代；宋以后，还有许多必须阅读的书，到底不可能了。在逝世前不久，在经济不宽裕的情况下，他还巨资购买商务印书馆预约出版的百衲本《二十四史》。关于中国文学史，当他在病榻回答他的日本学生增田涉的提问时，谈到了他的设想，那计划和构思是很有特色的：

---

① ② ③　冯雪峰：《回忆鲁迅》，人民文学出版社，1957，第86-87页。

（中国文学史）

第一章　从文字到文章

第二章　"思无邪"（《诗经》）

第三章　诸子

第四章　从《离骚》到反《离骚》（汉）

第五章　酒、药、女人、佛（六朝）

第六章　廊庙与山林（唐）

他说："至少希望写出这些来，以后的，在他自己活着的时期内无论如何不能写了。"

但他有另一种打算，即分段、速写式地写出来，像《魏晋风度及文章与药及酒之关系》那样。不过，这计划，除了有一次讲演，讲了"《离骚》与反《离骚》"之外，却未能实现其他。冯雪峰在《回忆鲁迅》中说："这工作没有时间做，可以说成为他精神上的一个负担。"[①]

他不能——没有充裕的时间、裕余的心绪——来建造他的世界中的学术殿堂——这也会是一个富丽雅致、有特色的"学术建筑"，这是他的痛苦、哀伤和深深的遗憾。

也是我们的损失。

我们已经知道，他的世界正在变，正在发展，然而未能完成。

四、死亡与复仇：走向最后的岁月

当时光进入1936年以来，祖国的抗日救亡运动高涨，人民斗志勃发。

他已听见惊雷爆炸前的隆隆声，他也看见了曙光到来前的微芒。然而，不幸的是，就在这个时期，他的健康状况大不如从前，日益走向衰微。

长年的劳累，他的身体渐渐地不支了，肺病已经恶化。5月末，史沫特莱、茅盾等友人，担心起来，他们商量决定，请了上海唯一的外国肺病专家美国医生来检查。他的结论简直可怕：病情严重，如果是欧洲

---

① 冯雪峰：《回忆鲁迅》，人民文学出版社，1957，第87页。

人，早在五年前就死了，并誉他为"最能抵抗疾病的典型的中国人"。6月1日夜，又开始发热，延至5日，从不间断的日记这时也中断写作了。20多天以后补记时，他写道："自此以后，日渐委顿，终至艰于起坐，遂不复记。其间一时颇虞奄息"。可见病情之重了。6月5日，宋庆龄给他写了封情意恳挚的信①：

> 周同志：
>
> 方才得到你病得很厉害的消息，十二分的担心你的病状！我恨不能立刻来看看你，……
>
> 我恳求你立刻入医院医治！因为你延迟一天，便是说你的生命增加一天的危险!! 你的生命，并不是你个人的，而是属于中国和中国革命的!! 为着中国和革命的前途，你有保存、珍重你身体的必要，因为中国需要你，革命需要你!!!
>
> ....
>
> 我希望你不会漠视爱你的朋友们的忧虑而拒绝我们的恳求!!!

他尊重战友们真挚深切的同志式的爱，他曾打算到日本去疗养一段时间，彼处山水明丽，又是他旧游之地，本是可去之处。但是，考虑到日本当局的注意，他自己也不舍得离开正处在斗争激烈、变化急剧的祖国，独自泛海休息。而且，这时国民党反动派也伸出了黑手，"劝告"他说，最好不要去日本而去德国。这么说，即使去德国，也是并不顺利和安全的了。

他就处在这样一个黑色的罗网的笼罩中。

他决定不离开上海，而且要奋力战斗。

他在病中口授了《答托洛斯基派的信》《论现在我们的文学运动》这两篇著名的文章。拖着病体接见了上海《新闻报》记者芬君（即陆治），发表了关于民族解放斗争的谈话。

他指出：

> 随着帝国主义者加紧的进攻，汉奸政权加速的出卖民族，出卖国土，民族危机的深重，中华民族大多数不愿做奴隶的人们，已经

---

① 转引自《鲁迅研究资料》1980年第四期。这封信，有两种手迹。此处转引的曾载于1937年11月1日出版的《宇宙风》旬刊第五十期，现据鲁迅保存的原件抄录。

觉醒的奋起，舞着万众的铁拳，来摧毁敌人所给予我们这半殖民地的枷锁了！

在抗日救亡高潮中文学创作怎么办，鲁迅指出：

> 现在我们中国最需要反映民族危机、鼓励斗争的文学作品，象《八月的乡村》、《生死场》等作品，我总还嫌太少。在目前，全中国到处可闻到大众不平的怒吼声，社会上任何角落里，可以看到大众为争取民族解放而汇流的斗争鲜血，这一切都是大好题材。①

这以后，病情渐渐有了转机似的。他觉得险情已经过去了，曾以轻松愉快的心情写了《死》。就在这篇文章中，他记下了病中"引起死的豫想"时想留给亲属的话："不得因为丧事，收受任何人的一文钱。""赶快收敛，埋掉，拉倒"。对于孩子他叮嘱："孩子长大，倘无才能，可寻点小事情过活，万不可去做空头文学家或美术家。"他谆谆告诫："损着别人的牙眼，却反对报复，主张宽容的人，万勿和他接近。"最后，他再次声明："我的怨敌可谓多矣，倘有新式的人问起我来，怎么回答呢？我想了一想，决定的是：让他们怨恨去，我也一个都不宽恕。"

这实际上却成为他的真正的遗嘱了。

他彻底地贯彻了自己一生的信条，坚持了自己的一贯的无私的立场，表现了硬骨头精神。虽然，他的身体衰弱了，但他的意志仍然坚强，他的斗争精神仍然高昂。

接着，他又写了《女吊》，把那个他的故乡人民创造的复仇的女性形象，介绍给国人与世界。他再次表明了一个主题：对敌人勿宽恕。

他主张复仇！

进入10月，他的病体仍不好。

但他仍在工作，战斗。8日，他去参观了第二次全国木刻流动展览，高兴地观看展品，并同青年艺术家们热情地交谈。第二天，他又写了《关于太炎先生二三事》，对他的先师做了公正的评价。他深刻地品

---

① 《新东方》第一卷第五期。

评太炎先生的最后表现："太炎先生虽先前也以革命家现身，后来却退居于宁静的学者，用自己所手造的和别人所帮造的墙，和时代隔绝了。""既离民众，渐入颓唐"。

章太炎与鲁迅，适成鲜明对比。鲁迅从来不退居于宁静的学者，从来不脱离群众，用自己手造的或别人帮造的墙来把自己同人民隔开。他对自己的先生的这个批评，客观上恰恰成了从另一面对于自己的赞美。

"俯首甘为孺子牛"，"我以我血荐轩辕"，在最后的日子里，他仍然实践着这两句誓词。

10月16日，写《曹靖华译〈苏联作家七人集〉序》。

10月17日续作《因太炎先生而想起的二三事》，未写完，停笔了。这天的三时半。夜正深，黑暗笼罩着世界。他的病情急变。不能安寝。终夜曲着身子，抱腿而坐。

10月18日，他躺在藤椅上。当天的报纸来了。他问："报上有什么事体？"

许广平说："没有什么，只有《译文》的广告。""你的翻译《死魂灵》登出来了，在头一篇上，《作家》和《中流》的广告还没有。"

他要来眼镜，戴上，自己仔细地看着《译文》的广告，他关心着别人的文章。许广平在《最后的一天》中说："这是他最后一次和文字接触，也是他最后一次和大众接触。那一颗可爱可敬的心呀！让他埋葬在大家伙的心之深处罢。"

深夜，已经是18日与19日之交，他没有睡，几次地抬起头来，看一看斜靠在床脚的许广平，不说什么又躺下了。当替他揩擦手上的汗水时，他紧紧地握了许广平的手。她会意的。但她没有勇气紧紧地回握，装作不知道轻轻地放松了他的手。

时间慢慢地流逝。黑暗在渐渐退去，黎明就要来临了。医生说能度过这一夜就好的。五时，他安静了，头稍稍朝内，呼吸轻微。但显然不是情况好转，在黎明到来之前，他离去了。

一颗伟大的心脏，停止跳动了！一盏智慧的明灯熄灭了！

日历印着：1936年10月19日。

时针指着：5时25分。

中国人民优秀的儿子鲁迅安息了！他一生在为争取中国的光明和人

民的幸福而英勇奋战。现在他倒在自己的岗位上了。

然而，他的精神永生！他的著作永生！

五、世界的回应：当他离开世界时

鲁迅遽然长逝的消息，随着电波传遍全中国、全世界，引起了巨大的震惊和哀痛。群众性的悼念活动如海如潮地展开。

在1936年10月19日以后的一段时间里，至少在最初的一周中，在世界的上空穿送的电波中，不断地大量地负载的是关于鲁迅的讯息。人们不仅哀悼，而且作出了种种评论。了解一下人们的评价，看看30年代的中国人和外国人的鲁迅观，是很有意义的。

首先是中国共产党中央委员会、中华人民苏维埃中央政府发出的电报《为追悼鲁迅先生告全国同胞和全世界人士书》：

> 噩耗传来，中国文学革命的导师、思想界的权威、文坛上最伟大的巨星鲁迅先生陨落于上海。当此德、日等法西斯蒂张牙舞爪，挑拨世界大战，中华民族危急存亡之秋，鲁迅先生的死，使我们中华民族失掉了一个最前进最无畏的战士，使我们中华民族遭受了最巨大的不可补救的损失！中国共产党中央委员会、中华人民苏维埃中央政府对于鲁迅先生的死，表示最深沉痛切的哀悼！
>
> 鲁迅先生一生的光荣战斗事业，做了中华民族一切忠实儿女的模范，做了一个为民族解放、社会解放、为世界和平而奋斗的文人的模范。他的笔是对于帝国主义、汉奸卖国贼、军阀官僚土豪劣绅、法西斯蒂，以及一切无耻之徒的大炮和照妖镜，他没有一个时候不和被压迫的大众站在一起，与那些敌人作战。他的犀利的笔尖，完美的人格，正直的言论，战斗的精神，使那些害虫毒物无处躲避。他不但鼓励着大众的勇气，向着敌人冲锋，并且他的伟大，使他的死敌也不能不佩服他、尊敬他、惧怕他。中华民族的死敌，曾用屠杀、监禁、禁止发表鲁迅一切文字、禁止出版和贩卖鲁迅一切著作来威吓他，但鲁迅先生没有屈服；民族的死敌想用'赤化'，'受苏联津贴'等捏造的罪状来诬陷他，但一切诬陷都归于失败；民族的死敌，特别是托洛茨基派，想用甜言

蜜语来离间他离开大众的救亡阵线，但是鲁迅先生给了他以迎头痛击。鲁迅先生在无论如何艰苦的环境中，永远与人民大众一起，与人民的敌人作战，他永远站在前进的一边，永远站在革命的一边。他唤起了无数的人们走上革命的大道，他扶助着青年们使他们成为像他一样的革命战士，他在中国革命运动中，立下了超人一等的功绩。

中国共产党中央委员会、中华苏维埃人民共和国中央政府，1936年10月22日发出的《为追悼与纪念鲁迅先生致中国国民党中央委员会与南京国民党政府电》：

> 中国国民党中央委员会南京国民党政府公鉴：噩耗传来，鲁迅先生病殁于上海。我国文学革命的导师、思想上的权威、文坛上最灿烂光辉的巨星竟尔陨落，此乃我中华民族之大损失，尤其当前抗日运动的大损失。鲁迅先生毕生以犀利的文章、伟大的人格、救国的主张、正直的言论为中华民族解放而奋斗，对于我中华民族功绩之伟大，不亚于高尔基氏之于苏联。今溘然长逝，理应予以身后之称荣，以慰死者而示来兹。

在这些庄严的文件中，表达了最沉痛的感情，崇高的评价与深沉的哀痛融会在一起。

中国共产党中央、苏维埃中央政府对鲁迅的评价，也就是人民对鲁迅的评价。这评价是公正的、恰当的、崇高的。一个伟大的民族英雄、革命作家、共产主义战士的形象，第一次被完整地描绘出来，呈现于全国人民和世界人民面前。

孙中山夫人宋庆龄在上海发表谈话，指出纪念鲁迅的办法，就是"把他的那种求中国民族解放斗争精神，扩大宣传到全世界去而帮助完成他未完成的事迹和伟业"。郭沫若在留日同学的追悼会上说，鲁迅的一贯精神是："不屈不挠的与旧社会势力奋斗到底"。他说："鲁迅的精神是永远不死的。"他说："鲁迅的死是最伟大、最光荣，三代以来，只此一人"。丁玲给许广平的唁函中称鲁迅是"这世界上一颗陨落了的巨星"，他"是中国最光荣的一颗巨星！"曹靖华在北平发表谈话说："苏联失掉了高尔基损失不若中国死去鲁迅大"。欧阳山、唐弢、王任叔、草明等作家写道："他虽属于父亲的一代，然而他的精神却是属于我们这一代的，……年青一代的人们，我们不要忘记放在他棺上的那一把鲜血淋漓的匕首。"暹罗（泰国）爱国华侨写道："他不只是一个口头发表理论的人，而是一个实践的人，认识自己与革命很清楚的人。"故都北平文化界人士说："鲁迅的一生，是中国知识分子的伟大模范，指示了中国知识分子应该走的途径。"

每个评价都根据自身的认识，突出了鲁迅的一个方面。这正说明：他是一个在多方面做出了贡献的伟大人物。

中国的一些报纸说：鲁迅的死，"是我们的无数的在苦难中的人们的一个最大的损失！"是"中国民族解放运动失一英勇战士"，是"高尔基逝世后又一震惊世界的噩耗"，"实为中国学术界之一大损失"。

在国外，苏联莫斯科、伯力等地举行了中国的伟大作家、苏联的好朋友鲁迅的追悼会。苏联驻华大使鲍格莫洛夫致蔡元培信中说：鲁迅"为世界一大著作家，亦系中国之'高尔基'，今遽崩颓，匪唯贵国文学界失一导师，即世界文坛亦受重大损失"。苏联对外文化协会的唁电说："中国杰出作家鲁迅（周树人）氏之逝世，为中国文化界与全人类之极大损失。"（副会长齐尔尼夫斯基签署）苏联作家协会的唁电说："鲁迅氏之写实作品，切实反映中国民众之生活，故对全苏作家，关系至为密切。几年来，鲁迅氏为推进文学大众化耗尽心力，以中华民国之进步作家堪引为永久纪念而尤为吾人所极感佩者。"（斯塔夫斯基签署）日本作家佐藤春夫说鲁迅于他，"与其说是朋友勿宁说是鲁迅的学生"，他称赞鲁迅"不仅对东洋社会有深刻的认识，同时对于西洋社会同样也有非常深刻的理解，所以鲁迅的作品不仅在中国社会发生着重大的影响，同时在东洋，不，在世界也发生着重大的影响。鲁迅的死，是中国的损失，是东洋的损失，也是世界的损失"[①]。

这些沉痛哀悼的话语，道出了国内和国外、文艺界和文化界以至各

[①]　以上引文未注明出处者均见《鲁迅先生纪念集》。

界民众，对于鲁迅的怀念、哀思，也道出了他在历史上的地位①。

---

① 我们尚未见到当时欧美各国对于鲁迅逝世的反映材料，因此拿不出这个地区的30年代的鲁迅观和那时他们对于鲁迅认同的状况来。不过，以后的这方面的材料，却所在多有。这里，我们且略微提供一些，以见一斑。这些材料反映了世界文坛和文化社会对于鲁迅的评价，并且告诉我们一些我们自己未曾提过的认同评析，这是很有意义的。美国哈雷特·密尔斯："收在《呐喊》和《彷徨》中的二十多篇短篇小说，……是一种新形式的成熟典范，它们达到的高度也许至今无人可以企及。""他最尖锐地批判了中国的国民性中那种自负、妥协和拒绝任何变革的倾向。"（《国外鲁迅研究论集》，第9-10页）美国林毓生指出："鲁迅是一位杰出的中国文学史的学者。"（同上，第68页）美国李欧梵说："鲁迅的作品最终在中国获得成功，正是他本人的'厄运'与民族的厄运，融为一体而又出神入化地重演的结果。正因为这样，他在文化精神方面的求索对手那个历史阶段中的同胞们才有意义。"（同上，130页）美国夏济安指出："这些作品（指鲁迅的小说、散文诗《野草》和某些杂文）也许正是在中国社会改革的种种论争过去之后，仍然可读的东西。……他体现着新与旧的冲突，同时也体现着另一些超越历史的更深刻的冲突。他从不曾得到他的同时代人胡适和周作人曾享有的那种宁静的心境，但他却是比他们中间任何一个都其伟大的天才。"（同上，第378页）"鲁迅天才的一个方面的确表现为他焕发的才智，洞察一切的光辉，非常漂亮地运用文字的能力，他在这方面的成就是辉煌的，引起了读者的广泛的注意。"（同上，第380-381页）美国威廉·莱尔称赞鲁迅说："他既是故事的建筑师，又是语言的巧匠。鲁迅小说的结构千变万化。从不拘形式的茶余闲话（如《头发的故事》），直到如古典芭蕾似的极严格的结构（如《示众》），都在他运用之列。"（同上，第334页）荷兰著名比较文学家D.佛克马称赞鲁迅受俄国文学的影响，但他"已超出了模仿的范围"，鲁迅的作品又"与传统的中国文学区别开来"，"鲁迅的写作手法使他的作品具有一种唤醒读者、震动读者的力量。"（同上，第288页）《国外鲁迅研究论集》一书编者乐黛云教授在该书《前言》中指出：总之，二十年来的发展趋势是对鲁迅的评价随着研究的日益深入而日益准确，日益崇高。……许多学者指出鲁迅以他"坚实的思想与清新的感觉的相互结合，开拓出崭新的表现领域"（木山英雄）；他所选择的主题"最具有政治意义，又富于深刻的个性"（伊藤虎丸）；他的"每一篇小说"都是"技巧上的大胆创举，是一种力图达到内容与形式完美结合的新的尝试"（帕特里克·哈南）；他"奠定了一种既不是完全实用主义的，又不是纯粹独立的文学"，这种文学既不仅仅被当作达到某种社会政治目的的手段，也不是一种独立于作家和社会之外，自成一体的艺术世界"（李欧梵）。同时，国外研究鲁迅的学者和著作二十年来也大大增加了，他们遍及欧、美、亚、澳各大洲。《前言》中还指出："许多学者研究了鲁迅作品的意象和象征，时间的框架，叙述的角度，视点的转移，作者的距离，讽刺和写实的模式，以及性格反语、描述性反语等艺术技巧的实际运用。"

以上的摘引，自然只是很少很少一部分国外研究论著的内容，但仅仅这一部分也足以说明中国之外的世界，是如何评价和研究鲁迅的。鲁迅已经远去了，但他的业绩和作品吸引了越来越多的人，认识也越来越深刻了。这足以证明，我们的评价，并非出于一种政治偏见、传统规范以至是某种无知（如某些人所说）。乐黛云所指出的国外研究鲁迅的范围和主题，也还证明鲁迅作品自身内涵的丰富深邃。

从以上的摘引中我们还可以看到，30年代鲁迅逝世时，人们是如何评价，几十年后的50至80年代，人们又是如何评价。鲁迅依然，然而人们的认识发展了、提高了，并且打上了时代、历史、民族的印记。但这种新的评论与接受，根源却都来自鲁迅世界自身。这同样也从客观方面，反映了鲁迅这个被接受的对象自身是丰富而深邃的。

六、他活在这个世界上

作为伟大的文学家，同时又是伟大的革命家、思想家，半个多世纪以来，鲁迅用他的作品不仅哺育了一辈又一辈的革命的文学家、艺术家，而且培养了一批又一批革命者。这些作品，特别是杂文，是一部社会知识的百科全书，也是一部生活的教科书。我们读鲁迅的杂文，首先强烈而又亲切地感受到的，是作者那炽烈的热情，深刻的思想，宽广的胸怀，而尤其突出地感到面前站着一个顽强的、坚毅的、崇高的、奋战的和深情的作者的形象，他鼓舞着我们的斗志，洗涤着我们的灵魂。几十年来，有多少革命志士，吟诵着鲁迅的名句"寄意寒星荃不察，我以我血荐轩辕"和"忍看朋辈成新鬼，怒向刀丛觅小诗"的诗句，昂首走向战场；又有多少革命者，时时记住鲁迅的"横眉冷对千夫指，俯首甘为孺子牛"的名句，与敌人抗争搏斗，为人民尽心尽力。他们都是历史前进的推动力量，他们掀起了汹涌的民族革命战争和人民解放战争的波涛；他们同帝国主义的、封建主义的、资产阶级的思想文化进行了不屈不挠的斗争，他们为中国革命的文学艺术的建设和发展、为新文化的建设和发展贡献了自己的力量。鲁迅的方向，成了中华民族新文化的方向。

鲁迅的作品，早在20世纪20年代就翻译成外国文字了。多年来，在亚洲、欧洲、美洲、非洲广泛流传着鲁迅的作品。据目前不完全统计，已有30多个国家50多个语种翻译出版了鲁迅的作品。一位拉丁美洲的作家在谈到鲁迅的作品时说："这些作品的丰富的创造力，不仅照耀着本国的人民，同时也照耀着全世界。"鲁迅的著作不仅属于中国，而且属于世界，他的作品在世界文苑中占有独特的地位，并放射出熠熠光芒。

鲁迅的思想，植根于中国社会，植根于中国近代历史，渊源于中华民族几千年文化传统，同时，又吸取了西方思想文化的营养。到后期，更接受了马克思主义，在辩证唯物主义和历史唯物主义的高度上，对自己的思想进行了改造、锤炼，达到更正确、更精粹、更成熟的阶段。鲁迅的思想，是东西方文化交流的产物，是马克思主义同中国传统思想文化相结合的产物。鲁迅思想，在中国几千年文化发展史上，是一个伟大的里程碑，是中华民族文明发展史上的一个丰碑。我们民族的精神文明的前进和发展，必然地，要以鲁迅思想为重要基础之一。鲁迅的方向，不仅以其民族的、科学的、大众的丰厚深邃宽广的内容和精神，代表了我国新民主主义文化的方向，而且是社会主义新文化的基础、前导与指针。

鲁迅的思想，充满了爱国爱民的激情，蕴含着丰富的内容，涉及哲学、政治、历史、教育、道德、伦理、文学、艺术等，体现着作者自己崇高的精神品德、崇高的人格。这一切，都是我们最好的精神食粮、思想营养，它提高我们的思维能力、增强我们的斗争意志、培育我们的高尚品质，加强我们的美学修养，增广我们的各科知识，总之，培养着思想、文化与道德上健全发展的新的中国人、现代中国人。

鲁迅，毫无愧色地进入了中华民族文化伟人的光荣行列中；同样，也毫无愧色地进入世界文化伟人的行列中。

鲁迅是我们民族的光荣与骄傲！

鲁迅是中国人民的光荣与骄傲！

然而，望着他日益远去的背影，人们的接受、选择和评价，却出现波浪形起伏。

他离去已经半个多世纪。人们没有遗忘他。但是，毁誉褒贬，因时因地而不同。曾有一时，人们用一种政治的聚光灯照射他远去的背影，使它映照在现实的屏幕上，因实际需要而来塑造他的身影，一时巨大无比，他像法官、超人，一句顶一万句，句句是真理。中国文学与近代史上留下的唯一好人。

然而，历史是不可侮的。无论是一时的捧杀，还是一时的骂杀，都只能是一时的。他就是他。一个文学的、艺术的、文化的鲁迅，不会成为一个政治的鲁迅；而一个真鲁迅，也不可能被"热"或"冷"化为一个假鲁迅。

当他刚刚逝去时，在那中国的和世界的悼念波涛中，人们的赞颂和评价，是客观的，冷静的，因而是科学的。经过时间的淘洗，留下了至今仍然有益和可取的真实的评估。许多研究著作，也留下了一层层足以累积为科学的评价的历史遗产。现代研究著作，也在一批批出现，它们不时闪现真知灼见与新的发现。国外有一批新颖的研究著作，用其独有的、不同于中国的研究意识、文化视野和社会背景，在世界文化语境中发掘了新的鲁迅世界，见解新鲜有益，描述各具特色。更可取者，他们是排除了两极偏见，无实际干扰，无利害缠结，比较客观地从学术艺文出发来研究的。因而具有更大的说服力。

大家都在发掘他的世界，描述他和他的世界。这证明了他和他的世界的丰富，也证明了他的价值。

眺望着他远去的背影，我们仍在思索、学习与探寻。

结束语
不算结束的结束：对鲁迅世界的不断再接受

我们同他一起，走完了他的生命的全程，在行进中，我们不断分析、探索、阐释他的世界。这既是对于他的世界的反映，又是反映着我们现时的世界和本传作者自己的世界。这是一种接受：纵的历史的接受和横的共时的接受；因此也就是历史的和时代的、历时的和水平的接受。

每个作家都有他自己的世界。这是仅仅属于他自己的世界；但是，这个他自己的、个体性的世界，又不是抽象的、主观自生的、纯粹个人的，而是具体的、客观的、社会的、历史的。它受制于社会、历史、文化。这方面的状况，我们在这个"走向鲁迅世界"的跋涉中，已经分期、分段地叙述过了。我们不仅试图诠释时代—社会—历史—文化，总之，客观世界是如何塑造鲁迅，施烙印于鲁迅世界，而且试图阐释鲁迅如何接受这个客观世界，反映这个客观世界和对它作出反应。也就是说，既探寻世界作用于鲁迅，又探寻鲁迅反作用于世界。亦即世界 ⇆ 鲁迅。

现在，鲁迅离开这个世界了，他的巨大的身影消逝在历史的地平线上。那么，他的世界也就结束了。这个世界，会以完结了和完成了的形态，凝结地和凝固地耸立在中国的历史、中国的文化史与文学史上，让人瞻仰，引人崇敬，启人深思，供人学习。总之，这是一个完成了的世界。

然而，又并非完全如此。

不仅仅是，由于一个广阔、丰厚、深邃的世界，其中包括思想的、艺术的、文学的、文化的、隐蔽的、个性的、难解的等各种种类的分世界和它们的复杂构成，所以，人们，不同的人们会从不同的视角去看它，不同时期的人们，又会从不同时期的历史与时代的视角去看它。不仅仅是如此。

而且，从来的思想与艺术的接受，都不是完全被动的、完全客观的和完全凝固不变的。接受，这是一个创造，或者更准确而科学地说，是一种再创造。首先，是一种接受，被动的接受：既围于也是忠实于原著（世界原貌）的接受，又是对于历时性接受的接受（历史影响接受），对共时性接受，即对同时代人（各个国家、民族和地区的人们）的接受的再接受（时代影响接受）。但是，与此同时，一种同步进行的接受——创造，创造性的接受也在发生和作用于被接受的世界。这就是接受美学中所揭示的接受主体受被接受的客体影响而发生的视界转换（接受了影响），和（这是同时发生的）接受主体对于被接受的客体施加影响，使之变形、改塑。这两个方面、两种过程的结合，才是完整的接受过程和接受行为。

正是在这个意义上，产生了"一千个人就有一千个哈姆雷特"的说法，才产生了同一部《红楼梦》，却出现了鲁迅在《集外集拾遗补编·〈绛洞花主〉小引》中所说的情形：

> 《红楼梦》是中国许多人所知道，至少，是知道这名目的书。谁是作者和续者姑且勿论，单是命意，就因读者的眼光而有种种：经学家看见《易》，道学家看见淫，才子看见缠绵，革命家看见排满，流言家看见宫闱秘事……。

鲁迅的世界亦复如此。

他的生命结束了，他的创造也结束了。但是，他所创造的思想与艺术的世界，仍然在不同时代、不同地区的人们的不断的接受中，被接受（它施加影响），也被创造（接受者施影响于它），在这个不断的接受 ⇆ 创造过程中，它在变化、重构和显出新的面貌。当然，这个创造是在接受基础上的创造，是在"鲁迅世界"提供的一切条件、素质、因子的前提下的创造。因此，又不是离开鲁迅，更不是违背鲁迅的创造。

正是在这个意义上，我们说，鲁迅的世界是一个尚未完成和不曾完成的世界。正与《诗经》、《楚辞》、《史记》、杜甫、李白、苏轼、《三国演义》、《水浒传》、《红楼梦》之情形相同。

鲁迅，尚未完成的鲁迅和尚未完成的鲁迅世界！

由于鲁迅世界不仅丰富，而且复杂，不仅深邃，而且诡奇，因此，于理解上，就可以多样，它们存在许多"未定点"、许多"眼"，它给予人们一定程度上的范围、命题、确定性、稳定性，和因此而来的解析、诠释上的肯定、确定、固定；但它又存在广泛的审美天地，可供人们去悬想、去想象、去揣度、猜测、破译，以至于创造，因此而有一定范围和一定程度上的不确定性、飘忽悠扬摇曳，带来不肯定、不固定性、模糊性；但同时也带来接受主体的破译的欣慰、猜测推演的乐趣、创造的愉悦：总之，一种特殊的审美欢快。

鲁迅的世界具有一种复杂、矛盾的力量、魅力和诱惑力；

也有，一种真诚的力量和魅力；

也有，一种痛苦的心灵的力量和魅力；

也还有，一种忧郁、哀愁、怨愤、惆怅的力量与魅力；

也有，一种不追求魅力的魅力。

鲁迅的世界的力量还在于文化的力量，中国文化的力量。他的世界本身就是一种文化：它含有传统的文化，不仅是精英文化、上层文化，而且有俗文化，乡俗、民俗、山野文化，但又有世界文化、时代文化，进入现代、当代之文化。他在作品中，反映、灌注、批判、解析并创造这种文化。

鲁迅之世界中，还有些许，或者不少的隐蔽处。或者是蔽于他自己，他有意隐蔽之，非"不得见人也"，乃不欲、不必、不宜见人也，不见亦无妨、无伤大雅；或无意为之，斯时斯地斯人斯情斯境，本来明明白白，他以为如此；然而他人视之却不明不朗，以为蔽之。或者蔽于他自己，乃有意为之，为审美的需要、为意境之创造，也有时为掩敌人之耳目蔽自己于壕堑之中。或者，蔽于时势之演变，时过境迁人事异，当年人人知，如今人不晓。或者，乃蔽于接受者自身，或经历之不深、或心性之隔膜、或知识之不足、或趣味之相"左"，皆足以蔽之。也还蔽于后人受前人之影响、之拘束、之遮掩。更有重要者，艺术之事文学之神，皆含隐蔽性、朦胧性、模糊性。如此种种，种种如此，都足以构成鲁迅世界之隐蔽与美艳，可以供后人欣赏、追索、破译、诠释，且于其中获得良知，获得审美愉悦。这是一个足可充分发挥创造力的世界。

以斯，他不仅才能成为中国现代文化大师；也以斯，他才能成为民族魂。

这一切，又是多么丰富、复杂、矛盾多样、深邃奥秘，足供后人去解析与诠释。

眺望他远去的背影，我们深感：

他的世界尚未完成；

我们也还不能结束，也不会结束。

我们将踏着前人的足迹，观察外人（外国、外族、外域、外文化）的足迹，印下自己的足迹，并展望未来可能有的足迹——其可能的趋向，走向完成这个世界的长途，去收获新的艺术与文化之果。

这里是结束了。

但又没有结束。

一个不算结束的结束。

1986年夏初稿，兴城

1987年第一次补充

1989年第二次补充

1990年6月定稿

结束语　不算结束的结束：对鲁迅世界的不断再接受